砥砺前行

——鹤岗发展历程（1921—2021）

鹤岗市档案馆 编

图书在版编目（CIP）数据

砥砺前行：鹤岗发展历程：1921—2021/鹤岗市档案馆编．--北京：中国文史出版社，2021.7

ISBN 978-7-5205-3116-0

Ⅰ.①砥…　Ⅱ.①鹤…　Ⅲ.①鹤岗—地方史　Ⅳ.①K293.53

中国版本图书馆 CIP 数据核字（2021）第 169351 号

责任编辑：李晓薇

出版发行：中国文史出版社

社　　址：北京市海淀区西八里庄路 69 号　邮编：100142

电　　话：010-81136606　81136602　81136603（发行部）

传　　真：010-81136655

印　　装：三河市华东印刷有限公司

经　　销：全国新华书店

开　　本：710×1000mm　1/16

印　　张：32.5

字　　数：475 千字

版　　次：2021 年 7 月第 1 版

印　　次：2021 年 7 月第 1 次印刷

定　　价：99.00 元

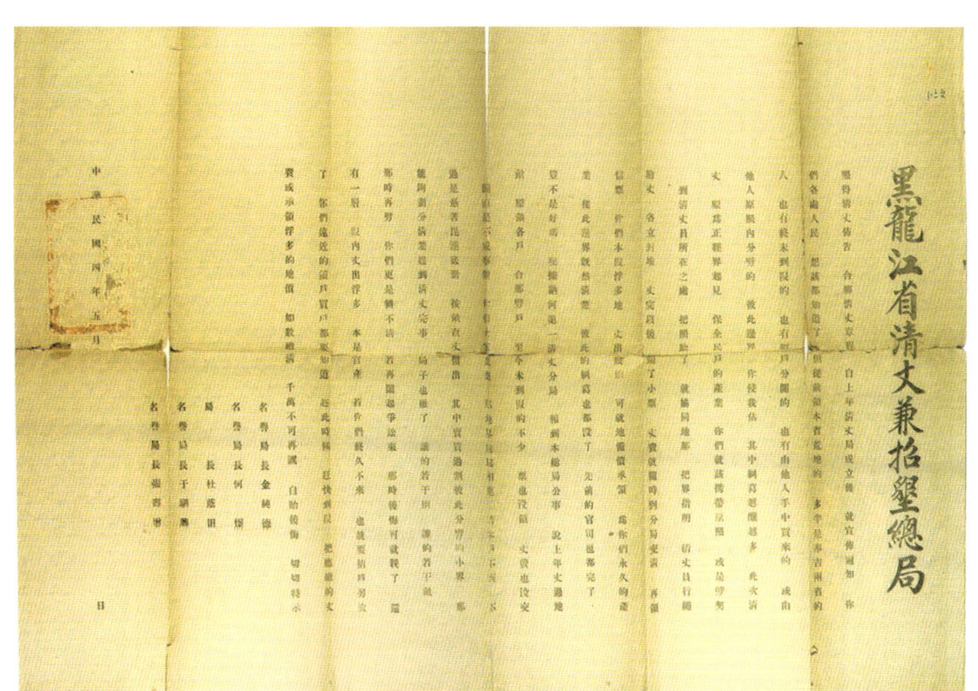

黑龍江省清丈兼招墾總局

1915 年 5 月，颁布的黑龙江省清丈兼招垦总局布告

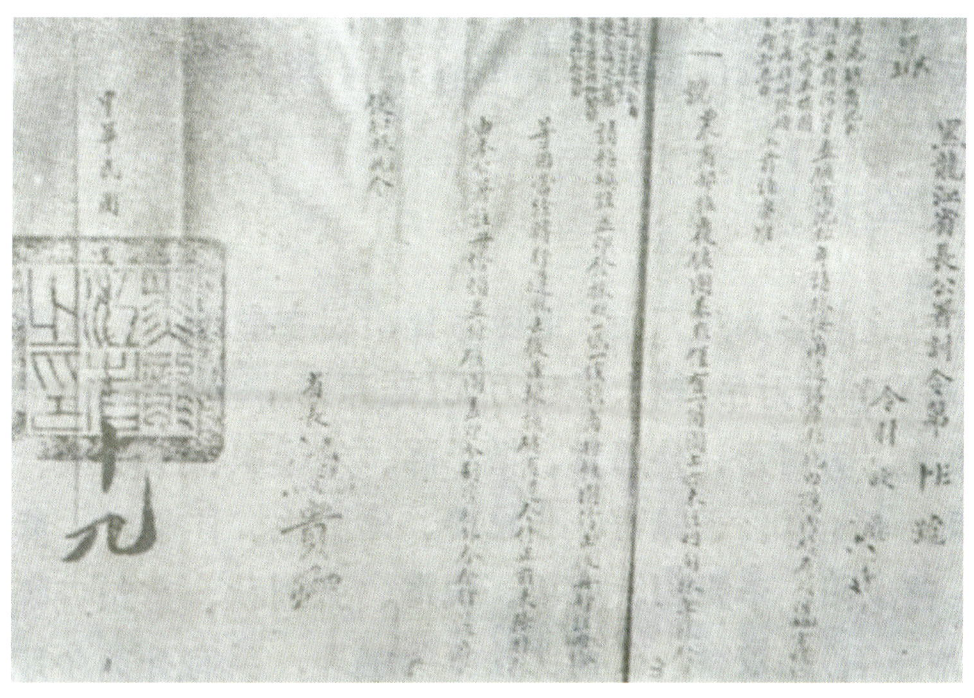

黑龍江省長公署訓令

1918 年 6 月 19 日，黑龙江省长公署发给矿商沈松年矿照的训令

20 世纪 30 年代的鹤岗矿区，图为矿山灯厂车头房及工人宿舍

伪满时期的矿山车站（今东山区南翼）

1946 年，东北电影制片厂在兴山市成立

1948 年，时任合江省委书记张闻天与东北电影制片厂文艺工作者的合影 左起张闻天、 吴印咸、陈波儿、刘英、袁牧之

东北电影制片厂在兴山市期间，创造了新中国电影事业的“七个第一”

第一部动画片
《瓮中捉鳖》

第一部短故事片
《留下他打老蒋吧》

第一部木偶片《皇帝梦》

第一部译制片、苏联电影《普通一兵》

第一部长故事片《桥》

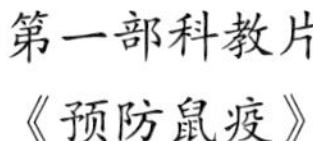

第一部科教片《预防鼠疫》

兴山市时期中国医科大学附属医院

1946 年冬，兴山市成立第一支人民武装队伍——东山武工队

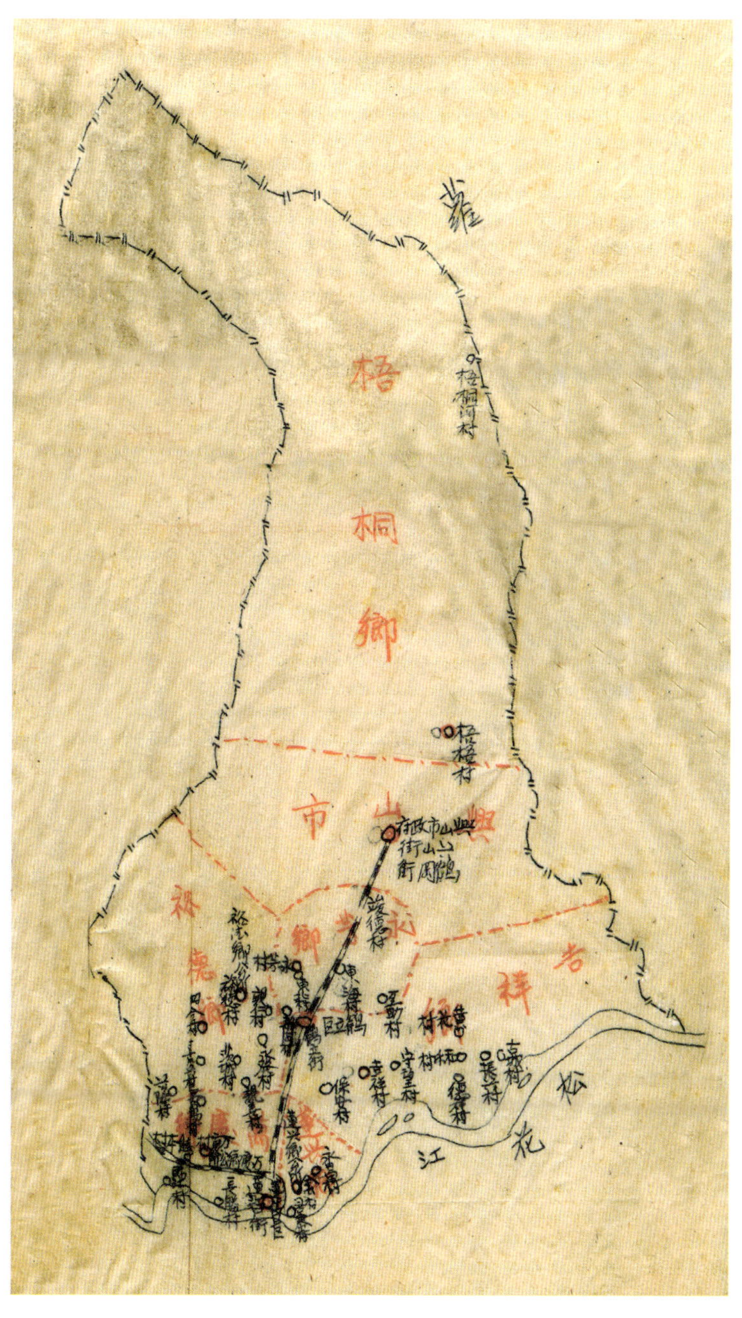

20 世纪 40 年代手工绘制的兴山市地图

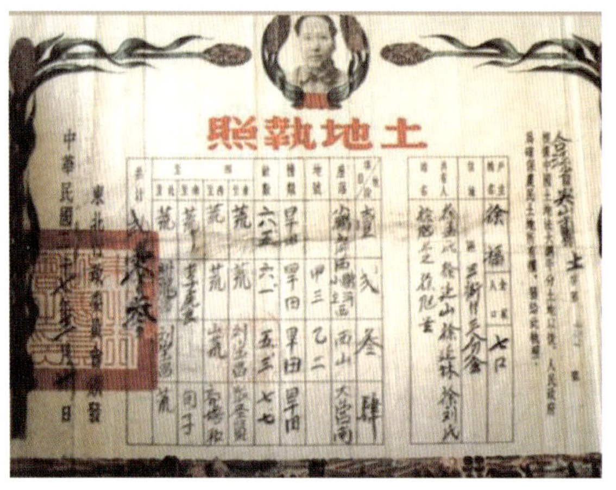
土地執照

1948 年 3 月 30 日，合江省兴山市颁发的土地执照

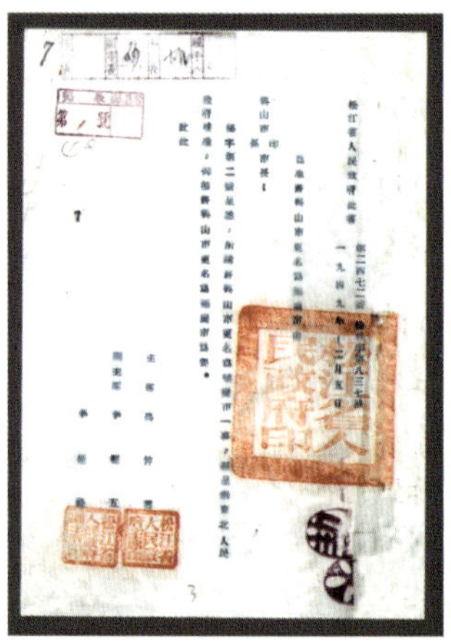

1949 年 12 月 5 日，松江省政府印发《为准将兴山市更名为鹤岗市由》

1950 年 9 月 20 日开工，苏联援建的 156 个重点项目之一——东山竖井建成后运出第一列车煤炭的热烈场景

1952 年开工建设，苏联援建的 156 个重点项目之一
——兴安竖井

1957 年 8 月开工，新中国第一个现代化动力煤选煤厂、苏联援建的 156 个重点项目之一 —— 兴安台选煤厂建成投产

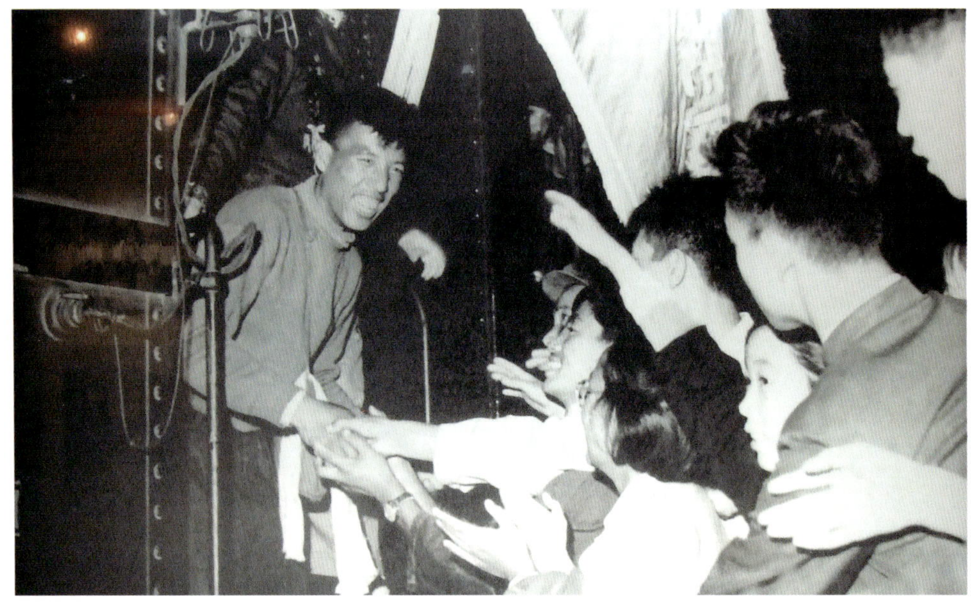

1955 年，杨华带领北京青年垦荒队离京时的欢送场面

1988 年 11 月 18 日，鹤岗矿务局被确定为全国特大型企业

1993 年 11 月 10 日，萝北海关经国家海关总署批准成立

2015 年，经教育部批准，鹤岗市第一中学成为全国 16 所、黑龙江省唯一一所空军青少年航校之一

绥滨县全国绿色食品（水稻）生产基地

绥滨农场全景图

黑木耳养植　马秀岭　摄

名山大卫广场花海　逯云峰　摄

华能鹤岗发电有限公司二期扩建工程

征楠煤化工全景图　逯云峰　摄

2010 年成立的中海油华鹤煤化有限公司生产装置区全景

2018 年 10 月，鹤岗市第一座立交桥
——复兴桥建成通车　逯云峰　摄

鹤岗国家矿山公园　逯云峰　摄

清源湖风景区　李长辉　摄

天水湖公园　李长辉　摄

新一体育公园　姜元庆　摄

北山森林公园

欣虹湖公园　逯云峰　摄

鹤北红松母树林　马秀岭　摄

都鲁河湿地九曲湾

龙江三峡之——金满峡　于会文　摄

山水环绕 宜居宜游 平安鹤岗　逯云峰　摄

谨以此书献给中国共产党成立一百周年

《砥砺前行》编审委员会

主　任：李洪国

副主任：陈延良　宫运生　韩秀琴　李泰峰

编　委：李伟峰　李玉龙　王　波　潘文胜

《砥砺前行》编纂组

主　　编：潘文胜

执行主编：梁江平

副 主 编：刘哲斌　杨文学　李　萍　沈　晓

编　　辑：（以姓氏笔画为序）

王　壮　付　彬　包洪生　李世俊

宋洪清　邹　婧　姜道龙　梁荣胜

责任编辑：邱建华　周　艳　赵秀丽

周志刚　程　巍

序

读史修身，知史养德，著史明世！

历史，是一段记忆，悟天地穷极，叹时光须臾。史学乃杂学之说，天文地理、士农工商、庙堂经世、兵革伐谋、坊间野趣，不一而同，历经岁月枯荣，看尽人情霜雪。

历史，是一面镜子，阅人间百态，感世事沧桑。在时空的变幻交错中，自然科学之进程，文明发展之进步，都将改变历史的价值判断，须审时度势，理出历史大规律，辨明是非大道理。

历史，是一座桥梁，续往圣绝学，通中外有无。徜徉历史幽空，无独善其身，皆冲融并进。但无论是经典学理之桥，还是器物民艺之桥，或是文化信息之桥，蕴含其中的史话皆为桥之筋骨。

有一首歌，在大地上传播，在阳光里穿梭；有一首歌，在血脉里流淌，在历史中铭刻——她的名字叫作《没有共产党就没有新中国》。

红船指引旗帜扬，砥砺百年家国强。从第一个党支部梧桐河党支部到3700个党支部，从“老五团”抗日第一枪到新中国电影史“七个第一”，从国家“一五计划”3个项目到8个重点产业，从兴山市到边陲名城鹤岗市……对于这座城市而言，中国共产党是前进时的火炬，是焦渴时的清波，是沉闷时的惊雷，是迷路时的星座，是心头上的明月，是生命中的灵魂。

盛世修史，史以载道。值此中国共产党百年华诞，鹤岗市档案馆暨中共鹤岗市委史志研究室以史学之严谨，借话本之灵动，编纂了《砥砺前行——鹤岗发展历程（1921—2021）》，深刻展示了鹤岗百年薪火相传、风云激荡的历史。这次编纂，是一次跨越桨声灯影，对鹤岗百年文明的空前造访；是一次辗转千山万水，对鹤岗英雄辈出的虔诚膜拜；是一次穿行春夏秋冬，对鹤岗9万共产党员的深切探望。

百年征程波澜壮阔，百年初心历久弥坚。当你徜徉于这座边城的历史，当你目睹这座城市的辉煌，将始终被一种振奋与昂扬充盈着、鼓舞着、感动着。我们有理由说：本书是一段关于一座英雄城市的记忆，留下不经意间从我们指缝中溜走的时光，但她又不仅仅是记忆，更是体现了我们对中国共产党无比敬畏的“精神家园”，体现了百万鹤岗人民对高质量转型发展的“心灵寄托”。我们坚信，栖鹤未鸣，云生必鹤啸九天；蛟龙未动，风起必龙腾四海！鹤岗必将与全省一道，迎来全面振兴全方位振兴的新的辉煌。

在本书即将付梓之际，我谨代表鹤岗市委、市政府再次致以热烈的祝贺和诚挚的谢意。相信该书的出版发行，对于存史、资政、育人等都大有裨益，能够让更多中外朋友认识鹤岗、了解鹤岗、关注鹤岗，走进鹤岗、建设鹤岗、发展鹤岗，共同创造鹤岗的美好明天！

目　录

CONTENTS

引　子

在我们伟大祖国的版图上，鹤岗宛若镶嵌在东北边陲的一块璀璨美玉；在神州大地的域名中，鹤岗犹如一只振翅的仙鹤，响彻于晴空与沃土之间。

鹤岗市位于黑龙江省东北部、松花江北岸边境地域，坐落在小兴安岭与三江平原缓冲地带，地理坐标为东经 129°39′50″~132°31′00″，北纬 47°03′30″~48°21′00″。辖绥滨、萝北两县，与伊春、佳木斯、同江、富锦接壤，与俄罗斯隔黑龙江相望。总面积 14684 平方公里，其中市区 4575 平方公里。

鹤岗地区历史积淀厚重、久远，古代就是中华民族先民生产劳动和繁衍生息的地方。周为肃慎部活动区域。唐属河北道府黑水都督辖区。辽属东京道乌限于厥部。金属上京胡里改路。元属辽阳行省女真水达达路。明属奴尔干都司辖区。清属黑龙江将军所属呼兰副都统辖地。光绪三十一年（1905）设汤原县，鹤岗地区属汤原县。民国初年，鹤岗地区属黑龙江省绥兰道汤原县。民国 18 年（1929），废道，汤原县直辖于省，鹤岗地区仍属汤原县。

远古时期的文化遗存　鹤岗市境内的黑龙江、松花江、梧桐河、嘉荫河、都鲁河、鸭蛋河、阿凌达河、鹤立河等诸多的江河流域，考古发现了许多中、晚期的原始社会文化遗址及遗物点。特别是梧桐河支流乌鸡河畔双泉村黑山头遗址、东山包的村落遗址等，都有着重大的考古价值。在梧桐河流域发现了许多原始社会遗物点，在遗址上采集到的石器种类颇为齐全，有压制石器、磨制石器和刮削石器等。石器质料除选用本地石材外，还有玛瑙、水晶、燧石、蛋白石等稀有材料。（如 1982 年省文物考古工作队在文物普查中发现的东方红乡小山遗址，已载入《鹤岗市志》和《黑龙江文物丛刊》，成为重要的文字档案资料。）这些遗址上散落大量的手制夹砂灰陶、灰褐陶、黄褐陶以及红衣陶的残片。可辨器形有直口陶罐、侈口陶罐等。器物上附加有凸弦纹、水波纹等多种纹饰。这些陶器陶胎粗糙，火候较低。在东方红乡志诚村小沙丘发现的 5 只黑色直口陶罐中，还存放有农作物种子之类的物品。由此可知，在原始社会晚期，鹤岗先民就已开始从事农业生产。

在黑龙江的太平沟、新河口、金满屯、名山镇等地，先后发现了新石器时代的文化遗存。从采集的实物考古资料可以看出，这些遗物都有着与新开流文化相似的文化特征。可见当时散居在黑龙江流域各部落先民的聪明才智。

绥滨蜿蜒河及萝北都鲁河流域原始社会文化遗址考古发现表明，黑龙江中下游与松花江下游的原始文化遗存，都属于相同类型。这证明黑水先民——肃慎等部族自古就生息在这块古老而美丽的土地上。他们除了从事渔猎生产外，已开始了简单农业生产。延续历史时间最长的是萝北苇场乡龙岗与都鲁河遗址，这里曾发现了成片的半地穴式的居住坑，发现了埋有木炭、兽骨、蚌壳和农作物种子的墓葬。在附近许多遗址上，散布有丰富的石器、夹砂陶器残片和玉器。这些都是鹤岗先民最早开发这片古老土地的见证。值得一提的是，在这块黑土地上，还发现了极为罕见的打制石器。所采集到的标本，报经省考古专家鉴定，被公认为“极有可能是旧石器时代的遗物”。还有不少与昂昂溪出土的细石器时代的遗物相雷同的标本，引起学术界的关注。

商周时期的蜿蜒河部落　鹤岗境内绥滨县蜿蜒河流域，早在新石器时代就已有了原始先民的部落。从所发现的文物特征看，其与密山兴凯湖畔的新开流遗址文化有着渊源关系。从生产用具的石器制作，到生活用品陶器形、纹饰，都能看出与新开流文化的密切传承。

商周时期，世居蜿蜒河流域的先民们，不断地创造着新的文明。出土手制夹砂陶器已有罐、碗、杯、盘等。纹饰以“人”字形为基调。还有篦点纹等不规则的图案。这些陶质粗糙、火候不匀、陶色不纯的制品，是鹤岗地区目前发现的最古老的见证。各遗址中散布着相当数量的猪骨和其他兽骨，说明先民们已掌握了养猪的本领和狩猎生产的技能。可见当时的部落，已经过上了颇为稳定的原始农业兼事渔猎的生活。这时的先民已经学会了修造半地穴式简单住房技术，“穴地而居”，以抵御北方的严寒。各部落都已开始使用“楛矢石砮”，以狩猎及抵御外部族的侵扰。在蜿蜒河附近的三号村遗址上，曾出土两件“昂威赫”，就是利用木变石、砥石制作的楛矢石器。使用楛矢石器是当时肃慎人的徽记和骄傲，肃慎人多次以此物向中原进贡。因而楛矢石砮也成为生活在东北的肃慎人典型的一种文化标志。

蜿蜒河先民自商周时起，就过着“逐水草而居，迁徙不定”的游猎生活，蜿蜒河流域成为肃慎人的发祥地之一。

肃慎的楛矢石砮 肃慎是黑龙江流域最古老的民族，鹤岗处于古肃慎的中心区。《礼记·孔子世家》记载，春秋时期的大思想家、大教育家孔子领着弟子周游列国来到陈国。有一天，一群隼飞过陈国宫廷上空时，有一只带着箭落到院子里。陈惠公从来没见过这么锋利的箭头，十分惊愕，于是就派人去问孔子。孔子审视了一下说：“这箭叫楛矢石砮，为北方大荒之国的肃慎所造。先前武王灭商，建立了周朝，势力扩大到东北少数民族，并命令他们以本地的名优特产品朝贡，以表达臣服周王朝之意。于是肃慎就送来了楛矢石砮。周武王为了宣扬征服四方的丰功伟绩，就把楛矢石砮分给了长女大姬。大姬嫁给虞胡公，周武王把陈国封给了女婿胡公。楛矢石砮就这样作为嫁妆来到了陈国。你们不信回去到库房好好找一找，可能还有这样的贡品。”来人回去禀报，陈惠公就派人到库房里找，果然找到了尘封数百年与这一样的楛矢石砮。

肃慎的楛矢石砮已作为一种文化的标志和载体载入史册，《尚书·序》《逸周书》《左传》《国语》《山海经》《史记》《淮南子》都有记载。楛矢是箭杆，楛是荆类植物，就是后来百姓常说的苕条，开红色小花，秆坚硬且直，楛矢长一尺八寸。石砮是石制的箭头，是一种木化石，也叫“矽化木”，多产自混同江（黑龙江），坚硬如铁，锋利无比。古老的肃慎民族就地取材，制造出了楛矢石砮，是当时一项了不起的重大发明。肃慎在近千年的历史发展过程中多次向中原王朝进贡楛矢石砮，始终保持着与中原的朝贡关系。

秦汉挹娄人的踪迹　肃慎人是黑龙江地区最古老的民族，是今天满族人的祖先。到了秦汉时期，肃慎人改称挹娄。挹娄，通古斯语即“鹿”的意思。当时挹娄人分布地域，南至现今的吉林农安、长春以及辉发河流域，北至松花江和黑龙江的下游流域。1974 年，中国社会科学院考古研究所和黑龙江博物馆，联合对绥滨蜿蜒河二九〇农场五营东砖厂附近遗址进行了发掘，大量的出土文物是汉代挹娄人的文明遗存，被称为蜿蜒河类型。显而易见，鹤岗市绥滨一带是古代挹娄人的集中住地之一。

闻名中外的勿吉同仁文化　到了魏晋南北朝时期，挹娄人被称为勿吉人。勿吉人是通古斯语“窝集”的谐音，意为“山林里的人群”。据考古材料证实，绥滨县同仁遗址的房址，经碳-14 测定，为距今 1435—1515 年，约相当于南北朝时期，是勿吉人文化遗存。这是我国考古界第一次认出的勿吉人的物质文化。在世界考古领域已成为闻名海内外的同仁文化类型，具有典型的代表性。

《魏书·勿吉人传》载：“勿吉国……其地下温，筑城穴居。”在鹤岗域内松鹤公园附近之野猪岭发现的小城及绥滨县北山古城，都是这一时期的文化遗存。勿吉国在当时比较强大，故称：“其人劲悍，于东夷最强。”到南北朝末期，逐渐形成了七部，各部都有一定的武装力量。其中，比较强大的部落是黑水部河粟末部。鹤岗地区属于勿吉黑水部的领地。

隋唐时的黑水靺鞨　隋唐时期，勿吉又改称靺鞨。《隋书》《新唐书》对其方位、生活习俗都有较详细的记载。

绥滨考古发掘材料证实，黑水靺鞨是由挹娄——勿吉发展而来的。黑水靺鞨是因黑水（黑龙江）而得名，称为黑水部。黑水靺鞨占据了原肃慎、挹娄人居住的大部分地区，分布在黑龙江与松花江汇合处的中心地区。绥滨、萝北两地属南黑水靺鞨。唐开元十三年（725），唐王朝在黑水靺鞨部内建黑水军。开元十四年（726）又在黑水靺鞨最大的部落中，设置都督府，其他各部设刺史，以当地酋长为都督、刺史。

公元815年后，北方政权渤海国的疆域，东北囊括了鹤岗地区的绥滨、萝北等地。《唐会要・靺鞨传》载："靺鞨者，盖肃慎之地也。……而黑水靺鞨最处北方，尤称劲捷。……其畜宜猪，食其肉而衣其皮。"鹤岗地区属渤海国黑水靺鞨领域。完颜部系本土最古老的部族之一，系为黑水靺鞨之先民。绥滨蜿蜒河流域，迄今还留有完颜部落的遗踪。绥滨同仁遗址，已成为考古学黑水靺鞨遗存的典型代表，被称为"同仁文化类型"。1982年，萝北团结镇砖厂处，曾发现了隋唐时期的古墓群。经考古发掘，其中一个墓穴中墓壁窟龛中有十几个猪头殉葬。由此可知，当时的靺鞨人已会养猪，并已形成了崇尚猪的习俗。

辽金时代的部落繁荣　到了辽代，靺鞨人被女真所取代。辽代统治者将部分女真族大姓望族南迁到辽阳一带，令其强行加入契丹族籍，史称这些女真人为熟女真。而世居松花江流域的女真人没有加入契丹籍，则被称为生女真。鹤岗地区的女真人，随着社会的发展与进步，形成了多部族分治的社会形式。鹤岗地区的女真部落，有主隈部、秃答部、完颜部、奥里米部、鼻骨德部、纥石烈部、实里骨达部等。这些部族多依山傍水而生息，从事渔猎生产生活，也有的部族兼事农耕。

生活在梧桐河中下游流域的部族，称为主隈部，该部族因水而名。主隈部在《辽史》中又称烛隈部，即通古斯语"乌隈""乌尔隈"的谐音，后来逐渐演变为乌尔、温登、温敦、乌屯、梧桐等名称。辽金时代，这块古老富饶的土地，就已被世代生息在这里的先民所开发，创造出了灿烂的文化。在主隈部之东的鲁河中下游流域生息的是秃答水部族。主隈部、秃答两部族，长期以来，在政治、经济、军事、生产、文化等方面频繁交往，形成了十分密切的合作伙伴关系，结为世袭的友好邻邦。从两部族古遗址出土的大量文物表明，他们的生活习俗，有着共同的文化特征。无论在农业生产工具的形制上，还是在日常生活用品上，都有着共同的特点。在两江下游，都曾有其部族从事渔猎和放牧的水域、草场。

在主隈部的辽代古城——郎家津古城（今汤原县振兴乡西古城）中，曾出土了许多辽金时的农业生产工具，说明当时这里的农业已成为重要的生产方式之一，也证明了这里的土地开发和利用是较早的。

主隈、秃答两部族长期的和睦相处，在战略防御上，同心协力，共同对敌。特别是主隈、秃答两部族联合作战，帮助完颜部击败了契丹捕鹰者的野蛮侵略，即历史上有名的“阻绝鹰路”的战争。都鲁河下游广袤的苇场地方，即为这场战争的古战场。这场战争，为女真完颜部推翻辽王朝的统治，并建立大金王朝，起到了十分重要的作用。

松花江下游的女真，到了辽代，形成了五个大的部落，即历史上著名的五国部。据史料记载，五国部曾多次向辽朝中央政府进贡，与中央保持了较长时间的政治、经济、文化联系。

奥里米部（今绥滨县北岗乡永兴村东古城），在历史上曾有过“傲来密”“阿里眉”“阿里穆”“阿丽玛”“咬里眉”等称。国内外学术界一致公认为永兴村东古城即是五国部之奥里米部的古城，属于东京道黄龙府五国节度使。奥里米古城是鹤岗市目前唯一的全国重点文物保护单位，是鹤岗市保存尚好，且又没有断代的古代城池。据史料记载，奥里米国人口多达 1 万余户，是辽代五国部的重要城镇之一。到了金代，奥里米部的经济又有了很大的发展。鹤岗域内发现的几座辽金古城城址，多是沿用辽以前的聚落遗址而兴建的城池。遗址出土许多农业、手工业制品及生产工具。

金代完颜女真阿骨打先祖世居绥滨蜿蜒河流域，蜿蜒是“完颜”的同音。绥滨县的古城岗、中兴高力村、奥里米等古城，均系辽代建造，金代所沿用。绥滨中兴乡高力村的古城（被称为奥里米东古城），辽代属五国部奥里米国地，金代加以修整、沿用。此时，奥里米部有居民万户，数万人口，是松花江下游很繁荣的政治经济中心。当时，铁具很稀少，拥有金属农具的只能是少数贵族，大多数居民则以狩猎和网渔为生。金朝末年，蒲鲜万奴叛金，建立了东夏国（1215—1233）地方政权，并沿用金王朝之管制。绥滨地区当时也被东夏国列为领地。在奥里米古城内，曾发现了东夏王朝所颁发的官印。

元明时期的土地开发　在元朝蒙古统治者统治下，鹤岗地区“只有马而无牛羊”的历史终止。牛羊牲畜促进了本地区的经济发展和产业结构的变化。元朝在黑龙江设置辽阳行中书省合兰花水达达路，鹤岗地区隶属该路治理。据考古表明，梧桐河口的郎君城遗址、鹤立河口的德祥遗址、阿凌达河口的古遗址以及都鲁河村、傲来河畔等，都发现了元明时期的遗物和墓葬。当时此地居民以渔猎为主，也从事采集及简单的农牧生产。松花江下游的绥滨设有奥里米站，属于本地区元朝中央政府设置的唯一驿站。

公元1371年，元朝辽阳省平章刘益投降明朝，明朝设置定辽都卫，正式接收和承袭了元朝对包括整个黑龙江流域在内的辽阳行中书省的统治权。洪武八年（1375），明朝改定辽都卫为辽东都司。明永乐七年（1409）奴尔干都司设立前，辽东都司是明朝政府管辖整个东北地区的最高军政权力机构。奴尔干都司所辖几百个卫所，鹤岗地区就占有5个。

明代在鹤岗设立的卫　明朝为加强黑龙江流域广大地区的管理，废除元代军制，建立卫、所制度，于永乐七年（1409）在黑龙江入海口的特林奴尔干城建立了奴尔干都指挥使（简称“努尔干都司”）。根据各地在军事上所占有的重要性的不同和人口的多寡，分别设置卫、所。大致是5600人设为卫，千人设为千户所，百人设为百户所。先后建起384卫、24千户所、7城站。分别以当地部族首领任卫的指挥同知、指挥和千户、百户等官职。卫是管理地方的军政组织，相当于当今县团级机构。都司与其管理的卫、所受五军都督府统领，并听命于兵部。

明朝廷在鹤岗地区先后建立起四个卫：明永乐四年至十三年之间（1406—1415）设立脱伦卫，管理都鲁河流域之先民；永乐十二年（1414）设立五屯河卫，统管梧桐河、阿凌达河、鹤立河等流域各村寨；明永乐十四年（1416）设立吉滩卫，管理萝北鸭蛋河流域先民；沃里木卫，治所在今绥滨县傲来河畔，设置时间不详。

清王朝的拓荒　清代初年，沿袭明制，将明代时的各卫所改为“噶珊”（官屯）。顺治年间，开始对黑龙江、吉林、辽宁的大片土地实行封禁，以“保祖宗发祥地不遭破坏”为由，驱走大量当地居民，使很多土地荒芜，村屯废弃。清初，都鲁河、奥里米、郎家津等村镇还有许多人生息，而封禁后，这些地方就渐渐荒无人烟了。据近代最早来振兴西古城的农户讲，他来郎家津古城岗时，当年古房子还有房框子、房架与门窗。1999年考古时发现，都鲁河遗址有许多明清瓷片和农具，特别是还发现了许多康熙时的钱币。这就说明在康熙年间，此地还有人居住。

1735年，清政府设立官庄，也称官屯。至1737年，呼兰府设立官庄40余个。当时鹤岗地区属呼兰府所辖，有官庄6个。为发展和鼓励边民垦殖，盛京将军于八旗户内选能种地的壮丁400余人，携带家眷来此开垦土地。每一名壮丁拨地60亩，给盖草房2间，每10丁合编为1庄，每10庄设催领1名。

1776年7月成图的《盛京吉林黑龙江等处标注战迹图》上，鹤岗地区的“嘎山”，皆标注成汉语的“屯”。

清代把东北地区划为其“祖宗发祥地”，要求臣民“务守满洲本习，不可稍有疑贰”，即以骑射狩猎为主业。并将东北地区划为若干个围场，用以骑马射猎。满语专家穆晔骏解释“鹤岗”为满语“马鹿圈”，是猎取马鹿的场地。清末时，鹤岗地方划归汤原县管辖。汤旺河东北部大片土地榛莽荒漠，林木蓊郁，仅有少数索伦人游猎为生。1900年前后，关内及辽宁、吉林两省移民日渐移入，并少量占有土地。1904年，清政府设汤旺河招垦局办理垦务。1906年，汤原设县治，辖区颇广，有大量肥沃荒原待辟。加之松花江航运便利，两岸水草肥美，清政府将土地向民间开放，引来不少农户。但因林木密布新荒难开，且有水灾为患，加之土匪出没无常，致土地开发缓慢。

1907年，移民入绥滨垦荒。当时领荒的有三种人，一种人是原古荒户，经过“恩准”领到大片土地。如高德才领到一井半地（1井36方，1方36垧），便招户垦殖和零垦卖荒，很快就成了名副其实的大地主。又如陈雪楼在绥东一带占领方圆18里地的毛荒，他雇佣劳力垦殖，也很快成了显赫一时的大地主。第二种人是放荒委员的亲人熟人，如连生区的庞国光，由于与放荒委员相识，竟无偿占有大片土地。第三种人是包揽大段的荒揽头。包揽大段，是清王朝土地政策的基本内容，荒揽头包揽大段后，便找来亲朋好友垄断土地，或转手卖出。当时，绥滨县有3个包揽头，即齐耀山、纪凤台和杨太时，此3人垄断了放荒区五分之三的土地。清末放荒垦丈，使得边陲鹤岗地区萧条几百年的沉寂景象一度活跃起来。

鹤岗及周边地区古代已有人居住，两次闯关东大潮，使得鹤岗一带的人口逐渐增加，而真正开发始于20世纪初。据《黑龙江志稿》记载，清光绪三十一年（1905），汤原县建制后，鹤岗地区归属汤原县管辖，已经开始实行丈量放段垦荒，其中“鹤字段”即鹤立河以东、梧桐河以西、松花江以北、小兴安岭余脉广大平原和丘陵漫岗地区。至清光绪三十二年（1906），“鹤字段”就放出毛荒1万余垧。很多村屯出现，在《汤原清丈舆图》已有标注。如夏家窝堡、陈家窝堡、永芳屯等，这些村屯位于现在的鹤岗新华镇一带。现在的鹤岗市区位置上有鹿迹山屯、峻德屯，兴山一带也出现稀稀拉拉几个小村屯。这些小村屯大多没有名字，居民多以种大烟、打猎、捕鱼为生。从放荒所称的“鹤字段”来看，应该说先有鹤立，然后出现鹤立岗之称，逐渐有鹤岗。光绪三十四年（1908），朝廷批复奉天总督徐世昌奏折中第一次出现“鹤冈”这个地名。“鹤冈”与“鹤岗”很久以来一直混用。

1906年以来，黑龙江相继出放汤原县花尔市河（今法斯河）以东，梧桐河以西，松花江北岸到大山南麓的“鹤字段”毛荒10183.2垧（1906）、35426垧（1907）、3393.6垧（1908）。1910年至1914年2月，萝北出放汤原鹤字、汤字、梧字等处毛荒44528.6垧。

1907年，夏王氏携全家自巴彦县来鹤字段中段鹤立河以南，阿陵达河以北的地方，购买了鹤字段毛荒120方（5400垧），采用自家种植和出租耕地的方式进行垦荒。初时在仅有的两座草窝棚中落户，成为鹤岗开荒的第一人。之后发展成为村屯，名为夏家窝堡（今新华镇东安村）。

在萝北，清朝末年太平沟采金业日盛，人口剧增，加之官府出放毛荒，到民国三年（1914）出现兴东、兆兴（今肇兴）、狄台河、凤鸣河、都鲁河、梧桐河、鸭蛋河等村屯。共放出毛荒地25万余垧。

在绥滨，自宣统元年（1911）开始放荒，内地官僚、财团也先后到这里占领大量土地，建立了五个垦殖公司。

近代的淘金热——观都金潮　鹤岗地区是黑龙江流域五大沙金矿脉富集“金窝”之一。早在北魏时期，就有黄金开发的记载，辽金时代就有采金业。清同治十三年（1874），清政府在嘉荫县境内的观音山设置督办衙门，开采黄金。光绪十九年（1893），漠河金矿总局督办袁大化在嘉荫河畔创办观音山金厂，是漠河金矿的分厂，负责开采嘉荫河流域的金矿，拉开了大规模开采金矿的序幕。光绪二十二年（1896）黑龙江将军恩泽受朝廷之命筹办都鲁河金矿，北洋大臣李鸿章保荐曹廷杰出任督办，负责开发都鲁河流域和梧桐河流域的金矿，鹤岗地区又一个官督商办的大金矿——都鲁河金矿蓬勃兴起。1913 年 7 月，观音山金厂与都鲁河金矿合并，统称观都金矿，是为官办，局址设在太平沟，生产规模迅速扩大，下设 10 个分局、3 个分厂、6 个分检站、6 个护矿关卡，由都鲁河、嘉荫河、乌拉嘎河、结烈河、乌云河构成了纵横 23400 平方公里的大矿区，淘金工人达 3 万余人，年产黄金 2 万余两，形成了一个驰名中外、闻名遐迩的“观都金潮”。

清代中晚期的兴东兵备道　光绪三十二年（1906）四月，清政府为了进一步加强边防力量和荒远地区的开发，将“黑龙江分守绥兰海兵备道”从绥化城东移至小兴安岭北麓，黑龙江右岸的兴东村（今属萝北县），因其位于小兴安岭以东，所以改名为“兴东兵备道”。

据光绪三十四年（1908）五月同一奏折内载，在兴东兵备道辖区内拟设一府（佛山府，驻观音山），四厅（萝北直隶厅，驻托萝山；乌云直隶厅，驻乌云河；车陆直隶厅，驻车陆；春源直隶厅，驻伊春的呼兰河源），一县（鹤冈县，驻鹤立冈）。对兴东兵备道的职责作了明确规定，即“管理兵备、警察、司法、垦务、税务、交涉”。隶属黑龙江巡抚，为当地拥有行政、军事、经济和交涉一切大权的地方官员。

兴东兵备道设立后，其行政区域随之也发生了相应的变化。北临瑷珲，以逊河为界；西界为小兴安岭，紧临讷河、海伦、庆余（今庆安）；南与松花江北岸的汤原（该县于 1908 年 8 月由吉林依兰府划出，归黑龙江兴东兵备道管辖）连接；东到松花江、黑龙江两江汇合处的拉哈苏苏（今同江市），隔黑龙江与沙俄对峙。疆域包括今逊克、嘉荫、鹤岗、萝北、绥滨及通河、汤原等 8 市（县）全境和孙吴、德都、北安、绥棱 4 市（县）的部分地区。约占黑龙江省面积的四分之一，辖区辽阔广大，且在黑龙江中段界江一线，防务地位十分重要。

兴东兵备道于民国元年（1912）七月撤销，改设萝北厅设治局。在仅存的短短六年时间，一共有 3 位任职官员，四品秩，他们是：庆山，光绪三十二年（1906）到任，宣统元年（1909）八月去任；徐鼒霖，宣统元年（1909）到任，宣统三年（1911）去任；李梦庚，民国元年（1912）二月到任，是年七月去任。

1907 年（清光绪三十三年），庆山主持制定了兴东兵备道衙署的城建规划，城郭拟用地总面积达 425 万平方米。规划自黑龙江边东西走向建设 9 条大街，形成排列网格状方城，南北走向规划 10 道街，终因清廷覆灭而未果。

兴东兵备道设治后，对推动当地农业、手工业、就业、交通、教育、文化及边防建设都起到了积极的作用。

第一章

矿山开发　边城火种

鹤岗（原称兴山，1949 年改称鹤岗）是一座因煤而立、缘煤而兴的资源型城市。

1914 年，乡人曹凤阳在石头河西岸掘地时发现露头煤，鹤立镇的放荒员（测地委员）沈松年以此为据，向黑龙江省政府呈请发照开矿，并与他人筹资创办兴华煤矿公司，后改为官商合办、合资商办，更名为鹤岗煤矿公司，至此拉开了百年矿山开发，煤炭开采的序幕。

1927 年，广州起义后，党中央为了保护干部，同时扩大在北方的影响，派一部分党员到鹤岗开展革命运动，发展党组织，壮大党的力量。之后，鹤岗矿山、萝北县、绥滨县相继建立起党的地方组织。1929 年 11 月在萝北成立中共梧桐河党支部，1931 年成立中共鹤岗矿山支部，1933 年成立绥滨县大成号党支部。各地党组织相继成立后，发挥组织作用，团结领导人民群众开展了抗租抗税、索薪罢工等运动。

第一节　发现煤田及矿山开发

鹤岗煤田形成在一亿四千多万年前的晚侏罗纪初期，为远海内陆断陷盆地型煤田。

关于发现鹤岗煤田的记载，最早见于 1924 年北京农商部地质调查所刊发的《地质汇报》上。该报刊载地质调查所技师谭锡畴撰写的《黑龙江汤原县鹤岗煤田地质矿产》中称："鹤岗煤田……其发现近民国纪元之后，民国三年（1914）乡人曹凤阳掘地见煤，持示沈松年，

鹤岗矿山开发早期南二槽露天矿（今岭北矿南采区与南翼临近处）

验之质佳，沈遂与孙丙午等招股举办”。又据民国时期驻矿事务所郭忠等人所写回忆文章记述，曹凤阳发现鹤岗煤田时间为民国三年（1914）夏季，地点在石头河西岸南二槽附近（今新岭岭北煤矿南采区与南翼邻近处），亦与煤田开采初期地点相吻合。关于曹凤阳的情况，一说是农民，一说是猎师（猎户），曾住鹿迹山屯（原选煤中学一带）。据当地老住户纪长锡、王大黑等回忆，民国初年该屯只有十几户人家，多是夏季种田，冬季打猎，这与曹凤阳是农民和猎师之说相符，但更多的情况及其后代如何已无从查考。后在黑龙江省档案馆民国档案中发现，曹凤阳曾作为兴华煤矿公司的原股东，被列为煤矿公司的发起人之一。

一、创办煤矿公司

商办兴华煤矿公司

沈松年，字茂林，汉族，祖籍湖南省凤凰县。1884 年生于清末的官宦家庭。17 岁时就已通诗文精书法。18 岁离开故乡来到黑龙江最北边陲漠河，用其父给的一笔钱办了一座金矿。后来，受同乡朋友相邀，到汤原县参加放荒丈垦工作并被聘为测地委员。1911 年，在鹤立镇娶赵银凤为妻，家业兴旺，当地乡民称呼他“沈老爷”。

曹凤阳在石头河西岸掘地发现煤苗后，把这一发现报告给汤原县常驻鹤立镇的测地委员沈松年。沈松年经实地察看，发现煤质优良，马上召集当地绅士孙丙午等人商议，决定集资开发煤矿，将煤矿取名为兴华煤矿公司（意为振兴中华，兴山就是兴华矿山的简称），当时的公司就设在沈松年的家里。沈松年等人一边组织人力开采，一边向政府请示办理执照。1918 年 5 月，经黑龙江省长公署咨准，发给沈松年石头河西岸 1 方里 450 亩的 331 号矿照（煤矿开采执照）。1918 年 11 月，兴华煤矿公司续领石头河东岸 7 方里（方里是指长宽各一里的面积）矿照。（又据《满洲国地名词典》记载，1916 年，沈松年获得 8 平方华里的矿区开采权，由俄国人投资，当年开采 2. 5 平方华里，1918 年开采 5 平方华里。）

1918 年 11 月 1 日，鹤岗煤田正式开采，煤矿定名为“黑龙江省汤原县商办兴华煤矿有限公司”，在鹤立镇设立煤矿事务所。主要股东有：沈松年、刘象久、蔺剑云、孙锦堂、曾韫、朱子服、彭慧卿、荣赞臣、李旭堂、于佩莆、邵济生、陶莆荣、曹凤阳、李阳、戚恒、董纪五等近 30 位股东。因为股东出的钱有多有少，而且还有虚股、干股存在，究竟有多少股实在是查不清了。最初拟筹集大洋 15 万元，实际只到位大洋 10 万元。全体股东推举原浙江巡抚曾韫为董事，发起人沈松年为经理。地方绅士孙丙午也担任了要职，但具体职务不详。孙丙午品质恶劣，从建矿起就心怀叵测、玩弄权术，给煤矿埋下祸根、形成致命的隐患。

公司刚开始只招了矿工 50 多人，大多是被生活所迫闯“关东”，下“边外”的劳苦农民。这些矿工在工头李相亭等人带领下用土法采煤，完全用人力刨煤、背煤、挑煤，劳动强度非常大。开始是揭盖采煤，由于受自然条件影响，只是季节性生产，出煤量很少。后来采取掏洞采煤，因天热时没有通风设备，一年也只能生产五个月，其他时间工人们就采伐坑木或挖地种菜。因交通不便，煤炭外运特别困难，平时只能卖给附鹤岗附近的工业作坊使用。到冬季封冻后，才能用马拉爬犁，将煤运往沿江的富锦、悦来（今桦川）、佳木斯、依兰等地销售。建矿初的两三年，产量不高、销量也不大，虽然没赚太多钱，但还是略有盈余。

官商合办鹤岗煤矿公司

1919年，兴华煤矿公司成立不久，孙丙午想要大权独揽，暗通上层官吏，排挤沈松年，股东们也出现了内讧，发生纷争以至于达到法律诉讼的地步。

黑龙江驻军军长鲍贵卿为图谋煤矿开发权，以甘河煤矿停办、燃料缺乏为理由拟将兴华煤矿由私营改为官办，经过多次协商，才勉强定为官商合办。还武断地决定：原股东的本金只能抽回一半，股东的红利弃之不管。然后由省府政务厅函请当地驻军李少白团长出面，就近与沈松年等众商股进行接洽。1919年12月，黑龙江省实业厅给原陆军署顾问赵文清颁发聘书，希望赵文清立即上任。1920年1月，赵文清同曾韫及其他股东召开会议，决定兴华煤矿有限公司正式改为官商合办，名称改为鹤岗煤矿公司。在哈尔滨道外景阳街设立“黑龙江驻哈鹤岗煤矿总公司”，并在佳木斯设立事务所直接管理矿山。赵文清正式接任鹤岗煤矿公司总办。（据原浙江巡抚增韫写给当时黑龙江督军、省长孙烈臣的信称：“承蒙拨官股接济，毋庸外借他债”，恐怕与筹建资金不足以及矿权有关。）

1920年3月4日，鹤岗煤矿公司在齐齐哈尔召开第一届股东会议。参加会议的股东代表共18人，其中，商股代表12人，吉林省官股代表2人，黑龙江省官股代表4人。会议议定鹤岗煤矿公司股本总额为大洋600万元，分为6万股，每股100元。先招股本总额的四分之一，其中兴华煤矿公司原商股作价为大洋30万元、吉林省官股大洋50万元、黑龙江省官股大洋50万元，其余大洋20万元招商办理。会议选举增韫、马忠骏、冯庆澜、刘尚清、王树翰、蔡运生、董士恩为董事，选举高玉堂、林松令为监事。会议通过了股东会议决议和颁布施行《鹤岗煤矿公司章程》，共9章34条。鹤岗煤矿公司定名为鹤岗煤矿股份有限公司，鹤岗煤矿的叫法也是从这个时候开始的。煤矿官商合办后，新开煤坑7处，分斜坑、横洞两种，都是位于石头河西岸南北二槽处，出煤的煤坑有6处；还新建了炼焦窑8座，将煤炭炼制成焦炭后销售。与兴华煤矿公司时期相比，规模稍有扩大。

鹤岗煤矿公司第一届股东会议以后，所议定股金并没有兑现到位。特别是官股，吉林省有名无实，始终没有拨款。黑龙江省也只有广信公司拨来大洋 20 万元。除了在 1920 年由哈尔滨德昌机械厂购进 1 台 160 马力立式锅炉和 1 台排水设备以外，其他都没有发生改变。采煤还是笨重的人挖肩扛，煤炭外运问题仍然没有解决，生产经营还是处于十分困难的境地。

1920 年 8 月，原黑龙江省财政厅厅长刘尚清接任鹤岗煤矿公司总办，设法购置了矿山急需的生产设备，使生产略见起色。同年 12 月，刘尚清因病辞职；1921 年初，由通原林业公司总办孙祖昌兼任鹤岗煤矿公司总办，曾动议修建运煤铁路，但也没有结果；1922 年 4 月，省公署派张星桂接任总办，只干了一年，也是没有什么起色。

1923 年 4 月，原黑龙江省道尹赵延宸接任总办。此时的鹤岗煤矿公司受官股停付、经费不足、运输不便等因素影响，已处于资金严重短缺、生产难于维持的地步。赵延宸多方呼吁、四处奔走，仍无济于事，无奈于 1923 年 7 月停止出煤。之后的近两年时间里，一直处于停顿状态，官商合办的鹤岗煤矿公司已是空有其名。

合资商办鹤岗煤矿公司

1921 年，黑龙江督军兼省长孙烈臣调职吉林，由吴俊升接任督军并暂代省长。关于鹤岗煤矿公司“孙烈臣有过建设鹤岗运煤铁路的商请、由于运输的原因和官股停付使煤矿处于停顿状态、有过与外资合办之议以及煤矿停止出煤后又有交回商办”等情况，吴俊升了解得十分清楚，而且对于修筑运煤铁路事宜，他也多次出面沟通协调。

鹤岗煤田自 1914 年发现，人们都说煤的品质好、储量大，但是一直没有进行过详细勘查。1923 年，北京农商部地质调查所谭锡畴技师来鹤岗进行煤田调查，认为煤质、储量均有开采价值，并于次年 12 月在地质调查所《地质汇报》上发表了《黑龙江省汤原县鹤岗煤田地质矿产》的调查报告。这是有关鹤岗煤田最早的一份较为详细的地质调查报告，全文约 18000 字，附图 5 幅，论述了鹤岗煤田的煤质、储量以及存在的问题和建议，为鹤岗煤田的开发提供了地质依据。调查报告中写道：“鹤岗煤田煤层之厚，在三省实不数睹，煤质之良视开滦也无容多让。论矿量可开采百余年，论营业数千里无竞争，诚北满第一煤田也。惟地处幽僻，交通困难，故煤可采而输出非易，致影响于营业者颇巨，煤田价值因之大减。如能于交通障碍设法扫除，则矿业发达可翘足而待也。”

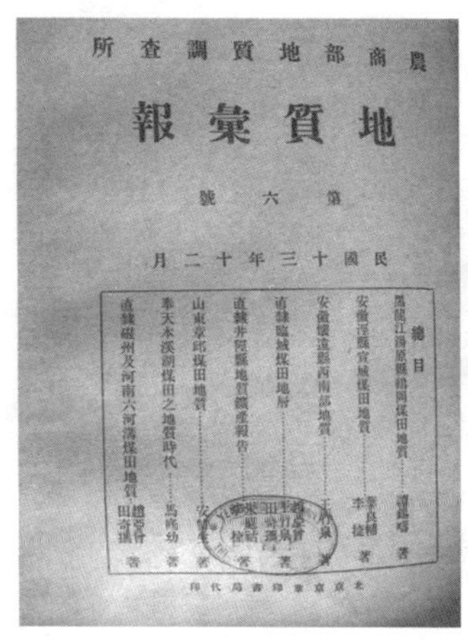
農商部地質調查所

地質彙報

第六號

民國十三年十二月

總目

黑龍江湯原縣鶴岡煤田地質……譚錫疇 著

安徽涇縣宣城煤田地質……李捷 著

安徽懷遠縣西南部地質

直隸臨城煤田地層

直隸井陘縣地質礦產報告

山東章邱煤田地質

奉天本溪湖煤田之地質時代

直隸磁州及河南六河溝煤田地質

北京京華印書局代印

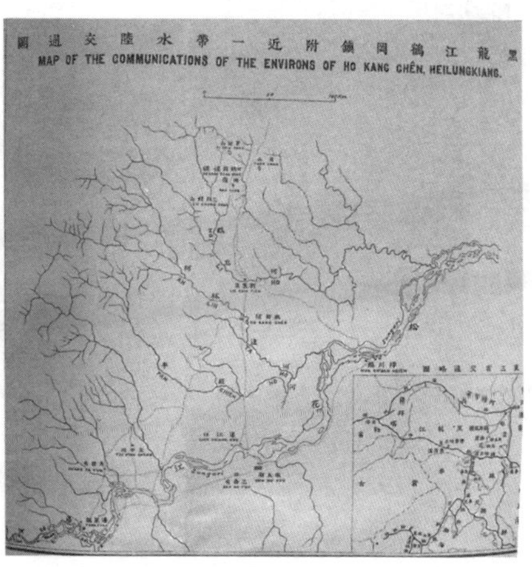

民国十三年十二月《地质汇报》刊发谭锡畴的调查报告

谭锡畴对于鹤岗煤田的论断，无疑给吴俊升等军政要员和富商巨贾吃了一颗定心丸，都觉得鹤岗煤田有利可图。于是吴俊升决定继续经营鹤岗煤矿公司，改官商合办为合资商办。他本人率先入股，同时还说服动员很有经济实力的广信公司投资。

1925 年 7 月 1 日，鹤岗煤矿公司正式改为合资商办，原公司总办赵延宸任新公司的经理。股金由原来的大洋 50 万元增加到大洋 150 万元。吴俊升及其他军政要人 3 万股、广信公司 5 万股、旧商股 2 万股，共计 10 万股。每股票面额大洋 30 元，总股金大洋 300 万元，实际缴纳 150 万元。公司重新恢复采煤，并着手铺设矿山至莲江口之间的运煤铁路。

二、兴建运煤铁路

鹤岗煤矿公司生产发展的障碍主要是运输困难的问题。官商合办煤矿的时候，就有兴修运煤铁路的提议。几经周折，历时 5 年终于建成通车。

黑龍江省長公署公函

1921 年黑龙江省长公署致东省铁路公司事宜公所的复函

1921 年初，时任黑龙江督军孙烈臣就曾致函东省铁路公司事宜公所宋友梅督办，商请出资建设鹤岗运煤铁路问题。鹤岗煤矿公司总办孙祖昌还拣送了煤的样品，对鹤岗煤田的储量和煤的品质进行说明。东省铁路公司拟派人到鹤岗矿山调查，但是因为交通受阻没有成行。1922 年，鹤岗煤矿公司总办张星桂再次致函东省铁路公司事宜公所，请示修筑铁路事宜。

1923 年初，黑龙江省长公署致函东省铁路公司事宜公所，请他们尽快研究决定修筑运煤铁路问题。同时，时任黑龙江督军吴俊升致函铁路督办王兆熙对修筑铁路事宜给予支持。2 月，东省铁路公司研究决定，不能修筑铁路，但是可以出租不用的车辆，而且如果把煤炭运到哈尔滨，也可以抵付租金。3 月，鹤岗煤矿公司复函东省铁路公司事宜公所，又提出 7 条商议事项，并提出租售铁轨的请求。7 月，东省铁路公司答复了其他事项，但是仍然拒绝租售铁轨。1924 年 2 月，吴俊生致函东省铁路公司事宜公所会办俞人凤，请他对相关事宜给予斡旋。俞人凤回复：凡能维持之处，无不竭力。4 月，王兆熙函告吴俊升：所需车辆已毫无问题，唯关于铁轨一节，已饬令路局详尽酌核，勉为办理已。5 月，吴俊升再次致函王兆熙：请早日解决铁轨问题。王兆熙复函说：铁轨一节早已注意，凡属力所能及，即当竭尽绵薄。至此，修筑鹤岗铁路问题已基本解决。11 月，鹤岗煤矿公司总办赵延宸在哈尔滨接收机车 5 辆、煤车（载重 15 吨）75 辆，只是铁轨的事还需要一段时间。

1926 年 11 月，鹤岗至莲江口的运煤铁路通车

1925 年春，鹤岗铁路正式开工修筑，以莲江口为起点到鹤岗矿山为终点，全长 55.6 公里。1926 年 11 月全线竣工，1927 年 1 月正式通车运营。定名为鹤岗铁路，也称新兴铁路、鹤立岗铁路。当时，每天可发 5 列车，其中一列挂有二等客车厢 1 辆、三等客车厢 4 辆，其余为运煤、运货车厢。1928 年 1 月 1 日，鹤岗铁路开通客车，莲江口至矿山间每日往返一次。

三、鹤岗煤矿公司改组

随着运煤铁路的开通，加上采取露天采煤法（从辽宁北票煤矿请来有办矿经验的陈甲三担任煤矿公司协理，钱拱北担任总工程师，由土法开采改为露天开采，并使用蒸汽绞车提升），采煤点不断扩展，鹤岗煤矿产量逐渐增加。不仅购置了车辆、机器，而且成立了铁工厂，这时的矿山有大小机车 9 辆、客车 6 辆、煤车 140 辆。由于解决了运输问题，销路也打开了，鹤岗煤炭也销往哈尔滨等主要城市。随着鹤岗煤矿不断发展壮大，煤矿工人也逐渐增多，1927 年就达到千余人，其中采煤工人 700 余人、运煤工人 300 余人、机电部工人 120 人。

1926 年 11 月，鹤岗煤矿公司总办赵延宸病故于佳木斯，梁宝琳接任总办，陈甲三任协理。

1928 年 6 月，吴俊升在皇姑屯事件中被炸身亡，黑龙江省军政大权则由军务督办万福麟、省长常荫槐掌握。这一政治事件直接影响到鹤岗煤矿公司人事变动，万福麟的儿子万国宾和常荫槐的侄子常绍襄占据公司协理的要职。1929 年 1 月，杨雨廷、常荫槐被东北军总司令张学良枪决，常绍襄失势逃亡，鹤岗煤矿公司大权遂落入万国宾手中。同年 3 月，鹤岗煤矿公司改组，广信公司总经理谭玉祥兼任经理，万国宾担任协理。公司办公地点仍然在哈尔滨。将驻矿事务所设在莲江口，任命郭忠为所长、钱拱北为副所长。为加强对矿山的直接管理，驻矿事务所设采煤部、总务部、工程部、机电部、运输部、会计部、营业部、矿警队。这一阶段的煤矿工人也由几千人快速增加到 20000 人，矿山煤炭产、运、销都有较大发展，当年获利 60 万元，受到东北政务委员会的通电嘉奖。

1930 年，谭玉祥因广信公司事务繁忙辞去鹤岗煤矿公司经理的职务，由万国宾担任经理。同年，东北军司令张学良又投资 60 万元购置机船 1 只、拖船 2 只，加强了松花江水上运输，鹤岗煤炭开始销往华北各地，煤炭产、运、销规模进一步扩大，年终获利 65 万元。当时的上海《新闻报》、天津《民国日报》、东北《商工日报》对此均有报道，称赞鹤岗煤矿公司“煤业兴旺，矿山发达”。

1931 年 6 月，鹤岗煤矿公司在哈尔滨召开股东大会，总股金增至 300 万元，选举产生了新的董事会和监事会。刘哲（敬舆）当选为董事长，张学良夫人于凤至、增韫、万国宾等当选为董事。万国宾担任公司总经理，赵琳和王葆华担任莲江口驻矿事务所正、副所长。鹤岗煤矿公司从管理机构到生产、运输、销售都步入正轨，直至 1932 年沦陷日本人之手。

第二节　煤矿工人罢工斗争

鹤岗煤矿工人阶级在封建主义、官僚资本主义及帝国主义残酷剥削和压榨下，生活贫困、处境悲惨、没有人身自由，更谈不上民主权利。

那时对工人进行“把头”管理制度，也称包工制。把头为了控制工人永远为他卖命，设立了赌馆、妓馆、大烟馆等麻痹工人，掠夺工人的血汗钱。在痛苦的工作环境状态下，大多数工人只有以此来麻痹自己。当时的独身工人大部分领到工资后就到这些地方胡混，钱花光了，再挖煤赚钱。有的负债被扣，把头再用钱去赎，赎出后工人因为欠把头钱还得无条件为把头卖命。把头采取包伙方式从伙食上剥削工人。当时白面才3元多一袋，而工人一个月的包伙却要9元钱，伙食是清一色的馒头和咸豆，工人无论吃多少都得拿钱，而把头却不用分摊伙食费用，专门吃工人的。此外，把头还采取从工人工资中十抽一的固定剥削方式。

由于是笨重的土法开采，没有相应的安全措施，经常发生事故。比如工人由跳板上掉下来摔死了，有的工人与把头有亲戚、关系好点的，家属还能知道人死了，其他的工人死了，真就是活不见人、死不见尸。仅有的抚恤金，到家属手里也所剩无几。

哪里有压迫，哪里就有反抗，哪里就有斗争。广大工人面对剥削和压迫，纷纷采取各种方式进行反抗斗争。

鹤岗煤矿公司在莲江口设驻矿事务所，连家属带工人有五六百人，脚行工人就占300多人，机电部工人四五十人。

在莲江口有个戏园子，是专为官僚资本家消遣和麻痹工人而设的，几乎天天有场。戏园子座席是分等论价的，包厢是为煤矿公司当官的和富商、大把头及外来宾客预备的，出苦力的工人只能在距离戏台很远的靠后位置上看戏，有时连个座位都没有。工人们为这事早就憋了一肚子气，再加上公司总拖欠工人的工资，所以，工人们的不满情绪大有一触即发之势。戏园子又是工人们消遣比较集中的地方，工人们同当官的和阔佬阔少在那里经常发生摩擦，吵嘴斗架的事情不断发生。

1930 年中秋节，看戏的人也比平时猛增，戏园子里非常嘈杂和拥挤。座位满员后，有很多人只好靠边站着。戏园子内部空间本来就很狭小，脚行工人方正没有座位，就站在一个包厢旁边看戏。坐在这个包厢里的人名叫沈佩衡，有钱有势，见方正挡了他的视线，便大声呵斥让方正赶快躲开。方正没理他这个茬，站在那里继续看戏。双方谁也不肯让步，发生了激烈的口角，先是吵骂，后来便动起手来。沈佩衡抵挡不过身强力壮的方正，突然凶相毕露抽出一把尖刀刺向方正，不长时间，方正便气绝身亡。来看戏的脚行工友们本来就有一腔不满怨恨情绪，此时此刻又亲眼看见自己的工友兄弟被杀死，个个怒火冲天，气红了眼。这时，杀人凶手沈佩衡在矿警们的所谓监护下，从被包围的人群中溜了出去。大家一怒之下，七手八脚地就把戏园子给砸了，强烈要求为死者报仇，一定要杀人凶手偿命。虽然出动矿警镇压，但脚行工人越聚越多，并且提出条件，如果不答应惩办凶手沈佩衡，全体脚行工人就罢工。

三四天后，被砸坏的戏园子修复后又开戏了。脚行工人们拿着木棒子再次聚集到戏园子。矿警队企图用武力镇压，工友们同矿警队发生了冲突。后来，姓谭的矿警队长竟然命令矿警向领头的工人开枪，当场就把机电工人肖子康和沈连涛 2 人打死，还有 5 名工人受了重伤，很多人受了轻伤。工人们一看工友兄弟死的死、伤的伤，一哄而起，把整个戏园子和煤矿事务所办公室包围起来。本来脚行工人同机电部工人长期闹不团结，现在却不约而同地凝聚起来共同斗争。工人们严正提出，必须把沈佩衡和矿警队长交出来，杀人凶手要偿命，要付给死者家属丧葬费，并给死者家属安排工作。

大家一致推选穆仁清当代表，由他出面同煤矿事务所所长郭忠交涉。郭忠威胁穆仁清说砸戏园子的事是穆仁清的侄子穆瑞廷领头干的。可是大家都知道砸戏园子那天穆瑞廷没在家，而是开火车去鹤岗矿山了。穆仁清、肖子康的哥哥肖子连和沈连涛的叔叔沈占一等人，带领全体工人一致要求惩办杀人凶手，并且把运煤炭的火轮船玻璃也都砸碎了。因脚行工人罢工，没有人往船上装煤，煤炭无法外运。

罢工一直坚持了十余天。这期间，矿方曾把汤原县警察大队姓廉的大队长请来，对穆仁清等人威逼利诱，但是没有得逞。矿方不得不向罢工工人低头。将杀人凶手沈佩衡等人抓起来，送到汤原县法院审判；给死者家属发放丧葬费、抚恤金，并安排生活出路；如数补发了拖欠工人的工资。这次脚行工人砸戏园子的风潮和机电部工人的联合罢工，最终取得胜利。

罢工是煤矿工人反对封建统治、反抗压迫的主要斗争形式。1931年3月，鹤岗煤矿积欠工人数月工资，煤矿工人罢工三昼夜；1932年冬季，中共煤矿支部领导的赴哈尔滨总公司要求开清工人的欠薪而举行罢工，直到第二年春季鹤岗煤矿逐渐复工生产；1933年5月13日，在中共煤矿支部发出的“一律开清欠薪”“反对把头克扣工人工资作小铺基金”“明晨一律不干活，全体罢工”等传单号召下，鹤岗矿山500余工人罢工。

鹤岗煤矿工人反抗封建统治阶级和封建把头、警察、特务残酷剥削压迫的反抗斗争从来没有停止过，不仅培养了广大人民群众对敌斗争的坚定意志和阶级觉悟，也充分展示了广大人民群众登上历史舞台的伟大力量，极大地推动了鹤岗人民反帝、反封建的革命斗争不断发展，为鹤岗地方党组织的建立和发展奠定了阶级基础和政治基础。

第三节 早期党组织的建立

1927年，国民党反动派发动了“四一二”反革命政变后，中国共产党人面对敌人的血腥屠杀，冲破反革命的高压，在黑暗中继续高举反帝反封建革命旗帜，以血与火的抗争，回答了国民党的屠杀政策。1928年初，参加广州起义的中国共产党党员崔庸健（崔石泉）千里迢迢来到东北，在松花江下游进行共产主义宣传活动，并与活动在汤原地区的党中央特派员李春满等人在汤原、鹤立、梧桐河一带秘密建党。1929年6月，刘少奇出任中共满洲省委书记后，积极着手各地党组织的建设和整顿工作，并按照共产国际“一国一党”决定和满洲省委改组在中国东北的朝鲜共产党组织的指示，统一了东北党的组织。原在东北的朝鲜共产主义者纷纷加入中国共产党，这对建立和发展汤原县党组织起到了巨大作用。在这种形势下，党在三江平原播下了第一颗熊熊燃烧的革命火种——中共汤原县委在新华车站附近的七号屯诞生了，并把党组织扩展到农村、矿山，使党的组织在兴山、绥滨和萝北扎根、开花、结果。

一、梧桐河党支部的建立

萝北县的梧桐河畔有个梧桐河村（也叫福兴屯），以梧桐河为界分东屯、西屯。梧桐河村位于松花江下游萝北境内的梧桐河汇入松花江入口处，是一个土地肥沃、水源充足的好地方。1922 年仅有几户朝鲜族农民在此开荒种田，后来被军阀看中，招来几批从朝鲜逃荒来东北的朝鲜族农民来此安家落户，开始只有百八十户，后来发展到 300 多户，最多时达到 600 余户。

梧桐河村附近有个“福丰稻田公司”，是 1927 年初由黑龙江督军吴俊升、军务督办万福麟先后派人来此跑马占荒开办农场而成立的，由二房东（也叫把头）朴治浩和孙友松管理。公司周围修筑了围墙，有 2 丈高，在东、南、西、北四处修筑 4 座炮台，墙外设有护城河，里边驻有 30 多人的自卫团，养有十余条大狼狗，戒备森严。公司把土地出租给附近村屯的农民租种。开始时，租种 1 垧地，农民得 1 担米，三四斤豆油，十余斤盐，还要负担修建大型水利设施的义务工。这一年年景好，风调雨顺，加上农民辛勤耕作，水稻获得大丰收。公司一看红了眼，便随意提高地租，向农民征收各种苛捐杂税，还让农民给二房东出增租粮，如果农民不交，就收回土地。公司的残酷剥削，激起了农民强烈不满，使本来就对立的阶级矛盾更加激化了。

1928 年春，崔庸健（崔石泉）同李春满、蔡平等人先后来到朝鲜人集居的梧桐河村，就住在朝鲜族人金成刚家中。他们以卖零工为名深入到农民之中，了解农民群众的疾苦，利用农民对公司不满情绪和阶级矛盾，宣传革命道理，号召农民团结起来反抗公司的剥削和压迫。

渐渐地农民开始认识到没文化就意味着愚昧，愚昧就受剥削、受压迫。后来，崔庸健又以教书的公开职业作掩护，在农民群众的帮助下，先后在梧桐河村的东屯办起了萝兴小学，在西屯办起了松东模范学校，崔庸健和李春满亲自组织教学和编写教材。他们以学校为阵地开展革命活动，白天给学生上课，晚间组织农民夜校。在夜校里，他们积极传播1927年大革命和苏联十月革命的经验，宣传马列主义，揭露日本帝国主义侵略罪行，号召人民行动起来，反对封建剥削制度。他们在梧桐河村创办了汤原地区最早的妇女同盟、反帝同盟、农民同盟等群众性革命团体，组织农民开展革命斗争，从而唤醒了农民的政治觉悟，使一批进步青年走上了革命的道路。

萝北梧桐河党支部书记 崔庸健

1928年深秋，崔庸健、李春满等人在松东模范学校组织了一次大规模的农民演讲活动，纪念“十月革命”和广州起义，宣传革命道理，教育广大农民群众。随着革命斗争形势发展的需要，1929年春，崔庸健、李春满、蔡平等同志根据满洲省委的指示精神，经过积极筹备，在兴山镇新华车站附近的七号屯成立了中共汤原县委，隶属中共满洲省委领导，李春满任县委书记。县委成立后，以青年会、少探队为基础成立了共产主义青年团，县委设立青年部，同时将农民同盟改为农民协会，妇女同盟改为妇女协会。

1929年秋，中共汤原县委派李春满、蔡平、金利万等人在梧桐河村通过农民协会、妇女协会、青年团等革命组织，广泛团结鲜、汉族农民群众，同“福丰稻田公司”展开了一场减租、减息斗争并取得胜利，表明人民群众的反封建斗争已逐步从经济斗争发展到政治斗争，为在萝北建立党的组织奠定了很好的政治基础。同时，减租、减息斗争也锻炼了农民群众，使一批进步青年走上了革命道路。汤原县委秘密发展了农民裴治云、金成刚（女）、徐光海等人加入中国共产党，并于1929年11月建立了中共梧桐河党支部，隶属中共汤原县委领导，崔庸健任党支部书记，党员有裴治云、金成刚（女）、刘泽民、崔贵福、李英华、徐光海、金乘浩（后改名为马德山）、张兴德。不久，崔庸健、李春满等人又在松东模范学校连续办了两期军政干部培训班，每期3个月，共培训了170余名革命干部。在这些学员中选出一批优秀的、政治上成熟的同志，陆续派往通河、萝北的鸭蛋河、汤原县的格节河、富锦县的安邦河、哈达密河等地开展工作，在三江平原播下了革命的火种。

1930年冬，梧桐河党支部根据满洲省委指示，组织了农民赤卫队，农民的革命热情非常高涨。1932年4月汤原中心县委改选，调裴治云接任汤原中心县委书记，梧桐河党支部书记由马德山担任。1932年秋，松花江涨大水，洪水倒流，梧桐河村完全被淹没，村民四处转移，梧桐河党支部也因此停止了活动。

二、大成号党支部和绥滨县委的建立

王永昌，原名刘来智，曾用名王德，1901年生，山东省寿光县北洛乡野虎村人。1931年"九一八"事变后，日本帝国主义侵占了东三省。王永昌来到汤原县积极投入抗日救亡运动，并加入了中国共产党。

1932年，中共汤原县中心县委派王永昌到绥滨，以开小铺、做豆腐、卖麻花为掩护，秘密开展党的工作。经常活动在中兴镇、大成号、康乐、河泉屯、福太、德胜、富山屯一带。通过向当地群众宣传共产主义思想、无产阶级革命道理，号召群众抗日救国、不当亡国奴，在当地群众和青年中产生了巨大影响，渐渐地，在他的周围紧密地团结了一批进步青年。

1933年，王永昌发展了肖文泰、徐连城两人秘密入党。同年5月，王永昌在绥东大成号建立了绥滨县党的第一个基层组织——大成号党支部。党员有王永昌、徐连城、周云峰，王永昌任党支部书记。在王永昌的组织领导下，几位党员和积极分子更加广泛深入地宣传革命和抗日救国道理，为党组织的不断壮大、秘密开展党的工作、掀起群众性的抗日救亡运动，奠定了坚实的政治基础。

绥滨大成号党支部书记 王永昌

1934年，王永昌调回汤原县，以王德为名任汤原抗日救国会主席。

1935年，绥滨地下党组织在四区（今忠仁镇一带）组织建立了抗日救国会和抗日游击队，并建立了联区区委。

1936年春，王永昌又被派回绥滨县，仍以卖麻花、卷烟为名，背着箱子在绥滨各地与地下党员进行联络，在二、三、四区一带，继续发展党的组织，扩大党的队伍，宣传共产主义思想，宣传抗日救国。

由于王永昌的影响和活动，1937年绥滨抗日组织壮大起来，掀起了抗日救亡高潮。2月，在王永昌的策划下，河泉屯的进步青年刘成贵、李晨家等人组织起来，以大刀、红缨枪为武器缴了北大柜屯的警察队和自卫团的械；随后组织起游击队。王永昌又亲自指挥游击队，以里应外合的方式缴了绥东警察署和自卫团的械；4月，王永昌在三区曲家窝棚（今望江村）组织起抗日游击队、救国会、儿童团；5月，在四区王大房、守护屯、西小山、沙院里组织起抗日救国会，成立了帘区抗日游击队。

王永昌对中侠、助国、全胜等抗日义勇军做了大量争取工作，1937年6月，配合六军派来的高玉斌将他们改编为抗日联军六军五师。

1937年6月，下江特委分局派刘忠民来绥滨配合王永昌开展工作。7月，在曲家窝棚（今连生乡望江村）建立了中共绥滨县委员会，王永昌任县委书记。8、9月间建立了绥东、绥滨、连生、北岗4个区委和五顶山特别支部。10月接收了萝北区委。党员发展到80余人。

三、中共鹤岗矿山党组织的建立

随着鹤岗的煤炭开采和萝北的黄金开采，采掘业迅速发展起来，鹤岗诞生了早期的工人阶级队伍，并且迅速发展壮大。

抗日战争初期，鹤岗矿山是汤原县所管辖的一个镇（兴山镇）。煤矿的矿工，大多数是破产的农民和手工业者，还有从山东、河北等地来东北逃荒的难民，他们无家可归，生活一贫如洗。在矿山，他们生活在最底层，饱受压迫，为了生存、活命，他们不断地同官僚买办、封建“把头”进行斗争。1926 年到 1930 年 5 年间，鹤岗煤矿工人和莲江口脚行（运输行业）工人多次举行了自发的斗争。1928 年煤矿工人为了要求开清欠发的工资，举行了为期 3 天的罢工斗争，1929 年，莲江口西煤场脚行工人为反对外包工拖欠 6 个月的工资，举行了为期 3 天的罢工斗争。

这些斗争的形式虽然只局限于破坏生产、消极怠工和罢工，斗争要求虽然只局限于改善自身的经济状况，但却充分显示了工人阶级的政治觉悟。通过斗争，也逐渐培养和锻炼了矿工的斗争意志，显示了新生工人阶级的力量。但是，由于缺乏严密的组织和正确的领导，斗争仍然带有很大程度的自发性和无组织性，尚不能突出正确的要求和明确的目标，因此大都以失败告终。工人阶级要取得斗争的胜利，必须要有一个真正代表工人阶级利益的政党领导，而鹤岗煤矿工人运动的发展，为建立中共地方党组织创造了条件。

中共满洲省委和中共汤原县委充分认识到这种形势，从 1929 年就开始派中共党员来矿山进行工作，并酝酿在鹤岗矿山建立党的组织。中共汤原县委第一任书记李春满曾多次秘密来鹤岗矿山指导工人运动和筹建党的组织。

1930 年，汤原县委派中共党员裴锡九等人来到鹤岗矿山，装扮成煤矿工人，与矿工们一同上工、一同下工，秘密接触工人，成立三人工作委员会（即工会）领导工人运动。他们经常召开秘密会议，组织人员发传单、贴标语、油印小报等。提出了“加入工会”“反对欠薪”等口号，以此来激发进步青年跻身于革命洪流之中。同时，他们还在工人中传播苏区和苏维埃红军的情况、传播苏联十月革命和马克思主义，提高了工人的政治觉悟和阶级觉悟，为建立矿山党组织奠定了基础。1930 年夏天，因井下失火，裴锡九不幸遇难。

1931年春，汤原中心县委书记高雨春与刘忠民等来到鹤岗矿山领导工人运动，筹建矿山党的组织。1931年3月，鹤岗矿山建立了第一个党的组织——中共鹤岗煤矿支部，隶属中共汤原中心县委领导，当时有中共党员3人。从此在党组织领导下，更好地推动了鹤岗煤矿工人运动的发展。到1933年春，矿山支部扩大为矿山区委。

附录：

（一）黑龙江省长公署训令第1113号

令财政厅

案查矿商沈松年请采绥兰道汤原县境内鹤岗镇石头河地方煤矿一案前经咨准。

农商部核复矿图基点仅有一个，图上亦未注明开采字样发号，请饬填注并印发采照一纸，一俟该商将矿图修正后再行注册给领等因。当经转行遵照去后，兹据该矿商遵令修正前来，除采照由本公署注册给领，并将矿图盖印分别咨行外，合令行该厅即便知照。此令。

省长鲍贵卿

中华民国七年六月十九日

黑龙江省之印

（二）黑龙江省长公署训令第1978号

令财政厅

农商部咨开矿商沈松年续领绥兰道汤原县鹤岗镇石头河东岸煤矿采照一案，审核均尚合格，经给采字第五百三十四号采照一纸，请饬注册给领，并将矿图补行盖印，分别咨发等因。经此，除由本公署注册给照饬往开采，并将矿图盖印分别咨行外，合令该厅即便知照。此令。

省长鲍贵卿

中华民国七年十一月二十五日

黑龙江省之印

（三）沈松年呈请纳税函

呈为具报开采煤斤日期并请发给税则以便照章纳税伏乞鉴核示遵事。窃商人前往汤原县鹤岗镇石头河地方探得煤矿业经呈章，发给三百三十一号采矿执照等因在案。现因创办之初，所有购运机器、建筑轻铁路均非一时所能就绪，暂用土法试行采做，其做法仍照使用机器开挖隧道，俾将来改用机器时不生障碍，已于七年十一月一日开工。采出之煤自应照章纳税。应请发给税则以便遵照办理之。合将开采煤日期暨请发给税则缘由具文呈请

鉴核施行　谨呈

黑龙江省长

汤原县兴华煤矿公司商人沈松年

（四）黑龙江省长公署指令第8733号

令财政厅

呈悉查矿税分矿区矿产两种，煤矿为矿业条件第六条第一类矿质照例每亩按年应纳矿区税大洋三角，于每年十二月、六月预将下期六个月税款缴纳。本公署核收矿产税应照出产地平均市价纳千分之十五，于每年一月、七月按计前六个月所出矿产之额数缴纳财政厅核收。该公司既于十一月一日开采，仰即将本年十一、十二两个月矿区税如数呈缴以凭核收，并仰财政厅知照呈抄发此令。

省长鲍贵卿

中华民国七年十二月六日

黑龙江省之印

（以上原件藏于黑龙江省档案馆。原件无标点，标点是编者加的）

（五）黑龙江鹤岗煤矿总公司公函第一号

径启者案奉

省长令，开委任刘尚清为鹤岗煤矿公司总办等因奉此，遵于八月一日到哈公司任事。所有日行公牍应即刊刻木质关防以资信守，兹于八月五日启用，文曰“鹤岗煤矿总公司关防”，除呈报及令行外，相应函请

查照。此致

中东铁路督办公署

总办刘尚清

中华民国九年八月二十四日

第二章

山河破碎　奋起抗争

震惊中外的“九一八”事变爆发之后，在蒋介石“不抵抗政策”下，日本侵略军迅速向东北地区扩张。

1932年8月，日本侵略者侵占鹤岗矿山。日本帝国主义与伪满官吏勾结，建立了宪兵队、警察署、刑务署、矫正辅导院等野蛮、残酷的统治机构，对鹤岗地区人民实行法西斯统治，对资源进行疯狂掠夺和破坏，整个鹤岗地区变成了一座暗无天日的人间地狱。

鹤岗人民没有被侵略者的淫威所吓倒，他们纷纷奋起抗击，一批批不甘被奴役，不甘做亡国奴的乡村农民、爱国志士、渔民猎户、煤矿工人拿起武器，纷纷走上了抗日战场。抗日武装力量风起云涌，到处举起了抗日义旗，抗日的烽火燃遍鹤岗大地。

松花江下游北岸，是东北重要的抗日游击区之一。该地区的汤原、兴山（鹤岗）、萝北、绥滨，以广阔山区为屏障，游击区域连成一片。萝北境内的公义永、麻花林子、老等山等地，都以抗日根据地而闻名。松花江北岸的重镇兴山（鹤岗）、兆兴（肇兴）、绥滨及凤翔都记载着抗日联军的赫赫战绩。著名抗联将领赵尚志、夏云阶、李兆麟、冯仲云、戴洪斌等都曾率部在鹤岗这块土地上与日本侵略者进行了不屈不挠、艰苦卓绝的斗争，谱写了气壮山河的壮丽史诗。

第一节 矿山沦陷

“九一八”事变后，日本侵略军由南满疯狂地向北满逼近，先后侵占了齐齐哈尔、哈尔滨、佳木斯等重要城市。距离佳木斯不足百里的鹤岗矿山也人心惶惶，陷于一片混乱之中。煤炭产量急剧下降，又时逢松花江出槽发大水，矿工因煤炭产量和运销出现困难拿不到工钱，被生活所逼也纷纷逃散。鹤岗矿山处于半停产状态。

掌握黑龙江省军政大权的代理省主席兼东北边防军驻黑龙江省副司令、军事总指挥马占山认为，鹤岗矿山是个大后方，完全可以成为抗日根据地，实在万不得已时，还可以撤到苏联去，达到保存实力的目的，无论什么情况也不能轻易放弃鹤岗矿山。于是，马占山命令东北边防军陆军三旅五团团长刘斌和参谋长杨公衡，带领3个营共600余人进驻汤原县鹤立镇。由一营驻守鹤岗矿山，驻地在今向阳区红军街九马路广播电视台附近，负责矿山警备。时隔不久，刘斌和杨公衡商议后，又命令一营撤离鹤岗矿山，调防到萝北一带驻守。五团一营撤走后，鹤岗矿山只有焦景彬带领的地方军600余人负责驻防。

东北人民不甘心当亡国奴，抗日情绪十分高涨。当时，松花江以南有李杜、丁超两支抗日队伍活动在依兰、桦川地区；松花江以北有赵尚志、夏云阶两支抗日队伍活动在通河上游、汤旺河上游及兴山、绥滨和萝北地区。对鹤岗矿山早有觊觎之心、垂涎三尺的日军一时未敢轻举妄动，曾多次指使鹤岗煤矿公司驻矿山事务所所长郭忠诱劝焦景彬率部降日，焦景彬迫于民众压力，拒绝投降。一心想要早日侵占鹤岗矿山掠夺煤炭资源的日本关东军高层决策者恼羞成怒，在侵占汤原之后，立即对攻打鹤岗矿山进行军事部署。

1932年8月11日早晨，日本关东军第三十三旅团中村少将率领步兵、骑兵、炮兵约3000人，在莲江口西煤场集结，准备进攻鹤岗矿山。先由投靠日军的驻矿事务所所长郭忠向驻守矿山的焦景彬下达最后通牒，限焦景彬于当日下午4时派人带花名册和枪支弹药装备清单送到莲江口日军指挥所，听候对焦部收编，否则就以武力解决。晚7时许，得知最后通牒被拒绝后，日军从莲江口西煤场乘坐5节用麻袋装土堆成工事的平板列车，沿铁路线向鹤岗矿山进攻。因害怕铁路两侧有伏击，一路走走停停，第二日天蒙蒙亮时才进逼至鹤岗矿山附近。焦景彬所部是国民党地方杂牌军队，内部成分复杂，整体抗日意志并不坚决，加上武器、装备、兵力与日军相差悬殊，当日军逼近鹤岗矿山时，他们便慌作一团，在南岗一带放枪抵御一阵，便很快撤进了山里，日军长驱直入地占领了整个矿山。

焦景彬所部进到山里后，没有粮食、缺医少药，又逢雨季，大部分士兵不堪忍受而纷纷离去，最后只剩下30多人，由于条件十分艰苦无处栖身，全身上下长满疥疮。于是，焦景彬派人下山到鹤立镇日军大队本部找大队长安腾，表示愿意接受日军的收编。驻矿事务所所长郭忠和技师翁镇从中说和，并给予担保。日军将这些残兵败将改编为保安队，调往通河县驻防。

侵占鹤岗矿山后的第二天，日军就撤走了大部分军队，只有一个中队百十多人留守鹤岗矿山，驻扎在南大营一带，日军大队本部设在鹤立镇。从此，鹤岗矿山沦陷，矿山人民生活在水深火热之中。

第二节　侵略者的法西斯统治

1932年12月，在日本侵略者的授意下，伪满政府实业部部长张燕卿以实业部的名义，派一名叫高木的日本人到哈尔滨调查并任命李叔平为鹤岗煤矿股份有限公司专务董事，赵颉第为常务董事，接管了鹤岗煤矿股份有限公司。同时，以“逆产”名义没收了张学良等人的180万元股份归伪满政府，将原广信公司的股份转为江字支行（伪满洲国中央银行的分支机构）所有。至此，鹤岗煤矿股份有限公司股权大部分被伪满政府接收。实际上此时的鹤岗煤矿已落入日本侵略者手中，鹤岗矿山已沦为日本侵略者掠夺中国煤炭资源的基地。

1934年5月，满炭株式会社成立，伪满政府将鹤岗煤矿公司股份转让满炭，并将驻矿事务所改为鹤岗炭矿。随后，日本侵略者逐渐将日本人派往矿山把持一些管理部门。到 1936 年，矿山的管理部门有 70%是日本人，各重要部门全部由日本人控制。1941 年 4 月，鹤岗炭矿改为满炭鹤岗矿业所。1943 年 3 月，鹤岗矿业所改为鹤岗炭矿株式会社。经过几次周折，日本侵略者终于让鹤岗煤矿脱离满炭独立，至此，鹤岗矿山被日本人完全垄断。

鹤岗沦陷后，日本侵略者为大量掠夺煤炭资源，直接以军事武力统治矿山。他们把亲手扶植起来的奴才和打手作为统治工人的工具，榨取和剥削矿工的劳动血汗。他们以各种名义把被骗来或抓来的人员作为廉价劳动力，无情地驱赶到煤矿井下，强迫工人超强度劳动，根本不管工人死活。由于侵略者施行野蛮的掠夺式开采，导致井下事故不断发生，加之饥饿、过度劳累、营养不良、疾病流行和经常遭受酷刑，造成成千上万人死亡。

在日伪统治者的残酷压迫下，因事故造成大批死亡的事例举不胜举，而劳累致死者也甚多。

据老工人廉成山回忆，“1941 年，我大哥在兴山干活时有了病，劳务系和把头到家来催工，看到躺在炕上的哥哥，便抡起皮鞭没头没脑地毒打一顿，硬是逼着他出工，大哥疾病缠身，又遭毒打，劳累过度再加水淋，没过 3 天就离开了人世”。“1942 年兴山二坑从关内招骗来 1500 多名 18 岁至 30 岁的工人，因干活时间过长（早 3 点到晚 9 点），加之吃的竟是发霉的苞米面和橡子面，喝的是臭水沟里的水，不到两年，这些人只剩下 90 多人了”。

南山矿退休老工人许延岭回忆说：“1939 年日本人从关里招骗来 600 多人修南东铁路（现洋灰洞子），日军不顾工人死活，逼着工人披星戴月地加快施工速度。由于吃不饱，睡不好，铁路尚未修好，已累死 500 多人，全部扔到东面的荒山坡上。”

日伪时期，人民的生活条件极为恶劣，因食物发霉糜烂，水源污染严重，以致瘟疫盛行，造成矿工、家属们频频染病并因无钱医治而死亡。

老工人李喜秋回忆：那时工人和家属们吃的水沟里的水经常漂着

绿苔和马粪，有时还漂着尸体，这是造成瘟疫盛行的主要原因。1939年霍乱病流行，发现哪一趟房有人患了病，日伪把头就用铁丝网将房子全围上，不许里面的人出来，等人死后，就抬出扔到荒山坡上。

在日本法西斯统治鹤岗十多年的时间里，矿山工人被压榨致死的成千上万，尸骨累累，惨不忍睹，其罪恶是历史上罕见的，现今的“东山万人坑”“大陆万人坑”就是日本侵略者残害中国人民的铁证。

1937年，由日本秋田、关东、三重等地区组建的东北村和东海村开拓团，武装强占了鹤岗郊区田地，鹤岗人民在自己国家土地上生产、生活的权利被日本侵略者肆意掠夺。农民为了生存，只好向日本开拓团租地耕种，过着牛马不如的生活。日本侵略者对其雇用的农民竭力压榨，待遇苛刻，各种苛捐杂税名目繁多，甚至于鸡、犬、羊、鸭及过年过节等都课以重税。这种经济上的残酷剥削和压榨，使鹤岗人民陷于水深火热之中。不仅如此，日本侵略者还霸占民房，实行“保甲制”，强令归屯并户，割断人民与抗日联军之间的血肉联系，使人民流离失所，其险恶用心昭然可见。据《满拓使命、物质、任务》一文记载：日本侵略者计划从昭和十二年（1937）起，用20年时间从日本国向东北地区“入植”（入侵）开拓团100万户（500万人），妄图把东北建成以日本大和民族为中心的日、汉、满、蒙、朝鲜五族协和，把东北变成“第二个日本”。可见，日本开拓团的入侵，是日本把东北变成其殖民地的一个重大战略措施。

日伪时期，在鹤岗除敌伪地方统治机构的街公署、警察署外，还驻有日本关东军鹤岗宪兵分队及关东军守备队。此外，日本帝国主义为加强对反满抗日群众的镇压，还设立了鹤岗刑务署、鹤岗矫正辅导院两所人间地狱。

一、街公署

1932年夏，日军侵入兴山镇（鹤岗）。1934年（伪康德元年）汤原县将兴山镇设置为汤原县第七区。1938年，日伪实行街村制，兴山镇改置为兴山街。1941年5月兴山街又升格为“指定街”，这是伪满全国设置的40个指定街之一。兴山街的地方行政机构为街公署，管理民籍、税收、配给、征兵、征集劳工等街政，它是日本侵略者搜刮民膏、强化统治的工具。1944 年 1 月，兴山街改称为鹤岗街。

二、兴山警察署

1939 年 3 月 1 日，伪汤原县警务科将鹤岗矿山分驻所升格为兴山警察署。1944 年 1 月改称为鹤岗警察署，警察署设警务系、保安系、特务系、警备系、兵事室及拘押“犯人”的留置场。它从街内各区到远郊乡村、林区等设置了 14 个派出机构。警察署是日伪统治镇压中国人民的残忍工具，百姓称之为“阎王殿”。

三、兴山宪兵分队

1932 年夏，日本侵略者侵占汤原后，设立了汤原宪兵分驻所。在所辖区内实行法西斯统治。1936 年迁址到鹤立县，升格为鹤立宪兵分遣队。1940 年春，迁址兴山镇，升格为兴山宪兵分队。1942 年改为鹤岗宪兵分队，辖鹤立县、兴山镇、萝北县、佛山县（今嘉荫县）。1943 年鹤岗宪兵分队扩大，增设凤翔宪兵分驻所，1944 年分驻所升格为分遣队。鹤岗宪兵分队受佳木斯日本宪兵队管辖，佳木斯日本宪兵队受日本关东军宪兵司令部领导。宪兵分队是一个公开的特务机关。它的主要任务是维护日伪统治，搜捕我地下工作人员及苏联派往伪满洲国的特工人员，对政治案件进行侦缉、审讯，镇压中国人民反抗和暴动，进行特务活动。

四、鹤岗刑务署

鹤岗刑务署是日本帝国主义侵略东北时期在鹤岗设立的监狱。1943 年 11 月，牡丹江监狱在鹤岗（今鹤岗市南山区大陆）成立牡丹江监狱鹤岗陆镜作业场，1945 年改名为鹤岗刑务署。日本侵略者为了巩固其罪恶统治，对中国人民实行高压政策，并用无代价的劳动力掠夺中国资源，从成立“作业场”到日军从鹤岗溃逃，先后从牡丹江、佳木斯、富锦、密山、长春、四平、绥化、哈尔滨、延吉、依兰等地转移来大量所谓“国事犯”“政治犯”“经济犯”及其他刑事犯等，先后关押3700多中国人，死在这座监狱里边的“犯人”达2700余人。

鹤岗刑务署旧址

当时有一民谣：“刑务署阎王殿，只见活人进，不见活人还，人死无其数，白骨堆成山。”刑务署附近的大陆东山坡是死难者的葬地，是日本帝国主义制造的惨绝人寰的“万人坑”。

五、鹤岗矫正辅导院

鹤岗矫正辅导院是日伪时期日本帝国主义设立的司法机关执行机构，是残害劳动人民的又一个监狱。1944年5月牡丹江矫正局在鹤岗东山地区（现益新矿北）设立一所矫正院，后来，由于各地送来的“犯人”不断增多，于同年11月又在西山地区（现向阳区振兴街）增设一处，统称鹤岗矫正辅导院。

矫正辅导院自成立的一年多时间里，从各地抓进来的“浮浪”就达1190人。矫正辅导院四周有电网、碉堡、岗哨日夜巡逻，武装看守。劳动时集合站队，用武装押送到作业场，每天强制劳动12小时以上。“犯人”由于肉体上受摧残，精神上受折磨，生活条件极端恶劣，黄病、浮肿、疥疮等病流行，死亡惨重。在辅导院死难的人们及死亡的大批劳工，一批批被扔到东山坡，无人掩埋，尸骨累累，惨不忍睹。

鹤岗矫正辅导院旧址

从1944年“矫正辅导院”成立到1945年8月9日日军败逃，前后15个月时间里，在“矫正院”里被折磨死亡260人。日本侵略者的残酷镇压，激起了被囚禁者的强烈反抗。从矫正辅导院成立到“815”光复短短一年多时间就发生了三次集体暴动，表现出中国人民誓死不当亡国奴的民族气节。

六、鹤岗矿警队

鹤岗矿警队是解放前统治阶级在矿山统治和压迫劳动人民的工具。矿警队在民国时期为旧军阀及反动统治者统治矿山服务，镇压劳动人民。

1933年，伪满洲国实业部接管鹤岗煤矿公司，原黑龙江省驻军三旅五团部分官兵，在营长王梦九率领下，投降日本侵略者，被改编为鹤岗煤矿矿警队，这时加上原有的矿警队员，人数增加到300余人。1943年，满洲炭矿株式会社成立，又派来日本人铃木贞担任矿警队顾问，吉岗忠良为指导员。从此，矿警队又成了日本帝国主义侵略和镇压中国人民的工具。

鹤岗矿山伪警察队旧址

七、协和会兴山街分会

“九一八”事变后，日本侵略者为了进行所谓“思想战”，奴化中国人民，于1932年4月1日，在关东军参谋石原的支持下，由满洲青年联盟的山口重次、小泽开作等组织了“协和党”。1932年7月15日，将“协和党”改为满洲协和会。协和会兴山街分会和鹤岗炭矿分会是1938年成立的，隶属汤原县本部。该会从成立到1945年，大力宣传“日满亲善”“日满协和、共存共荣”，鼓吹“举国支持圣战”与“亲邦一体共存亡”等，并组织了国防妇人会、义勇奉公会，举办了“矿工增产运动”“勤劳奉仕运动”等，以强化日本帝国主义对中国人民的殖民统治，摧残和泯灭中国人民的民族意识，妄图使中国人民成为日本的驯服“臣民”。

日本帝国主义在鹤岗矿山除设立上述机构外，还设立“古川勇一特谍班”“鹤岗铁路警护团”等，在城区利用煎饼铺、饭馆、豆腐坊，在郊区利用鱼亮子等地方秘密设立特务据点，搜集、侦察我党地下工作和人民群众反满抗日情报。

第三节 日军对资源的掠夺和破坏

日本帝国主义侵占东北后，肆无忌惮地掠夺中国宝贵资源以满足战争需要。他们在矿区掠夺黄金和煤炭，在农村掠夺土地和粮食，犹如一群贪得无厌的强盗，在中国的土地上横行霸道。

鹤岗矿山沦陷后，正值松花江发大水，天灾人祸，使矿工大多数走散，矿山全部停产。为了尽快恢复煤炭生产，掠夺更多资源，日本侵略者苦于劳力不足，他们千方百计搜刮劳力、骗招劳工。除了抓捕无辜劳动人民投入矫正院、刑务署充当无偿劳力外，又从桦川、汤原、双城、青冈等十几个县强行摊派劳工，名曰“报国队”。同时，在日本劳务系主任岗田的授意下，以汉奸“大把头”杜文祥为首成立了专门从事招工，为日方搜刮劳动力的“把头”诘所。到1945年，鹤岗矿山从业人员就达36950人。1937年成立的“把头”诘所其前身是“同心账房”，工人又称之为“把头”大柜，地点设在现在的向阳区振兴街一带。1939年，建立了兴山、东山、南岗、陆镜4个分“把头”诘所。自“把头”诘所成立以后，先后在山东、河南、安徽等地骗招1万多名贫苦劳动人民到鹤岗矿山充当廉价劳动力，而“把头”们从中大发横财。矿工们进入矿山后，一切行动都置于“把头”诘所的控制之下，工人的微薄工资不仅被“把头”诘所硬性抽头，而且还要饱受“把头”们的各种盘剥，当时矿工工资中的各种扣款就达13种之多。“把头”诘所成了日本侵略者搜刮劳动力、掠夺煤炭资源，欺压、奴役和统治矿工的工具。1945年8月15日东北光复后，杜文祥将“把头”诘所改为中兴账房，继续统治镇压矿工，直到1946年3月，“大把头”杜文祥被民主政府正法后，“把头”诘所才被解散。

日本侵略者在侵占鹤岗期间为了多出煤炭，不顾矿工死活，不计资源损失，采取广开井口、多设工作面、加大劳动强度、延长劳动时间，“以人换煤”的掠夺式开采政策。当时，鹤岗炭矿株式会社的5个采炭所和2个开发所，共有33个斜井，4个露天井，近500个采掘工作面。并采取高落式、残柱式等野蛮的掠夺式采煤方法，资源回采率不足30%。矿工安全无保障，事故频繁，而煤炭产量却急剧上升。到1944年，年煤炭产量就达到267.9万吨，比1932至1938年7年间的总和还多出19.1万吨，以年均38万吨产量逐年递增。

而人为的事故和死人事件，当时却是屡见不鲜。因此说，日本侵略者在鹤岗煤矿掠夺的每一吨煤炭都是用中国矿工的生命换来的。据解放后的《东北国营煤矿年鉴》记载：日本帝国主义侵华期间，在鹤岗煤矿共掠夺原煤达1554万吨。

日本侵略者不仅奴役残害矿工，掠夺煤炭资源，对兴山郊区、萝北、绥滨的农民又进行了强行“缴照”“并屯”，霸占土地。同时，向这些地区“移入日本开拓团”，建立日本“农田”，从而剥夺了兴山、绥萝两县农民的生产和生存权利。1936年，日本侵略者通过伪汤原县公署强行收缴兴山郊区农民的“执照”，如有违抗和怠慢，便按“国事犯”处理。“缴照”后，土地完全归日本人所有。1937年，由日本秋田、关东、三重等地区日本人组成的东北村和东海村开拓团就武装强占了鹤立北的夏家大院、永芳屯等十多个村屯，用每亩平均22元至32元的伪币（款项由伪满政府付）强行侵占土地70多万亩，耕地2万多亩，并美其名曰“收买”。当时兴山、绥萝一带最早最大的垦荒户夏树金家的100多垧耕地和100多间房屋全部被霸占。农民张永芳家的200余垧耕地被开拓团强行“缴照”，为了全家40多口人的生活，张永芳不得不租种开拓团的土地。据伪《三江省开拓村农家经济调查》记载：日本东北村和东海村开拓团，仅1937年至1939年3年时间，就雇用中国长工727人。其中种植水稻的有93人，种植小麦的有121人，种植燕麦的有21人，种植大豆的有66人，种植蔬菜的有40人，畜牧饲养的有70人，干农杂活的有101人，干其他副业的有215人。

当时，兴山郊区出现了“地主破产，佃户失业，生产中断，经济崩溃，生活无路，国破家亡，农民流离失所”的凄凉景象。不仅如此，日本侵略者还霸占民房实行“保甲制”，强行“归屯并户”，把新华地区铁道东侧中国农户全部并到鹤立，铁道西的中国农户并到永芳屯，并用带刺的铁丝将这些地方圈起来，对农民实行凭身份证出入的政策。没证的人视为“黑人”，立即遭到逮捕，以割断兴山人民与抗日联军之间的血肉联系。当时，农民宋文江一家因母亲有病，没有马上按照日本侵略者的意思拆掉房子到指定的地点“并户”，日本侵略者就放火烧掉了宋文江家的房子。更为狠毒的是日本侵略者将大批入侵的日本开拓团，分布在新华、峻德等铁路、公路沿线两侧，为抗日联军活动设下重重障碍。仅 1937 年到 1942 年 6 年间，日本侵略者就先后向兴山郊区移入东海村（新华乡东安村）、东北村（新华乡永芳村）、东峻德（红旗乡峻德村）、东田中队（尚志乡）4 个日本开拓团，1000 户、2100 人，占有土地面积达 75 万亩，耕地 7.5 万亩。这就是日本侵略者妄图在 20 年内移入中国东北地区 100 万户、500 万人，建立起所谓的以日本大和民族为中心的日、汉、满、蒙、朝鲜“五族协和”，永远霸占中国东北地区，把东北变成第二个日本，变成地地道道的殖民地的重大战略措施。

第四节　沦陷时期的人员伤亡及财产损失

自从日军 1932 年 8 月侵占鹤岗之后，13 年间，鹤岗矿山宝贵的煤炭资源遭受了日军的疯狂掠夺和严重破坏，矿山人民遭受了侵略者毫无人性的野蛮摧残和血腥统治，大批矿工和家属死于非命。

被骗招来的矿工和家属就住在简易的工棚内，生活艰苦，卫生条件极差，时常因食物霉烂、水源污染而导致瘟疫流行，大批矿工和家属频频染病身亡。当时矿山只有 2 口水井，专供日本人和汉奸把头饮用，而矿工们只能喝水沟里的水，上面经常漂着绿苔和马粪，有时甚至还有人的尸体。工人们吃的是橡子面，吃了就拉稀（腹泻），生病。不少人在寒冷的冬天没有房子住，只能围着炉灰、焦炭取暖。因患病、饥饿和寒冷而死亡者不计其数。据老矿工高广仁回忆：1940 年，他的姐夫吴长才、姐夫之兄吴长松和外甥龚长生，被骗招到鹤岗煤矿当矿工，在南山“天桥”井口干活，5 月初姐夫在井下被砸死，不到 10 天，姐夫的哥哥也被砸死。

1943 年 1 月 6 日下午，南岗采炭所二层右八片工作面，因通风不良、温度升高，沼气大量渗透，瓦斯量已达到 5%，见火即可爆炸，日本监工仍然强迫工人不戴防爆胶皮插套用电钻打眼，终于造成了瓦斯爆炸事故。日本人为了保住矿井，竟然不顾在场子面作业的 100 多人，强行封闭井口，除少数人侥幸逃出外，其余 96 人全部遇难。

日本侵略者在开采煤炭资源时，采取的是极端野蛮的掠夺式采煤方法——高落式、残柱式和沿煤层掘进开拓单层“跑”的采煤方法，使得煤炭资源损失惊人。解放后，鹤岗矿务局组织技术人员对日伪时期开采过的旧区进行计算，回采出去的煤约占三分之一，煤柱占三分之一，丢掉三分之一，依此计算，鹤岗煤矿除去日本侵略者掠夺走的 1554 万吨煤炭外，还白白扔在井下 3600 万吨煤炭无法开采。

1945 年 8 月 9 日苏联红军对日宣战，10 日，部分残留的日军在逃跑之前对矿山进行了疯狂破坏，炸毁了发电厂、变电所和车库。日军还炸了老火车站，带走了矿山铁路所有的车头，放火烧了兴山采炭所。由于停电，当时鹤岗煤矿的矿井大部分被水淹没，没被淹的，也无法生产，有六七个坑口自然发火，给后来恢复生产造成了巨大困难和损失，据 1949 年统计，因日军逃跑时的破坏，给鹤岗煤矿造成的损失估价折合黄金 25151. 84 两。

自 1932 年 8 月至 1945 年 8 月，日军统治鹤岗整整 13 年。在这 13 年里，鹤岗矿山（兴山）和绥滨、萝北两县人民在日本侵略者野蛮的法西斯统治之下，饱受日本侵略者野蛮、残酷的法西斯统治，遭受了巨大的磨难，仅兴山市就有 5700 余人在日军的残酷统治之下死于非命，包括绥滨、萝北两县在内，鹤岗区域内共死伤 21420 人。日军在绥滨、萝北两县还掠夺了大量的粮食和黄金。

第五节 “老五团”打响抗日第一枪

1931年以前，黑龙江省陆军三旅五团就常在汤原、鹤立、兴山一带驻防，被群众称为“老五团”。老五团有6个步兵连、1个机关枪连、1个迫击炮连，驻扎在兴山的是五团三营十连。“九一八”事变后，老五团奉命开赴齐齐哈尔参加震惊中外的江桥阻击战，打响了反抗日本武装侵略的第一枪。

1932年5月，通河镇失守后，黑龙江省陆军三旅五团在新任团长刘斌（原五团团长在通河战斗中阵亡，马占山的参谋长刘斌接任五团团长）的带领下，退守到汤原县太平川进行休整。全团还有七八百人。刘斌决定将二营留守鹤立镇，一营进驻鹤岗矿山，将团部和三营的一个连驻扎在萝北兴东镇，并把机枪连、迫击炮连、十连、十二连部署在黑龙江边的肇兴镇一线，重点防守从江上来犯的日伪军。“老五团”官兵一律佩带红袖标，上有“天良救国、誓死杀敌”8个大字。

1932年6月，刘斌将团指挥部从兴东移防肇兴。“老五团”到达萝北肇兴不久，日军得知，立即发起对肇兴的进攻，双方交火，因为“老五团”在肇兴的守备严密，日军无法攻下，战斗持续时间很长。三营营长崔荣焕只在掩体里指挥，不敢出来，刘斌团长得知大怒，当场撤销了崔荣焕的营长职务，委任王梦久担任三营营长指挥作战，很快击退来犯日军，“老五团”伤亡不大。那时候，绥滨、富锦已被日军占领，日军也曾多次袭击萝北肇兴镇，都被“老五团”击退。日军不甘心失败，频频调兵遣将，妄图夺取萝北。为了加强萝北的防务，打击日军，8月初马占山将军任命刘斌为改编第五旅少将旅长，并兼任“老五团”团长，同时调来七团也驻守肇兴并归刘斌领导。刘斌又将萝北境内的几股绿林武装收编，将“三江”队改编为十二团，将“永好”队改编为十三团，如此第五旅已有4个团的兵力。老百姓仍然称之为“老五团”。面对日军咄咄逼人的攻势，“老五团”多次阻击了日军从江上的进犯。为了狠狠打击日军的嚣张气焰，刘斌亲自率领“老五团”

十连、十一连、机枪连以及由红枪会改编的红枪营，多次阻击沿江来犯的日军军舰。但是，这时“老五团”后勤保障十分困难，刘斌召集萝北县长和绥东的士绅开会，要求他们解决部队给养，他们从大地主那里筹集到一些玉米糁子和大倭瓜，从鹤岗煤矿得到服装鞋袜的供给。

“老五团”曾多次欲收复绥滨。1932 年 7 月“老五团”把十连、十一连、机枪连以及红枪营（“红枪会”改编的队伍）等主要力量集结在绥东，筹集了充分的枪支弹药，准备发动一次攻打绥滨敌伪军的战斗。并调来两只大船和十几只舢板，停泊在江边准备撤退时用。一切准备就绪，只待伺机进攻。但是，没等团长刘斌下达战斗命令，有汉奸向日军告密。那天拂晓，只见江面上开来两艘日军军舰，直奔绥东而来，紧接着，又来了两艘快艇，从军舰上下来 100 多日军，跳进快艇，驶向江岸而来，团长刘斌立即下令准备战斗。“老五团”占据有利地形，居高临下。团长刘斌一声令下，向鬼子开火，打得鬼子哇哇怪叫，他们借助武器优势，企图冲入我军阵地，几次冲锋都被我军打退。最后鬼子退到江边想上船逃跑，船上的鬼子用枪逼迫不让上，这些鬼子只得转回头来同我军拼命，双方打成交手仗，“老五团”官兵手挥大刀片与敌人展开肉搏战，打死 40 多个日军，自己也伤亡 50 多人，伤亡的主要是红枪营的弟兄，他们自以为吃上符就可以刀枪不入，因此，不注意保护自己。打退了日军最后一次进攻后，刘斌不得不下令撤出战斗，乘上事先准备好的船只，到薛家窑休整。

至 1933 年 6 月，在兴山及绥、萝两县的驻军五团由于强敌的进攻和国民党政府不抵抗政策的影响以及自身的弱点和历史局限性，其抗日热情没坚持多久就自消自灭了，驻军五团也自行瓦解不存在了。但是老五团首先奋起抗日的壮举，对振奋民族精神，推动兴山及绥、萝两县抗日救国运动起到了积极的作用。

第六节　抗日义勇军抗击日军

“九一八”事变后，东北各阶层人民和爱国官兵纷纷组织起各种形式的抗日队伍，武装抵抗日本侵略者的入侵，一时间，东北兴起了一个规模很大的义勇军抗日运动，最盛时期曾达30万人之多，是当时东北抗日战场上的主要武装力量。东北抗日义勇军的英勇作战，给日本侵略军以沉重打击，揭开了东北抗日战争的序幕。由于蒋介石不抵抗政策影响以及义勇军自身的弱点，到1933年初，这一大规模的武装抗日运动高潮低落下去，只剩下几万人分散在东北各地，其力量已大大削弱。他们自报山头字号成了山林队，继续坚持抗日，为后来成立东北抗日联军打下了一定基础。据《萝北县志》和《绥滨县志》记载：当年报有字号的义勇军有“中侠”“助国”“阎王”“战中海”“全胜”“海城”“黑山”“老来好”“公平”“顺天”“胜武”“雅志民”“红枪会”“大刀会”等十余支抗日义勇军，其中最有战斗力、人员最多、最具有革命性的要属“中侠”队。1932年至1936年五年间，抗日义勇军在兴山、绥滨、萝北一带进行了大大小小近百次战斗，搅得日伪军终日惶恐不安。

一、“胜武”队焚毁伪绥滨县县公署

1932年6月，中华民国绥滨县县长叶宗远投降日本侵略者，在日军扶植下建立了伪县政权。叶宗远不顾百姓死活，变本加厉地欺压、搜刮百姓，讨好日军。叶宗远及其建立伪县政权的卖国行径激怒了广大爱国志士，抗日义勇军决定攻打伪绥滨县公署。

1932年9月11日晚，抗日义勇军“胜武”队百余人在夜色掩护下分两路攻进绥滨县城，一路奔警备团，一路奔伪县公署。警备团的守卫队长张仁杰察觉后，慌忙从炕上爬起来，一边叫喊“起来，快起来!”，一边抓起枪准备抵抗。这时，一名义勇军冲了进来，举枪撂倒了守卫队长张仁杰。见队长中弹，另外两名警备团守卫队员举枪刚要反击，被紧接着冲进来的义勇军一阵乱枪击毙；另一路义勇军没费吹灰之力就占领了县公署，伪县长叶宗远和伪警备独立团团长信志山闻讯潜逃。义勇军放火烧毁了伪县公署。

这次战斗，抗日义勇军“胜武”队击毙守卫队长张仁杰及部下3人、击伤1人、俘虏2人，缴获各种枪械20余支。

二、中兴镇保卫战

日军扶持叶宗远成立伪绥滨县公署后，陈大凡（陈庸）被省长马占山任命为中华民国绥滨县县长。1932年8月20日，陈大凡到任后，立即组建了绥滨县抗日政府，县政府所在地设在中兴镇。

陈大凡发动广大群众组建了绥滨县抗日人民自卫军，队伍迅速发展到300多人，编为2个大队、6个分队，与日军控制的伪绥滨县县公署（所在地设在绥东镇）和伪警备团对峙，坚持抗日斗争。1933年2月18日，驻富锦日军石井大尉带领400余名日伪军向中兴镇大举进攻，妄图消灭抗日政府和抗日武装力量。抗日自卫军同日伪军激战了三天两夜，枪声、炮声持续不断，战斗进行得异常激烈。在中兴镇老百姓的支持下，陈大凡指挥抗日义勇军沉着应战，多次击退进攻的日伪军。2月20日傍晚，陈大凡在战斗中被敌人炮弹炸成重伤，最后阵地失守。

这次战斗中击毙日伪军60余人，抗日自卫军伤亡也很惨重。绥滨县抗日人民自卫军撤出中兴镇后，北渡黑龙江，将身受重伤的陈大凡护送到苏联疗伤，余部撤退至萝北，同“老五团”和其他义勇军会合，重整旗鼓，继续投入同日伪军的战斗。

三、三间房阻击战

1933年3月初，抗日义勇军红枪会首领汝有才、伪海军起义军首领盛某带领1700余名义勇军占领中兴镇。

3月16日，驻富锦日军小滨中佐带领300名日军乘坐汽车前往中兴镇讨伐。敌我双方交火，抗日义勇军顽强抵抗，战斗进行得异常激烈。日军不断派兵增援，团团包围了中兴镇。为保存实力，义勇军天黑时利用夜幕掩护撤出中兴镇。义勇军撤至三间房（今萝北县肇兴镇三间房村）附近时，决定利用距离路两侧五六十米远的漫岗、沟沿和小树林子做掩体设下埋伏，沉重打击日军。3 月 17 日上午 10 点钟左右，日军毫无戒备地进入义勇军的埋伏圈。随着指挥员一声令下，义勇军憋足了劲，纷纷扣响扳机，把仇恨的子弹射向日军。霎时，三间房附近枪声大作。日军被吓得不知所措，魂不附体，队伍乱作一团。好一阵儿醒过神来，立即抢占一个制高点，架起迫击炮向义勇军阵地狂轰滥炸，只见义勇军的阵地上空浓烟滚滚，火光冲天。义勇军借着浓烟和小树林的掩护，转移阵地后对着日军又是一阵猛打。战斗足足进行了 4 个小时左右。日军追击受阻，又死伤多人，便无心恋战，撤出阵地。

经战后清理战场，三间房阻击战共击毙日军 7 人、击伤多人，义勇军也有 20 余人伤亡。

四、谭家窑战斗

1934 年 2 月初，抗日义勇军“雅民”队在黑龙江袭击瀛滨船时，俘虏了伪萝北县县长程友直和日本某银行经理山内忠三郎。

汉奸于惠卿向日军献计，日军长尾中佐带领日伪军讨伐队到抗日义勇军“雅民”队经常活动的绥滨四区（今忠仁乡一带）进行讨伐。抗日义勇军“雅民”队同日伪军讨伐队遭遇。当时，敌我双方兵力、武器相差悬殊，抗日义勇军“雅民”队又毫无准备。战斗虽然打得十分被动，但是抗日义勇军“雅民”队非常英勇、顽强。激烈的战斗持续整整一天，终因寡不敌众，40 多名义勇军战士全部壮烈牺牲。这次战斗日军死伤 14 人。

汉奸于惠卿因献计有功，日本人提拔他为警察大队长，并奖给他功劳牌和赏金。

五、三间房截货轮

1934 年 10 月，抗日义勇军“中侠”队获取情报，知悉日本客货混装轮船从黑河途径萝北开往哈尔滨，船上载有大批烟土和黄金，决定截船夺货。

为了确保计划成功，“中侠”队制定了周密的截船作战方案，挑选经验丰富的7名队员登船，由50多名精兵强将负责接应。当日本客货混装轮船在兆兴（肇兴）码头临时停靠时，“中侠”队7名队员由王亚民带领，装扮成普通旅客登船。凌晨，轮船在漆黑的江面上顺流而下，行至三间房附近，船上旅客早已进入梦乡。登船的“中侠”队员伺机干掉游动警戒哨、攻占护运室，将正在酣睡的伪警察护卫缴械，接着冲进船长室，击伤正要还击的卫兵，俘虏了船长、伪县长及两名日本人，然后占领舵楼，将轮船向南靠岸停泊在三间房，与负责接应的“中侠”队其他队员会合。义勇军缴获了船上的大批烟土、黄金，并发给船上每名旅客50元伪币作为赔偿，同时向他们宣传抗日主张。

“中侠”队此次截船夺货行动圆满成功，胜利而归。

六、抗日义勇军联手抗战

“中侠”队作为中心，联合“黑山”“阎王”“助国”“海城”等抗日义勇军，有合有分、协同作战，打了很多胜仗。

1934年5月，伪军三十八团四连连长余瘸子带领40多人从驻地萝北凤翔镇出发去兆兴镇领军垧，得到情报的抗日义勇军“中侠”队、“助国”队决定消灭这股伪军。在连长陶勇生率领下，18名队员埋伏在石灰窑附近，当伪军完全进入伏击圈后，义勇军队员立即猛烈开火。伪军遭到突然袭击被打蒙了，毫无抵抗能力，战斗很快结束。此次战斗击毙伪军连长余瘸子等数人，缴获战马50匹、枪械45支。

1935年1月23日，“中侠”队联合“助国”队、“海城”队等抗日义勇军230余人，在萝北县凤翔镇南，与驻地伪军三十八团一连交战，击毙伪军官兵4人；4月8日，“中侠”队联合“黑山”队、“阎王”队、“老来好”队等抗日义勇军200余人袭击了萝北县凤翔镇；5月1日，“中侠”队联合“助国”队、“黑山”队、“阎王”队、“老来好”队等抗日义勇军，在萝北县凤翔镇附近袭击日伪讨伐队，击毙伪军5名，俘虏日军教官1名、伪军20名，缴获长枪20支、战马6匹。

1935年8月初，抗日义勇军“中侠”队和“占五省”队共计70余人从萝北转战绥滨，在绥滨六区杨家窑一带（今福兴乡）活动。伪绥滨县公署闻讯后，立即报告给驻县日军。8月3日，由日本参事官洲奇吉郎亲自出马，带领德田指挥官和伪警察大队长于惠卿等30余名日伪军乘汽车前往六区讨伐。下午2点左右，日伪讨伐队在六区向阳屯（今江滨农场9队）与“中侠”队和“占五省”队相遇。“中侠”队和“占五省”队抢占了一座旧房框子，以此做掩体与日伪讨伐队交战，战斗进行得非常激烈。“中侠”队和“占五省”队占领了有利地形，参战人员也比讨伐队多一倍，因此越战越勇。激战一个多小时后，日伪讨伐队见势不妙，带领残兵败将逃回绥滨县城。这次战斗，“中侠”队和“占五省”队击毙日本参事官洲奇吉郎等7人，击伤伪警察大队长于惠卿等7人。

七、接受共产党的改编和建立蒲鸭河抗日基地

1935年秋天，“中侠”队联合“助国”队、“全胜”队等抗日义勇军在蒲鸭河上游密林里建营房、修暗堡、设哨卡，建立起后方基地。他们经常出去打击伪警察署、袭击日伪讨伐队，搅得敌人昼夜惶恐不安。

就在日伪军千方百计妄图消灭“中侠”队、“助国”队等抗日义勇军时，绥滨县地下党和抗日联军根据中共中央“一·二六”指示信精神和满洲省委关于加强义勇军工作的指示精神，决定收编“中侠”队和“助国”队。先后派李凤林、王永昌、高玉斌等人深入“中侠”队、“助国”队宣传党的抗日方针，积极开展争取工作。“中侠”队、“助国”队思想基础比较好，赞成和拥护中国共产党的抗日主张，愿意接受中国共产党的领导，因此，收编工作进行得非常顺利。1937年5月，东北抗日联军第六军军长戴洪斌、政委李兆麟（张寿篯）将抗日义勇军“中侠”队、“助国”队改编为东北抗日联军第六军第五师，下设4个团，任命“中侠”队队长刘振声为师长，“助国”队队长邸金海为参谋长，原抗联六军一师一团团长高玉斌任政治部主任。

为了加强这支新改编抗联队伍的政治思想工作，使之真正成为中国共产党领导下坚强的抗日力量，政治部主任高玉斌到任后，积极向官兵宣传党的抗日方针，进行军政训练，制定严格纪律。当时制定了

三条纪律，一是不抢不夺，二是不准说“胡子”内部的黑话，三是不打骂群众。经过整训，严明了队伍纪律，士气空前高涨。绥滨、萝北境内的其他抗日义勇军也都纷纷加入东北抗日联军第六军第五师，队伍很快发展到七八百人，成为抗日联军的一支劲旅。这支队伍在以后的抗日斗争中，经常活动在绥滨、萝北、富锦、同江一带，给日本侵略军以沉重打击。据资料记载：仅1937年至1938年两年间就有大小战斗103次，其中较大的战斗有：1937年6月24日，袭击同江县城；1937年8月24日，袭击北小岗警察署等，在抗战岁月里屡建奇功。

“中侠”队、“助国”队等抗日义勇军刚刚接受改编就在绥滨古城岗打了一个漂亮的伏击战，之后重返蒲鸭河建立抗日基地。蒲鸭河南岸有一片长条状的柞木林，树林子像拧劲的麻花一样弯弯曲曲，当地人叫它麻花林子。夏季这个地方草木茂盛，日伪军队很难攻进来，抗联六军五师就在这里建立了抗日基地，围绕基地，经常在绥滨、萝北、富锦一带活动，寻机对日伪予以沉重打击。

第七节　地下党组织积极抗战

鹤岗矿山党的组织成立后，积极领导工人运动，得到了中共满州省委的肯定和高度重视。1933年5月3日，中共满洲省委明确指示汤原中心县委：要坚决地去组织和领导鹤立岗（鹤岗）、金沟工人的斗争；组织好有广大工人基础的煤矿工会、金矿工会、码头工会；建立失业工人委员会，发动和领导失业工人开展要求救济、要求开清欠薪的斗争。汤原中心县委根据省委指示，将原在游击队中的徐光海、张兴德、张文藻、施庆久、大老金5名同志派到鹤岗矿山，一方面进一步发动和组织煤矿工人的革命斗争；另一方面利用其他社会关系打入鹤岗伪矿警队并策划起义。同时汤原中心县委责成中共鹤岗矿山区委在短时期内积极动员自己的力量建立和发展煤矿工会，使其成为下江工人运动的堡垒。

1933年6月间，徐光海等人进入日军严密控制下的鹤岗矿山，鹤岗党组织成立了公开领导工人运动的失业工人委员会和赤色工会。7月间，失业工人委员会和赤色工会发出斗争口号，号召煤矿工人坚决反对欠薪和争取八小时工作制，发动与组织失业工人为反抗把头的剥削和欠薪进行了长达13个月的斗争，并准备利用同年端午节举行集会掀起斗争高潮。然而在农历五月初四晚上，日军突然增派兵力进驻鹤岗，实施全城戒严，端午节当天又运来一列车日本兵。在这种情况下，不得不停止举行集会。

因形势发生变化，汤原中心县委对鹤岗矿山区委发出指示："在组织任务方面，要切实按照中央及省委的新指示，完成党在下江日益严重的情形中的任务，必须有强大的、巩固的、一致的和拥有群众的党的组织和外围组织，为此，下江党必须以布尔什维克的斗争精神，在一切企业部门，尤其是鹤岗煤矿内部建立革命的产业支部。鹤岗地下党组织根据汤原中心县委的指示，以三人工作委员会和失业工人委员会为基础，于1933年11月24日成立"鹤岗中心产业支部"，当时有党员9人。

鹤岗中心产业支部成立的同时，满洲总工会也在鹤岗矿山成立了一个12人的工会组织。从此，鹤岗煤矿工人反帝、反剥削的革命斗争，在党的领导下跨入了一个新的时期。

一、领导罢工斗争

从1933年5月开始到年底，在中共地下党组织的领导下，鹤岗工人运动有了很大的发展，掀起了新的罢工高潮。

1933年5月13日，地下党组织发出传单，号召鹤岗煤矿工人举行大罢工。罢工口号是：一律开清欠薪、反对把头克扣、打死剥削工人血汗的把头、明日一律不干活。在这个口号的鼓动下，煤矿500余名工人罢工一天，矿方被迫同意在端午节给工人发了工资；6月22日，煤矿工人再次举行罢工，反对自备工具劳动，要求一律发清欠薪，斗争取得胜利；9月，鹤岗煤矿工人又连续举行两次300人规模的罢工，反对日本人担任的段长压榨工人，继续要求开清欠薪。罢工期间，日本人设计拉拢部分工人，企图瓦解罢工行动。但在地下党组织的领导下，罢工工人坚持不达目的绝不复工，使日本人的阴谋未能得逞。罢工斗争在机电工人和铁路工人的大力援助下，迫使矿方不得不答应工人的要求，照发了工资、调走了日本人担任的段长；12月，鹤岗煤矿300多名工人为反对日本人无故殴打和逮捕工人而自发举行罢工。地下党组织及时引导斗争方向，积极帮助营救被捕工人，斗争最终取得胜利。

鹤岗煤矿工人运动之所以能够迅猛发展，是与中共地下党的正确领导分不开的。通过一系列的罢工斗争，进一步提高了中国共产党的威信和影响力，增强了工人斗争的信心，矿工们在斗争中也表现出勇敢、顽强和团结一致的精神。事实充分证明，工人阶级的革命斗争，只有在工人阶级的先锋队——中国共产党的领导下，才能获得彻底的胜利。

革命的火种在鹤岗矿山、绥滨、萝北大地到处燃起，从乡村到矿山、从工农群众到知识分子和其他社会阶层，已形成不可阻挡之势。日伪统治者被扰得心惊肉跳、不得安宁，于是开始穷凶极恶、丧心病狂地对中国共产党人进行血腥屠杀。

1933年10月5日，日本宪兵和伪军倾巢而出，将正在召开秘密会议的中共汤原中心县委书记裴治云、组织部长崔贵福、县委委员金成刚等11名党员和1名群众逮捕，连续十几天进行了残酷刑讯，但他们大义凛然，宁死不屈。在“打倒日本帝国主义！”“中国共产党万岁！”的口号声中，裴治云等人被活埋在鹤立镇一口枯井中，12位烈士血洒中华沃土、英勇就义。日军活埋12位烈士的重大惨案一时轰动整个东北。

之后由于叛徒告密，汤原中心县委遭到严重破坏，县委所在地由鹤岗七号屯迁移至汤原太平川。

二、策反鹤岗伪矿警队

1934年初，中共汤原中心县委由夏云阶主持召开各区委联席会议。会议根据1933年10月9日满洲省委制定的《东北人民革命军斗争纲领》中“破坏日本强盗的一切军事设备，瓦解满洲国的军队，吸收他们参加人民军队”的指示精神，确定当前的迫切任务是建立一支可靠的、有战斗力的武装，办法是先争取各地义勇军和鹤岗煤矿等地的伪矿警队，从而瓦解敌人、武装自己。根据会议精神，从 1934 年到 1937 年，汤原中心县委多次派优秀共产党员和地下工作者到抗日义勇军、鹤岗矿山及金矿开展工作，策反和争取矿警队和抗日义勇军加入中国共产党领导下的抗日队伍，进一步壮大革命武装力量。

汤原中心县委曾两次策反鹤岗伪矿警队。1934 年夏，汤原中心县委指示在鹤岗矿山做工运工作的地下党员施庆久立即开展鹤岗伪矿警队的策反工作。施庆久设法打入矿警队后，对上司俯首帖耳，和队员们称兄道弟、结朋拜友，千方百计搞好与上司和矿警队员的关系，很快便当上了矿警队的小队长。还深得日本人的信任，成了鹤岗矿业所次长金井建吉的卫兵。鹤岗煤矿地下党利用这一特殊条件，将施庆久家作为秘密活动地点，凡是来矿山的地下工作者一般都住在他家，在他家召开会议、研究工作。

汤原中心县委为了尽快争取鹤岗伪矿警队这部分武装力量，同年又派高雨春来到鹤岗矿山，重点在伪矿警队帮助施庆久做士兵起义工作。高雨春来到矿山后，依靠群众建立了抗日救国会，并在矿警中发展了 10 余名抗日救国会会员，同时策划他们起义。为了加强矿警队策反工作的力量，汤原中心县委又将县委保卫部部长刘忠民派到矿山协助高雨春工作。经过几个月的时间，成立了 3 个抗日救国会小组，发展了 600 余名抗日救国会会员。抗日救国会的会员经常把矿警队、日本驻军和军械库的情况汇报给高雨春和刘忠民。高雨春和刘忠民认为策反矿警队的时机已经成熟，但是，由于矿上戒备森严，仅靠矿警队的力量起义是不够的。高雨春、刘忠民将鹤岗矿山情况向汤原中心县委作了汇报，县委决定适时由夏云阶亲自率领抗联六军攻打鹤岗矿山以争取矿警队起义。1936 年 1 月，根据汤原中心县委关于“应协助六军做好袭击汤原县矿山镇警察队的准备工作”的指示精神，担任县委委员的高雨春同志再次到鹤岗矿山做矿警队的策反工作。1936 年 5 月 22 日，夏云阶率领抗联六军攻打鹤岗矿山，在矿警队中的抗日救国会会员姬国珍、张维山等人的配合下，顺利解除了伪矿警队一队的全部武装，其中 26 名矿警队员起义参加了抗日联军。

关于这次策反鹤岗伪矿警队的情况，敌伪档案记载道："昭和十一年一月顷高雨春赴往汤原县矿山镇居住在矿山警察队日人直番施清久（32）家，在于匪首夏云阶部队任矿山警察队的叛变袭击工作的主谋者同匪团参谋长陈绍宾的指示下收买上记日人施清久，并担任陈绍宾和施清久的中间联络，同年二月下旬为了袭击警察队从东北抗日联军六军长夏云阶（第六军是于昭和十一年二月成立）部队约有二百名请到汤原县矿山镇上记施清久家但因为以工作进行当中暂时保留袭击警察队只带走了施清久一人。因而使叛变的施清久听该警察队长王梦九的直番张作工作渐渐怀柔获得了二十五、六名连络第六军参谋长陈绍宾同年三月上旬再请第六军军长夏云阶以下二百名依施清久叛变时授带的警察队构内要图从内外袭击警察队射杀三名警察掠夺步枪三十余支、轻机关枪一支、子弹（数不明）并诱使叛变了二十五、六名，在此战争匪团团长负伤并被射杀三名匪兵。施清久是现在抗日联军第六军任付官。"①

1937 年秋，汤原中心县委再次派家住鹤岗矿山的殷玉田、王金山做鹤岗伪矿警队的争取工作。为了掩人耳目、方便工作，县委又派周庆文等十几个人以包工名义为掩护在鹤岗矿山落脚，殷玉田当包工头。经研究分析，殷玉田把争取的重点放在矿警二队队长葛全恒身上。葛全恒和殷玉田都曾在原东北军老五团共同抗日。老五团解散后，殷玉田随刘振声到"中侠"队参加抗日，因负伤被党组织派到鹤岗煤矿搞地下工作，而葛全恒却随王梦九投降日军，在被改编的鹤岗伪矿警队二队里当副队长。凭着这种关系，殷玉田利用一切可利用的机会向葛全恒宣传抗日救国道理和抗日斗争形势，唤起葛全恒良知。在殷玉田、王金山等人的努力下，葛全恒又争取了包括 3 个班长在内的 10 余人，并摸清日本驻军装配 30 多挺轻机枪、8 门炮（5 门迫击炮、3 门野炮），还有 8 挺重机枪的重要情况。根据敌人火力，大家觉得这次起义最好让山里的抗联来接应才有把握。殷玉田给汤原中心县委写信汇报了争取伪矿警二队情况和由抗联六军接应的想法。在等待汤原县中心县委回

---

① 出自鹤岗市委宣传部鹤岗党史资料。

信的时间里，日军制造了震惊下江一带的“三一五”大搜捕事件，党的组织遭到严重破坏，殷玉田、葛全恒、廉云洲等人被捕入狱，以致策反鹤岗伪矿警队二队起义失败。

三、策反金矿伪矿警队

梧桐河金矿位于萝北县境内，地下蕴藏着极为丰富的黄金。日本帝国主义侵占东北后，迫不及待地霸占了梧桐河金矿局，把开采出来的黄金占为己有。金矿驻扎的伪矿警队有100余人、80多支枪。

1937年1月，为了争取梧桐河金矿伪矿警队参加抗日，年轻的共产党员马克正受中共佳木斯市委派遣，利用其远房爷爷马潜仿在金矿曾当过主任的关系，打入金矿担任文书工作。马克正来到梧桐河金矿后，利用工作上的便利条件，主动接近矿警和工人群众，经常和他们谈自己不幸的遭遇，引起矿警和工人们的同情，并利用矿警队员和群众的不满情绪，谈金矿工人的悲惨生活和日本人的侵略，向他们宣传抗日救国道理。这些都说到工人们的心坎里去了，大家都愿意和他唠嗑，有什么事都愿找他说。马克正很快就和矿警、工人们混熟了，在矿警队员和工人中有了一定的影响。

为了加快策反计划的实施，地下党组织又派中共佳木斯市委士兵工作部部长、共产党员陈芳钧以马克正表哥的身份到梧桐河金矿伪矿警队当了矿警，协助马克正工作。马克正、陈芳钧按着中共佳木斯市委的指示精神积极工作，秘密鼓动士兵反抗经济压迫，很快在伪矿警队争取发展了李阶山、刘文汉、孙振华等8人成为骨干，并成立了梧桐河金矿党小组，基本上掌握了伪矿警队，控制了伪矿警队守卫的老局部和东西炮台。

1937年春，中共下江特委书记王山东到佳木斯检查工作，中共佳木斯市委将策反伪矿警队的情况作了详细汇报。经下江特委同意，中共佳木斯市委决定1937年7月29日举行梧桐河金矿伪矿警队起义。具体行动方案是：利用伪矿警队经常喝酒、赌博到深夜才睡的习惯，将起义时间定在后半夜两点，以鸣两枪为信号，由马克正、陈芳钧等人做内应，抗联六军在外围接应。陈芳钧再次与中共佳木斯市委详细研究起义方案后，认为万无一失，然后回到梧桐河金矿安排起义事项。

1937 年 7 月 29 日凌晨 2 点，金矿一片寂静，喧闹半宿的矿警们早已进入梦乡。马克正和事先约好的孙振华、刘文汉、王大个子等人悄悄溜出营房，开始分头行动。像往常一样主动替人站岗放哨的陈芳钧看看怀表的时针已指向 2 点，就悄悄溜下岗哨，放下吊桥，迅速赶到营房前同守候在那里的马克正碰头，冲夜空连放两枪，向在外围接应的抗联六军发出信号。清脆的枪声划破寂静的夜空，马克正、孙振华带领 4 名已被争取的矿警队员冲进营房，6 支枪对准了被惊醒的伪矿警队员。抗联六军也及时赶到，将伪矿警队全部缴械，并击毙伪矿警队队长吴子文。马克正和陈芳钧把伪矿警队员全部集中到院内，向他们宣传抗日救国的道理，号召他们起义参加中国共产党领导的抗日军队。经过动员，有 80 余名伪矿警队员愿意参加抗日。梧桐河金矿矿警队起义行动还缴获枪械 80 余支、黄金 300 两，还有很多米、面、马、车和被服等。

策反梧桐河金矿矿警队的马克正（左）、陈芳钧（右）

梧桐河金矿矿警队起义后，在大森河密营经过整训被改编为抗日联军第六军四师第二十九团，陈芳钧任团长、马克正任政治部主任。这支队伍经常活动在鹤岗矿山和萝北一带，开展艰苦卓绝的抗日斗争。

四、翟延龄和抗联地下联络站

1936年6月，中共地下党在兴山镇建立了以“德泰和”中药店为掩护的地下联络站，为抗联送信送药，掩护抗联来往人员。实际上在1934年，德泰和中药店就已经是中共地下党组织的秘密联络地点。地下联络站的直接领导者是冯仲云，其他人员有翟延龄、林树森、周茂和、吕盛田4人。翟延龄的公开身份是经理、中医大夫。

中共地下党和抗联在鹤岗矿山建立的联络站负责人 翟延龄

翟延龄从小学中医，当过梧桐河金矿工人，也当过字匠（记帐先生）。金矿缺医少药，矿工生病了，翟延龄就主动为他们诊治，结交了许多朋友，与陈芳钧、马克正、吕盛田等成为至交。

1933年，在陈芳钧等人资助下，翟延龄在兴山镇开办了德泰和中药店，翟延龄既是坐堂大夫也是药店经理，门外挂着“专治黑红两伤”的牌子。有一天，陈芳钧写信介绍一位叫胡子明（冯仲云）的人来到药店，信中写道：“胡子明是我的好朋友，出沟到你那里请好好照顾，一定要保密。”翟延龄热情接待并向胡子明介绍了药店以及周边的情况。胡子明在来之前就有了在药店设立联络点的打算，出于安全的考虑，就向翟延龄提到关于药店经营方面的一些建议：“你这挂专治黑红伤的牌子不如改为内科和小儿科，生意会更好些。”当时翟延龄还不十分理解，后来才得知胡子明就是抗联的领导人冯仲云。从此翟延龄和胡子明有了来往。

当时冯仲云以中共满洲省委巡视员的身份到汤原中心县委开展煤矿工人运动、落实组建中国共产党领导下的汤原抗日游击队等工作。

县委驻地 7 号屯（今鹤岗市新华镇附近）距鹤岗矿山 25 公里。那段时间，冯仲云多次往来 7 号屯与鹤岗矿山之间，还经常到萝北金矿和萝北农村领导抗日斗争，到鹤岗就在德泰和中药店落脚，那时候常来中药店的还有马克正、陈芳钧。冯仲云有时还在中药店住上一两天，每天都是早饭后出去，天黑才回来。到了晚上，翟延龄的妻子林树森便将窗帘遮得严严的，再用毯子盖上一层，并和翟延龄轮流在外屋守护，冯仲云就在昏暗的烛光下写材料，常常到深夜。为了安全，冯仲云与翟延龄商量后在火炕的墙角处扒开一个空洞作为秘密藏身之处，出入口留在墙角处的炕面上，平时用被褥盖好。三年多的接触，冯仲云对翟延龄的思想品质和政治倾向有了较深的了解。1936 年 6 月，冯仲云与翟延龄、林树森、吕盛田等商议，将德泰和药店正式作为抗联地下联络站。

1937 年是中国共产党及其领导下的抗联部队极为活跃的时期。这年秋天，中共北满临时省委书记冯仲云来到在小兴安岭东麓宝泉岭一带活动的抗联六军四师二十九团。这时的天气已经很凉了，战士们仍穿着单薄的衣物，但是他们没有提别的要求，只是请求上级帮助解决药品和子弹问题。为此，冯仲云和马克正来到鹤岗矿山。当时街上的告示板上贴着布告，许多人围着观看。布告上面写道："通缉令，悬赏，查赤匪分子冯仲云系反满抗日破坏大东亚共荣的罪犯，现下令通缉，凡取下冯仲云首级者赏国币一万元，知情报告者赏国币三千元，知情不举窝藏不报者与匪一律同罪，严惩不贷。"冯仲云和马克正来到中药铺后，被日伪特务察觉。翟延龄将情况赶紧报告给冯仲云和马克正。晚上商会又有一个朋友送信说："从鹤立调来不少日本兵，可能明天要搜街，家里有外人还是躲避一下好。"冯仲云沉着冷静地安慰大家不要怕，让翟延龄把交通员吕盛田找来，商量转移的办法，决定由老君堂（今第六中学）前边的西南角钻电网出矿山。次日天还没亮，冯仲云、马克正、吕盛田及翟延龄和他的妻子林树森 5 人摸着黑，深一脚、浅一脚地来到老君堂附近的电网前。这天雾很大，两米开外看不见人影。趁着雾气吕盛田用锅铲子将电网底下的土扒开，加大了电网离地面距离，然后脸朝天躺下，冯仲云也躺下脚对着吕盛田的脚，用劲一蹬，吕盛田就过到电网那边去了。冯仲云、马克正用同样方法很顺利地过去了，吕盛田护送冯仲云、马克正二人从新街基进入北山。脱险后，冯仲云和马克正进入梧桐河上游的密林，结束了巡视下江的工作。送走冯仲云和马克正，翟延龄和他的妻子林树森回家后立即把炕洞口盖好，炕面上重新抹了一层泥，又用白灰刷了屋子。果然这天敌人以查户口为名进行了大搜查，幸好事先得到消息，冯仲云和马克正提早离开兴山镇，不然就会遇到不测。

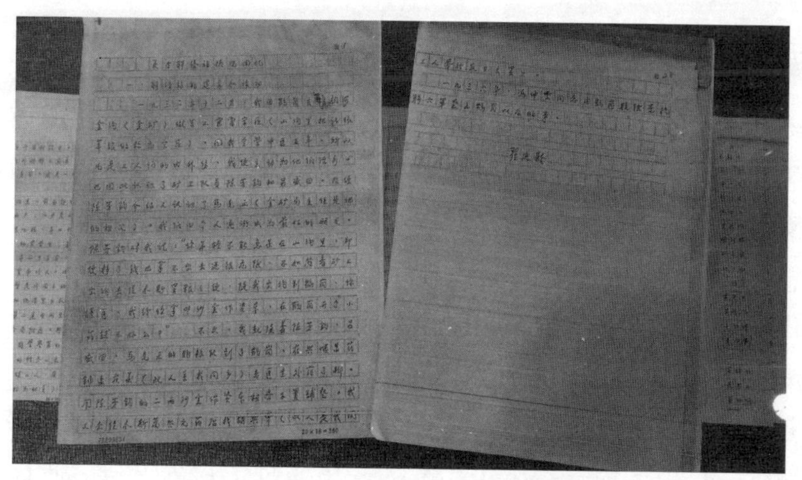

《翟延龄回忆录》（原件现存于鹤岗市档案馆）

1938 年夏，冯仲云又来到中药铺，详细了解日伪和矿山情况及向联络站布置工作任务、交代联络暗号后，派翟延龄和吕盛田去王家店与抗联六军四师二十九团联系并送去药品。冯仲云写好信后，嘱咐翟延龄一定要把信和药亲自交给陈芳钧。自从梧桐河金矿伪矿警队起义后，日本侵略者加强了防范，严密设卡盘查。为了顺利通过各道关卡，翟延龄和吕盛田决定由翟延龄扮作大夫，吕盛田扮作请大夫的人，理由是给住在船房子（梧桐镇）的家人看病。两人一路上巧妙地闯过多道盘查关卡，当晚就到了王家店见到陈芳钧，按要求顺利完成任务。

鹤岗地下联络站除了为抗联送医送药、传递情报、护送地下党人员之外，还负责搜集敌人的情报。有一次，马克正下山到兴山镇执行任务，联络站向他报告了抗联六军二十九团徐少臣准备鼓动一些人携带钱款叛变投敌的情报。马克正认为这个情况非常紧急，让联络站的交通员周茂和迅速进山向二十九团陈芳钧团长报告。陈芳钧当即将徐少臣抓起来审讯，徐少臣交代了全部事实，从而防止一起叛变投敌事件发生。

在日伪严密控制下的矿山，鹤岗德泰和中药店地下联络站为中共地下党和抗日联军做了大量的工作，执行任务的过程中巧妙与敌人周旋，直到抗战胜利完成了它的历史使命。

五、绥滨县的抗日斗争

绥滨县第一个党组织——大成号党支部成立后，在中共汤原中心县委的领导下，加强革命和抗日宣传，一些进步农民的民族精神和阶级觉悟得到很大程度的提高，为掀起群众性抗日救亡运动奠定了良好的思想基础。

1933 年 8 月，日本陆军大尉恒广成良从莲江口调来 40 余名日军驻防绥滨县城，还成立了伪维持会和警察队，并在县城的东、西、北三面筑起了 5 尺多高的土围墙，城墙周围设有 13 座炮台。在城外实施了保甲制度，每个区为一保、每个乡为一甲、每十户为一牌，企图割断人民群众与抗日队伍的联系。在敌人猖狂的镇压和防守下，各抗日力量损失很大，抗日斗争处于低潮，党的活动也极为困难。

1934 年春，在极端困难的情况下，支部书记徐连成领导大成号党支部仍在广泛地宣传群众、发动群众、秘密发展新的党员，秘密地坚持活动。

1934 年秋，中共汤原中心县委为了推动绥滨地区人民群众爱国热情更加高涨，派中共地下党员顾绍田、张凤金带领 2 名抗联战士，从汤原石砬子来到绥滨开展宣传抗日救国和对日伪斗争的革命活动。

1936 年春，在中国共产党领导下，松花江下游地区的抗日斗争形势有所好转，抗联六军、三军、九军、十一军不断发展、壮大，活动频繁。为了扩大抗日区域、壮大抗日武装力量、发展和建立党的组织，中共汤原中心县委将王永昌派回绥滨领导党的地下工作，主要活动在绥滨王大房（今忠仁乡德胜屯）一带。在王永昌领导下，同年 6 月在绥滨建立中共地下区委，隶属中共汤原中心县委领导，地点设在四区王大房、小西山一带，外号大老李（名不详）担任区委书记、孙树明担任组织委员、老孙头（名不详）担任宣传委员，党员有七八名。绥滨党组织深入学校、村屯工作，成立儿童团、建立抗日救国会、组织游击连，一时间绥滨抗日活动开展得轰轰烈烈。这个时期除了佳木斯、鹤岗矿山几个日本人的重要据点外，汤原、萝北、绥滨抗日游击区连成一片（抗日军民称之为“汤、萝、绥红地盘”）为中共绥滨县委的成立打下了良好基础。

1937 年春，绥滨抗日斗争形势发展很快。在党组织的领导下，三区曲家窝棚（今连生乡望江村）、五区北小岗（今北岗乡北岗村）等地也都纷纷建立抗日救国会、妇女救国会、儿童团。活动在绥缤地区的几股实力较强的抗日义勇军“中侠”队、“助国”队、“全胜”队接受中国共产党改编，成为东北抗日联军第六军五师。同年 6 月，为了加强绥滨地下党的领导，下江特委特派员刘忠民到绥滨工作。1937 年 7 月，按照中共下江特委指示，中共绥滨县委在三区曲家窝棚正式成立，王永昌任县委书记。中共绥滨县委成立后，中共党员小李子（名不详）、刘忠民等深入绥东镇大成号、北小岗、富锦县恒头山拉拉屯（今富锦县砚山乡永发村）等地发动群众、组织群众，建立中共绥东区委、中共绥滨区委、中共连生区委、中共北岗区委和中共五顶山特别支部。

1937 年 10 月，中共下江特委对基层党组织机构进行调整，将没设党组织的萝北县划归绥滨县委领导。到这时，绥滨县党的组织得到发展壮大，中共绥滨县委下设中共帘区区委、中共绥东区委、中共绥滨区委、中共五顶山特别党支部，拥有中共党员八九十人。在中共绥滨县委发动和组织下，人民群众抗日运动进入了高潮。各村屯纷纷组织起了抗日救国会、妇女救国会、儿童团、宣传队、打狗（锄奸）队、侦察队等名目繁多的群众抗日组织，拥护抗日的群众都参加到各类抗日组织中，进行各种抗日活动，积极为抗日联军送粮、送药、搜集和传递情报、做军鞋和军衣，编写、张贴、散发抗日传单和宣传抗日救国道理，教唱抗日歌曲、演出抗日节目，掩护、照料部队伤病员，站岗放哨、除奸防特，等等，为抗日尽自己的一份力量。

1938年7月17日，因为绥滨四区沙家院伪甲长苏洪斌告密，中共绥滨县委组织部部长刘忠民被捕。相继常美轩、曲国兴、宋喜国、老宁头、王成泰、刘政久等抗日救国会骨干被抓，接着县委宣传部部长小李子、绥东区委书记徐连成等被逮捕，中共绥滨县委及基层党组织惨遭破坏。

为了保存力量，1938年秋，中共县委书记王永昌带领部分党员和革命群众随李兆麟将军参加西征，余下的极少数党员和抗日力量隐藏起来。从此绥滨党的组织和党的活动陷于瘫痪，直到抗日战争胜利重新组建中共绥滨县委。

六、萝北县的抗日斗争

由于萝北县建党较早、群众基础好，加上地处边境、背靠苏联、村屯分散等，日伪统治力量相对较弱。“九一八”事变后，中共汤原中心县委按照中共满洲省委关于工农兵劳苦大众要在中国共产党领导下“罢工、罢课、罢市，反对帝国主义占领满洲”“打倒投降帝国主义的国民党”“发动游击战争”等指示要求，将萝北作为抗日活动基地，掀起轰轰烈烈的抗日高潮。

1932年2月，中共梧桐河支部在梧桐河村的松东模范学校召开抗日群众团体负责人和干部会议，传达党中央和中共满洲省委的抗日宣言，号召各抗日群众组织团结各族人民抗日救国。会议决定成立抗日救国文艺宣传队，到各县开展抗日宣传。在梧桐河党支部的统一组织下，宣传队先后到鹤立镇、莲江口、太平川、格节河金矿、鹤岗矿山、鸭蛋河、都鲁河、依兰北等地的农村开展活动，宣传形式多种多样，有讲演、唱歌、撒传单和化装扭秧歌等。在宣传队的宣传和鼓动下，汤原中心县委管辖的萝北、通河、富锦的安邦河区等都建立了“反日同盟会”，会员达到四五千人，增进了汉族、朝鲜族两个民族的团结。党的地方组织也得以发展壮大，一批群众中的骨干分子加入中国共产党，在后来组织抗联队伍时起到了重要的作用。

1932年6月，日军经绥滨进攻萝北肇兴，被老五团三营击退。7月和11月，小滨中佐先后两次率领日伪军入侵萝北、威逼老五团投降未果。12月，日军从富锦出兵攻占萝北，在肇兴建立了伪县公署。

1932年秋，松花江洪水泛滥，田园屋舍都被淹毁，村民被迫迁移，中共梧桐河支部自然解体，中共鸭蛋河区委在书记李凤林的领导下，组织萝北人民同日本侵略者继续斗争。中共鸭蛋河区委按照中国共产党抗日民族统一战线的方针政策进一步联合抗日武装力量，对经常活动在绥滨、萝北的抗日义勇军“阎王”队、“中侠”队、“助国”队进行耐心细致的政治思想转化工作，进行抗日救国宣传，促使这部分抗日义勇军接受中国共产党的领导，成为不可忽视的抗日武装力量。

1934年2月5日，中共汤原中心县委决定到萝北为汤原游击队搞一些枪支。汤原游击队队长戴洪斌带领40多人，从格节河沟里三号木营出发，经兴山北、船房子、烟筒山到达中共鸭蛋河区委所在地七马架屯。中共鸭蛋河区委书记李凤林根据地下党员王居选提供的情况，与游击队研究制定袭击伪自卫团团部行动方案：凭着自己与伪自卫团团长高奎一非常熟悉的关系，借故混入伪自卫团部，攻其不备，一举将团部伪军缴械。

1934年2月8日下午，王居选身藏匣子枪，带着30多名游击队员扮作普通农民去鸭蛋河赶集，李凤林则带着另外一把匣子枪和他的舅舅——中共党员宋殿双各扛一捆麻秆来到鸭蛋河街里。李凤林和他的舅舅宋殿双假装打架，越吵越凶，边打边骂。李凤林紧拽着宋殿双身上被撕破的棉袄，拉他去找高团长评理，王居选装作拉架的样子一同闯进伪自卫团团部，其他游击队员混在看热闹的群众中，也顺势挤进院内。团长高奎一听到吵闹声后来到院里，李凤林连忙上前说：“高团长，你家大嫂要的麻秆弄来了。”他一边说一边撂下麻秆，与王居选同时掏出匣子枪对准高奎一，高奎一束手就擒。与此同时，游击队员王钩、翁大成等也突然拔出匕首，夺过哨兵的枪架在窗户上。伪兵见团长被俘，房间又被封锁住，也就任其缴械，游击队没费一枪一弹就获得了胜利。此次袭击伪获鸭蛋河伪自卫团团部，缴获15支长枪和1支短枪，还俘虏了前来开会的13名地主。

在袭击鸭蛋河伪自卫团战斗中，区委书记李凤林暴露了身份，党组织决定将他全家转移到汤原太平川，其他暴露身份的党员也相继转移。由此，萝北地方党组织中断了活动，但是抗日联军的各部仍活动在萝北境内。1937 年，中共下江特委将萝北划归中共绥滨县委领导，萝北境内没有设立党的基层组织，留在萝北的中共党员经常在兆兴、三间房、凤翔、梧桐河等地活动。

七、建立抗日游击队

1932 年 6 月，中央北方会议之后，时任中共满洲省委委员的冯仲云来到鹤岗矿山附近的七号屯巡视工作。冯仲云一方面发展党的组织，一方面按照中国共产党关于“组织东北游击战争，直接给日本帝国主义以沉重打击”的号召，大力发展工农运动，着手建立抗日武装。1932 年 10 月 10 日，在冯仲云的直接领导下，汤原中心县委在半截河组建了中国工农红军第三十三军汤原民众反日游击队（简称汤原游击队）。汤原游击队第一次建队因失掉枪支而宣告失败。原中队长李福臣调往他处，中共满洲省委派杨山东任中队长。

第一次建队失败后，中共汤原中心县委决定通过三条途径进行第二次建队：一是争取江南哈东义勇军，从而得到枪、得到人；二是争取兴山驻军老五团迫击炮排起义；三是由反日同盟会自筹款项购买武器。由于前两条途径没有成功，只能把建立游击队的希望寄托在募捐筹款和农民抗租减租的胜利果实上。中共汤原中心县委号召党团员、反日救国会会员捐款买了 10 支长枪和 1 挺机枪，在七号屯重新建立游击队，武装了数十名游击队员，由中共满洲省委派来的王永江为党代表、杨山东为中队长。为了便于联合下江各反日武装力量，对外称“仁和”队，活动区域为兴山、绥滨、萝北一带。1933 年 1 月和 3 月，汤原游击队分别在萝北七马架屯收编了于九江的“老来好”山林队、在通河北大古洞收编了孙玉刚山林队。后来发现于九江、孙玉刚匪性不改，多次侵害群众利益、败坏游击队名誉、煽动游击队员逃跑、破坏游击队的纪律，经研究决定将两人枪毙。留在游击队里的“老来好”山林队队员怀恨在心，暗地里大搞阴谋诡计，预谋组织武装叛变。1933 年 5 月初，当汤原游击队在孙家臭嘴子炭窑宿营时，“老来好”山林队队员杀害了党代表王永江、支部委员裴锡哲，击伤中队长杨山东，同时抢走了游击队全部枪支，致使汤原游击队第二次建队失败。

正当中共汤原中心县委两次建立抗日武装遭受挫折的关键时刻，中共中央向中共满洲省委发出“一·二六”指示信，对“九一八”事变后东北的形势作了基本正确的分析，提出了建立全民反日统一战线的策略，规定了党在东北的斗争任务，为东北建立抗日武装指明了前进的方向。

1933 年 7 月末，中共满洲省委给汤原、通河等县全体党员的指示信中指出，在当前下江反日斗争形势十分有利的条件下，要创立党领导下的人民革命军队，开展抗日游击战争，获得党在下江游击运动的领导权。中共满洲省委还派军委书记胡世杰和巡视员王亚堂到汤原传达“一·二六”指示信精神和满洲省委贯彻“一·二六”指示信的决议。8 月，汤原中心县委召开县委扩大会议，根据“一·二六”指示信和满洲省委的决议精神，在总结经验教训的基础上，确定了当前要做好两方面工作：一是肃清汤原北部反动地主武装，清除阻碍统一战线的顽固异己力量，扩大红色地盘；二是分化瓦解敌人势力，团结一切可以团结的力量，扩大抗日民族统一战线。

1933 年 11 月，夏云阶派团县委书记于永顺和徐振江携带 2 支手枪对鹤立东黄花冈伪自卫团营房实施突袭，在 30 余名徒手游击队员的密切配合下，将伪自卫团缴械，缴获长枪 14 支、短枪 2 支。1933 年末，中共汤原中心县委任命戴洪斌为汤原反日游击队队长、李仁根为参谋长、张兴德为政治部主任，游击队共有队员 50 余人（女队员 7 人）。1934 年 2 月 11 日，先后在萝北七马架屯和格节河葫芦脖子山沟同伪满屠旅步兵、骑兵发生激战，歼敌 30 余人，狠狠打击了敌人的嚣张气焰。

汤原游击队在夏云阶领导下，由小到大、由弱到强，后来被改编为东北抗日联军第六军。汤原游击队遭受过失败和挫折，也获得过胜利和喜悦，艰苦曲折的斗争过程与兴山、绥滨、萝北地区息息相关，因此说兴山、绥滨和萝北是汤原游击队的发祥地。

汤原游击队的建立和取得的战绩，增强了绥滨县党组织领导广大人民群众进行抗日斗争的信心和决心。根据中共中央关于建立反日游击队、开辟游击区的指示精神，绥滨县党组织在群众基础较好的地区建立了党直接领导下的抗日武装。从 1932 年到 1937 年，先后在二区合泉屯（今中兴康乐村）、帘区、三区曲家窝棚（今望江村）等地建立了抗日游击队。尽管这些游击队的人员比较少、武器弹药不足，却是绥滨地区党组织直接领导下、有较强战斗力的抗日武装。

1936 年 6 月，中共地下党员王永昌、常美轩在三区曲家窝棚建立的抗日游击队有 20 多人，下辖通讯队、侦察队 2 个分队和 4 个小队，由高清担任队长，王忠信、姜学山分别担任分队长，每个小队有六七个人。游击队提出的战斗口号是“打倒日本帝国主义，推翻伪满洲帝国，消灭资本家，解放全中国”。

1937 年 2 月，绥滨二区合泉屯进步青年农民刘成贵、李臣家等人在中共党员王永昌的带领下，以给警察署送烧柴、给伪署长太太“下奶”为由，袭击了北大柜伪警察队和自卫团，缴获长枪 11 支，进而组建抗日游击队，由刘成贵任队长、李臣家任副队长。这支游击队很快发展到 50 多人，后来被编入抗联六军第五师第四团，在绥滨、富锦、同江等地与日伪军进行了多次战斗。游击队为党培养了很多优秀分子，其中刘成贵、肖文泰等人在战斗中光荣牺牲。

1937 年 7 月，在中共绥滨县帘区区委领导下，组建了帘区抗日游击队，钟邵惠担任队长，游击队员近 30 人，主要任务是抓汉奸、打走狗和带领群众进行抗日斗争。1938 年春，钟邵惠被捕，壮烈牺牲。

1937 年夏。绥滨县抗日游击队准备攻打绥东警察署，中共绥滨县委书记王永昌作了周密安排：派儿童团员赵永斌去绥东读书，主要是对在伪自卫团当兵的哥哥赵永志进行争取，让他提供警察署人员及武器装备、换岗时间等情况并从中配合。经过争取，赵永志不仅愿意帮助游击队，而且又主动争取了另外几个人。万事俱备后，在一天黑夜，王永昌亲自带领游击队直奔绥东，埋伏在绥东抗日救国会会长家里。半夜时分，赵永志换岗，游击队悄悄摸到警察署大门口。在赵永志的指引下，游击队分头冲进伪署长和伪警察住的地方，这些人在鼾睡中被全部缴械，游击队没费一粒子弹就缴获很多枪支弹药。

抗日游击队所取得的胜利对日伪力量予以极大打击，极大地鼓舞了各路抗日义勇军，吸引他们主动向党领导的游击队靠拢。一些开明地主和日伪人员中的爱国人士开始分化出来，逐渐形成了党领导下的抗日民主统一战线，绥滨县抗日斗争的局面日趋向好。

第八节 抗日联军英勇抗日

抗战期间，地域辽阔、土地肥沃、资源丰富、背靠苏联、有235公里边境线的兴山、绥滨和萝北成了抗日联军第三、第六军和抗日义勇军的抗日游击区和密营基地。

1937年5月，抗日义勇军“中侠”队和“助国”队接受中国共产党领导改编为抗日联军第六军第五师，在师长刘振声、政治部主任高玉斌和参谋长邱金海的带领下，在蒲鸭河开辟了新的游击活动区。他们修筑了暗堡和哨卡、建起了营房，以蒲鸭河为后方基地（后移驻麻花林子）打击日伪力量，同日本侵略者展开了艰苦的游击战争；1937年7月，梧桐河金矿伪矿警队起义后被编入抗日联军第六军第四师二十九团，在陈芳钧、马克正率领下，以西梧桐河为后方基地，一直活跃在萝北、兴山、黑河之间，对驻在鹤岗矿山的日伪军形成直接威胁；1938年5月，李兆麟将军率领的抗日联军第六军指挥部来到萝北公义永一带（后移驻老等山），直到11月抗日联军西征；赵尚志将军几次来往苏联，都是从萝北一带的黑龙江过境；从1936年起到1942年，抗日联军第三军的一部分小股部队始终活动在兴山、绥滨和萝北地区。

兴山、绥滨和萝北到处都留有抗日联军战斗过的痕迹。这片土地上的人民群众在抗日战争年代以其满腔的爱国热情，在物资上给予抗日武装极大的帮助，在精神上给予抗日武装极大鼓舞，为中国人民的抗日战争取得最终胜利做出了巨大贡献。

一、火热的战场 抗联的基地

抗日战争爆发后，松花江下游北岸地区的广大民众和抗日义勇军由于没有统一的正确领导而遭受巨大损失。在残酷的斗争面前，中共汤原中心县委一边派党员深入义勇军中广泛宣传中国共产党抗日统一战线政策，一边按照省委指示建立党直接领导的抗日游击队。

1932 年 10 月，汤原反日游击队正式建立，从此在萝北、鹤岗矿山、汤原、绥滨等地区揭开了中国共产党统一领导下武装抗日的序幕。在艰苦卓绝、纷乱复杂的对敌斗争中，汤原反日游击队不断总结经验、吸取教训，迅速成长壮大。从对敌作战、肃清反动地主武装，到分化瓦解日伪势力，都表现出机智勇敢、坚决果断的大无畏革命精神，在打击日本侵略者斗争中成为最有声望、能征善战的抗日武装力量。1935 年底，汤原反日游击队已发展到 700 多人。

1935 年 12 月，赵尚志、李延禄率领东北人民革命军第三军和东北抗日同盟军第四军冲破日军讨伐，来到夏云阶（又名夏云杰）领导的汤原游击队根据地——太平川。第三军和第四军与汤原游击队会师，使松花江下游地区的形势骤然发生变化，抗日斗争的气势锐不可当。为扩大抗日游击区、建立更广泛的根据地，赵尚志、李延禄、夏云阶经过充分研究，决定拔掉亮子河金矿伪军据点。1935 年 12 月 25 日，赵尚志、李延禄、夏云阶率领 200 余人到达亮子河金矿附近一个石灰窑。通过当地开明绅士单某与驻守金矿的孟连长会面，进行了爱国、救国的教育，使他幡然悔悟。在这位孟连长的积极配合下，顺利缴获了机枪 2 挺、步枪 100 余支、子弹 2 万余发。12 月 27 日拂晓，大批日军乘 6 辆汽车向亮子河金矿疯狂扑来，妄图将我抗日武装四面包围、置于死地。第三军、第四军和汤原游击队斗志旺盛、作战英勇，奋力冲出重围，日军的阴谋未能得逞。

1936 年 1 月 26 日至 28 日，中共中央发表《为抗日救国告全体同胞书》（八一宣言）后，北满地区著名抗日将领赵尚志、李兆麟、夏云阶、冯治刚、谢文东、李华堂（1939 年，谢文东、李华堂投降日军）等在汤原境内召开“东北民众反日联合军军政扩大会议”。会议通过《东北民众反日联合军军政扩大会议决议》，决定成立“东北民众反日联合军总司令部”，推选赵尚志为总司令。以第三军、第六军为骨干，形成下江地区多种抗日武装的联合力量。

1936 年 1 月，汤原反日游队扩编为东北人民革命军第六军，夏云阶任军长、李兆麟代政治部主任、冯治刚任参谋长。下辖 4 个团，每个团有2~4个连，总人数达到1000余人。主要在汤原、萝北、绥滨、鹤岗、通河、依兰、桦川、富锦等地开展抗日活动。在中共北满临时省委和（北满）联军总司令部的直接领导下，与日伪军展开了不屈不挠的英勇斗争，被誉为汤原人民的子弟兵。经过三年的抗日斗争，开辟了汤原、萝北、绥滨反日游击区，建立了太平川抗日游击根据地。

第六军创建前后都创造了许多光辉的战绩。创建前的宝宝山之战、黑金河之役、亮子河之役、三甲阵地战中解除敌人全部武装、将关旅三营一连全部缴械等战斗，并屡次冲破敌人的大举讨伐，使日军胆战心惊；创建后的智取老钱柜、袭击鹤岗矿山、西湖景遭遇战、尹家大院伏击战等著名战斗，所到之处，所向披靡、势如破竹，在第六军战斗史上写下了光辉的篇章。到1937年，第六军已发展到4500余人。今萝北县莲花乡麻花林子以东、小莲花泡南沿是第六军五师的根据地，设有被服厂和医务所。萝北县苇场乡东南、都鲁河西岸的老等山是著名的抗联根据地，曾是李兆麟指挥部驻地，西征的抗联队伍在此集结出发。

1936年8月，抗联第六军二师师长陈绍斌率领200余人奇袭萝北县凤凰镇（今凤翔镇）伪军兵营，经两小时激战，俘虏伪军营长李铸、营副日本指挥官中岛少佐和电台台长，缴获迫击炮2门和大量枪支弹药。

1936年11月30日，第三军五师一部由师长景永安率领从汤原根据地出发，穿越数百里山林，攻克观都金矿局、袭击伪满国境军事重镇佛山（今嘉荫县）县城。进城后，召开了群众大会，宣传抗日救国道理，并将缴获的1000余袋面粉分给了群众，受到群众拥护。

1937年4月，抗联第三军留守一团政治部主任于保合率领30余人攻打金满沟金矿，攻占了金矿仓库，缴获沙金16公斤、面粉数百袋，毙敌数人。日伪《大北新报》称：这次金满沟金矿遭进攻，直接损失达1万元。

1937年5月，第六军主力奉命远征海伦。留守汤原根据地的第六军参谋长冯治刚率领190余人夜袭汤原县城，击毙日本高级参事官宫地宪一、伪警察局首席指导官三井次郎等10名日酋以及日本守备队42名日军，消灭了300余名伪军，缴获迫击炮3门、轻机枪3挺、步枪和手枪500余支、子弹数万发。此战震慑了三江省日伪统治者、轰动了整个北满地区。

据日伪资料记载：1938年日军对三江抗日联军进行大“讨伐”，仅1月至4月，日伪军在三江省境内就出动299次，交战123次。抗日联军面对如此严峻的形势，采取避锐击虚的战术，寻找敌人弱点予以打击。1938年3月8日，第六军参谋长冯治刚在绥滨三间房集结一师、五师共300余人，对换防的伪靖安军300余人进行伏击，俘虏近80人、击毙30余人，缴获大量轻重机枪、子弹和给养。4月6日，第六军二师袭击绥滨县日本开拓团部，重创日军。大小战斗接连不断，打得日伪统治者晕头转向，如热锅上的蚂蚁，惊呼抗日联军为“北部国防上的心腹之患”。

东北抗日联军第六军依靠党的领导和人民群众的支持，同日本关东军、伪满洲国军、伪兴安军、伪靖安军、伪警察武装进行了长达10年之久的斗争，作战4000余次，毙、伤、俘敌10000余人，牵制日伪兵力10万余人。1936年11月23日，第一任军长夏云阶在汤原县黑金河战斗中身负重伤，抢救无效为国捐躯。1938年3月8日，第六军一师师长马德山在阻击从双城经萝北去绥滨的日伪军战斗中牺牲。1940年2月4日，第六军参谋长冯治刚在与日本讨伐队激战中壮烈殉国。还有数以千计的知名和不知名抗联烈士血洒疆场，英雄事迹永远铭刻在北大荒这块黑土地上。

二、鹤岗铁路线上的游击战

日军侵占鹤岗矿山后，控制了矿山通往佳木斯的铁路，作为侵略矿山、掠夺资源、运送军队和军需物资的主要交通线。汤原抗日游击队频频活动在铁路沿线，借助铁路两侧茂密的林木掩护，把铁路变成抗击日军的战场。

1933年秋，在富力南大岗一处两山夹一沟的地方，游击队袭击了从鹤岗矿山开往莲江口的混合列车，俘敌10余人，缴获步枪20余支，既补充了武器弹药，又打击了日伪统治者。为实现破坏敌人计划、打击日军嚣张气焰和夺取枪支弹药、补充给养的目的，游击队经常派人侦察日伪行动和相关情况，把握时机给敌军以重创。

1935 年的某一天，汤原游击队得到在通往矿山的列车上装有军需物资的情报。经过认真研究和充分准备，夏云阶亲自率领 200 多人埋伏在八号地区铁路两侧。天黑到伸手不见五指时，一列混编列车由南向北驶来。列车刚进入伏击圈，夏云阶一声令下，铁轨炸断，火车被迫停下。双方开始交火，一时间枪声、喊杀声连成一片。一会儿工夫，游击队战士便冲上了车厢。俘虏了列车上矿警队的两个日本人，同时还缴获了一批枪支弹药和其他军需物资。同年秋季的一天中午，抗日游击队又袭击了向莲江口方向行驶的一列火车，俘虏 30 多名敌人。

1936 年 5 月 15 日，夏云阶率领 200 余人袭击了鹤岗铁路六号分驻所，全歼鹤岗煤矿伪矿警一个小队。1937 年 7 月某日，抗联六军和地方抗日组织在峻德联合袭击了日军混合列车，击毙日军 3 人，铁路停运 1 天。

游击队截获列车事件也常见于报端。据伪满《省政汇览》第 4 辑载："1935 年 8 月 24 日上午 9 时，夏云阶策划颠覆列车，在通向矿山镇途中，于莲江口东北 40 公里的地方，把道钉拔出 200 根，列车脱轨，然后将列车撒上汽油，点燃后逃走。"此次战斗，击毙日军 1 名、俘虏日军 2 名、打死伪矿警队员 6 名。

鹤岗矿山铁路工人积极配合游击队的军事行动，列车颠覆事件时有发生。1936 年春，铁路工人周海春驾驶列车行至新华大桥时，发现路基下沉、桥上有火，周师傅心里明白这是抗联战士的行动，于是有意猛冲，造成列车脱轨、路基严重损坏。1936 年 5 月的一天，刚从莲江口回来的火车司炉工唐森海悄悄告诉火车司机牛长海："今晚开车留神，抗联有行动。"牛长海听后点点头说："抗联和咱铁路工人有交情，瞧好吧。"当晚两人驾驶列车至富力前坡时，发现前边铁轨断了一段，于是做好安全准备，驾驶列车急速行驶，列车完全脱轨，后面的煤车翻车起落，当即我抗联战士冲上前去将押车的鬼子全部俘虏。

从 1932 年至 1937 年，抗日武装机动灵活地袭击列车、截获军需、攻打车站、破坏轨道、切断输电线路、断绝交通，搞得日本侵略者头昏脑涨、疲于奔命。

三、抗联六军攻克鹤岗

东北人民革命军第六军（抗联六军前身）是一支组织好、战斗力强的抗日武装。1936年建立以来，在中共北满临时省委和（北满）联军总司令部的直接领导下，攻城夺寨、破坏交通、牵制日军、援助关内抗战，为驱逐日本侵略者进行不屈不挠的英勇斗争，成为松花江下游地区赫赫有名的抗日劲旅。

1936年春的一天傍晚，第六军军长夏云阶组织召开军事会议，研究下一步作战计划。经过讨论分析，大家表示，党对鹤岗矿山的工人运动极为重视，汤原中心县委曾多次派人到鹤岗组织矿工开展斗争，群众基础比较好，已经建立了抗日救国会等抗日组织。同时，攻打鹤岗对破坏日军掠夺煤炭资源、发展工人运动、充实部队骨干力量、扩大我党我军的政治影响等具有重大的意义。会议一致认为下江地区产业工人的中心——兴山镇（鹤岗）是最为理想的攻克目标。

攻克鹤岗战斗行动实施前，汤原中心县委派县委委员、鹤立区委书记高雨春秘密潜入鹤岗侦察敌情。高雨春以抗日救国会会员施庆久亲属的身份住在施庆久家，并在矿山找了个临时活儿。施庆久是较早参加抗日救国会的会员，公开身份是鹤岗矿业所次长金井健吉的卫兵，还当过矿警队的小队长，深得日本人的信任。高雨春到鹤岗矿山后，一边宣传抗日救国、积极鼓动矿警队员和抗日群众加入抗日救国会，一边侦察矿警队和日军的兵力部署及军械库、火药库等主要攻击目标的准确地点等情况。在完全摸清敌情后，高雨春将抗日救国会骨干会员召集到一起，对攻克鹤岗战斗中由抗日救国会执行的爆破、阻击、切断通话线路等任务作出具体安排，并规定了联络暗号。一切就绪，高雨春返回汤原中心县委，详细汇报了侦察到的情况和相关准备工作。据此，夏云阶主持制定了攻打鹤岗的详细行动方案。

1936年4月13日，夏云阶在距鹤岗矿山25公里的铁路沿线集结250人，实施了一次试探性进攻，日军惊恐不安、宣布全城戒严，并加强了防守。虚晃一枪后攻击队伍立即撤走，日伪军虚惊一场，便松懈下来。4 月 22 日，夏云阶乘敌人麻痹之机，率领 300 余人再次攻打鹤岗，但因向导领错路而失去战机，未能按预定时间发动攻击，只好顺原路迅速返回汤原游击区。当天深夜，第六军手枪队潜入矿区将施庆久家属安全转移。

抗联六军军长夏云阶纪念碑（坐落在汤原县烈士陵园）

1936 年 5 月 22 日，第六军第三次攻打鹤岗矿山。由冯治刚、张传福两位团长各率领一个团的兵力分别在莲江口、汤原通往鹤岗的途中埋伏，阻击日军的增援部队，派人通知鹤岗附近乡镇的秘密武装在战斗开始的同时鸣枪牵制敌人。夏云阶亲自率领 700 余人向鹤岗矿山进发。傍晚，攻击队伍悄悄到达鹤岗北山石灰窑潜伏。午夜时分，夏云阶命令手枪队摸向设在北山的哨卡。当哨卡上的岗哨开始换岗，手枪队队员迅速冲进哨卡，消灭了哨卡的几个岗哨，攻击队伍迅速冲进城内。与此同时，抗日救国会的会员切断了矿区内外所有的通话线路和供电线路，城内日伪兵乱作一团。随着数声巨响，东南方向的汽车库燃起了冲天大火，日军守备队的吊桥也被炸飞。在施庆久的带领下，夏云阶率队直捣煤矿事务所，其他人员按预定行动方案分别攻打既定目标。此时，矿警队一、二中队的岗哨已换上了姬国珍、张维山等抗日救国会会员。张维山看到进攻信号后，立即跑进屋向伪矿警队长赵永富报告，趁机一枪把他打死，并配合赶到的战士把矿警队各小队全部缴械。战斗持续到拂晓，第六军大获全胜。这次战斗击毙日本军官山口为市、桥田德次和伪矿警队队长赵永富，缴获 30 余支长枪、1 挺机枪和 6500 余发子弹以及大量军需物资。

战斗结束后，夏云阶举行集会，向伪矿警队队员和广大群众矿工宣传《八一宣言》精神，号召鹤岗各阶层人民共同抗日救国。当场就有很多矿警队队员和工人参加了抗日队伍。

四、抗联六军在绥滨的游击战

在绥滨县地下党组织和抗日群众组织的积极配合下，东北抗日联军第六军五师的一、二团以绥滨蒲鸭河为根据地开辟了绥滨三区、四区、五区、六区等游击区；三、四团以长龙岗为根据地开辟了绥滨一区、二区和同江游击区。抗联战士发挥能骑善射的优势，常常出奇制胜地同日伪展开游击战，在绥滨、富锦、同江人民大众中建立了较高威望。

1937 年 8 月 24 日晚，抗联六军五师政治部主任高玉斌、参谋长邱金海率领 200 余人攻打北小岗伪警察署，共缴获长枪 18 支、子弹 790 发，警察署长王景阳等人加入抗日联军；同年 8 月 28 日上午，高玉斌和邱金海带领 80 余人，在古城岗（今绥滨农场南）伏击了绥滨县伪警察队，击毙日本警佐真崎清助指挥官和警察大队长石岱五等 6 人，活捉翻译王贵臣，并缴获敌人轻机枪 1 挺、长枪 7 支；同年 10 月，五师四团在平乐村（今绥东东胜村）附近再次袭击绥滨县伪警察队。

1938 年 4 月 26 日，向阳屯伪警察队在去绥滨县的途中，遭到抗联六军五师的袭击，击毙 4 名，其余人员全部被俘虏；同年 5 月 3 日，抗联六军参谋长冯治纲、五师师长刘振声率领200余人袭击连生乡伪警察署，缴获手枪1支、长枪43支、子弹415发。接连不断的伏击、袭击有力地打击了日伪统治，日军及伪政权闻风丧胆。

为了削弱、消除抗日武装力量，日伪统治当局在绥滨实施“治安肃正工作计划”。一面调集大量日伪军对抗联基地进行讨伐，一面强迫推行“集团部落”政策，把散居的老百姓集中起来建大屯。在屯子周围挖深沟、筑高墙、设炮楼，由自卫团轮流站岗，进出都要接受检查。同时派出日伪特务破坏中共地下党组织及抗日群众组织、收缴民间武器、发放良民证，实行所谓“民匪分离”的做法，妄图割断抗联部队和人民群众的联系，切断抗联部队的粮草、武器、弹药来源。

1938年8月，抗联主力西征。为了牵制敌人、对西征队伍形成掩护，抗联第六军五师继续留在绥滨、萝北一带开展抗日活动。中共绥滨县委在曲家窝棚遭到破坏后，六军五师与地方党组织、人民群众断了联系，衣服、食物和枪支弹药等都失去补给。抗联战士不但受到衣不蔽体、饥饿难耐的煎熬，还要随时抗击多于自身几倍甚至十几倍敌人的疯狂进攻。六军五师因生存条件艰难，又连续遭到攻击，人员伤亡很大。为了保存实力，10月23日，六军五师政治部主任高玉斌率领140余人经四区沙院里渡过黑龙江进入苏联。11月14日，六军五师四团20余人经二区水曲柳通（通：江中的小岛屿）渡过黑龙江进入苏联。

到达苏联境内的大多数抗联战士被苏联红军从新疆转送回国，只有一小部分人经过苏联红军特殊训练，又被派回兴山、绥滨、萝北、同江等地，为苏联红军收集情报，开展小规模的反日活动，为“八一五”光复、苏联红军入境同日军作战创造条件。

五、三间房遭遇战

1938年初，抗联六军二师政治部主任张兴德和十一团团长王恩率领97名抗联战士占据了萝北县境内黑龙江的一个大江通。江通里长满山槐树、山杨树、山丁树、臭李子树，野藤、野葡萄绕绕缠缠密不透风，抗联队伍驻扎在里面很难被发现。江通的北岸是苏联，西岸的三间房对面有一条公路，日伪军常常经过。抗联队伍在此驻扎进能攻、退能守。

1938 年 6 月 4 日，前去刘家屯筹集给养的抗联战士返回大江通。第二天早 5 点左右，去刘家屯运输给养的抗联队伍在三间房附近与日伪军 300 余名骑兵遭遇。王恩立即带领一、二排分别埋伏在公路南北两侧，张兴德则带领其抗联战士向背后包抄。日伪骑兵刚刚进入埋伏圈，王恩一声令下，抗联战士一齐开火，走在前面的很多日伪军被当场击毙，后面的人顿时乱了阵营，慌忙往西溃逃两三公里后才组织还击。日伪军用迫击炮、撸杆炮开路，疯狂反扑，抗联战士占据有利地形继续给予日伪军沉重打击。日伪军连续 3 次反攻都被英勇的抗联战士击退，战斗一直持续到下午 3 点，日伪骑兵付出 100 余人伤亡的代价，抗联队伍伤亡也很惨重，张兴德在战斗中身负重伤。为避免更大的伤亡，王恩命令撤出战斗，带领余下的抗联战士被迫撤回大江通。之后，在苏联红军的支援和帮助下，张兴德、王恩及 20 余名抗联战士转移到苏联境内。

虽然抗联队伍在三间房遭遇战中遭受了巨大损失，但同样重创了日伪军。萝北地区人民大众感受到抗日武装的存在，看到抗日斗争胜利的希望，极大提升了抗日联军的影响力。

六、夜袭萝北县城肇兴镇

1938 年 2 月 4 日（农历正月初五）夜，在李兆麟率领抗联部队攻打萝北重镇鸭蛋河的第 2 天，按照中共北满临时省委的决定，抗联六军军长戴洪斌、三军一师师长蔡近葵率领 500 余人奔袭萝北县城肇兴镇。因天寒路远，抵达萝北县时已是拂晓。首先攻打西门警察所，击毙伪所长崔子彬，击伤伪警长王久全，很快就占领西门警察所。部队攻进城后兵分两路，一路由戴洪斌率领攻击伪军驻扎的伪县公署，一路由蔡近葵率领攻击日军驻扎的南大营。进攻伪县公署的抗联部队接连发射近 40 发迫击炮弹，都因受潮未爆，伪县公署的伪军凭着碉堡、岗楼进行顽抗。此时，蔡近葵师长率领的另一路部队已接近南大营，日军听到镇西枪响便迅速集合兵力迎战。蔡近葵看到日军从正面冲上来，如果正面交火肯定对抗联部队不利，便命令部队后撤与戴洪斌所部会合。戴洪斌命令迫击炮向冲上来的日军开炮，没想到这一次打响了，日军被炸得晕头转向，不敢妄动。这时天已大亮，抗联部队准备撤退，按照约定将最后一发炮弹射向苏联边境，让苏军误认为是日军挑衅而还击。

第三军、第六军在向西撤退途中，两辆追击汽车载着日军向西疾驶，欲抢先占领城西的上街基村炮台，对抗联部队东西夹击。戴洪斌看出了日军的企图，命令第六军二十八团郭团长带领机枪手飞速前进，抢先占领了上街基东南炮台。刚刚架上机枪，日军的第 1 辆汽车就到了，当冻僵双手的日军跳下汽车时，遭到机枪的猛烈扫射。第 2 辆汽车上的日军没敢冒进，跳下汽车沿着黑龙江江堤小心翼翼地向上街基进逼。戴洪斌率领部队撤到上街基村，迅速占领村内的有利地形进行反击。战斗一直持续到天黑，日军越来越多。此时，抗联部队的弹药已所剩无几，又没有援军。为保存力量，戴洪斌与蔡近葵商量决定迅速突围、连夜过江。在夜幕掩护下，近 500 人的抗联队伍被迫离开萝北，过境去了苏联。

这次夜袭肇兴镇的战斗，击毙日军指挥官板坂少佐、警务局指挥官岩崎等 18 名日军，打伤 20 余名日军，沉重打击了敌人的狂妄气焰。日本侵略军在上街基村竖立一个石碑，上面刻着“板坂少佐及十八勇士战殁之地”，直接成为抗联战士英勇杀敌的物证。

七、抗联西征实行战略转移

下江地区抗日武装斗争的蓬勃发展，使日本侵略者惊恐万分。从 1937 年 11 月开始，日本侵略者对三江省实行所谓“三年治安肃正”，调集日军一个师团和大量伪军组成 2.5 万人的“讨伐队”，疯狂围剿抗日武装，同时对中共地下党组织进行残酷的镇压。

1937 年冬，日伪对下江地区的围剿日益加剧，抗日游击区不断缩小，抗联队伍处境十分困难。中共北满临时省委在依兰东杨家沟召开会议，决定派赵尚志代表中共北满临时省委和抗日联军去苏联联系重大政治及军事事宜。

1938年1月26日，赵尚志将军等6人受中共北满临时省委委派从依兰出发，途经汤原、梧桐河，于当天夜晚到达萝北县名山附近，在抗联第三军九师师长李振远率部掩护下，从名山镇东的三道过江去苏联。但万万没有想到，赵尚志一行到苏联境内就被苏方无理关押，直至1939年6月，才以“误会”为由解除监禁。

日伪悬赏赵尚志及抗联战士的布告

1938年，东北人民的抗日斗争进入艰苦时期，日本关东军不断增派兵力对三江省抗日武装进行“围剿”，企图“驱于一隅”，实现“聚而歼之”的罪恶目的。

1938年4月，李兆麟出席在依兰县四块石召开的中共北满临时省委第七次常委会议后，率领抗联第六军教导队到萝北与抗联第六军各师会合，在萝北县南部抗联根据地老等山设总指挥部，以应对更严峻的斗争形势。6月，中共北满临时省委在通河召开第八次常委会议，分析了北满抗日游击战争敌我双方的各种情况，再一次提出：为了保存抗联部队实力、粉碎敌人的阴谋，东北抗日游击战争必须跳出日伪对下江的包围圈，到黑嫩平原开辟新的游击区。会议认为，向西突击是北满抗日联军的最佳选择。为此，决定北满抗日联军第三军、第六军、第九军、第十一军主力穿越小兴安岭向海伦地区远征，由李兆麟以北满抗日联军总政治部主任资格统一指挥在下江的抗联各军西征，开辟黑嫩平原的新游击区。会后，李兆麟在麻花林子组织召开北满抗日联军团以上干部和下江地区地方党组织负责人会议，研究制定西征方案，决定分批西征。

1938 年 8 月，由第六军一师、二师约 200 人组成的第一批西征队伍出发，第六军参谋长冯志刚负责指挥，陈雷为代理临时党委书记，其他指挥员还有第二师师长张传福、第二师十一团政治部主任王钧等。西征在途中袭击了东黄花岗伪军，于夜间进入兴山镇解决给养后便踏上艰难征程。8 月 23 日，在汤原黑金河西沟宿营时遭日伪军袭击，张传福等 8 人牺牲，给养被日伪截走。冯志刚、陈雷率领西征队伍甩开敌人追击后继续前行。因无法补充给养，一路上只能以野菜野果充饥，艰难行进 40 余天后到达海伦与张光迪所部会师。

抗联将士西征时在密林宿营

1938 年 9 月 6 日，来自宝清的第三军三师、四师及先期到达萝北的第六军三师、四师共 400 余人组成第二批西征队伍，从麻花林子抗联基地出发，由第三军政治部主任金策、第六军三师代师长王明贵、第三军四师政治部代主任于保合负责指挥。西征队伍渡过都鲁河，冲出沼泽地，经鹤立进入汤原老区，当地群众为部队补充了给养。随后在石场沟伏击了追击而来的汤原县伪治安队，毙敌50余人。一路上西征队伍披荆斩棘、忍饥挨饿，10月上旬与第一批西征队伍在海伦会师。

1938年9月，李兆麟将军率领第六军教导队180余人在宝清、富锦一带与第六军一师政治部主任徐光海所部、第十一军一师师长李景荫所部会合，组成第三批西征队伍，由李兆麟负责指挥。西征队伍北渡松花江后，于1938年11月离开下江，准备翻越小兴安岭向黑嫩平原进发。在鹤岗老等山北坡短暂停留期间，袭击了鹤岗郊区日军仓库，缴获了一批棉布、棉花，自己动手制作棉衣御寒。远征部队冒着暴风雪和摄氏零下40多度的严寒在茫茫林海雪原中坚持向西挺进，终于在12月末到达海伦，与前两批西征队伍会师。

抗联战士在密林中准备战斗

1938年8月至12月，抗联队伍先后三批共1000余人从萝北抗联基地出发西征，行程千余里，最终在海伦境内会师，保存了北满抗联队伍的主力，完成了战略转移。西征期间抗联第六军五师师长刘振声率部留在萝北、绥滨一带牵制日伪军，完成任务后于年末在绥滨境内北渡黑龙江进入苏联。抗联西征粉碎了日伪妄图把抗联队伍“围歼”在伪三江省境内的罪恶阴谋，为开辟黑嫩平原游击区奠定了基础。

抗联主力部队西征后，还有其他抗联小部队在鹤岗、萝北、绥滨一带继续活动。梧桐河下游坚持抗日斗争的有刘海龙领导的第六军二十三团；宝泉岭一带坚持抗日游击活动的有陈芳钧、马克正领导的第六军四师二十九团；太平沟至兴东一带有阎希保带领的抗联小部队。在日伪大举进攻、全面围剿的险恶形势下，这些抗联勇士发扬独立自主、顽强斗争的精神，积极主动出击，不断打击日伪政权、破坏军事设施，有力地牵制了日伪有生力量。

八、赵尚志将军壮烈殉国

赵尚志，男，1908 年出生，汉族，辽宁朝阳人。1925 年夏加入中国共产党，是东北地区最早的共产党员之一，同年冬季进入黄埔军校第四期学习。北伐战争时期，赵尚志在东北地区组织和从事反帝反军阀的革命活动。1931 年“九一八”事变后担任中共满洲省委常委、军委书记。

赵尚志将军不但具有超凡的军事天赋，还具有远大的政治眼光。在抗日斗争极其艰苦的岁月，赵尚志主持设立军政学校，为抗联队伍培养了大批军事指挥员和政治工作者。在赵尚志的领导下建立了后方医院、被服厂、兵工厂等后勤基地，为下江地区的抗日斗争提供给养保障。赵尚志将军率领抗日武装转战松花江流域广大地区，身经百战，以骁勇善战著称，令敌人胆寒，使国人振奋，其丰功伟绩远播中外。

1933 年 10 月，创建珠河反日游击队，赵尚志担任队长。之后游击队联合义勇军、山林队成立反日联合军司令部，赵尚志被推举为司令。1934 年，珠河反日游击队被改编为东北反日游击队哈东支队，赵尚志担任支队司令。1935 年 1 月，哈东支队被改编为东北人民革命军第三军，赵尚志担任军长，在牡丹江沿岸开展游击活动，在珠河根据地开展反“讨伐”斗争。12 月，北上汤原开辟江北游击区，与第四军联合开展游击活动。

1936 年 1 月，在汤原吉兴沟密林中召开东北民众反日联合军军政扩大联席会议，贯彻落实“八一宣言”，成立东北民众反日联合军总司令部（后改称北满抗联总司令部），赵尚志被推举为总司令。8 月，东北人民革命军第三军被改编为东北抗日联军第三军，赵尚志任军长。

1936 年 9 月 18 日，召开珠河、汤原中心县委和抗联第三军党委、第六军党委联席会议，决定成立北满临时省委，赵尚志担任执行主席。10月，赵尚志率部远征黑嫩平原。

赵尚志

1937年，为配合全国抗战，赵尚志积极领导开展抗日游击战争，给日伪有力打击。9月18日，赵尚志以抗日联军总司令名义发表通告，号召各界同胞迅速行动起来抗日救国，光复东北。

1937年冬，日伪当局对三江地区展开大规模军事“讨伐”，为谋求与中共中央联系和寻求苏联军事援助，中共满洲临时省委决定派赵尚志为代表赴苏联络。

赵尚志（第一排正中）和巴彦游击队

1938年1月，赵尚志到达苏联后即被苏方无理羁押长达18个月。1939年7月，赵尚志带领在苏联境内的110名抗联战士返回东北抗日战场。

1941年10月，赵尚志带领小部队来到梧桐河上游老等山地区，此时东北形势险恶，抗联活动极为艰难。日伪特务机关得知赵尚志在鹤立、汤原北部山区活动的情报后，增派军警、特务进行搜索，但未发现任何踪迹。

1942 年 2 月 12 日凌晨，赵尚志率部袭击伪兴山（鹤岗）警察署所属梧桐河警察分驻所。在向梧桐河进发时，混入抗日队伍的兴山警察署特务刘德山为伺机谋杀，一直跟在赵尚志身边。行至距梧桐河 2 公里的吕家菜园子附近，刘德山认为时机已到，便提议到吕家菜园子的小屋里暖和暖和，并以去小便为借口，让别人先走。刘德山借机来到赵尚志身后突然开枪，赵尚志后腰下部中弹，当即扑倒在地。赵尚志临危不乱，拔出手枪向正朝另一名抗联战士开枪的刘德山射击，刘德山头、腹各中一弹，当即毙命。赵尚志身受贯通伤，血流如注，伤势非常严重，已经难以继续行动。这里距梧桐河警察分驻所只有几里地，赵尚志命令原抗联三军的团长姜立新带领其他人立即转移。姜立新等人坚持不肯离去，背起赵尚志奔向吕家菜园子的小屋。

吕家菜园子的主人孙克茂、吕振清夫妇听到枪声立即穿上衣服，趴在门缝向外看。得知是受伤的抗联战士后，吕振清立即把赵尚志扶进里屋的火炕上，脱掉赵尚志的皮袄，用撕开的床单包扎好伤口，让赵尚志躺好盖上被子，然后便去引火做饭。时间过去不久，得到消息的日伪讨伐队从梧桐河伪警察分驻所扑向吕家菜园子。战斗进行了 15 分钟左右，王永孝负重伤。见寡不敌众，赵尚志再次命令姜立新带领其他人携带装有秘密文件及活动经费的文件包立即撤离吕家菜园子，然后越过边境线去苏联。此时赵尚志因流血过多已经昏迷，不能一起撤离，不幸落入日伪手中。

日伪军用爬犁把赵尚志拉到梧桐河分驻所。审讯中，赵尚志大义凛然、宁死不屈。关于赵尚志将军壮烈牺牲的情景，日本关东军宪兵司令部编写的《满洲共产抗日运动概况》记载：赵尚志受致命重伤，仅生存八小时，于此期间，对审讯之满人警察官称："我是赵尚志。""你们和我们不同样是中国人吗？你们却成为卖国贼，该杀！""我死不足惜，今将逝去，还有何可问？"除发泄等言语之外，缄口不言，一直藐视审讯官，置刀枪痛苦于不顾，最终在日伪军的折磨下牺牲。

赵尚志将军显示出的尊严，是作为威震敌胆的抗日将领的尊严，是不甘屈服于帝国主义的伟大中华民族的尊严。民族英雄赵尚志与日军战斗到最后一息，年仅 34 岁。

在苏联境内整训的抗联战士得知赵尚志牺牲的消息时，大家都不相信是真的。苏联红军惊悉赵尚志牺牲的消息后，赞称赵尚将军志是中国的“夏伯阳”。

赵尚志将军牺牲后，日伪警务司司长长谷明山发表谈话称：“祸满元凶从此诛灭”“满洲匪首最后消灭”，并借此大肆宣扬日本侵略者的“胜利”。但是事实证明，真正的胜利者并不是残暴的日军，而是英雄的中国人民。在中国共产党的领导下，经历 14 年的艰苦奋战，中华民族前赴后继，终于打败了日本侵略者。

赵尚志将军遇难地碑石

1946 年 4 月，根据鹤立县民主政府县参议会第一次会议决议，将赵尚志将军殉难地——兴山（鹤岗）市梧桐乡改名为尚志乡。1947 年，珠河县第一届工农代表大会决定把具有光荣传统的珠河县改为尚志县。1984 年 8 月 1 日，在赵尚志将军牺牲地（今鹤岗市萝北县宝泉岭）建设尚志公园，同时设立赵尚志烈士纪念馆展示赵尚志将军的生平和英雄业绩，原黑龙江省省长、抗联老战士陈雷为赵尚志烈士纪念碑题写碑文。2007 年 9 月 18 日，赵尚志将军塑像在鹤岗市五指山公园落成。抗日民族英雄赵尚志的伟大斗争精神永远鼓舞后人。

第九节 人民群众支援抗联

抗日战争时期，特别是 1937 年“七七”事变爆发后，中国人民在中国共产党“团结抗日”的旗帜下，全面展开了对日本帝国主义的斗争。东北各游击区人民积极拥护中国共产党主张的十项抗日纲领、响应中国共产党提出的“停止内战，一致抗日”和“有粮出粮、有钱出钱、有人出人、有枪出枪”的号召，广大基本群众以及较为开明的地主、商人、“把头”纷纷加入抗日救国运动。在中国共产党各级组织领导和带动下，给予抗日队伍精神上、物资上无私的支持和帮助，成为抗日队伍的坚强后盾。

在兴山、绥滨和萝北区域活动的抗日联军第六军、第三军和第十一军，就是在地方党组织和广大人民群众的无私支援下与日军浴血奋战。尽管人民群众生活也十分艰苦，仍然千方百计想办法给抗联队伍筹集所需军需用品和生活用品。兴山、绥滨和萝北的人民甘愿冒着生命危险，满腔热情地给予无私援助和大力支持，为抗联队伍广泛深入地开展游击战、取得抗日战争最后胜利提供了人力、物力、财力上的保障。

全国抗日战争爆发后，鹤岗矿山党组织在广大矿工和爱国人士中间掀起了以供给抗联队伍军需为核心内容的抗日运动高潮，支援和帮助抗联成为矿区人民的普遍的、自觉的爱国行动。有一次，鹤岗矿山机电部的一名工人在莲江口医院修理电话时，趁机将日本军官万户的手枪偷走，想方设法送到了抗联队伍。中共鹤岗地下联络站德泰和中药铺的主要任务就是为抗联采购和收集物资、接送党的地下工作者、为抗联传递情报等，是给抗联队伍送医、送药、送粮食的主要渠道。

同时，地下党组织动员德泰和中药铺的中医大夫张子斌、王洪德、连云洲等人和一些开明的小“把头”为抗联队伍购买药品、粮食和布匹；发动有爱国思想的火车司机唐文阁等人经常为抗联部队运送物资；持续开展对伪矿警队策反工作，为抗联队伍补充人员和枪支弹药。

1937 年 10 月，中共汤原中心县委派遣殷玉田到鹤岗矿山做伪矿警队策反工作，经过殷玉田等人宣传动员，马车房的十余名马车夫给抗日联军第六军捐款。据日伪档案“三一五”事件综合材料记载：1937 年 10 月左右，中共汤原中心县委书记高雨春通过中共鹤立区委交给士兵工作员殷玉田 300 元采购子弹；交给矿山镇药铺张先生 100 元采购常备药、枪伤药和 2 个望远镜。

1938 年，中共下江特委书记高禹民亲自到鹤岗矿山为抗联部队解决给养问题。在鹤岗矿山地下党组织的帮助下，高禹民率队先后多次夜闯矿山日伪仓库，获得大量的米、面、棉被和衣物等物资送给抗联队伍。

1941 年，鹤岗煤矿兴安开发所的矿工在侯品先的带领下，利用“家礼教”的名义从日本人手里弄到 8 箱火药送给了抗联队伍。

绥滨县绥东镇家境并不富裕的孙景泉卖掉了自家的马匹，从安达购买了 100 余匹灯芯绒和几百套衣服，为抗联队伍解决了过冬棉衣不足的问题。绥滨、萝北的妇女抗日救国会，组织广大妇女为抗联队伍做了大量军布鞋、衣服、手套等。中共绥东区委书记徐连成冒着生命危险为抗联队伍搞来 100 多发“七九式”子弹，还没有送出去抗联队伍就转移了，只好把子弹埋藏起来，一直到绥滨解放才取出来。

绥滨伪警察署二小队有个秘密抗日组织，在中共党员李振廷的领导下多次为抗联队伍提供情报和枪支弹药。日军觉得李振廷有嫌疑，便进行调查、审讯和严刑拷打，李振廷宁死也不承认。因查无实据，只能将李振廷从伪警察署开除了之。

抗日联军在绥滨、萝北一带与日伪军的战斗非常频繁，每次战斗都有人员负伤需要治疗。因为抗联基地条件艰苦、缺医少药，还要时刻提防日伪讨伐，伤员多数是在当地老百姓家养伤，收留和掩护抗联伤病员的重任就落在绥滨地下党组织和先进群众身上。很多抗联伤病员都曾在绥东、中兴、忠仁一带的地下党员和先进群众家里治病、养伤。1937年8月，抗联第六军五师政治部主任高玉斌在古城岗伏击战中受伤后，就在绥滨赵世明家里养伤。抗联第六军参谋长冯治纲的亲属一家6口曾在绥东孙景泉家匿居长达2年。连礼的宋凯胜家和吉连的李忠殿家也都收留、掩护过抗联战士及其家属。

在中国共产党的领导下，从1931年“九一八”事变到1945年8月日本侵略者投降，兴山、绥滨和萝北爱国军民同仇敌忾、前赴后继，进行了长达14年艰苦卓绝的抗日斗争，有力地打击了日军及其汉奸走狗，充分表现出中华民族不畏强敌、百折不挠的伟大精神。兴山、绥滨和萝北的抗日斗争是东北抗日战争乃至中国抗日战争的重要组成部分。

抗日战争的胜利洗雪了中华民族百年来任人宰割、受人欺凌的耻辱，促进中华民族的觉醒，提高了中国人民的民族自信心，极大地推进了中国革命的历史进程，为中国共产党团结和带领中国各族人民实现民族独立和人民解放、建立中华人民共和国奠定了坚实的基础。

附录：

（一）东山“万人坑”简介

东山万人坑位于新一矿（今益新公司）办公大楼东、哈萝公路北侧。日伪统治时期，在东山死难的煤矿工人多数被扔在当时长满密密麻麻的桦树和柞树、野狼和野狗出没、人迹罕至的东山坡上，久而久之，这里成了尸横遍野、狗啃狼噬的乱尸岗子。

据当年担任东山矿工会委员的阎华回忆：1946年8月，东山矿工会成立后的第一项工作就是发动工人做木箱，收拣日伪时期死难者的尸骨。整整3天时间，才将漫山遍野的死难矿工尸骨掩埋在7个坑里。东山矿党支部书记王学功在祭奠死难矿工的群众大会上讲道：这漫山遍野的尸骨是日本帝国主义侵占东北14年残害中国人民的铁证，死于矿山的阶级弟兄何止万人。

资料记载：这里的死难者多数死于非命。一是在日伪残酷统治压迫下，劳累过度致死。1939年，为了修洋灰洞子附近的铁路，从天津招来外包工600多人，日本侵略者为了加快施工速度，不顾工人的死活，在工人吃不饱、穿不暖的情况下，逼迫工人没日没夜地干活，铁路还没修好，就累死病死500多人，全部扔到东面的荒山坡上。1942年，兴山二井从关内招来1000多名矿工，劳动强度巨大，每天还得工作16小时以上，再加上长时间吃橡子面和发霉的苞米面造成严重的营养不良，到日本侵略者投降时，只剩下90多人。死难者大多数随意扔到东山坡上。二是日本侵略者施行野蛮的掠夺式开采导致井下各类事故不断发生，因煤矿安全事故而死。1940年，兴山二坑无棚区坍方死亡6人。1943年，瓦斯爆炸死亡90多人。1945年，西三槽冒顶死亡30多人。5人以下的死亡事故几乎天天都有。起初，还给口薄棺材埋起来，后来死的人太多了，薄棺材也不给了，尸体也不埋了，都往荒山坡上扔；三是食物发霉糜烂、水源污染严重及医疗、卫生条件极差，以致瘟疫盛行中频频染病死亡。1940年夏发生大瘟疫，死了很多人，仅年初招来修建南大营的50多名外包工就死了40多人。据老工人张东方回忆：1942年的一天上午10点多钟，有个矿工得了伤寒病，“把头”就用牛车把他拉到东山坑附近火化，当时这个矿工还没有死，在牛车上有气无力地叫喊“我没死，我还能活”。日伪《满洲国史》第十二次司法官会议录中曾这样记载：因卫生设备极不完全及防疫措施不足，罹恶而引起之死不幸事件甚多；四是矫正辅导院中所谓的“俘浪”因劳动强度大、生活条件极其恶劣、遭受严刑拷打而死或在反抗中惨遭镇压、迫害而死。据老矿工葛厚成回忆：1945年春，有一个青年学生从哈尔滨被抓送到鹤岗矫正辅导院。日本看守看中了他身上穿的一件红毛衣，他不肯给，日本看守暴跳如雷，抡起鞭子就打，打得这个青年满脸是血，还觉得不过瘾，又操起镐把劈头盖脸地狠狠打起来，直到把这个青年活活打死，扔到东山坡上。解放后，在挖掘“万人坑”时至少发现十多具戴脚镣的尸骨。

1968年10月，将其中的一处坑（长10米、宽8米、深2.5米的坑内就堆积死难者的尸骨几千具）作为阶级教育展陈场所，定名为“东山万人坑阶级教育展览馆”。1981年，经黑龙江省政府批准，将展览馆列为省级重点文物保护单位。

（二）大陆“万人坑”简介

大陆万人坑位于今大陆矿露天坑东面的小山岗，上面立有一个大方木桩子。

1943年11月，牡丹江监狱在鹤岗矿山大陆矿煤仓对过、公路以西设立一座分监狱，称做牡丹江监狱鹤岗陆镜作业场，关押的“犯人”多数是所谓的“国事犯”“政治犯”“思想犯”。这些“犯人”劳动时间长、劳动强度大、居住环境差，吃的是发了霉的高粱米饭团子，不仅肉体上受到摧残，更令人发指的是稍有反抗就被活活打死。有一天一名“犯人”想越狱逃跑，不慎被日本人发现后，将其头朝下在旗杆上整整吊了3天，活活被吊死。繁重的体力劳动、非人的生活待遇、肉体的残酷摧残，以致关在鹤岗陆镜作业场的人大部分死于非命，监狱几乎每天都往外拉死尸。为了掩盖罪证，日本人在就近的小山岗上挖了3个长20米、宽2米、深2.5米的大坑，将虐待致死的人的尸体都集中埋在这3个坑里，还立个木头桩子，这就是大陆万人坑。

在日军侵占鹤岗矿山时期，人民大众惨遭奴役、残害和屠杀，大量的宝贵资源被掠夺、破坏。日本法西斯的罪恶行径充分暴露了日本帝国主义宣扬“王道乐土”“共存共荣”“五族协和”的丑恶欺骗嘴脸。日本帝国主义横行霸道、凶残野蛮的侵略行径和日本侵略者欠下的累累血债，鹤岗人民永远不会忘记，中国人民也永远不会忘记。

（三）回忆抗联军长夏云阶进入矿山与日军战斗的片断

孙怡武

笔者当时是独身，住在鹤岗煤炭事务所本部的一栋大平房里。平房很像俄式建筑，大窗户大门，现在矿务局旧办公楼的前楼，就是在原平房的位置上建造的。当时煤炭事务所各科室都在朝阳的南面，北面的大部分房间都用作独身宿舍。15名中国人占用了3个房间，另外有2个房间是厨房和餐厅。12名日本人占用了3个房间，记得他们是在俱乐部吃饭。

煤炭事务所后院右侧有一栋平房，驻守着保护煤炭卫事务所的矿警队第一小队，队长叫赵永富。赵永富的勤务兵因犯点错误受了处分，因此就怀恨在心。这个勤务兵的叔父也在这个警察小队，两人商量后，与抗联队伍取得联系，约定好在抗联队伍进攻煤炭事务所本部时，由勤务兵和他的叔父带路并作内应。

1936 年春天的一个夜里九点多，黑夜沉沉，下着小雨，伸手不见五指。勤务兵的叔父在煤炭事务所北门值岗，按约定的时间把探照灯扭向里面。抗联队伍由勤务兵领路顺利地摸到了事务所院内，立即包围了矿警队所住的平房。勤务兵和抗联战士进入队长室将赵永富击毙。矿警队员见队长被打死，大部分随即哗变投诚。前院的日本人听到枪声后，发现周围情况不对，慌忙拿着枪跑到后院俱乐部（俱乐部有很高的围墙和炮楼），双方就此交火。

这时前院只剩下十几个中国人，为了壮胆，就凑到一个房间里。不长时间，就听到外面来了好多人。有一个名字叫文武（化名）的人手持双枪踢门而入，此人 30 多岁，有些人认识他，说是原来在煤炭事务所干过。文武同认识的人打了招呼，又说了几句安慰的话就出去了。过了一会儿又陪着一个看上去 40 多岁、中等身材的人进到屋里，向我们介绍：这是抗日联军的夏云阶军长。随后夏军长说：我们这次来是打日本鬼子的，与你们没关系，不要害怕，为了安全，最好不要出去。又说道：我们抗联这次来了 1000 多人，布置得很周密，西山矿警队和日本兵营附近都有部队监视并进行阻击。夏军长说话慢声慢语，态度很和蔼。正说着话，后院的枪声更激烈了。这时夏军长问俱乐部里能有多少日本人，我们说有 12 人左右。他又问金库在哪儿、有没有现金，我们告诉他管金库的是日本人，大概有十几万元伪币放在里面。夏云阶就派人用大铁锤砸金库，但是好一阵儿也没有砸开。抗联带来一些传单，让我们帮着贴到煤炭事务所走廊两侧。传单上印的是《告矿山同胞书》，大概意思是说抗联这次进矿山是打击日军和他们的走狗的，中国同胞只要不是汉奸、走狗，他们绝不惊扰。后面又将抗联队伍发展壮大的情况、现在有多少个军以及各军长姓名都写在上面，署名是“东北抗日联军第六军军长夏云阶”。

我们这些人所在这个屋的东面还有个小屋，只放了一些衣服、箱子和皮包等杂物。听到枪声时，会计郝邦俊和出纳李仙舟2人因为害怕就躲到小屋里。夏云阶出去后，文武听到小屋里有动静就随手打了一枪，随着枪响，里面的人叫出声来。文武问：小屋里是什么人？我们说：是2名中国人。随即就让他们出来，这才知道是郝邦俊被枪打中了。幸好没伤及要害部位，仅是肋部伤点皮肉，我们就把他扶到床上。

后院的枪声紧一阵儿松一阵儿仍在持续，不时还有手榴弹爆炸声（事后才知道这是日本人用啤酒瓶子装炸药代替手榴弹，声音听着很大，但杀伤力很小）。文武对我们说：抗联队伍里一些新来的战士衣服都很单薄，需要找点衣服换换，我让他们只能拿日本人的、不准拿咱们中国人的，如果有谁的衣服被拿了可以告诉我。我们想，抗联出生入死地打日本鬼子，生活很艰苦，现在缺衣服，但是日本人的衣服又没有几件可拿的，作为中国人，我们应该为抗日做点什么。于是，我们就找出许多衣服送给他们。

午夜12点多，后院的枪声渐渐停了下来，抗联战士在煤炭事务所里进进出出地一阵忙碌。一名抗联战士说：俱乐部里的日本人已到死守乌龟壳的地步，因为时间关系就不打了。还说：在后院打死了2名日本人。

凌晨3点左右，抗联队伍带着缴获的战利品胜利撤出矿山。这次袭击矿山，抗联队伍没有损失一兵一卒，却对日军造成强有力震慑。

第三章

矿山光复　剿匪支前

1945 年 8 月 8 日，苏联对日本宣战。9 日零时，苏联红军开始挺进东北，向日军发起进攻。9 日夜，在兴山的日本人乘火车逃走。13 日，苏联红军先头部队挺进兴山，驱逐日军残留武装，鹤岗光复。苏军设立卫戍司令部进行军事管制。

1945 年 11 月中旬，中国共产党领导的三江人民自治军派王其清接收鹤岗煤矿，成立鹤岗矿务局。12 月 20 日，兴山市民主政府成立。1946 年 7 月，中共兴山市委成立。

在市委领导下，在建政、扩军、剿匪、土地改革等方面积极开展一系列卓有成效的工作，迅速恢复和发展生产，兴山成为人民解放战争时期稳固的后方根据地。东北电影公司、东北军医大学、中国医科大学、延安电影团、东北民主联军后方医院、军工部所属第三兵工厂、合江军区手榴弹厂等单位陆续迁到兴山。鹤岗煤矿提供的大量煤炭，有力保障了人民解放战争中的军需供应；兵工厂生产的大批武器弹药源源不断地运往战争前线；后方医院救治了大批前线伤病员；中国医科大学在兴山经历了艰难而光荣的办学历程，为新中国卫生事业培养了大量人才；东北电影制片厂的成立使兴山成为新中国电影事业的摇篮。

作为最早光复的城市之一，兴山市积累了宝贵的、可借鉴的城镇管理经验。仅有 3 万人口的兴山市，在支援和保障人民解放战争物资、兵员、武器的供应等方面做出了巨大贡献。光辉的历史值得永远铭记。

第一节 日军逃离及矿山秩序初步恢复

1945 年 8 月 9 日零时，苏联向日本大使递交宣战书后不到 1 小时，百万苏联红军开始向盘踞在中国东北的日本关东军发起全线进攻。

1945 年 8 月 9 日上午 8 时左右，2 架苏联红军飞机由北向南飞临鹤岗矿山上空并撒下了传单，上面印有斯大林头像和斯大林《告中国人民书》。当天夜晚，鹤岗炭矿、伪街公署的日本人及其家属将带不走的大件物品扔掉或集中烧毁，只带着随身衣物和一些值钱的细软乘火车仓皇南逃。

1945 年 8 月 10 日上午 9 时，驻守南大营的十余名日本兵携带大量炸药闯进发电厂，将中国人全部赶出，炸毁发电设备后仓皇逃走。同时，日军炸毁了水源，造成鹤岗矿山的供电供水系统全部瘫痪。日军在溃逃前还破坏了矿井的很多重要设施，用钢筋混凝土封堵了“兴山要塞”的重要地下设施通道。

1945 年 8 月 9 日拂晓，苏联远东第二方面军第 15 集团军第 34 步兵师、第 55 步兵师及 2 个坦克旅，分兵两路从尼斯里斯克地区（萝北延兴对岸）和列宁斯科耶地区（同江街津口对岸）多个突破口强渡黑龙江。

苏联红军渡江时正下着小雨，天色漆黑，视线不好，好在有国际 88 旅（由在苏联境内的原东北抗联战士组建）的战士做向导，这些人都参加过游击战，对大路、小路都非常熟悉，对日军兵营和防御工事也了如指掌。从金满屯登陆的苏联红军途经兴东时遇到了负隅顽抗的日军，一轮猛烈炮击后，日军全部覆灭，但是炮火也毁坏了一处重要古迹——兴东道台府。从名山登陆的苏联红军只在凤翔镇和长脖岗遇到了小股日军的抵抗。

1945 年 8 月 10 日，苏军攻占凤翔镇，萝北全境光复。成立了萝北县民主政府，并设立了苏联红军卫戍司令部，由配合苏联红军渡江作战的抗联教导旅的陈忠领担任副司令，兼任县长。

在强渡黑龙江的前一天，苏联红军派出了多架飞机飞临绥滨上空侦察，并在松花江上击沉了一艘日军拖船。绥滨伪县公署各级日伪人员惊恐万状、纷纷逃走。1945 年 8 月 11 日，苏联红军占领绥东镇，绥滨全境光复。苏联红军只留少量兵力驻守绥滨，组成苏联红军卫戍司令部，达拉秀克为司令。主力部队继续沿松花江及南岸陆路、水路并进，向佳木斯、哈尔滨方向推进。

1945 年 8 月 13 日早 6 时，苏联红军经萝北行进到石头庙时遇到阻击，日军企图利用“兴山要塞”阻挡苏军，用机关枪疯狂扫射。苏联红军在抗联队伍的配合下，用坦克向要塞进攻，将碉堡全部炸毁，日军大部分被炸死，侥幸逃出来的成为俘虏。

1945 年 8 月 13 日上午，由 2 辆 T-34 中型坦克和 3 辆汽车组成的苏联红军先头部队进入鹤岗矿山。在老街基稍作停留，由刘银喜的手枪队队员为苏联红军引路，经新街基向南大营进发，直扑日本关东军守备队兵营。日军闻风而逃，经南山奔汤原而去。苏联红军追到南山打开六号监狱，放走了里面的全部“犯人”，然后继续追击逃跑的日军。

苏联红军留下一个连驻守鹤岗矿山，设立了卫戍司令部，进行军事管制，由苏联红军卫戍司令部负责维护社会治安、防范土匪侵扰。卫戍司令部设在一幢原来日本人居住的二层小楼中（位置在今龙煤鹤矿集团办公楼南楼），司令由基多夫大尉担任，副司令有张洛亭中尉、张凤岐上士等，张洛亭、张凤岐是中国共产党领导的抗联人员。卫戍司令部为刘银喜带领的手枪队扩充队伍、配发枪支弹药，手枪队配合卫戍司令部维护社会治安、保护矿山安全、促进正常生活秩序恢复。

苏联红军在鹤岗矿山设立卫戍司令部的另一项重要任务就是保障苏联红军火车动力用煤和生活用煤。苏联红军需要煤，鹤岗矿山人民生活也需要煤，恢复煤矿生产成为第一个需要解决的问题。同时，矿山工人为了维持生计也需要尽快恢复生产，于是矿工们自发地修好了发电厂、水源地、煤矿设备设施等，使生产得以恢复，可以少量地出煤。

苏联红军驻鹤岗期间，维持了矿山地方安定，帮助中国共产党掌握了矿山领导权并建立了党领导下的革命武装，协助剿灭了谭成玉、徐吉恒等土匪。1946 年 4 月，进入东北与日军作战的苏联红军奉命回国。在矿山驻守的苏联红军从鹤岗撤离。

红军碑

为了纪念在反法西斯战争中牺牲的苏联红军，鹤岗矿山人民在苏联红军卫戍司令部旁建了一座红军碑（后在今儿童公园内重建），用中、俄两种文字题写碑文，内容是“纪念碑献给我们为从日本奴役者手中解放东北而英勇牺牲的人”。

第二节 “手枪队”的诞生与发展

日本宣布投降前夕，由刘银喜（刘冲）、徐挺坚、姜鸿飞等人建立了一支武装力量，鹤岗矿山众多爱国群众自愿加入其中，这支队伍被称作“手枪队”，刘银喜是队长。

刘银喜祖籍河北省清苑县，少年时期是在清苑县的伯父家度过的，那里是抗日战争的前线。1938 年参加八路军，当过司号员、宣传员、护理员、看护班长，在党的教育下，他懂得了许多抗日救国的道理。1943 年 12 月，刘银喜经组织批准到鹤岗探望病重的母亲，因形势变化未能归队，经人介绍在鹤岗炭矿医院当了外科医助。刘银喜在炭矿医院工作时结识了鹤岗伪街公署的雇员徐挺坚以及他的邻居、在炭矿上班的姜鸿飞，三人都痛恨日军，每时每刻都想着为抗日做些事情。

1945 年 8 月 9 日早晨，刘银喜、徐挺坚秘密收听苏联广播，得知苏联红军已进入东北并向日本关东军发起了全线进攻。于是，刘银喜、徐挺坚、姜鸿飞等人秘密聚会，决定组织一支武装力量（“手枪队”），配合中国共产党和苏联红军攻下、接管鹤岗矿山。“手枪队”的初期组建是秘密进行的，参加的人员有工人、雇员、学生、矿警队队员，只在夜间开展活动。苏联红军进攻鹤岗矿山时，刘银喜和“手枪队”队员积极为苏联红军充当向导，为顺利从日军手中夺回矿山发挥了重要作用。

1945 年 9 月 3 日，东北抗日联军领导人周保中、李兆麟派遣彭施鲁率抗联工作组 40 余人抵达佳木斯，彭施鲁等 11 人留在佳木斯，其余人员分派到其他 9 个市县工作。张凤岐来到鹤岗矿山，担任了苏联红军卫戍司令部副司令。几天后，刘银喜和张凤岐前往佳木斯苏联红军卫戍司令部，向彭施鲁汇报了组建武装工作队（“手枪队”）、保卫矿山及掌握的伪、警、宪、特活动等情况，同时请示今后的工作任务。经过研究，明确刘银喜及其领导的“手枪队”是中国共产党领导下的干部和武装力量，提出手枪队的宗旨是：“保矿建军，迎接八路军接管矿山。”回到鹤岗后，在刘银喜的积极工作以及苏联红军卫戍司令部的支持和帮助下，到 9 月底，“手枪队”发展到 50 余人。

1945 年 11 月中旬，刘银喜率领“手枪队”队员到佳木斯迎接被任命为鹤岗矿务局首任局长的王其清。回到鹤岗矿山后，王其清的安全保卫工作始终由“手枪队”负责。

抗战胜利前夕，中共中央就组建了延安干部团奔赴东北。1945 年 11 月 17 日，第一批分派到佳木斯的延安干部来到佳木斯，成立了中共合江省工委和合江省政府。11 月下旬，刘银喜率领“手枪队”队员再次到佳木斯，迎接中共合江省工委派到鹤岗矿山的延安干部陈瑞符、刘大兴、邵万财、罗仕泉、杜涛等人和陈瑞符所部三江自治军。随之，“手枪队”改编为三江自治军第三团，同时，在“手枪队”队员中秘密发展了一批中共党员。

1946年1月，鹤岗矿山的军事武装统编为合江军区独立十二团，原“手枪队”大部分队员担任了营、连职务，成为独立团的骨干。

第三节　共产党接管矿山　成立矿务局

侵占鹤岗矿山的日本侵略者溃逃后，“大把头”杜文祥、潘耀同等人趁机组成鹤岗矿山维持会，凭借矿警大队的力量继续把持着煤矿，同时利用物资紧缺的状况，以粮食控制和拉拢工人，矿工们依然深受压榨欺凌。

当时的鹤岗矿山形式非常复杂，一边是以杜文祥等人为首的维持会派人到哈尔滨联络国民党人，企图让国民党接收大员前来接收鹤岗矿山；而另一边仍然遭受压迫、生活没有改善的矿工们却在自发地计划着去佳木斯寻找共产党。1945年9月初，工人代表张克勤、王世琳二人向佳木斯三江人民自治军司令部报告了鹤岗矿山的情况，表达了矿山人民希望中国共产党接管鹤岗矿山的意愿。三江人民自治军司令部详细调查了解相关情况后，经过研究，决定派王其清负责鹤岗矿山接管工作。

王其清，1922年出生，山东省黄县人，1944年参加革命，1945年加入中国共产党，曾在山东省胶东行政公署、黄县政府工作。1945年11月初，年仅24岁的王其清被党组织派到东北，到佳木斯工作。王其清老成持重、处事不惊，成为第一个由党组织派出、以公开中共党员身份接管鹤岗矿山的干部。

1945年11月中旬，中国共产党领导的三江人民自治军司令部签发委任状，任命王其清为鹤岗矿务局局长兼任矿警大队大队长。11月15日，王其清在刘银喜带领的“手枪队”的保护下到达鹤岗，住在刘银喜家。王其清并没有直接公开身份，而是利用三天时间进一步对矿山情况做了调查，然后才在刘银喜等人的陪同下来到苏联红军卫戍司令部，出示了三江人民自治军的介绍信和委任状。苏联红军卫戍司令基多夫大尉表示支持，其他副司令及工作人员也是我党领导的抗联人员，一切都很顺利，司令部还宴请了王其清。

鹤岗矿务局第一任局长　王其清

又过了 4 天，由苏联红军卫戍司令召集鹤岗矿山维持会的杜文祥、潘耀同等人在苏联红军卫戍司令部与王其清见面。基多夫大尉说道："王其清是中国共产党派来接管鹤岗矿山的干部，担任鹤岗矿务局局长兼矿警大队大队长。"王其清出示了三江人民自治军司令部的委任状，杜文祥等人当场表示一切听从王其清局长指挥。基多夫大尉和杜文祥等人陪同王其清巡视了"把头诘所"、矿警队、医院、工人宿舍等地方，刘银喜及"手枪队"队员一直保护着王其清，半步都不离开。当时的矿警队队长是刘介中，原队长王梦久和亲国民党的职员郝邦俊等人被杜文祥派往哈尔滨找国民党接收大员了，一直都没有回来。

1945 年 11 月 24 日，在"把头诘所"门前召开大会，宣布鹤岗矿山维持会就地解散，中国共产党领导的鹤岗矿务局成立，由王其清任鹤岗矿务局局长并兼任矿警大队大队长，中国共产党领导的民主政权正式接管鹤岗矿山。当时的鹤岗矿务局办公地点设在今鹤矿集团宾馆的位置上。鹤岗矿务局成为抗战胜利后中国共产党最早接管的国有企业之一，后来，12 月 1 日成为鹤岗矿务局成立纪念日。1945 年 12 月中旬，中共合江省工委任命刘仲甫担任鹤岗矿务局政委。

中国共产党虽然接管了鹤岗矿山，但是争夺矿山领导权的斗争依然存在。原矿山"把头"、维持会会长杜文祥和矿师陆以周等人一面暗地里继续派人去佳木斯、哈尔滨联络国民党接收大员，一面密谋夺回矿山领导权。

杜文祥、陆以周等残余势力先跑到佳木斯，花言巧语、混淆是非，哄骗、欺瞒了苏联红军卫戍司令部。1945 年 12 月中上旬，佳木斯苏联红军卫戍司令部派 3 名上校军官来到矿山火车站附近的一个苏军驻地，将王其清和陆以周找来，当场下达命令：“今后矿务局的行政、生产、人事等工作全部由陆以周负责。王其清只管矿警大队。”王其清立刻意识到这是敌对势力的阴谋，义正言辞地说道：“我是共产党、八路军派来的，而陆以周是国民党的人，苏联红军到中国来如果是帮助共产党、八路军的，这个命令就不对了；如果苏军是来援助国民党蒋介石的，那我就没有什么说的了。”三位苏联红军军官听后很震惊，低声用俄语商量后，重新宣布：“刚才的命令作废，矿务局的行政、生产、人事，以及矿警大队都由王其清负责，而陆以周只在采煤技术上协助王其清。”残余势力预谋已久的夺取矿山领导权的企图，被敏于斗争、敢于斗争、善于斗争的王其清一举粉碎。

借苏联红军之手夺权的阴谋失败后，陆以周、杜文祥等人又想趁矿警队队长刘介中向王其清汇报工作的时候，伺机实施暗杀。矿务局成立后，杜文祥等人与矿警队的刘介中表面上接受领导，暗中却秘密串联，企图暗害共产党干部。当时的矿警队有100多人，是日伪统治时期矿卫队的原班人马，日本投降后成了维持会的杜文祥、陆以周把持的武装力量。原矿警队队长王梦久等去哈尔滨联络国民党接收大员时，日伪培植起来的高层技术人员陆以周也去佳木斯找他的上司，他们时刻幻想着让国民党来接收矿山。矿警队在维护矿山安全方面的作用非常突出，解除盘踞矿山多年的原伪矿警队武装，建立真正由中共领导的矿警大队成为当务之急。得到杜文祥、刘介中等拟实施暗杀计划的情报后，王其清和政委刘仲甫商量了一番，决定将计就计，利用这个机会解除原伪矿警队的全部武装。1945年12月19日，在王其清局长、刘仲甫政委亲自指挥下，刘银喜带领“手枪队”队员事先埋伏在王其清办公室，驻军在附近待命。王其清打电话召集原伪矿警队的各级头目到局长办公室开会，“手枪队”队员们逐一解除了原伪矿警队头目的武装。之后命令原伪矿警队全体集合，在驻军的配合下一举解除了他们的武装，将原伪矿警队队员全部遣散。

杜文祥、陆以周等人贼心不死，又暗中与原兴山保安队队长谭成玉勾结，密谋再次暗杀。1945年12月下旬，谭成玉请王其清去第三中队（原兴山保安队被改编为三江人民自治军鹤立总队兴山第二大队第三中队）视察工作，还说有重要事情报告。王其清隐隐察觉情况有异，便请苏联红军军官带领几名战士一同前往。谭成玉见有苏联红军跟随没敢贸然动手，就企图把王其清单独骗到另一个房间加以杀害，王其清没有上当，果断与苏联红军一起迅速离开第三中队。感觉到阴谋败露，当天夜里，谭成玉带着三中队的 50 余名武装队员叛逃到萝北凤翔镇，投奔被国民党收编为中央先遣军的徐吉恒所部，成为国民党中央先遣军别动队。1946 年 1 月 16 日，谭成玉所部和徐吉恒带领的 200 多人携带 2 门山炮倾巢而出，向兴山发起进攻，17 日夜袭占了新街基。鹤岗独立团调集部队英勇反击，在苏联红军的支援和配合下，谭成玉被当场击毙，谭成玉所部叛军被全部剿灭，徐吉恒率残部溃逃。

为了巩固中国共产党对鹤岗矿务局的领导权，尽快恢复矿山正常生产，1945 年 12 月末，鹤岗矿务局组建新的领导机构和组织机构、整顿精简矿务局职员队伍。王其清任矿务局局长，全面负责矿务局的工作；刘仲甫任矿务局政委，负责党的工作。成立秘书处、人事科、财粮科、运输科、采煤科 5 个内设机构。新组建兴山、石头、东山、南岗、陆镜 5 个采煤区和鹤岗矿务局矿工医院。

面对百废待兴的局面，鹤岗矿务局从解决职工和百姓生活入手，经报请合江省政府批准，先后两次发行“鹤岗矿务局煤票”共 1200 万元代替货币流通，维系煤矿开支，维持工人生计；成立工会组织，号召引导广大工人群众迅速恢复生产；成立工人自卫队，保卫矿山安全、维持生产生活秩序；顺应广大工人群众的要求，对日伪统治时期民愤极大的汉奸、“把头”杜文祥等进行了斗争镇压。

鹤岗矿务局通过一系列的有力措施和不懈的努力工作，使各项事业迅猛发展，从业工人也很快达到了 2 万多人。矿山生活秩序走向正常，煤炭生产也得以逐步恢复。

第四节 军队与地方武装的建立

一、共产党出兵兴山

抗战胜利后，中国共产党迅速接管鹤岗矿山，成立了党领导下的鹤岗矿务局，同时又派党的优秀干部和军队进驻兴山，着手发展武装力量。

1945 年 11 月下旬，中共合江省工委派赴东北工作的延安干部团成员陈瑞符、刘大兴、邵万财、罗仕泉、杜涛等人率领共有 200 余人的队伍来到兴山，发动群众、发展人民武装、建军建政。从佳木斯出发途经鹤立时，将县武工队 200 余人编入队伍，称“三江人民自治军第三团”，进驻兴山的武装力量达到 400 余人。

当时兴山的政治形势既紧张又复杂，矿山维持会和地方治安维持会在武装力量较强的矿警队、保安队的助力下，仍把持着矿山和地方管制大权。为分化残余势力、扩充人民武装力量，三江人民自治军进驻兴山后，将矿警队改编为三江人民自治军鹤立总队兴山第二大队的第一中队和第二中队将保安队改编为第三中队。当时的东北政局很不稳定，有“明八路、暗中央”之说，这两股势力较强的地方武装虽然被收编，但却不是真心归附，还在观望、等待时机。改编之初，看到共产党占有优势，就表示服从共产党。当国民党军队沿山海关、沈阳、长春向北节节逼近时，他们又蠢蠢欲动。一边派人去佳木斯、哈尔滨与国民党接收大员联系，一边策划暗害共产党的干部，企图篡权。驻兴山的三江人民自治军决定对这些残余势力实施铲除。首先由王其清等人设计顺利解除矿警队的武装，将矿警队队员遣散。保安队的谭成玉因谋害王其清的阴谋败露，又得知佳木斯三江人民自治军向兴山增派兵力，便带领所部 50 余人逃奔盘踞在萝北的徐吉恒所部（被国民党收编为中央先遣军）。在不久后的战斗中，谭成玉被击毙，所部原保安队队员被全部剿灭。

兴山的形势逐渐稳定，武装建军也取得了很大进展，党领导的武装力量迅速发展到700余人。1945年12月18日，合江第一军分区政委、中共佳木斯地委书记彭施鲁派刘仲甫到兴山“帮助整理武装队伍，建立党的组织及群众工作。”12月29日，彭施鲁根据合江省委和佳木斯地委关于对军队进行整编的决定，书面指示郝凤山、邹宝珍、陈瑞符、刘银喜：“兴山镇与鹤立县之武装部队应立即统一编制，并须在这个基础上准备发展成为一个完全的团……团以下即按照营、连、排、班之编制，在不健全的组织下，营长应能直接掌握各连。团的政治委员由刘仲甫担任。”1946年1月，兴山人民武装力量被统一整编为合江军区独立十二团（也称“鹤岗独立团”），郝凤山、陈瑞符、刘大兴先后任团长、副团长，刘仲甫任政委。

整编后，鹤岗独立团经常奉命到萝北、梧桐河、佛山、乌拉嘎、小兴安岭山林地带剿匪。同时，还适时分兵与九团、十三团转战于依兰、勃利、桦川、汤原、鹤立、方正一带剿匪。1946年12月底，合江地区的土匪大部分被剿灭后，鹤岗独立团奉命跟随合江地区主力部队南下，加入野战军主力部队，参加了“辽沈战役”等战役。

兴山、绥滨和萝北开展的建军工作，为同时进行的建党、建政工作打下了坚实的基础，提供了保障，在稳定政治局势、维持社会秩序、支持地方政府打开工作局面、消灭残余势力和武装土匪等方面发挥了重要作用。

二、人民武装自卫队保卫新生政权

为了保卫新生的民主政权、保卫矿山和人民生命财产的安全，1946年2月，矿山工会依靠矿工组建了300余人的兴山市人民武装自卫队，属于半政权性质的人民武装力量。主要任务是：站岗放哨，防匪除奸，肃清“坏分子”，搜查流散在民间的枪支以及矿区内的一切公用工具和敌伪遗留的财产，配合军队做好侦察、联络、通信、担架运输等工作。武装自卫队分为基干自卫队和普通自卫队，下设南岗、西山、陆境、笔架山、东山、新街基等大队。基干自卫队由在普通自卫队中选出的精明强干的队员组成，根据工作需要有脱产和不脱产之分，主要任务是负责检查普通自卫队的工作。武装自卫队成立后制定了《兴山市人民武装自卫队组织章程》，规定了自卫队的宗旨、组织、任务、教育训练工作及奖惩制度等，在加强人民武装自卫队的建设、保证地方党组对人民武装自卫队的领导等方面起到了很大作用。

三、成立东山武工队

1946年冬，东山区成立武装工作队，队员是从煤矿青年工人中的积极分子里面选拔出来的，由张颀（中华人民共和国成立后任冶金工业部科学情报研究所主任）担任队长。

东山武工队的这些青年工人都是在日伪时期被骗来的煤矿工人，最大的25岁，最小的只有16岁，通过党组织的宣传教育，政治觉悟不断提高。兴山党组织对这支队伍非常重视，选派党性强、文化水平高、军事能力过硬的人员担任教官，对这些人进行培养、教育和训练。通过学文化、学政治、学军事，年轻的武工队队员不仅提高了文化水平，而且军事素养、政治素质都有大幅度增强。武工队很快发展壮大，到1947年初，就发展到40余人，最多时达到100多人。东山武工队先后多次到梧桐河、萝北等地区执行剿匪任务，同时缴获了大量武器弹药、马匹和烟土等战利品。党组织还将武工队中的先进分子发展成为中国共产党党员，根据革命工作需要，不断地将这些党员调往哈尔滨和南满等地区工作。

在兴山党组织的领导下，东山武工队在剿匪反霸、巩固后方、进行民主改革、建立政权、支援解放战争前线等工作中做出了积极贡献。

四、维持矿山秩序的武装力量

1946年初，鹤岗矿务局成立了约300人左右的矿卫大队，下半年扩编到9个连队。鹤岗矿卫大队除了加强训练外，主要在各采煤区进行巡逻，防止小偷、坏人盗窃矿山器材、物资，打击日伪、警特的破坏，维持矿山内部治安和秩序，防备土匪的突然袭击，保障了煤炭正常生产秩序，为保卫矿山安全、支援解放战争做出了重大贡献。同时，矿卫大队积极配合正规军队剿灭土匪，曾先后两次进山执行搜剿土匪任务。

鹤岗矿山的武装力量中还有一支护路军，编制为东北民主联军护路军一团第四连，主要负责矿山铁路运输安全。1947 年 3 月 17 日，东北民主联军司令部司令员苏进、副司令员王光文和尹诗炎签发了《关于将护路军一团第四连划归鹤岗矿卫大队建制》第 68 号命令，鹤岗矿卫大队直属东北民主联军护路军司令部，任命李宽和兼任大队长，同时授权矿卫大队由鹤岗矿务局直接指挥，东北民主联军护路军司令部负责矿卫大队的一切供给。

兴山的地方武装还有 1945 年 12 月成立的公安大队，主要任务是维护社会治安、配合正规军队剿灭剿匪。1946 年冬，公安大队根据侦察员提供的情报，在市长李宽和的带领下，围剿了隐藏在大古字班（今宝泉岭农场五分场南）的土匪。这次战斗活捉刘国起、王傻子等 11 名土匪，缴获 20 余支枪和 9 匹战马，公安大队无一伤亡，受到了中共合江省委通令嘉奖。公安大队从成立到 1947 年秋，多次清剿被打散的小股土匪，有效地维护了兴山市的社会治安，保证了煤炭生产秩序。

五、绥滨县人民武装

1945 年 11 月，中共合江省工委派于华烽到绥滨接管县政权，成立中共绥滨县委和县民主政府。为了巩固新生的民主政权，绥滨县民主政府加强了地方武装建设，将原来的保安队进行整顿，扩编组建成了一支由步兵和骑兵混编的县武装大队，主要任务是剿匪、维护社会治安、为正规军输送兵员。

1946 年 6 月至 7 月间，合江军区将绥滨县武装大队扩编为 2 个步兵连、1 个骑兵连，组建绥滨独立团，由杨振魁任团长，总人数 420 人，归绥滨县委和合江省军区双重领导。1947 年 2 月，绥滨独立团编入正规军后，又重新组建了县武装大队。1948 年 3 月，为支援全国解放战争，绥滨县武装大队在鹤立镇整训后编入野战部队。

除县大队以外，当时在绥滨参加剿匪斗争的武装力量还有合江省第三军分区独立五团，该团于 1946 年 8 月撤出绥滨。

六、萝北县人民武装

1946年2月，萝北县建立民主政府，同时组建三江人民自治军萝北县大队。当时萝北匪患猖獗，县大队很难独立完成剿匪任务。因此，三江人民自治军、富锦军分区先后多次派武装部队进驻萝北地区清剿土匪。

1945年10月，为了扩充人民武装力量，驻兴山的三江人民自治军第三团团长郝凤山带领一个排，与兴山苏联红军卫戍司令部副司令张凤岐和一位苏联红军卫戍司令部工作人员赴萝北县凤翔镇，欲改编徐吉恒的自卫大队。徐吉恒非常猖狂，拒不接受三江人民自治军的改编，将苏军司令部工作人员杀害，还扣押了郝凤山和张凤岐等人。在苏联红军的干预下，徐吉恒释放郝凤山、张凤岐，带领所部三江人民自治军迫撤离萝北返回兴山。同年12月中旬，富锦专员公署、富锦军分区派刘玉和牟仁同带领一个排到萝北肇兴建立民主政权，在去凤翔收编徐吉恒部时，遭到围攻，大部分战士牺牲，仅有刘玉和牟仁同等少数几个人突围。1946年1月末，富锦军分区副司令刘雁来率领骑兵大队、步兵大队、机枪连在肇兴、凤翔等地将徐吉恒部剿灭，于2月初回到富锦。

1946年5月末，合江军区独立十二团（鹤岗独立团）由团长刘大兴率领到萝北剿匪。7月，中共鹤立中心县委派鹤岗独立团二营营长邵万财率领骑兵连和雪浪带领的土改工作团进驻凤翔镇，组建萝北县民主政府、县公安局和公安大队，邵万财任民主政府县长。10月末，刘山东纠集500余名匪徒攻打萝北凤翔镇，意在颠覆新生的民主政府。邵万财和很多战士英勇牺牲，骑兵连和县公安大队损失惨重。同年11月20日，合江军区副司令员李荆璞率领警卫团、第三军分区第五团、鹤岗独立团各一部1000余人抵达萝北，追剿“刘山东”匪部。

第五节　建立地方民主政权

一、建立兴山市民主政府

抗战胜利后，兴山的革命形势日新月异。1945 年 11 月中旬，王其清受三江人民自治军司令部之命到达兴山，在苏联红军卫戍司令部的帮助下顺利接管鹤岗煤矿；1945 年 11 月下旬，中共合江省工委、合江省政府派陈瑞符、刘大兴、邵万财、罗仕泉、杜涛率部进驻兴山，发展军队和建立地方武装；1945 年 12 月 20 日，成立兴山市民主政府，杜涛任市长。

杜涛，原名杜善通，1920 年出生于河北省深泽县，15 岁参加中国共产主义青年团，1938 年 7 月加入中国共产党。1945 年 9 月 2 日，杜涛携家眷随延安干部团一路辗转、奔赴东北。

兴山市第一任市长　杜涛

1945 年 11 月下旬，中共合江省工委派杜涛等 5 人以三江人民自治军独立一团的名义到兴山（今鹤岗）建立中共领导的红色政权。杜涛曾回忆说：“这 5 个人里，陈瑞符是团长，我是团政委，罗仕泉、刘大兴、邵万财都是老红军战士，只有我是个文官。”

杜涛等一行 5 人一路由兴山“手枪队”队长刘银喜率队护送。因为松花江大桥被炸无法通车，只能从松花江冰面上过江，到莲江口乘火车。在鹤立下车稍作停留，初步了解兴山的基本情况后，于半夜又乘火车到达兴山，住在矿务局大楼旁边的一栋平房里。

1945 年 12 月 20 日，兴山街改为兴山市，隶属鹤立县管辖。成立兴山市民主政府，刚刚25岁的杜涛被推举为市长。市政府设立公安局、民政股、财粮股、教育股、税务所等工作机构，同时组建了120余人的市公安大队。当时民主政府的任务主要是发动群众、宣传共产党的主张、建军建政和创建革命根据地。

新生的民主政权面临重重困难。从内部看，干部严重缺乏、没有资金、机构不健全；从外部看，日本侵略者在溃逃时严重破坏了发电厂、火车站、物资库、医院、水源地等重地，造成矿山停水停电，部分矿井被淹没，煤矿处于瘫痪状态。刚刚解放的鹤岗矿山百废待兴，一系列问题亟待解决。煤炭生产需要马上恢复；矿山人民需要穿衣吃饭；妄图颠覆新生政权，一直进行骚扰、破坏的"把头"、土匪需要进一步肃清和镇压；粮食奇缺以致生活无法维系使大量矿工流失……

兴山市民主政府开展了大量卓有成效的工作。充分发动群众，培养党的积极分子，开展了清算"把头"和伪、警、宪、特的民主改革斗争，用封建"把头"欺压工人的事实教育启发矿工，提高矿工的阶级觉悟，动员矿工建立自己的组织，保卫新生政权。将靠近党组织的积极分子派到各区去筹建工会组织，为基层政权建设做准备。在建立工会、农会、工人自卫队和组织大生产的过程中，注重培养和选拔干部充实到基层政权组织。1946年2月到8月，先后组建西山、南岗、大陆、笔架、东山、新街基6个区公所。

兴山市民主政府成立不久，煤矿恢复生产，学校恢复上课，成立了人民法庭，解散了妓院，平息了原兴山街维持会保安队的叛乱，处死了民愤极大、罪恶累累的"大把头"杜文祥，社会生产生活秩序日趋好转。1946年4月5日，苏联红军撤离兴山回国，市政府和矿务局对煤矿进行了整顿，生产进一步恢复，采煤工人进一步增加，矿山人民的生活进一步改善，形势更加稳定。

新生的民主政权得到巩固后，兴山市在党的领导下进行了民主改革和土地改革，开展了大生产运动，动员青年积极参军参战，组织一切社会力量支援前线，成为解放战争的大后方，为全国解放战争取得最终胜利做出了重大贡献。

二、建立绥滨县民主政府

中共合江省工委派于华烽到绥滨建立民主政权。1945 年 11 月下旬，绥滨县民主政府成立，于华烽任中共绥滨县委书记，兼任县长。于华烽有计划有步骤地进行了大量细致工作，调整改造了旧政权机关的人员，重新组建民主政府的工作机构，同步进行了基层政权建设。

为了开展剿匪斗争，于华烽集中精力进行革命武装力量建设。1946 年初，组建了步兵和骑兵混编的县武装大队。主要任务是剿匪和维持社会治安，同时为正规军输送兵员。

当时合江省第三军分区独立五团也在绥滨进行了剿匪斗争。独立五团于 1946 年 2 月来到绥滨，与中共绥滨县委、县政府紧密配合，先后镇压了绥东“四霸”（“东霸”贺长山、“西霸”毕玉田、“南霸”董云久、“北霸”王洪书）和伪团总胡万发、伪警察黄明山、伪警长武会勤。独立五团和中共绥滨县委还发动广大群众积极参与，在绥滨的剿匪工作中起到了有力的推动作用。陆续又有罪大恶极的匪首赵警尉、吴摔爪子、邢发武等被处决，欺压百姓、横行乡里的地主恶霸被镇压。经过一年的艰苦斗争，活动在绥滨境内的几股顽匪相继被歼灭。

人民生活安定，民主政权得到巩固，土改工作顺利开展。1946 年 3 月，绥滨各界人民代表会议协商选举于华烽为民主政府县长。

三、建立萝北县民主政府

日本侵略者投降后，日军溃逃，一时间萝北地区残余势力余威尚存、匪患猖獗，以致民主政权的建立经历了艰难的历程。

1945 年 11 月下旬，三江人民自治军富锦军分区委派刘玉率部到萝北建立民主政权。刘玉来到萝北肇兴后，解散了维持会，成立了萝北县民主政府筹备委员会。

1946 年 2 月 20 日，萝北县民主政府在肇兴成立，刘玉任县长，设立了工作机构，同步组建萝北县公安大队。同年 5 月 17 日，混入县公安大队的日伪时期警察栾天光（县公安大队凤翔中队中队长）勾结土匪田九江部攻陷肇兴，新成立的民主政府遭到颠覆。

1946年7月，为了肃清残匪、重新建立民主政府，中共鹤立县委命令合江军区独立十二团邵万财营长率部到萝北剿匪建政。独立十二团攻下凤翔后，在凤翔重新成立萝北县民主政府，由邵万财任县长。同年10月30日，匪首刘山东一众匪徒从黑河流窜到萝北，纠集当地土匪攻陷凤翔，邵万财县长等10余人在战斗中牺牲，萝北县民主政府再次遭到颠覆。

1947年3月，合江军区派刘忠民率领后勤部独立连170余人进驻肇兴，开展剿匪和重建萝北县民主政府的工作，后来该独立连被改编为萝北县公安大队。1947年10月中共合江省委派方锐、白如海、颜志、高俊等组成民运工作团进驻萝北，开展反奸清算斗争，进行土地改革。1948年7月，在完成土改、肃清匪患和建立基层民主政府的基础上，成立了中共萝北县委，重建萝北县民主政府，白如海为县委书记，颜志担任县长。

第六节　中共兴山市委员会成立

中国共产党接管矿山后，各项工作千头万绪、百废待兴，迫切需要党组织的集中统一领导。1945年12月，兴山市第一个党支部成立，刘仲甫为支部书记，当时共有29名党员。

1946年，作为解放战争的大后方，中国医大、延安电影团、第九后方医院、军工部、东影公司、军工厂等单位陆续从延安、长春等地迁至兴山，党员人数也随之增加。

兴山本来只是一座煤矿，一时迁入许多新单位，有些单位级别又很高，需要有一个统一的领导机构。兴山市市长杜涛和矿务局局长李天放（矿务局第二任局长，1946年4月任职）等人商量后，认为应该成立中共兴山市委，通过党的组织把各机关单位统一管理起来，便于施行党的统一领导。杜涛、李天放等人联名书面请示中共合江省委，说明成立中共兴山市委的必要性。1946年7月17日，中共合江省委发给杜涛等人一封指示信。根据中共合江省委意见，成立中共兴山市委，李宽和（时任东北军医大学政委，1946 年 5 月来到兴山）担任市委书记，杜涛为市委副书记，高浩之（时任东北民主联军后方医院政委）、闵一帆（矿务局第三任局长）、田方（东北电影制片厂秘书长）为市委委员。主要任务是剿灭反动武装土匪，维持治安秩序，加强巩固大后方，协调统筹市、矿、东影、医大等之间的关系，抓好生产、生活和支援解放战争等一切工作。办公地点设在现在的向阳区红军街二马路。

中共鹤岗市委（时称“中共兴山市委”）第一任书记李宽和及其委任证书

李宽和，1913 出生，福建清流县长校人，1930 年 6 月参加红军，1932 年 8 月加入中国共产党。1945 年 8 月，奉命赴东北接收敌伪政权。1945 年 11 月抵达沈阳，任东北民主联军卫生部政委。1946 年 4 月调任通化医学院政委。1946 年 5 月，通化医学院与哈尔滨的东北军医大学合并，李宽和任东北军医大学政委。1946 年 5 月带领东北军医大学整体迁来兴山，东北军医大学与中国医科大学合并，李宽和任中国医科大学政委。

中共兴山市委的成立，标志着兴山市的民主革命进入崭新阶段，党和人民政权建设开启了新的篇章。按照上级党组织的指示精神，中共兴山市委注重加强党的建设，壮大党的力量，建立党的基层组织，成立的当月就建立了 3 个基层支部，即西山支部、南山支部和兴山支部，党的组织得到了进一步壮大。在中共兴山市委的领导下，煤矿、东影、医大等单位的工作有了进一步发展。中共兴山市委成立后，起到了重要的协调作用，有力地推动了兴山市民主改革和煤矿生产，把兴山市治理得社会稳定、安全有序，成为解放战争坚强的后方基地。

1946 年 8 月，为了更好地协调煤炭生产和铁路运输、更有力地支援全国解放战争，鹤岗矿务局由合江省政府领导划归东北铁路局直接领导。1946 年 12 月 17 日，东北铁路局党委发出指示信，主要内容是“兴山市政府应在矿务局领导之下进行工作；市长参加矿务局党委会议；其实际工作应成为矿务局的政治机关，做工人运动、保卫矿山与教育工人工作”。按照东北铁路局党委的指示，成立中共鹤岗矿务局委员会，隶属于东北铁路局党委，闵一帆任党委书记，李宽和、姚臻（闵一帆的爱人）、王学功、张世韩、骆鹤等 11 人为党委委员。从这时起到 1948 年 8 月，李宽和既担任中共兴山市委书记，兼任市长（杜涛改任副市长，不久后调走），同时又是矿务局党委委员。1948 年 8 月以后，随着解放战争的节节胜利，中国医大、东影等单位陆续迁离兴山，1946 年 7 月 17 日成立的中共兴山市委自然解体。在实际工作中，矿务局党委取代了兴山市委。

1949 年 4 月，经松江省委批准，重新组建中共鹤岗市委员会，书记是许铁民（矿务局局长），梁文舟（矿务局副局长）、何水（矿务局副局长）等 8 人为委员。

第七节　武装剿匪巩固政权

兴山地区的剿匪斗争从 1946 年初开始至 1947 年底结束，历时近两年。从 1945 年日本投降至 1946 年初，土匪猖狂一时，当时活动在兴山市周围的各种土匪武装有六七股，约有千人。有的伪军警人员趁时局混乱之机发展武装占据一方，幻想国民党政府前去接收；有的惯匪又东山再起结伙为匪，祸害百姓。在兴山、萝北、绥滨地区活动的大股土匪有“刘山东”、徐吉恒、栾天光、田九江等匪队。

在国民党军队大举向东北地区进攻之际，国民党秘密派员加紧收编土匪武装。这些土匪是中国共产党建军建政、巩固后方的重大隐患，剿匪安民是当务之急。在兴山地区参加剿匪的革命武装力量有兴山驻军独立十二团、富锦军分区一部、合江省军区一部及兴山、绥滨、萝北的公安大队。由于鹤岗、绥滨在民主政府的管理之下，所以剿匪作战大多集中在萝北地区进行。

一、消灭徐吉恒匪队

日本投降后，徐吉恒成为萝北凤翔维持会自卫大队大队长，后又被国民党接收大员委任为先遣军旅长，辖 150 余名武装人员盘踞在凤翔。1945 年 11 月下旬，三江人民自治军富锦军分区派刘玉、牟仁同率部进驻萝北收编地方武装、建立政权。在肇兴成立萝北县民主政府筹备委员会后，刘玉、牟仁同带领一个排去凤翔拟收编徐吉恒部，不料遭到穷凶极恶的匪徒的围攻，由于敌众我寡，仅有刘玉、牟仁同等 9 人突出重围、撤返肇兴。于是徐吉恒反动气焰更加嚣张，1946 年 1 月 17 日，竟与前来投奔的叛军谭成玉部向兴山发起攻击，一度攻占到新街基，在苏联红军卫戍司令部的支持配合下，鹤岗独立团英勇反击，全歼叛军谭成玉部，徐吉恒部遭到重创，失败后逃回凤翔。2 月，富锦军分区副司令员刘雁来率领骑兵大队、步兵大队、机枪连对徐吉恒所部匪徒实施围歼。在苏联红军的配合下，迅速攻占凤翔，俘虏了匪首徐吉恒，大部分匪徒被歼灭，只有少数匪徒溃逃，刘雁来率部一路追击，在肇兴附近将残余匪徒全部剿灭。

二、全歼谭成玉叛匪

谭成玉原来是伪兴山街自卫团团长，日军溃逃后摇身一变成了兴山街维持会的保安队长，保安队有 3 个小队，共 50 余人。1945 年 11 月，保安队被改编为三江人民自治军鹤立总队兴山第二大队第三中队，还是由谭成玉任队长。谭成玉等迫于形势接受改编，实际上心向国民党，与共产党、民主政府为敌。在矿警队密谋反叛被缴械后，谭成玉企图杀害矿务局局长王其清未遂，当夜率部叛变出逃，被国民党收编为先遣军别动队，一时不可一世，还异想天开地与徐吉恒策划攻打已建立民主政府的兴山。

1946 年 1 月 17 日夜，徐吉恒、谭成玉纠集匪徒 200 多人袭击兴山，此时城内兵力空虚，只有鹤岗独立团一营驻守，其他两个营北上剿匪。1 月 18 日凌晨 2 时左右，徐吉恒一部向老街基矿务局附近的独立团团部发起攻击，独立团政委刘仲甫一边带人还击，一边打电话命令驻在新街基的一营增援。但此时谭成玉匪部已将一营营部包围，匪徒攻势猛烈，使用野炮、掷弹筒、机枪疯狂射击。一营战士凭借工事坚守阵地，营部两间房屋被炸塌，还有人员伤亡，但匪徒的进攻仍在继续。危急时刻，一营教导员刘银喜组成党员突击队，集中火力反击。在强大的火力压迫下，匪徒的包围圈被撕开一道缺口，一营战士冲出包围，撤到老街基的老君堂制高点（今矿务局水电公司净水池）。此时天已大亮，进攻老街基团部的徐吉恒部已被击退，刘仲甫率队与一营会合，同时派刘银喜去苏联红军卫戍司令部请求支援。

1 月 18 日早 8 时许，果列夫大尉率领司令部的苏联红军赶来增援，北上剿匪的鹤岗独立团二营、三营也由团长陈瑞符和营长邵万财各率一个连及时回援。几支队伍同时向谭成玉部匪徒发动攻击。半小时后，匪首谭成玉被击毙，谭部叛军被全部剿灭。徐吉恒见势不妙，率残部逃回凤翔。在此次战斗中，易玉胜连长等 10 余名战士不幸牺牲。

三、消灭栾天光、田九江匪部

栾天光是 1945 年 11 月跟随刘玉带领的三江人民自治军从富锦来到萝北的，开始在县公安大队工作，后被派往公安大队驻凤翔中队任中队长。伪警察出身的栾天光恶性难改，1946 年 5 月谋杀了县大队副队长高占绪和凤翔区副区长张玉顺后公开叛变，并纠集流窜到萝北的桦川土匪田九江部共 100 余人，组织起所谓“东北先遣军”，流窜于萝北、绥滨一带。1946 年 5 月 17 日，栾天光、田九江等一众匪徒夜袭萝北县民主政府驻地肇兴，战斗中县公安大队一名姓周的中队长牺牲，刘玉县长率部突围，肇兴被栾天光匪队占领。刘大兴团长、刘仲甫政委亲率兴山独立团进剿栾天光、田九江匪部，栾匪被打得到处乱窜，逃到绥滨境内。1946 年 7 月，栾匪在邵万财县长率部追剿时溃逃，匪部发生内乱，栾天光被打死，匪队溃散。

田九江本名田荣，绰号“九江”，萝北县宝泉岭人。日本侵略者投降后，田九江收罗 30 余名社会闲散人员为匪，出没于绥滨、萝北、桦川、富锦一带，后来其部逐渐发展到 80 余名骑匪。1946 年 6 月，号称国民党“中央先遣军”的田九江匪部纠集其他几股散匪包围绥滨县城，扬言要进城过端午节。驻守在绥滨的人民武装力量在合江军区的支援、配合下一举将田九江匪部击溃，歼灭匪众 200 余人，缴获大批枪支、弹药，狠狠地打击了土匪的嚣张气焰。

1947 年 7 月，田九江匪部在萝北遭痛击后向桦川方向逃窜，在桦川县境内被歼灭。

四、剿灭刘山东匪部

刘山东本名刘光财，黑河地区匪首，被国民党委任为东北挺进军混成第六旅旅长。1946 年 10 月率 500 余名骑匪从黑河流窜到萝北，与当地残匪刘悦部合谋攻打萝北县政府驻地凤翔。邵万财县长率部固守，因兵力悬殊，援军被阻，内出叛徒，县长邵万财、兴山独立团政治处主任胡慧良、萝北县副县长项秀田等人壮烈牺牲。凤翔失陷后，合江省委书记张平之（张闻天）拍案大怒，亲自率部乘火车赶到兴山，兵分两路挺进萝北追剿，刘山东匪部仓皇逃遁。11 月下旬，东北民主联军合江军区副司令员李荆璞率军区警卫团、三分区五团、鹤立独立团各一部共 700 余人追剿刘山东匪部，刘匪残部经太平沟向佛山（今嘉荫）、黑河逃窜。1947 年 1 月下旬，率领剿匪部队到达奇克镇，与黑龙江军区副司令员王钧、三旅旅长廖中符汇合，成立了临时联合剿匪指挥部。经过苦战，终于在 2 月初，彻底消灭了刘山东匪部，将匪首刘山东、国民党 1 名特派员和 1 名组织部长、叛匪单义峰一并俘获，单义峰被押回鹤立县公开处决。

这次剿匪行动，既缴获了大批武器弹药和军马，也进一步肃清了兴山、萝北及佛山（今嘉荫）等地区匪患。

五、消灭残余散匪

在兴山、萝北、绥滨流窜作乱的还有刘悦、小王龙、姜大巴掌、赵永久等小股土匪，均在1946年末前后被剿灭。

日本侵略者投降后，刘悦聚匪徒数十人打家劫舍，之后又收纳了徐吉恒残部。1946年10月，刘悦匪部伙同刘山东匪部攻打萝北县政府驻地凤翔。1947年初，在东北民主联军的强势追缴下，刘悦、刘山东等残匪向黑河地区逃窜，在追剿战斗中刘悦被活捉，被押回鹤立枪决。

惯匪小王龙，日伪统治时期投靠日军当了特务。日本侵略者投降后，聚众10余人在鹤岗、萝北等地祸乱百姓、为非作歹，缴匪中被抓获，在鹤岗被处决。

姜大巴掌本名姜文方，笼络数十名匪徒流窜于萝北一带，与民主政府为敌，抢劫百姓。1946年，姜匪遭痛击后，带领残兵败将逃窜到绥滨蒲鸭河。1947年，姜匪残部在桦川境内被剿灭，姜文方被当场击毙。

王傻子、刘国起等十余名匪徒常在兴山市周边作乱。1947年春，李宽和市长亲自带领公安大队在大古字班（今宝泉岭农场五分场南）围剿该伙匪徒，11名匪徒被活捉。

赵永久匪部有20余名土匪，在兴山市周围流窜，抢掠百姓。1946年9月，兴山市公安大队在石头庙子围歼该匪队，赵永久等10余名匪徒被当场击毙。

兴山、萝北、鹤立、绥滨的匪患的成功剿除，为接下来进行土地改革，接纳迁驻兴山市的中国医大、东影、兵工厂等机关单位和发展煤炭生产，支援解放战争前线打下了重要的基础，兴山及周围广大区域成为全国解放战争稳固的后方根据地，

第八节　群团组织的建立与发展

一、工会组织

1945年11月下旬，中共合江省委派干部来鹤岗矿山建立政权，矿山工人运动得以开展，工会组织也逐步建立起来。

1946年，党的组织由秘密转为公开，在原有工会的基础上组建“工人民主建国联合会”。1946年1月，设立鹤岗煤矿工会筹委会，首先成立了南山矿工会，之后相继成立西山、东山、兴山、石头沟、陆境等6个基层工会。1946年4月，成立鹤岗矿区工会。

1949年3月成立新街基工会，负责人为李甲林，有工会干部4人。12月改为鹤岗市地方工会。

工会成立早期，组织矿山工人与日伪残余势力和封建“把头”作斗争，带领工人“翻身当家做主人”。人民政权建立后，工会组织领导工人“一边生产、一边斗争”，建立工人武装，成立矿卫队，保卫新生政权。为使工人从政治、文化上翻身进步，成立识字班、职工业余学校，各矿成立图书馆和业余剧团，引领工人学习文化和提高广大工人们的思想觉悟。工会通过组织和鼓动工人群众，不断地开展各种劳动竞赛和增产节约等运动，在很大程度上提高了生产效率和煤炭产量，为支援解放战争作贡献。

1947年至1948年，工会组织开展了劳模运动、生产立功运动，评选出一大批劳动英雄和劳动模范、模范小组，对快速恢复生产、有力支援解放战争起到了积极推动作用。

1949年，工会以产量、质量、安全、消耗为内容开展了创造生产新纪录竞赛活动。竞赛中，苏玉发明了自动金属活棚子；李庆萱发明的“药壶式”掏槽钎子使掘进能力提高了200%，后来还被推广到全国煤矿广泛使用。

二、农会组织

1946年秋，中共合江省委派工作团到兴山市开展土改工作，先后由郭文之、苏东担任土改工作团团长。土改工作团深入农民集中的新街基三街，南郊的一、二、三部落（今红旗乡峻德村）和王家店，发动农民成立农会，到1947年秋，兴山郊区的各村普遍成立了农会。农会成立后，领导农民进行土地改革，开展减租减息和反奸清算斗争，组织动员民众参军参战、支援前线，开展农业生产。在斗争中，农会没收了地主的土地，按照土地法大纲，把土地分给农民。农会还收缴了地主的枪支弹药，没收了黄金和银元、衣物布匹、车马农具等。永芳村农会、二街农会把没收的金银卖给国家后，买回大牲畜分给农民，再由农会统一组织开荒。

1947年，绥滨县各区、村普遍建立起农会组织，农会设会长、副会长、组织委员、宣传委员、武装委员、生产委员、妇女委员。到1947年6月，绥滨县共有农会会员4519人。

1947年12月，萝北县农运工作团相继在萝北区、凤翔区召开贫雇农代表大会，建立了区级农会，在村、屯普遍建立了基层农会，选举了农会主席。农会以贫雇农为核心，在民运工作团的领导下，进行斗争地主、平分土地、发地照、动员参军参战、发展生产、支援前线等工作。

在土改运动中，农会就是农村的政权机构，中国共产党的路线、方针、政策通过农会得到及时贯彻，广大群众的意见也通过农会反映上来。农会有权对农村干部进行撤换，有权监押处理“坏分子”，有权调动民兵保卫胜利果实。1948年秋，土改结束，随着民主政权的建立，兴山郊区的农会组织自行解体。到了1949年，土地改革工作基本完成，县、区、村的民主政权普遍建立，绥滨、萝北的各级农会组织也完成了历史使命。

三、青年团组织

1948年10月，成立毛泽东青年团鹤岗矿区建团工作组。1949年1

月，撤销建团工作组，设立中国新民主主义青年团松江省鹤岗煤矿总支委员会。同年，中国新民主主义青年团矿区委员会成立。

中华人民共和国成立前，青年团地方组织成立后，紧紧围绕党的中心工作，对青年团员进行时事教育、爱国主义教育，组织团员青年开展各种生产突击活动。1949 年，青年团矿区筹委会在矿山青年中开展了“世界青年团宣传周”活动，同时组织青年积极参加“创造生产新记录竞赛”活动。

四、妇联组织

1946 年底，兴山市成立妇女建国会，相继各区成立分会。目的是团结广大妇女，彻底摧毁压迫、侮辱妇女的一切封建残余和法西斯势力，保证妇女在政治、经济、文化上的各种地位平等。主要任务是自卫、生产、参政、教育、婚姻自主，共同完成建立中华人民共和国的大业。妇女建国会设组织、宣传、改善、武装、秘书岗位各 1 人。1947 年 7 月，拥有 2300 名会员，陆续向各行各界输送妇女干部 36 名。到了 1948 年，妇女建国会会员发展到 11309 人。解放战争时期，妇女建国会积极组织妇女为伤员洗衣、做饭、写慰问信、募集物品等，为恢复生产和支援前线做出了巨大贡献。

1949 年，兴山市第一次妇女代表大会召开，兴山市民主妇女联合会正式成立，简称“妇联”。

第九节　解放战争大后方

兴山作为松花江北岸的中心城镇，成为东北最早解放的城市之一，也是最早建立人民政权的城市之一。

日本侵略者宣布投降后，为了抢夺胜利果实，国民党军队占领沈阳后继续向北进犯。兴山地处合江省松花江北，远离战争前线，铁路公路交通方便，是煤炭生产基地，建有发电厂，周边各县又盛产粮食，周围的大江大山是天然屏障。

基于解放战争形势发展的需要，东北电影公司、东北军医大学、中国医科大学、延安电影团、东北民主联军后方医院、军工部所属第三兵工厂、合江军区手榴弹厂等单位先后迁到兴山市。当时仅有3万余人口的兴山市，成为东北解放战争名副其实的大后方。是战略防御时的落脚点、胜利进军时的出发地，更是供应前线所需煤炭和军工的生产基地、医务干部的培养基地、新中国电影事业的摇篮。

一、解放区的军工基地

1947年2月，东北民主联军总部军工部决定在兴山建设军工厂，将军工部第二办事处设在兴山。在鹤岗矿务局的支持下，1947年先后有3个兵工厂迁到兴山。

子弹厂：原为东北民主联军总部军工部第三兵工厂，1946年5月在吉林延吉东盛涌建厂。1947年4月迁到兴山。厂址在老街基矿务局仓库及日伪统治时期的矫正院旧址。

炼钢厂：1946年在吉林通化建厂，后迁至珲春。1946年底随第三兵工厂搬迁，1947年6月迁到兴山，厂址在矿务局机修厂。

手榴弹厂：原为东北人民自治军合江军区后勤部设在佳木斯的手榴弹厂。1946年11月该厂的制造和装配部分迁往桦南，1947年7月迁到兴山，厂址在陆镜（今大陆）日伪统治时期刑务署旧址。随后留在佳木斯的翻砂厂也迁到兴山，厂址在新街基，并于8月份开始生产。

为统一领导，军工部第二办事处对迁到兴山的各兵工厂进行调整：手榴弹厂为一厂，600余工人，任务是生产手榴弹；炼钢厂为二厂，300余工人，任务是炼钢；子弹厂为三厂，1000余名工人，任务是生产枪弹。

1947年9月，东北军区在哈尔滨召开各地区军工部办事处负责人会议，明确军工部隶属东北军区，同时确定军工部第二办事处的生产任务是以生产子弹为主、生产手榴弹为辅。1947年是解放战争的关键阶段，在兴山的军工部第二办事处所属各兵工厂的干部职工艰苦创业、忘我工作，不断改进和自制机械设备，生产能力和水平很快得到发展和提高，生产的枪弹和手榴弹源源不断地运往战争前线，兴山成为东北解放区的重要军工生产基地之一。

1948 年，为加强管理和提高生产能力和水平，军工部第二办事处决定将三厂搬迁至“南大营”。地处南郊的“南大营”是日伪统治时期的日军兵营，日军溃逃时实施破坏，只剩下断壁残垣。为尽快建成新厂房，三厂的干部工人自己动手采石烧灰、上山伐木，战胜重重困难，修建厂房、宿舍，于 11 月搬入新厂房。

三厂（子弹厂）搬迁至“南大营”后分成三、四、五、六厂，又新增设一个木材厂，从而军工部第二办事处所属军工厂发展成 7 个，即：一厂，生产手榴弹；二厂，炼钢；三厂，修造机器和专用工具；四厂，制作弹壳；五厂，生产子弹头；六厂，装配枪弹；木材厂，生产手榴弹柄和枪弹包装木箱。

到 1948 年，军工部第二办事处所属各兵工厂的机械设备、厂房面积均有增加，拥有机器设备 306 台，厂房面积比 1947 年扩大了 3. 6 倍。各兵工厂开展立功竞赛运动，广大干部工人在“为支援前线而立功”的口号下，废寝忘食、大胆创造、节约利废，改进技术 50 多项，涌现出 175 名功臣，有效提高了生产能力和生产水平。

军工部第二办事处所属各兵工厂拥有职工 2000 余人，各厂区分布在兴山城区的多个地方，但广大干部工人都有有较高的自觉性，严格遵守规章制度和政治纪律，各项工作井然有序，外人很少知道兵工厂的内部情况。

1949 年 8 月，根据东北军区军工部命令，军工部第二办事处所属四、五、六厂从兴山迁出。10 月 1 日，军工部第二办事处及所属各厂统一更名为“东北军区军工部二二工厂”，并于 1950 年 5 月从兴山迁离。

二、后方医院（中国医科大学附属医院）

1946 年 4 月，东北解放战争四平保卫战期间，合江省政府指示兴山市政府 3 天之内做好接收 1500 名伤员的准备工作。市政府、矿务局积极组织人力、物力，整修房屋，作好安置伤员的准备。

1946 年 6 月，东北民主联军第九后方医院迁到兴山市，在西山区

（今向阳区）设 4 个所，每所可收治 400 余名伤员。市政府组织动员学校师生、机关干部、公安大队队员、人民群众带着担架到火车站接回一批批伤员。市、矿领导经常到医院看望前线转来的伤员，帮助第九后方医院克服困难和解决问题。机关工作人员、工人、学生、普通百姓积极捐献慰问品，志愿为伤员洗衣、献血，进行护理。中国医科大学迁到兴山后，将东北民主联军第九后方医院合并，改为中国医科大学附属医院。

中国医科大学附属医院欢送伤病员重返前线

据有关资料不完全统计，为了伤员早日恢复健康、重返前线，工会组织募捐衣服 500 套、鞋子 500 双，妇女建国会组织妇女为伤员洗衣服 825 次、缝补衣物 450 套，还有很多不知姓名的人为伤员送去大量的牛奶、鸡蛋、牙粉、牙刷、卷烟等生活物品。1947 年，有 538 人主动为伤员输血，捐献物资总计达 1000 万元（东北币）以上。1948 年，组织了 1300 多人的献血队，一个半月就为伤员输血达 17950 毫升，捐款 6031 万元（东北币），慰问品 147 件，干菜 307 公斤，慰问信 106 封。

东北解放战争期间，后方医院不断地接收前方转来的伤病人员、不断地欢送伤愈人员重返前线，在兴山市期间共收治伤病人员达 10000 余人。

后方医院救治的伤员中，一些重伤员经抢救无效牺牲，被安葬在紧邻医院的后山坡。1956 年，烈士遗骨迁至大陆革命公墓。1985 年，人民政府为纪念解放战争时期转来后方医院、牺牲在兴山的烈士，决定在新建的殡仪馆院内修建烈士纪念碑，纪念碑高 15 米，1985 年 9 月 17 日建成并举行了揭幕仪式。1986 年 6 月，将大陆革命公墓的 221 位烈士遗骨分别迁出火化，骨灰装入骨灰盒内，安葬在烈士纪念碑旁。

三、成立东北电影制片厂

1945 年日本侵略者投降后，中共长春市委组织领导原“满洲映画株式会社”（简称“满映”）进步员工开展护厂斗争，抵制国民党特务的破坏阴谋，并于同年 10 月 1 日成立了东北电影公司。1946 年 5 月，根据解放战争形势发展的实际情况，中共东北局宣传部指示东北电影公司将接收“满映”的设备、器材迁往大后方，并动员进步员工一同前往。1946 年 6 月 1 日，东北电影公司的人员及设备来到合江省兴山市，着手建设厂房和筹备影片生产。

1946 年 8 月 27 日，陈波儿和吴印咸带领的“延安电影团”40 余人，历尽千辛万苦，取道朝鲜，经图们、哈尔滨来到兴山市。

东北电影公司和延安电影团来到兴山市后，在鹤岗矿务局和兴山市政府的大力协助下，经过短期筹备，于 1946 年 10 月 1 日合并成立了东北电影制片厂，直属中共东北局宣传部领导。

东北电影制片厂在兴山创建时的条件极为艰苦、设备也很简陋。当时是把一所小学改建为洗印、录音、剪接等技术车间；将原来日本驻军的一所马棚改建为办公室和职工宿舍；将一所没有完工的电影院改建为摄影棚。

东北电影制片厂创建时先由舒群任厂长，不久改由袁牧之任厂长，吴印咸、张辛实任副厂长，田方任秘书长，陈波儿任党支部书记兼管艺术工作，钱筱璋负责新闻纪录片工作。此后，又从各解放区抽调大批人员充实东北电影制片厂。1948 年 6 月，由钟敬之、成荫率领的西北电影工学队 20 余人来到东北电影制片厂。同年 9 月，以沙蒙、张平、何文今为首的东北文工一团 140 余人也参加了东北电影制片厂的工作。东北电影制片厂是一支以解放区文艺干部为领导和创作骨干相结合的

1946 年，东北电影制片厂在兴山诞生

舒群厂长和职工们一起为新厂房添砖加瓦

新型电影工作队伍。东影成立时工作人员 200 余人，到 1949 年东影离开兴山时，工作人员达 983 人。

兴山时期的东北电影制片厂拍摄了大型纪录片《民主东北》，共 17 辑，由 10 个战地摄影队冒着生命危险、手提摄影机随军拍摄，真实记录了东北解放战争的重要战斗场面和辽沈、平津两个具有决定意义的伟大战役的部分实况。《东满前线》（第三辑）纪录了人民军队在 1947

东北电影制片厂主要领导

年 5 月渡江南下发动群众以及在公主岭、昌图等城镇向守敌发动进攻、歼灭守敌的情况；《收复四平》（第五辑）纪录了人民军队发生在 1948 年初的四平攻坚战、激烈巷战的真实过程；《公主屯战斗》纪录了人民军队冒着零下 40 度严寒，雪地筑工事，踏雪发动进攻，歼灭敌人、活捉敌新五军军长刘光谦的真实场景；《解放东北最后战役》（第九辑）和《东北三年解放战争》（第十七辑）记录了人民军队三下江南、四保临江、进军北宁、收复绥中、兴城和义县的胜利情景；《解放天津》记录了人民军队发起总攻，万炮齐发，突破外围，坦克开进天津市区，全歼守敌、俘获敌六十二军军长林伟俦的战斗过程；《北平入城式》（第十辑）记录了人民军队进入北平和毛泽东、朱德、周恩来、刘少奇、任弼时在北平西苑机场和各界代表会面、检阅人民解放军的历史场景，成为珍贵的历史文献资料。《民主东北》在东北解放区各地放映时受到广大军民的欢迎，1947 年，将第一、二辑合辑成国际版，在布拉格国际青年联欢节上放映。

在兴山时期，东北电影制片厂创造了新中国电影史上的“七个第一”。除第一部大型系列纪录片《民主东北》外，完成了第一部短故事片《留下他打老蒋吧》、第一部长故事片《桥》、第一部木偶片《皇帝梦》、第一部动画片《瓮中捉鳖》、第一部科教片《预防鼠疫》、第一部译制片苏联影片《普通一兵》的拍摄制作。另外两部影片也深受观众的喜爱。一部是由陈波儿编剧、许珂导演的《光芒万丈》，反映工人阶级修复被国民党破坏的发电厂的故事，在鹤岗、本溪、抚顺、小丰满等工矿企业放映时，受到广大工人的热烈欢迎；另一部是由成荫编导、李光惠摄影的《回到自己队伍来》，说的是国民党军队里的一个士兵的父亲，进城说服儿子投诚的故事，也引起了很大的反响。

为满足迅速发展的电影事业的需要，东北电影制片厂先后举办了4期培训班，培养了各项专业人员650余人。许多著名的电影表演艺术家如陈强、王家乙、凌元、于洋等都在这里生活战斗过。

东北电影制片厂在兴山市的三年时间里积累了摄制各种影片的宝贵经验，在中国电影史上留下了珍贵的记录，为新中国电影事业做出了重大贡献，为此，兴山市（今鹤岗市）成为新中国电影事业的摇篮。

1949年4月，东北电影制片厂迁往长春。1955年2月，东北电影制片厂改名为长春电影制片厂。

四、中国医大在兴山

1945年10月，中国医科大学从延安开赴东北，途经张家口、赤峰、齐齐哈尔、哈尔滨等地，1946年7月到达兴山市。在此之前，东北军医大学（150余名学生）和东北大学医学院于1946年5月先后到达兴山市。中国医科大学来到兴山后，东北军医大学和东北大学医学院并入中国医科大学。

办学伊始，就面临着许多困难。没有现成的教室、实验室，没有必要的设备设施、教学用具，吃、住、行等问题都需要解决。同时国民党收编的土匪不时扬言要攻打兴山，还要安排人员日夜轮流持枪警戒、以防不测。中国医科大学师生们经过艰苦努力，很快修好了教室、实验室、学员宿舍，安置好教学设备和生活需要的一切。鹤岗矿务局在办学经费上给予大力支持，确保正常运转。

1946年8月15日，中国医科大学举行开学典礼，王斌任校长，从延安来的18期、20期学员和在东北招收的21期、22期、23期学员共计500余人参加了开学典礼。

中国医大工作人员合影

在兴山期间，中国医科大学坚持培养政治坚定、技术优良的医务干部的办学方针，累计培养了 1731 名医务卫生干部先后分配到全国各地，大多数分配到军队参加了各解放战争的各大战役。解放战争时期，“一切为了解放战争的胜利”“一切为了伤病员”成为全体师生的行动口号。根据解放战争形势发展的需要，对教学内容和学制作了较大的调整和改革，并按专科重点的要求，设置了内科、外科、五官科等专业，其中以外科为重点。基础理论学科开设了解剖学、生理学、组织学、病理学、药理学、细菌学等课程。随着形势的需要，办学规模也逐步扩大，陆续成立了 4 个分校。

1947 年，东北地区西部的扶余、白城子、通辽等地发生鼠疫，中国医科大学组成 200 余人的扑灭鼠疫队赶赴疫区。卫生宣传、扑灭疫源、治疗疫患，奋战两个多月扑灭了这个地区的鼠疫，有力配合并支援了解放战争和土地改革，受到当地政府和群众的赞扬。

1946 年 8 月至 1948 年 9 月，在兴山短短的两年多时间里，中国医科大学培养的毕业生遍布各地，后来逐渐成长为国家机关、军队、各级卫生机关领导干部和高等医学院教授或学科带头人。20 期毕业生郭子恒曾担任国家卫生部副部长；27 期毕业生李厚文成为第 17 任中国医科大学校长、著名胸外科专家；翟元昌成为知名脑外科专家。同时，中国医科大学也培养了一大批德才兼备的基层政治干部。

随着辽沈战役的胜利和形势发展的需要，1948 年 10 月，上级决定由中国医科大学副校长李亭植率领一部分干部、师生到长春接管原长春大学医学院，组建长春军医大学；第一、二分校合并迁到哈尔滨，组建哈尔滨医科大学；三分校并入总校，中国医科大学由校长王斌率领迁到沈阳；四分校迁到河北承德，组建承德医专。中国医科大学完成了在兴山（今鹤岗）的历史使命，进入新的发展阶段。

第十节 支援前线 迎接新中国成立

1946 年 3 月 27 日，东北局发出《关于开展生产运动的指示》，要求各级党组织和政府用一切办法使东北农民的生活得到改善，有能力支援前线。

中共兴山市委、兴山市政府根据党中央和东北局的指示和要求，把“恢复经济，发展生产，改善人民生活，支援解放战争”作为主要工作任务，领导广大人民群众积极恢复和发展生产，很快扭转了经济形势，建立巩固的大后方，源源不断地将煤炭、物资送往前线，有力地保证了军需，支援了解放战争。

一、恢复煤炭生产 保障军需运输

1946 年，随着东北解放战争节节胜利，战线迅速向南推进，各种军需物资急需运往前线。由于煤炭奇缺，军运火车烧的是木棒、煤面、豆秸、豆饼和沥青团，这时的煤炭贵如乌金。当时，南满各大煤矿仍被国民党占据，鹤岗煤矿成为东北解放区的主要产煤基地，对保证东北解放区的煤炭供应、特别是保证铁路军运起着举足轻重的作用。

为了确保军运，吕正操、王首道亲自到鹤岗矿务局要煤，陈云也多次要求鹤岗煤矿要多出煤、保证军运，东北局更是一天一份电报、甚至一天几份电报向鹤岗矿务局催煤、要煤。在这种形势下，中共兴山市委、兴山市政府和鹤岗矿务局按照中共北满分局“努力增加生产，保证军需运输”的指示，在建党、建军、建立民主政权的同时，坚持把工作重心放在保证军用为头等大事、千方百计恢复煤炭生产上，引领广大人民群众以主人翁的姿态，克服各种困难，全力恢复和发展煤炭生产、有力支援人民解放战争。

克服困难恢复生产

日军溃逃时，对鹤岗矿山进行了严重的破坏，煤炭生产基本陷于瘫痪，对外交通中断，生产资料极端匮乏，人们缺吃少穿，再加上土匪时常骚扰，敌伪残余经常造谣生事，人心不稳，人员大量外流。到1946年初，煤矿职工已不足万人，恢复煤炭生产面临极其严重的困难。

面对刚刚接收的、满目疮痍的鹤岗煤矿，中共兴山市委、兴山市政府和鹤岗矿务局一方面发动群众，成立工会和工人自卫队保卫矿山；一方面成立人民法庭，领导矿山人民开展对“把头”的清算斗争；同时没收“把头”的财产，把粮食、食盐等生活用品分给矿工，解决生活上的暂时困难。经合江省政府同意，还先后两次发行了1200万元的“鹤岗煤矿煤票”，使当时经济窘状有所改变，矿工工资得到发放，恢复煤炭生产的费用得到解决，从而促进了煤炭生产迅速恢复。到1946年末，经济状况稍有好转时，“鹤岗煤矿煤票”全部收回。

东北局非常重视鹤岗煤矿，为了加强对煤矿的领导，在很短的时间内，鹤岗矿务局就变更了多次隶属关系。从接收初期开始，先后隶属鹤立县、合江省、北满分局。1946年8月，鹤岗矿务局又划归东北铁路总局直属。当时有人开玩笑说：矿务局局长去哈尔滨开了一次会，矿务局就连升三级。

中共合江省委和东北铁路总局先后从老区和南满铁路局派出几批干部壮大鹤岗矿山领导力量。如张士韩、王洪图、纪正夫、姚真、李平、骆鹤、力夫、苏玉等人，还有东北大学的30多名学生和民运工作队。这些干部到矿山后，在工会的领导下（当时党组织还没公开，以工会的名义开展工作）深入基层、发动群众，对群众进行阶级教育，开展政治思想工作。为了尽快恢复生产，多次召开群众大会，发动职工和群众献计献策，寻找和捐献生产设备、生产资料。据统计，在一次开展的公物还家活动中，矿工们就献出电线、电钻等矿山器材 2000 多件，价值约 7618 万元东北币。

鹤岗矿山人民在中共兴山市委、兴山市政府和鹤岗矿务局的领导下，以支援人民解放战争为己任，提出“一切为了前线的胜利”“多出一锹煤等于支援前线一颗手榴弹，多出一吨煤等于支援前线一发炮弹”的口号，全力投入到恢复生产的奋战中。井下没有矿灯，就将电灯拉到井下大巷里，矿工们靠摸着硬帮往场子里面走。一个班有十几个人，只有 1 盏矿灯，大家就借助这点昏暗的灯光坚持挖煤。后来，大家想起光复时，有一些矿灯被扔进南山居民区一个厕所里，于是工人们将这 30 多盏矿灯打捞上来洗刷干净，经修理后，都派上了用场，缓解了没有矿灯的困难；火药少，雷管奇缺，一个班只能发两个，遇到困难条件，想要放一炮，得经过小组会研究。他们发明了用铁镐刨煤的方法，在全矿山推行了“刨镐手”采煤竞赛活动。各矿井在“刨镐手”竞赛中，涌现出了许多刨镐能手，他们不怕苦和累，一些矿工的虎口被震裂流血，手上磨出豆大的血泡，但仍坚持工作。活动中涌现出“只要还能举起镐就不升井，一天能刨一吨多煤”的刨镐能手孙好清、崔继绍、崔瑞台；在恢复抢修陆镜矿三坑时，因瓦斯量大，又没有防毒器具，许多工人熏倒后被抬上井，喝几口醋，放在雪地上冻一冻，苏醒后又继续下井工作。最多一天晕倒过 50 多人，但工人仍坚持不下岗，以最快的速度修复完工；东山井恢复生产时，一坑坑内发火燃烧，产生大量有毒煤气，因受没有安全设备等条件限制无法打密闭控制灭火，工人们就穿戴上用水浸湿的衣裤、帽子，把湿布和湿毛巾当口罩，冒着生命危险冲进燃烧的井下，几分钟一轮换，在很短时间内就将坑内火扑灭。许多矿工的头发、眉毛被烧焦，手上、脸上烧起了大泡，许多工人因煤气中毒而晕倒。

当时，无论井上还是井下，为了尽快恢复煤炭生产、支援解放战争，所有人在各自岗位上努力奋战，不断创出新的奇迹。电务、机械、运输等岗位上的工人们开动脑筋、发挥才智，不分昼夜抢修被破坏的 237 号机车，只用了 25 天就完成了修复任务；机务段的工人们到处收集零部件，装配、修复了日本人逃跑时遗弃在林口机务段的6台废机车和2台电车；工人们还把被炸坏在莲江口江桥附近的650号蒸汽机车修复拉回，用于生产；电务段的工人以最快速度修复了全线自动电话。

为了解决坑木奇缺问题，矿务局铺设了通往山里的铁路，成立了第一个矿柱林自给基地，称为鹤林采场，自行采伐运输，保证了坑木自给。各辅助工种的工人们积极奋战，恢复了矿内交通，修复了铁路线，兴办了雷管厂、矿灯厂、石灰厂、砖厂、打石厂、制材厂，还自力更生地办起了胶鞋厂，解决了矿工没鞋穿的困难。到1946年末，鹤岗矿山原有的33处矿井有11处陆续恢复了生产，原煤产量也不断增加，由1945年末日产不足百吨提高到平均日产千余吨，年产53万吨。1947年原煤产量比上年又提高了一倍以上。

当时，人们只有一个信念，就是多出煤支援前线、解放全中国。在恢复煤炭生产、支援前线的日日夜夜，矿工们个个争先恐后，努力工作。只要军用火车一到，不论是矿工还是家属听到敲击铁轨的声音，就闻声而动，自觉地从家里拿起铁锹跑向贮煤点，猛干快装，把最好的煤炭以最快的速度装满军用火车，分秒必争地保证军运。

鹤岗煤矿工人在党的领导下，战胜了火、水、瓦斯等灾害，在缺吃少穿、工作条件极其困难的情况下，在很短时间内就恢复了煤炭生产。到1949年，共恢复矿井33处，采煤工作面40个，掘进工作面295个，成为全东北恢复生产最快、出煤最多的煤矿。

开展竞赛支援前线

1946年12月，东北铁路总局党委向鹤岗矿务局党委发出指示：要号召党员干部下矿去，和工人在一起，了解他们的生活需要和情绪，发动工人开展劳动竞赛运动。1947年，铁路局和工矿处联席会议对鹤岗煤矿提出要求：今后发动群众努力生产的一个主要方式是开展立功运动。

根据上级指示要求，中共兴山市委、兴山市政府和鹤岗矿务局深入基层发动群众，调动群众积极性，多出煤、出好煤，确保军需民用，支援解放战争。一是加强了煤矿的安全生产，确保矿工生命安全，使矿工的出勤率得到了保证；二是拉平干部和工人的生活水平，从根本上杜绝干部的特殊化，使一些出勤好的矿工薪水比局长都多；三是保障物资供应，想方设法通过各种渠道积极购进一些日用品和副食品，满足矿工日常生活需要，关心和改善职工生活；四是进一步建立健全工会组织，开展反“把头”清算斗争，动员矿工积极开展生产劳动竞赛，号召全体人民奋发图强、任劳任怨、团结一致，为人民解放战争做贡献。

通过采取上述一系列措施，更加激发了矿工们的劳动热情。在各级党组织的领导下，先后开展了各种各样的生产劳动竞赛运动，如“创新纪录竞赛运动”“立功运动”“生产大突击运动”“劳模运动”等，使鹤岗煤炭产量蒸蒸日上，刚接收时年产量仅为 3 万吨，到 1949 年达到 200 多万吨。

1947 年 5 月，鹤岗矿务局隆重庆祝“五一”国际劳动节，首次组织开展“红五月劳动生产大竞赛”。工人自己的节日，有了主人翁的感觉，矿工们很自豪，生产积极性更为高涨。在纪念“五一”节大会上，工人们提出了“比干劲，赛产量；比风格，赛团结；比觉悟，赛贡献；比学习，赛出勤”等竞赛条件，喊出了“谁英雄、谁好汉，劳模大会上见”的竞赛口号。当月出产原煤 154024 吨，比 4 月份增长 126%。从此，“大战红五月”就成了鹤岗矿务局的光荣传统，一直延续下来。东北铁路总局以“三下江南，四保临江，军用煤无缺，有功焉”的专电嘉奖了鹤岗矿务局，并奖励 50 万元东北币。鹤岗矿务局也专门召开了劳模大会。会后不久，在布匹、棉花十分紧张的情况下，鹤岗矿务局千方百计地购买了 1 万套棉衣，兑现了劳模大会上承诺的让全体职工穿上新棉衣的诺言。在生产劳动竞赛中，打破了旧的管理制度，创造了新的管理方法，成立了工人管理委员会，使工人进一步增强了劳动光荣感。

在鹤岗矿务局开展的一系列生产劳动竞赛中，造就了一大批生产能手和劳动模范。1946 年涌现出各级劳模 271 人；1947 年鹤岗矿务局劳模大会上，表彰了 103 名各级劳动英雄，其中 24 名是局劳动英雄。南山矿的孙好清、西山矿的王绍武、东山矿的崔瑞台、兴山矿的刘灿兴被选为特等英雄。孙好清被公推为特等英雄状元，成为鹤岗矿区树立的一面旗帜，并被南山三坑的工人们推选为副坑长，是第一位由工人成长起来的矿山领导干部；1948 年开展的生产立功运动中，立功人员达 3900 多人；1949 年的创造生产新纪录运动形成了发明创造、技术改进热潮，工人们提交了 152 件发明、革新项目，仅上半年就涌现出劳动模范 1470 人。李庆萱发明的药壶式掏槽钎子是鹤岗煤矿的一大发明创造，使掘进效率提高一倍，成果被迅速推广到辽源、蛟河、大同等煤矿。通过生产劳动竞赛还培养了一批干部，1948 年的半年时间里，就有 396 名工人骨干走上了各级领导岗位。

1948 年，兴山市选出 7 名劳动模范参加在哈尔滨召开的全国第六次劳模大会，孙好清被大会推选为主席团成员，并受到党和国家领导人的接见。劳模大会结束后，参加会议的部分领导、各省工会主任和吴玉章、贺子珍、郝建秀、赵占魁、李凤莲等 30 余人到兴山市参观检查工作。在兴山期间，他们到干部、劳模、老工人家访问，到矿井实地体验，还参观了东北电影制片厂和中国医科大学。他们给予兴山很高评价，认为兴山人民不畏困难，艰苦奋斗，恢复生产，支援前线，为解放战争做出了巨大贡献。1948 年 9 月 8 日，《东北日报》以《充满了阶级友爱》为题，对全国第六次劳模大会代表到兴山参观情况进行了报道。

形式各异、轰轰烈烈的生产劳动竞赛使鹤岗矿山煤炭生产蒸蒸日上。从中国共产党接管矿山到新中国成立，鹤岗煤矿共生产出 500 多万吨煤炭，保证了军需民用，为兴山社会稳定和保障人民生活做出了重大贡献，为人民解放战争的胜利做出了重大贡献。

二、开展农业大生产运动　支援前线保后方

按照党中央、东北局和中共合江省委的指示，兴山、绥滨和萝北在建党、建军、建政和开展剿匪、土改斗争的同时，采取有效措施推动农业生产，领导农民开展大生产运动。积极组织干部下乡包点，和农民同吃、同住、同劳动，引导和帮助农民搞好春耕。认真贯彻执行上级制定的产权政策、奖励政策、辅助政策和公平合理、公私兼顾的负担政策，建立促进生产力发展的互助合作组织，农业大生产运动在

兴山、绥滨和萝北轰轰烈烈地开展起来。

鼓励农民勤劳致富

获得翻身解放的广大农民分得了土地、耕畜和农具，开始在自己的土地上耕作，生产热情空前高涨。绥滨、萝北党政组织不失时机地向农民们宣传开展农业大生产运动的重要意义，鼓励农民勤劳致富。

中共绥滨县委、绥滨县政府召开了各级农村干部和贫雇农代表等上千人参加的开展大生产运动动员大会，向农民宣传党的政策，讲解奖励生产、鼓励致富的办法和合理负担的政策，明确告诉农民分得的土地、耕畜和其他财产归个人所有并受法律保护，动员广大农民群众积极参加生产劳动竞赛活动。通过政策宣传使农民心里更加“托底”，纷纷以主人翁的姿态投入到农业大生产运动之中。

中共绥滨县委、绥滨县政府抽调了大批干部下乡进村，到农业生产第一线帮助、指导农民的农业生产。绥滨还创办《绥滨小报》宣传农业大生产运动情况。1948 年 9 月 30 日，正值秋收时节，《绥滨小报》刊发一篇标题为《三春不如一秋忙，绣女也要快下床》的报道，在农民中产生很大影响。当时农民提出的口号是“保证分得的土地不荒一垄”“保证吃饱肚子，穿暖衣服，创造丰衣足食的根据地”“多打粮食，支援前线，保证解放战争的需要”。

大生产运动中，号召农民精耕细作、修堤防洪、排水治涝，并以贷款贷物等实际举措帮助农民解决生产中的困难。1946 年，绥滨贷给农民 65 万元的合江流通券（1946 年 1 月，合江银行发行“合江地方经济建设流通券”，1946 年 6 月停止流通，合江省政府责成合江贸易公司于 1946 年 5 月至 11 月以物资兑换收回合江流通券）；1948 年，绥滨贷给农民的物资有：豆饼 18660. 5 公斤、耕畜 45 头、大豆种子 62000 公斤、小麦种子 177664 斤、玉米种子 42350 公斤、谷子种子 21714 公斤、荞麦种子 25782 公斤，以及犁铧等农耕器具。1948 年春、夏两季出动 12000 个劳动力垒造了 7 条防水大坝、挖掘长达 80 余里的排水大壕，使 1000 余垧粮田免受水灾、40000 余垧洼地变成了良田，为农业丰收创造了条件。

农副业增产增收促使广大农民生活发生了很大变化，为此，中共绥滨县委、绥滨县政府召开劳模大会，表彰奖励了301名劳动模范、34名模范军属和3个模范村。

在萝北，1947年1月，中共合江省委派合江军区刘忠民率领后勤部独立连进驻萝北肇兴，恢复重建萝北县民主政府，其主要任务是筹集军需。县民主政府驻地设在肇兴镇，在萝北、凤翔建立了两个区级政府，独立连分出20余人分别驻在这两个区担任保卫工作，萝北的社会局面迅速稳定下来。

1947年9月，萝北开展了轰轰烈烈的土改和反奸清算斗争，没收地主黄金16000两，全部送到合江军区，从财力上支援人民解放战争。

1948年，根据中共合江省委指示精神，萝北开展了轰轰烈烈的农业大生产运动，制定了农业生产计划和开荒计划，区与区、村与村之间展开了农业生产劳动竞赛，提出了“要想彻底翻身，必须加紧劳动，打下翻身的经济基础”“多打粮食支援前线”的口号。1948年7月，中共萝北县委成立和重建萝北县民主政府后，面对饥荒四伏的农村，中共萝北县委、县民主政府把解决军需和开展农业大生产运动结合起来，一面动员农民克服困难开展农业大生产运动，一面向上级汇报恢复农业生产、种植军用药材的方案，以取得上级的支持。中共合江省委、合江军区肯定了萝北县委、县政府的做法，由军区后勤部出面组织协调，为萝北调拨了农民急需的种子和生活用品。

1948年，萝北县的农业获得了大丰收，仅1948年一个冬天，就在太平沟采伐了1000多立方米的红松；又组织农民饲养鸡、鸭、猪，上山采蘑菇、采黑菜，在闲暇时间打鱼、打猎、养蜂，引导妇女纺纱、织布，等等，农民生活得到了极大的改善。

组织农民换工插犋

土改时，农民分得了车、马、犁及其他小农具，但品种各异、数量不一，以户开展生产活动很困难，不是少耕畜、就是缺农具，加上很多青壮年为支援解放战争参军参战、出担架队、出战勤工等，劳力紧缺，很难适时进行生产。各级党组织和民主政府为了解决这些困难，在农村开展了互助合作运动，受到广大农民的拥护。开展互助合作的原则是：组织起来，保护私有，自愿两利，小型为主。遵循这个原则，及时引导农民换工插犋、组织互助合作组开展农业生产。

中共绥滨县委、绥滨县政府在深入调查研究的基础上，推广北岗区永生村雇农张景福组织的自愿插犋小型生产互助组的生产经验，全县很快就组织起了很多“人合心、马合套”的换工插犋组以及临时互助组和常年互助组，掀起了互助合作生产高潮。据统计，到 1948 年春耕前，建立起各种互助组 1853 个，占农业户数的 95%。1948 年，绥滨县开荒 539 垧、耕种土地 34292 垧、施肥面积达 7564 垧，粮食获得大丰收，总产量达到 1600 万公斤，上交支前军粮 1080 万公斤、公草 10 万公斤，受到合江省政府的奖励。

兴山市郊各村屯的农民也普遍组织起来，实行换工插犋、互助合作，不仅适时地种好了分得的土地，还新开垦熟地和生地 618 垧，占当年耕地面积的 42%。萝北县组织了 32 个互助组，并在互助生产中取得了好收成，1948 年上交军粮几十万公斤、干菜 5000 余公斤及大量药材。

互助组这种带有社会主义萌芽性质的农村经济组织，体现了农民之间平等互惠的经济利益和劳动关系，很受农民欢迎，同时也调动了农民的积极性，提高了农村生产力，为以后实现农业合作化奠定了基础、积累了丰富的经验。

轰轰烈烈的农业大生产运动不仅调动了广大农民勤劳生产的积极性，提高了农业生产力，使农村经济得到初步发展，人民生活得到初步改善，而且丰富了物质基础，有力支援了人民解放战争，巩固了后方根据地。

三、参军参战　支援前线

随着人民解放战争形势的不断发展和变化，前线人力物力需求大幅度增加。兴山、绥滨和萝北党组织和民主政府根据 1946 年 12 月中共合江省委、合江军区“关于扩军电令”的精神，号召动员广大人民群众参军参战、捐款捐物、支援前线。广大人民群众积极响应，在“一切为了解放战争”的号召下，纷纷报名参军、出钱出物、出担架、出车辆，忘我工作、积极生产，全力以赴支援前线。

1947年7月，东北局和东北军区作出《关于成立二线兵团的决定》。按照决定，各野战军从不脱产的自卫队、武工队等群众武装和脱产的地方武装中抽调部分干部和老战士带领大批新战士组成二线兵团，经过短期正规训练和政治教育，直接补充到主力部队。兴山市人民武装自卫队、兴山市驻军鹤岗独立团的战士积极参加二线兵团，补充到东北前线的主力部队。翻身当家做了主人的兴山市和绥滨县、萝北县的广大人民群众积极参军参战响应号召，掀起了参军参战高潮。“一人当兵，全家光荣”“上前线最光荣”，出现了父母送子女、妻子送丈夫、父子兄弟争上战场的动人场面。人民群众成群结队，吹着喇叭，放着鞭炮，热烈欢送亲人参军上前线。有关资料记载，人民解放战争期间，兴山、绥滨和萝北共有3052名青壮年参军入伍。大部分人随解放大军从地处东北的北大荒一路战斗到最南端的海南岛，特别是在辽沈、平津战役中建立了赫赫战功。一部分人在解放战争的战场上为国捐躯，也有一部分人成长为人民解放军的优秀指挥员，为人民解放战争的胜利做出了不可磨灭的贡献。据《鹤岗市志》《萝北县志》《绥滨县志》记载，人民解放战争期间，兴山市和绥滨县、萝北县共有142名烈士为解放东北、解放全中国献出了宝贵生命。

兴山市和绥滨县、萝北县党组织、民主政府认真贯彻党中央和中共合江省委、合江省政府关于《加强战勤工作的指示》精神，先后成立了战勤动员委员会，具体负责组织战勤和前线供应等工作，动员广大人民参加战勤工作，在各级组织配合下，较好地完成了上级交给的战勤任务。据史料记载：在解放东北的一些战役中，兴山市和绥滨县、萝北县共动员和组织千余名民工组成担架队、大车队，分期分批开赴前线。这些民工在战场上不顾大炮、飞机的狂轰滥炸，不遗余力地抢救受伤战士，不分昼夜地抬着担架运送伤员和输送粮食、武器弹药等，与前线的勇士们同生共死、共同战斗到获得最后胜利。

四、捐款捐物　争做贡献

为了人民解放战争的胜利，兴山市和绥滨县、萝北县党组织和民主政府动员一切力量、克服一切困难，千方百计地支援前线。广大人民群众积极响应“有人出人、有物出物、有钱出钱”的号召，自愿地、有组织地开展捐款、捐物、争做贡献活动，争相为全国解放竭尽绵薄之力。

兴山市党组织和民主政府及广大人民群众在积极恢复矿山生产、确保军运用煤需要的同时，按照中共合江省委、合江省政府的要求，克服时间紧、任务重的困难，在内有各项事业百废待兴、外有土匪猖狂骚扰的情况下，从1946年10月到东北解放战争胜利，先后接纳、安置、供养了迁到兴山的东北电影制片厂、民主联军后方医院、中国医科大学、军工部第二办事处等单位。这些单位在兴山市委、市政府和矿务局的大力支持下，在兴山市广大人民群众的无私帮助下，救治了10000余名在东北解放战场上光荣负伤的战士；生产出大批手榴弹、子弹源源不断地运往解放前线；拍摄了大量反映东北解放战争、全国人民解放战争史实的电影纪录片，创造出新中国电影史上的“七个第一”，奠定了新中国电影事业的基础；培养了一大批医护人员和电影工作者。

兴山各级组织和领导时常到医院探望接受救治的从解放战争战场上下来的伤病员，组织开展各种形式的慰问活动，把慰问品、募捐品接连不断地送到伤病员手中，妇女建国会组织广大妇女始终担负着为伤病员缝洗衣褥和清洗绷带的任务。为了使伤病员们早日恢复健康、重返前线，1946年12月，中国医科大学发起献血活动，兴山人民积极响应，538人为伤员输血4880毫升。1948年又发起组织了1300人的献血队，仅一个半月就为伤员输血17950毫升。在中国医科大学等单位带动下，兴山市自动掀起劳军热潮，一次就捐献价值1000万元东北币的物资，1948年捐献劳军钱物达6032万元东北币。

绥滨县史料记载：1948年，绥滨县上交支前军粮540万公斤、公草10万公斤、干菜8万公斤，发动和组织妇女做军鞋400双，一次捐款就达3500万元东北币，还多次向前线捐献猪肉、粉条、鸡、鸭和各种鲜鱼等；萝北县在土改和反奸清算斗争中，没收地主黄金16000两，全部上交给合江军区，从财力上支援解放战争。1948年，萝北县支援前线几十万公斤军粮、5000公斤干菜、600双军鞋，同时还有大量中草药。

为了鼓舞前线子弟兵更加勇敢杀敌，坚定后方人民翻身做主人的信心，兴山市和绥滨县、萝北县党政组织积极开展拥军优属工作。1948年12月28日，时值新春佳节前夕，兴山市召开军属庆功大会，会上各区群众捐东北币1227万余元、大米308.5公斤、猪肉116公斤、鱼50公斤、粉条31.5公斤，当场分发给军属过年。1949年1月4日，兴山市入伍军人庞善同在前线立功喜报传来，兴山市政府召开庆功会，给其母亲佩戴大红花，并奖励25公斤大米和一床新被子。春节期间，中共兴山市委、兴山市政府和鹤岗矿务局开展慰问活动，为每户军属送去光荣牌、贺年信、年画和3万元东北币；群众自发给军属送去光荣灯、春联、蔬菜、粉条；各区领导亲自率领秧歌队给军属拜年。1949年，兴山市还接收安置了虽然身体痊愈、但因故不能重返前线的伤员357人，并给每个人补助小米5000公斤。

人民解放战争期间，兴山市和绥滨县、萝北县人民在党的领导下，始终以“一切为了解放战争的胜利”为出发点，识整体、顾大局，团结一致，无私奉献，克服了重重困难，努力发展生产，参军参战，支援前线，为全国解放获得最后胜利做出重大贡献。

五、恢复和发展其他各项事业　迎接新中国成立

1945年8月日本侵略者宣布投降后，为了医治战争创伤、改善人民生活，兴山党组织和民主政权在积极恢复矿山生产的同时，在较短的时间内，积极妥善地恢复和重建国计民生的各项社会公共事业，建立和完善其他各项事业，有力保障了城镇居民正常生活秩序。

城镇工商业

兴山市民主政府成立后，认真贯彻党的“发展生产、繁荣经济、公私兼顾、劳资两利”的政策，调整税收，发放贷款，积极扶持工商业，使其得以迅速的恢复和发展。

1945年9月，由9位出资人合资、资本总额为13.5万元（1932年伪满洲中央银行发行的伪币，主要在东北三省流通）的义兴源制酒作坊在兴山市新街基成立。1946年2月，对义兴源制酒作坊实行公私合

营，兴山市民主政府增加设备、资金的投入，充实了技术力量。1948年初，兴山市民主政府“赎买”全部义兴源制酒作坊私股，同年12月并入鹤立酒厂。

1946年，在兴山市民主政府的支持下，同聚成、元发祥、协聚昌等私营商号集资2000万元东北币成立了大众商店，主要经营粮米、油盐、酒、百货等商品，每天平均卖钱额达600万元东北币；1947年，民主政府用土改胜利果实和动员群众参股，筹集资金16万元创办三街合作社，1948年又相继开办了一街、二街合作社。到1949年，三个合作社的社会商品零售额达163.1万元人民币（第一套人民币，1948年12月1日发行）。

1946年至1947年，鹤岗矿务局用企业福利基金先后在西山、东山、南山、兴山成立了粮食百货供应部，后改为矿务局工薪服务部，并设立总社；1949年8月10日，第一家国营商店正式开业，地点在今鹤岗报业大厦处，营业面积为800平方米。到1949年，工业企业、饮食服务业经营网点发展到400余户。

1947年，绥滨县民主政府投入资金4万元，将原有两个将要倒闭的油坊恢复生产，创办了政府所有的第一个工业企业；1947年11月，民主政府接收敌伪遗留的积谷粮和粮栈，成立东北贸易公司绥滨办事处。

1948年8月中旬，中共绥滨县委、绥滨县政府召开全县工商业者会议，提出了保护和发展工商业的方针、政策和具体办法，使绥滨县的工商业得到了较快恢复和发展。到1949年，仅绥滨镇就有手工业企业56户、生产加工企业1户。

文化、教育事业

1945年12月兴山市民主政府成立后，围绕文化、教育、卫生等事业开展了一系列卓有成效的工作，特别是东北电影制片厂、中国医科大学、民主联军后方医院的到来，对兴山市的文化、教育、卫生事业的恢复和发展起到极大的促进作用。

1947年，兴山市成立了第一个文艺团体——鹤岗煤矿文工团。鹤岗煤矿文工团在恢复矿山生产、支援解放战争和土地改革中，编排了大量的、群众喜闻乐见的短小歌剧等作品，经常性的到基层演出，用文艺形式宣传党的方针政策和革命胜利果实，深受广大群众的欢迎；1948 年 7 月 15 日，在新街基成立东北书店（今鹤岗市新华书店的前身），营业面积 50 平方米，经营图书百余种；1949 年 9 月，创办鹤岗矿区文化馆，馆址在今矿区文化宫处。

1947 年 1 月 1 日，兴山市党的机关报——《鹤岗工人》（鹤岗日报前身）创刊，报纸版面为 8 开 2 版，不定期出刊，一般是每周一期，每期 300 份，不对外发行。主要任务是宣传恢复生产和发展生产、支援解放战争前线、开展民主改革、进行土地改革。《鹤岗工人》在传播党的声音、团结全市人民、支援解放战争、加强党和人民群众之间的联系等方面发挥了重要的作用。

教育工作方面，兴山市认真贯彻东北解放区制定的“进一步肃清敌伪奴化教育和蒋介石封建法西斯教育的流毒和影响，建立民族的、民主的、大众的、科学的新民主主义的文化，使教育服务于新民主主义政治斗争，服务于东北人民的和平民主建设事业”教育方针，在教学中推广使用反映新民主主义的、民族的、大众的教学内容的教科书，推行学以致用、学用结合、民主启发式的教学方法，实行民主自治的集体生活制度和管理方法，并结合各个阶段政治斗争的需要进行政治启蒙教育和阶级斗争教育，兴山市教育事业在正确的轨道上发展很快。

到 1949 年，小学学校由 1945 年的 3 所增加到 5 所、从业教师由 21 人增加到 67 人、在校学生由 820 人增加到 2233 人。

1949 年 7 月，开办鹤岗矿务局保育院，兴山市有了幼儿教育。

在文化普及方面，各级工会成立职工学校，开展成人识字扫盲工作。还采取了坑口、车间、宿舍办识字班等形式，实行“以工教工”的办法，收到明显效果，这一做法在省内其他地区得以推广。

医疗卫生事业

1946 年 7 月，兴山市民主政府把伪炭矿医院改为鹤岗矿工医院（今鹤矿集团总院）；三江医院改为市民医院（今鹤岗市人民医院）。经民主政府批准，新街基的张汉卿、南岗的刘传尧和崔玉俭、东山的姜惠民、笔架山的姬茂修、西山的梁久镇等人开设了个体中医诊所或在药店坐堂行医。到 1949 年，全市有医院 2 个、医疗卫生所 4 个、私人诊所6个，医疗卫生专业人员86人。

召开首届人民代表会议

1949年9月28日至30日，在新中国成立的前夕，兴山市首届各界人民代表会议召开，参加会议的各界代表106人。会议传达了东北人民代表大会会议精神和决议，审议通过了政府三年以来工作的报告，讨论了190余件提案。这次会议是总结解放战争时期在中国共产党领导下兴山人民克服困难、顽强奋斗取得累累硕果的会议，也是兴山人民迎接新中国成立、当家做主谋划未来的会议。首届人民代表会议的召开，标志着英雄的矿山人民即将在中共兴山市委、兴山市政府的带领下，走向全面建设社会主义新中国的新的历史时期。

附录：

（一）合江省委给杜涛等同志的函

杜涛同志转李、高、闵、田诸同志：

你们的来信收到。省委同意兴山市组织——包括各机关负责同志之市委。省委已商同总卫生部贺部长之同意，以李宽和、杜涛、高浩之（新任之医院政委）、闵廉、田方五人组织之。以李宽和同志为书记，以杜涛同志为副书记。市委日常工作可由杜涛同志多负责任。一切有关各方以及有关全市治安与秩序的工作，均应在市委员会讨论通过执行之。

此外除市委外，在兴山市是否还需要一公开统一的领导机关，如市联合办事处或市管理委员会，或在市府下成立一吸收各方负责同志之行政委员会即可，亦望你们提出意见。

敬礼

中共合江省委

一九四六年七月十七日

（二）张萍《我在兴山参加剿匪的回忆》

光复后，人民接管了矿山。由于兴山市刚刚解放，社会形势纷纭复杂，尤其是市郊一带，土匪活动猖獗，严重破坏了人民生活，威胁着新生政权，为了巩固新生政权，保障人民安居乐业，必须把那些祸国殃民的土匪彻底消灭。当年，我在保安大队任侦察员和给李宽和市长当警卫员期间，曾多次参加剿匪，这里记述的仅是记忆较深的三次剿匪的经过。

全歼赵永久匪帮

1946 年 6、7 月间，兴山市政府刚刚成立不到一年。当时市郊一带常有土匪拦劫行人，骚扰百姓。他们无恶不作，人民群众恨之入骨。特别是兴山市通往萝北、佛山、乌拉嘎金矿的公路上，以赵永久为首的小股土匪常在此一带为非作歹。

匪首赵永久原在兴山市新街基公安小队任小队长，他于 1946 年 7 月间的一个雨夜将小队拉上山，落草当了土匪，以勒索抢劫民财为生。由于他对兴山市的地理等各方面情况比较熟悉，因此他的罪恶活动也十分频繁。

市保安大队和公安局的领导决定成立一个侦察战斗小组。由保安大队、公安局侦察股、公安局抽出较有侦察和战斗经验的同志组成。侦察战斗小组成立之后，由韩志禄大队长给我们开了会，在会上确定由侦察股的张兆谓和公安中队孙排长为组长，同时指出战斗小组的行动路线和任务，主要任务是侦察和消灭赵永久这一小股土匪。

出发前，我们做好一切准备工作，枪支一律是手枪和小马枪（短枪），便与化装，不轻易暴露目标。大家商量说要把军装脱下来换上便衣，背上背夹子。在行军路上，我们一定要伪装成背小背的老百姓，（往乌拉嘎金矿背酒等，回来偷换黄金）并和他们一起走，这样，土匪就不易发现我们，便于突击，可一网打尽匪徒。研究好作战方案的第二天早晨，我们全体侦察人员就出发了，侦查小组分为两个小队，在路上拉开距离，这样若有情况可以相互配合，有主攻又有掩护。在通往目的地的路上，我们遇到许多向乌拉嘎金矿背小背的老百姓，也有拉货的四轮轱辘车，我们一路掺杂在百姓的行列里。

我们走的那条公路，两旁是陡峭的高山、茂密的树林。石头庙子和椴水泉子之间地域，是日本帝国主义占领东北时，由关东军修向深山的公路，并修有国防工事。东北光复后，老百姓将工事的钢筋拆掉，国防工事已不复存在。

侦察战斗小组的同志们在石头庙子稍加休息后继续前进，接近椴水泉子。在上山坡的拐弯处，我们发现前方聚集许多人，看情形象是土匪在抢老百姓的财物。我们走近些细看，正是土匪在抢东西。我们立即散开，隐蔽着迅速接近土匪，当我们离土匪只有二十几米远时，我方开火了，土匪当即被我们打倒一个，群匪顿时乱了手脚，胡乱地还击，开始向路旁的树林溃逃。

我们侦察战斗小组乘胜追击。当时，树林非常茂密，给追击匪徒带来了很大困难。我当时佩带一支小马枪和两枚手榴弹，在树林中摸索前进。从树林深处射出来的子弹流子，把搜索部队阻挡在山路上，我方立即组织火力压倒匪徒的扫射，向树林深处推进，追击顽匪。

经过一个多小时的战斗，土匪凭借着熟悉的地形，茂密的树林，仓卒逃命。战斗结束后，我们返回公路，看到路旁堆集了许多物资，有大米、白面、烟、酒、油等。我们把这些土匪抢劫的东西分给了被抢的群众。处理完物资后，孙排长给保安大队韩志禄写了一封信，请求增派部队，让老百姓捎回兴山市。

我们又向梧桐村进发，在那里平安过一夜。次日在返回兴山市的路上，在椴水泉子遇到了由赵德金率领的增援部队，我们见面后，非常高兴。孙排长和张兆渭向赵队长把战斗情况简要地汇报了一下，并提出继续搜剿。赵队长听了汇报后，决定部队立即进行搜剿，下令分路进山。部队进山后，仔细地搜查一遍，也未发现土匪踪迹，部队才返回兴山市。

1947 年，剿匪部队共进行了一个多月的追剿。在围剿土匪过程中，匪首赵永久被击毙，一部分土匪被歼灭，剿匪部队将其中 3 个罪大恶极的土匪押回兴山市，召开群众大会，宣布对 3 个土匪处以死刑。

从此，赵永久这股土匪被彻底消灭了，人民群众过上了安宁的日子，老百姓称赞人民政府为民除了一大害。兴山市的政治形势越来越好，为了巩固东北根据地，为支援前线做出了贡献。

追剿刘山东匪帮

1946 年，人民政权初建的兴山市（市政府成立于 1945 年 12 月），社会形势十分复杂。10 月或 11 月的一天，兴山市政府接到活动在萝北一带的土匪头子刘山东（绰号）让老百姓送来的一封信，内容是勒令兴山市政府将若干套棉衣和若干斤粮食限期送至指定地点，如到期不送，就将攻打兴山市。

当时，市长李宽和看信后立即召开由独立团、保安大队、公安局和矿务局领导参加的紧急会议。会上，研究了防御的措施，并决定向合江省委和省军区请求部队增援（当时的省委书记是张平之，即张闻天；合江省军区司令员是彭施鲁），以配合我独立团彻底剿灭猖獗的刘山东匪帮（该匪帮当时有 400 多人）。会后，派政府机要员迟贺庆（此人已病故）把求援信亲自送往省委和省军区。随即又召开矿务局、医科大学、后方医院、东北电影制片厂等有关单位参加的紧急会议，介绍了匪情，要求各单位做好一切战斗准备，以迎击土匪的突然袭击。当时较困难的是后方医院，前方战场下来的伤兵多，后方医院大楼（现矿务局总医院住院部）的床位早已住满，一部分伤员只好住在楼外的平房里，一旦土匪突然袭击，不利于保卫。会后，医科大学和后方医院采取紧急措施，在楼内走廊中加床，将平房里的伤病员全部搬迁到医院大楼内，并在楼的周围修筑了工事和碉堡。其他单位为了领导的安全，也采取了相应的措施。矿务局局长闵一帆住的平房（现军分区左侧）周围修了围墙，其他单位的领导都住在机关或地方部队的驻地。当时的地方部队，如保安大队（共有 3 个中队）是刚刚组建的，战士大部分都是贫苦的农民和工人，大多数没有受过正规训练，无战斗经验，为防御土匪的突然袭击，他们增加哨兵，加强巡逻，做好了一切战斗准备。

只有知己知彼，才能百战不殆。为了击溃土匪的进攻和追剿残匪，首先要搞清敌情。为此，市政府和矿卫大队决定成立一个临时侦察组，侦察组由公安队的副连长张凤来、公安局侦察股的侦察班长王竹山、保安大队的侦察员张萍等 9 名同志组成。市长李宽和、保安大队长韩志禄召集侦察组全体同志开会，阐明了侦察组的任务和目的，指出这个临时侦察组是由几个单位抽调的比较精明强干、有战斗和侦察经验的同志组成，要注意搞好团结，听从指挥。确定张凤来同志任组长，王竹山同志任副组长，并强调这次侦察任务是关系到能否战胜进犯兴山市的匪徒，确保兴山市的安全，使驻兴山市的各大机关安然无恙的重大问题，因此确定侦察组的主要任务是隐蔽侦察而不是阻击匪徒，同时确定侦察的方位在梧桐河大桥（离兴山市约60华里，是由萝北到兴山市的必经之路），以便搞清匪帮向兴山进犯的武器装备和人数，由侦察组的电话员用电话向大队部报告。如果刘山东匪帮不向兴山进犯，待合江省军区的增援部队到达兴山，即汇同独立团向萝北进发，追剿匪徒。我追剿部队到达梧桐村时，侦察组的任务就完成了。

当日下午，侦察组的同志换上从政府仓库找出的旧棉便衣，佩带枪支、弹药就出发了。我们行进在通往梧桐河的公路上，道边光秃的树木在寒风中呼呼作响。虽是初冬，但凛冽北风早已穿透了我们的破棉衣，令人发抖。我们深知肩负任务的重要，在恶劣的天气里相互鼓励着，冒着刺骨的严寒，顽强地向目的地进发。

我们将近梧桐河大桥时，已是夜间10时左右。为防过桥时遭到敌人的阻击，组长张凤来决定侦察组分为两个小组：一组摸河过桥，另一组掩护。没发生任何情况，我们顺利地过了桥，向梧桐村（后改为尚志村）进发。接近梧桐村时，组长命令按过桥时分的小组，一组摸南门，一组摸碉堡（梧桐村有围墙，四个角都设有碉堡），如发现敌人，就向大桥方向撤退；如没有情况，两组集合地点是郑村长家。我们两组均没有遇到敌人，很顺利地在郑村长家门口会合了。敲开郑村长家门，向他讲我们今晚要住村里。郑村长说：据我所知，今晚小股土匪要进村，你们会遇到麻烦的。组长对郑村长说："如果小股土匪进村，我们就把它打出去。"郑村长只好给我们安排了住所（住在村公所）。随后，组长观察了地形，在南、北门设了岗哨。一夜无事。第二天早晨，我们吃完饭，为防止暴露我们的行踪，组长宣布继续前进，到都鲁河去侦察。我们即向都鲁河进发。走了不到五华里，组长看前后都没有人了，便带领我们悄悄返回了梧桐河大桥。

梧桐河大桥是个战略要地，是由萝北进入兴山市的咽喉。我们在距大桥南侧3华里处的山上找到一座小马架（里面无人居住）便在此宿营，选择一个最高的山峰，设了瞭望哨，利用地形优势，严密监视匪徒的动向。我们在此住了两夜三天，每天分早晚两次同大队部用电话联系。第三天下午四、五点钟，独立团的李诚团长带领独立团的两个连、合江省军区前来增援的一个机炮连到达梧桐村。我们侦察组向李团长汇报了都鲁河大桥被土匪烧掉，通往萝北的电话线在都鲁河一段被切断，通讯交通已全部断绝等情况，并向李团长请示，我们任务已完成，可否返回兴山？李团长不同意我们回去，让我们和主力部队一同剿匪。我们用电话将李团长的意见报告了大队部，大队部同意我们配合主力部队作战。李团长安排老百姓用马车向都鲁河送船，以供部队渡河用。老乡们将船送到都鲁河边，发现对岸有土匪阻击，想卸马往回跑时，土匪就开了枪，有一名老百姓中弹负伤被土匪抓住，船全被烧掉，牲畜、车辆全部被扣。

部队不了解河边发生的情况，于当日晚间十时出发，准备拂晓到达凤翔。部队行至都鲁河边，李团长进行了观察，见对岸很静，没发现有土匪的迹象，便命令部队开始渡河。战士们听到命令，有的卷起裤腿，有的脱下棉裤，正当他们准备蹚水过河时，突然枪声大作，土匪从对岸的柳条通里，用密集的火力封锁了河面。我军步兵被迫退回公路，而机炮连的炮车、重机枪和给养车都集结在河边洼地上无法撤回。机炮连连长还击时被土匪发现，土匪立即用机枪向他扫射，罪恶的子弹打穿了这位年轻连长的胸膛。连长身后的通讯员也被土匪击中，当场牺牲了。机炮连指导员见连续牺牲两位战友而红了眼，命令重机枪射手和弹药手将一挺重机枪强行拉离河边，在公路拐角的制高点上向土匪猛烈还击。土匪的火力被压住了，我方趁机将机炮连的重武器和给养车全部撤到公路上。由于土匪早有准备，且地形对我方不利，为减少伤亡，李团长命令部队重新集结，返回梧桐村。回村后，李团长命令侦察组的部分同志，骑马去都鲁河侦察匪情，其他同志在村里组织民兵做修理都鲁河大桥所用物资的准备工作。经侦察，确知土匪已撤离河边后，我们找来20多名民兵和3辆四轮铁车，带着木板、铁丝，扒锔子、大钉子、镰刀、绳子等修桥物资，立即向都鲁河大桥进发。到达都鲁河时，我们见到大桥只剩下几根桥桩子，其余都已被大火烧没。

为了抢时间，我们和民兵立即行动起来。一部分人下河架接桥柱，一部分人到河套去割柳条子。当时天气十分寒冷，脱下棉衣下到河里，冰冷刺骨的河水使人难以忍受，但民兵和战士们为了尽快剿灭土匪，克服一切困难，仅用六个小时左右，便将一座临时浮桥架设起来，使部队顺利通过了。

部队过河不久，我看到由凤翔方向过来一辆四轮大马车，上面坐着人。我们以为是土匪，当即做好了战斗准备，当车距离我们300多米远时，我们喊话令车停下，问他们是干什么的。车上有人答话："我们是萝北县政府的，不要误会"。我们靠近些后，看到车上坐着萝北县工作团的团长雪浪、邵县长的爱人张秋芸，还有邵县长和独立团政治部主任胡会良的两名警卫员，便赶紧围上去打听凤翔的情况。雪浪告诉我们，他们得知刘山东要攻打县政府后，县政府和独立团的领导感到我军兵力少，难以抵住土匪的进攻，决定由肇兴（萝北县政府所在地）向兴山市方向撤退。行至凤翔，见到刘山东匪帮追击很紧，便决定不再撤退，坚守凤翔，就这样，他们被土匪包围了。战斗打响后，由于我军人少，寡不敌众，加之骑兵连连长单义峰叛变投敌，警卫队长卫涛放下武器不战而降，所以我军失利，打得最后只剩下一个碉堡。当时碉堡内只有邵县长和他爱人、独立团政治部胡会良主任等十几个人，但他们仍坚守碉堡，打得十分顽强。

据张秋芸讲，前天晚间，他们在碉堡内听到炮声，知道我军的增援部队快要到了，大家十分高兴。邵县长说，坚持到天亮就是胜利。可是直到第二天中午也未见我增援部队到达，估计是在途中遭到了土匪的阻击。就在这时，刘山东匪帮集中火力向碉堡发起猛攻，碉堡内同志们的弹药打光了，碉堡被土匪攻克。邵县长阵亡，张秋芸脸部受伤，政治部主任胡会良被刘匪枪杀，其他同志被俘。凤翔陷于匪手，被洗劫一空。

狡猾的匪首刘山东，在我追剿部队到达凤翔之前，便率部窜进乌拉嘎金矿一带的深山中。

1946年12月，合江省军区、兴山独立团抽调几个营的兵力，由兴山出发到萝北、佛山、乌拉嘎金矿一带的深山中追剿刘山东匪帮。约在第二年3月，我军凯旋。匪首刘山东、叛徒单义峰等人被俘，余匪全部被歼。后将单义峰押至鹤立县，由县政府召开军民大会，当场枪决。广大群众无不拍手称快。

从此，兴山市的安全有了保障，巩固了新生的人民政权。

奇袭大古字班

解放初期，在兴山市郊的深山老林里经常有小股土匪活动，威胁着群众的工作与生活，严重干扰了新生人民政权的巩固。

1947年初春的一天，市公安局接待了一名东山区居民，他报告说，有一名不明身份的人，身上藏着一支手枪，在与他同用一个堂屋的对门家的炕上喝酒呢。我们得知情况后，立即向市长和公安局长作了汇报，他们当即决定派出公安局侦察股的白桂森同志带领武装人员，随报信的老百姓去东山。侦察人员来到了那家院外，迅速将小院包围起来，然后由白同志带领侦察员持枪冲入屋内。果然他们看见炕头上有人在喝酒，他们当即用枪逼住那几个喝酒的人，使他们猝不及防。经过搜查，在其中一个人的坐垫下搜到一支手枪。侦察员突击行动成功之后，立即将该人带回公安局关押起来。

第二天早晨，公安局侦察股对那个带枪的人进行审讯，向被俘的人交代了党的“坦白从宽，抗拒从严”的政策。在党的政策感召下，那个人交代了他们的全部罪行。他的名字叫刘国起，在匪帮里的身份是“了水”的。“了水”是干什么呢？就是土匪每驻扎一地，由他负责观察地形，设立岗哨，如果我军进攻，匪徒由他撤回岗哨，最后他才能撤退。由此看来，他在该股土匪中是一个非常重要的人物。刘国起同时还交代，他所在的那股土匪的头子叫王傻子，交代了土匪的人数和枪支马匹，并交代了该股土匪的住处在兴山市东郊大古字班（现宝泉岭农场五分场），他表示愿意带路，以立功赎罪。

审讯完匪徒后，公安局长向李宽和市长作了汇报，李宽和市长立即召开有保安大队长韩志禄和公安局长等人参加的会议。会上，公安局长把刘匪的供词向与会的同志作了介绍，李市长同大家研究围剿战斗方案，大家各抒己见，热烈地议论起来。最后，李宽和市长综合大家的意见，作出了最后决定：从公安局抽出几名侦察员成立侦察组，由王竹山同志负责，由保安大队调公安一中队的全部兵力为主力，由公安中队队长文克银带队，李宽和市长任此次围剿的总指挥。

研究好战斗方案的第二天清晨，李市长下令集合部队，侦察组的同志先行出发，大部队随后，在李市长的亲自率领下，向大古字班进发了。

那时，我任李宽和市长的警卫员。记得出发前，我向郭文之秘书借了一把战刀（该刀是战利品），此刀非常锋利，既可在行军途中给市长当拐杖，又可在战斗中使用。李市长看见这把战刀非常高兴，并称赞我想得周到。

李市长是随部队由延安来到兴山的，是位老红军，具有丰富的革命斗争经验，是位干练、机智的指挥员。他非常注重战前的调查研究，这次战前，他听了有关匪情的汇报，掌握了第一手资料，真可谓“知己知彼”。他在任兴山市长期间，曾多次亲率部队围剿土匪，这里所记述的只是其中的一次。

当我们的围剿部队接近大古字班土匪窝子时，侦察员回来报告，已接近土匪的住处。李市长下令部队原地休息，并令侦察组继续侦察。当侦察人员接近小马架（房子）时，被匪徒发现了，土匪立即开枪，准备夺路逃窜。

这时，大部队听到枪声，李宽和市长命令公安一排向逃窜的土匪追击，其余的战士全部向小马架里的土匪追击，不准跑掉一个匪徒。部队听到命令后，迅速跑步前进，我们很快把小马架包围起来。小马架里面的土匪负隅顽抗，向我方拼命射击。我军在李市长的指挥下，一面用密集火力掩护，接近小马架的门窗，一面向内喊话，交待我们的政策：缴枪不杀，顽抗到底，死路一条。经过一个多小时的激烈战斗，小马架终于被我军攻克。这次战斗共俘敌十几人，马十多匹，枪二十余支，其中有一支苏联造的转轮枪，而我方无一伤亡，受到了合江省的通令嘉奖。

战斗结束后，部队返回市内，根据刘国起在这次战斗中的表现，宣布无罪释放，并安排他在市政府农场劳动。对刘国起的处理，充分体现了我党的宽大政策。

这次战斗给土匪以沉重的打击，为保障兴山市人民的安全做出了贡献。

第四章

巩固政权　探索发展

新中国成立后，按照中央统一部署，鹤岗市同全国一道进入经济恢复和建设之中。中共鹤岗市委带领全市人民通过整顿和发展党的组织、恢复煤炭生产、开展增产节约运动，鹤岗经济和各项社会事业得到较快发展，以实际行动支援了抗美援朝战争。积极开展整党、整风、镇压反革命、“三反”“五反”和“新三反”等运动，巩固了人民政权；贯彻执行党在过渡时期总路线，顺利完成国民经济第一个五年建设计划，建成东山竖井、兴安竖井两个新型矿井和大陆矿井，完成了国家重点工程的建设布局；开展农业合作化运动，按计划完成了对农业、手工业和资本主义工商业的社会主义改造。鹤岗市初步形成了以公有制经济为主体的社会主义经济基础，完成了由新民主主义向社会主义的过渡。

1956 年 9 月 15 日至 27 日，中国共产党第八次全国代表大会在北京召开，为全面进行社会主义建设指明了正确的方向。中共鹤岗市委认真落实大会精神，先后开展了党内整风、反右派、“大跃进”、人民公社化、国民经济的调整等工作，大力促进了生产力发展，经济建设取得突出成就，粮食产量稳步上升，工业生产特别是煤炭生产发展迅速，奠定了鹤岗成为国家重要煤炭工业基地的基础。

第一节　镇压反革命　巩固新生人民政权

1950 年 3 月 18 日，中共中央发出《关于严厉镇压反革命分子活动的指示》。1950年7月23日，政务院、最高人民法院发出了《关于镇压反革命活动的指示》。1950年10月10日，中共中央发布《关于纠正镇压反革命活动的右倾偏向指示》（即“双十纠右”）指出：在镇压反革命问题上，要继续克服“严重的右的偏向”，“必须坚决地肃清一切危害人民的土匪、特务、恶霸及其他反革命分子”。指示要求坚决纠正镇压反革命中“宽大无边”的偏向，全面贯彻党的“镇压与宽大相结合”的政策，即“首恶者必办，胁从者不问，立功者受奖”，根据这一指示，各地党委广泛发动群众，开始了大规模的镇压反革命运动。

鹤岗市的镇压反革命运动，起始于1951年4月。新中国成立初期，鹤岗地区同全国各地区的情况一样，也存在反动党团骨干分子、国民党特务、政治性土匪、恶霸分子、反动会道门头子等反革命残余势力。这些人散布在社会各个角落，捣乱破坏，兴风作浪，严重威胁着新生的人民民主政权。为了打击反革命分子的嚣张气焰、稳定社会秩序、保障各项事业健康发展和抗美援朝运动顺利进行，在党和政府领导下，鹤岗市开展了轰轰烈烈的镇压反革命运动。

镇压反革命运动伊始，在鹤岗市高职礼堂召开群众大会，人民法院公开审判了2名反革命分子，社会各界和广大群众受到很大震动。

1951年6月2日，鹤岗市人民政府、鹤岗市公安局联合发布布告，号召各厂、矿员工和广大人民群众积极协助政府、公安机关检举破获暗藏在厂矿企业、经济部门内的美蒋特务、反革命分子，以保护人民、国家财产的安全，对帮助政府、公安机关破获敌特有功人员特规定了6条奖励办法。中共鹤岗市委召开临时各界人民代表会议讨论和研究鹤岗市镇压反革命问题，170余名代表参加会议。

为更好地推动镇压反革命运动工作开展，从1951年4月到6月，鹤岗市各个厂矿和街道普遍建立了安全委员会及安全小组等工作机构，为及时发现和掌握了解各种问题线索创造了条件，为镇压反革命运动的顺利开展提供了保证。

鹤岗市在开展镇压反革命运动中，严格贯彻中央制定的三原则。在运动中，充分依靠群众，提高群众觉悟，保证了工作顺利进行。

鹤岗市镇压反革命运动历时8个月，于1951年11月结束。

鹤岗市的镇压反革命运动取得胜利，巩固了新生的人民政权，社会秩序得到安定，有力地支持、配合了土地改革和抗美援朝运动的开展。

第二节 支援抗美援朝运动

1950年11月，鹤岗矿区工会委员会、青年团鹤岗市委、鹤岗市民主妇联、鹤岗市中苏友好协会、鹤岗市文联等人民团体联合发表了《誓以积极行动支持各民主党派联合宣言》，宣言称："我们为了人类持久和平事业，我们为了捍卫祖国领土与主权，愿意贡献我们仅有的生命和一切，坚决以实际行动抗美援朝保家卫国。"鹤岗市党政军民各界积极地投入抗美援朝、保家卫国的这一伟大运动中。

1950年11月10日，鹤岗市召开第二届人民代表会议，矿务局副局长梁文舟作时事报告，宣讲了抗美援朝形势，动员群众捐款，支援抗美援朝。100余名代表一致表达了对美帝国主义侵略行为的极大愤慨，表示坚决用实际行动保卫矿山、保卫家乡、保卫祖国。11月12日，中共鹤岗市第一届党员代表会议召开，会议号召全体党员积极投入到"抗美援朝"运动中去，鹤岗市的支援抗美援朝运动迅速开展起来。

一、成立抗美援朝分会

1951年4月23日，鹤岗市响应全国抗美援朝总会的号召，正式成立市抗美援朝分会，组织鹤岗人民支援抗美援朝运动。

1951年5月1日国际劳动节，鹤岗市抗美援朝分会组织举行了有2万多人参加的声势浩大的游行示威活动。参加游行的人们义愤填膺，愤怒声讨美帝国主义侵略朝鲜，反对美帝国主义重新武装日本，坚决拥护和平宣言，拥护五大国缔结和平公约。集会上，28771人参与和平签名。

二、订立爱国公约，开展劳动竞赛

鹤岗市抗美援朝分会制定《爱国公约工作的具体实施计划》，主要包括三个方面内容。政治方面：支援抗美援朝斗争，巩固国防，协助政府防汉奸、检举特务、纳税、完粮、爱护国家财产等；生产和工作方面：按期完成生产计划，提高产品质量，安全生产，遵守劳动纪律和技术规程，做好供应和产销及个人岗位上的工作等；学习方面：积极参加如政治、文化、技术等方面的学习，进一步办好读报会、收音组、识字组、各种研究会等。号召各单位、团体普遍开展订立、修改和检查爱国公约的工作。

从 1951 年 5 月开始，在鹤岗市抗美援朝分会订立的爱国公约基础上，每个单位、每个家庭以及每个人都普遍地订立爱国公约，开展劳动竞赛，有力地推动了生产任务完成和各方面工作的开展。东山二坑 120 采煤掌子李升小组订立爱国公约后，工作热情高涨，超额完成煤炭生产任务的 60%。

三、开展捐献武器运动

中共鹤岗市委下发《为响应抗美援朝总会号召，捐献“东北荣军号”飞机的通知》，号召全市人民开展捐献武器运动。发动广大人民群众在爱国主义思想指导下，积极创造财富、增加收入，有钱出钱、有力出力，自觉自愿地把增加收入的一部分或全部献给国家购买武器。

在捐献运动中，煤矿工人积极努力工作，开展劳动竞赛，在前两年都未完成任务的情况下，1951 年提前 18 天完成了生产任务，并超产 6697 吨。到 1952 年 10 月 25 日，煤矿工人热情不减，机务段、选煤厂等单位提前 3 个月完成全年增产节约任务。

装卸股全体员工，在保证质量和规格的前提下，增加装车数量、缩短装车时间、提高货车周转率，利用一周的业余时间装车 16 车，收入 50 万元，全部捐献。

矿区工人发挥高度的爱国热忱，在 6 个月时间里，捐献 172835 万元。当时一架战斗机的价格是 15 亿元，矿工们的捐款购买了一架战斗机，被命名为“鹤岗矿工号”。

1952年1月10日，鹤岗市抗美援朝分会宣布捐献武器运动结束，全市广大人民群众共计捐款221933万元。虽然捐献运动结束了，广大群众的热情仍然很高涨，依然继续捐献，到1952年4月，累计捐款总数达到246000万元。

四、开展拥军优属工作

1952年夏，鹤岗市政府向贫困烈军属发给补助粮12480斤，对农村中生活较困难、无劳动力或缺少劳动力的34户烈军属实行了包耕或者代耕，给中国人民志愿军寄发慰问信4360封。1953年春节期间，开展全市性拥军优属活动，献纳的15000万元春节慰问金分别发给烈军属，同时烈军属还享受优先购买大米、白面、猪肉等食品的待遇。

鹤岗市人民为历时三年的抗美援朝战争取得最后胜利做出了应有贡献。轰轰烈烈的抗美援朝运动使鹤岗市人民受到了一次爱国主义、国际主义教育，提高了政治思想觉悟，极大地鼓舞了革命热情和劳动热情。抗美援朝运动与生产运动紧密结合，通过增加生产、提高产量、节约原材料等，极大地提高了劳动生产率，有力推动了鹤岗经济的迅速恢复。

第三节 “三反”“五反”运动

“三反”“五反”运动是在党政机关工作人员中开展的“反贪污、反浪费、反官僚主义”和在资本主义工商业者中开展的“反行贿、反偷税漏税、反盗骗国家财产、反偷工减料、反盗窃国家经济情报”的斗争的统称。1951年10月开始的增产节约运动中，揭发出大量的贪污浪费现象。中共中央于12月1日和12月8日分别发表重要文件，“三反”运动全面展开。“三反”运动中揭发出不法分子同国家机关的贪污分子密切勾结、从事犯罪活动的严重情况。1952年2月上旬，“五反”运动首先在各大城市开始，并且很快形成高潮。1952年10月“三反”

“五反”运动结束，为实现对资本主义工商业的社会主义改造打下了坚实的基础。

一、开展“三反”运动

抗美援朝战争期间，1951 年 10 月，中共中央召开政治局扩大会议，决定在全国开展增产节约运动，促进经济建设。在开展增产节约运动中，暴露出大量贪污盗窃现象，而贪污盗窃又与党和政府内部存在的严重官僚主义紧密相联。这些由于资产阶级腐朽思想侵蚀，以及有关制度的不完善，在党政军机关、人民团体和经济部门中滋生的贪污、浪费、官僚主义现象，不仅给经济建设事业造成重大损失，也严重地从政治上和思想上腐蚀少数干部，败坏了党和政府的形象，引起党中央和毛主席的高度重视。1951 年 11 月 30 日，根据同年秋季全国工农业战线开展的爱国增产运动中揭发出的大量贪污、浪费现象和官僚主义问题，中共中央向全党指出：必须严重地注意干部的贪污行为，注意发现、揭发和惩处贪污行为。12 月 1 日，中共中央作出《关于实行精兵简政、增产节约，反对贪污、反对浪费和反对官僚主义的决定》，把反贪污、反浪费、反官僚主义作为贯彻精兵简政、增产节约这一中心任务的重大措施，要求普遍地检查贪污、浪费和官僚主义问题。12 月 8 日，中共中央又发出《关于反贪污斗争必须大张旗鼓地去进行的指示》。此后，全国规模的“三反”运动普遍地开展起来。1952 年 1 月 4 日，中共中央发出《关于立即限期发动群众开展“三反”斗争的指示》，要求各单位立即按限期发动群众开展斗争。随即在全国出现一个群众性的检查和揭发的热潮，“三反”运动也进入了高潮。

领导带头　发动群众

10 月 6 日，鹤岗市召开反贪污、反浪费、反官僚主义动员大会。号召开展反贪污、反浪费、反官僚主义运动与增产节约相结合，全市各机关干部职员参会。会上，市委副书记胡绍中说明了反贪污、反浪费、反官僚主义作风与增产节约相结合的重要意义，指出鹤岗存在问题十分严重。首先指出各工矿的贪污和由于技术操作规范上的官僚主义不负责任而造成的巨大浪费现象，并指出各种贪污蜕化类型。

这些贪污蜕化行为是增产节约的漏洞，我们必须向这些行为作斗争，接着又分析了这些蜕化堕落的原因：有的受了奸商的拉拢；有的认识不足，认为一星半点没啥，于是便由小变大，由偷偷摸摸到明目张胆，堕入陷坑越陷越深；还有的在新形势下变质，无法无天可以讲讲享受。

市委副书记胡绍中最后号召，每人要从思想上检查，要从思想上认识贪污蜕化对国家对个人的危害性。要大胆坦白所犯的错误，坦白彻底者罪大的减罪，从宽处理，拒不坦白的要罪上加罪，严加惩办，并要以革命负责的精神来揭发别人。

按照中央的一系列指示，为贯彻中央提出的精兵简政、增产节约这一中心任务，中共鹤岗市委成立了增产节约领导小组，由中共鹤岗市委书记、鹤岗矿务局局长薛奇任组长，市委副书记胡绍中任副组长。

1951 年 11 月 6 日，在原矿务局俱乐部召开全市各部门 1200 余名干部参加的大会，只能容纳 900 多人的会议室，在过道上、台上以及边幕后面都站满了人。从东北局返回的市委书记薛奇下火车后就直奔会场，传达东北局会议精神，阐明开展增产节约运动的性质、意义、目的、做法、时间、步骤以及方针政策，要求各级党组织立即传达贯彻。随即召开市委工作会议，研究鹤岗市开展增产节约运动的具体方法和措施，成立相应的组织机构，对领导干部做了具体分工。

全市各部门积极响应反贪污、反浪费、反官僚主义运动与增产节约相结合的号召及落实增产节约运动专题干部会议精神，鹤岗矿务局营运处研究装煤车档板法成功，七天增产原煤 31.5 吨，装车率提高一倍，成本显著降低；鹤岗矿务局加强技术管理，制定技术操作规范办法，使增产节约变成了生产力量；东山三坑、南山二坑全体职工给局长写信，保证提前完成增产任务；南山提前二十四天完成全年生产任务，年末超过增产计划一倍半……

在市委的强力领导和发动下，鹤岗市的“增产节约”和“三反”运动搞得既轰轰烈烈、又扎扎实实。

总结经验　向纵深发展

鹤岗市在“增产节约”和“三反”运动中形成了四个方面的经验。

一是要讲清政策，响应毛主席的号召；二是注意和防止极端民主化、平均主义和无政府状态；三是对于老干部中的一些同志，要进行耐心细致的工作；四是要注重抓住人证和物证。

集中力量　围剿“老虎”

1952年2月3日，中共鹤岗市委组成300余人的会议，市委副书记胡绍中作进一步动员。中共松江省委于1952年2月4日派出以彭诚为首的20人检查组，促进鹤岗深入开展“三反”斗争。1952年2月26日，中共鹤岗市委召开全市干部大会，市委书记薛奇作了《深入“三反”斗争、反对右倾思想》的报告，进一步推动运动继续发展。

追赃定案　组织处理

遵照有关处理贪污、浪费和克服官僚主义错误的若干规定精神，鹤岗市于1952年4月8日组成专门的人民法庭对案件进行审理。

二、开展“五反”运动

鹤岗市的“五反”运动分为揭发和定案两个阶段。

发动群众　检举揭发

在上级党和政府领导下，鹤岗市的“五反”运动也随着“三反”运动而开展起来。

查清事实　定案处理

为迅速、正确地办理“五反”案件，中共鹤岗市委根据上级党的指示精神组成“五反”处理小组，人员由党委、政府工商部门、工商联合会和省委专派处理“五反”工作的干部共同组成。

对于违法工商户的处理的程序是，进行“五反”登记、工商联初查、增产节约领导小组研究，最后经党委批准。对国计民生有害无利的严重违法工商户，采取坚决予以取缔、转业、停业、剥夺政治权利、劳改徒刑等办法；对一般违法工商户采取教育释放、只退补不惩罚的办法进行处理。鹤岗市“五反”运动做到了重点打击、普遍教育、斗争从严、处理从宽的政策要求。“五反”处理小组认真细致地研究现有“五反”运动的情况，按照“五反”处理原则提出合理的处理意见，在工商业同业会长会议上讨论通过后，由市长召开商民大会公布处理决定。

从整体上看，鹤岗市的“五反”运动是成功的，摸清了私营工商业情况，加强了工人、店员对生产和经营的监督及国营经济对私营工商业的领导，为以后对资本主义工商业进行社会主义改造创造了条件。

第四节 鹤岗经济的恢复与发展

经济恢复时期，党中央提出要“增加生产、厉行节约、在发展生产的基础上逐步改善人民生活”。中共鹤岗市委、中共鹤岗矿务局党委积极贯彻中央及省委增产节约运动的指示精神，组织干部职工在完成生产计划任务的同时，积极开展增产节约劳动竞赛。各党委、党总支召开职工大会，加强宣传鼓动，以各种形式开展增产节约竞赛。各单位都各自制定了增产节约任务目标，并倡导向生产战线上的模范个人、模范队伍学习。全市人民纷纷响应国家和省委、市委关于开展劳动竞赛和支持增产节约运动的号召，纷纷以个人、班组、队等为单位，相互竞赛、相互协作、相互监督，积极投入增产节约运动中。

鹤岗矿务局的增产节约运动从恢复生产、改革采煤方法开始。日伪时期采用的是掠夺性“高落式”采煤方法，既浪费资源又有很大危险，光复后被停止使用。1949 年矿务局开始试行分层后退式开采和两段（三段）同时回采等新的采煤方法，1950 年在矿区普遍推广使用，提高了回采率和生产安全。

1949 年后，鹤岗矿务局在开展增产节约运动中办起生产胶鞋、维修矿灯 2 个工厂。矿灯维修厂对矿灯进行改造，增加了亮度、延长了使用寿命，受到东北人民政府工业部煤管局的通令嘉奖。

在开展生产劳动竞赛中，技术员李庆萱研究发明了药壶式掏槽钎子，在鹤岗矿务局推广使用，增产效果显著，后来推广到全国各煤矿普遍使用。1949 年 12 月 20 日，东北煤矿管理局通令嘉奖李庆萱发明的药壶式掏槽钎子，并发给奖金 1500 万元东北币。同时，东北人民政府工业部授予李庆萱一等红旗奖章一枚。

发明药壶式掏槽钎子的鹤岗矿务局技术员　李庆萱

1950 年 5 月 1 日，鹤岗市和鹤岗矿务局召开庆祝“五一”劳动节大会，动员煤矿工人发挥主人翁精神和责任感，推广先进采煤方法，开展增产节约运动。

1950 年春，鹤岗矿区就开始集中场子、推行机械化采煤。当时的机械化采煤主要是采用截煤机掏槽，风镐破碎，努力降低火药和坑木消耗，从而大幅度降低生产成本，提高经济效益。开始时，大部分矿工认识不充分，加上各工种之间难以配合，截煤机还总出故障，四、五十米长的大场子面准备不出来，还窝工。这时，被誉为机械化采煤一面旗帜的李乐亭发挥了先锋模范作用。李乐亭善于动脑思考，对新事物善于琢磨，接受得快。在试点工作中，他了解了机器采煤和人工采煤的根本区别，增强了信心。在兴山矿管委会上、在工会会议上、在矿工中间，李乐亭反复耐心地宣传推广机械化采煤的好处，说服了有顾虑的干部和工友。1950 年 5 月 15 日，兴山矿组建了以李乐亭挂帅的一〇三机械化大场子。经过一个月的艰苦工作，一〇三场子的日产量由 200 吨提高到 399 吨。这一成绩的取得对鹤岗矿区推行机械化采煤起到了促进作用。

1950 年 5 月 22 日，东北人民政府工业部煤管局下达命令，表彰鹤岗矿务局改革采煤方法、节约材料、降低成本、提高产量的成果，并向其他煤矿推广。

1950 年 9 月，李庆萱与李乐亭作为鹤岗煤矿的代表出席了全国工农兵劳模大会，被授予全国劳动模范称号，并参加了国庆观礼。

1953 年，鹤岗矿务局推行走向长壁分层水砂充填采煤方法和走向长壁分层人工假顶全陷落后退式采煤方法。1954 年，苏联专家阿夫德罗夫专门到鹤岗讲授顶板管理技术。同时加大引进苏联的采煤机械设备，如康斯拜因、V 型溜子等，使得采煤机械化程度不断提高，煤炭产量也大幅度提高。

在增产节约运动中，鹤岗矿务局贯彻执行中央关于工业生产要“更多、更快、更好、更省”的指示和煤炭工业部“关于提前完成煤炭工业第一个五年计划，进一步开展社会主义竞赛”的指示，加快发展煤矿工业，积极开展增产节约运动，开展矿际、矿内劳动竞赛，并及时宣传开展增产节约劳动竞赛的先进经验，在增产节约劳动竞赛中起到示范作用；商业系统在扩大商品推销、降低流转费用、保证满足市场需求的同时，积极开展各系统内部之间的竞赛与合作，顺利完成增产节约任务；生产建设系统贯彻执行中央关于基本建设要“好、快、省、安全”的要求，完成了生产建设和开展增产节约劳动竞赛的双重任务。

无论是恢复经济时期和社会主义建设时期、煤矿扩建生产上还是增产节约运动中，鹤岗市都取得了比较理想的成绩，超额完成了国家计划内目标。在一系列增产节约劳动竞赛的运动中，虽然也出现了一些问题，但随着生产建设和劳动竞赛地不断深入开展，逐渐摆脱了不利因素，以扩大生产、反对浪费、厉行节约等实际行动和发扬艰苦奋斗的优良传统，推动鹤岗市在社会主义建设的道路上不断前进。

第五节 执政初期党的建设

一、开展整风运动

1950年5月，党中央发出《关于在全党全军开展整风运动的指示》，要求在全党全军中进行一次大规模的整风运动。鹤岗市认真贯彻中央和省委的指示精神，从1950年7月初开始开展整风运动，到1950年底结束。

整风运动采取的主要方法是：阅读指定文件，总结工作，分析情况，开展批评与自我批评。整风的全过程共分三个阶段，第一阶段首先是县级以上领导干部的整风，重点整顿老干部（即参加革命比较早的干部），大约有3个月的时间。第二阶段是整顿区级以下的干部，在10月至年底3个月的文件学习中，把思想政策水平提高一步。第三阶段是一般党员整风学习。采取两种方法进行，一种是办党员轮训班，每期半个月至20天；另一种是办不脱产的整风学习班，每周上一次整风文件的学习课，开一次讨论会，联系实际，进行自我反省。在认真学习文件中，提高认识，密切联系自己的工作实际，联系生产活动，开展批评与自我批评。这次整顿党的作风效果显著：第一，通过整风进行了机构改革工作。鹤岗矿务局机关把三级改为两级，目的是更好地适应生产、工作。同时整顿了技术人员的政策思想水平，让其“有职有权”，明确了责任和义务。第二，官僚主义工作作风得到了解决。第三，自上而下提高了安全生产第一的思想和增强了主人翁责任心、责任感，干部工人遵守劳动纪律和按技术规程作业更加自觉。

这次整风运动，紧紧抓住解决领导作风上的问题，贯彻了领导干部带头，亲自动手，发扬民主，开展批评与自我批评的精神，收到很好的效果，干部中的骄傲自满、官僚主义、命令主义作风得到较大克服和纠正，改进了工作作风，提高了干部的政策水平，密切了与人民群众的联系，加强了同民主人士的合作，增强了党内外的团结，少数党员干部的贪污腐化行为得到揭发和严肃处理。

二、整顿党的组织

为了巩固党组织发展的成果、提高现有党员的质量，鹤岗市从1950年6月开始暂时停止发展新党员，把建党工作的重点转移到对新党员的教育、考察和转正工作方面。

鹤岗市具体地分析了党员的具体状况，于1950年9月1日开始了整党工作。为做好整党工作，制订全面整党计划。成立整党教育委员会，加强对整党工作的领导。1951年9月12日，召开鹤岗市第一届第二次党员代表会议，通过了《中共鹤岗市整建党计划的报告的决议》。

整党工作由教育、登记、审查和组织处理四个步骤组成，分三批四次进行。机关单位为第一批，一次完成；各矿山为第二批，分两次完成；工厂车间为第三批，一次完成。教育的内容是以党员八项标准为主，结合“三反”案件实例和各单位生产实际情况，具体进行共产主义和共产党的教育、怎样做一个共产党员的教育等。

整党工作进行了16个月，当时全市共有党员2227名，参加整党的新党员1636名。经过全面细致的工作，整党的结果达到了要求和目的，纯洁了党的组织。

三、进行党员八项标准教育

按照中央规定，每个基层党组织，在整党过程中要经过学习、登记、审查、处理四个步骤。整党学习的办法是，阅读文件，听取专题报告，联系实际进行讨论。要使党员切实了解共产党员必备的八项标准：（一）必须懂得共产党的性质——党是工人阶级的政党，工人阶级是先进的有组织的队伍；（二）必须懂得中国共产党的最终目的——在中国实现共产主义；（三）必须有终身英勇地为共产主义而奋斗的决心，在任何环境下，不退缩，不叛变党，不投降敌人，不蜕化；（四）必须严格遵守党的纪律，在党的统一领导下积极参加革命斗争和革命工作，坚决执行党的政策和决议，并和党内外一切损害党的利益的现象作不调和的斗争；（五）必须把人民群众的公共利益摆在自己的私人的利益之上；（六）必须经常地用批评和自我批评的方法，检查和改正自己工作中的错误和缺点；（七）必须全心全意地为人民群众服务，虚心地倾听人民群众的意见和要求，及时地向党反映，并把党的政策向人民群众作解释，领导群众前进；（八）必须努力学习马克思主义列宁主义和毛泽东关于中国革命的理论，提高自己的思想和政治水平。

在进行教育和提高认识的基础上，对于不完全具备条件，或有较严重毛病，但愿意提高和改造自己的党员，帮助他们克服缺点，提高觉悟，达到党员标准和条件；对于不够党员条件的，或有严重缺点和错误，而拒绝党对他的教育，不愿改造自己的人，就劝其退党；对于混进党内的坏分子、阶级异己分子、投机分子、蜕化变质分子，则坚决清除出党，以纯洁党的组织。

四、发展壮大党员队伍

1949 年 3 月，鹤岗市在全市范围内公开党的基层组织，开始在工人中，特别是在老工人、干部、职员中发展党员，到 1949 年 10 月，全市党员人数达到了 1800 名。

1950 年 11 月，鹤岗市第一届党员代表大会《鹤岗市目前党的情况及今后工作任务的报告》显示，鹤岗市党的组织经过初步发展和巩固教育两个阶段，共有 13 个总支、98 个支部、1911 名党员，其中，市政党员 228 名、矿区党员 1683 名。全矿职工人数为 11960 名，党员占比 14.07%。

鹤岗市坚定执行“积极、慎重”的建党方针，建立党的积极分子队伍，采取多种形式，加强对积极分子的培养教育工作。整党前，全市有 723 名党的积极分子，在各种生产运动中经过考验和有意识地进行培养教育，其政治思想和阶级觉悟已有相当的基础。在整党中，对这些积极分子、共青团员进行了系统教育和具体了解，让他们懂得党的基本知识，了解党的奋斗纲领，并愿为共产主义事业奋斗终生。经过教育，他们在思想上政治上都提高了一步，那些不够党员条件的同志达到了党员条件的要求。

从 1952 年 7 月开始，按照中央第一次组织工作会议的决议和黑龙江省委的具体部署，继续发展新党员，年末统计党员数量为2227人。1953年至1956年，共发展新党员4709名，是1952年党员总数的2.15倍。

萝北县于1948年1月17日建立起第一个支部委员会。这是在萝北秘密建立的农村联合支部，有党员13人，分散在一屯、四屯、莲花屯等6个屯。到夏锄时（6、7月份）发展到25人，在徐家屯、卢家屯、莲花屯、一屯、四屯均建立了党支部，加上原来的机关支部，共有7个党支部。1948年7月全县土地改革全面结束，公开组成中共萝北县委，之后，在萝北、凤翔两个区成立区党委会，那时只有25名党员。1949年又增设镇东区党委会。1950年9月8日精简机构，萝北区党委机构并入县委。1953年撤销3个区党委，成立10个村（其中1个朝鲜民族自治村）党组织。1954年萝北农村的39个自然屯，80%以上有党员，农村党员增至109人，县直单位已建立机关、政法等4个党支部。1956年改村为乡，撤销10个村党支部，成立13个乡（镇）党的基层组织，计1个镇党委、8个乡总支部和4个乡支部。此外还有县直机关及企事业单位党委23个。同年，北京、哈尔滨、河北等省市的垦荒队到萝北后，各垦荒点也都各自建立了党支部，党员人数猛增。到1958年10月，撤销各乡（镇）党委、总支，在13个作业区（由17个合并而成）建立13个党委，加上县直各单位9个党委，全县共有22个党委，下属支部126个。1958年底有党员2380名，其中农村2132名。

1945年11月，中共合江省工委任命于华峰为中共绥滨县委书记兼县长，1946年2月，成立中共绥滨县委员会，当时委员仅有于华峰、高晏卿（公安局长）2个人。后来在机关和部队中发展了几名党员，并成立连队党支部。在绥滨土地改革运动中，绥滨县民运工作团在农村秘密发展党员，建立农村党支部，并建立了城区、绥东、连生3个区委。这时全县共建立党支部13个，有党员105人。1948年2月，土地改革运动结束后，党对外公开，届时有党员700余人，有40多个村屯建立了党支部。随后在公开建党中，采取“自报公议、群众审查、区委批准”的方法发展党员。在700余名要求入党的人员中批准吸收了520名入党，全县党员人数发展到1200余人。1948年11月，全县开始整建党工作，同时开始进行建政工作，到 1949 年 2 月，整党、建党工作结束，全县建立 7 个区党支部、11 个机关党支部、1 个工厂党支部、5 个街道党支部、62 个行政村党支部。党员发展到 1700 余人。1949 年 6 月，绥滨合并到富锦县，绥滨县委撤销。原绥滨县的 7 个区被调整为 6 个区委。1955 年，十六区（原绥滨城区）撤销，设绥滨镇，改区委为绥滨镇委员会，1956 年 3 月，实行撤区划乡，撤销了各区委，建立乡党支部，党员人数也在合并后逐渐减少，1956 年党员人数为 1379 人。1958 年 4 月实行并大乡，撤销了原各乡总支部，建立了北岗、绥东、连生、集贤、大同 5 个乡党委。

鹤岗矿务局于 1949 年至 1950 年 6 月公开建党。根据中共东北局“公开、大胆、积极、慎重、适当的发展”方针，明确提出“公开建党、健全组织、提高新党员数量”的要求，确定“工龄长，有技术，在群众中有威信的生产工人和知识分子”作为发展新党员的对象，把“取得工人承认，思想进步，工作积极”作为发展新党员的条件，因而发展了大批党员。至 1950 年 6 月，党员人数由 1948 年末的 585 人增至 1992 人，占职工总数的 14%，达到了当时规定的党员占职工总数 10%~15%的要求。在公开建党时期，所发展党员的质量基本上是好的，但是由于一些基层党组织，对迅速到来的公开建党工作缺乏充分的思想准备，也使得一些不具备党员条件和尚未审查清楚的人入了党。为了巩固公开建党成果，提高党员政治素质，矿务局党组织按照中共中央的有关要求，有针对性地将建党工作的重点放到对新党员的教育、考察和转正工作方面。1952 年 6 月，矿务局基层党组织按照中共鹤岗市委的部署，为迎接大规模国民经济建设高潮的到来，使党的组织和党的领导适应煤炭工业发展的需要，决定从 1952 年 7 月开始，在整党中发展新党员。在这一时期，矿务局各基层党组织遵照党中央“积极、慎重、有计划、有标准”的建党方针，坚持以煤炭生产一线为重点，有计划按比例地开展了发展新党员工作，发展了大批党员，到 1956 年 12 月，全局党员总数达 5065 名，占职工总数的 20.4%。

鹤岗市整党运动自 1950 年 9 月初开始，到 1952 年 12 月底结束。经过这次整党运动，改进了党的作风，增强了党的战斗力，密切了党同人民群众的关系，提高了广大党员的觉悟程度，壮大了党的队伍，纯洁了党的组织，为党领导鹤岗人民恢复国民经济和进行社会主义建设的历史任务，提供了政治上和组织上的保证。

第六节　召开第一次党员代表大会

中共鹤岗市第一次党员代表大会于1950年11月12日召开，出席会议的代表和列席代表共310人。会上，矿务局第一副局长、市委委员梁文舟作时事报告；市委副书记胡绍中代表市委作《鹤岗党一年零八个月的工作初步总结》的报告；市委组织部长张奋光部署今后鹤岗党组织的工作任务，宣布模范党员、模范支部的条件；市公安局局长张昆报告了敌情；胡绍中代表市委对会议进行总结。会议一致表决通过了《目前鹤岗市党的情况及今后工作任务》与《鹤岗市第一次党员代表大会决议》。本次会议是党的工作会议，没有进行选举。

1950年11月，鹤岗市第一次党员代表大会会场

鹤岗市第一次党员代表大会是在朝鲜战争爆发后，全国抗美援朝运动蓬勃开展的时候召开的。参会全体党员向党中央和毛泽东同志宣誓：决心发扬爱国主义和国际主义精神，以革命英雄主义姿态，领导开展爱国主义生产竞赛，以工具为武器、以生产现场为战场，带领群众克服困难、完成生产任务。

大会确定了鹤岗市当前的工作任务：一是开展创建模范党支部与争当模范党员运动，开展爱国主义生产竞赛，团结一致带领群众提高生产效能、降低成本、减少消耗、消灭事故，完成生产任务；二是巩固党的组织，加强党内纪律，深入进行爱国主义与国际主义教育，使党组织和全体党员思想一致、行动一致，成为抗美援朝、保家卫国的领导中坚；三是加强防奸、防空、防火、防盗工作，与反革命分子作坚决斗争，保卫工厂、矿山安全；四是彻底执行企业中的三大政策（民主化管理、团结技术人员和职员、经济核算制），发挥全体职工积极性，为降低成本与超额完成生产任务而努力，用实际行动支持抗美援朝、完成保家卫国的神圣任务。

大会号召全体党员和广大人民群众奋起投入抗美援朝、保家卫国运动，以实际行动掀起爱国主义生产劳动竞赛高潮。参加会议的代表纷纷表示，要开展增产、参军、减低工资、减少公休日等各项活动，用实际行动争当抗美援朝的英雄模范。

出席会议的代表、全国劳动模范李庆萱和李乐亭联名向全东北煤矿职工发出《掀起爱国主义竞赛》的倡议书，号召大家用实际行动支援抗美援朝。

第七节　制定和实施第一个五年计划

1953 年，在国民经济迅速恢复和发展的基础上，国家开始了以实施发展国民经济第一个五年计划为中心的大规模经济建设。第一个五年计划的时间是 1953 年至 1957 年，是开始第一个计划经济建设的历史时期（简称国家“一五”建设时期）。

一、“一五”计划的编制

鹤岗市作为一个新兴的煤炭工业区，在国家经济建设中占有重要位置，特别是新中国成立初期苏联援建新中国的156项重点工程中，就有东山竖井、兴安台一号竖井、兴安台选煤厂和兴安台二号竖井（因条件限制未建）等4个项目计划在鹤岗建设。随着这4项重点工程及其他为煤炭生产建设服务的附属工程的开工建设，鹤岗市进入了有计划地开展大规模社会主义工业化建设的新时期。

鹤岗市为保证国家煤炭需求，在执行国家“一五”计划目标的同时，结合鹤岗市的实际情况，编制了本地区的“一五”计划，并于1955年由鹤岗市人民委员会通过《鹤岗市发展国民经济的第一个五年计划纲要（1953年—1957年）》。鹤岗市第一个五年计划的基本任务是：贯彻省委“为国家工业建设服务、为工农业生产服务、为劳动人民服务”的指示精神，紧紧围绕国家重点工程建设，发展地方工农业，对农业、手工业和资本主义工商业有计划地进行社会主义改造，并相应地发展交通运输及文教卫生等事业，以保证国家建设需求，提高人民生活水平，保证整个国民经济在国家统一规划下快速发展。1955年12月鹤岗市第一届人民代表大会第六次会议讨论通过了《关于动员全市人民为实现鹤岗市在国家第一个五年计划中的任务而奋斗的决议》。

《纲要》提出，根据国家工业化的方针，鹤岗是我国新型的重工业地区，它在国家工业建设中占有重要位置，特别是苏联帮助我国建设的156项重点工程，其中有3项工程已在鹤岗市相继开始建设，东山竖井和兴安台一号竖井两竖井将在第一个五年计划内移交生产，原煤产量将不断提高，计划到1957年产量要比1952年产量增长一倍以上。鹤岗市第一个五年地方国民经济计划必须从各方面去支援国家在鹤岗市的重点工程建设，并保证其建设计划的顺利实施，同时地方各种经济的发展应在国家统一计划、统一部署下加以具体安排，做到地方经济发展服从于国家的整体要求，并与国家经济密切地结成一个统一的整体，成为整个国民经济计划的有机组成部分。

《鹤岗市发展国民经济的第一个五年计划纲要》对鹤岗市的地方工

业、农业、商业、城市建设、交通运输、文教卫生事业都作了详细的规划。

二、“一五”计划的完成情况

工业方面

在“一五”计划实施过程中，中共鹤岗市委认真遵循党在过渡时期总路线及上级指示精神，坚持以工业建设为重心。随着苏联援助建设的重点工程东山竖井、兴安台一号竖井、兴安台选煤厂的开工建设，鹤岗市陆续对大陆新建的3个斜井、兴山四槽斜井等一些老、旧、废矿井进行改扩建，这些工程项目的实施，极大地促进了煤炭生产、销售、运输等产业链条的重新整合，为迅速恢复和发展鹤岗经济奠定了基础。东山竖井建成投产促进了煤炭工业的发展，兴安竖井建成投产使兴安矿成为东北第一大矿。

到1957年，鹤岗市属全民所有制工业企业增至18个，拥有职工1408人，固定资产原值127.7万元，实现工业总产值1142.1万元。全年生产锯材3.3万立方米、机制纸2吨、日用陶瓷6000件、白酒435吨、豆油913吨、皮鞋6044双、红砖2223.6万块、点心596吨、糖果300吨。

鹤岗市私营企业和集体所有制企业都有所发展。截至1956年1月21日，全市有98.6%的私营工业和手工业参加了公私合营。鹤岗市集体所有制工业企业在1955年底共有木业、铁业、薄铁业、印染业、补带业、麻绳皮革业、钟表修理业等8个生产合作社（组），从业人员147人，工业产值7.7万元。国家对资本主义工商业的社会主义改造促进了集体企业的发展。1957年手工业合作社（组）增至21个，增加了豆制业、清凉饮料业、家具修理业、刻字业、柳条编织业、自行车修理业、切面业等，从业人员达到749人，工业产值310.9万元，实现利润31.8万元。

农业生产方面

鹤岗市认真贯彻“积极稳步发展生产合作社，努力扩大蔬菜、水稻播种面积，提高单位产量，更好地为工矿生产建设和人民生活需要服务”的精神，优先发展蔬菜种植业和畜牧养殖业，集中力量扩大副食生产，以满足城市人民日益提高的生活需要。面对工矿企业增长所带来人口增加的压力和影响，中共鹤岗市委号召郊区为城市人民生产、生活需要服务，把大田转为菜田，加大土地开荒、畜牧养殖等改革措施，还与宝泉岭农场在蔬菜及农副产品上进行供求互助，以进一步满足城市日益增长的物质需求。“一五”计划时期，鹤岗市耕地面积、粮食产量、蔬菜产量等都有所增长，全市农业也得到较快发展。

商业方面

随着鹤岗市工农业生产的发展和人口的增加，以及人民生活水平的提高，“一五”期间，鹤岗市商业也有了很大的发展。商业零售机构从 1952 年的 7 个增加到 1957 年的 12 个；批发站从 1952 年的 4 个增加到 1957 年的 12 个；商业人员从 1952 年的 769 人增加到 1957 年的 2812 人；1957 年社会商品零售额为 43202 千元，比 1952 年增长了 199.8%；1956 年的供应品种达 17695 种。商业部门广大职工积极努力工作，基本上满足了社会购买力不断增长的需要，大体上保障了广大职工在日用工业品、副食品等各方面的生活物资供应。

“一五”期间，鹤岗市广大职工的工资收入有了很大的增长，购买力水平迅速提高，全市社会商品购买力从 1952 年的 14929 千元增加到 1957 的 45159 千元，增长了 202.5%。人民群众对商品的需求也从一般商品逐渐转向高级商品。商业部门及时地调整了采购与供应结构，更好地满足了人民群众的需要。

城市建设

随着全市工农业生产的蓬勃发展和市区人口的不断增长，“一五”期间，鹤岗市成立了城市建设委员会，按着为工业建设和为劳动人民服务的方针积极努力工作，城区面貌和基础设施建设等方面都有了一定的发展。

1957 年，地方基本建设新增固定资产 123 万元，比 1952 年增长 114 万元。1957 年全市（含矿务局）新建房屋面积 150239 平方米，比

1952 年增加了 116053 平方米。

1957 年，铺装道路 54 公里，比 1952 年延长了 40 公里；铺装道路总面积为 39.2 万平方米，比 1952 年增加了 31.5 万平方米。翻修了团结路、解放路，兴安台路、工厂路、建设路、东山马路等。自来水管总长度扩展为 130 公里，比 1952 年增加 36 公里。年供水总量为 452 万吨。下水管道为 53 公里，比 1952 年延长 3 公里。1955 年至 1956 年城市植树 58550 棵。1956 年，煤海公园建成并投入使用。

鹤岗市城市建设在“一五”期间有了一定发展，大大改观了城市环境，改变了城市面貌。

交通运输业

“一五”期间，鹤岗市货运和城市公共交通等交通运输事业有了很大的发展。

1957 年，拥有汽车 34 台，比 1952 年增加 32 台；畜力车 646 台，比 1952 年增加 294 台；人力车 154 台，比 1955 年增加 116 台。全市交通系统货运量为 1307 千吨，比 1952 年提高 894 千吨；周转量 7079 千吨公里，比 1952 年提高 5688 千吨公里。

1954 年 10 月 28 日，鹤岗市区第一条公共交通营运线——西山通往兴安台通勤客车营运线路正式开通。1956 年 7 月 5 日，市运输公司 3 辆公共汽车开始在城区内运行，行驶线路有 2 条：一条从新街基卫生院（今市人民医院门前中心广场）起，经水暖厂，至兴山沟子南止；另一条由老街基水暖厂起，经洋灰洞子，至东山大楼止。1957 年，开通鹤岗至鹤立长途客运线路，每日 2 次班车；又开通鹤岗至群策山铁矿的客运线路，每日 1 次班车。1956 年经过社会主义改造，私营运输业户全部加入了运输合作社。到 1957 年全市实有公共汽车 7 台，运营线路长度为 23 公里，年运送乘客为 143 万人次，获得利润 4 万元。

货运和公共交通运输的发展，给人民提供了交通方便，活跃了城乡物资交流，也增加了收入。

第八节　建设新中国第一座竖井

东山竖井于1950年9月20日破土动工，历时5年，于1955年9月20日移交生产。刚刚组建的鹤岗矿务局建井工程处承担了新中国第一个大型现代化竖井的建设工作，全体干部职工以饱满的热情和斗志、以严谨的科学态度和专研精神，克服了重重困难，圆满完成建设任务。

东山竖井建设期间，苏联派来以史梅果里、鲍格莫洛夫、葛拉佐夫为核心的专家组常驻鹤岗指导施工。为了加快工程进度，保证工程提前完成，专家组组长鲍格莫洛夫提出“统筹方法”，即矿务工程、机电安装、土建工程统一考虑、同步施工。为了矿务工程不拖机电安装的后腿，鲍格莫洛夫又提出恢复北部旧斜井用于提升矸石和下料。随后又开凿两条新斜井，形成相向掘进、贯通作业，从而加快和保证了整个工程进度。安装井架时，没有起重设备，只有绞磨和抱杆，在苏联专家指导和指挥下，先把36米高、80吨重的井架在地面组装好，然后用绞磨拉动、用抱杆支撑，慢慢地将井架立起，仅用一上午的时间就竖了起来。

东山竖井建有主、副竖井。主井深182.1米、净直径6米，副井深166.2米、净直径7米，均以混凝土和钢筋混凝土砌筑。主井用于提煤和通风，副井用于升降人员、下料和通风。

在工业广场建有联合福利大楼，矿工在更衣室换上工作服后乘罐笼下井，升井后在更衣室洗浴、照射太阳灯、换下工作服。这在当时是国内最先进的采煤系统，二十世纪五六十年代曾经载入小学课本。

在建井过程中，主要开拓巷道和采区巷道同步建成，并预先开辟5个采区，每个采区1个采煤工作面，工作面平均长度为130米。1955年投产后，3个月煤炭产量为12万吨，比原计划提高1.5倍。

东山竖井建设项目备受国家领导人的关注。1950年9月，矿山劳动模范代表李乐亭和李庆萱出席全国工农兵劳模代表大会，在座谈会上，负责156项重点工程、时任财政经济委员会副主任兼重工业部部长

东山竖井移交生产庆祝大会上，少先队员献花

李富春在李乐亭的笔记本上题写了“希望鹤岗煤矿立井快建立起来增加生产!”的题词，周恩来、李立三等国家领导人都在笔记本上签了名。

1955 年 9 月 20 日，新中国成立后建设投产的第一对年设计能力 90 万吨的东山竖井正式移交生产。在移交典礼大会上，煤炭工业部副部长徐达本代表煤炭工业部将东山竖井命名为“新一煤矿”（意为新中国第一煤矿)，并宣布了正副矿长和总工程师的任命。

鹤岗煤矿全体职工还给中共中央、毛泽东主席和苏联部长会议主席布尔加宁发了致敬电。新华社为东山竖井建成投产播发新闻、《工人日报》和《黑龙江日报》发表社论，将东山竖井的建成视为新中国初期经济建设、特别是煤矿建设史上的一项重大成就。

第九节 社会主义“三大改造”

伴随着“一五”计划的实施和社会主义工业化的起步，作为向社会主义过渡的重要一环，对农业、手工业和资本主义工商业的社会主义改造，也在大力向前推进。

一、开展农业合作化运动

鹤岗市对农业的社会主义改造，是通过农业合作化运动进行的，经历了较为曲折的发展过程。

组织农业生产互助组

刚刚完成土地改革后的鹤岗郊区农民，有了自己的土地。他们很想把土地种好，但当时都是一家一户的分散经营，生产规模小，牲畜农具不全，以致有些农民种不上地或耽误了种植时机。但也有一些农户和邻里相互帮忙，合伙种上了地，他们自发地组成了换工互助组，出现了互助组的雏形。

新中国成立后，市委、市政府为了尽快恢复农业生产，领导全市农民系统地组织起来搞互助合作运动，大力宣传党对农村工作的方针政策，使农业生产和互助合作运动进展较为顺利。1949 年初，全市组织成立了 18 个互助组，有 100 多户农民参加。互助组组成后，农民体会到了互助互利的好处，而且逐渐养成了“一家有事，全组帮忙”的互助习惯。1951 年，互助组的初期发展比较顺利，但在发展过程中走了一些弯路。

1953 年，市委、市政府认真学习中共中央和省委有关农业生产互助合作的文件精神，及时吸取以前的经验教训，农业互助合作工作有了新的进展，一段时间后，共组成农副业换工组 115 个，占农村户数的 63%。

到 1954 年以后，全市试办初级社，极大地调动了农民互助合作的社会主义积极性，互助组的发展依然稳固，全市互助组发展成为 117

个，参加户数928户，占总农户数的23%。

市委、市政府注重发挥党员和骨干模范作用，在组织和带领农民走“互助合作，共同富裕”的道路时，注意贯彻执行“坚定地依靠贫雇农，巩固地联合中农”的政策，实行自愿互利的原则，使农村互助工作迅速走上健康发展的道路，促进了农业生产发展，提高了农民生活水平。

建立初级社

1954年3月16日，鹤岗市第一个以耕种水田为主的半社会主义性质的初级农业生产合作社——春光社在山河村建立，它是以李培根常年大型水田组为基础建立的试点。

1955年2月，市政府对全市的初级社进行了调整，新扩建3个初级社（常占德组、王月海组、郭洪久组），并对原有的老社进行了整顿。

1955年7月，毛泽东同志发表《关于农业合作化问题的报告》，12月，鹤岗市召开了第一届人民代表大会第六次会议，作出《关于鹤岗市实现农业合作化的决议》。鹤岗市农业互助合作运动又有了飞速的发展，很快地建起一大批新的初级社。在原来5个老社的基础上，到1956年1月20日又发展了54个，共计59个，入社的农户达70%。

建立高级社

随着国家社会主义改造高潮的兴起，特别是鹤岗市手工业、资本主义工商业顺利地进入社会主义阶段，极大地鼓舞了农民走社会主义道路的积极性。为了紧跟全国形势，鹤岗市把刚刚建立不到10天的初级社，在1956年1月29日宣布全部进入高级社，将59个初级社合并，共建成30个高级社，入社农户有3334户，占总农户的97.7%。农业合作化的实现，标志着鹤岗市对农业社会主义改造的胜利完成，实现了由个体所有制到集体所有制的转变。

二、对手工业和私营工商业的社会主义改造

对私营工商业和手工业的社会主义改造，是党的社会主义建设总

路线的重要组成部分，是社会主义事业不可缺少的一部分。中共鹤岗市委按照中央和省委的要求，从1955年开始，认真开展了对私营工商业和手工业的社会主义改造工作。

市委首先成立了私改领导小组，并于1955年11月26日至27日召开全市私营工商业社会主义改造工作会议，传达省委会议精神，并且结合本市具体特点，提出了对全市私营工商业和手工业进行社会主义改造的方案。1955年12月29日鹤岗市人民委员会颁发了《鹤岗市关于对私营工商业实行社会主义改造的决议》。

鹤岗市在对手工业及私营工商业之改造过程中，认真贯彻了党对农业、手工业和资本主义工商业的社会主义改造工作的方针政策，并广泛进行了宣传教育工作，在手工业及私营工商业社会主义改造中，绝大多数都是自觉自愿地申请公私合营和参加合作组织。据统计，在518户手工业及流动手工业者中，有496户是积极主动参加生产合作组织的，占总户数的95.75%；中间的只有13户，占总户数的2.51%；勉强参加的仅有9户，仅占总户数的1.74%。在472户私营商业及摊贩中，就有333户是主动申请公私合营和参加合作组织的，占总户数的70%；中间的只有117户，占总户数的24.7%；勉强参加的仅有22户，占总户数的5.3%。

1956年2月2日，全市召开“庆祝鹤岗市农业、手工业、私营资本主义工商业改造胜利”大会，至此，鹤岗市农业、手工业、私营资本主义工商业的社会主义改造基本完成。

第十节 贯彻党的八大路线

中国共产党第八次全国代表大会于1956年9月15日至27日在北京政协礼堂召开。鹤岗市在西山职工俱乐部举行广播大会，庆祝党的八大胜利召开，号召全市职工把欢庆的兴奋心情变成持久的实际行动，在生产和工作中做出优异成绩，坚决地、全面地超额完成全年国家计划，提前完成第一个五年计划。

为贯彻执行中共八大路线，促进鹤岗市经济建设的全面发展，中共鹤岗市委和鹤岗市人民委员会按照党中央提出的经济建设方针，带领全市人民掀起大规模的社会主义建设热潮。1957 年 3 月 2 日，中共鹤岗市委批转了市委宣传部《对八大文件学习的意见》，贯彻党的八大精神主要采取了以下措施：工业战线要加强党的领导，健全集体领导和个人负责相结合的领导制度，提高生产技术水平，改进管理工作，大力开展增产节约运动；基本建设方面要合理使用资金，保证重点工程的建设，缩减不必要的项目，反对不顾现实贪多图大的思想；工厂企业等部门要在总结自己经验的基础上，吸收国内外先进管理经验，扩大车间、科室的权限，调动各级组织与技术人员的积极性；农业战线要千方百计搞好农业建设，办好合作社，争取大丰收，开展以提高耕作技术和提高单位面积产量为中心的增产运动，大力发展蔬菜生产和多种经营；财贸战线要搞好粮食购销和商品供应工作，改进市场管理，扩大商品收购，加强物资供应，多为国家积累资金，回笼货币；在党的工作上，特别强调要加强对经济工作的领导，提高经济计划水平；加强对全市经济文教卫生等方面情况的调查研究，搞好各部门的综合平衡。中共鹤岗市委要求各级党组织必须执行党的八大路线，把大会精神作为进行各项工作的依据和思想动力，加强政治思想工作，树立实事求是、深入实际、调查研究和全心全意为人民服务的思想和作风。

中共鹤岗市委根据实际制定了 1957 年经济建设计划，指出今后的重要任务是集中力量发展生产力，进行以煤炭工业为主体的农、林、牧、副、渔业全面发展的社会主义建设。号召全市人民努力完成和超额完成第一个五年计划，并为第二个五年计划做好准备。

由于认真地开展了八大精神的学习和宣传，采取了有力的贯彻落实措施，1957 年鹤岗市各方面工作取得相当突出的成绩。从经济成果方面看：工业总产值方面，按五年计划前四年平均增加 53. 1%，1957 年是增加最多的一年。其中，煤炭工业在 1957 年总产值完成计划的 106. 4%。“一五计划”中总计生产煤炭 528966 吨，1957 年就增产 238176 吨。基本建设完成计划的 113. 8%，是在五年计划中较为突出的一年。矿井建设超额完成计划，1954 年为 110%，1955 年为 101%，1956 年为 108%，1957 年则为 114.5%；农业方面，除粮食、蔬菜总产量都比前四年有所提高外，较为突出的是蔬菜单位面积产量的增加，1957 年是前 4 年平均值的 186.7%；商业方面，主要表现为供应能力和服务水平的提高，1956 年经营品种为 10371 种，而 1957 年跃增至 17081 种；地方工业方面，1956 年只能生产 12 种产品，而 1957 年增至 20 种；财政方面，总收入完成计划的 105.69%，总支出完成计划的 110.62%，结余金额 32284 元；银行方面，年末储蓄余额达到 2175600 元，比 1956 年末提高 390%。随着政治思想、经济面貌发生巨大变化，人民生活水平得到相应改善，社会购买力 1957 年达到 45159000 元，比 1956 年提高了 17%；农民平均收入 1957 年比 1956 年提高 27%。

在贯彻落实党的八大精神同时，中共鹤岗市委特别要求各级党组织要切实改变工作作风，以卓有成效的工作推进各项事业大发展。在党的八大精神鼓舞下，鹤岗市的经济建设、生产力发展、其他社会事业都取得了十分可喜的成就。

第十一节　落实党的“八字方针”

从 1958 年开始，我国国民经济出现了长达三年的严重困难局面，主要表现为：国民经济比例关系严重失调，基建规模过大，粮食缺乏，通货膨胀，市场供应紧张，人民生活困难。为了解决这些问题，1961 年，党的八届九中全会正式通过了对国民经济实行“调整、巩固、充实、提高”的八字方针，基本内容是：调整国民经济各部门的比例关系，主要是农轻重、工业内部、生产与基建、积累与消费等比例关系；巩固已经取得的经济建设成果；充实那些以工业品为原料的轻工业和手工业品的生产，发展塑料、化纤等新兴工业；提高产品质量，改善企业管理，提高劳动生产率。

一、克服严重的经济困难

1959年到1961年，中国社会主义革命和建设遇到了严重困难。这期间，鹤岗市同全国其他地区一样，经济上也出现了严重困难。中共鹤岗市委团结和带领全市人民，同严重的经济困难作斗争，咬紧牙关、勒紧腰带、忍饥耐寒，度过了那一段艰难的历史阶段。

农业受灾带来严重困难

1959年，鹤岗市和全省一样遭受到灾害侵袭，但是对农业生产的影响不是很大，粮食总产量还是能够满足人民群众生活的需要。但从1960年开始到1962年，灾情连年加重，春旱、秋旱、春涝、秋涝、低温等自然灾害相继出现，有的甚至是几种灾害相继发生。粮食、蔬菜连年大幅度减产，粮食总产量降为解放以来历史最低水平。受灾地区特别是连灾地区的生产队和群众家底已空，负债多，生活相当困难，生产自救信心不足，少数人开始外流、逃荒。特别是1961年至1962年上半年，鹤岗市处于严重的困难局面。由于粮食供求过于紧张，稍有调控不当，就可能出现粮食断供的情况发生，生产建设和社会秩序就会产生混乱。中共鹤岗市委要求各级党组织切实关心人民疾苦，想方设法地保障人民生活，竭尽全力维护社会稳定。

有力施策携手人民渡难关

中共鹤岗市委为应对出现的困难局面，采取了一系列措施，避免粮食断供现象发生及生产建设和社会秩序严重困难局面的出现。一是控制粮食和食用油的供应，有限度地压缩城市粮食销量，同时采取种植早熟作物、大量制造代食品等应急措施，千方百计地降低对人民日常生活的影响；二是把增产节约煤炭作为一项最迫切的任务。中共鹤岗市委为了支援国家建设、保证生产、生活用煤供应的需要，工作重心放在抓煤炭生产和增产节约上，把抓煤炭生产放在各项工作的首要位置；三是组织各方力量支援煤炭生产。从市建筑公司、市手工业局等单位抽调1500名劳动力输送到煤炭生产第一线，集中安排在剥岩、防水、防火等主要急需的工程上，确保煤炭生产不减产，努力实现增产；四是宣传贯彻勤俭节约的方针，活跃经济、稳定市场、回笼货币。对于糖果、糕点、肉、蛋、禽等商品实行高价、敞开供应措施。在生产计划上主要安排见效快、易完成的日用工业品生产。进一步贯彻勤俭节约的方针，限制社会集团购买，把社会购买力控制在一定范围内。宣传号召城乡居民积极储蓄，实现货币回笼。

一系列政策和办法的出台、实施收到很好的效果，在一定程度上缓和了市场的紧张状态，改变了财政支出大于收入的状况，到 1962 年上半年，鹤岗市财政收支趋于平衡，困难局面终于得到缓解和好转。

二、贯彻党的“八字方针”，国民经济开始好转

中共鹤岗市委认真学习和贯彻落实中央确定的“八字方针”，在全市范围内开展了社会经济恢复和调整工作。

精简城市人口，加强农业生产

1960 年 9 月 7 日，中共鹤岗市委印发《关于动员城市人口下井下乡的规划》，从 1960 年 9 月开始实施，第一批城市人口下乡人员为 53300 人。由于鹤岗市各级党组织认识统一、措施得当，加上广大职工体谅国家困难、积极响应号召，精减工作进展十分顺利，首批下乡任务于 1961 年第一季度完成。

中共鹤岗市委认真贯彻党中央 1961 年 3 月制定的《农村人民公社条例（草案）》（简称“农业六十条”）等方针政策，在农村实行了以生产队为基础的三级所有制。同时中共鹤岗市委和鹤岗市人民委员会根据精兵简政的方针，进行精简职工和压缩城市人口的工作，号召精简、压缩下来的人员到农村去。通过以上举措，一是增加了农业生产战线劳动力，鹤岗市郊区农业生产劳动力比 1960 年增长了 18% 以上；二是巩固了工农联盟，密切了城乡关系，减少了货币发行量；三是吃商品粮的人口相应地减少，进一步减轻农业生产对城市供应的负担，市场供应紧张的形式得到缓解。

中共鹤岗市委、鹤岗市人民委员会认真贯彻落实中共八届十中全会精神，坚持以农业为基础、以工业为主导的发展国民经济的总方针，把发展农业放在首位，工业等相关部门工作转移到围绕农业发展为基

础的轨道上来。1962 年，在遭受旱灾、涝灾、风灾、雹灾等严重自然灾害的情况下，粮食等农作物仍然取得好的收成。郊区粮食总产量比 1960 年增加 2 倍，蔬菜总产量增加 26.4%，口粮自给的生产队由 13 个增加到 183 个，大牲畜、农机具等也有了不同程度的增加。农业的恢复和调整工作成效逐渐体现出来。

压缩基本建设，加大煤炭生产力度

中共鹤岗市委按照中央的指示精神，根据中央工作会议和中共黑龙江省委二届四次扩大会议精神，决定今后七年国民经济工作坚决贯彻执行“调整、巩固、充实、提高”方针，近两、三年应以恢复调整为主，按照农轻重的顺序，有计划按比例协调地发展国民经济，把超过市情的建设规模和发展速度压下来，使国民经济各种比例关系从失调变为协调。

鹤岗市是以煤矿为主体的工业城市，抓好煤矿的恢复和调整工作、全力以赴地搞好煤炭生产是当时最重要的目标、最光荣的任务。根据全国煤炭工作会议精神，鹤岗市突出“加强生产准备工作、充分提高生产能力”工作方针，“右手抓掘进，左手抓采煤”，下大力气抓“三量”（开拓煤量、准备煤量、获得煤量）、“三防”（防水、防火、防冻）、两维修（机械、巷道维修）等调整的关键问题，调整生产与准备、生产与建设、生产与维修的关系，在调整与充实的基础上，逐步提高和充分利用矿井生产能力，稳步提高生产水平。按照缩短战线的原则，加强煤矿基本建设，主要是抓矿井的续建和填平补套工作，提高现有矿井的生产能力，使生产和建设发展相适应。做好与职工生活相配套的工程项目，尽量改善职工的生活水平，为完成国家煤炭计划任务提供保证。

对地方工业等各行各业实行全面调整

鹤岗市地方工业是伴随着煤矿的发展而逐渐发展起来的。1957 年冬季，全国掀起以兴修水利、养猪积肥和改良土壤为中心的农业生产高潮，拉开了“大跃进”的序幕。1958 年，中共鹤岗市委提出了：“三年计划，五年完成，集中力量，多快好省在经济建设上实现一个大跃进，并为提前实现15年钢铁产量赶超英国和农业粮食发展要求创造条件做好准备”和“全党全民动员，大力发展钢铁工业”。

从1958年下半年开始，鹤岗市开始试产矽钢、合金钢等特殊钢材，同时提出要积极发展地方工业，争取5年内使总产值（包括手工业）超过1957年实际水平的9倍，达到1亿至2亿以上。以此迅速制定鹤岗市地方工业的五年规划，又把工业产值定到2亿至4亿以上。在“大跃进”形式下，鹤岗市地方工业从无到有、从小到大，例如钢铁工业、机械工业、维修工业、化学工业、轻工业和食品加工工业都有了较快发展。

1958年至1960年，鹤岗市重工业增长过快，轻工业增长缓慢，而农业则呈下降趋势。由于重工业增长过多，以致基本建设规模过大；工业发展过快，职工增加相应过多。1961年，煤炭生产处于低迷状态，而且时有下降。地方工业实现产值很低，很多工厂因原材料供应不足而停产。种种数据和情况反映出鹤岗市的经济困难已经到了十分严重的程度。

1962年，鹤岗市根据国民经济调整的方针，对原料无来源、产品质量不合格、长期亏损的企业实行“关、停、并、转”。到1965年，市属全民所有制工业企业调整到27个，职工7802人，固定资产原值1267.9万元。保留下来的工业企业主要生产煤矿生产和人民生活所需要的产品，年产皮带运输机18台、铁矿车10台、氧气13.7万立方米、日用陶瓷402.6万件、白酒644吨、啤酒499吨、面粉2.8万吨、大米1954吨、豆油589吨，创造工业总产值1451万元，实现利润44.2万元。

第十二节　青年志愿垦荒和转业官兵开发建设“北大荒”

“北大荒”旧指中国黑龙江省北部在三江平原、黑龙江沿河平原及嫩江流域广大荒芜地区。

中华人民共和国成立后，国家对“北大荒”进行了有组织的开发。

到 1958 年，“北大荒”进入了大规模开发时期。数万名解放军复员官兵、知识青年和革命干部，响应党和国家的号召，怀着保卫边疆、建设边疆的豪情壮志来到“北大荒”。他们爬冰卧雪，排干沼泽，开垦荒原，建立了许多国营农场和军垦农场，为国家生产了大批的粮食，把过去人迹罕至的“北大荒”，建成了美丽富饶的“北大仓”，谱写出“北大荒”开发史上灿烂辉煌的一页。

早在解放战争时期，为了落实党中央提出的“建立巩固的东北根据地”的指示精神，支援解放战争而生产更多的粮食，探索和积累进行大规模机械化农业生产的经验，国家就开始着手在“北大荒”试办国营农场。1948 年 2 月绥滨农场诞生，地址在绥滨县境内，隶属绥滨县领导。1949 年 10 月，由松江省五所荣誉军人学校的 1100 多名荣残病复军人组成的开荒大队，在鹤岗市南郊创建了鹤立荣军农场（伏尔基河农场，后更名为新华农场），机构隶属松江省荣誉军人管理处管理领导。1950 年 7 月，由松江省公安厅劳改局在梧桐河与都鲁河下游之间，沿松花江北岸，创建了劳改支队，对外称为梧桐河农场，其经营方针是“改造第一，生产第二”。后于 1968 年结束劳改支队的任务，转入国营农场的行列。1950 年 11 月，由东北军区政治部解放军官教导第一团在鹤岗市东北郊创立宝泉岭农场，隶属于东北军区政治部领导。1955 年 11 月人民解放军农建二师五团（原步兵九十七师二九〇团），在松黑两江的交汇处，创建二九〇农场，隶属于黑龙江省国营农场管理厅领导。

1955 年 5 月，毛泽东在《中国农村的社会主义高潮》一文的按语中指出：“农村是一个广阔天地，在那里是可以大有作为的。”为此，团中央于 7 月 25 日下发了《关于响应党的号召，组织青年参加开垦荒地的几项意见》。

具有光荣革命传统的北京市青年率先响应，成立了第一支青年志愿垦荒队，决心开发“北大荒”，并发出倡议书。8 月 16 日，《中国青年报》在显要位置刊登了杨华、庞淑英、李连成、李秉衡、张生 5 名发起人组织北京市青年垦荒队的倡议书。

1958 年 8 月 30 日上午，团中央召开 1500 人的大会，隆重欢送第一支青年志愿垦荒队。团中央书记胡耀邦代表团中央把绣有“北京市青年志愿垦荒队”几个金色大字的旗帜亲自交到杨华手中。新中国第一支青年垦荒队——北京青年志愿垦荒队诞生了，杨华任大队长。欢送会上，胡耀邦称赞道：“你们是光荣的第一队，你们的行为，是英勇的行为，是爱国的行为。”1955 年 9 月 4 日，杨华带领垦荒队员来到了人烟稀少的萝北荒原，在一个小桦树林中支起了帐篷。9 月 10 日，垦荒队举行开荒仪式，队员们创造了青年开荒的最高纪录，一副双轮双铧犁日开荒 9 亩多。“北大荒”的 10 月已开始结冰，为了盖房，队员们把手冻肿了，被冰碴划出道道口子。10 月底，杨华带着他的战友们盖起了第一排简陋的草房，喝上了自己打出的井水。垦荒生活异常艰苦，个别人动摇了，尽管杨华等苦口婆心地做工作，但那位领头卷铺盖卷的人仍执意要走。杨华咬破右手中指，在大小不等的几块硬纸板上写下了“我是荒原上的一名垦荒战士，我要永远做个垦荒战士，不做逃兵。要依靠党，依靠群众，去克服一切困难，要把一切献给祖国”。队员们在杨华的带动下，纷纷表示了扎根荒原、战胜困难的决心。1955 年 11 月 12 日，萝北县青年垦荒工作委员会成立，杨华受命担任运输队长。严寒的冬天，垦荒队克服了种种困难，伐木 6 万棵，运回了可建 1200 平方米住房的木料；砍柴 150 万公斤，割草 15 万公斤，编草帘子 1600 块，出色地完成了任务。1956 年，萝北青年垦区根据垦荒队员的籍贯，分别建立了 8 个集体农庄，杨华担任了北京庄主席。1957 年，北京青年垦荒队经过三易其址，终于在白云石山下正式选定了住地，这就是现在的共青农场北京庄（第七生产队）。后来又有第二批、第三批北京青年垦荒队奔赴北大荒。

从 1955 年到 1956 年，奔赴北大荒萝北地区的除北京青年垦荒队外，还有天津、河北、山东、哈尔滨等省市总共 14 批垦荒队员，共 2600 多人。青年垦荒队在茫茫荒原上建立了 8 个以自己城市命名的青年集体农庄，号称“萝北八大庄”。

在北京垦荒队出发后，天津、河北、山东、哈尔滨、佳木斯等省市的青年，也积极响应团中央的号召，陆续来到萝北县境内垦荒，建立了集体经济性质的村点，这些村点在 1958 年人民公社化运动中，都过渡并入农场。

1956年6月7日至10日，中共中央委员、共青团中央书记胡耀邦专程到萝北看望“北京青年垦荒队”。

1958年，中央派出十万转业官兵挺进东北，开始大规模兴建国营农场。前后有2700多人来到宝泉岭参加北大荒开发建设。

1958年10月，中共合江地委与合江农垦局决定，把萝北县境内的江滨、预一师、预七师与萝北4个农场、21个农村高级社、32个青年垦荒队与移民村点合并，组成一个政企合一的三级制国营农场——萝北农场，又称萝北县，隶属合江农垦局与合江地区双重领导。萝北农场在当时又称萝北人民公社。从1958年开始，“大跃进”与人民公社化运动中的高指标、瞎指挥、浮夸风、共产风等，逐渐在农场蔓延开来，经过1959年反右斗争，更使其泛滥成灾。同时，农垦部在1959年提出了“以大豆为纲”的口号，要求各个农场以好地、好肥、好机械、好劳力集中投放在大豆生产上，增加出口以换得更好的经济效益，进而导致了农场的比例失调，打乱了轮作制度，许多土地没能秋翻，加上苏联的背信弃义，许多大型农机具开动不了，使农场蒙受巨大的经济损失。1960年，农场损失高达921.1万元。

1961年农场开始开展反共产风、浮夸风、强迫命令风、特殊化风与瞎指挥风为内容的整党整风运动，较好地解决了指导思想上的问题。召开东北地区国营农场会议，对农场的经营方针、基本任务、生产项目安排比例、管理体制、场队规模、生产队建设等做了规定。1963年1月，农垦部把合江农垦局与牡丹江农垦局合并，在佳木斯市成立了中华人民共和国农垦部东北农垦总局。

1965年秋，中共中央东北局向中央提出报告，建议组建黑龙江生产建设兵团农建一师和二师。1967年初秋，沈阳军区与黑龙江省革命委员会协商，重新组建黑龙江生产建设兵团，并纳入部队序列。

附录：

首届市委在首届党员代表大会上的报告摘要

（一）

自一九五三年党员代表会议至今的二年间，我们鹤岗遵循着党中央的方针政策，在省委的正确领导和鹤岗市全体党员全体职工的努力下，经过了三大任务的宣传教育，开展了新“三反”斗争，响应了党中央增产节约运动的号召，大张旗鼓地进行了总路线的宣传，和四中全会的学习，在党内外广大职工群众提高了社会主义觉悟的基础上，广泛的开展了劳动竞赛，为增加生产厉行节约和全面完成国家计划进行了紧张的工作，因此在各方面工作上虽然存在着程度不同的缺点，但都取得了一定成绩。

这些成绩集中表现在基本建设方面：在过去的二年中，无论是建井和钻探以及其他建设工程均超额完成了国家计划，而且工程质量也逐渐提高。特别是竖井建设工程，是苏联帮助我国的重大工程，是用最新技术装备起来的规模巨大的新型矿井，保证竖井工程按时或提前完成工程任务，对促进我国社会主义工业化有重要的意义。在原煤生产方面：进一步发挥了现有矿井生产能力，增加了回收率，两年来生产也都超额完成计划，效率也不断提高。

适应煤矿生产建设事业的发展，市政建设、铁路运输、农业、商业等方面工作，也有了很大发展和提高。首先市政建设上，在召开了人民代表大会的基础上建立与健全了区村政权，并加强了公安保卫工作，组织了按工业生产需要的劳动力与物资供应工作。铁路运输：一九五四年完成装车计划108.3%，运输量比一九五二年增加29.3%。农业生产：国营宝泉岭农场，二年中均超额完成了国家计划，特别是五四年由亏损单位变成利润单位。郊区农民也更多地供应了矿区蔬菜的需要。国营商业也有了很大发展，过去的二年中均完成销售计划103%，国合零售额已占全市总零售额的85%。

这些成绩的取得，首先是由于在党中央和毛主席正确方针与政策指示下，在省委的直接领导下，我们基本上执行了中央方针政策的结果。其次，由于各级党委进一步重视了政治思想领导和党的组织建设，贯彻了城工会议决议和学习五三厂经验，增强了党的领导和对生产的保证监督作用，进一步明确地树立了依靠工人阶级搞好企业的思想，和进一步加强了党组织的集体领导作用，发扬了党内民主，加强了党的政治思想工作和工会、青年团的领导，初步地建立了政治工作正常秩序，因而对生产行政工作更有力地进行了监督和保证。

二年来取得的成绩应当说是我们工作中的基本的一方面，但是在估计成绩的同时，必须唤起我们全党同志的严重注意，我们绝不能因此而骄傲自满起来，因为在我们过去的工作中还存在许多缺点，甚至发生过严重错误。

表现在基本建设和原煤生产上，虽然历年均超额完成了国家计划，但在完成任务中还存在着严重的前松后紧，不能按计划均衡完成任务的现象，还有些单位长期完不成国家计划主要指标，这些工作低劣的单位就依靠着先进单位来过活，尤应引起我们重视的是安全情况还没有得到好转，在基本建设单位，五三年伤亡事故比五二年增加很多，五四年虽然死亡重伤有所减少，但事故次数却超过五三年，轻伤超过五三年60%。在生产单位上，虽然五三年死亡重伤比五二年有所减少，而五四年死亡人数却比五三年增加，轻伤也有所增加；同时未遂事故机械运输事故也不断发生。这些事故不但使国家财产和工人生命受到不可估量的损失，且严重地影响了工程进度和产量的均衡完成。工程质量低劣，在基本建设工作上是一个突出的问题，特别是在基础工程上和带有关键性的工程上会发生严重的质量事故，虽然自一九五四年七月份贯彻省、市委决议以后质量情况略有好转，但一般质量事故仍不断发生。其他资金浪费、人员窝工、效率不高现象也是普遍存在着的。

在市政、商业、农业等工作上，还未能完全适应工业生产与基本建设工作的需要，政权的作用未充分发挥，特别是由于商业工作的经营管理不善，致使某些商品主要是副食品还不能根据需要与可能做到有计划供应。

上述缺点的存在，除由于生产建设的迅速发展，我们有些基本建设与工业生产单位的正常秩序还没有很好建立，计划管理和技术管理还较薄弱，新工人大量增加，职工技术水平提高很慢，劳动纪律松弛等原因外，其根本原因是目前我国正处在社会主义改造阶段，我们要逐步实行社会主义工业化，对其他各种非社会主义经济成分进行社会主义改造这一新的情况认识不足，对当前我们还采取着和资产阶级联合的政策，而小资产阶级还像汪洋大海似的包围着我们，资产阶级和小资产阶级既然包围着我们，他们的思想作风就不会不在我们党内传播的这一情况认识不足，未能切实抓住过渡时期的主要思想矛盾，在党内外经常的有组织有领导的展开反对资产阶级思想的斗争，对每个时期以及各单位存在的主要思想倾向未能系统地研究与及时地抓紧解决，批评和自我批评特别是自下而上的批评展开的很不好，因而使我们党内相当的一部分干部自觉或不自觉地受到资产阶级的思想侵蚀和影响，在干部思想上滋长着一种资产阶级个人主义骄傲自满情绪，工作少有点成绩就沾沾自喜，只喜欢听表扬听不得批评，看不见工作中缺点，满足于现状，不虚心学习，对上级指示缺乏深入钻研。在企业里存在较严重的忽视党的作用、忽视政治思想工作的情况，使干部与职工在政治上不能迅速提高，资产阶级的经营思想未受到有力批判，工人中滋长着经济主义思想。有些党组织也不同程度地忽视党的思想建设和组织建设，不坚持贯彻党的集体领导制度，严重地影响了生产建设任务全面的完成。

（二）

一九五五年是我国第一个五年建设计划具有决定意义的一年，全国人民将担负着继续为解放台湾、粉碎美蒋战争条约的神圣职责。在这个关键的年度里，我们鹤岗全党、全体职工和全市人民也担负着比过去更加繁重、更加艰巨，也是更加光荣的任务，今年基本建设工作量比过去任何一年都多，今年国家对鹤岗的基本建设投资比去年提高44%，比五二年提高964%。这些投资主要用在苏联援助的重点工程中的两对竖井建设上，以及大陆二井和一些矿井的恢复改建工程上。我国第一个五年计划的基本任务是：集中主要力量，进行以苏联援助我国设计的项目为中心工业建设，建立我国的社会主义工业化和国防现代化的初步基础。鹤岗市正在兴建的两对竖井，其中东山竖井国家已决定今年建成移交生产，兴安台竖井虽然五六年移交生产，但今年将进入最紧张的施工阶段，此外国家还有三项重点工程准备在鹤岗市兴建。今年的工业生产任务也远比去年繁重，生产中主要部分原煤生产比去年计划产量提高34%，比五二年提高59%，各种技术经济定额也比过去两年有所提高，今年还担负着繁重的坑口恢复改建工作，如果这项任务完不成，把工程推迟下去，就会严重影响后两年生产计划的完成。这种情况说明我们鹤岗市是一个重要的煤炭生产工业地区，在实现国家工业化的任务中负有重大责任。因此保证国家重点工程建设与原煤生产都能按照计划指标全面完成，就是鹤岗全党的头等重要任务。

今后总的要求是：严格遵循着党在过渡时期的总路线总任务，继续贯彻四中全会决议，进一步加强党对煤矿的领导，特别是对重点工程的领导，在基本建设中认真贯彻“好、省、快、安全”方针，保证两对竖井提前移交生产。在煤矿生产中要大力贯彻“全面进行生产技术改革，提高机械化效率，恢复改建矿井，充分发挥现有矿井潜在能力”的方针，加强党的政治思想工作，提高党的领导作用，开展经常性的劳动竞赛；并组织各方面工作更好的支援和配合工业生产建设，以保证全面、超额的完成一九五五年国家计划，为支援人民解放军解放台湾，粉碎美蒋战争条约而奋斗。

必须进一步加强党对基本建设与煤矿生产的领导监督和保证，全面贯彻中央关于煤矿生产建设方针及社会主义企业管理原则，积极提高企业管理水平与技术水平。

加强对基本建设的领导，特别是加强对重点工程的具体领导，监督基本建设单位坚定不移地贯彻中央“好、省、快、安全”方针，争取重点工程提前移交生产，是我们鹤岗全党的头等重要任务。为此市委今后在自己的议事议程中，要更多的有计划地研究基本建设，特别是重点工程的工作，经常组织力量进行检查，经常帮助解决建设中的问题，使市委对重点工程的领导更加具体和深入。建设部门的党组织也必须经常在干部和全体职工中进行全面的政策思想教育，和个人利益与国家利益一致性的教育，使干部深刻认识建设工程是百年大计的事业，建设是为了生产，反对单纯追求进度而忽视好、省、安全，以及只为到时交工不顾国家整体利益的错误思想。认真检查过去工作中存在的问题，肃清任何藉口困难而滋长着的消极依赖情绪，和那种企图轻易安稳地完成国家计划而推迟移交生产的保守思想，要监督基本建设部门提高经营管理水平，积极创造条件，力争时间，做好今年建设工程排队，特别要抓住关键工程加以具体安排，同时必须注意给安装工程创造条件，使安装工程能够大量开展，并要做好施工准备工作，做到及时供应，切实保证工程质量，克服浪费，降低工程成本，扭转不安全情况。甲乙双方更要加强社会主义的配合协作，应本着积极争取两对竖井提前移交生产的精神，在统一思想的基础上，双方均应以积极主动协商的态度来处理双方的分歧和悬而未决的问题，以保证全面完成基本建设任务，特别要从组织上技术上保证东山竖井按照移交生产的标准按时完成。准备接管生产的当前应积极做好为生产所需要的一切准备工作，要有计划地组织后备力量的培养和训练，加强生产技术和供应工作的准备，做好工程质量的检查和验收工作，以保证接管后不间断的进行生产。

在原煤生产方面：必须切实贯彻中央所提出的“全面进行生产技术改革，提高机械化效率，恢复改建旧井，充分发挥现有矿井潜在能力”的方针。为此党组织必须进行深入地思想动员，教育全体职工明确认识全面贯彻这一方针对实现国家社会主义工业化的重大意义，提高全体职工的政策思想，克服某些干部的保守思想，做好准备工作，充分发动群众，扭转对恢复改建，生产改革工作缺乏组织的自流现象。应进一步调查研究，摸清情况，全面做出改建设计，积极组织全体职工贯彻执行。要加强生产地质测量工作，以便有根据有把握地进行掘进和采煤工作。继续加强对掘进工作的领导，大力组织快速送道队，推广掘进方面的先进经验，提高掘进的目的性，扭转盲目掘进浪费进尺的现象，逐步做到地质、掘进、采煤的平衡发展。要大力推行新式采煤方法，提高回收率，减少国家资源的浪费。逐步提高生产过程的机械化程度，动员工人积极参加技术学习，提高技术水平，熟练地掌握技术，提高现有机械设备利用率，加强检修保养，健全机械责任制度，充分发挥机械效能。改革组织机构合理地整顿劳动组织，纠正人力浪费非生产人员过多的现象，提高劳动效率。特别应认真贯彻安全生产方针，建立与健全技术安全责任制，改善生产条件，制定安全措施，大力组织贯彻作业规程，坚持正规循环作业，不断增加正规循环的场子数。这几项工作是我们全面进行生产技术改革的基本工作，因此，必须发动全体职工积极行动起来，保证按时完成生产技术改革任务。

为了完成上述任务，党组织还必须监督基本建设部门与生产厂矿进一步全面贯彻社会主义企业管理原则，积极提高管理水平与技术水平，首先应继续推行计划管理，党组织要经常研究分析企业的生产活动，监督作业计划正确的编制和贯彻，使之符合于党的方针和政策；并且要加强互相平衡，使计划不仅先进而且切实可行。

向苏联学习的思想必须在全体职工与技术人员中肯定地牢固地树立起来，要坚定不移地贯彻向苏联学习，认真贯彻专家建议的思想，经常地切实注意加强对这一工作的领导，克服一切思想障碍，党的组织应及时向一切不利于贯彻专家建议的思想作斗争，以保证专家建议的贯彻。

为适应企业管理的集中和统一性，树立企业中正常工作秩序，消除无人负责和多头领导的混乱现象，从根本上提高企业管理水平，保证顺利完成企业计划，必须推行企业管理的一长制和生产区域管理制。

为保证完成今后生产建设任务，要加强市政建设、组织各方面工作更好的为生产建设服务。除市委必须加强对政府工作的领导，定期讨论检查政府工作，通过政府党组织切实在政府工作中贯彻党的方针和政策外，要求政府加强对公共事业、文教卫生、市政建设、城市规划等工作的领导和管理，进一步充实政府机构，特别要建立与健全基层政权，做好公安保卫工作、司法检查工作，加强对工矿企业执行国家政策法令的检查和监督，充分发挥政权作用。

国合贸易工作，要继续贯彻“为生产消费服务”的方针，主动协助生产建设单位特别是重点工程解决生产资料的需要。做好生活用品特别是副食品的供应，进一步贯彻统购统销政策，做好统购统销物品的计划供应，加强对市场的领导，密切国合关系，改善经营管理，以保证全面完成年度商品流转计划与财务计划，给国家积累建设资金。

农业生产：国营农场要继续加强经营管理，克服浪费，提高农业技术水平。郊区农业要逐步巩固和发展互助合作组织，特别是要发展蔬菜合作社，扩大蔬菜的耕种面积，充分发挥农业生产的作用，供应矿区职工生活需要。

铁路运输：要进一步贯彻统一技术作业规程，发挥现有设备能力，加速车辆运转，组织均衡运输与计划运输，以保证超额完成运输计划和业务计划。

为保证完成今后的生产建设任务，必须继续贯彻党在过渡时期的总路线和党的七届四中全会决议，加强党的领导。

1. 为加强党的领导，必须继续深入贯彻党在过渡时期的总路线和党的七届四中全会决议，克服资产阶级思想影响以增强党的领导作用，保证党的团结进一步增强，使全党紧密地团结在党中央和毛主席的周围，更好地完成各项工作任务。

2. 为加强党的领导，必须进一步加强党的政治工作，提高基层组织工作水平。

为加强厂矿党组织对生产行政工作的保证监督，必须继续学习与推广五三厂、哈尔滨车辆厂的政治工作经验，逐步建立政治工作正常秩序。

为加强党的领导，必须把思想工作切实提到党组织的首要地位，批判和克服一切忽视思想工作的倾向，加强支部教育和对职工的共产主义教育，认真领导党内外广大干部的政治理论学习，把这种学习的领导和检查工作、检查干部职工思想结合起来，经常地与资产阶级的思想影响及各种违犯党的路线和政策、违犯党的政治原则与组织原则的倾向作斗争。

适应今后繁重任务的要求，必须重视壮大与巩固党的组织，应继续贯彻积极慎重的建党方针，采取“巩固地向前发展的方法”，进一步发动全党动手，结合生产建设中心工作培养考查非党积极分子，和进一步提高原有党员的政治觉悟，将发展党和巩固党的工作经常化。

党组织还应加强对群众工作的领导，通过工、团把广大职工群众团结在党的周围，使党的政策决议变成广大职工群众的实际行动，充分发挥对行政生产工作实行全党性群众性的保证监督。

党的组织还应把领导好劳动竞赛当成是保证监督生产任务完成的一项重要的经常工作，使竞赛正常持久成为广泛的群众性运动。

3. 为加强党的领导，必须健全党委制，保证党的集体领导原则的贯彻，防止与克服党的领导的独断专行，与党内领导的分散主义，保证党从组织上思想上达到团结和统一。因此今后各级党委必须十分重视党委制的建立和健全。

同志们！几年来鹤岗在生产建设上有了很大发展，我们的工作也有一定提高，但我们国家的建设正在一日千里的前进，我们面前摆着建设社会主义的伟大任务，我们的责任是光荣而重大的，我们面前还有不少困难，我们的经验还十分不够，但我们坚定的相信在党中央和毛泽东同志的领导下，只要我们团结一致，注意改善领导作风，更加密切地联系群众，谦虚谨慎，克服官僚主义和文牍主义，努力学习，艰苦奋斗，更加深入地检查工作，总结经验，具体地解决问题，“老老实实，勤勤恳恳，互勉互助，力戒任何的虚夸和骄傲”，我们是一定能胜利完成自己的任务。让我们在一九五五年这个重要的年度里，加倍努力，为保证国家建设计划的完成，为支援解放台湾而奋斗吧！

中共鹤岗市首次（又叫首届）代表大会于1955年3月10日召开。出席会议代表359人，列席代表111人。会议听取了市委副书记卢泽民作的1953年以来的工作报告，题目是《加强党的思想领导，提高党的工作水平，为完成国家建设计划而努力工作》。大会选举了新的中共鹤岗市委员会，选举梁成义任市委书记，卢泽民任副书记，宋廼金、张昆、王如山、李华民、陈膺均、葛庆云、刘玉玺、马盛成为委员，梁成义、卢泽民、宋廼金、张昆四人为市委常委。大会还根据党在过渡时期总路线和党的七届四中全会精神，讨论决定了本市1955年的工作方针和任务。

会议要求，今后鹤岗市全党要带动全市人民，必须严格遵循党在过渡时期的总路线，继续贯彻四中全会决议，进一步加强党对基本建设和煤矿生产的领导，特别要重视对重点工程的领导，在基本建设中认真贯彻“好、省、快、安全”的方针，在煤矿生产中要大力贯彻“全面进行生产技术改革，提高机械化效率，恢复改建旧井，充分发挥现有矿井潜在能力”的方针，加强政治思想工作，提高党的领导作用。开展经常性增产节约劳动竞赛，并组织各方面工作更好地支援和配合工业生产建设，以保证全面完成一九五五年国家计划。

（这次大会有选举市委的程序，区别于第一次的工作会议，故称其为首届。）

第五章

蹉跎岁月　砥砺前行

第一节　“66”之春阳光明媚

1966年的春天，中国大地阳光明媚，一派祥和。1966年的春天，对鹤岗市来说，也是山花烂漫，莺歌燕舞。

1966年2月8日，鹤岗市由合江地区的地辖市改为黑龙江省辖市。2月12日，中共鹤岗市委发出通知，号召全市党员、干部，特别是各级领导干部，认真向中国人民的好儿子、伟大的共产主义战士焦裕禄同志学习。市委把向焦裕禄同志学习，列为正在召开的四届二次委员扩大会议的一项重要内容，用整风的方法，联系思想实际，认真进行了座谈讨论。鹤岗的许多单位都召开了党委会，全市掀起学习焦裕禄的热潮。2月15日，中共鹤岗市委召开全委扩大会议，会议要求全市各级党组织和全体党员、干部和职工群众，把“活学活用”毛主席著作放在一切工作的首位。2月17日，煤炭工业部质量检查团和省煤炭工业管理局质量检查组来鹤岗市矿区检查工作。是月，在全国工业交通工作会议和全国工业交通政治工作会议上，鹤岗邮电局被推荐为全国70个大庆式先进单位之一。2月25日至28日，鹤岗矿区“五好”集体、“五好”职工代表大会在矿工俱乐部隆重召开。会议表扬奖励了25个“五好”集体标兵，30个“五好”职工标兵，273个“五好”集体和2778名“五好”职工。会议推选兴安矿二五四采煤队等15个“五好”集体和张建芬等25名“五好”职工，为出席省工交系统“五好”集体、“五好”职工代表大会的代表。会议号召，在全局范围迅速掀起学大庆、赶大庆、建设大庆式煤矿企业的高潮，为全面超额完成国家计划、尽快实现大庆式煤矿企业而奋斗。4 月 4 日，市第六次妇女代表大会、职工家属五好集体、五好个人代表大会召开，市委、市人委授予赵桂荣等 8 人“五好职工家属标兵”的光荣称号；5 月初，中共鹤岗矿区委员会成立……一桩桩、一件件大事喜事，激励着全市党员干部和群众意气风发地走在阳光明媚的社会主义康庄大道上。

第二节 丙午五月“文革”兴起

1966 年 5 月，“文化大革命”在全国兴起的形势，迅速传到了祖国边陲黑龙江省鹤岗市。1966 年 6 月 17 日晚，鹤岗第一中学的师生在收听了中央人民广播电台广播的废除高考的消息后，书写粘贴了“坚决拥护党中央和国务院的正确决定”的大字报。

6 月 19 日，鹤岗三中的几名学生张贴出一张题目为《我们要革命》的大字报。随后，“文革”运动迅速升级，从扫“四旧”发展到批斗“牛鬼蛇神”。

1966 年 8 月 18 日后，鹤岗六中的初三学生首先成立了鹤岗的第一个红卫兵组织——“红匕首”战斗队。很快，全市各中学纷纷成立了名目繁多的红卫兵组织。

为响应全国红卫兵的“串联”运动，鹤岗市 11 月 10 日组织 900 多名“红卫兵”和革命师生离开鹤岗赶赴北京，进行大串联活动。为稳定局势，1967 年 10 月 25 日，《人民日报》转发了中共中央、中央军委、国务院、中央文化大革命小组《关于大中小学校都要复课闹革命的通知》，工宣队与军宣队相继进驻学校，红卫兵逐渐退出了“文化大革命”舞台的中心。1968 年 12 月 22 日，《人民日报》发表了毛泽东的指示：“知识青年到农村去，接受贫下中农的再教育，很有必要。”随后，红卫兵运动被新的“知识青年上山下乡”运动所取代。

1968 年 3 月 25 日，在省革委会的督办下，鹤岗的“总工”和“红联”两派组织结束了武斗。中国人民解放军 3026 部队（二十三军六十七师）组建了鹤岗矿务局军事管制委员会，对局属各矿、厂、校等基层单位实行全面军事管制。

经黑龙江省革命委员会批准，由解放军、本地老干部、群众组织代表组成“三结合”的鹤岗市革命委员会于 1968 年 5 月 22 日宣告成立。

6 月 19 日，鹤岗市革命委员会召开第一次委员（扩大）会议。9 月 26 日，市首届一次革命职工代表大会召开，大会产生了市革命职工代表大会常设委员会，通过了《鹤岗市首届革命职工代表大会决议》。随后，鹤岗市贫代会和红代会相继召开，全市呈现出祥和景象。与此同时，鹤岗市革命委员会召开了民兵首次活学活用毛泽东思想积极分子代表大会、市首批工人毛泽东思想宣传队队员学习动员大会。鹤岗市革命委员会成立后，市、矿下辖的各单位也相继成立革命委员会。

“文革”形势趋稳之后，1968 年 3 月至 1975 年末，鹤岗市与全国大形势一样，又相继进行了办“学习班”，开展“清理阶级队伍”“一打三反”“批林批孔”等运动。

1976 年 10 月 6 日，粉碎“四人帮”集团取得伟大胜利“文化大革命”结束，中共鹤岗市委立即召开声讨批判“四人帮”反党集团罪行大会，与全国一样，连续举行庆祝活动。

第三节　党的组织作用显著

“文化大革命”期间，鹤岗市各级党组织和广大党员干部在为党的事业受损而担忧的同时，仍然坚持党的宗旨不动摇，对“左”倾错误进行了不同程度、不同形式的抵制，全力维护党的事业与利益。

“文革”中，中共鹤岗市委的诸多工作照常运转。仅 1966 年 10 月就连续召开了全市宣传和学习大庆 32111 钻井队事迹广播动员大会和全市群众活学活用毛主席著作讲用会，全市 7 万多人参加大会，广播站向全市转播了大会实况。

1969 年 9 月，中共鹤岗市革命委员会核心小组成立。核心小组成立后，党务工作由市革命委员会政治部统一管理。在全市加强了党建与各级党组织的恢复工作。

1970 年 6 月 22 日，中共中央批准《关于国务院各部门建立党的核心小组和革命委员会的请示报告》后，鹤岗市革命委员会核心小组加快了基层单位革命委员会核心小组的建立工作，履行其辖境的领导职能，重新建立健全集体领导体制。

1969 年 12 月 21 日，市革命委员会核心小组作了《对三机关毛泽东思想学习班等单位建立整党建党领导小组的批复》；1970 年 1 月 13 日，中共红卫（兴山）煤矿核心小组召开党员代表大会，选举产生了鹤岗市“文化大革命”以来基层第一个党委会——中共红卫矿委员会。

在随后的整党建党运动中，全市有 12 个单位成立了新党委，下设 179 个总支、支部。1970 年 2 月 5 日，市革委会核心小组作出了《关于认真学习省核心小组批转〈城市整党建党座谈会纪要〉的通知》；1970 年 12 月 6 日，中共鹤岗市革委会核心小组批转了市政治部和市整党办《关于目前党的思想建设和组织建设的情况报告》，并要求各级党组织要突出地抓党的建设，彻底纠正党不管党的倾向；1971 年 1 月 21 日，鹤岗市建立中共鹤岗市整党建党宣传队委员会（临时）；1972 年 1 月 17 日至 24 日，市革委会核心小组全市政治工作会议召开。会议认真贯彻省政治工作会议精神，着重学习、讨论了如何增强党的观念、加强党的基层组织建设的问题；1972 年 4 月 1 日，市革委会核心小组作出了《关于加强干部管理的暂行规定》。在整党过程中，鹤岗的党组织在普遍提高认识的基础上，建立和坚持毛主席著作天天读、学习日、讲用会等制度，把活学活用毛泽东思想摆在一切工作的首位。

中共中央《关于召开地方各级党代表大会的通知》要求，全国各地先后召开各级党的代表大会，成立党委。1972 年 11 月 8 日至 10 日，中共鹤岗市第五次党员代表大会召开。会议选举产生了鹤岗市第五届委员会。

新的市委组建后，开始在全市着手落实党的各项政策。所属各级党组织也开始主持日常工作，党员的组织生活得以恢复，各项工作基本能正常进行，政治、经济形势好转。1972 年 2 月 10 日，鹤岗市“五七”大学撤销，成立鹤岗矿务局工人干部学校和市“五七”干部学校；

6月1日，撤销新闻革命委员会，成立鹤岗日报社；7月2日，鹤岗自行设计的第一跨线桥破土动工；7月14日至10月30日，鹤岗市各区、各煤矿、各公社党委印章相继启用；是年，鹤岗市文化宣传站撤销，恢复图书馆、群众艺术馆和工人文化宫；鹤岗市培育的清油茄优良品种获黑龙江省和市科学大会奖励。1973年3月3日，撤销市革命委员会各局领导小组，各局领导人的职务改为局长、副局长；3月5日，中国共产主义青年团鹤岗市第十一次代表大会召开；3月20日，成立黑龙江省鹤岗市中级人民法院、鹤岗市人民法院。1974年2月28日，中共鹤岗市郊区委员会、鹤岗市郊区革命委员会成立；3月21日，鹤岗市环境保护办公室成立；4月25日，鹤岗市郊区各生产大队相继办起合作医疗；10月1日，大陆矿立体交叉桥建成通车；10月，鹤岗市轻化工业研究所正式组建。1976年9月18日，全市党政军和人民群众12万人在人工湖广场参加毛泽东主席逝世追悼大会；9月25—29日，全市农业学大寨会议召开；10月27日，中共鹤岗市委召开全市声讨批判江青反革命集团罪行大会。11月1日，第一跨线桥新桥建成通车，正值取得粉碎“四人帮”胜利之际，大桥遂被命名为胜利大桥，不但成为鹤岗市的重要交通枢纽，也是哈萝公路鹤萝段上的重要交通咽喉，对于鹤岗发展以煤炭工业为主体的工农业生产，均有着重要意义。

在“文化大革命”期间，特别是运动后期与党组织重建期间，鹤岗市广大党员干部对“左”倾错误的斗争一直没有停止过。不少基层党员干部在遭受严重打击和迫害中，仍然顾全大局，忍辱负重，坚持工作，坚守岗位，抵制“不为错误路线生产”等错误思潮，在力所能及的范围内坚持为党做一些有益的工作，使党的事业减少损失，为党的组织建设步入春天奠定了基础。

第四节　国民经济各业发展

鹤岗市在“文化大革命”期间，继续“抓革命、促生产”，矿务局通过不断地建设新矿井、技术创新、夺煤会战等措施，使煤炭生产不停步，产量从1969年回升，到1976年创最新纪录，超过了800万吨。市政的党政管理部门和工农商学事业单位如雨后春笋般成立诞生，工业企业开始技术创新与改扩建、新建，填补了多项技术和产品空白；在“备战备荒为人民”的号召下，战备工事取得了较好成效，在支援珍宝岛战役中获得沈阳军区奖励。

一、煤炭生产不停步

鹤岗市作为以煤炭生产为主体的城市，中华人民共和国成立以后的煤炭生产得到长足发展，1956年煤炭产量达到了599.2万吨。国家由于“二五”时期出现的国民经济失衡，中央决定把1963年至1965年作为继续调整、整顿的过渡时期，而执行“三五”计划则推迟到1966年至1970年。因此，进入1963年以来，鹤岗矿务局在国家方针指引下，开始全面调整、改善此前在“大跃进”中造成的采掘比例失调、设备失修等问题，到1966年煤炭产量提高到644.7万吨。但是，“文化大革命”头两年，鹤岗的煤炭采掘比例再次出现失调，矿井水平延深工程迟缓，接替紧张，煤炭产量下降到389万吨的最低点。自1969年开始，全局煤炭产量又开始回升，1975年达到了777.9万吨。1976年，鹤岗矿务局采取多项措施推进多出煤、出好煤，使原煤产量提高到814.9万吨。

“抓革命　促生产”

1966年11月13日，鹤岗矿区政治部在新一煤矿召开“抓革命促生产”现场会。市人武部随后在1967年3月10日组织召开了全市“抓革命促生产”大会，成立了鹤岗市“抓革命促生产”办公室，下设煤炭、农林、财贸、工业、文教、卫生、街道7个组。3月28日，3026部队对矿务局实行军管后，日常生产工作由解放军、干部和群众代表组成的生产领导班子负责。10月9日，鹤岗矿务局军管会对原生产领导班子进行调整，史金水任班长，于洪恩、于友文、张建农任副班长。调整后的生产领导班子下设政工、生产、技术、经营、生活5个组。除了召开有关生产的会议之外，军管会首长和部队指战员还经常深入井下指导和推进“抓革命促生产”。

1968 年 5 月，鹤岗市革命委员会成立后，矿务局生产领导班子改组为煤炭生产委员会，隶属于市革命委员会。到 1969 年，煤炭生产委员会又合并到市革命委员会生产指挥部，再一次实行了市矿机构上的合一。但是在财政管理上，鹤岗矿务局仍实行独立核算，未受到太大的干扰。加之煤矿工人特别能战斗的精神，1969 年的煤炭产量在 1967 年、1968 年两年连续下降的情况下，开始回升，全年煤炭产量上升到 706.87 万吨。这主要是在矿井建设、采煤工艺、机械化水平等方面加大了工作力度，使生产规模不断扩大，产量也得到了不断提升。

鹤岗煤炭生产委员会于 1970 年 10 月 31 日恢复矿务局建制，启用“鹤岗矿务局”印鉴。

1972 年 2 月 29 日，中共鹤岗矿务局核心小组成立。根据燃化部统一规定，6 月 1 日开始，鹤岗矿务局红旗、跃进、东风、反修、红卫、群力六矿，均恢复原来兴安、富力、南山、新一、兴山、岭北矿名称；6 月 28 日，鹤岗矿务局革命委员会成立，市矿再次分开，解放军的军事管制也基本结束，煤矿生产秩序继续好转；7 月 10—12 日，中国共产党鹤岗矿务局第一次代表大会召开，选举产生了中国共产党鹤岗矿务局第一届委员会。

1973 年，鹤岗矿务局开始鼓励基层探索新的劳动制度管理措施，新一矿开始试行计时工资加奖金制。这种打破原来管理制度的探索调动了矿工的积极性，也促进了煤炭生产。

提升产能促增产

鹤岗矿务局在煤炭生产上一直坚持增产增效的原则，即使在动乱的“文化大革命”期间，也不断采取新措施，认真而积极地新建和改扩建矿井，通过不断地提升产出能力促进煤炭增产。

1966 年 6 月 30 日，鹤岗矿务局第一座露天煤矿——岭北露天煤矿正式建成。在剪彩仪式和移交投产典礼上，市委、市人委、矿务局领导到场表示祝贺。验收报告指出，这是鹤岗矿务局唯一的露天煤矿，年设计能力 60 万吨，建设工程良好，达到了移交生产标准。

投资 876 万元的富力矿斜井群改造工程于当年 10 月竣工。

兴山煤矿在 1969 年新建成年产 30 万吨原煤的箕斗斜井——兴山

一井。

1970 年 10 月 1 日，南山矿南山竖井竣工投产

1970 年 10 月 2 日，市革委会在南山竖井工业广场召开南山竖井建成庆祝大会。这座南山竖井工程从 1965 年 7 月 20 日开工，至 1970 年 10 月 1 日竣工投产，用了 5 年多时间。鹤岗矿山的工程技术人员和干部职工，顶着压力，排除干扰，自己设计，自己施工，采用了我国矿山建设上的先进技术，建设装备起这座现代化竖井，使南山矿的年生产能力由 105 万吨增加到 150 万吨。给鹤岗市煤炭战线增添了新生力量。

由鹤岗矿务局规划设计处设计、煤建处施工的大型现代化竖井——年生产能力 150 万吨的峻德竖井，于 1975 年 8 月 1 日开工建设。

也是这一年，岭北露天煤矿经过改造，建成具有年产 60 万吨煤炭能力的正规机械化露天矿。与此同时，把矿区原有的 15 对自然井合并为 10 对自然井，并采取加大采区走向长度、加大工作面长度等办法，减少煤柱，提高回采率。并加大外围地质勘探力度，扩大了新区资源。

这一年，鹤岗矿务局全局总设计能力由1965年的560万吨提高到672万吨。这些新建和改扩建的矿井，为煤炭生产的大幅度提高打下了良好基础。

技术创新促增产

鹤岗矿务局坚持企业发展离不开技术创新的工作理念，把科学技术创新作为促使产业部门产品数量与质量提高、市场扩大、成本降低、利润增加的常规课题。1969年11月，市革命委员会煤炭生产指挥部设立科学技术组，加大了此项工作的进展力度，矢志不渝地组织推进技术创新工作，取得了一系列探索进取的实践成果，促进了煤炭增产。

“文化大革命”开始后，防尘工作受到干扰。到1972年，全局在普查11443人中查出尘肺患者105人，观察对象535人，检出率为0.92%。1973年，国家燃化部在开滦煤矿召开防尘工作会议后，鹤岗矿务局成立了防尘委员会，各矿也相继成立了防尘委员会或防尘领导小组，配有1~2名专职防尘员。这一年，鹤岗矿务局总结推广了兴山矿湿式凿岩经验。到1974年，全局基本消灭了干打眼，并且有5%的场子实现了综合防尘。鹤岗矿务局的综合防尘工作，受到东北三省煤矿防止矽尘危害联合检查团的表彰。

1973年，鹤岗矿务局与辽宁省煤炭科学研究所，在新一矿二开拓区六槽瓦斯煤层掘进工作面，联合进行了毫秒爆破法试验。实践证明，在瓦斯煤层掘进工作面，推行毫秒爆破全断面一次爆破，是改变掘进落后状态的一项重要措施，效果是显著的。从1973年11月13日起，鹤岗矿务局在瓦斯煤层掘进工作面，全面推广使用了毫秒爆破技术。

1975年1月17日，煤建处六工区运用帷幕凿井法成功地完成了兴安矿南部总回风井和峻德立井北部总回风井施工任务，为穿过流沙层开凿立井闯出了一条新路。采用帷幕凿井法穿过浅部流沙层建立井，这在全国还是第一次。在帷幕凿井施工中，煤建处和六工区的领导干部深入工地，边劳动边指挥，并总结借鉴过去利用水下浇注券穿过流沙层完成了两座铁路桥建筑任务的经验。实践证明，帷幕凿井法比冻结法和沉井法施工，准备时间短，速度快，质量好，成本低，使用的设备和附属设施都少，为我国竖井建设中处理流沙层等难题提出了新的解决方法。

1976 年，南山矿 02 号青年掘进队闯过一道道难关，攀登上一个又一个生产高峰，突破了岩巷单孔掘进全省水平、平均月进尺全局水平、年度总进尺创 800 米全国岩巷掘进最高水平，为发展煤炭生产做出了贡献，获得了国家部级快速送道队和全国煤炭系统先进集体殊荣，进入全国新长征突击队的行列。

“挖潜、革新、改造”和“夺煤会战”促增产

1975 年，国家煤炭部确定鹤岗矿务局为老矿挖潜局，制定了鹤岗矿区 1975 年至 1985 年挖潜改造 10 年规划，开始了老矿挖潜、振兴发展的新时期。此后 10 年间，鹤岗矿务局煤炭产量逐年上升。

鹤岗矿务局提升煤炭产量的另一项重要举措是“夺煤会战”，使全局煤炭产量不断刷新提升。

1970 年，鹤岗矿务局继续开拓前进。截至 11 月 11 日，提前 50 天超额完成全年国家计划，开拓、掘进也分别提前 100 天和 66 天超额完成了全年国家计划。全年煤炭产量达到 800. 2 万吨，创“文化大革命”以来最高年产量。

1974 年，喜迎中华人民共和国成立 25 周年前夕，矿务局党委响应市委提出的“学大庆赶开滦，为国家增产煤炭”的号召，决定开展大战 40 天夺煤会战。全局掀起了你追我赶、争创佳绩的夺煤会战热潮。

二、“学”字当头争先进

鹤岗市在“文化大革命”后期就通过学大庆、学大寨、学开滦等活动，激励工农商学等各行业各部门不断地同先进单位比，找出差距消灭差距，争当先进，促进经济建设向前发展。

学大庆　创建大庆式企业

1963 年底，大庆石油人通过三年的石油会战，结束了中国使用“洋油”的时代，把“贫油”的帽子甩进了太平洋。毛泽东主席在 1964 年 1 月 25 日向全国发出了“工业学大庆”的号召。从此，工业学大庆的热潮在全国掀起。

1971 年 2 月 14 日至 18 日，鹤岗市革委会召开“深入开展工业学大庆、掀起煤炭生产新高潮大会”，会议通过了市革委会认真贯彻省革委会《关于进一步开展“工业学大庆”群众运动的决定》的意见。会议号召全市各级革委会的领导班子都要走在运动的前面，做学大庆的促进派，掀起一个“人人学大庆精神，走大庆道路，创大庆式企业，争当王进喜式矿工”的热潮。

学大庆赶开滦　掀起建设热潮

1972 年，全国煤炭系统普遍开展了学大庆赶开滦竞赛活动。中共鹤岗矿务局核心组在反修矿（新一矿）四采区召开现场办公会议，交流学大庆赶开滦的经验，号召全局干部职工迅速掀起学大庆赶开滦新高潮。

学大寨　奋发图强建家园

1974 年 12 月 8 日至 16 日，鹤岗市委、市革委会召开农村三级干部会议期间，邀请山西省昔阳县大寨公社党委副书记杨三良、公社革委会副主任张润谦、工作人员李守宽来鹤岗传经送宝。12 月 15 日，市委、市革委会在工人文化宫举行了学大寨经验报告会。大寨公社革委会副主任张润谦介绍了大寨公社 21 个生产大队学习大寨的经验。

随后，鹤岗市农村各人民公社掀起了学大寨精神的高潮。

学优选法　推广应用提效益

20 世纪 70 年代，中国著名数学家华罗庚曾在生产企业中推广应用优选法，取得了显著成果。优选法以它的简单易行、科学而又通俗的特点，被广泛采用。

1972 年 11 月下旬，华罗庚带领优选法推广队，在省委有关领导的陪同下，来鹤岗推广优选法。27 日，鹤岗市革委会举行了推广应用优选法大型报告会。中心会场在矿工俱乐部，还设有 17 个分会场，全市约有 13000 多人听了报告。

学先进刀具　推广应用获成效

1973 年 5 月，全国著名劳动模范苏广铭率领省先进刀具表演队来鹤岗传经送宝。这之后，推广应用先进刀具活动在全市机械加工企业普遍开展起来。

三、市政事业百业兴

鹤岗市在1966年2月成为黑龙江省辖市后，开始完善城市功能，改变不尽人意的城市形象。虽然“文化大革命”干扰了城市建设工作，但是，鹤岗市工农商学等各行各业依然在执着发展。

地方工业捷报频传

1968年11月1日，市农药厂敌稗丙酰氯缩合新工艺实验成功，并投入生产；1970年2月15日，市革命委员会召开全市工业会议，会议提出“为实现煤炭生产大跃进，加速建设‘小而全’的工业体系而奋斗”的号召；各煤矿企业、地方工业、区街工业等各行各业争相开发小煤窑，当月即有12处小煤窑开工投产。

市革命委员会生产指挥部于1970年4月设科学技术部之后，市工业局制瓦厂隧道窑试产成功；市食品厂工人制造一台自动饼干机；鹤岗市第一座高炉建成，东风铁矿采矿剥岩大会战开始；市红旗一号高炉流出第一炉铁水，市革委会在钢铁会战工地召开了祝捷大会；市第一座化工厂建成投产；由新华公社元宝山到兴化大队全程12公里的水利干线开工修建，11月4日竣工；鹤岗市建成市内无线干扰台。

1971年，各项建设继续发展：电子工业的元件——硬软磁性材料铁氧体，在市无线电元件厂试制成功；市革委会在化工厂召开鹤岗市第一座化工厂建成投产祝捷大会，结束了鹤岗市不能生产化工原料的历史；鹤岗市南部铁路建成投产，市革委会在鹤立河一道桥召开了庆祝南部铁路通车大会。南部铁路工程由兴安车站南端至青石山打石场，全长11公里。

1973年至1976年，鹤岗市工业战线成果斐然：工业局电机厂试制成功锥形电机；市无线电器材厂试制成功晶体管交、直流两用，能透视照相，体积小重量轻的手提式10毫安X光诊断机；市手工业管理局低压电器厂生产的电焊钳子在中国出口产品展销馆展出。

大力发展科学技术

“文化大革命”开始后，科委机构一度停止工作。1970年4月，市革命委员会生产指挥部设科学技术局，开始筹建轻化工业研究所和鹤岗市农业机械研究所。1973 年 1 月，根据全国科技工作会议精神，市革命委员会决定恢复市科学技术委员会，仍归文教口，科技经费和科研手段逐步增加，科学技术事业迅速发展，对提高全市人民的科学文化水平，促进工农业生产的发展起了重要推动作用。

1973 年 4 月 4 日，鹤岗市革委会召开全市科学技术工作会议。

1974 年，鹤岗市开始对技术干部进行业务培训。曾举办日语、英语学习班。1976 年，举办第二期英、日语学习班，称“七二一”大学外文系。

在科普教育方面，1974 年科技交流站先后举办两期电子技术学习班，一期农民技术员训练班和科技讲座等，参加人数 4000 多人次。

1975 年 4 月，鹤岗市建立机械工业研究所。

备战备荒　支援前线

完成“七一三工程”　1971 年初，市革委会根据省委指示，开始修建连通全市的防空主干工程。市人防办负责设计和组织全市进行会战，成立了会战指挥部。由于主干工程是 1971 年 3 月破土动工的，即命名为“七一三工程”。

支援珍宝岛前线　珍宝岛是位于中苏界江——乌苏里江南部鸡西市虎头镇地区江中的一座小岛。1969 年 3 月 2 日，苏联边防军 70 余人借着江面封冻之际，开着装甲车 2 辆，卡车和指挥车各 1 辆，侵入珍宝岛，打死打伤中国边防战士多人。我国守岛巡逻队被迫自卫反击。为支援珍宝岛前线战役，鹤岗市按照上级部署，出动了 100 台汽车奔赴前线，为珍宝岛运送物资。此外，鹤岗还派出 134 人的一个连队，参加架设佳木斯至珍宝岛的通信线路，工作成绩优异，受到沈阳军区的嘉奖。

第五节　广阔天地“知青”熔炉

鹤岗市知识青年最早上山下乡是在 1957 年至 1965 年这个时期，有大约 900 名知青先后去了郊区生产队和附近农场。1965 年至 1980 年的下乡高潮时期，鹤岗市分三个阶段共有33000多名知识青年走进了本省区域的兵团、农场、农村和郊区的青年农场、青年点。豆蔻年华的知青们，带着崇高的理想和热血投身农村广阔天地，经受风吹雨打，学习劳作技能，历练战天斗地的意志，感受农民勤劳的本质和爱党爱国家的纯朴感情，并与农民一起撑起祖国的脊梁，铸就了他们的“知青”风采，用汗水和心血书写了独特的青春华章。

一、百业待兴　广阔天地有作为

1957年至1966年，鹤岗市已有知识青年学习邢燕子、侯隽等榜样，自愿下乡到了市郊农村。1957年9月，姚凤鸣等32名鹤岗知青下乡到蔬园乡前进社；1963年春，梁春芝放弃了在市里的一份工作，到蔬园公社日新大队第三生产队务农；1964年，朱艳琴初中毕业后，在父亲朱长荣的大力支持下，落户在鹤岗郊区永发公社（现属汤原县）。1963年8月至1966年4月，鹤岗知青先后有423名下乡到九三农管局大西江农场，140人下乡到梧桐河农场，5人下乡到新华公社永义村，300多人下乡到宝清县五九七农场。这些知青是鹤岗市在“文化大革命”前最早的一批下乡者，他们在鹤岗的大地上为祖国的建设发展奉献了青春，为鹤岗市知青上山下乡树立了榜样。

二、“上山下乡”　知青情系北大荒

1968年6月18日，农垦部东北农垦总局所属农场与省农垦厅所属大部分农场以及黑河农建一师、合江农建二师，合编为中国人民解放军沈阳军区黑龙江生产建设兵团。当年9月初，兵团第二师成立大会在军川农场召开。随后，二师师部由萝北县政府办公地点迁到宝泉岭农机校教学楼办公。这年的12月，毛泽东的“知识青年到农村去，接受贫下中农的再教育，很有必要”这一指示的发表，标志着中国“知青”上山下乡运动全面开始。

十年中，鹤岗市迎来了上海、北京、天津、浙江等地的一批批知青。这些知青都被分配到黑龙江生产建设兵团二师（宝泉岭）所属的10个团和其他农场。这些从祖国四面八方来的知青，远离城市家园，很快融入北大荒当地的生活，参与到了边疆建设与发展的大形势之中，把青春、智慧、力量和汗水留给了这片广阔的天地。在潜移默化中，他们的思想观念、生活方式、文化艺术素养，对所在村屯、农场有着深远的影响，他们也收获了独有的苦乐人生。著名电影演员濮存昕、相声演员姜昆等文艺人才，也和他们的同龄人一样，分别在鹤岗市宝泉岭农场和新华农场度过了那段难以忘怀的青春岁月。

在热火朝天的知青上山下乡运动中，位于祖国东北边陲三江平原黑土地带的鹤岗市，从 1965 年至 1980 年分三个阶段，派发上山下乡知识青年共 33765 人。

第一阶段是 1965 年至 1966 年，共动员下乡知青 520 人。他们主要被安置在宝清县五九七农场和市郊鹤立、裕德、吉祥、振兴、永发 5 个公社（当时这 5 个公社隶属于鹤岗市管辖）。

第二阶段是 1968 年至 1972 年，共组织下乡知青 10914 人。他们的安置去向是：黑龙江生产建设兵团一师（黑河）2325 人，二师（宝泉岭、共青、绥滨、江滨、二九〇等几个农场）1002 人，三师 23 人，五师克山农场 1004 人，长水河农场 990 人，北安良种场 40 人，鹤立河农场（含新华农场）1856 人，福安农场 83 人，梧桐河农场 99 人，莲江口农场 1087 人。另外到本省各地插队的知青有：大兴安岭 108 人，绥滨县 1073 人，虎林县 137 人，同江县 297 人，抚远县 82 人，依兰县 157 人，汤原县 551 人。

第三阶段是 1974 年至 1980 年，共下乡 22331 人。根据省、市委要求，这个阶段下乡的知青以本市自行安置为主，少数可到外地投亲靠友。根据这一要求，全市各企事业单位先后共建 62 个知青农场和 7 个分场。建知青场队是一项繁重的工作，需要选点，协调各方面关系，需要资金、设备等，给各企事业单位带来一定压力。由于各级党委一把手挂帅、全力以赴，经过一年多的奋战，完成了建场任务，为安置下乡知青创造了必要的条件。这些知青农场共安置知青 12282 人。另有 9700 多人虽然办了下乡手续，但因知青农场安置有困难，都安置在本单位的商服网点，是“下乡不出城、下乡不务农”的现象。

下乡到鹤岗郊区 5 个公社生产队插队的知青共有 1938 人，有近三分之一生产队集中安置，建立了知青点。其他的吃住分散在农户家中，生活条件相对更差些。

经过多年的努力和奋斗，在改变了北大荒面貌的同时，知青们也磨炼了自己，提高了自己。他们中不少人入了团、入了党，成了各方面的骨干力量。还有不少人走上了领导岗位，如鹤岗市下乡到克山农场的高崇辉，曾担任五十四团的副团长；下乡到鹤立河农场的周建启，曾任农场党委副书记。下乡到鹤岗市各知青农场的知青中，先后有1771人加入了共青团，有97人加入了中国共产党，有421人被评为场、矿、局先进生产者。还有8名知青被选为省市先进工作者。

第六章

拨乱反正　改革开放

1978 年召开的党的十一届三中全会成为中国实现伟大历史新时期的转折点。中共鹤岗市委从 1977 年 12 月开始，按照党中央和省委部署，对冤假错案进行全面的平反处理。同时，加强全市党组织的思想建设与组织建设，组织开展真理标准问题的大讨论，澄清全市人民的思想认识，促进国民经济的全面恢复与发展。随后的党的十二大和十三大，高举改革开放的大旗，引领中国人民走上越来越宽广的改革发展之路。鹤岗市委精心指引，统筹谋划，拨乱反正，推动改革开放的全面展开。

第一节　拨乱反正　执着前行

一、平反冤假错案　促进安定团结

按照党中央和省委的部署，鹤岗市平反冤假错案工作从 1977 年 12 月开始。

1978 年 4 月 10 日，中共鹤岗市委作出《关于撤销孙运才、许学义同志为“走资派错误”、霍方侠等 29 名同志为“严重路线性错误”结论的决定》。同年，教育局党委于 10 月 29 日，文化局党委于 11 月 8 日，先后召开了为吴珊、陈波同志彻底平反昭雪大会。

鹤岗市错划“右派分子”问题改正安置工作也是由 1978 年 4 月开始的。市委成立了摘掉“右派”帽子工作领导小组，下设办公室。办公室分别由市委统战部、市科委、人事局、民政局、公安局等单位各抽调1人组成。鹤岗矿务局党委也组成了摘帽办公室。市委摘帽办公室的同志不断深入基层了解情况，并在错划“右派分子”比较集中的兴山矿、南山矿、富力矿、商业局、教育局等单位，召开有关人员座谈会，传达学习文件精神，听取反映。还会同基层单位对下放到外地的人员进行了调查核实。

1978年6月21日，市委第24次常委会议讨论审批了《关于对孙永增等7名同志原结论的复查报告》。报告对“文化大革命”中孙永增、李跃、孙天祥、井仲公、张文仲、李世光6名处级干部重新作出结论，撤销原结论；并向宋守廉讲明情况，口头宣布原结论撤销，不再重作结论。凡“文化大革命”中装入档案的材料，按清档要求进行了处理。10月23日至28日，市委召开基层党委书记和市直部委办局负责人会议期间，同时召开了全市“三案”（冤假错案）平反、落实政策大会。会上宣布了对4项冤假错案的平反决定。

截至1979年8月，全部改正了本市错划的126人的结论，并会同协助外地有关部门，改正了外地错划迁来本市的105人的结论。还改正了反右期间各单位自划的一些人的结论。并根据中央和省委文件精神，重新安排了错划人员的工作。

1979年6月13日，市委下发《关于认真做好对“红旗军”平反工作的通知》。很快，“红旗军”平反工作落到了实处。9月12日，市委作出《关于对鹤岗市受极左路线迫害的副处（局）级以上干部平反的决定》。一系列相关事宜由当事人所在单位党组织按照党的政策进行了妥善处理。

1980年4月16日，市纪委对在1959年全党开展的反对右倾机会主义分子斗争运动中，被定为“右倾机会主义分子”和“右倾错误”，1962年没有甄别或作了部分改正留有尾巴的案件进行全面复查，全部予以改正，恢复了当事人的名誉。

据统计，1979年2月至1980年11月末，鹤岗市的“三案”平反工作，共平反冤假错案466件，涉及人员544人。其中政治案件460件，刑事案件6件。一系列相关事宜由当事人所在单位党组织按照党的政策进行了妥善处理。

与此同时，鹤岗市的统战工作也开始正常进行。1978 年对“文化大革命”中因海外关系而受株连被批斗的归侨、侨眷给予了落实政策。先后两次对全市归侨、侨眷档案进行清理。对 20 世纪 60 年代初被精简下放的归侨、侨眷，没有工作的，经与有关部门协商，都给予了合理解决。从 1978 年到 1985 年，鹤岗市共落实统战政策 813 件。经省委落实政策检查团的检查验收，全部合格。

二、“臭老九”称谓不再　知识分子见天日

在“文化大革命”中，不少知识分子遭到歧视和迫害，自尊心和积极性受到严重挫伤。

1978 年 3 月，鹤岗市南山选煤厂的莫诩孟因研制喷射式旋流浮选机，在全国科学技术大会上受到表彰和奖励。消息传到鹤岗，许多知识分子感到高兴和鼓舞。

党的十一届三中全会以后，鹤岗的各级党组织遵照党中央和省委指示精神，在市委的领导下，组织专门力量，对遭受迫害的知识分子逐个进行复查，推倒对他们的一切诬陷不实之词，全部予以平反，落实了党的政策。

1980 年，“文化大革命”前的副市长、市政协副主席李松波，经平反冤案，落实政策，走上了市人大常委会副主任的工作岗位。

选煤厂党委对工程师靖成祖的情况重新进行了审查，作出了平反决定，给予比照工伤处理，并为其子女办理了接班手续。煤建处副总工程师唐坤，因历史问题长期得不到正常使用，1980 年 8 月，重新给他安排了适当工作，调矿务局科研所任副主任工程师，后被评为高级工程师。黄展延是鹤岗矿区有名的外科医生，“文化大革命”中遭到批斗迫害，十一届三中全会后，他的冤案得到彻底平反昭雪，卸掉包袱的黄展延在诊治和科研方面都取得了显著的成绩。

鹤岗日报社、鹤岗一中和市京剧团是知识分子比较集中的地方。政策落实之后，他们又有了用武之地。报社的骨干编采人员陆续入党，得以重用；一中的一些骨干教师先后走上了领导岗位，发挥出更大的

潜能，重新焕发出青春；京剧团的老演员们虽时值花甲之年，仍在兢兢业业地培养小演员，为振兴京剧事业做贡献。

在那期间，各级组织还按照上级有关文件精神，认真处理被查抄的财物。将被单位和个人占用的财物，绝大多数退还给主人；被损坏的，也都作价给予赔偿。

历史进入这个时段，鹤岗呈现出一片晴朗的天。冤假错案得到平反昭雪，中断的高考得到恢复，等等。这些令人瞩目的大事不但成为当时社会最有温度的话题，而且激励着人们珍惜这宝贵的时光，努力工作学习，弥补丢失的那段时光。

三、加强党的建设　组织健康发展

"文化大革命"结束后，鹤岗市委在加强党的建设方面进行了大量工作。

加强理论学习　为推动党员、干部和工农群众的学习活动经常化、制度化，鹤岗市委通过党校，从 1977 年 11 月 12 日至 1982 年 9 月 28 日，举办了干部读书班、轮训班 14 期，正本清源的理论教育工作逐步走向正轨。通过培训，提高了党员干部的马列主义理论水平，进一步端正了思想路线，使党的思想建设工作逐渐步入正轨。

进行理想信念教育　鹤岗市委 1981 年在整党试点单位的党课教育中，把共产主义理想教育作为提高党员政治素质的重要内容。着重抓了四个问题：一是教育党员树立共产主义必定实现的信心，从社会发展的规律上认清社会主义制度的优越性和共产主义制度实现的必然性；二是教育党员认识到共产主义既是极其伟大的事业，又是非常艰巨的事业，前进的道路不会一帆风顺，作为一个共产党员，不管遇到什么困难和挫折，任何时候都坚持共产主义信念不动摇；三是教育党员把为共产主义奋斗的大目标和本职工作、目前的任务联系起来，振奋精神，艰苦奋斗；四是教育党员弄清共产主义理想和现行政策的关系。

学好文件精神　1981 年 6 月，党的十一届六中全会通过《关于建国以来党的若干历史问题的决议》。市委确定以会代训和举办短期离职学习班等办法，分期分批地组织党员干部学习该决议，以进一步统一

认识。到当年10月底，全市、县区机关党员干部全部轮训一遍。

1982年9月，全市广大干部在学习党的十二大文件过程中，还学习了《三中全会以来重要文献选编》《邓小平文选》《陈云文稿选编》。进一步强调把学习和宣传《邓小平文选》作为重点，用《邓小平文选》所阐述的观点、思想武装广大党员、干部的头脑，解放思想，探索一条中国式的社会主义现代化建设道路。

1984年10月，《中共中央关于经济体制改革的决定》发表以后，市委采取以会代训的方法，组织党员干部对该决定进行了系统学习。

1985年，市委组织干部学习《中共中央关于经济体制改革的决定》时，举办了辅导班，为基层党委培养学习骨干。在组织学习之后，广大党员干部吃透了决定的精神，并结合本市本单位实际情况，把决定精神落实在了具体的改革进程之中。

强化党纪教育　1979年，党的纪委组织重新建立之后，根据《中国共产党章程》和中共中央《关于党内政治生活的若干准则》规定精神，针对党员违纪倾向，先后发出《关于严禁用公款大吃大喝的通报》和《关于严禁在调整物价、工资工作中营私舞弊的通知》，对党组织和党员明确提出了纪律要求，制定了一些规章制度，并认真进行检查，收效比较显著。1979年3月，鹤岗市委按照省委下发的《关于党内政治生活的若干准则（草案）》的通知，要求全市各级党组织对照检查，纠正各种不正之风。

1984年12月，党中央、国务院《关于严禁党政机关和党政干部经商、办企业的决定》公布后，市委立即召开会议，传达中共中央、国务院及省委文件，各基层党组织组成由党委或纪委主要领导牵头的专门领导机构，加强对清理工作的领导。工商管理部门自接到该决定之日起，停止为党政机关和党政干部经商办企业发放执照。有的经商办企业的党政机关和党政干部，主动停办了自己的企业。

进行整党工作　按照中共中央和省委的部署，鹤岗市党组织的整党工作从1981年10月开始。全市用5年时间，分两期、七批，有计划、有步骤地整顿全市党的各级组织，到1986年10月末，整党工作全部结束。全市参加整党的共有78个党委、225个党总支、2047个党支部、28430名党员。

加强组织建设　1980年3月，鹤岗市委按照省委部署，在党组织的发展建设中，遵循积极、慎重的方针，成熟一个吸收一个。由于党的知识分子政策不断落实，大量吸收知识分子入党，特别是那些多年要求加入党组织的老知识分子，在党组织的培养、教育下，凡是达到党员标准的，都吸收入党。据1985年统计，全年发展680名知识分子入党。

加强党的宣传工作　1978年12月党的十一届三中全会召开后，鹤岗市委迅速掀起一个学习、宣传、贯彻三中全会精神的高潮。

1981年6月，为了学习贯彻执行好中共十一届六中全会通过的《关于建国以来党的若干历史问题的决议》，市委召开扩大会议，在党校办了3期科级以上干部轮训班，进一步学习六中全会精神，深入学习决议。

普遍进行改革开放的宣传是在党的十二大之后。

四、真理标准大讨论　澄清认识向前看

1978年5月以后，在关于真理标准问题讨论过程中，鹤岗市也层层举办轮训班和学习班，组织干部学习了《关于真理的标准问题》《实践是检验真理的唯一标准》《马克思主义的一个最基本的原则》等文章，就真理的标准和民主集中制问题，理论紧密联系实际，深入地展开了真理标准问题的学习和讨论。

鹤岗市通过这场学习讨论，宣传了党的辩证唯物主义思想路线，使人们的思想得到了一次空前的大解放。在此期间，鹤岗市委结合全党工作重心转移和改革开放，还加强了经济理论的宣传。

五、恢复国民经济　走上发展之路

鹤岗市委按照国家和省委的部署，自1977年初全面开启经济社会的恢复发展工作。鹤岗这片土地上的人民开始描绘建设家园的新蓝图。

煤炭产量突破1000万吨大关　在鹤岗煤炭经济发展史上，1978年是个重要节点，一举突破千万吨大关，成为全国12个年产千万吨大局

之一。12 月 11 日，矿务局在市影剧场召开的学大庆赶开滦群英大会上，表彰在突破千万吨会战中涌现出的先进集体和先进个人。会上宣读了煤炭部发来的贺电和省委、省革委会的贺信。矿务局党委号召全局干部职工把一切工作转移到四个现代化的轨道上来，提出了 1979 年要实现原煤生产 1200 万吨的奋斗目标。市委书记、市革委会主任彭诚在讲话中代表市委、市革委会，热烈祝贺矿务局取得的可喜成绩，赞扬了 7 万矿工和 20 万家属的特别能战斗精神，并就矿务局今后的工作提出希望和要求。

鹤岗市首届科学大会召开　1977 年 12 月 19 日至 22 日，鹤岗市首届科学大会在市影剧场召开。出席大会的有来自全市各条战线的先进科研集体代表、先进科技工作者、特邀代表共 800 多人。会议期间交流了南山选煤厂、粮食局第一制米厂、矿务局机电修配厂等 8 个先进单位和先进个人的经验，表彰了 90 个先进集体、243 名先进个人和 100 项科技成果。会议宣布任命了一批科学技术干部，讨论通过了鹤岗市科技发展纲要和未来 23 年的科学发展设想。

积极发展地方工业　党的十一届三中全会后，中共鹤岗市委确定了“以煤炭工业为主体，协调配套发展”的方针，从鹤岗实际情况出发，发挥鹤岗资源优势，积极发展建材、食品、轻纺等地方工业。1979 年至 1982 年的四年间，建筑材料工业平均每年增长 8.7%，食品工业平均每年增长 7.1%，纺织工业平均每年增长 27%。与此同时，地方机械工业企业由于坚持为煤矿、为市场需要服务的方向，每年从矿区承揽了大量活源，也取得较好的经济效益，发展步伐不断加快。

四年来，下气力调整工业内部结构，狠抓适销对路产品的增产。1982 年同 1978 年相比，适销对路产品增产幅度较大的有 28 种，占重点考核的 50 种产品的 56%。其中，白酒增产 45.8%，啤酒增产 3.4 倍，塑料制品增产 1.5 倍，玛钢件增产 84%，红砖增产 87.2%。轻纺产品和服装鞋帽的花色、品种逐年增加，基本满足了本市市场需求。

四年来，技术进步迈出可喜的步伐。仅工交系统就先后完成挖潜、革新、改造项目 131 项，小改小革 984 项，推广应用新技术 31 项。四年间，全市共有 14 种产品被评为省优质产品，弥补了 1979 年前全市无优质产品的空白。1982年，重点考核的50种产品质量稳定提高率达到80.8%，比1978年提高8.4%。

第二节 奋斗崛起 交相辉映

鹤岗市在拨乱反正的大好形势下，各行各业在恢复中促发展，在奋斗中促崛起。鹤岗矿务局通过老矿挖潜、革新、改造，共增加生产能力376万吨。1978年煤炭产量突破千万吨大关之后，1979年煤炭产量再次提升，一跃进入全国第四位。在此后的三年中，鹤岗矿务局继续保持煤炭产量在全国的先进地位，1980年又实现大面积盈利，呈现良好发展态势。全市的地方工业、商贸服务业、城市建设等各方面的发展步伐也不断加快，挖潜改造效果显著。全市人民以前所未有的崭新面貌迎接党的十二大。

一、勇攀高峰 煤炭生产跃前列

鹤岗煤炭产量跃居全国第四 1979年，鹤岗矿务局煤炭产量达到1200万吨，位列全国大型煤炭企业大同、开滦和平顶山之后的第四位。

鹤岗矿务局在进入1979年后，在中央“调整、改革、整顿、提高”方针指引下，实行了“八定八保”为内容的经济责任制，全局改革就此起步，矿区的各项工作充满生机。到5月29日，全局累计生产原煤536万多吨，提前32天完成上半年国家计划。开拓进尺、岩巷进尺、洗精煤产量、材料消耗、全员效率等主要经济指标都创出了历史同期最好水平。截至11月9日，矿务局分别提前52天、156天完成全年国家煤炭生产和开拓进尺计划，主要经济指标创历史同期最好水平。到12月底，全局共生产原煤1203.6万吨，超额实现了所定目标。煤炭产量一跃跨入全国煤炭行业第四名的显著位置。此后，鹤岗矿务局的煤炭产量以每年50万吨的数量递增，等于每年都有一个中型矿井投产，极大地缓解了当时东北能源紧张的局面，矿务局党委在此基础上，再次修订了矿区挖潜改造10年规划，确定了第二期14项挖潜工程。

这种老矿焕发青春的“鹤岗现象”引起了上级领导和新闻媒体的高度重视，纷纷到鹤岗调研、采访。时任鹤岗矿务局党委书记的于洪恩写了一篇论文《挖潜、革新、改造是老矿区煤炭生产发展的主要途径》，很好地诠释了“鹤岗现象”的个中奥秘。

于洪恩升任国家煤炭部部长　于洪恩从一名井下采煤工，一路走来，走上煤炭部副部长、部长的岗位，这不仅是鹤岗煤矿的光荣，也是全国煤矿工人的光荣。

1927 年，于洪恩出生在沂蒙山与黄海海岸交汇处的山东省莒县。日本侵略者无条件投降前夕，刚刚十几岁的于洪恩为摆脱贫穷困苦的煎熬，毅然爬上北上的列车，来到时称兴山的鹤岗煤矿。1946 年，于洪恩在鹤岗成为一名采煤工人。他年轻气盛，干活舍得卖力气，做事愿意动脑筋，工作爱较真儿，有一股不服输的劲头。因为他知道，好日子来之不易，全国还没解放，前方战事吃紧，急需煤炭支援。他就是凭着这朴素的感情，干起活来有股拼劲，被工友们称之为“小老虎”。他个头不高，说话时嗓门特别洪亮，因此又得名“小钢炮”。不久，他入党了，提干了。中华人民共和国成立时，22 岁的于洪恩由坑长升任东山矿副矿长。1950 年，又升任矿长。当坑长时，他所在的井区是模范井区。当矿长时，他领导的东山矿是响当当的高产矿。由于工作业绩突出，他多次受到上级的表扬和嘉奖。

1954 年，矿建公司和土建公司合并，于洪恩调任合并后的建安公司经理。当时正是实施苏联援建的 156 项重点工程的关键时期。为了“新一矿”的建成投产，他废寝忘食，做出了重要贡献。

1956 年，煤炭工业部调于洪恩到北京煤炭工业干部学校学习。学习结束后，刚过而立之年的于洪恩又被保送到北京矿业学院度过了 4 年大学生涯。毕业后，他带着报效家乡的一片热忱，回到鹤岗矿区继续投身煤矿工作。在任兴安矿矿长期间，他抓基层，固基础，带队伍，使煤炭产量一再攀升，迅速超过了设计水平。1962 年 1 月，34 岁的于洪恩升任鹤岗矿务局副局长。“文化大革命”中，他是最早出来工作的，进了班子，是“革委会”副主任。1974 年 12 月，他调任黑龙江省煤管局副局长。1977 年 5 月，于洪恩又回到鹤岗任市委副书记、矿务局党委书记。当时正是老矿挖潜、革新、改造的关键时期，高音喇叭里经常传出于洪恩那铜钟般、富有感染力的讲话声。全局上下群情激奋，心往一块想，劲往一处使，“奋战‘七七’打基础，‘七八’坚决破千万”成为共同喊响的口号和奋斗的目标。1978 年、1979 年、1980 年，鹤岗矿务局的煤炭产量一增再增，报捷的锣鼓声不断响起。“鹤岗现象”和“中年挖潜专家”于洪恩备受各路媒体的关注。在成绩面前，于洪恩保持警醒，并告诫各级干部，多做少说，尽好煤矿带头人的责任。

1977 年 5 月 9 日，于洪恩（左二）任鹤岗矿务局党委书记

这一年 9 月，于洪恩接到上级通知，去中央党校学习。一年后的 1981 年 8 月，于洪恩出任煤炭工业部副部长、党组成员。1985 年 4 月，于洪恩被任命为煤炭工业部部长、党组书记。全国体制改革后，煤炭工业部撤销，于洪恩出任中国统配煤矿总公司总经理。此后，曾任中华全国总工会副主席、书记处第一书记、党组副书记。他还是中国共产党十二届、十三届中央委员。

矿务局一业为主　多种经营　1982 年，改革之中的鹤岗矿务局还推行了一业为主，多种经营的改革，组建了多种经营总公司。全局以发展为中心，进一步完善各种经营承包形式，注重经济效益，由单纯

生产型企业向生产经营型企业转轨。到这一年，鹤岗矿务局拥有了8个大型现代化煤矿，拓展了煤炭开采领域，为煤炭产量继续攀升奠定了坚实基础。

二、砥砺奋进　地方工业全扭亏

开展增产节约运动　1979年，鹤岗市政府认真贯彻“调整、改革、整顿、提高”八字方针，开展增产节约运动，取得显著效果。这一年，从鹤岗矿务局到全市地方工业、区街工业、乡镇企业、集体企业都实现了扭亏增盈，都迈出了较大的发展步伐。

数字高斯计与核磁共振磁场测量仪填补国家空白　1980年9月18日，中共中央、国务院、中央军委及国防科委向鹤岗市电工仪表厂发来贺信，祝贺该厂研发生产的数字高斯计和核磁共振磁场测量仪这两种产品被用于我国向太平洋海域发射运载火箭，该厂成为参加研制、实验向太平洋海域成功发射运载火箭的有功单位之一。

1975年6月，该厂研制的国防工业精密仪器——数字高斯计通过部级技术鉴定，1976年投入生产。1977年，该厂研制的另一项国防工业精密仪器——核磁共振磁场测量仪也通过部级技术鉴定，1978年投入生产。数字高斯计和核磁共振磁场测量仪正式投入生产后，经国家技术鉴定，达到了国际同类产品先进水平，填补了我国精密磁场测量的一项空白，该厂被国家鉴定为精密磁场测量仪的唯一定点生产厂。

地方工业挖潜改造效果显著　进入1980年，鹤岗市地方工业为适应市场变化，开始在挖潜改造上下功夫，也取得显著效果。全市地方工业企业累计完成工业总产值比上年提高10.9%，提前27天超额完成全年生产任务；实现利润超过全年计划13.3%，比上年增长18%；产品质量普遍提高，皮带机、氧气、电视机管、防爆滚筒、童鞋等11种产品质量达到国内同行业的先进水平。袜子、雪花膏等31种产品质量达到省内同行业的先进水平。

三、穷则思变　“闻鸡起舞”种新田

改革之初，南方沿海改革开放、致富发财的消息不胫而走。远在龙江侧畔的鹤岗人也坐不住了。南风吹拂，时不我待，闻鸡起舞，春耕播种正当时。

市郊农村改革打响“第一枪” 1981年春，黑龙江省农村的家庭联产承包责任制尚未推开，鹤岗郊区正要搞试点，大家还在观望之时，市郊的红旗乡（现为红旗镇）峻丰村的几户农民就学着安徽凤阳小岗村人的样子，在村里搞起了家庭联产承包责任制（也叫“大包干”），走在了全省、全市的前头，成为鹤岗郊区实行家庭联产承包责任制的第一村。当年，这个村的农民就尝到了甜头，还是那块田，但他们的收入比上年翻了一番。

“一号文件”给农民吃了定心丸 1982年1月1日，中共中央出台了第一个关于“三农”问题的“一号文件”，肯定了当时农村实行的包括联产承包责任制在内的各种责任制。

很快，鹤岗郊区农村陆续实行了各种形式的生产责任制，涌现出一批承包户和专业户。新华公社永芳四队农民刘春富兄妹5个都是好劳力，“大帮轰”时年年不见一个回头钱。1982年初，永芳四队实行了联产承包责任制，刘春富兄妹5人憋足了一股劲，包了4垧菜地。从栽秧开始，一大家子14口人，除了一个上学的孩子外，男女老少都出动。每天清晨顶着星星下地，晚上太阳落山才收工。全家人从来没有这么忙过，也从来没有这样高兴过。由于心思尽到了，功夫下到了，当年承包的茄子早下来7天，延后了6天，平均垧产9万多斤，比“大帮轰”时翻了两番。

市郊出现一批多种经营“兼业户”“万元户” 随着农村经济政策的落实和产、供、销渠道的疏通，农民发展多种经营的积极性高涨起来。截至1982年8月，红旗公社长胜大队养鸡50~200只的农户有139户，占总农户的48%。新华公社在自留地上育树苗超过万株的有82户。一些农户以庭院、房前屋后、园田地和自留地为基地，经营起了一两项副业生产，主要是养鸡、养猪、养牛、养蜂和扣大棚种菜、栽果树等。红旗公社长胜大队社员李永学一家，扣大棚种植黄瓜、羊角葱、芥菜等，并花近200元安装了电动浇水泵，进行园田灌溉。全年可向市场提供蔬菜数千斤。

随着“包产到户”“包干到户”等多种形式的家庭联产承包责任制的实施，广大农民的生产积极性被充分调动起来。一部分农民通过加工农副产品、开展多种经营、搞特色经营等方式逐渐成为专业户，先一步富裕起来。《鹤岗市志》的“1982 年大事记”有这样的记载：“是年，市郊农村普遍实行各种形式的生产责任制，涌现出上千户的承包户、重点户、专业户。”

第三节 开拓进取 硕果累累

鹤岗市委在学习贯彻中共十二大和十三大精神实质中，按照大会指出的改革开放发展方向，带领全市党员干部与广大群众在总结中共十一届三中全会以来的工作经验的基础上，开始了新一轮改革开放的发展进程，超额完成了“六五”和“七五”计划，全市煤炭工业、地方工业、商贸服务业以及市政建设等全面启动，取得了一系列可喜成果。

一、矿务局建成国家二级先进企业

矿务局煤炭产量创新高 截至 1983 年 12 月 14 日，矿务局已生产原煤 1350 多万吨，提前 17 天超额完成了原煤生产国家计划。1983 年全年共生产原煤 1400 多万吨，创建局以来最好水平，继续保持国家先进矿务局荣誉，提前 57 天完成全年国家计划。其他各项经济技术指标也都创历史同期最好水平。

变废为宝——从煤气厂到瓦斯气厂 鹤岗矿务局经煤炭部批准，于 1983 年 9 月正式动工兴建煤气厂第一期工程。第一期工程投资 760 万元，设计日生产能力 2 万立方米，以供应居民使用，工程于 1985 年 12 月竣工。1987 年 4 月，经煤炭部同意，矿务局又投资 800 万元，对煤气厂进行第二期工程扩建，设计日生产能力 3 万立方米，1988 年 9 月竣工投入使用。由于燃气用户逐年增加，煤气厂在运行了 7 年后，出现了煤气生产供不应求的局面。

1992年，南山煤矿在井下抽取瓦斯气供给部分用户使用获得成功。为解决煤气供应不足问题，矿务局将煤气管道与南山煤矿瓦斯抽放站联网，用瓦斯气补充不足的煤气量。后经探明，南山煤矿井下瓦斯气储量在20亿立方米以上，气源非常充足。于是在1994年秋，将煤气厂全面停产，转型利用南山煤矿瓦斯气代替了煤气。

矿务局对国家煤炭部承包经营　一矿变两矿　1985年，原煤炭部实行投入产出总承包后，鹤岗矿务局对煤炭部开始了承包。矿务局开始引入承包经营机制，下放部分人财物和产供销管理权，初步向宏观调控与微观搞活结合、责权利统一的新的经营体系过渡。是年全局共生产原煤1540万吨，继续保持全国煤炭产量第四的位置。此时的鹤岗矿务局已发展成为有兴山、南山、岭北、新一、兴安、大陆、富力、峻德八大煤矿，10万职工，有17亿元固定资产的大型中直企业，成为国家重要煤炭生产基地之一。9月15日《人民日报》头版头条报道了鹤岗煤矿“十年时间一矿变两矿”的消息。

1987年，鹤岗矿务局煤炭产量继续上升到了1600万吨。1990年，鹤岗矿务局煤炭产量再创新高，达到1750万吨。这一生产水平一直保持到1992年。

矿务局被正式命名为国家二级企业　1990年8月3日，经国家二级企业考评验收小组现场检查考核，鹤岗矿务局达到了国家二级企业标准，通过了晋升国家二级企业的验收。

二、企业改革走向纵深　经济建设阔步向前

鹤岗市在贯彻落实党的十二大精神中，按照党的改革开放政策方针，首先在各个经济领域进行了一系列的改革探索，逐步构建了社会主义市场经济体制框架。在这紧锣密鼓的改革进行时，鹤岗的工业企业围绕转换企业经营机制这个中心，不断深化，一大批企业实现了由国有国营向民有民营的转变，租赁经营制、股份经营制、股份合作经营制等企业，如雨后春笋般遍及鹤岗大地。改革，改变了经济结构，也撬动了人们固化的观念。

1985年，鹤岗市按照中央四个一号文件和《关于经济体制改革的

决定》，开始了从农村到城市的全面经济改革。

1986年，鹤岗市按照中央“巩固、消化、补充、改善”的方针，进一步完善多种形式的经营承包责任制，制定《国营工业企业厂长（经理）任期目标责任制试行办法》，积极推行厂长（经理）任期目标责任制，预算内工业企业有三分之二签了状。在集体工业企业和国营小型商服企业中，进行了股份制及租赁、转制经营试点，取得了经验，收到实效。

1986年5月24日，鹤岗市第一个实行厂长任期目标责任制的起重运输机械总厂举行签字仪式。随后，鹤岗市第二轻工业局阀门厂首先改革组建为全市地方国营企业第一家股份制企业；鹤岗市国有企业腐殖酸化工厂成为第一家股份制有限公司；鹤岗市第一家国有企业改革为股份合作有限责任公司的新源电工仪表有限公司举行创立运行剪彩仪式；黑龙江省证券有限责任公司鹤岗证券交易营业部正式开始营业，结束了鹤岗市没有股市的历史；金鹤啤酒公司加盟哈啤集团，成立哈尔滨啤酒（鹤岗）有限公司；双鹤食品有限责任公司正式挂牌成立，实现了原食品有限公司由国有国营向民有民营新机制的彻底转变；瑞祥第一百货有限责任公司正式挂牌成立，国有老字号原第一百货商店正式成为民有民营企业；鹤岗市第一家股份制医院——兴山肛肠医院成立，开创了鹤岗市医疗卫生体制改革的先河。

鹤岗白酒厂、禾友农药、鹤特立皮革厂、新华造纸厂等一大批企业实现了由国有国营向民有民营的转变，租赁经营制、股份经营制、股份合作经营制等企业，如雨后春笋般遍及鹤岗大地，逐步构建了社会主义市场经济体制框架。

1987年1月12日，中共鹤岗市委六届六次全委（扩大）会议确立了“依托资源，以煤为主，综合发展，建设现代化工业城市”的经济发展战略。

1988年，按照市委的总体部署，分层次、成建制、按系统、有组织地推进各项改革工作。先后抓了建筑业改革、企业内部配套改革、城区体制改革和政府部分经济管理机构的改革。

1989年，全市经济体制改革工作的重点是进一步完善企业承包经营责任制。对外开放规模和领域不断扩大，经济技术合作迅速发展。扩大了与俄罗斯、日本、美国等十多个国家和地区的经贸联系，同国内许多城市、大专院校、科研单位建立合作关系。五年来，全市完成经济技术合作项目 209 项，引进新技术 150 项，引进资金 3151 万元，物资协作总额 1.1 亿元。

1991 年，全市企业改革稳步推进，已由放权让利为主向转换企业经营机制转变，全市工业、建筑、商服企业的二轮承包面积已达 76%，外贸体制改革和流通体制改革取得积极成果。同时，通过贯彻市委、市政府制定的搞活工业企业“七十条”，进一步推动了企业的多方面改革，也促进了全市工业总产值的提升，当年完成 23.3 亿元，为计划的 102.4%，实现利税比上年增长 10.4%。

“六五”“七五”成果卓著　在执行“六五”计划的 1981 年至 1985 年，是鹤岗市经济社会发展的重要时期。中共鹤岗市委按照党的十一届三中全会精神，实现了党的工作着重点的转移，开始从农村到城市的全面经济改革，取得可喜的显著的成绩。一是工业生产开始走上持续稳定发展的轨道。1985 年，全市工业总产值达到 82613 万元，扣除不可比因素，五年间平均每年增长 4.9%；全市原煤产量（含地方煤矿）达到 1618 万吨，比 1980 年增产 293 万吨；地方工业经受住了产品由国家包销到企业自销的严峻考验，在全市工业总产值中的比重已由 1980 年的 28.27%上升到 35.5%，有 28 种产品被评为省级以上优质产品；全市工业门类也由原来只有煤炭、机修、建材等 6 个行业，发展到有色金属矿采选、化学工业、医药工业、机械制造业、仪器仪表制造业等 30 个门类，初步形成了以煤炭工业为主体、多种工业协调配套发展的工业体系。鹤岗的工业走向了柳暗花明的新局面。二是农村经济发生了可喜变化。由于调整产业结构，实行联产承包，郊区农业总收入大幅度增长。1985 年，农业总收入 5545 万元，五年间平均每年递增 31.4%；多种经营和乡镇企业在农业总产值中的比重，由 1980 年的 11.1%上升到 27.6%。三是基本建设成绩显著。“六五”期间，全市固定资产累计投资 81865 万元。其中，地方投资 7988 万元，新建了面粉厂、纺织厂、糖果厂、第四塑料厂、腐殖酸化工厂等 19 个主要生产项目和30个生活项目，新增工业产值6100万元；建成蓄水能力3000万立方米的五号水库，铺设输水管线110公里，基本解决了城市的生产、生活用水问题。新增130公里排水管道，向阳区、工农区大部分地区实现了下水联网；全市新建住宅70.9万平方米，建成26公里长的新鹤公路，拓宽市区主干道，铺装柏油路19.22万平方米，整修小街小巷道路250条。新建了松鹤公园。四是市场繁荣兴旺。1985年，全市商业、服务业、交通运输业等第三产业的全民、集体、个体服务网点有9104个，比1980年增加了3倍。网点布局趋向合理，开放式的流通体制正在形成。全市社会商品零售总额由1980年的20311万元，增长到1985的34311万元，平均每年增长11.2%。1985年，地方财政总收入4003万元，按可比口径计算，五年间平均每年增长9%，连续十几年实现收支平衡。此外，文教、科技、卫生、体育、广播电视事业有了新的发展，人民生活有了显著改善。

“七五”时期是实现党的十二大提出的到20世纪末“工农业总产值翻两番”“前10年打基础”战略部署的重要时期，也是新旧体制转轨过程中两种体制并存，同时又激烈冲突的时期。在治理整顿和深化改革的推动下，到1990年底，“七五”计划胜利完成。“七五”期间，特别是1990年，鹤岗市坚定不移地进行治理整顿和深化改革，化解经济生活和社会生活中的诸多矛盾，经济建设及各方面工作取得了一些新成就。第一，全市国民经济持续增长，经济实力明显增强。实施“七五”计划的五年中，共完成固定资产投资17.2亿元，比“六五”期间增长了50.9%。完成了峻德竖井、兴安竖井、热电厂、兴华玻璃厂、玻璃制品厂、粮食局面粉厂等50项重点新建、扩建项目，新增产值1.5亿元、利税0.2亿元。完成55项重点技术改造项目，新增产值7722万元、利税1114万元。1990年，全市工农业生产总值完成了13.64亿元，比1985年增长了37.8%，年均增长6.6%。第二，经济结构得到初步调整，比例关系有所改善。由于认真实施“综合发展战略”，在努力促进煤炭主体产业稳步发展的同时，积极发展电力、化工、粮油、机电、建材、黄金、轻纺等替代产业，替代产业与主体工业的比例，由1985年的4∶6上升到1990年的6∶4。集体所有制工业产值在全市工业总产值中的比重，由1985年的20%上升到1990年的33%。第三产业呈稳步发展的态势，在全市国民生产总值中的比重，由1985年的11%上升到1990年的14%。第三，对外开放规模和领域不断扩大，经济技术合作迅速发展。扩大了与俄罗斯、日本、美国等十多个国家和地区的经贸联系。同国内一些城市、大专院校、科研单位建立了合作关系。五年间，全市共完成经济技术合作项目209项，引进新技术150项，引进资金3151万元。同上海宝山区、北京海淀区、广州东山区（现为越秀区）、大连旅顺区、烟台市建立了友好市区关系。第四，城市功能进一步加强，城市面貌有了新的改观。“七五”期间，全市城市建设投资7.8亿元，比“六五”时期增长20%。1990年与1985年相比，城市道路拓宽增加10万平方米，高级路面增加了13万平方米，市区自来水普及率增长20%，城市垃圾清运量增长46%，公共交通客运量增长70%，城市园林绿地面积增长40%，绿化覆盖率增长13%。市矿共建的热电厂、矿务局煤气厂、工农区热网及市石油液化气站等项目的建成，方便了人民生活，改善了城市环境质量。绥、萝两县的城镇面貌也发生了显著变化。第五，“科技兴市”开始起步，科教文卫事业全面发展。五年间，全市完成科技项目86项。其中，科技攻关项目45项，技术推广项目20项。全市普及了初等教育，入学率、巩固率、毕业率均达到国家规定标准。全市医疗病床比1985年增长33.5%。电视覆盖率达到93.3%。第六，人民生活水平进一步提高，城乡市场繁荣稳定。1990年，全市居民人均生活费收入达到1101元，扣除物价上涨因素，比1985年增长66%，年均增长10.7%。城镇居民住房面积由人均4.12平方米上升到6.13平方米。“七五”期间，先后建立了鹤岗百货大楼、三江宾馆、蔬菜恒温库、新一农贸大棚等十几处骨干商服设施，商业、饮食业、服务业网点基本满足了市民需求。通过实施“383工程”，物价上涨幅度逐年回落。

1991年，鹤岗经济在重重困难中出现好的转机，主要经济指标均超过计划。这一年，通过贯彻市委、市政府制定的搞活工业企业“七十条”，全市工业总产值完成23.3亿元，为计划的102.4%，实现利税比上年增长10.4%；农业在大灾之年夺得历史上第二个丰收年，全市粮豆薯总产达到19.36万吨；固定资产投资结构合理，重点建设项目进展顺利；市场物价基本稳定，金融形势相对平稳。这一年，企业改革稳步推进，已由放权让利为主向转换企业经营机制转变，全市工业、建筑、商服企业的二轮承包面积已达76%，外贸体制改革和流通体制改革取得积极成果。

1991年7月26日至27日，中共鹤岗市委、鹤岗市政府在矿务局宾馆一楼会议室召开创一流上水平典型群体经验交流会。会议期间，与会人员分4组巡回参观了矿务局选煤厂、南山胶合板厂、制粉厂、白酒厂等7家企业。在27日的大会上，分别授予市白酒厂“行业排头兵”、南山胶合板厂“锐意改革，勇于开拓”、市粮食局制粉厂“千万富翁”、钢铁厂“艰苦创业典范”、南山区一煤矿“地煤先锋”、岭北矿党委“政工楷模、党建标兵”、兴山矿“质量标准化典型”、矿务局选煤厂“财税支柱、煤海明珠”、兴安矿二采区“能征善战，勇创一流”、新一矿二采区二四四采煤队“雄风长在，无坚不摧”、绥滨县忠仁镇“三位一体，全面丰收模范镇”、蔬园乡“兴工富民”、团结乡桦春村“首富村”、萝北县红旗村党支部“致富核心”、第一副食品商店“开拓经营，创优夺标”、第二百货商店“严管细算、诚实信用商店”、市师范学校“建校育人，桃李芬芳标准化师范”等光荣称号。

鹤岗成立企业集团公司。1991年12月9日，鹤岗市第一家集团公司正式成立。鹤岗合成革集团公司是以合资企业鹤特丽有限公司为龙头，由鹤岗市第四塑料厂、色浆厂、万利皮件厂、群力服装厂、华美服装厂等企业组合而成的。这一集团公司的成立，标志着鹤岗市产业结构调整迈出了重要一步。1991年末，鹤岗市供销合作社联合社建立了由北疆商场、兴安百货大楼、新街基百货商场、红旗供销社、蔬园供销社5户企业组成的北疆商场企业集团公司，形成以城带乡、以强扶弱的供销零售经济联合体。集团公司按照“统一领导、协调一致、联购分销、平等互利、共同发展”的宗旨，充分发挥企业群体功能，提高企业群体效益。集团公司成立后，内部互调商品和余缺品种，互通信息和资金。一举扭转了亏损的被动局面。

区街工业提前完成1991年产值利润计划。截至1991年12月9日，全市区街企业累计完成工业总产值1.26多亿元，实现利润309.4万元，税金355.4万元，分别比上年同期增长14%、7.6%和6.3%，其中利润超过年计划的31.7%。1991年，全市共有区街企业112户，职工1.4万人。当年，全市区街企业开展“质量、品种、效益年”活动，以市场为导向，合理调整产业结构和产品结构，通过技术改造开发新产品。共完成科技项目8项，开发新产品20多种。与此同时，深入开展对标达标、提质降耗、挖潜增效活动，企业管理趋向正规化。各区都在强化销售上下功夫，加强销售队伍建设，狠抓货款回收，使资金回转天数下降到平均191天，促进了生产的发展。工农区委、区政府经过市场调查，对亏损企业同江泉浴池实行产业结构调整。把地处闹市的同江泉大楼改造成具有综合性服务功能的劝业场。一楼重新修缮了浴池，二楼建成“金桥歌舞厅”，三楼是餐厅，楼外的13间商店出租。从而救活了“同江泉浴池”，提高了经济效益。鹤岗市装饰板厂原是南山区一户小企业，经过调整产品结构，形成以微薄木为龙头产品的产业链，产品打入广州、天津等地，成为年产值超百万元的区街企业。

对部分国营商服企业“四放开”。为进一步搞活国营商服企业，鹤岗市政府决定在百货大楼、第一副食品商店等部分国营商服企业进行经营、价格、分配、用工“四放开”试点。第一，放开经营。除专营、专卖和国家指定单位经营的商品外，其余商品都可以放开经营，允许跨行业兼营其他商品。第二，放开价格。除国家和省定价的商品按规定执行外，其余商品价格全部放开，企业可以自行灵活作价，不再履行报批手续。第三，放开分配。在落实承包经营责任制的基础上，实行风险抵押承包，工资全额浮动，按经营效果计提工资、奖金，上不封顶，下不保底。第四，放开用工。改革用工制度，实行优化组合，实行全员劳动合同制、干部聘任制和内部待业制。

三、地方金融组织 改革走向市场

改革先驱——鹤岗振兴合作银行 1984年末，鹤岗市振兴合作银行成为黑龙江省第一家集体所有制金融组织。

面对资金雄厚、网点众多、实力较强大的各专业银行，小小振兴合作银行的生存发展秘诀是优质服务、灵活经营。并针对广大群众生活需求，试办“买房建房贷款”“财产及有价证券抵押贷款”“购买高档消费品贷款”等金融新业务。被群众誉为“受欢迎的小银行”。

在1986年10月下旬召开的黑龙江省金融系统经济体制改革座谈会上，鹤岗市振兴合作银行经理刘煜荣的发言引起了强烈反响。与会者当即推荐刘煜荣经理参加11月29日在桂林召开的全国金融体制改革经验交流会。

建设银行成立信托投资公司　1987年1月15日，建设银行鹤岗市支行以改革为动力，拓宽业务领域，开办了信托投资公司。这是鹤岗市金融体制改革中创办的第一个全民所有制非银行地方金融组织。自成立以来，他们加强了各项基础工作，开办7项新业务，积极支持了地方经济建设。一是开办了信托投资公司。它是以财政为主体、建行为依托，以振兴地方经济为目的的非银行金融机构，实行董事会领导下的经理负责制；二是试办了建设城市信用社；三是开办了居民储蓄业务，把储蓄作为重要的资金来源；四是建立和发展了长短期资金市场；五是开办了抵押贷款业务；六是开办了实业开发业务；七是支持城市住宅开发和配套建设。

短期资金市场日趋活跃　1987年，鹤岗市各家银行在搞活资金融通、开拓、完善资金拆借市场方面，作了一些大胆的尝试，缓解了资金供应一度紧张的局面，为发展地方经济做出了贡献。

为缓解本市彩电、冰箱和猪肉供应紧张的局面鹤岗市工商银行，从松花江地区工商银行拆入1000万元，贷给商业部门大量进货，为平抑市场物价、缓解供求矛盾，起到了积极作用。市建设银行在建安企业施工资金不足的情况下，及时从佳木斯市建行拆入300万元，保证了建安企业的工程工期。在矿务局资金一度紧张时，市建行和市工行分别拆入资金贷给矿务局，使矿务局及时购进了急需的储备材料，承付首钢、鞍钢等8家钢铁公司的钢材款，避免了使用议价钢材的后果，仅此一项就减少价差损失1000余万元。

鹤岗市短期资金市场的形成和发展，改革了以往系统内单一调拨资金的做法，打破了信贷资金纵向调拨和条块分割的局面，资金供应由封闭式向多渠道、多层次、开放型的横向融资方式转变。

成立金融市场　1992年6月3日，鹤岗市金融市场成立，标志着鹤岗市金融体制改革迈出了重要的一步。在剪彩仪式上，金融市场当场向资金较紧缺的银行拆借1300万元。金融市场成立后，利用资金的地区差、行际差、时间差，为各金融机构互相融通资金，调剂资金余缺，提高资金的使用效益，更好地为经济建设服务。金融市场还和全省联网，同大庆、绥化、佳木斯、伊春、鸡西等地建立了联谊关系，并与省金融市场建立业务联系，广开门路，八方融通资金，为发展鹤岗工农业生产创造宽松的资金环境。

四、城市重点项目　有序推进建设

华能鹤岗电厂一期工程立项建设　1991年，“鹤岗华能电厂”的建立由国家正式批复。工程定于1992年开工建设。总投资14亿元，1991年投资2000万元，1992年投资2.5亿元。

华能鹤岗发电有限公司由中国华能集团公司、国华能源有限公司、黑龙江省电力开发公司投资组建，华能控股。

工程设计一期工程装机容量为60万千瓦。三期工程建成投产以后，公司年产值将达到35亿元以上，年实现利润3亿~5亿元，上缴税金5亿元以上。

鹤佳高等级汽车专用公路立项开工　1991年7月国家正式批复修建“鹤大公路”（鹤岗至大连）鹤佳公路（鹤岗至佳木斯）鹤岗段里程为28.7公里。总投资1.7853亿元，1992年10月，升为一级汽车专用公路，增加投资1.2亿元。

鹤佳高等级汽车专用公路实际上是鹤岗到大连高速公路（简称“鹤大高速”）的佳木斯鹤岗段。“鹤大高速”在国家高速公路网编号为G11，是国家高速公路“7918”网中的9条南北纵线中的第一纵，也是交通运输部《规划纲要》和吉林省高速公路网规划的组成部分，是由国务院批准的《东北地区振兴规划》中确定重点建设六大通道之一。“鹤大高速”起点在黑龙江省鹤岗市，途经佳木斯、七台河、鸡西、牡丹江、敦化、白山、通化、丹东，终点在辽宁省大连市，全长1474

公里。

哈萝公路新鹤段建成通车　1984 年 7 月 1 日，鹤岗市政府在峻德大桥举行哈萝公路新鹤段建成通车剪彩仪式。这条路是省交通厅 1980 年批准建设的国家二级高等级公路，全长 26.5 公里，路面宽 12 米，从新华桥北起始，途经峻德竖井、兴安台、富力矿、南山矿俱乐部，至新一矿附近的矿史馆门前与哈萝公路相交。

哈萝公路新鹤段从 1980 年开工到 1984 年 7 月 1 日建成通车，历时 4 年零 7 个月。这条路的建成对发展鹤岗经济、确保哈萝公路畅通、提高公路的承载能力，都发挥了重要作用。

鹤岗公路出入畅通　鹤佳、哈萝、鹤大等高等级公路的相继竣工使用后，鹤岗地区又建成了鹤伊公路、哈肇公路鹤岗至名山段以及富绥大桥。这些路桥的竣工通车，使鹤岗市三个方向出口道路都成为高等级路面，出入口三条公路畅通了。鹤岗市出入公路不仅结束了没有高等级公路的历史，而且也使路况得到根本好转，逐渐形成鹤岗地区公路网络化，彻底改变了鹤岗公路系统在全国同行业中落后的局面。此外，鹤岗境内的萝北、绥滨两个一类口岸也先后开通，方便了中俄两国人民的友好往来，也使鹤岗具备了江海联运的条件。

解决生产生活用水的五号水库工程竣工　1986 年 10 月 10 日，关乎鹤岗市生产生活用水的五号水库工程全部竣工，交付使用。从此，鹤岗市多年来工农业生产和人民生活用水的紧张局面得到缓解。

鹤岗市五号水库工程是由省建委、省水利厅和鹤岗市政府三家投资兴建的，施工期间得到省有关部门的大力支持。全部工程投资 1069 万多元，共完成土方 115.48 万立方米，石方 5.14 万立方米，混凝土工程 1.83 万立方米。水库建成后，每天可向鹤岗市供水 3 万立方米，可灌溉下游良田 2 万多亩。汛期还可以拦蓄山区洪水，调解大鹤立河的水位，保证下游工矿企业和人民生活的安全。五号水库是当时鹤岗市最大的水利枢纽工程，在全市经济建设和人民生活中有着重要的地位。

鹤岗市在建设五号水库的同时，又相继建成库容为 150 万立方米的南大排水库、库容为 230 万立方米的都柿沟水库、库容为 650 万立方米的十里河水库和 3000 万立方米库容的细鳞河水库。

细鳞河水库大坝合龙 1987 年 10 月 2 日，库容量为 3207 万立方米的细鳞河水库大坝合龙蓄水，宣告了鹤岗冬春两季严重缺水的历史即将结束。10 月 10 日上午，市委、市政府和矿务局举行了细鳞河水库大坝合龙剪彩仪式。

1980 年春，矿务局党委书记于洪恩、局长李云峰等踏察细鳞河后，拍板拦河造坝，建细磷河水库。1983 年，煤炭部决定拨款 1200 万元资助水库建设。1986 年，出于更长远的战略考虑，煤炭部同意扩大库容量，加高坝体，并两次拨款 1100 万元。

五、农村改革促发展 华丽转身绽新颜

大包干带来可喜变化 1983 年初，鹤岗市南郊新华公社 51 个生产队中，有 29 个生产队实行了大包干，有 6 个生产队实行包产到户，其余 16 个生产队实行专业承包，从根本上扭转了“大帮轰”的局面，社员的生产积极性高涨起来。一度生产被动的兴华一队家家户户变“猫冬”为冬忙，掀起了积肥热潮。一队社员王成员不到一个月积肥 40 立方米。有的承包户联合起来刨温床土，为育苗做准备。有的社员打草，编草苫子。双泉大队是市郊团结公社最后一个确定责任制形式的单位。

1983 年 11 月 21 日至 23 日，市委、市政府召开全市农业工作会议，总结交流了一年来实行联产承包制的经验，讨论落实新的一年农业生产计划和措施。

市郊春早 1984 年 1 月，中央下发的一号文件指出：“土地承包期一般应在 15 年以上。生产周期长和开发性项目，如果树、林木、荒山、荒地等，承包期应当更长一些。”这样的好政策，使鹤岗市郊区的承包户们坚定了信心，增添了干劲，燃起了新的希望。

聂印海是蔬园公社日新三队的承包户。过去，全家 9 口人辛辛苦苦劳动一年，结果却欠了许多三角债。1983 年，他家承包了 8 亩菜地，一年下来，生产蔬菜 76000 多斤，收入 4700 多元，成了队里的冒尖户。他还清了 500 元贷款，买了 1 台手扶拖拉机、1 匹马，拴了 1 台车。1984 年，中央下发了新的一号文件，聂印海就像是吃了一颗长效定心丸，心里又有了新的计划和打算。

刘仁凯是蔬园公社新生一队的奶牛重点户，一家8口人，5个劳动力。1983年，他家承包5亩地，养了3头奶牛，成为新生一队的第一个万元户。听了传达中央一号文件后，一家人心里更踏实了。刘仁凯说："如今党的政策15年不变，我家奶牛下的3头牛犊一个也不卖了。"

桶子沟办起家庭林场　1984年底，桶子沟林场在实行联产承包责任制后，将一部分次生林和交通不便、不利于经营的地块承包给17名职工，办起了12户家庭农场，承包了11000亩山林的人工更新、造林和病虫害防治等营林生产项目。家庭林场的各种林产品由林场按国家统一价格收购、经销。林场职工在承包期内留职停薪。承包合同规定，家庭林场每年改造低产林100亩，三年后由林场验收交林场统一管理。每家允许留10亩农田种植蔬菜和经济作物。

农村经济体制改革不断深化　中央连续发出的一号文件使鹤岗农村发生了深刻变化。

到1985年，全市郊区11914户农民全部实行了联产承包责任制，并取消了实行多年的农副产品统购、派购制度，农民有了生产经营自主权，在经济效益上都比承包前有了提高。1988年，绥滨县、萝北县划归鹤岗管辖，扩大了鹤岗市农业的总量，实现了由单一的"郊区型"农业向多元"综合型"农业的转变。

农村改革继续深入。1988年，鹤岗市在稳定完善田间生产责任制和多种经营生产责任制的基础上，又完善了社会服务体系，向着贸工农、粮牧企、农科教和城乡四个一体化方向发展。

1989年，农村经济体制改革以稳定和完善家庭联产承包责任制为重点，在充分尊重农民意愿的前提下，普遍对承包到期的土地进行合理的小调整工作，延长了承包期，注重完善充实土地承包合同，并逐步开始试行土地流转机制，提高了土地的产出率。这一年全市实行土地承包流转的有2973户，占承包总户的9%；流转耕地10.1万亩，占承包耕地的6.4%。由于合理流动，生产要素的优化组合，流转后的土地单产提高16%。县乡还探索出适合本地实际的改革措施。绥滨县创出适合本县经济发展实际的扶贫互助农场，萝北县涌现出以肇兴乡三马架村为代表的农村村级合作经济组织——合作基金会，为农民生产提供产前、产中、产后服务。

1991 年，全市农村改革围绕“稳定家庭联产承包制，完善双层经营体制，壮大集体经济，建立社会化服务体系”的方针，重点抓了三项工作。一是抓政策的稳定和完善，巩固家庭经营基础；二是发展壮大集体经济。1991 年全市已建合作基金会 48 个，入会股金 418 万元，融资达 250 万元。并注意多方开辟集体经济收入来源；三是抓服务体系建设。

乡镇企业发展步伐加快 十一届三中全会以后，鹤岗市的乡镇企业发展较快。蔬园乡党委把发展乡镇企业摆在农业翻两番的重要位置上来抓，因势利导，发挥优势，使乡镇企业成为农村经济的重要支柱。1980 年，蔬园乡乡镇企业年收入为 324 万多元，占全乡工农业总收入的 53.2%。1984 年，乡镇企业收入达到 1356 万元，占全乡工农业总收入的 71.2%。这个乡的第二农机厂、煤矿、建筑公司、菱镁矿成为全乡的骨干企业。

到 1985 年上半年，鹤岗市乡镇企业已由 1984 年的 149 户增加到 198 户，工业总产值 795 万元，比上年同期增长 35.6%。其中，村办工业产值 209 万元，增长 194.4%。乡镇企业实现纯利润 49 万元，增长 113%。

1989 年，全市乡镇企业有了飞跃发展。企业总户数为 4535 户，比上年增加近 100 户。各企业发扬艰苦奋斗、勇于拼搏的创业精神，经受了资金、能源、原材料紧缺、生产资料价格上涨、市场疲软的冲击和考验，整体效益取得持续增长的好成绩。乡镇企业的规模进一步扩大，新建、扩建、技改项目 97 个，比 1988 年增加 66 个。全部固定资产原值已达 6189 万元，比 1988 年增长 18.2%。其中，1989 年新增固定资产 734 万元。乡镇企业总收入完成 17176 万元，比上年增长 25%；总产值完成 17473 万元，比上年增长 22%；工业总产值完成 9854 万元，比上年增长 27.65%；利润完成 1080 万元，比上年增长 27%。乡镇企业生产的主要产品中，有 7 种产品的产量比上年有明显的增长：原煤增长 30%，钢材增长 0.5%，水泥增长 100%，红砖增长 14.6%，块石增长

35%，啤酒增长 8.6%，食用油增长 34.7%。在全市乡镇企业中，产值超千万元的乡镇发展到 5 个，产值超百万元的企业发展到 30 个。

1991 年，全市乡镇企业又登上一个新台阶。一是实现持续稳步发展。1991 年底，乡镇企业总产值完成 25464 万元，比上年增长 13%。其中工业产值完成 15279 万元，比上年增长 10.3%。乡镇企业吸引农村劳力近三分之一。在农村社会总产值中，乡镇企业总产值约占二分之一。二是乡镇企业的规模不断壮大。1991 年全市乡镇企业户数发展到 5146 户。其中村以上集体企业 317 户，比上年增加 9.2%。乡镇企业从业人员 19689 人，其中集体企业从业人员 10633 人。乡镇企业中，产值百万元以上的企业 35 户，产值过千万元以上的乡镇 6 个，产值 300 万以上的村屯 2 个。三是乡镇企业行业结构有所优化。1991 年底乡镇工业企业已从单一资源型产业开始向工、商、运、建、服全面发展；工业生产初步形成机械、化工、原煤、建材、木材、食品六大支柱产业的格局。四是乡镇企业的素质明显增强。五是经济效益明显提高。

全市农业科技水平进一步提高 1989 年，全市落实农业技术推广项目 8 项，完成“丰收计划”和高产攻关面积 40 万亩，大豆精量点播、水稻早育稀植、玉米育苗移栽和催芽掩种、蔬菜保护地栽培等都有了新进展，全市良种普及率达到 90%。为确保各项实用技术的推广实施，全市有关部门共举办技术培训班 78 期，培训人员达到 15300 人次，开展技术咨询 43 次，受咨询人员达到 7700 多人次。同时，大力推行了农业技术集团承包，组织和动员科技人员进入农业生产第一线承包科技项目，促进了农业科技水平的提高。

1991 年，在认真总结上年经验教训的基础上，把工作的着力点放在“四个转变上”：一是在实施领域上，由单纯的种植业转变为粮牧企全方位推进，在突出粮食生产的同时，科技兴牧、兴林、兴企、兴渔等各方面均有新起色。在种植业上，1991 年完成省级丰收计划 60.1 万亩，平均单产 150.1 公斤，比全市平均水平增长 10.3%；实行科技集团承包 23.7 万亩，平均单产比未承包田单产高出 118%。在养殖业上，全市重点推广了奶牛群体高产、生猪直线育肥等 5 项综合高产技术，依靠科技进步因素增加养殖业总增量的 30%。在乡镇企业上，全市科技兴企增加产值326.5万元，增加效益53.9万元，并加大了乡企产品的科技含量。二是抓重点、带全面。1991年全市科技集团承包规模虽然有减少，但由于抓了5个示范乡、19个示范村、725个示范户，村村树立样板田，发挥了样板田的辐射作用，在大灾之年仍然取得了明显的增产增收效果。三是从实际出发开展技术培训。针对不同层次，采取不同的培训形式，使全市90%以上的农民受到了科技教育。

萝北县连续五年黄金生产超万两 1986至1990年的“七五”期间，萝北县共采金7万多两，创汇700多万美元，实现连续五年黄金生产超万两。

绥滨县1990年粮食总产突破3亿斤 1990年，绥滨县粮食总产突破3亿斤，达到3.2亿斤，比上年增长34.45%，创历史最好水平。

积极启动贸工农一体化 1991年全市规划贸工农一体化项目18个，当年已启动8个。通过政策启动，一些农产品加工企业和原料基地已初具规模。全市已形成年加工白条鸡250万只以上、处理鲜奶17000吨、屠宰加工生猪10万吨以上的生产能力。此外，浸油、羽绒制品、制糖也有一定的生产规模。贸工农一体化的启动，加快了全市畜牧业发展的步伐，促进了农村产业结构的调整，为发展农村有计划的商品经济起到了积极的推动作用。

绥萝两县完成三项重点水利工程 1989年，萝北、绥滨两县完成了三项重点水利工程。一是都鲁河堤防。都鲁河堤防位于萝北县都鲁河入松花江口处，是松花江回水堤，是国家重点水利工程。该工程由萝北县苇场乡起至宝泉岭管局共青农场止，全长17.45公里。二是兴东护岸工程。兴东处于黑龙江边，曾是清朝道台府所在地，存有一部分历史古迹。为保护这一古迹和黑龙江兴东段岸线，1989年省水利厅拨出102.13万元专款修建护岸。三是向阳江堤改线。向阳江堤位于松花江流经绥滨县富强乡处。过去这里曾修建了一条江堤，但由于堤防的标准不高，抗洪能力不强，致使富强乡多次受灾。1989年绥滨县委、县政府动员全县各乡的力量投入抢修向阳江堤，并依靠“黑龙杯”竞赛，展开向阳江堤大会战，11个施工队全部采用机械施工。经3个月会战，改线16.50公里，完成土方65万立方米，江堤工程一次达标。

六、下海经商致富 民营助阵经济

街道晚市彰显民营经济繁荣 1978年6月26日下午5时许，在鹤岗市区老街基第一副食品商店到第一百货商店的街道两旁，一面面红旗迎风招展，一个个摊床、一排排售货车井然有序，布置得五彩缤纷、醒目悦心。

当时，周末晚市在鹤岗还是新鲜事。其中有许多个体小摊床，商品有各种新鲜蔬菜、水果和熟食、五金、调味品、药品等，也有理发、洗像等各种各样的服务项目。此后，鹤岗的各区也都陆续兴起了夜市、早市，还有周末大集，给个体商户提供了新的经营场所，这也进一步推动了个体民营经济的发展。

小商小贩名正言顺 1978年之前，鹤岗市的民营经济还在小街小巷里躲躲闪闪。党的十一届三中全会后，个体工商业获得生机，一些老工商户第一批办理了营业执照，恢复营业。到1981年秋季，全市个体工商业户1754户，从业人数达3128人，共经营9个行业、44个项目。

民营经济成为富民强市的牵动力量 鹤岗市把大力发展民营经济作为搞好二次创业、实现富民强市的牵动力量，通过“政策引导”“主体牵动”和招商引资上项目等举措，推动民营经济升级，做大做强。20世纪90年代后，以兴泽集团、东兴集团、东方集团、泰丰米业等为骨干的民营企业蓬勃兴起；以大兴集团、圣元乳业为骨干的农产品加工群初步形成；一批私营煤矿也形成了一定的规模。

七、建设精神文明 促进社会和谐

第一个“文明礼貌月”活动 1982年2月26日，中共鹤岗市委、市政府在市影剧院召开全市“文明礼貌月”活动动员大会。会上，市委副书记王欣际作了动员报告，市总工会、团市委、市妇联、财贸办、文教办、城建局6个单位作了表态发言。会议强调，这次“文明礼貌月”活动的重点是做好四个方面的工作：一是开展“学雷锋做好事”活动；二是普遍开展文明区、街道、厂、车间、班组、科室、村队活动；三是清除积雪、污冰和垃圾；四是提高服务质量。会后，全市6个区和厂矿、学校等单位纷纷召开各种会议，认真讨论落实市委、市政府动员大会精神，提高认识，见诸行动。

3月5日，全市数万青少年在团市委的统一组织下，开展“文明礼貌高潮日”活动。早晨7时许，一队队青少年佩戴团徽、红领巾，打着团旗、队旗，从四面八方涌向二马路、红军路、解放路等主要街道，挥锹抡镐，清理垃圾。教育团委组织了32支文明礼貌劝导队、100个文明礼貌监督岗，在公交车站点、火车站、主要市区，宣传文明礼貌常识。财贸团委组织了200多个“送春风”小组、支煤服务队，到军烈属、五保户家中和采区井口，开展“送温暖”活动。

矿务局成立思想政治工作研究会 1985年1月，鹤岗矿务局为探索和研究煤矿职工思想政治工作的规律和特点，解决新时期煤矿职工思想政治工作面临的新课题，决定成立局思想政治工作研究会。4月4日，鹤岗矿务局职工思想政治工作研究会召开成立大会暨首届理事会，讨论通过了《鹤岗矿务局职工思想政治工作研究会章程》，确定了近期研究课题。

“五讲四美三热爱”活动 1985年，鹤岗市在全市普遍开展了以“四有”教育为核心的“五讲四美三热爱”和创建文明单位、“五好家庭”活动，涌现出一大批先进集体和模范人物，社会主义精神文明建设取得了成果。

精神文明建设全面开展 1986年，鹤岗市委在推进物质文明建设的同时，大力加强精神文明建设。市委要求各级党组织要把精神文明建设作为一项社会系统工程，实行统筹规划，有序实施。一是在广大党员、干部、工人、学生中分层次、有针对性地进行理想纪律教育、职业道德教育、形势和政策教育，促进了全市人民精神面貌的变化和思想素质的提高；二是广泛开展了创建文明单位活动，各种共建点达到300多个，全市涌现了一大批文明单位和先进典型；三是开展民主法制宣传教育，加强民主法制建设。全市有1万名干部普法学习结业，结业率达92%。学校把普法教育纳入教学计划，认真上好法制课。城市居民和郊区农民法律常识普及率分别达到了42.6%和46.6%；四是严

厉打击了严重刑事犯罪和经济犯罪活动，加强社会治安。按照中央的部署，深入开展“严打”斗争的第三战役，围绕“两打”“两防”“两建”进一步落实社会治安综合治理措施和各种治安承包责任制，严厉地惩治了严重刑事犯罪分子，社会风气和社会治安有了明显好转，大大减少社会不安定因素，维护社会主义的经济秩序。

精神文明建设持之以恒 1987 年，根据省精神文明办的要求，市委、市政府加强了对省委、省政府命名的省级文明单位和市委、市政府命名的市级文明单位的管理。

1987 年初召开区街、财贸、文教、卫生、工交、煤矿 6 个系统的经验交流会，分别交流了南山区麓林山办事处、工农区团结办事处、粮食局、市中医院、市师范学校、市建设银行、市起重机厂、市汽车公司、富力矿、南山矿、建安处、矿务局总医院 12 个单位精神文明建设的基本做法和经验。市政府于 1987 年 5 月召开了第三届精神文明建设表彰大会。会上，市委、市政府命名 160 个文明单位和 280 名文明个人。

1987 年，精神文明办在群众性精神文明建设中，还注意抓了精神文明建设的理论研究工作。8 月，召开了“鹤岗市精神文明建设理论研讨会”成立大会，会上选举产生了会长、副会长和理事等。届时举行首届精神文明建设理论讨论会。在第一届理论讨论会上，共收到论文 38 篇，其中大部分是副处级以上干部和从事精神文明建设的实际工作者写的。经过评委会评选，有 12 篇论文获得一等奖，向省精神文明建设理论讨论会推荐 2 篇，并获得优秀论文奖。

1987 年，中共鹤岗市六届六次全委（扩大）会议原则通过了《鹤岗市社会主义精神文明建设规划》。会议还提出具体要求：深入学习中央《决议》，统一思想认识，明确全市精神文明建设的任务；用共同理想动员和团结全市人民，建设鹤岗，振兴鹤岗；树立新观念、新思想，增强改革、开放意识；加强社会主义道德建设，形成良好的社会风尚；加强社会主义民主、法制建设和纪律教育，建立良好的社会秩序；加强教育科技建设，提高全市人民的科技文化素质；加快文化、卫生、体育事业建设；创造舒适整洁优美的生活环境；加强和改善党的领导、扎扎实实地组织推动全社会的精神文明建设。

1991 年，鹤岗市以学习贯彻《黑龙江省文明单位建设暂行规定》（以下简称《暂行规定》）为重点，深入开展文明单位建设活动，很多单位开办了《暂行规定》学习班。市文明办组织力量对 28 个省级文明单位和市级文明单位进行了考核复查，对全市近百个申报单位进行了检查验收。

附录：

中国共产党第七次代表大会工作报告（摘要）

（1988 年 8 月 16 日）

一、五年工作回顾

从鹤岗市第六次党代表大会到现在，已经 5 年了。5 年来，在省委的领导下，全市各级党组织团结、带领广大党员和人民群众，坚定不移地贯彻执行党的十一届三中全会以来的路线，集中精力进行两个文明建设，各项工作都取得了很大成绩。

我们坚持改革开放的总方针，以城市经济改革为重点的各项改革全面展开，取得了初步成效。

我们坚持以经济建设为中心，国民经济持续稳步发展，人民生活得到相应改善。

我们坚持社会主义精神文明建设，提高了人民群众的思想道德水准和科学文化素质。

我们坚持“从严治党”的方针，不断加强党的建设，进一步提高了党组织的战斗力。

二、深化和完善鹤岗市的经济和社会发展

鹤岗市的经济与社会发展战略经历了一个逐步发展的过程。几年来，市委曾先后提出了“以煤炭工业为主题，协调发展”和“依托资源，以煤为主，综合发展，建设现代化工业城市”的战略。这两个发展战略，在当时的历史条件下，各有其合理性和积极作用，因而也促进了鹤岗市经济与社会的发展。但是，作为观念形态的战略思想也不会不可能是一成不变的，它应该随着实践的发展而相应地发展。

今后一个时期，鹤岗市经济与社会发展的战略指导思想是：依靠科技，开发资源，调整结构，注重效益，城乡一体，综合发展，把鹤岗市建设成为初步繁荣发达的地区。这一战略可以简要地概括为“协调综合发展”战略。

根据这个战略指导思想，我市（含两县、国营厂、林场）今后5年的发展目标是：社会总产值达到25亿元，年递增6%；工农业总产值达到18亿元，年递增7%；国民收入达到15亿元，年递增6%；财政收入达1.2亿元，年递增6%；原煤总产量达2120万吨，年递增4.5%；粮豆总产量达15亿斤，年递增5%；人口自然增长率要控制在12‰以内。同时，大力提升科学技术水平，加快发展教育、文化、体育、卫生事业，加强城市基础设施建设，使人民生活有显著改善。

一是把科技进步和智力开发放在重要的战略地位，实现科技、教育事业与经济建设的协调综合发展。

二是坚持煤炭采掘与加工、转化并举，实现煤炭工业及其近亲产业的协调综合发展。

三是全面开发利用多种矿产资源，实现各类资源型产业的协调综合发展。

四是把农村工作摆上重要位置，实现工业与农业的协调综合发展。

五是面向国内和国际两个市场，实现内向型经济与外向型经济的协调综合发展。

六是全民、集体、个体、私营经济一起上，实现多种经济成分的协调综合发展。

七是切实把经济工作转到以经济效益为中心的轨道上来，实现速度与效益的协调同步发展。

八是加强城市基础设施建设，完善城市功能，实现经济与社会的协调综合发展。

三、全面加快和深化改革

当前，改革已经进入关键时期。能否顺利闯过物价、工资改革难关，关键在于整个改革的深化。今后一个时期，鹤岗市经济体制改革的基本任务是：认真贯彻落实党的十三大精神，用建立商品经济新秩序的思想，从鹤岗市实际情况出发，综合进行以搞活企业为重点的配套改革，建立和完善市场体系，扩展横向经济联合，深化农村第二步改革，努力建立有计划的商品经济新体制的基本框架。

第一，从搞活企业的内在要求出发，配套进行企业内外部改革。

第二，加快市场功能的开发，实现各种生产要素的商品化。

第三，大力发展横向联合，促进生产要素的合理流动。

第四，继续深化农村的第二步改革，推动农村商品经济的发展。

在政治体制改革方面，我们要按照中央和省委的部署，在深入调查研究的基础上，制定市政治体制改革总体方案，经过周密的思想准备和组织准备，积极稳妥地实施。鹤岗市近期政治体制改革的主要任务是：以党政分开为主线、搞好机构和人事制度改革，大力推进政治民主进程，建立起有利于提高效率、增强活力和调动各方面积极性的领导体制。

第一，改革党的领导制度，实现党政分开。

第二，以转变职能为核心，推动政府机构改革。

第三，适应转变职能需要，改革干部人事制度。

第四，加强社会主义民主和法制建设。

四、大力进行社会主义精神文明建设

今后5年，我们必须按照社会主义现代化建设总体布局的要求，高度重视和切实加强社会主义精神文明建设。要坚持四项基本原则，解放思想，更新观念，激发全市人民献身改革和建设的巨大热情，努力提高全市人民的思想道德水准和科学文化素质，为振兴鹤岗提供精神力量和智力支持。

第一，继续进行党的基本路线教育。

第二，深入开展理想道德教育。

第三，改造和加强思想政治工作。

第四，进一步发展文化、卫生、体育等事业。

五、在改革开放中加强党的建设

改革开放给党的建设注入了新的活力，也提出了更高的要求。我们要紧紧围绕改革开放和经济建设，坚持党要管党，从严治党，靠改革制度和经常性工作，增强党的活力，提高党的领导水平，充分发挥党组织的战斗堡垒作用和党员的先锋模范作用。

第一，提高党员素质，建设一支能够经得起“两个考验”的党员队伍。

第二，适应改革开放的新形势，对党的自身建设进行改革。

第三，坚持从严治党的原则，搞好党风建设。

第四，重视各级领导班子建设，加强和改善党的领导。

同志们，振兴鹤岗的重任已经历史地落在我们的肩上。我们坚信，有党的十三大精神指引，有全市5万党员、百万人民的不懈努力，鹤岗大有希望。让我们振奋精神、开拓进取、团结奋斗，去创造鹤岗更加美好的未来。

第七章

深化改革　蓬勃发展

在改革开放走过14年的历史关头，1992年1月中旬至2月初邓小平同志前往南方视察深圳、珠海、上海等地，沿途发表了重要讲话。以这次南方谈话为序曲，唱响了又一个春天的故事；改革开放的节奏紧锣密鼓，党的十四大、十五大、十六大、十七大的召开，对共和国的发展起到推波助澜的作用，特别是党的十八大胜利召开，更是开启了新时代发展的征程。鹤岗，这座有着光荣革命传统的城市，伴随着改革开放的中国步履，迎风破浪、挑战自我，深度开发、多元求进，改革攻坚、加快发展，富民强市、创新转型……又走过了一段可圈可点的破浪、提速、绽放的发展历程。

第一节　敢闯敢试　推进落实

1992年，邓小平南方谈话掀开了中国改革开放新的一页。

这一年，中共鹤岗市委认真学习邓小平视察南方的讲话精神，坚决贯彻中央和省委的工作部署，进一步解放思想，扩大改革开放，锐意进取，大胆创新，攻坚克难，踏上了深度开发、深化改革、加快发展的新历程，使全市经济建设保持了良好的发展势头，各项事业取得了新的成效。

一、华能鹤岗发电有限公司——助力城市转型发展的“新动能”

20世纪80年代中期，随着改革开放的步伐加快，鹤岗既有的电力保障能力，已经成为经济和社会发展十分突出的瓶颈。

1986年，鹤岗市在“七五”计划纲要中提出，为了促进整个城市经济的进一步发展，要根据城市特点和今后长远发展方向，依据煤城开发建设的普遍规律，更好地处理煤炭工业和其他工业、中央企业与地方企业、生产建设与社会事业之间的关系。鉴于鹤岗煤炭资源丰富，确定了由以煤炭工业独具优势的结构向多种工业结构发展，由单一的煤炭基地向综合能源基地发展，大力发展电力工业和煤炭化学工业的思路。

思路决定出路，观念决定方向。华能鹤岗电厂于1978年开始筹建，1988年5月正式立项。1991年8月，华能鹤岗电厂列入了国家和省市重点建设项目。

1992年开工建设后，一期建设工程投资约12亿元，由国家华能公司和省政府承担，总规划容量240万千瓦，一期工程安装两台30万千瓦火力发电机组。随后的几年里，全体鹤电人建设了一个管理科学、环境优美的现代企业。

两台发电机组分别于1998年10月28日和1999年9月26日建成投产发电。2#机组试运期间取得了水压试验、厂用电受电、锅炉点火、整套启动、并网发电、168小时试运行一次成功，实现了黑龙江省30万千瓦以上大机组达标投产“零”的突破。该工程荣获了黑龙江省优质工程奖、被国家电力公司命名为“基建移交生产达标投产机组”。

2007年4月15日，二期工程一台60万千瓦超临界机组通过了168小时试运投入商业运营，投产以来机组运行稳定，各项经济技术指标均达到设计要求。2008年4月，二期工程以92.49的高分通过了达标投产检查，当年完成发电量55亿度，2008年5月被评为中国电力行业优质工程，2008年11月荣获“国家优质工程”银奖。

华能鹤电公司由中国华能集团公司、国华能源有限公司和黑龙江省辰能投资集团有限责任公司共同投资组建，华能集团公司控股。华能鹤电自1998年在鹤岗投建到2021年，公司装机容量已达120万千瓦，总投资56亿元。自投产发电以来累计创造产值234.3亿元，为鹤岗市贡献利税53.5亿元，带动周边地区就业，有力地助推了地方经济发展。

党的十八大以来，在“创新、协调、绿色、开放、共享”的新理念指引下，鹤岗市在大力推进节能减排、改善人居环境、提高供暖质量等方面取得重大突破。

二、钢窗厂产权出售 吹响国企改革号角

1992年4月3日，鹤岗市委召开七届130次常委会议，认真学习邓小平同志南方谈话要点，提出要进一步解放思想，大胆地突破一些条条框框。对边小微亏企业，在把资产核定好的前提下，可以出售给个人经营，要选择一个或几个中等企业，进行股份制试点等。

原北方钢窗厂，始建于1992年初夏。由陈洪玖、孙玉兰共同创办经营。工厂创办时间之短，资产增值之快，社会效益之大，引起了市委、市政府及其有关部门的重视。1994年6月8日，时任省委书记岳岐峰在市委、市政府主要领导的陪同下，来到北方钢窗厂视察，对陈洪玖夫妇俩对社会的贡献给予了充分的肯定，并鼓励他们放开手脚，大胆发展。

为了促进北方钢窗厂发展，根据国家有关部门《关于出售国有小型企业产权的暂行办法》的规定，市政府决定将鹤岗市钢窗厂整体出售。1994年12月3日，鹤岗市钢窗厂产权出售签字仪式在市啤酒厂举行。市机械局、土地局、劳动局、工商银行鹤岗分行作为市政府授权的甲方，购买者陈洪玖为乙方。甲、乙双方代表在出售协议上签了字。公证处公证员宣读了公证书。

鹤岗市钢窗厂整体出售是鹤岗市产权改革深化的结果，是推进二次开发迈出的实质性步伐。以鹤岗市钢窗厂的出售为起点，鹤岗的国企改革从“摸着石头过河”步入了企业改制重组“全面开花”阶段。

1995年，全市有638户企业进行了产权制度改革。1999年全市工业企业列入体制改革的859户，其中国有企业376户。列入体制改革序列的企业均进行了不同层次、不同形式的改革。2000年对国有集体企业进行改革，组织个体私营企业采取兼并、购买、租赁、参股等多种形式参与。全市333户地方工业企业，其中262户企业完成了产权制度

改革，其余71户企业因受历史包袱沉重等因素影响，采取一户一改等方式成熟一户改制一户。2005年，对市陶瓷厂、轻化供销公司、兴山食品、兴山百货等6户国企实施了产权整体出售。在实施全员并轨的同时，对8户国有粮食购销企业实施改革重组。

三、鹤矿三年改革脱困　迎来发展新契机

进入市场经济以后，煤炭企业长期以来在计划经济体制下积累起来的矛盾日益显现出来，煤炭行业一方面要闯进市场，另一方面煤炭价格却迟迟没有放开，因此鹤岗煤炭企业又陷入了困境，经营每况愈下。到了1999年，鹤岗矿务局内外形势更是急剧恶化，煤炭库存居高不下，货款收不回来，企业经营十分艰难。

2000年，鹤岗矿务局实施了三年改革脱困战略，企业总体形势开始出现并保持了恢复性好转。有着70多年历史的矿务局机电总厂按照产权清晰、责任明确、政企分开、管理科学的现代企业制度要求，率先改制成立了鹤岗斯达设备修造有限公司，职工参股经营，企业呈现生机。2001年，实现产值7187万元，同比提高1324万元，盈利12万元，成为历史性转折点。此后，矿务局水泥厂、十三厂、地质队、林业处等15个单位相继改制为有限责任公司，职工不同程度参股经营，生产力得到快速解放。

矿务局物资供应公司于1999年就提出“跳出供应求发展，建立现代一流水准的物流企业”的目标，采用债转股、合作经营、职工个人参股等方式，对原有的小企业进行改造，实现了企业建设的实质性突破。

鹤岗矿务局各煤矿企业的改制重组也在强力推进。新一矿于1999年申报破产后，于2001年1月1日改制重组为鹤岗益新煤炭有限责任公司。之后，兴山矿、振兴矿相继进入关闭矿井法律程序，岭北矿和大陆矿被列入国家关闭破产增补计划。

2002年12月18日，鹤岗矿业集团公司、鹤岗煤矿集团公司成立庆典在鹤矿集团影剧场举行，标志着鹤岗矿务局改革发展迈出了决定性的重要一步。

自2002年起，煤炭工业进入了“黄金十年”时期。

鹤岗矿务局改制为鹤岗矿业集团有限责任公司后，随着企业生产的发展和经济效益的提高，职工收入也逐年提高。2009年，全公司在岗职工年均收入达2.77万元，比2002年增加了1.26万元。

2009年，组建为龙煤集团鹤岗分（子）公司。2010年鹤矿公司全年煤炭产量1310万吨。实施精煤战略，全年入洗原煤960万吨，精煤销售比例53.1%。资金总收入81亿元，同比增加11亿元；全年上缴税收10.4亿元，同比增加8000万元。2012年，鹤矿公司同全省、全国的煤炭企业一样步入了困难时期。尽管如此，鹤矿公司这一年仍开展了高效矿井建设和项目建设，建成了东北最大最先进的400万吨现代化选煤厂。

鹤岗市地方煤炭工业在此期间也获得了稳健的发展，取得了突出的经济效益。

四、首家国有专科医院转制　国属变民营成医改标杆

兴山肛肠医院始建于1987年，起初只是兴山区人民医院一个痔瘘专科。为了满足越来越多的患者治疗需要，在兴山区委、区政府的支持下，肛肠专科脱离兴山区人民医院，组建了兴山肛肠医院。

2000年，鹤岗市委、市政府对企业新一轮的改革政策刚刚出台，要求国营和集体企业一年内全部改制为股份制公司。市卫生部门对兴山肛肠医院的发展态势进行了科学研判，决定对发展势头颇好的兴山肛肠医院进一步深化改革，实行国有民营机制。

医院顺应形势，积极筹备，迎接改制。

2000年10月30日，经过一年的苦战，他们自筹资金建设的总面积5000多平方米的集医疗、办公、住宅于一体的大楼剪彩开张了。市领导为新楼落成剪彩，并为“鹤岗市兴山肛肠医院”这个全市首家民营股份制医院挂牌。

2001年初，改制后的兴山肛肠医院经兴山区委批准，成立了民营企业党支部。2003年末，又经市委批准成立了党委。自该医院党组织成立以来，始终按照党的要求，对党组织如何在民营企业中发挥作用

作了积极的探索和尝试。他们充分发挥了党组织在非公企业中的政治核心作用，充分发挥党员的先锋模范作用，2001 年、2002 年党支部连续两年被兴山区委授予先进基层党组织，2003 年被市委组织部授予先进基层党组织，医院党建工作经验在市、省先后作了经验介绍。

2006 年 10 月与黑龙江省医院、省中日友谊医院建立协作医院。至 2012 年，鹤岗市乾康医业有限责任公司兴山肛肠医院已发展为拥有住院床位 100 余张，医护人员 130 人；以肛肠科为主，兼心脑血管专家门诊、普外、骨科、西医、心内、中医康复、医学影像、医学检验等大专科、小综合的综合医院。

兴山肛肠医院转制，是鹤岗市进一步思想解放，打破传统单一的办医模式，批准成立的第一家营利性、民有民营的股份制医院，使鹤岗市在深化医疗体制改革上迈出了可喜的一步，为今后医疗机构实行分类管理、体制创新提供了可借鉴的样板。

五、推进全部免征农业税

2004 年 3 月底，国务院出台了免征东北地区黑龙江、吉林两省的农业税，降低其余 11 个粮食主产省的农业税税率的政策。2005 年 12 月 29 日，第十届全国人民代表大会常务委员会第十九次会议，通过《关于废止〈中华人民共和国农业税条例〉的决定》。延续了 2000 多年的农业税，由中国共产党执政者终结了其应有的使命。

黑龙江省是国家全部免征农业税改试点省份之一，省市对这项工作都非常重视，鹤岗市成立了“鹤岗市全部免征农业税改”领导小组。从 2004 年 9 月起，“全部免征农业税试点”工作全面铺开。同时，出台了 13 个配套方案，这 13 个配套方案涉及农村财政、民政、教育、人事等各个领域，政策出台后将解决土地承包中出现的农村债务问题、乡镇政府人事任用问题、农村教育改革等诸多问题。13 个配套方案将确保“全部免征农业税改”工作的全面落实，使政府的工作向着精干、高效、廉洁的方向发展，形成一个为农民减负的长效机制，增强服务功能，从而加速农村小康社会建设进程。

鹤岗作为一个拥有两县一区农业区域的地级市，当 2005 年的第一缕曙光来临时，市辖绥滨县、萝北县、东山区的农民，欣喜地收到了一份同样的新年“大礼包”——免交农业税。从此以后，鹤岗市域内的广大农民和农场职工的积极性空前高涨。2012 年，市内粮食产量达到 27 亿斤，区域内粮食总产量达到 89 亿斤，五年来平均增长 7 亿多斤。2012 年与 2007 年相比，农民人均纯收入增长 2.6 倍。

六、社会主义新农村建设

2006 年，一个重大的历史决策应运而生：建设社会主义新农村。

鹤岗市是黑龙江省粮食主产区，拥有耕地 800 万亩，土质肥沃，是黑龙江省水稻、大豆、玉米主产区。粮食产量 30 亿斤；草地 10 万公顷，其中可利用草场 5.3 万公顷；有水面资源 11 万公顷，其中养鱼水面 3500 公顷，农牧资源十分丰富。

鹤岗市在新农村建设中，经过两年的探索实践，开创性地走出了农业产业求发展，农村基础设施上台阶的新路子。全市农村经济快速发展，农民收入迅速提高，试点村人均收入达 5000 余元，比全市农民人均收入高出 10 个百分点。农民的生活、生产环境得到了极大改善。

在农业产业的发展上，鹤岗市在试点村中实施“一村一品”工程，开展村企结对活动，共建新农村，通过龙头企业带动农村产业发展。各试点村确定发展项目，政府在资金的使用上重点扶持有项目的试点村，全市省级、市级试点村都建立了生产项目，先后建成 1500 亩五味子基地和大豆深加工、玉米深加工等一大批生产项目。

在农村基础建设上，鹤岗市把农民最关注的，要求最迫切的饮水、能源、交通、教育、医疗等问题，作为政府首要解决和投入的问题。两年来全市总计投入资金 5.2 亿元，通乡通村公路硬化率达到 80%以上。全市“十镇百村”示范村住房砖瓦化率平均提高 10.76%，农村砖瓦化率达到 67.34%，比全省平均水平提高 1.34 个百分点。一些农民新建住宅小区实行了社区化管理，对农民住宅进行了集中供暖，对室内厕所、洗浴等配套设备进行集中建设和改造，农民生活居住条件大为改观。

在新农村建设中，鹤岗市县区试点村还把环境建设作为一项重要工作来抓，以“四清四改”“三化”为重点，制定切实可行的农村生态环境治理措施，全面整顿村容村貌。经过两年的整治，鹤岗市新农村试点村村容、村貌整体形象发生了翻天覆地的变化，一改以往人们心目中农村脏、乱、差的旧印象。

黑龙江省首批新农村建设“百镇千村”试点乡镇之一——萝北县团结镇新农村建设，在“生产发展、生活宽裕、村容整洁、乡风文明”四个方面，取得了令人瞩目的可喜成绩。

“生产发展”方面，2006 年，是实施新农村建设的第一年，当年萝北县团结镇生产取得了较快的发展，农民人均纯收入达到 5206 元，比上年增加了 568 元。2007 年，在遭受历史罕见自然灾害的情况下，镇党委、镇政府正确应对新形势，采取新举措，解决新问题，谋求新发展，通过主业损失副业补，农业损失牧业补，全镇农民人均收入实现 5518 元，比 2006 年增加 6%，实现了减产不减收。

“生活宽裕”方面，团结镇住房砖瓦化率、程控电话入户率分别达到 73%、65%，半数以上农户购置了手机，部分农户安装了宽带，使用上了互联网。

“村容整洁”方面，2007 年该镇在推进改水、改路、改厨工程建设方面，成果十分显著。该镇跃进村铺设管网 6700 米，使 80 余户村民喝上了安全、洁净的自来水。建设完成镇区及红旗村、红卫村深水井、井房，管网入户 320 户。新建苇都公路至苇场村、新垦至林海村、镇内东西主街街路、都鲁河村内街路四条总长 17.5 公里的水泥路，使交通条件进一步改善。同时，还加大了“三位一体”沼气池建设力度，通过努力，全镇新建沼气池 215 座，加上上一年建成的 73 座，全镇沼气池已经达到 288 座。

“乡风文明”方面，文明家庭、文明户的创建活动很有成效，仅工农兵村就评选出八星级以上文明户 288 户，达到了 70%以上，做文明人、建文明村的氛围初步形成。

团结镇工农兵村一位叫郭垂来的 78 岁老人，用一首打油诗的形式表达了自己的真实感受，也描述出了当时新农村建设的一个动人情景：现在各家喜盈盈，好梦成真事竟成；芝麻开花节节高，生活达到高水平。

第二节 富民强市 创新转型

20世纪90年代中后期，为了解决城市出现的大批下岗职工带来的诸多难题，推动城市快速发展，中共鹤岗市委认真贯彻党的十五大、中央经济工作会议和省委有关会议精神，研究推出了鹤岗市捐资解困工作的具体措施和实施办法，并实施了城市“一帮一”扶贫解困工程，随之又提出了“富民强市”的奋斗目标。

围绕“富民强市”这一奋斗目标，市委、市政府知难而进、立足未来，举全市之力创办了地方高校，助力鹤岗一中创办了我省第一所空军青少年航空学校；解放思想、大胆求进，推动了鹤岗对俄经贸的升级发展，完善了城市路桥建设；抢抓机遇、改革创新，推进了老工业基地振兴，促进了医药工业的兴起，引进了煤化工项目……从而使城市广大市民的生活上了一个新的台阶，城市各项事业取得了新的快速发展。

一、“一帮一”扶贫解困，“十万富民”脱贫致富

进入20世纪90年代后，鹤岗作为资源型城市，在发展过程中，由于结构性矛盾和煤炭市场持续疲软的问题日益凸显，占全市经济主导地位的鹤岗矿务局效益下降，严重欠税，财政短收，不但严重影响了全市经济发展，而且机关、事业单位发放工资也出现了困难。

1997年，在资金捉襟见肘和社会保障体系还不健全的情况下，为了帮扶特困家庭渡过难关，鹤岗市在黑龙江省首创了“一帮一”的扶贫解困模式。1月19日，中共鹤岗市委、鹤岗市政府举行“一帮一”扶贫解困工程对接仪式，5000名党员干部和个体户代表，与5000个特困户结成对子，一包3年，直到脱贫。

同年4月23日，中共鹤岗市委召开的八届第85次常委会上，把城市扶贫解困工作的名称正式确定为“一帮一扶贫解困再就业工程”，并成立了市帮扶特困职工再就业基金会，原则通过了鹤岗市帮扶特困职

工解困若干政策。据统计，仅在1997年春节期间，全市包扶人员共为特困职工捐款28万多元，送粮油10.35万公斤，赠送衣物7000多件。还捐赠了其他一些生活必需品。

2000年底，针对当时社会保障体系还不健全的实际，还存在一些天灾人祸导致暂时性贫困的人群实际。中共鹤岗市委主要领导倡议成立社会解困救助联合会，并由全社会捐款成立相应的基金会。鹤岗市社会解困救助联合会从酝酿到成立的短短7天内，就收到了来自社会各界捐赠的600多万元，私营企业老板和个体工商户致富思源，积极响应市委、市政府的号召，慷慨解囊，献上一片爱心，其中一次性捐款20万元以上的就达20多个单位和个人。

“十万富民行动”，这是继实施城市“一帮一”扶贫解困工程和成立“社会解困救助联合会”之后，中内鹤岗市委作出的又一利民举措。

2002年初，中共鹤岗市委、鹤岗市政府召开会议，制定方案并抽调政治素质高、工作能力强的干部，成立了“十万富民行动”总指挥部，专职负责督办检查、协调指导“十万富民行动”。全市各部门、各单位及区、办事处建立了“一把手”负总责的责任体系，层层制定“十万富民行动”规划。并编写了《“十万富民行动”致富项目册》。一时间，鹤岗大地掀起了助困解困的热潮。

2002年8月8日的《人民日报》在一版显要位置发表了长篇通讯《善谋富民之策》，对鹤岗市开展“十万富民行动”、积极解决贫困家庭子女就业的创新之举作了详细的报道。国家有关部门和省委、省政府领导相继对“十万富民行动”作出重要批示，给予这项工作充分的肯定和激励，把这个好做法推广开来。

“一帮一”扶贫解困和“十万富民行动”的开展、推进，是中共鹤岗市委、鹤岗市政府用实际行动把解决群众困难作为工作的着力点，在城市发展历程和百万市民心中写下的温暖篇章。

2003年9月，“三个代表”在基层采访团专程来到鹤岗市采访，一位记者写道：翻阅一本本厚厚的救助记录，让人感受到，千万颗爱心正在这里汇集成一股越来越强大的暖流，融化着煤城贫困户、下岗职工心灵的寒冰。统计显示，联合会成立后，共计救助贫困对象1.8万户近4万人，发放救助金500多万元，每一次救助活动都留下了一个感人的故事。

二、众志成城　抗击百年特大洪水灾害

1998年8月，鹤岗经受了一场百年不遇的特大洪水的严峻考验。

鹤岗市绥滨县地处松花江与黑龙江交汇的三角地带，三面环水，是全省重点防汛县之一。93.1公里长的松花江堤防，普遍存在着标准低、险工弱段多等严重问题。绥东白兰泡段、东方大堤险段等十余处，由于堤防都是建在河滩地上，有35公里长的堤坝是沙基沙堤，渗漏现象十分严重，经常出现管涌，随时可能出现脱坡、溃堤。

8月18日清晨，绥滨江段暴涨的松花江水位以它从未有过的速度，涨到61.77米，超出警戒水位1.07米，并且每天以0.17米的速度继续上涨。上游数条江河的洪水汇入松花江后形成了百年不遇的洪峰，疯狂地向绥滨江段扑来，使平均海拔只有63米的这个边疆小县的空气立时紧张起来。

一时间，各种告急纷至沓来——

告急：急需集装袋5000条、编织袋100万条、无纺布12万立方米、彩条布15万立方米、木杆5万根……

告急：急需橡皮艇100只，救生衣3000件，外加冲锋舟数只、棉帐篷500顶……

一个个告急电函通过无线电波，急速传到省、市有关部门和有关领导的案头。

绥滨人民在县委、县政府的领导下，虽然对防汛早有准备，但在百年不遇的洪水面前仍显得力单势薄。对此，市委、市政府的态度坚决：举全市之力保绥滨，绝不能让洪水溃堤蔓延一步，绝不能死一个人，必须将洪魔拒于大堤之外。

在洪峰到来之前，市党政军主要领导亲临绥滨，坐镇指挥抗洪抢险。沈阳军区政委姜福堂中将乘专机降落绥滨抗洪前线，水利部、松辽水利委员会、省委等各级领导先后来到绥滨，指导抗洪工作。

在汛情紧急的近20天里，省、市、县领导不分白天黑夜地巡视大

堤，查险排险，深夜还要召开紧急会议，研究汛情，周密部署。

“一个党员一面旗帜。”绥滨县绥东镇党委副书记陈玉春，十几天没有回家。他带领由近百名共产党员组成的抗洪抢险突击队，吃住在大堤上。

武警鹤岗边防支队绥东镇派出所指导员孙中臣，一直坚持在大堤上。家里房屋被水浸泡，屋内渗水一尺多深他也没能回家排水。孙中臣在电话中对老伴说：“没有大家，哪有小家，这里的治安和抗洪抢险工作都离不开我。”

原县水利局高级工程师汤丙离，已退休在家。1998 年入汛以来，他再显身手，协助水利专家迅速制定出科学的切实可行的治洪方案，为各级领导决策提供了科学依据。8 月 27 日晚，向阳大堤 4.6 公里险段上出现了管涌现象，有的管涌直径达 80 多厘米，形势十分危急。汤丙离与省专家组一道研究分析，迅速拿出了管涌治理方案，排除了险情。

5 名绥东镇个体运输户及个体车主一直坚守在永兴大堤上，用自己的车，无偿地拉运沙土及其他抗洪物资。边防五团第三突击队抢筑堤坝，按 63 米设防，在洪峰到来前的 3 天时间里，他们水中护堤脚，用清一色的泥袋筑坝身，在 400 多米长的险段护堤，使洪水没能前进一步，坝身没垮一寸。

在松花江第三次洪峰逼近绥滨之际，沈阳军区急调某部坦克师千余名官兵，赶赴绥滨抗洪前线，驻守在东方大堤 15 公里长的险段和向阳大堤险段上。

8 月 23 日下午 5 时许，驻守在向阳大堤险段上的鹤岗军分区第二抗洪抢险突击队的官兵正在吃晚饭，向阳大堤北山险段告急。大堤出现了大面积管涌群，十几个直径 40 多厘米的管涌泥沙俱下喷涌而出，有决堤塌坝的危险。官兵们顾不得吃饭，当即迅速赶到险段，争先恐后地跳入冰凉的水中，挥大锤，打木桩，扛沙袋，堵管涌。连续拼搏 4 个半小时，填沙土近万袋，打木桩 200 余根，垒起了控制管涌的坚固堡垒，终于降服了洪魔。

8 月 25 日 12 时许，东方大堤种畜场以东 3000 米江堤，在风浪冲击下出现险情，随时有滑坡溃堤的可能。驻守在畜牧场的百余名武警官兵，奉命火速赶到那里排险。官兵们在水利技术人员的指导下，在齐腰深的水中，用沙袋堵洞固堤。奋战近 7 个小时，终于排除险情，保住了东方大堤。

9 月 6 日 9 时 30 分，向阳大堤险段上 1000 多米长的堤坝发生严重脱坡现象。驻守在向阳大堤上的大连陆军学院 46 名官兵，克服连续作战的疲劳，立即赶到现场排险。在风雨中奋战了 4 个多小时，终于排除了险情。

在洪峰通过绥滨江段的最危险时刻，中共鹤岗市委全体常委、市级五大班子、绥滨县的领导们，始终苦战在抗洪抢险一线，到处都有他们忙碌的身影。

绥滨抗洪抢险战役，引起了鹤岗全市人民的热切关注，人们纷纷伸出援助之手，捐款捐物。每天都能看到从市内外、县内外开来的慰问抗洪军民、救济灾民和送支前物资的大小车辆。

9 月 9 日 19 时，松花江绥滨段的水位回落到 62 米的保证水位。洪水在抗洪军民面前驯服地悄然退去。

这场百年不遇的抗洪抢险之所以取得胜利，充分说明党的领导是人民最可靠的主心骨；而坚持一切为了人民、一切依靠人民的党，也必将得到最广大人民的衷心拥护和坚定支持。

三、对俄经贸转折升级

地缘，既是地理学上的自然资源，也是发展经贸关系的潜在资源。一个城市、一个国家的发展，某种程度上与其所处的地缘有着十分密切的关系。

黑龙江作为中俄两国的界江，一江两岸的原生态自然环境，形成了世界上独一无二的黄金自然生态区。正是这条独具魅力的界江，为两岸的城市和人们构筑起了潜力巨大的地缘优势，也为两岸的经贸发展架起了黄金通道。

1993 年 11 月 10 日，鹤岗市萝北海关经国家海关总署批准正式成立。萝北县投资 2000 多万元，建起了口岸管理大楼和口岸联检大楼。

与此同时，由萝北县出资70万元援建的俄犹太州阿穆尔捷特十月区口岸联检设施也正式交付使用。1994年1月20日，鹤岗市萝北名山—俄罗斯阿穆尔捷特口岸投入运行。由此揭开了对俄经贸以及文化交流的崭新一页。

最先借助这股开放春风的是鹤岗市兴山区玛钢厂。1993年3月4日，由市玛钢厂和俄罗斯犹太自治州3家单位合资兴建的中俄友谊有限公司正式投入生产。这是鹤岗市发展外向型经济，在异国合资开办的第一家企业。

随着萝北名山口岸的开通，鹤岗市对俄经贸合作也开始了壮阔历程——

1997年7月1日，随着中俄联办的兴达养猪场的成立，鹤岗市第一次把猪场办到了俄罗斯。绥滨县边贸公司与俄罗斯哈巴罗夫斯克市兴达进出口公司联办的兴达养猪场，充分利用中方丰富的粮食资源和俄方闲置的养殖基地，饲养中国的三江白猪获得成功。1998年末，这个猪场的生猪饲养量达1000余头，出栏260余头，实现销售收入134万元。

从1998年开始，鹤岗市的农产品率先抢滩挤进俄罗斯市场，特产蔬菜卖出国门，建起了跨国菜园、猪场。

名山口岸开通后，1998年夏，萝北县在江对岸的俄罗斯阿穆尔捷特十月区承租了2000公顷土地对外发包，32岁的萝北人李铁锤签下了承租100公顷土地的合同，成为鹤岗赴俄种地第一人。

1998年上半年，东山区经贸公司的杨桂华通过外贸、科研等部门，购回美国柿子101、102、110和五星贮运等西红柿良种，并与蔬园乡的14户农民、红旗乡的8户农民，分别签订了产销合同。这22户棚室种菜能手，在农技人员的指导下，精心栽培，使西红柿获得了大丰收。当年9月，17吨西红柿装箱销往俄罗斯哈巴罗夫斯克市。鹤岗地产特菜首次敲开俄罗斯大门。

伴随着民间经贸活动的深入开展，1998年鹤岗市率先在俄犹太州设立了商务代表处，并成立了鹤岗在俄企业协会。

1999年6月12日，俄罗斯犹太州政府代表团一行5人来访鹤岗。

双方举行了会谈并签订了建立友好州市关系等协议。

这一年，扩建名山码头和修建鹤岗至名山高等级公路，以及开通鹤岗至俄罗斯比罗比詹、阿穆尔捷特的公路货物营运延伸通道，为进一步发展对俄经贸创造了条件。

2001 年 5 月 18 日，鹤岗至俄罗斯比罗比詹轮渡的客运班车正式开通。

这一年，还发生更具转折意义的一件大事，8 月，举办了中俄边民旅游联欢节暨经贸洽谈会，由此鹤岗的对外开放进入了一个新的历史时期。

四、医药工业的兴起

医药工业，对鹤岗来说是一个年轻的产业。其兴起与发展，既与城市自然地理和生态环境的优势有关，也与国家产业政策的宏观布局密切相关。

鹤岗地域辽阔，地跨小兴安岭山脉及三江平原，土地肥沃，气候适宜。其独特的地理位置和生态环境，不但有利于动植物的生长和繁育（野生动植物药材储藏量丰富），而且有利于野生药材资源的人工培育。这些种类繁多、独具特色的野生中药材，为鹤岗发展医药工业提供了雄厚的自然基础。

2000 年，随着经济结构调整，医药工业开始成为鹤岗市一个新兴工业体系。

“十五”期间，鹤岗市抓住老工业基地调整改造的历史机遇，由原来只有一家制药企业，通过“招挂引联”，形成了三精药业、圣峰药业、哈星药业、正大青春宝等一批制药企业，具有了年产片剂 8 亿片、胶囊 1.5 亿粒、口服液 5000 万支、原料药 30 吨、中药饮片 50 吨的生产能力，生产的药品有 50 多个品种。

医药产业的初具规模，迅速成了新的工业经济增长点。为了促进产业结构调整和优化升级，鹤岗市医药行业在已有三精千鹤制药公司、圣峰药业公司、哈星药业等一批项目的基础上，项目开发不断壮大，另有龙宝药业、天邦药业和银河药业等一批项目也积极推进，先后入驻工业园区。

到 2003 年，鹤岗制药企业已由一个药厂发展成为一个制药行业。2003 年实现销售收入 2000 万元，生产能力是 2000 年的 20 倍。

2017 年 9 月，中国中药产业园项目在鹤岗正式启动。市政府与中国中药控股公司签订了《中国中药项目投资协议》。

2009 年，哈药集团三精千鹤制药有限公司成为鹤岗市首家获得“国家级高新技术企业”称号的制药企业。2010 年、2011 年和 2012 年，鹤岗市党代会的工作报告、市人代的政府工作报告，都将医药产业的发展列为议题加以总结和部署。

五、鹤岗师范升格为师范专科学校

鹤岗市是抗战胜利后最早回到党和人民手中的煤炭工业城市，因此也承载一段光荣的历史，中国医大曾在这里办学。中华人民共和国成立后，鹤岗市仅有一所师范学校，后于 1961 年停办，1971 年重建。而后 1972 年 5 月，鹤岗矿务局也组建了师范学校。这两所学校都属于中等师范学校，在数十年的发展中，为鹤岗市的教育事业培养了一批批实用人才。

1999 年，鹤岗市政府代表团到俄犹太州访问，双方就互派留学生事宜达成了协议。在具体商谈时，因鹤岗市当时没有高校（俄犹太州首府比罗比詹市是个只有 10 多万人口的小城市，却有两所颇为正规的大学；而彼时的鹤岗有 110 多万人口，是黑龙江省建市比较早的一座工业城市，却没有一所高校），对方提出了不对等的问题，谈判陷入了僵局。

正是这个僵局，也成了鹤岗市痛下决心创办高校的一个由头和契机。

中共鹤岗市委、鹤岗市政府对这一问题极为重视。由主管副市长带领市教委负责人专程到省教育部门咨询、申请办一所地方大学。在取得支持后，市委、市政府主要领导与鹤矿集团主要领导共同敲定，整合市矿的教育资源，举全市之力共同创办地方高校。

2000 年初，在中共鹤岗市委九届第 18 次常委会上，通过了《鹤岗市地方高校筹建工作方案》，并随即付诸实施。

2000 年 5 月 25 日，为了保证师资和教育资源的合理配置，鹤岗市师范校、矿务局师范校和矿务局财经学校实行实质性合并。在梧桐河畔，组建成立了新的鹤岗师范学校。

在完成合校之后，鹤岗市政府向黑龙江省政府提交了《关于申办鹤岗师范专科学校的报告》，在当时鹤岗市经济还没走出困境、财政还十分困难的情况下，决定在每年投入 1000 万元的基础上，力争逐年加大资金投入。

在相应的软硬件设施和管理逐渐完善后，2000 年 9 月 21 日至 23 日，省专家组成的考察组对鹤岗师范专科学校的筹建工作进行了认真细致的评估，认为在鹤岗市建立一所师范专科学校对发展黑龙江东部地区的基础教育十分必要，该校的师资、校舍、教学设备及办学经验等，已初步具备改办师范高等专科学校的条件，一致同意省教育厅报省政府、并由省政府报教育部审批。

2001 年 9 月 12 日至 13 日，教育部专家组对鹤岗市申办鹤岗师专工作进行了考察评估，给予了充分的肯定。

2002 年 1 月 9 日，在广西桂林召开的全国高校设置评议大会上，鹤岗市创办鹤岗师范高等专科学校的申请，获得与会 44 位评委的全票通过。教育部依据此评议结果，履行了行政审批手续。

2002 年 3 月 27 日，鹤岗市正式收到了教育部《关于同意建立鹤岗师范高等专科学校的通知》。

2002 年 8 月 10 日，鹤岗师范高等专科学校正式挂牌成立。从这一刻起，鹤岗市结束了没有高等院校的历史。

如今，鹤岗师范高等专科学校已发展成为一所以师范教育为主，文、理、工、管并存的新型高校。2011 年，该校率先成为黑龙江省 9 所高职（专科）院校进行单独招生改革试点工作院校之一。

六、鹤岗一中与空军航空学校结缘

鹤岗一中是一所有着与鹤岗这座城市共同成长发展历史的学校。

翻开它的历史可以看到，鹤岗市第一中学如同一架飞机起飞一样，

鹤岗师范高等专科学校教学大楼

是经过了脚踏实地的规范办学助跑，才一飞冲天的。

在党和政府的领导下，1950 年 3 月创建了鹤岗市第一中学。1963 年，该学校即被黑龙江省列为施行国家教育部颁发的《全日制中学暂行工作条例（草案）》的重点中学。1980 年又被省批准为首批重点中学。1992 年在全省重点中学评估检查中被评为省先进重点中学。1998 年被省委、省政府命名为省级文明单位标兵。

2000 年，经过 50 年的耕耘，鹤岗一中成为首批跨入省级示范性高中行列的学校。2004 年被评为全国绿色学校。2005 年被评为全国文明单位、全国百强中学、全国“三八红旗集体”。

该校占地面积 15 万平方米，拥有南、北两个校区。

空军飞行人员是国家的特殊人才和宝贵资源，其招收培养属国家行为。2007 年，空军招飞工作局沈阳选拔指导中心就在鹤岗市建立了空军飞行学员生源基地，2009 年鹤岗市被授予全省唯一空军飞行员优质生源基地。多年来，鹤岗市积极争取筹建空军青少年航空教育实验班。

2015 年 3 月，经教育部批准，鹤岗市第一中学成为全国 16 所空军青少年航校之一。10 月 19 日，黑龙江省空军青少年航空学校在鹤岗市第一中学正式揭牌成立，通过军民融合的模式培养航空军事人才。

空军青少年航空学校面向全省招生，学制 3 年。2015 年首批择优录取 30 名初中毕业生。他们将在完成国家规定课程基础上，参加国防教育、军事体育、航空知识、飞行训练等航空特色教育活动。该学校实行单独编班，模拟部队营连管理模式。毕业生高考志愿根据培养协议首先填报空军飞行院校航空飞行与指挥专业，并参加招飞选拔检测。高考成绩优异的可选送北京大学、清华大学、北京航空航天大学进行军地联合培养。

三载励志成才，一朝鲲鹏展翅。2019 年 7 月 10 日上午，空军青少年航空学校航空实验班举行毕业典礼，颁发了空军航空大学录取通知书。这一年，鹤岗一中航空实验班体检政审合格的 23 人中，有 21 人被空军航空大学录取，一本上线率 91. 3%，出飞率名列全国 16 所航校第二名，东北三省第一名。

不忘初心、不负韶华。50 余年来，鹤岗一中培养出的优秀学子遍布祖国、世界各地，成为各行各业的骨干、专家。如今又插上“航空学校”的翅膀，未来一定会为祖国培养出越来越多“立志天空、献身国防”的人才。

七、城市出口路桥便捷畅通

伴随着改革开放的脚步，鹤岗城市面貌日新月异，但市区内外仅有的几条路，不仅很难满足人们出行的需要，更成为城市发展的瓶颈。

直到 1989 年 9 月佳木斯松花江大桥建成通车之前，从鹤岗乘汽车去佳木斯或路经佳木斯，都要在松花江岸边等上一两个小时，由船把汽车和人摆渡过去，很不方便。1993 年时拥有 100 多万人口、版图面积达 14684. 3 平方公里的鹤岗市，还没有一条高等级公路。鹤佳两地不过 60 多公里，却要三四个小时的时间才能到达。

交通是经济发展的先行官，也是城乡协调统筹的基础保障。为了打通鹤岗与接壤城市的出口，让鹤岗走出闭塞的交通瓶颈状态，鹤岗市委、市政府几届领导始终立足改革开放的发展大局，不断谋划着城乡交通的不断延伸与拓展。

畅通鹤岗南出口公路建设始于1991年7月1日。这一天，黑龙江省计划委员会以黑计建字〔1991〕第516号文件向黑龙江省交通厅下发了《关于鹤大公路鹤岗至佳木斯段二级汽车专用公路初步设计的批复》。该段线起点为原南山矿医院门前十字路口处，沿原旧路经富力、兴安、峻德三大矿区，终点接至佳木斯松花江公路大桥北岸引道上，鹤佳段主线全长53.2公里。

1994年9月25日，历经3年的艰苦奋战，鹤岗终于迎来201国道鹤佳段竣工通车剪彩。继1994年201国道鹤佳段竣工通车后，随着鹤岗与俄犹太州经贸发展的需要，哈萝公路鹤萝段改建工程又马不停蹄地投入建设之中。

哈萝公路鹤萝段全长59.6公里，改建工程总投资近2亿元。整个建设工程由三部分组成：鹤岗段、萝北段、梧桐河大桥。1996年10月，哈萝公路鹤萝段实现了全线胜利贯通。

鹤伊公路是省道鹤岗至嫩江公路的起点段，是黑龙江省公路“OK”形主骨架的主要组成部分，起点于国道鹤岗至大连公路零公里处，终止于伊春火车站前，全长141公里，支线长12.6公里。

1998年5月，鹤伊公路破土动工。2000年8月31日，鹤伊公路正式通车。

2001年9月29日，又经过两年紧张的施工，鹤大公路鹤佳段复线工程竣工通车。

鹤大公路鹤佳段复线工程是省交通厅帮助鹤岗矿务局解困发展的扶贫工程，总投资2.8亿余元，全长35公里。1999年9月30日正式开工，设计工期3年，实际工期仅用了2年。

2012年，鹤（岗）名（山）公路建成通车。鹤名公路工程是鹤岗建市以来自筹资金投资最大，历史上建设里程最长的一级公路。该路的建成极大改善了鹤岗市区通往萝北县、绥滨县及周边农场的交通状况，拉动了公路沿线区域经络发展。

八、东北最大生猪屠宰加工企业

2003年3月3日，距离鹤岗市区20多公里的国家级生态示范区——黑龙江宝泉岭垦区，诞生了一家有着龙头规模的大型企业——黑龙江北大荒集团宝泉岭肉业有限公司。

这家企业是当年立项、当年设计、当年建设、当年投产，如同“横空出世”一般。当年由黑龙江垦区斥资1.8亿元，建起了这家拥有世界先进技术装备的国有控股大型肉类加工企业，成为当时我国东北地区最大的一家生猪屠宰加工企业。

当时的农垦宝泉岭分局畜牧业发展势头迅猛，2003年呈现出了投入资金最多、发展速度最快、获得效益最好的大好形势。为此，分局实施了大项目拉动大产业战略，以加快工业园区建设，走农区工业化之路。北大荒集团宝泉岭肉业有限公司就是在这样的背景下诞生的。

以生猪基地建设为核心，集饲料种植加工、种猪繁育、生猪饲养、屠宰加工、副产品深加工等为一体的产业化经营模式，年生猪屠宰能力达200万头，可向东北及国内外市场提供“优势、安全、放心”猪肉15万吨。

投入生产后的黑龙江省北大荒集团宝泉岭肉业有限公司占地面积达18.7万平方米，建筑面积5.2万平方米，绿化面积12.2万平方米。公司拥有冷储总容量6400吨，是中国目前单体生猪屠宰加工最大企业，被列为“全国肉食品屠宰与加工行业质量产品优势企业”，在国内同行业大型企业中加工能力排行第5位。

公司现生产冷却白条肉、冻白条肉、冷却分割肉、冻分割肉、中高低温熟食制品和生化制品等北大荒品牌系列产品100余种。在经营上严格执行“冷链生产、冷链配送、冷链销售”的先进模式。产品已销往北京、上海、天津、河北、浙江、江苏、香港等30余个省市区，并出口俄罗斯、日本、乌克兰、韩国、哈萨克斯坦等国家和地区。北大荒肉业系列产品以其绿色、安全、放心的鲜明特点深受国内外广大消费者的喜爱。

九、推进老工业基地振兴

鹤岗，曾经为中华人民共和国的建立、建设做出过重大的贡献，是典型的“老工业基地”之一。党的十六大报告提出“支持东北地区等老工业基地加快调整和改造，支持资源开采型城市发展接续产业”，这一决策，为东北老工业基地振兴吹响了第一声号角。

2003 年 10 月，《中共中央、国务院关于实施东北地区等老工业基地振兴战略的若干意见》正式下发。

2004 年，国家支持东北老工业基地振兴的政策相继实施。鹤岗市紧紧抓住这一历史机遇，及时作出了相应的发展战略调整。制定出台了《鹤岗市老工业基地调整改造和资源型城市发展接续产业实施方案》。在这个方案中，中共鹤岗市委、鹤岗市政府正式确立了“建设两大基地、加快五业发展”的战略构想。即依托资源优势，建设能源工业基地、食品工业基地，加快化学工业、建材业、林木加工业、高新技术产业和旅游业五业发展。同时明确，鹤岗市的老工业基地改造以走新型工业化道路为突破口，确定了力争用 8 年时间，使鹤岗市由单一的煤矿城市转变为综合发展的工业城市。

在建设能源基地方面，鹤岗市着力做好“煤接续、煤转化、煤利用”文章，实施鸟山煤矿、新华煤田的开发建设，扩大原煤入洗能力，积极推进鹤岗发电公司二期建设，加速煤电转化，延长煤炭产业链条，实现就地增值。同时，加快燃料甲醇联产项目和煤层气、煤矸石利用项目的开发建设步伐。

在建设食品基地方面，由于黑龙江流域没有污染，农产品多数为绿色无公害食品，鹤岗利用大豆、水稻、小麦主产区的得天独厚优势，发挥东北最大的大豆加工项目——九三油脂宝泉岭公司年加工 60 万吨大豆生产线的优势，对鹤岗区域内大豆做到吃干榨尽。以鹤鸣米业、北珠米业为龙头的绿色大米、精洁米加工生产线也使鹤岗稻米实现了就地转化增值。

中共鹤岗市委、鹤岗市政府紧紧抓住历史性的机遇，以大项目建设为立足点，开始走内部自主开发、外部招商引资，内外结合的老工业基地改造之路。

在向上争取支持上，起初的2年，鹤岗市共争取到国家和省资金支持项目65个，争取支持资金达5.5亿元。采煤沉陷区治理一期工程、禾友农药除草剂系列产品开发等项目得以顺利实施。

在对外招商引资上，通过与大企业、名牌院校联姻，“完达山”“圣元”“摇篮”三大乳业来了，哈啤、“九三油脂”“鲁南纸业”等全国知名企业来了。2年间，鹤岗市新上项目102个，数量是以往几十年的总和。

在发展地方民企上，鹤岗市积极引导地方企业开发新产品，2年中共开发“华中暖流”水热毯、富农公司水稻育秧垫等项目69个，总投资额达2.6亿元。

老工业基地改造应该怎样做？鹤岗市进一步明确了深化国企改革、加快基础设施建设、积极进行招商引资、科教兴市、引进和培养人才等一系列实施措施。

伴随着发展理念的不断更新引领，鹤岗市的老工业基地振兴之路越来越宽，越来越稳健。

十一、第一座低瓦斯发电站

在煤炭企业，瓦斯治理工作是永恒的主题。谈及治理瓦斯，人们也都习惯用“治虎、伏虎、驱虎”来形容。

彼时，党的十六大提出的“科学发展观”正在深入贯彻落实之中。对于煤矿企业而言，贯彻落实好“科学发展观”，就要以矿工为本，在确保广大矿工生命安全的前提下，使煤矿生产呈现协调、可持续发展。

新理念催生新作为。峻德矿在所属企业集团中开采历史比较短，瓦斯涌出量较大。为了遏制住瓦斯这一煤矿安全生产的最大危害，峻德矿开始大力加强煤矿瓦斯的综合治理，并从加快煤层气开发利用入手，引“虎”向善，努力变害为宝，使其变成无污染的宝贵能源。

2006年，峻德矿引进了两台500GF1-3RW型低瓦斯发电机组，修建了鹤岗市第一座低瓦斯发电站，把过去排空的煤矿瓦斯进行工业化利用。

2006 年 10 月 13 日，该电站并网发电后，实际运行功率达 400 千瓦/台小时。两台低瓦斯发电机组，仅 2007 年就发电 445 万度、利用瓦斯 167 万立方米，创造效益 247.4 万元，

截至 2009 年，3 年间就累计发电 1415.6 万度，利用瓦斯 531 万立方米，产生效益 786.97 万元，瓦斯利用率分别达 40%、52.7%、67.2%。

从当年开始，峻德煤矿就变瓦斯“抽放”为“抽采”，坚持煤与瓦斯共采，积极推进瓦斯综合利用，先后又于 2010 年购进 2 台低瓦斯发电机组、2011 年购进 4 台低瓦斯发电机组，使发电站的低瓦斯发电机组达到 8 台。

曾身背煤矿“第一杀手”罪名的瓦斯，由此摇身一变成了清洁能源，不仅使煤矿提高了安全生产系数，减少了温室气体排放，更为煤炭企业节能减排开辟了广阔空间。

十二、华鹤、新华煤化项目奠基开工

2008 年 3 月 16 日，黑龙江省东部煤电化基地发展规划和东部煤电化基地建设支持政策正式通过媒体发布。

伴随着东部煤电化基地建设的声声号角，鹤岗市也吹开了一朵朵项目之花。

2008 年 7 月 26 日，黑龙江省建设东部煤电化基地战略实施以来投资规模最大的两个项目——鹤岗华鹤煤化股份有限公司 120 万吨甲醇项目和鹤岗新华煤化工有限公司 60 万吨合成氨 104 万吨尿素项目奠基开工。

此次开工的甲醇项目是鹤岗市 2006 年通过招商引资，由国有中央大型企业中国化学工程集团公司与大型民营企业鹤岗鹍鹏焦化公司合作建设的煤化工项目，远景规划 240 万吨甲醇，投资 171 亿元，一期工程 120 吨甲醇，投资 69.3 亿元，计划 2010 年 10 月竣工投产。60 万吨合成氨 104 万吨尿素项目，是黑龙江省龙煤集团与辽宁北台钢铁集团共同投资建设的大型煤化工项目，总投资 60.2 亿元，计划 2011 年 8 月竣工投产。

鹤岗两个煤化工项目的开工建设，掀开了黑龙江煤业发展史上的

新篇章，标志着黑龙江煤炭产业进入了新的煤化工阶段。

2011 年，华鹤煤化股份有限公司煤华工项目被纳入黑龙江省政府与鹤岗市政府签状的 20 个重点推进项目，得到了上上下下及各相关部门的大力积极推进。

2012 年 6 月 5 日，“中海油”华鹤煤化股份有限公司煤华工项目由东北分公司承建的年产 30 万吨合成氨、52 万吨大颗粒尿素项目（简称 3052 项目）尿素主装置及总降压站工程开工。

“3052”装置采用当今国际国内一流的工艺技术，其中煤气化采用美国 GE 水煤浆气化技术，合成氨采用丹麦 Topsoe 技术，尿素装置采用荷兰 2000+技术，其他装置均采用国内先进成熟技术，被列为振兴东北老工业基地和大力发展黑龙江东部煤电化基地的重大项目，于 2012 年 6 月正式开工建设。

“3052”装置正常生产运行用电 2. 5 亿度，年用水 800 万吨，年用煤超过 100 万吨，生产原料、产品年运输量超过 180 万吨，公司用工及配套产业可增加就业超过 1500 个，对周边经济具有较强的拉动作用，这标志着鹤岗市煤炭产业转型升级迈出了坚实一步，也为黑龙江省大力推进煤化工产业发展起到了示范引领作用。

第三节　文化旅游　全面融合

一座城市，从一煤独大，到转型文化旅游，到赢得市民满意的笑容，乃至引来外地游客的称赞，无疑是这座城市一届届领导者解放思想、转变观念、贯彻新发展理念的硕果。

从 2000 年开始，鹤岗以谋划中俄边民旅游联欢节暨经贸洽谈会为切入点，掀开了打造文化旅游业的序幕。

鹤岗市围绕文化旅游业谋篇布局，挥笔写下了“界江文化”“宜居宜业宜游”“活力边城、幸福家园”等一篇篇文化旅游的佳作。从那时起，鹤岗的城市经济发展翻开了新一页，劳动力就业有了新天地，城市形象开始日新月异，城区产业结构进一步优化，国际交流与合作逐渐增多，市民素质得以大大提高，环境与社会和经济的协调发展等方面呈现出前所未有的和谐。鹤岗文化旅游业的不断提档升级，正日益发挥着有力的推动作用，并已成为城市发展新的经济增长点。

一、中俄边民旅游联欢节暨经贸洽谈会

2000 年，被称为千禧年。以 2000 年为转折点，鹤岗市对俄开放合作也翻开了新的篇章。

2000 年 1 月 21 日，中共鹤岗市委九届二次全委（扩大）会议提出，2000 年要以全力推进“六大战略升级”为重点，使经济步上新台阶。作出了“推进对外开放战略升级，必须加快对外贸易合作步伐”部署，提出举办中国鹤岗中俄边民旅游联欢节暨经贸洽谈会构思。市县区及有关单位发挥各自优势，积极与上级部门、中外客商接触、沟通、洽谈，紧锣密鼓地开始做前期筹备工作。

扩建名山码头和修建鹤岗至名山高等级公路，为全面推进对俄经贸创造了条件。俄罗斯比罗比詹、阿穆尔捷特至鹤岗公路货物营运延伸通道的开通，为进一步发展对俄经贸合作、促进口岸繁荣，创造了有利条件。1 月 29 日 8 时 30 分，鹤岗至俄罗斯比罗比詹“三日游”首次班车由鹤岗发车，先后经萝北名山口岸海关、阿穆尔捷特口岸海关，全程 330 余公里。

这一年的 6 月至 7 月，俄罗斯犹太自治州政府代表团和鹤岗市政府代表团先后互访，双方就建立友好州市关系、开辟互市贸易区、共同开发旅游及餐饮娱乐业等方面达成了共识，签订了有关协议。鹤岗驻犹太自治州办事处成为俄罗斯外交部批准的第一个中国地市级驻俄办事处。

2000 年 8 月 26 日，中俄边民旅游联欢节暨经贸洽谈会在市体育场隆重开幕。

这次节会的主题是增进友谊、扩大开放、宣传鹤岗、发展经济。节会融中俄边民旅游联欢、招商引资、经贸洽谈、商品交易、文艺活动于一体。

国家有关部门的领导及省领导出席了开幕式。出席开幕式的还有

俄罗斯的客人，有广州、深圳、杭州、珠海、上海、郑州、北京海淀区等市、区领导。

节会期间，徐沛东、宋祖英、吴雁泽、殷秀梅、阎维文、关牧村、柳石明、白雪等著名的音乐家、作曲家、歌唱家汇聚鹤岗，与中国歌剧舞剧院、俄罗斯阿穆尔州艺术团、犹太自治州歌舞团一同进行了大型文艺演出活动。节会期间，洽谈活动繁多、文化活动空前，并举行了赴俄一日游、龙江三峡界江游等观光活动。

此次活动扩大了鹤岗和龙江三峡、名山岛等旅游景区的知名度，起到了广交朋友的效果，激发了爱家乡、爱鹤岗的情结，实现了对外开放和招商引资的历史性突破。节会期间，签约洽谈项目160个，签约总金额达52.1亿元。

这次盛会的成功召开，也标志着鹤岗的对外开放进入了一个新的历史时期。

二、鹤岗国际界江旅游节

首届中国·黑龙江鹤岗国际界江旅游节开幕式

2008年以来，黑龙江省委把鹤岗列为北国风光特色旅游十大集合区——界江旅游集合区的龙头景区。鹤岗市抢抓机遇，认真贯彻落实科学发展观，把发展旅游业作为鹤岗城市创新转型、老工业基地振兴的替代支柱产业来抓，并围绕开发建设黑龙江界江旅游集合区，由此掀起了开发界江游景区、打造“界江游”品牌的热潮，包括景点景区建设、公路交通建设、酒店宾馆建设、游轮游艇和旅游车辆购置，总投入已近12亿元，形成了景区独具特色、景点多元组接、服务功能完善的四大旅游商品。即太平沟界江、森林游，名山岛黑龙江流域文明、异域风情游，鹤岗矿区、垦区、老区文化游，近郊森林、石峰、山水奇观游。

2010年6月14日，鹤岗市利用第二十一届哈尔滨经济贸易洽谈会的契机，召开了首届中国·黑龙江鹤岗国际界江旅游节新闻发布会。宣布于当年6月19日与俄犹太州政府、省旅游局共同主办首届中国·黑龙江鹤岗国际界江旅游节。

2010年6月19日，首届中国·黑龙江鹤岗国际界江旅游节在黑龙江畔的萝北名山沿江公园开幕。国家领导人，国家旅游局、国家旅游协会的领导、省级四个班子的领导以及省内各地市领导、友好城市领导、“12+1”城市领导，还有国内主流媒体代表齐聚此次旅游节，盛况空前。节会期间推出了黑龙江流域文明大型音乐舞蹈史诗《龙在北方》，举办了央视《激情广场》演出、殷秀梅家乡专场演唱会、俄罗斯犹太自治州大型专场文艺演出、黑龙江流域文明鹤岗论坛、北国风光特色旅游界江研讨会等一系列活动，全力打造“界江游龙头、文化游鳌首”的旅游城市形象。

6月19日下午2时许，国家旅游局副局长王志发宣布中国·黑龙江鹤岗国际界江旅游节开幕。

中共鹤岗市委书记、鹤岗市人大常委会主任朱清文、俄罗斯犹太自治州政府代表团团长西利亚诺夫分别致辞。

中共黑龙江省委常委、秘书长刘国中致辞：这次节会就是把鹤岗的魅力、魄力和活力展示给大家，展示给全国、全世界，让世界了解鹤岗，让鹤岗学习外面的世界。相信鹤岗一定会以本次节会为契机，博采众长，加快旅游产业发展，加快鹤岗经济社会发展，加快实现“城市创新转型，人民富裕幸福”的战略目标。

开幕式结束后，中央电视台《激情广场》栏目组、俄犹太州艺术家与鹤岗市群众共同进行了精彩的互动演出。

中国·黑龙江鹤岗国际界江旅游节的成功举办，在国内外产生了轰动性的广泛影响，对进一步打造黑龙江界江游品牌，提升鹤岗界江游知名度，挖掘黑龙江流域文明具有突破性的重要意义。

2011 年旅游节由省旅游局、俄罗斯犹太自治州和鹤岗市主办，主题是“相约边城鹤岗，牵手龙江三峡”。旅游节期间，北国风光特色旅游界江游鹤岗峰会、黑龙江流域文明鹤岗论坛学术报告会、中俄旅游贸易合作会谈、金融与城市发展研讨会、激光焰火音乐晚会、太平沟黄金古镇开园、“市民旅游日”、旅游美食节及地方名优特产品展销会也同时举行。

2012 年 8 月 1 日，中国·鹤岗中俄界江文化旅游节暨首届国际服装啤酒美食节拉开帷幕。为期 10 天的节会系列活动进一步提升了鹤岗城市国际知名度和美誉度，推动了鹤岗旅游与文化的大发展、大繁荣。中国·鹤岗中俄界江文化旅游节暨首届国际服装啤酒美食节以“扮美边城鹤岗、醉美生态界江”为主题，从 8 月 1 日至 10 日通过举办国际服装节、国际啤酒节、美食节、旅游节四大版块活动全面展现鹤岗市旅游风采，提升城市文化，让广大市民和外来游客游览界江秀美风光，感受鹤岗文化风情，体验休闲健身乐趣，体味生态界江旅游，真正实现全民参与，旅游惠民的举措，推动中俄旅游经贸繁荣，促进鹤岗经济社会更好更快发展。

中国·黑龙江鹤岗国际界江旅游节的成功举办，在国内外产生了轰动性的广泛影响，对进一步打造黑龙江界江游品牌，提升鹤岗界江游知名度，挖掘黑龙江流域文明具有突破性的重要意义。

三、鹤岗矿山公园入选首批国家矿山公园

2005 年，鹤岗迎来了建市 60 周年。

为了对已开采枯竭的资源进行外表恢复与保护，鹤岗市作出了建设矿山公园的决策，以展示人类矿业遗迹，既赋予其一定的研究价值和教育功能，也为生活在这个城市中的人们提供了一个参观游览、回

望历史的载体。

2005 年 8 月，鹤岗国家矿山公园通过了国家有关部门批准，成为全国首批重点建设的 28 家矿山公园之一。

2006 年 5 月正式开工建设，由市国土资源局引资立项兴建。该公园占地 665.72 公顷。以保护矿山遗迹、弘扬矿山文化、开发旅游资源为宗旨，公园分为矿史馆与万人坑、新一矿、岭北矿露天板块和“狼窝”日本秘密地下工事等四大板块，园内的景观建设独具矿山特色，采矿生产时的钻机、电铲、矿用铁路等设施将保持原貌，配备大型浮雕墙、主题雕塑、矿工生产生活艺术小品、历史文物、图片以及多媒体等。

矿山公园主景区为新岭煤矿北露天坑遗址，长 3100 米，宽 1100 米，坑深 130 米，占地面积 341 公顷。1958 年人们在这里挖出了煤，开始建设露天煤矿。露天煤矿就是直接把地表揭开采煤，鹤岗原来的八大煤矿中只有这一处露天煤矿，另七个都是竖井煤矿。坑边坡完整，地质结构、岩石层和煤层分布清晰。特别是千米长地质大剖面，可将 1.4 亿年前至今的地质遗迹，包括地层构造、矿床产状、煤的形成、褶皱与断层直观地展现在人们面前。这里的地质现象国内罕见，具有很高的科研和观赏价值。

2009 年 8 月 28 日，鹤岗国家矿山公园开园。自开园以来，赢得了广大市民的青睐，也成了夏季人们郊游、锻炼、休闲的一个打卡处。

鹤岗国家矿山公园写满了由“黑”到“绿”的变迁，也记录了由盛而衰再到兴盛，进而破茧成蝶的一段历程，更盛满了几代煤矿人的回忆，这里有煤炭企业的责任与担当，也有建设者的智慧和用心。

鹤岗国家矿山公园，让煤矿的生命和价值又换了一种方式延续。

四、金顶山风景区

金顶山风景区，犹如“久在深闺人未识”的绮丽美女，一经亮相，便吸引了世人纷纷投来一片惊讶的目光！

金顶山风景区的惊艳亮相，并非横空出世，而是时代发展的呼唤。

2008 年以来，黑龙江省将生态旅游资源开发提升到一个战略层

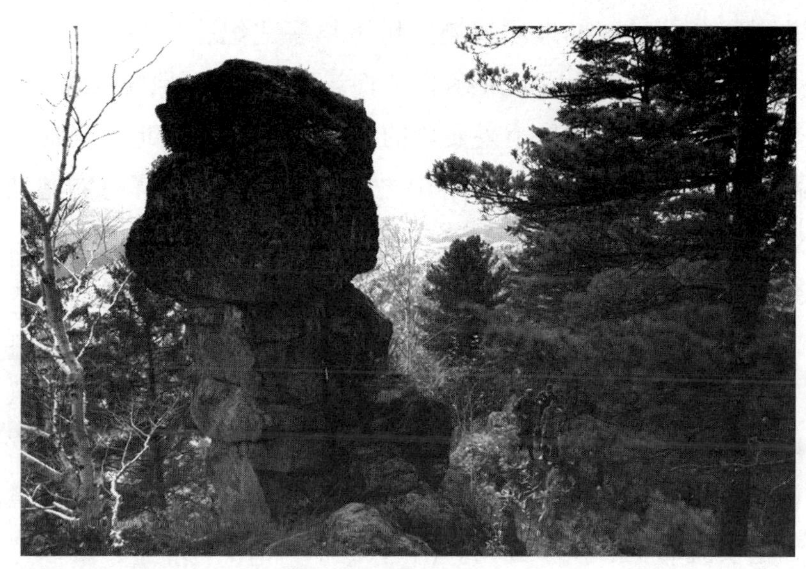

金顶山石峰

面——建设北国风光特色旅游开发区。从此开启了全省战略资源第五次大开发的序幕——旅游资源大开发、旅游名镇大建设，以带动旅游业跨越大发展和城镇化整体大提速。

鹤岗以建设“北国风光特色旅游开发区”为主导战略，以打造“宜居、宜业、宜游滨水森林城市”作为目标定位，抢抓机遇，加快了旅游项目建设。金顶山风景区，正是“好风凭借力”的典范之作。

2010 年 6 月 20 日上午，金顶山风景区正式开园迎宾，这是鹤岗市第一家以石林文化为主题的旅游景区。

金顶山风景区，坐落于黑龙江省东北部小兴安岭南麓的茫茫林海之中，西北部与伊春市毗邻，行政区属鹤岗市林业局十八号林场辖区，距鹤岗市区 50 公里。

最高峰金顶山海拔高度 840. 2 米，相对高差 500 余米，为鹤岗市境内第二高峰。园区内发育有侵蚀谷地、断层崖、崩积堆，冰缘堆积、溪谷湿地等独具特色的微地貌景观。

金顶山石峰形成时代为古生代二叠纪晚期，距今已有约 3 亿年的历史。岩性主要为斑状黑云母花岗岩、正长花岗斑岩、斜长花岗岩、白岗质花岗岩等。景区的地质遗迹经历了早寒武纪、二叠纪、晚三叠纪等几个地质发展演化阶段，最终形成了今天的地质、地貌景观。

金顶山，相传这里是小兴安岭的“山神”所居之地，当地人又叫“神鼎山”。主峰大金顶，太阳落山之时的最后一抹余晖总能抛洒其主峰之上，故称“金顶山”。

金顶山主峰分为“大金顶”“小金顶”，被当地人称为“天外二峰”。金顶山主峰突兀拔地而起、山势险峻、峰峦层叠，形成“群山拱金顶”的高旷气势。金顶山怪石嶙峋、苍松挺劲、峡谷幽深、溪流淙淙、庄严巍峨，但又不乏灵秀与缠绵。缥缈变幻的云雾则又使它平添几分神秘与深奥，它既有巍峨的石林、石峰、绝壁区，又有静谧的幽谷区，逆溪流而上、步步登高、渐入佳境，而由“人间”进入“天堂仙界”。

金顶山天蓝、云淡、水清、峡幽、松挺、石奇，鸟兽游于山间，蜂蝶戏于花丛，融自然、人文景观于一体。环境优雅得天独厚，秀美、独具风韵的花岗岩石峰、森林生态景观和天然森林大“氧吧”，是地球、生态、人类和谐共处的良好场所，具有很高的美学欣赏价值和旅游开发价值，同时更具有十分重要的保护、科普与科学研究价值。

2016 年 11 月，金顶山风景区正式被命名为黑龙江省鹤岗市金顶山地质公园，填补了鹤岗市市区没有地质公园的空白。这为金顶山公园争取省级地质遗迹保护项目资金，提升公园能力建设，开展公众地学科普教育和科学研究奠定了坚实基础，同时也对促进鹤岗市旅游产业的发展具有重要意义。

五、省级爱国主义教育基地——黑龙江流域博物馆

黑龙江，作为世界流域面积第三大江、中国第三大江、世界第一界江，跨蒙古、中国、俄罗斯三国，同黄河、长江一样，也是中华民族文明的摇篮之一，是中华民族的发祥地。

黑龙江流域博物馆，是以特有的“鹤岗速度”横空出世的，如同每年春季黑龙江激荡人心的跑冰排壮观之景一样震撼。

2008年以来，随着黑龙江省建设“北国风光特色旅游开发区”的实施，鹤岗抢抓机遇，积极创造有利条件，努力把培育旅游业新的经济增长点作为谋划重点，萝北县在加快工业项目建设的同时，加快旅游项目建设，打造“两峡一岛”界江山水游黄金线，建设了黑龙江流域博物馆。

2008年3月，黑龙江流域博物馆开工建设。仅用了4个月的时间，于当年7月26日即落成达到开馆，8月正式全面对外开放。

名山岛上黑龙江流域博物馆

黑龙江流域博物馆是我国唯一的界江流域博物馆，同时也是黑龙江省第一家全方位展示黑龙江全流域自然、历史、文化和民俗的综合性博物馆。它如同一部反映黑龙江流域权威的自然历史百科全书，集文物保护、陈列展示和科学研究于一体，并成为黑龙江省史馆建筑史上的又一亮点，填补了我国史馆领域的一项空白。

该博物馆所处的地理位置也独树一帜。

它坐落在中俄界江——国家4A级旅游景区名山岛上，这里绿树参天，曲径通幽，交通便捷，设施齐全，是旅游观光，休闲度假的好去处。博物馆建在该岛的中部，东侧临中俄边境线（黑龙江主航道）不足千米，向西横亘于岛上。馆区占地18330平方米，建筑面积6399平方米，分设自然、历史和民俗3个大型展馆。整体设计上，改变了单体建筑的一般化传统模式，建设多个框架结构分馆，之间用空中栈道连接。从空中鸟瞰，三大展馆呈龙形构架，在绿树掩映中更显神秘而幽雅，奇特而壮观。

黑龙江流域博物馆——古生物展厅

博物馆记载了黑龙江流域文明的起源与发展，再现了中、俄、犹太不同的民族风情相互交融的情景，显现了黑龙江流域文明的特殊风貌。黑龙江流域博物馆分为序馆、自然馆、历史文化馆、民俗馆、民俗演艺馆5个分馆。

黑龙江流域博物馆建成后，与名山岛景区、名山沿江公园、龙江三峡、兴安雾龙大峡谷、红松母树林、望云峰滑雪场、梧桐河漂流、都鲁河湿地等附近著名旅游景区景点融为一体，构成了独具特色的旅游资源和品牌。

六、名山风景区、月牙湖被评为国家4A级旅游景区

萝北县名山风景区和绥滨县月牙湖中国北方民族园风景区，皆因

位于黑龙江沿岸，而获得了这条世界级大江的蔓延、浸润之禀赋。

名山风景区，以名山岛为核心，不仅外形酷似一条龙，而且有着十分奇特的传说。名山岛古称黑龙岛，是黑龙江上三座黑龙岛之一，“黑龙三岛”同源于我国民间流传的黑龙“秃尾巴老李”的传说。名山岛长3500米，平均宽250米，面积为0.54平方公里。这个岛是在1914年以前江水冲击而成，它是萝北境内江段中方13个岛中唯一没受到破坏的一个岛。

后因该岛离名山镇较近，改称为名山岛。

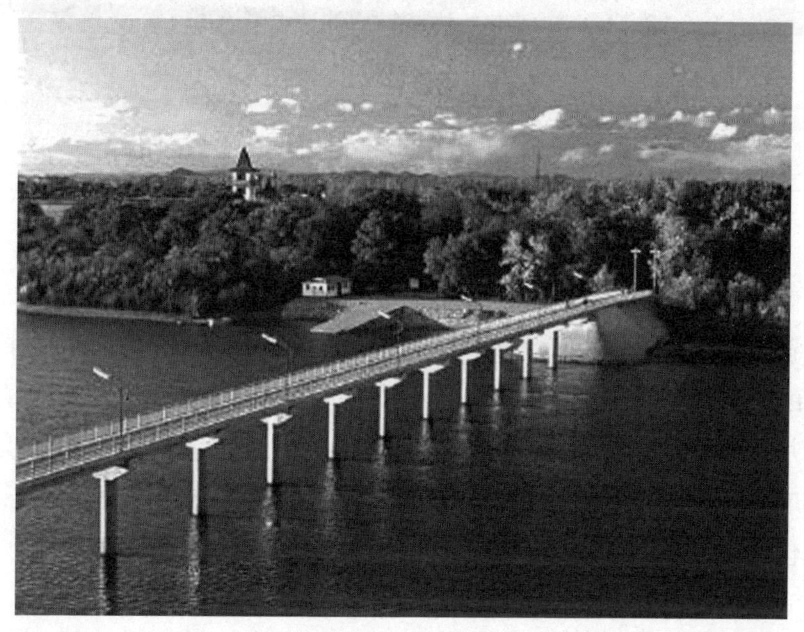

清逸秀丽的名山岛

这座金沙铺筑、草木馥郁的“名山岛”，在20世纪70年代就有人登岛野游。2000年夏，名山岛正式对游人开放。岛上生态环境保护极佳，生长着桦、柳、榆、杨等多种阔叶树林。盛夏时节，枝繁叶茂，鸟语花香。岛上还生存着狐狸，黄鼬、松鼠等许多珍贵小动物，常有水禽候鸟栖息岛上。岛上地势稍有起伏，岛下水面宽阔，水流舒缓，全岛景色十分迷人。

坐落在黑龙江上的名山岛，南临萝北口岸，北望俄罗斯的阿穆尔捷特。

经过几十年的投入建设发展，名山岛目前已经成为一个旅游元素十分丰富的风景区，形成一派质朴、粗犷、天然无饰的自然生态风光。

2011 年 12 月，鹤岗市萝北名山景区被批准为国家 4A 级旅游景区。

月牙湖景区

中国北方民族园坐落在风光旖旎的黑龙江南岸，依月牙湖而建，月牙湖因湖面呈月牙状而得名。这里是鹤岗市以黑龙江界江游为主打品牌的重要组成部分。

月牙湖中国北方民族园建于 2010 年。当年绥滨县通过百日会战，将占地 84 万平方米的民族园建成了完美结合自然风光、民族风俗和历史文化的旅游景区，为鹤岗市增添了一处集旅游、休闲和度假为一体的充满北方民族风情的旅游景点。

中国北方民族园占地 84 公顷，是融绥滨古今文化于一园，集北方民族精粹于一身的集锦式园林，也是黑龙江界江游的重要组成部分。整个景区由历史文化区、民族风情区和湖畔休闲区三部分组成。

历史文化区复原了国家级保护遗址奥里米古城址和古同仁文化遗址。置身于古同仁文化遗址，到处都散发着古朴原始的气息，每一件带着岁月痕迹的展品都犹如穿越了时空的隧道，撩开了遮盖千年的神秘面纱，带来了远古的馨香。这里是一幅勿吉文化的历史画卷，这里更有一次梦回远古的奇异旅程。

民族风情区科学准确地还原了满、朝鲜、蒙古、达斡尔、锡伯、鄂伦春、赫哲、鄂温克、俄罗斯9个北方民族生活生产、宗教祭祀等场景，重点展示了各民族生息繁衍过程中，劳动与智慧创造的标志性实物。

一幅原生态的天然图画，一段厚重的历史沉积，一份丰富的游乐套餐，一片浓郁的北国风情。鸟瞰整个景区，沐水乡田园馥郁之凯风，浴北方民族精华之荟萃，乃盛世之桃源。

中国北方民族园从“养在深闺人未识”的小家碧玉到“一朝出阁天下闻”的万众瞩目，从无到有，由小渐大，瞬间经历了一次化蛹成蝶的华丽转身。

作为绥滨文化的新名片，中国北方民族园已经成为中俄界江旅游的新地标。2012年8月，月牙湖景区被评为国家4A级旅游景区。

七、地下森林氧吧——兴龙峡谷

兴龙峡谷，源自天成，兴于时代。

兴龙峡谷上起滚突岭顶峰，下至黑龙江边，全长5000米，最高海拔400米。

这里原始生态保存完好，仅树木就有300多种，几乎囊括了东北山区所有的品种。峡谷里空气新鲜，是城市平均含氧量的50倍以上，负离子含量很高，堪称名副其实的森林氧吧。

2001年，国家林业局林场发〔2001〕519号文件正式批准建立龙江三峡国家森林公园。

兴龙峡谷原名“采金一道沟”，因其在小兴安岭余脉、黑龙江边，故又叫兴龙峡谷山。这里晨曦渐起时，常显朝雾弥漫、云蒸霞蔚之状，似蛟龙腾云驾雾，确实不负其名。

兴龙峡谷位于龙江三峡国家森林公园中段，是龙江三峡国家森林公园不可缺少的重要组成部分。作为龙江三峡国家森林公园的生态景区之一，兴龙峡谷始建于2005年。

作为黑龙江三峡森林公园中一处幽静的景点，2007年这里开辟了一条山地徒步旅游线路。

太平沟兴龙峡谷

整个景区以木栈道为主线，张亭台桥榭于其中，景色醇厚古朴，自然情趣颇具特色，游峡谷风貌，曲径通幽，古树参天，溪流潺潺，令人神清气爽。

兴龙峡谷山高林密，云蒸霞蔚，雾气弥漫。站在山顶，只见白云飘浮脚下，在山间缭绕，仿佛置身空中，或居仙境，妙不可言。观林，参天古树，翠色欲滴；原始植被，野趣横生；涧边青草，怡然争宠；花香阵阵，相伴清风；时而开阔，万花从生；时而狭小，鼠兔循形；百鸟恋花，野猪戏龙；彩蝶竞舞，鹿走狍动。近水，三潭五瀑，十泉石美；曲径通幽，溪水淙淙；一掬山泉，怡人清爽；丝丝甜蜜，回味无穷。闻声，飞鸟绕林，幽幽自鸣；天籁之音，入耳轻盈；山涧奇鸣，余韵徐停……

兴龙峡谷路蜿蜒曲折，跌宕起伏，尽显原生态之美。

八、中国青年志愿垦荒纪念馆

这是一段看起来已经久远却又近在眼前的历史；

这是一段影响了一代青年人人生观、价值观的历史；

这还是一段不能遗忘、值得传承、光耀后人的历史。

回望青年志愿垦荒这段历史，也许青年志愿垦荒队的垦荒过程，与其所创造的大量物质财富相比较，远没有留给后人的精神财富更加宝贵。尽管青年志愿垦荒精神形成在社会主义建设初期，但这种时代精神及其所蕴含的深刻内涵，对今天的改革发展和现代化建设事业仍然有着强大的推动力和现实的影响力。

在鹤岗市萝北县区域内有个共青农场，因承载过这样一段值得铭记的历史，因此也诞生了一个闻名全国的纪念馆——中国青年志愿垦荒纪念馆。

2011 年，为纪念中国青年志愿垦荒历史，中国青年志愿垦荒纪念馆开始筹建，2013 年 5 月建成并对外开放。这是一座集文物征集、收藏、挖掘垦荒文化、弘扬垦荒精神、开展爱国主义教育培训于一体的综合性纪念馆。

该纪念馆占地面积 1.5 万平方米，建筑面积 7000 平方米，包括中国青年志愿垦荒纪念馆、共青农场历史博物馆两部分。纪念馆以体现浓郁垦荒特色与强烈现代气息为基调，是具有红色历史文化的特性、传承垦荒精神的功能、引领示范青年创业作用的综合场馆。

展馆共设 15 个展厅，馆内藏品 3600 余件，展出 800 余件。其中 2 件被定级为国家二级文物，52 件被定级为国家三级文物。纪念馆采用沙盘、文物、雕塑、图片、油画、文字、场景等展现手法，以丰富的历史文物、翔实的文史资料以及现代化多媒体的表现形式，重点展出了黑龙江共青农场、江西共青城市、浙江大陈岛三支青年志愿垦荒队的文物文献。

中国青年志愿垦荒纪念馆被黑龙江省委、省政府命名为“爱国主义教育基地”。2013 年 10 月，团中央又将该纪念馆命名为“全国青少年教育基地”“全国团干部培训基地”。

中国青年志愿垦荒纪念馆已成为青年志愿垦荒精神的一个胜地。

九、拍摄首部长篇电视连续剧《解放区的天》

一种光荣是一种永恒的历史，一种光荣也需要永久地缅怀和传承。

作为最早回到党和人民手中的鹤岗，承载了怎样的光荣革命历史？

“三下江南四保临江军用煤无缺，有功焉，特此通令嘉奖。”何以将奖项颁给了鹤岗？

还有那首中国工人阶级永恒的战歌《咱们工人有力量》为什么会诞生在鹤岗？

这些鲜为人知的光荣历史，随着一部电视连续剧的拍摄与播出，向世人揭开了谜底。

2009年5月11日由著名导演陈健倾力制作，向中华人民共和国成立60周年献礼的电视剧《解放区的天》在哈尔滨杀青。这部电视连续剧的导演陈健曾执导过《亮剑》。2009年2月26日，《解放区的天》在鹤岗市开机拍摄。《解放区的天》由黑龙江省委宣传部，鹤岗市委、市政府、龙煤控股集团，龙煤鹤矿分公司联合出品。

长篇电视连续剧《解放区的天》的剧本，是由鹤岗市作家协会副主席韩学敏、鹤岗矿区作家协会主席桑俊杰二人创作的，是黑龙江省第一部反映煤矿工业题材的电视连续剧。

该剧反映的是1945年8月至1946年5月的鹤岗矿区解放初期的历史。

当时鹤岗是中国第一片工业解放区，是解放战争时期的大后方，巩固的东北根据地，也因此迎来了中国医大和东北电影制片厂的迁徙和诞生，鹤岗矿工也率先擂响了大战红五月的战鼓，由此感召音乐家马可创作出了《咱们工人有力量》这曲传世之作。

《解放区的天》再现了鹤岗矿区的人们在中国共产党领导下为夺取和巩固新生政权，以快出煤、多出煤的实际行动支援解放战争及同日军残余、封建把头、周边土匪、暗藏的国民党特务进行殊死较量和复杂斗争的革命故事，歌颂了第一个解放的矿区那些觉醒了的广大矿工，为矿山的恢复和发展贡献聪明才智和辛勤汗水。

《解放区的天》这部电视剧的创作与拍摄，得到了黑龙江省委的充分肯定，称赞该剧对黑龙江文化发展繁荣具有重要的意义。作为中华人民共和国的第一个工业解放区，鹤岗在中国煤矿发展史上留下了浓重的一笔。当年广大煤矿工人在那片热土上留下的奋斗足迹也成为黑龙江省宝贵的历史文化资源，片名《解放区的天》生动地反映出黑龙江对共和国的建立做出的重要贡献。用影视艺术的形式展示这段珍贵的历史，就是要在重拾记忆的同时，继承和发扬老一辈煤矿工人爱党、爱国、爱社会主义的优良传统和意志品格，激发广大人民群众抓住机遇、迎接挑战、顽强拼搏、创造奋斗，不断创造美好未来的信心和意志。

26 集《解放区的天》经过后期制作后，2010 年首先在上海电视台城市频道播出，2010 年、2011 年、2016 年又先后在贵州省、山东省电视台播出。随后，优酷网、中国乐视网、腾讯视频等各大网站也相继播出。

第四节 城市建设 日新月异

鹤岗的城市建设之变，始于 20 世纪 90 年代中期。“十一五”期间，又实施了城市崛起“五大战略”。市委、市政府用新发展理念，谋划出了城市建设的新优势，建设完善了一批市政工程，提升了城市服务新功能，道路、桥梁、河道、休闲广场等以各具特色的风采扮靓了城市，使鹤岗城乡面貌形成了真正的日新月异景象，犹如蝶变，并已亮出腾飞之势。

一、兴安南桥、兴安北桥、峻德大桥同时竣工通车

“十一五”期间，鹤岗市积极打造城市建设新优势，实施建设了一批市政工程，城市功能有新提升，城乡面貌有新改善。

2012 年 1 月 2 日，中共鹤岗市第十一次代表大会提出了全速实施城市崛起“五大战略”，围绕这一战略，还提出了大力推进老城区基础设施建设的具体要求。

兴安南桥、兴安北桥和峻德大桥既是兴安地区连接 201 国道的重要

交通工程，也是兴安区群众一直期盼重建的重要通道。“三桥”的建成通车对缓解辖区交通压力、疏通车流、方便城区居民的生产生活将起到重要的作用。“三桥”自开工以来，得到了社会各界的高度关注，兴安区多方筹措资金，精心组织，科学安排，克服了时间紧、资金压力大等诸多困难，确保了工程的顺利进行。龙煤鹤岗分公司及所属的建安公司、兴安矿、峻德矿等有关单位，立足全市发展大局，主动参与和支持“三桥”建设，体现了区域合作、共谋发展的大局意识。

这三座桥总造价投资为2600余万元。其中，龙煤鹤岗分公司出资950万元、兴安矿100万元、峻德矿50万元、兴安区1500万元。

2012年3月8日上午，连接鹤南工业新城城区与产业项目区的三大通道——兴安南桥、兴安北桥、峻德大桥同时竣工通车。“三桥”的建成通车，是塑造城市形象、提高城市品位的重要亮点工程，标志着鹤南工业新城基础设施建设取得了重大进展。

二、城市道路升级改造工程全面开工

2012年，是实现“十二五”规划的承前启后之年。

2012年1月2日，中共鹤岗市第十一次代表大会的召开，为今后五年鹤岗的发展作出了系统规划，同时对新的一年的工作作出了具体的部署。

这次代表大会上的报告中提出，以城市转型为主线，以深入实施“758”总体发展战略为中心任务，以全面加强和改进党的建设为核心保障，推动经济实力、社会活力、城市魅力全面提升。同时，还提出了全速实施城市崛起“五大战略”，即“南兴、北开、东治、西拓、中升”。

城市道路升级改造工程，作为鹤岗市实施“五大战略”中的重要举措，既与百姓生活息息相关，也与全面提升城市魅力密切相连，因此被列为市委、市政府改善环境、关注民生的重要惠民工程之一。

经过梳理、规划，鹤岗市城市道路升级改造工程于2012年5月31日全面开工。

鹤岗市城市道路升级改造工程计划投资3亿元，启动升级改造道路25.1公里，主要建设改造内容为：新建南村路、西解放路四道街、永昌路、公交路、工农街、办事大厅南路、进军路7条城市道路；新建育才高架桥、改造洋灰洞桥；工农区建设绿地停车场、收费停车位等基础设施；对红旗路、育才路等9条道路及2个环岛进行升级改造。主干道升级改造建设工程计划3年完成，完成后鹤岗市道路交通将呈现客货分流、人车分行、道路畅通、秩序井然的良好环境。

在以人民为中心的执政理念指引下，鹤岗市委、市政府坚持一任接着一任干，深入贯彻“巩固、增强、提升、畅通”八字方针，紧紧围绕城市建设提质工程，不断完善城市基础设施，在城市道路的档次、水平和品位上不断提档升级。

三、风格迥异的城市广场

城市广场，如同城市家园的一张名片，因功能丰富，风格迥异，且赋有寓意，是城市中最有魅力、最具吸引力的场所，以致让人一见难忘，一见钟情。

城市广场，对推动一个城市的发展、活跃一个城市的市民文化生活，有着十分突出的作用。它既是一个城市的脸面，也是一个城市活力的焦点，更是一个城市的地标符号。

鹤岗城市广场的建设是从1999年拉开序幕的。

那一年，鹤岗市委、市政府作出了抢抓机遇、加大城市建设力度，推动经济快速增长的决定，提出了“大干建设年，一年大变样”的目标。当年9月30日，共和国五十华诞前夕，鹤岗市18条新建、改扩建的主次干道和十大广场花园，以亮丽的形象、全新的面貌展现在全市人民面前。

十大城市广场给人们留下了深刻的印象。新世纪广场、文化广场、时代广场、振兴广场、昌盛广场、人民广场等一系列广场，还有新中心广场的“三金之城”，红旗广场的“鹤立高岗”，麓林广场的“飞鹿迎宾”等10个小型（路岛）广场等，为城市休闲增添了一抹亮丽的风景，其中文化广场还曾经被评为黑龙江省的十大广场之一。

随着城市的发展，道路交通的提升改造，特别是科学发展观和新时代以人民为中心的发展理念，鹤岗全面掀起新一轮城市建设高潮，鹤岗城市广场建设因此也发生了很大的变化。其中，新世纪广场，文化广场，振兴广场，昌盛广场等都进行了整体和部分改造，新中心广场的三金之城，红旗广场的鹤立高岗，麓林广场的飞鹿迎宾等路岛广场已改造为交通信号灯路口，广场建筑物也已经全部拆除。

2009 年，在文明城市建设工程中，又扩建了振兴广场，由 1. 76 万平方米扩建到 3. 2 万平方米；开工建设了 10 万平方米大型人民广场；完善了市内新世纪广场、站前广场、文化广场和儿童公园、五指山公园等基础设施；还新建了地标性雕塑“翔鹤”主题广场，这一主题广场的建成，给所有进出鹤岗的人都带来了一种视觉上的冲击。

2010 年 6 月，鹤岗市人民广场建成投入使用，广场占地 1208 公顷，是鹤岗市最大广场。广场北依麓林山，西邻小鹤立河。整体规划采用中国传统祥瑞图案，表达人们的美好情感及对未来幸福生活的祈愿。人民广场在功能的设计上体现了便民服务理念，为全市举办各类大型群众集体活动提供了一处功能齐备的场地，也为广大市民提供了休闲、娱乐健身的好场所。当年，曾在人民广场成功举办了“殷秀梅家乡演唱会”等大型文化活动。

近年来，鹤岗市委、市政府又提出了“城在林中、园在绿中、人在景中”的绿色生态城市要求，充分利用棚改拆迁腾空地和一切可利用的空间，建设休闲广场和景观花园，两县六区广场随处可见，市民走出家门，15 分钟便可轻松到广场享受休闲生活。

如今，星罗棋布、风格迥异的城市广场，不仅让市民切实体会到了城市建设带来的幸福感和获得感，同时也正在成为鹤岗市靓丽的城市名片。

四、星级大酒店　聚八方来客

酒店，是社会经济发展的产物。现代酒店的发展，是随着城市发展的辐射影响力，特别是旅游业的发展带动起来的。

鹤岗市的星级酒店，也是伴随着城市开放发展的进程而产生的。

1999 年，鹤岗与隔江相望的俄罗斯犹太州来往次数增多，经贸合作关系进一步加强，并筹划 2000 年举办首届中俄边民旅游联欢节暨经贸洽谈会。

鹤岗的星级宾馆建设正是在这一开放搞活的春风吹拂下应运而生的。

1999 年 7 月 4 日，鹤岗市第一家五星级宾馆——九洲大酒店奠基。

九州大酒店位于南山区红旗路 166 号，占地面积 3.5 万平方米，建筑面积 2.6 万平方米。是鹤岗市首家集餐饮、住宿、会议接待为一体的涉外商务酒店，建设之初为四星级，2005 年 12 月，被中国饭店协会授予 5A 级绿色饭店称号。

鹤岗龙运大酒店是龙运集团旗下的全资子公司，是国家挂牌五星级酒店。

2001 年 10 月 28 日酒店正式开业。鹤岗龙运大酒店与龙运客运枢纽工程为一体工程，位于鹤岗市站前东解放路，与火车站隔街相望，地理位置十分优越。酒店总使用面积 2.8 万平方米，楼高 17 层，酒店集客房、餐饮、会议、展览、洗浴、娱乐、商务、旅游为一体。

2005 年 10 月龙运大酒店重新进行了装修，楼高 17 层，附楼高 4 层，共有客房总数 108 间（套），标间面积 28 平方米。

2011 年 3 月，鹤岗市龙运大酒店通过国家旅游局星级饭店评定委员会五星级终评。2012 年 2 月 19 日，国家旅游局正式发文授予龙运大酒店五星级饭店称号，龙运大酒店成为鹤岗市唯一一家、全省第六家五星级饭店。

伴随着鹤岗不断扩大开放的步伐和外向型经济的兴起，宾馆酒店也如雨后春笋一般，获得了较快的发展。飞鹤商务大厦、东方宾馆、润沙国际酒店等也相继以不断升级的服务功能开门迎宾。

随着鹤岗与俄犹太州的经济、文化、旅游交往日益频繁，尤其是作为与俄犹太州一江之隔的萝北县，迫切需要有星级宾馆为日益增多的中外交流提供优质的服务。

2009 年 9 月，萝北界江国际大酒店正式开业迎宾。

萝北界江国际大酒店集客房、餐饮、娱乐、休闲、健身、会议、婚礼、度假设施为一体，也是黑龙江省萝北地区唯一的四星级宾馆，由黑龙江昆仑酒店集团全权管理。

伴随着鹤岗城市转型发展的迈进，特别是旅游产业的不断升级，相信鹤岗的星级酒店宾馆还会不断增加，其星级服务质量也在与时俱进。

第八章

煤城蝶变　走向复兴

以2012年11月8日中国共产党第十八次代表大会在北京召开为起始，党和国家发展进程进入极不平凡的历史时期。面对世界经济复苏乏力、局部冲突和动荡频发、全球性问题加剧的外部环境，面对我国经济发展进入新常态等一系列深刻变化，以习近平同志为核心的党中央举旗定向，不忘初心，以巨大的政治勇气和强烈的责任担当，力挽狂澜，革故鼎新，谋篇布局，团结带领全党全国人民，攻坚克难，砥砺奋进，推动党和国家事业取得了全方位开创性的历史性成就。国家综合实力大幅度、跨越式提升，稳居世界第二，成为世界经济增长的动力之源、稳定之锚。科技创新、重大工程捷报频传，神州大地正在发生空前巨大的变化。

对于鹤岗来说，这一时期也是各项事业砥砺发展的一个时期。煤炭行业"黄金十年"在2012年戛然而止。煤炭市场整体低迷，煤炭需求、产销量、铁路和港口的转运量均大幅下滑，煤价出现雪崩式下跌。因煤而立、因煤而兴的鹤岗经济面临严重的困难。2017年1月3日，中国共产党鹤岗市第十二次代表大会工作报告解剖揭示了鹤岗日益凸显的"短板"：结构性、资源性、体制性矛盾长期存在，"一煤独大"的问题没有得到解决；基础设施落后，成为制约发展的"瓶颈"；人才外流严重，支撑未来发展的人才问题突出；城市功能不够完善，老城治理改造压力巨大。回忆起鹤岗这座城市昔日的辉煌：有黑龙江流域灿烂的文明；有东北抗联光荣的革命传统；曾是解放战争时期闻名全国的大后方；曾是中华人民共和国第四大煤炭生产基地。鹤岗的今天，正承受着涅槃重生的阵痛，实现转型发展，全面建成小康社会，是我们神圣而光荣的历史责任。压力就是动力，差距就是潜力。当前的鹤岗正处于滚石上山、坡路起车的关键阶段，我们一定要把“认真、实干、创新”作为鹤岗的核心精神，以认真的态度谋事做事，以实干的作风破解难题，以创新的理念开创未来。

这一时期，鹤岗市通过大力实施项目建设、淘汰落后产能、“两河十四沟”治理等工程，转型发展成效显著。2017 年，鹤岗 GDP 增速达 7.3%，位居黑龙江省第一位。2018 年，在全省 GDP 增速普遍下滑的情况下，鹤岗 GDP 增速仍然名列前茅。

“十三五”时期，鹤岗市建成小康社会目标如期实现，经济总量持续加大，项目建设不断加快，基础设施日趋完善，生态建设成效明显，民生事业全面进步，百姓幸福指数不断提升，一幅壮美的画卷已徐徐展开。

第一节　生态立市　有力践行“两山理论”

良好的生态环境是人和社会持续发展的基础，生态立市是发展的核心。党的十八大以来，鹤岗市以改善环境质量为核心，坚定不移实施生态立市战略，用专注、努力和认真的态度，采用可持续发展模式，全面防治各类环境污染，用生态学原理规划城市建设，布局城市功能，高效利用自然资源，完善基础设施，让人工环境与自然环境有机结合，“生态建设”成为鹤岗城市发展中极为重要的一环。如今，鹤岗的“两河十四沟”重现清水秀岸，煤城“创森”绿成荫，鹤岗国家森林公园呈系列化建设，老住宅华丽转身为花园区，都鲁河湿地成北迁鸟乐园，冰雪乐园项目好戏连台等“生态”“环保”“绿色”元素的空前增长，使鹤岗“颜值”飙升，家园和谐如画。

一、“两河十四沟”重现清水秀岸

鹤岗市位于小兴安岭东南部余脉、黑龙江和松花江相交的地带，属丘陵地形，境内河流较多，河渠纵横。其中，仅流经市区的就有

“两河十四沟”。历史原因，“两河十四沟”沿岸居民随意倾倒垃圾杂物，煤矿洗煤水及一些企业的生产污水直接排入河中，“两河十四沟”大多成为黑臭水体，不仅影响黑龙江、松花江的水环境，而且也直接影响了市民的生活环境和生活质量。2018年初，鹤岗市贯彻落实习近平总书记提出的“绿水青山就是金山银山”讲话精神，启动“两河十四沟”清水秀岸综合治理工程，着力构建水生态体系和水景观空间，助力创建和谐美丽的新鹤岗。

“两河十四沟”工程坚持“生态优先强基础，以民为本立长远”这一原则，综合施策，通过拆迁、截污、清淤、活水、秀岸、添绿等标本兼治措施，提升了水质量，改善了水环境，估算总投资17.2亿元。从2018年到2019年为第一期工程，重点对前进沟、黎明沟、龙须沟、煤泥沟、老头沟和兴山头道沟、二道沟这7条河流进行综合治理。截止到2019年6月初，完成投资约5.2亿元，共拆迁沿河两岸平房3119户，清运底泥及建筑垃圾45万立方米，铺设截污管线6.82公里，新建甬道基础2.6公里，治理河道5.8公里，建设湿地池11个、河中岛3处、桥梁基础及栈桥11座及其他一些工程设施。2019年至2020年为二期工程，重点完成了石头河、小鹤立河等河流的治理任务。

小鹤立河治理后

经过 2 年多时间的全力打造，流经市区的“两河十四沟”发生了根本性的变化，流水潺潺，碧水清波，岸边植花种草，绿树婆娑。由河水蓄湖辟建的鹤立湖公园、天水湖公园、欣虹湖公园等处已成为城市的重要自然与文化景观，成为市民休闲度假的好去处，对建设美丽新鹤岗起到了重要的支撑作用。

鹤岗市对“两河十四沟”进行的综合整治工程取得的成效，经财政部、住建部、生态环境部评审，成功入选 2019 年全国 20 个黑臭水体治理示范城市之一，是黑龙江省唯一入选的城市。

二、“一城山水半城林”　煤城“创森”绿成荫

国家森林城市是指城市生态系统以森林植被为主体、城市生态建设实现城乡一体化发展、各项建设指标都达到规定标准，并经国家林业主管部门批准授牌的城市。开展“创森”活动有利于增强人们的生态意识，提高生态文明水平，改善城市人居生态环境，提高城市品位，增强城市综合竞争力。

因煤而兴的百年鹤岗，由长期煤炭开采而导致的资源枯竭、生态环境破坏，已令城市不堪重负。2017 年，市第十二次党代会中提出“生态立市”、创建国家森林城市战略，市委确定了“一城山水半城林”的三年行动目标。

煤城变林城，创建森林城市，鹤岗亮出底牌：高起点谋划，高标准建设、高站位推动。鹤岗市第十届人民代表大会第二次会议提出，要实施“生态立市”战略，“要着力加快森林城市创建”，“力争用三年时间建设成为国家森林城市和省级生态市”。迅速成立“创森”工作领导小组，组建“创森”领导小组办公室，建立“创森”工作考核督查机制，将“创森”工作纳入县、区、市直机关目标考核体系，形成了市县联动、城乡互动、全社会共同参与的“创森”工作格局；委托中国林业科学研究院城市森林研究中心编写《鹤岗国家森林城市建设总体规划》，通过国家林业局专家组评审，为森林城市创建工作提供了科学依据、政策支持和制度保障；全市上下通过媒体报道、广场宣传、主题征文等多种形式，大力宣传“创森”工作的重要意义、各单位落

实“创森”工作的具体措施和工作动态；采取向上争取、财政投入、吸引外资、社会投资等多种形式，解决资金投入问题。以捐赠林、生日纪念林、结婚纪念林、成长纪念林、祭奠林等多种模式，多渠道、多形式地掀起了栽树植树“创森”热潮；将“创森”作为城市建设的核心价值观，与“山水林田湖草”生态修复工程、“两河十四沟”污水治理和清水秀岸工程、棚户区改造、城区基础设施升级改造全面结合，实现了大项目资金拉动“创森”建设；城市棚户区改造、采煤沉陷区改造腾退出的空闲土地全面盘活，在黄金地段打造公园绿地，牺牲经济利益换取生态效益。

2018 年春季，全市植树造林 3507 公顷，封山育林 809.7 公顷，共栽植各类乔灌木 105 万株，栽植各类草本花卉 120 万株。全市新增公园、小区、道路等各类绿地 93 公顷。对五指山公园、天水湖公园、松鹤公园、儿童公园、北山公园等处进行绿化升级改造，新建森林小区 16 个。大力推进乡镇村屯绿化工程，完成改造、提升农田林网 27 公顷，完成森林乡镇建设 1 个、乡镇街道绿化 15 个、建设森林村庄 23 个。完成城市林荫道路建设 3.1 公里、城市绿道建设 3 公里、国省道绿化改造 56 公里、县乡道路绿化改造 7.5 公里。完成河流两岸绿化 2.6 公里。一幅“城在林中，人在景中”的秀美画卷逐渐铺展在人们的面前。

鹤岗市紧紧围绕生态立市的部署，瞄准三年锁定“一城山水半城林”的目标，在“创森”工作中深入落实习近平总书记“为人民种树，为群众造福”的重要指示，采取“政府以奖代投、部门单位扶建、引导林地流转、群众义务植树”等措施，做好政策争取、财政投入、吸引外资、社会投资“四篇文章”。紧密结合城乡规划、乡村振兴、文化旅游城市和休闲康养城市建设，完成了创建国家森林城市的全部任务指标。值得一提的是，经过国家林科院初次遥感测算、CAD 落点和矢量分析，城市公园绿地 500 米服务半径覆盖率达到 85%以上，城市公园绿地 1000 米服务半径覆盖率达到 95%以上，这两项创森重要指标均超过了国家验收标准。

2020 年，突如其来的新冠肺炎疫情给城市的社会发展和人们的工作生活带来了严重影响。面对不利因素，“创森”工作做到早规划、早部署、早动手，坚持高起点规划、高标准建设、高强度推动，先后召开了4次推进会，进行了3次拉练检查。人大代表、政协委员对“创森”工作进行重点视察，有效推进了全市“创森”工作。在2019年春季降水少、气温低的不利情况下，仍超额完成“两个10万”植树任务，栽植苗木35万余株。重点完成了城市彩叶工程、绿色煤矿建设工程和村屯绿化与美丽乡村建设工程。城市彩叶工程计划栽植苗木10万株，实际完成13.8万株，完成计划的138%。10大公园、8条道路一次性绿化。坚持多品种、高规格选苗，栽植了一大批寿命达百年以上、观赏价值突出的高大乔木；绿色煤矿建设工程计划栽植苗木10万株，实际完成11.2万株，完成计划的112%。23家煤矿身披“绿装”，绿色煤矿建设实现了与创建森林城市、与煤矿转型发展、与矿山生态修复“三结合”目标。与之相关的新闻报道先后被人民网、国际煤炭网、国家绿色矿山推进委员会官网等16家媒体网站转载；村屯绿化与美丽乡村建设工程计划栽植苗木10万株，实际完成了10.76万株，完成计划的107.6%。漫步农家乡间那充满乡愁的小路，道旁映入人们眼帘的早已是绿树成荫。

一草一木汇成森林城市，一山一水演绎生态文明。看得见树绿，闻得到花香。城乡处处，林间绿地蛙声不断，杨柳树上鸟鸣耳畔。广场公园，春有黄鹂鸣翠，夏有遮日绿荫。习习晚风里，市民在树荫下，或休闲纳凉，或琴棋自娱，无不洋溢着幸福的笑脸。

鹤岗市持续改善区域生态环境，统筹城乡生态建设，增加绿色福利空间，提高居民生活福祉，“创森”工作得到了社会各界广泛好评，人民群众获得感、幸福感、满意度不断增强。坚持还绿于民、还水于民、还清新空气于民，将16支水脉串联起23个城市公园，形成了极具鹤岗特色的水岸景观、生态景观、文化景观、城市景观。置身其中，春可踏青，观山花烂漫；夏宜避暑，听碧水潺潺；秋赏落叶，看层林尽染；冬戏冰雪，揽银装素裹。三年的“精心装扮”，煤城鹤岗脱黑换绿，新妆重现，生机勃发。

三、龙江赏花圣地 梨花芬芳四溢

梨花俏枝头，伊人踏雪来。如此这般诗中美景，来自鹤岗市红旗林场梨花谷。鹤岗市牢固树立“绿水青山就是金山银山”的发展理念，积极构建绿色生态产业体系，全力将梨花谷打造成集科普、宣教、旅游、经营为一体的生态园区。红旗林场梨花谷已被评为黑龙江省春季旅游十大赏花地。

红旗林场梨花谷始建于 2005 年，总占地面积约 30 公顷，群山环绕，林草丰茂，生态优良，景色宜人，是鹤岗最大的生态果园。谷内分为科普宣教区、梨园区、鹿园区、观鸟区、生态区等 7 个区域，拥有龙园洋红梨、金香水梨、冬蜜梨、丑梨等万余株梨树，19 栋葡萄大棚，7000 余株黑甜甜、蜜汁、含香蜜、无核白鸡心、茉莉香等葡萄树。“梨花庭落溶溶月，柳絮池塘淡淡风”“锁窗春暮，满地梨花香”……梨花盛开的时节，人们不但可以欣赏如诗如画的美景，还有文艺演出、乐器演奏、汉服走秀、梨园作画、花前诵读、现场雕刻、泥人制作、女红刺绣等丰富多彩的文化活动。既可赏梨园美景，又可认购梨树，修剪梨枝，还可品佳果美味，是近郊旅游春赏花、夏游园、秋品果、冬听雪的好去处。

2020 年第三届梨花节

为了让更多的人了解梨花谷、感受梨花谷、畅游梨花谷、爱上梨花谷，从2018年起，每年春季梨花绽放的季节举办梨花节。梨花节采取全媒体、多角度的宣传方式，重点打造沉浸式体验。汉唐文化服饰巡游；网红歌手献唱、民乐管弦乐、快闪；大自然版动感单车、象棋、跆拳道、武术、散打；爱情路主题拍摄；传统服饰展示、“抛绣球招亲”；书法绘画表演；中医号脉问诊；旅游摄影采风等互动有趣的文体活动展演。

2020年，第三届梨花节采取了VR全景云赏、“汕头+鹤岗+图木舒克”三地文化旅游“云”连线、网红直播、线上摄影作品征集等新技术、新形式，将梨园美景装进“云”端。通过镜头向网友们近距离、多角度展示“鹤岗之美在云端飞扬，梨花之韵在云端传唱”，让人们足不出户也能感受万木争春、梨花烂漫的春天气息。

鹤岗梨花节同时为地方特色旅游商品搭建了展示平台，组织了20余户企业150余种商品参加现场展销，并同步开展线上直播，积极探索“旅游+直播”“文化+扶贫”的模式。广东汕头、黑龙江鹤岗、新疆图木舒克联合开展“云”连线行动，进一步宣传推广三地文化旅游产品，助力消费扶贫，开展对口合作，以直播方式实现南北联动、资源共享，推动地方经济发展。

四、谕霖射击场——黑龙江省十大受欢迎景区

百发百中、弹无虚发、百步穿杨，让人们想到了神枪手们的飒爽英姿。影视剧中的荷枪实弹如今让我们亲身体验，鹤岗市谕霖射击场圆了无数人的实弹射击梦。

谕霖射击场坐落在鹤岗市鹤伊公路13公里处，成立于2014年9月28日，是全省唯一一家经公安部批准设立的正规民用枪支训练基地，也是全省唯一一家集休闲娱乐健身、实弹射击训练、群众娱乐为一体的大型综合娱乐场。谕霖射击场以其在全省射击体验项目最多、设备最先进、商业配套齐全等得天独厚的优势，博得广大省内外游客的青睐。2020年谕霖射击场被黑龙江省文化和旅游厅评为黑龙江省体育旅游精品景区。

谕霖射击场

谕霖射击场项目占地 11.4 万平方米，一期工程建有手枪馆、狙击枪馆、飞碟馆和中餐馆、农家院及部分配套设施。游客在安全、舒适的环境中感受真枪实弹射击的震撼和乐趣，省内外游客纷至沓来，越来越多的人来感受射击文化的魅力。为了吸引更多的游客，进一步拓宽旅游产业链，谕霖射击场进行二期工程建设，设有接待大厅、大型室内和室外射箭馆、反恐实弹训练基地、真人 CS 对抗射击场、实用性运动射击场、拓展训练培训室、野外生存训练基地、跑马场、狩猎场等项目，进一步提升场馆的专项特色、接待能力和文化品牌。谕霖射击场以满足人民群众日益增长的文化生活需求为己任，重点打造“文化+旅游”的产品开发思路，构建以情境化为基础的参与式、体验式旅游模式，真正做到寓教于乐、寓教于情，让游客在参与体验中感悟生活，休闲游乐，品味文化。社会效益和经济效益双丰收的同时，宣传了城市文化品牌，提升了城市的知名度。

五、老宅的变迁

早年的鹤岗，人们多数住的都是简陋的泥草房。日伪时期，矿工住的多是破烂工棚子，冬季寒冷、夏天阴暗潮湿，也有少数矿工和家属住泥草房或是砖木结构简易住宅，低矮狭窄。

日本侵占鹤岗后，在早年的西山（今向阳区）建了184栋日本“炭矿”高级职员住宅，也叫煤矿株式会社住宅，俗称“社宅”。按照日本住房标准设计，砖木结构，墙体两砖半厚，屋里装有暖气、上下水道和卫生间，地面全部铺木地板。日本人住的时候，地板上铺榻榻米，没有桌椅板凳，只有一只小矮桌，生活起居全在榻榻米上面爬来爬去。1945年8月，日本人溃逃时，对遗留下的住宅、建筑进行了不同程度的破坏。抗战胜利后，部分住宅经过修缮改造，交由迁到鹤岗的中国医科大学和东北电影制片厂使用。1948年末，中国医大和东影等单位分别迁移至哈尔滨、长春、沈阳后，这些住宅由矿务局接管，分配给局机关干部和其他厂矿职工居住。20世纪80年代以后，这些日伪遗留的建筑在城市改造中被逐渐拆除。

早年间，有钱人家在大堂屋内摆放一张大桌子，上面中间位置放一个老座钟，两侧各放一个大掸瓶，一个里面装有鸡毛掸子，另一个装名人字画或其他。桌子上放着茶壶、茶碗等，两侧有木质椅子。墙上一般贴上一幅画，两侧有对联。睡觉的屋子有一铺火炕，炕梢放一个与炕一样长、1米多高、半米多宽的柜子（也叫炕琴），存放被褥及其他生活起居用品。炕上面有一个小矮方桌，吃饭的时候，一家人都是在炕上盘腿大坐；一般的农民和矿工的住房基本就是一个泥草房，“一间屋子半间炕”，土炕上铺一领炕席，再加上一个制作简易粗糙的炕桌。

中华人民共和国成立以后，鹤岗居民住宅除继续使用日伪遗留的房屋建筑，以及老百姓自己建造的泥草房以外，逐步由各单位建起新的职工住宅和单身宿舍，大都以砖瓦结构简易房为主。1949年，矿务局局长左觉农主持建设一座单身宿舍楼，当时叫东山大楼，砖木结构，二层，U形。这座楼房起初是单身职工宿舍（北京电影制片厂曾到此拍摄纪录电影《职工之家》），以后又曾作为岭北矿医院使用多年，至今犹在。此外，矿务局还在兴山建有一个独身宿舍小区，共4栋平房，当时叫“235宿舍”，还带有食堂。后来在西山（今向阳区）南部新华街一带，又建设了与“235宿舍”相类似的“233宿舍”。

1955 年，矿务局在西山建设了一幢 4 层高的大楼（俗称“简易楼”）作为技术干部的单身宿舍，每个房间可以住 2 个人。单身职工结婚后也都住在这里，因此，这座楼又被称为“二人楼”。

20 世纪 50 年代，鹤岗矿务局开始大面积建造职工住宅和单身宿舍，由于市政各单位没有建房能力，只能借助于矿务局安排一部分职工住房。第一批住宅安排在现在的向阳区、南山区、东山区、兴山区等处，全是砖木结构住宅，以“老少屋”（一室半）为主；新一矿以北建有工人村，为苏联援助人员建设，全部是砖木结构和砖石结构，其中有一部分矿领导的住宅也在这里，比一般职工住宅宽敞一些或多一间居室；兴安矿河西建有一处职工住宅，结构与新一矿工人村住宅基本一致。

改革开放以后，鹤岗对旧城区进行了大面积改造，建起了一批又一批的楼房。20 世纪七八十年代的民居以 4 层楼为主，主要建在向阳区一带，有上下水道、暖气、煤气，之后逐步在其他各区加大旧房改造力度。21 世纪初期，鹤岗开始建设高层住宅，从振兴广场金座的 2 幢高层开始，陆续又有中央蓝钻、永丰国际城、尚城国际、欧洲花园、天水新城、新中国际城等，鳞次栉比，蔚为壮观。国家棚户区改造和煤矿塌陷区治理政策实施后，鹤岗市大面积改善市民居住条件，先后规划建设了新鹤 A 区、新鹤 B 区、新鹤 C 区、光宇小区、德政小区、大陆南小区、沿河北小区、滨河南小区、松鹤小区、平安小区等，数十万人口告别棚户住进新楼。往日主城区内连片的平房不见了，取而代之的是规划有序、错落有致的各色楼宇。举目远眺，呈现在眼前的是一座洋溢着现代气息的宜居城市。

在城市的“大拆迁大建设”中，由于历史建筑保护意识欠缺，日伪时期遗留的“日本社宅”以及伪满时期的“北黎寮”（东影本部大楼，鹤岗市委、武装部办公楼）和“圣寂寮”（中国医大、东影宿舍）也被拆除，成为永远的遗憾。

六、“飞机房”历史街区的昨天与今天

上了岁数的鹤岗人或许知道，位于北山公园景区东侧、北山净水

厂东南部、尚志路北侧、原十六中学西侧有一片“飞机房”。这片建筑群建设于 1958 年，是鹤岗矿务局煤矿建井工程处为苏联援建东山竖井和兴安台竖井的专家建造的住所，共有 27 栋特色住宅。由于这些住宅参考的是苏联标准，房屋设计不完全是长方形的，每栋户数不多，有雨搭，窗户突出，墙体还有些变化，所以老百姓便给这些房屋起名叫“飞机房”。这些有着 60 多年历史的“飞机房”，见证了一个时代的变迁。

兴山区现存最早的居民房（百姓叫飞机房）

“飞机房”也叫俄式八角房，属于别墅。一般都建造在郊外的坡地上，或林中空旷地，以及林边、水旁，这种别墅生活给快节奏的城市生活带来了安逸和宁静。每个房屋都有一个比较大的宅边地，供主人种植花果和蔬菜等。我们所认为的“飞机房”的机身，应该是客厅，带有书房、琴室等。两个“发动机”部位是厨房、饭厅和卫生间、勤杂室，东西两面的机翼是卧室。这样设计的原则，就是为了让居住其中的主人有一种舒适感。

“飞机房”和普通的居民房有很大差异，房屋结构完全不同。称东西走向或南北走向都可以。它是东西和南北垂直结构组成的砖瓦起脊房，有6个房山，每个房山上的三角檐都高高凸起，东西结构的有15米长、6米宽左右，垂直于东西房中部的是一个南北贯通的房子，较宽，也较高；南北约有10米、东西有9米那样；北面它的两侧相连着两个同方向也和东西结构房呈垂直结构的房子，有3米宽、4米长左右，它们形成了两低、中高，两面的稍长、中间略短的房屋格局。每个“飞机房”的面积有140多平方米，这就是一栋。“飞机房”的院子也很别致，院子随房子的走势呈椭圆形，每一栋都是独立的院落，院四周长着许多大榆树、柳树、杨树当院墙，有些树高达八九米。

“飞机房”为什么选建在兴山的山坡上？中国自古以来追求背山抱水的风水之吉，讲究“天人合一”“清静自然”。房屋通常依势而建，建筑规划顺应周边的地理位置、环境与气候条件，从“形”到“势”都做到让人观之悦目，住之赏心。20世纪50年代，鹤岗正值中华人民共和国成立初期，也是处于青春、蓬勃和发展的时期。当时的北山，树高、林深、草嫩，还有流水潺潺，正好“形”与“势”兼备。选在此处建造职工住宅，无论是对设计者，还是对建设者来说，都是对未来生活的一种自信和憧憬，也许正是中西合璧的产物。

应该说，选择兴山这样一个地方设计和建造“飞机房”的初心是好的。1960年，在苏联撤回援助鹤岗矿务局的专家后，这些住所又被分给各矿技术人员居住，一栋房住4~5户，颠覆了设计者原来的理想，洋房几乎成了“筒子房”，“天人合一”变成了“几家合一”，“飞机房”因此失去了“形”，更没有了俄式风格的“安逸”和“宁静”，也更谈不上所谓的“舒适”了。

在兴山老区城市改造过程中，北山的老百姓走出了居住多年的棚户区，搬进了宽敞明亮的新楼房，“飞机房”居住用途的使命随之完成。根据城市发展规划，兴山将打造城市文化休闲休憩区、鹤岗旅游集散和贸易中心、红绿交织的区域性研学、康养和工业遗产旅游目的地、东北最具生活气质的影视旅游目的地。通过重现“飞机房”历史文化街区，以点带面，形成北山公园矿泉资源—“飞机房”历史文化保护街区—电影故事小镇—矿山记忆小镇—椴树泉驿站—黄金古道驿站—兴山要塞—三潭四溪—矿山地质公园区域旅游圈。

现如今，这些有着 60 多年历史的“飞机房”，已经作为见证一个时代的历史街区而成为保护建筑。昔日的特色民居将以厚重的文化底蕴，重新肩负新的历史使命。

七、“梦幻水世界”——水上健身娱乐中心

文化旅游产业是顺应人民对美好生活向往、增进人民福祉的阳光产业、幸福产业。鹤岗地区沟渠交错、湖泊众多，是一个水资源极其丰富的城市，但是却从来没有一个以水为主题的室内休闲项目。建设大型的水上健身娱乐中心，是全市人民的共同期盼，对于推动鹤岗文化旅游产业发展有着重要和积极的作用。

水上健身娱乐中心项目是省市关注的重点项目，也是鹤岗市首个采取 PPP 模式建设的文化旅游项目，更是全市人民期盼的民生工程。该项目填补了鹤岗域内冬季无水上运动场所的空白，提升了城市内涵品质，促进了新业态、新商业模式发展，实现了鹤岗文化旅游产业链条向高端延伸。该项目 2015 年 10 月开工后因故搁置，2017 年 4 月在市委、市政府积极推动下复工建设。历时 4 年多，2019 年 12 月 31 日，鹤岗市水上健身中心正式投入运营。

水上健身娱乐中心

水上健身娱乐中心位于松鹤生态新区，集旅游、训练、竞赛、健

身休闲于一体，不仅可以接待地区性和全国单项比赛等赛事，还是喜欢水上娱乐、健身运动人们的好去处。该项目总投资3.8亿元，总用地面积53852.44平方米，建筑面积42216.53平方米。建设内容包括人工造浪、漂流河等十余项国内领先的戏水、娱乐设施，设有国际标准游泳池、热身池等。投入运营后年接待游客能力达50万人次，实现年销售收入4000万元，可新增就业200人。

水上健身娱乐中心是集戏水、SPA水疗、休闲娱乐、养生、餐饮、健身于一体的室内大型水上乐园，是我省东部地区最大的四季水上旅游景点。一楼为水上健身休闲娱乐区，设有天坑滑梯、空中漂流、双龙滑梯、垂直高速、大喇叭滑梯、环流河、造浪池等水上娱乐设施。空中漂流河和天坑滑梯这两个项目都是国内首个在室内安装的水上娱乐项目，安装的其他设施在国内的水上娱乐行业也都是处在前沿，有些还是省内独家运营的水上娱乐设施。游泳区建成具有国际标准的游泳池、热身池和看台；二楼为休闲、休息区，游人可以随心所欲地购物、健身、品尝鹤岗特色美食；三楼的餐饮、电玩、榻榻米、儿童淘气堡等休闲、娱乐设施设备一应俱全。

建设水上健身中心是鹤岗市促进城市转型和加快旅游产业发展的重大举措，既满足了人们四季戏水的美好需求，又填补了冬季室内水上旅游景点的空白，对促进旅游产业发展升级、提升城市形象起到了重要作用。

八、开江节与你相约名山

在萝北，一直有着“赏开江景、吃开江鱼”的习俗。

开江文化，可以追溯到一千年前。每到开江时节，古人在泛江捕鱼之时，都要进行神秘的祭江大典，以此祭奠江中的神灵，表达沿岸儿女对母亲河的热爱，也希望水中的神灵能够保佑渔者的平安。后经过历史的发展和演变，民间亦流传着，用双手抚摸开江冰，用开江水净手，即可得到江神的庇佑，祛病祈福、驱灾辟邪，求得新一年的平安吉祥和红运当头。

2002年4月23日，萝北县成功举办了“首届开江节暨饮食文化周

黑龙江开江盛景

活动”。节会期间，邀请了省、市著名书画家和新闻单位记者，举办了“书法、绘画、摄影展”“绿色食品展”“龙江鱼品评”“青年歌手大奖赛”“傣族歌舞表演”“东北秧歌表演”“篝火晚会”“游泳比赛”“拔河比赛”“焰火晚会”等系列活动。丰富的节会内容，极大地丰富了人民的文化生活，提高了边陲小城萝北的知名度。

2003 年 4 月 21 日，萝北县在名山岛举办了第二届开江节。“百锅炖鱼”“千人放歌”“万人祈丰收”等 12 项主题鲜明、兼容性强、具有萝北地方特色的活动，一度使名山岛游人如云、热闹非凡，被称作“有主题的公众庆典”“平民参与的节日”。开江节借开江之水，行推介之舟，以节造势，以势兴旅，以旅兴贸，扩大了萝北县优势产品的影响。

2019 年 5 月 11 日，“祈福萝北，舞动界江”开江节暨“周末游鹤岗”启动仪式在名山镇名山码头举行。春风轻拂、春阳暖人；江边的杨柳迎风摇曳，封锁在黑龙江面上如厚棉被般的冰也不见了踪影，只有宽阔的江水静静东流。经历一冬天的人们，纷纷脱下了厚重的棉衣棉裤，心情愉悦，脚步轻快地从四面八方赶赴黑龙江畔的名山镇。江岸边，上万人头攒动，聆听领导致辞后，文艺演出开始；放流鱼苗的渔船下江了，渐渐驶向江中心；江水炖江鱼、鱼美味飘香，围在数十口大铁锅边，品尝着开江的鲜鱼；远处的场地上，进行着马拉松比赛、传统祭祀、广场舞、风筝比赛、中俄边民购物等活动。

“开江节”通过市、县电视台和“微秀萝北”、微信、网站、微博、

鱼苗放生

报纸、杂志等各种媒体全方位进行宣传，让广大民众详细了解开江节活动内容，努力烘托开江节的传统节日气氛，域内外民众广泛参与，成为东北边陲不可或缺的春季出游佳境。“开江节”丰富了“中俄界江旅游胜地”的内涵，成为大美边城鹤岗与特色县域萝北的亮丽名片。

九、“渔”众不同的冬捕节

在我国东北部地区，每年的12月至中国农历春节前，是渔民们进行大规模冬季捕鱼作业的黄金时间。这种渔猎文化源于史前，盛于辽金时期，延续千年不变。

塞北鹤岗，千里冰封，辽阔冰湖，厚厚冰层。鹤岗市冬捕节承载着鹤岗缤纷的地域魅力，旨在践行“冰天雪地也是金山银山”，推介鹤岗冬季原生态冰雪秀美风光、丰富鹤岗冬季文化旅游内涵、提高鹤岗旅游知名度和美誉度，是市民们每年冬季翘首以盼的一道“文化大餐”。

白雪皑皑的清源湖上，寒风凛冽。一大早儿，打鱼队的队员便在湖面捕鱼的地方摆放上高香、猪头、水果等物品，然后锣鼓喧天、鞭炮齐鸣、祭湖醒网、萨满祈福。等到天气稍暖，陆陆续续的人们开始聚拢到湖面上。每年到了“冬捕节”的时候，虽说天气寒冷，但到现

鹤岗市清源湖冬捕节

场观看冬捕和买鱼的人们总会人山人海。

捕鱼开始啦！鱼把头用冰钻在冰面上用力戳了几下后，打鱼队员接下来便钻透冰窟窿，拉出事先下在水里的渔网，一下、两下、三下……不一会儿，一条活蹦乱跳的大鲢鱼随着渔网破冰出水，瞬间被手疾眼快的拉网人抓在了手里。“哇!”围观的人们顿时沸腾了，纷纷举起手机拍照。在渔夫们高亢的号子声中，随着长长的大网从冰洞中渐渐滑出，伴着水气汹涌而出的鲫鱼、鲤鱼等，在冰面上不住地翻滚着、跳跃着。围观人们的欢呼声也一阵高于一阵。

在绥滨县绥东镇东方村付老泡，拉网的机械车辆启动后，二十几名身强力壮、头戴狗皮帽、身穿羊皮袄的渔工激情高昂，纷纷用力拉起冰面下布好的渔网。600 多米长的大网从冰洞中渐渐滑出，活蹦乱跳的胖头鱼、鲤鱼、鲢鱼等破冰而出，在渔网里欢腾跳跃。一直守在起网现场的人群瞬间发出欢呼声，让这个原本平静的湖面变得热闹非凡。人们纷纷拿起手机记录下这“冰湖腾鱼”的盛景。

“头鱼拍卖”是冬捕节上的重头戏。冬捕头鱼重达 20 多公斤。现场游客纷纷情绪高昂地抢拍头鱼，人群在一声声的叫价声中沸腾起来。这条头系红绸、寓意着“吉祥好运，年年有余”的头鱼，价格从起拍价 888 元开始飙升，最终被一位游客以 8888 元竞拍价购得。有幸买到“头鱼”的人自然是掩不住喜悦，把买到的鱼高高举过头顶，笑容满面地向人们展示着“头鱼”带来的吉祥和好运。

一车车刚刚打捞上来的各种鱼已分箱装好，引得游客们争相购买，短短几个小时，第一网捕捞上来的 1 万余公斤活鱼就被抢购一空。为了增加喜庆气氛，冬捕现场举办了歌舞表演等娱乐活动，同时还用刚捕捞的活鱼炖出一锅锅美味的鱼汤，供游客免费品尝、取暖驱寒。

“冬捕节”是鹤岗冰雪旅游欢乐季的活动内容之一，它丰富了家乡百姓们漫长的冬季生活。2019 年 12 月 21 日首届鹤岗清源湖“冬捕节”，正值中俄两国四城篮球赛在鹤岗市举办。当天，来自俄罗斯比罗比詹、哈巴罗夫斯克和广东汕头等地的客人纷纷参加冬捕活动，他们把拍到的照片发到网上，向朋友们展示了鹤岗独特的“冬捕”和“赏冰乐雪”游，立时刷爆了朋友圈。

随着电视专题片《舌尖上的中国》热播，鹤岗的“冬捕节”已然成为东北冬季旅游的一大亮点，受到越来越多人的追逐。不少外地人因此在寒冷的时节特地来到鹤岗旅游看冬捕，感受千年的猎捕文化。

十、2020 首届鹤立湖冰雪赛车国际邀请赛

鹤岗市将冰雪文化、冰雪体育、冰雪旅游作为城市全方位转型发展的重要举措，致力打造冰雪汽车赛事基地、大众冰雪体验基地和冰雪旅游目的地。2020 年 1 月 18 日至 19 日，鹤立湖上举行了首届冰雪赛车国际邀请赛。赛事由鹤岗市文体广电和旅游局、鹤岗市南山区人民政府、鹤岗市水务局、鹤岗市广播电视台、哈尔滨盛唐文化传媒有限公司、鹤岗文化旅游集团有限责任公司等共同承办。

这场高规格的盛会阵容强大，邀请了美国、日本、俄罗斯、中国内地、中国台湾、中国澳门等地的顶尖车手及车队参加。在四野广阔、雪地如毡的鹤立湖上，车手们分别参加了国际冰雪汽车邀请赛、冰雪 UTV 邀请赛、雪地摩托 ATV 表演赛、民间车王争霸赛、的士速递驾驶技能挑战赛等主题赛事，同步举办了汽车巡游嘉年华、冬泳表演、雪地帐篷露营节、网红雪人部落、美食集市等精彩活动。

首届鹤立湖冰雪赛车国际邀请赛

鹤立湖冰雪赛车国际邀请赛的赛道别具一格，是专业赛道设计师独家设计的“鹤”形赛道，俯瞰赛道全景十分震撼。空中俯瞰耀眼的仙鹤形赛道映入眼帘，有弯道也有加速直道，对于参赛车手们而言，不但具有刺激性，更具有挑战性。18 日上午，在摄氏零下 22 度的气温下，首届鹤岗市鹤立湖冰雪赛车国际邀请赛举行了时长达两个多小时的盛大的车手、车队巡游活动。巡游既让来自各地的赛车手领略了沿途鹤岗美丽风光，也让鹤岗百姓见到了罕见的盛世风景。

巡游活动

巡游结束后，赛车手从车中下来，一名身着红色赛车服的选手引起了大家的关注。这是本次车赛年龄最小的选手刘子豪，他来自大连，今年 12 岁，别看他年龄小，他可是深广两届卡丁车比赛冠军。汽车界顶流网红也慕名而来，美女车手杨涵淇也瞬间成为网络热点话题的关键词，并有大批量粉丝追随而来。

19 日，首届鹤岗市鹤立湖冰雪赛车国际邀请赛在鹤岗完美落幕。马来西亚的 YU CHUAN BENG 夺得本次大赛冠军，中国知名人气美女车手杨涵淇荣获本次大赛的亚军，DSC 车队张宁荣获季军。除了专业的国际邀请赛以外，还设有雪地 UTV、全民争霸赛、的哥安全驾驶挑战赛等。近 2000 名来自全国各地的汽车爱好者亲临现场并参与其中。省内近 50 家主流媒体争相报道。专业的车队、专业的裁判团、冰层检测团队、技师团队、安保团队、救援团队、医疗团队等，确保了整场赛事的完整性和安全性。

一场赛事改变了一座城市，边城鹤岗瞬间成为网红之城。

本次冰雪赛车活动由国内顶尖的 DSC 汽车运营商全程策划执行，将冰雪旅游和体育运动深度融合。不仅带动了城市的经济发展，还为冰雪旅游增添了新鲜的运动元素，让百姓对赛车极限运动不再望而却步。

鹤岗鹤立湖冰雪汽车国际邀请赛的举行，让人们充分感受了鹤岗冰雪文化的厚重和深邃，体验了冰上极速漂移的刺激和快感，欣赏了冰雪运动的乐趣和魅力。通过“体育产业+旅游产业+汽车文化”深度融合的办赛理念，全面提升鹤岗在国内外冰雪旅游的知名度，带动鹤岗冰雪产业蓬勃发展。

十一、森林公园呈系列化建设

国家 3A 级旅游景区翘楚——鹤岗国家森林公园，位于黑龙江省鹤岗市城区西北侧的小兴安岭边缘地区，由四个园区呈系列化组成。包括的四个景区是：细鳞河林场境内的细鳞河民俗风情园；十里河林场境内的十里河生态旅游风景区；桶子沟林场境内的桶子沟原始红松母树林景区；鹤林林场境内的大砬子山休闲运动区。

鹤岗国家森林公园始建于2002年，是当年经国家林业局批准的全国59个国家级森林公园之一。占地面积8万公顷，群山连绵，层峦叠嶂，森林茂密，鸟语花香，河流纵横，令人心旷神怡。园区物种繁多，有红松、水曲柳、胡桃楸等珍贵树种，有黄芪、党参、五味子等名贵中草药，有猴头蘑、榛蘑等食用真菌；野生动物300余种，时有马鹿、梅花鹿、黑熊等国家重点保护动物在林间出没；栖息着大量水鸟和珍禽，如天鹅、鸳鸯等。大片的森林湿地保持原始风貌，优良的生态环境和旖旎秀美的风景让游人陶醉于青山绿水间，流连忘返。

鹤岗国家森林公园

细鳞河民俗风情园是鹤岗国家森林公园的主景区，始建于2002年4月，位于鹤岗市主城区东北32公里处的细鳞河林场境内。景区面积163公顷，以其原始、粗放、自然与神奇而闻名遐迩，被誉为三江的西双版纳。园内建有傣家迎宾楼、傣家歌舞楼、摩梭风情寨、情侣岛、绿野山庄、俄罗斯别墅、荷兰林苑、朝鲜万寿居、蒙古包、美国西部庄园、渔香舫、白宫（美国）、桂离宫（日本）、风车（荷兰）、毛利草屋（新西兰）、非洲部落、北欧别墅、复活节岛、仿古木制长城、龙泉山庄、民族林、十二生肖广场、空中别墅23处景点。生态旅游内容丰富多彩，主要旅游项目包括漂流、登山、歌舞、垂钓、篝火以及特色餐饮，旅游购物和文化周活动。公园一次性可接待2000余人就餐，

500余人住宿，吃、住、行、游、购、娱旅游功能一应俱全。2020年7月15日，鹤岗市首届森林漂流节在细鳞河民俗风情园隆重拉开帷幕。数百名游客在青山绿水间开启“第一漂”，大型民族歌舞剧《寻梦女真》，给酷爽浪漫的激情漂流增添了亮丽的色彩，游客在感受漂流乐趣的同时也为艺术的盛宴所陶醉。漂流节以“健康旅游、户外运动游”为主题，打造“休闲民俗体验目的地”，突出全民参与的特点，吸引了佳木斯、伊春等周边地市的游客参与漂流的角逐，充分体现漂流节大众参与互动的群众性、趣味性、娱乐性，提高了民俗文化品位和知名度，更进一步推进鹤岗“全域旅游”发展理念，推动文化旅游产业的全景化、全覆盖。

十里河生态旅游风景区为国家级湿地公园，距鹤岗市区25公里，坐落于群岭逶迤的小兴安岭之中、波光浩渺的十里河水库之滨。景区内有度假山庄、水上乐园、沙滩浴场、空鉴水帘桥、临流赏澜长廊、惊险漂流、森林浴、龙吟泉等景点。在景区游览，可乘豪华游艇览山光水色、可乘水上降落伞俯瞰生态美景、可过空鉴水帘桥去林中体验森林浴、可在临流赏澜长廊避暑小憩、可掬龙吟泉水润喉去暑、可乘皮舟在十里河惊险漂流。观光、游览、体验于一体，尽享大美风光。冬季的景区千里冰封、万里雪飘，冬游体验项目令人应接不暇、眼花缭乱。激情滑雪场、趣味雪圈、雪地摩托、雪橇、滑冰、冰上垂钓、篝火晚会等精品纷呈，游客流连忘返。依山傍水的度假山庄中高档客房、中小餐厅、卡拉OK包房宽敞明亮、温暖如春；山珍野味、农家杀猪（山地猪）菜、家炖森林鸡等绿色食品让你在朴实无华中尽享独特美味。十里河生态旅游风景区成为周边区域短程山野旅游的首选，为鹤岗百姓打造了近郊旅游休闲度假旅游胜地。

桶子沟原始天然红松母树林是黑龙江省仅存的三大天然原始红松母树林之一，具有很高的科普价值和观赏价值。林区位于鹤岗市区西北部50公里处，总面积16846公顷，主景区面积58公顷。走进原始森林，林海苍翠，松啸涛涌，古木参天。这里生长着红松、云杉、水曲柳、胡桃、桦、榆、杨、椴等20多种珍贵树木。其中300年的青杨“树王”和千年的红松“树王”，更是别处所罕见。植物园中，有着丰富珍贵的山野菜、山野果和药材，其食用价值和药用价值越来越得到更多人的青睐。草莓、葡萄、山梨，榛子、山核桃、松子，金针菜、刺嫩芽、猴头菌、蘑菇、木耳，这远远超过百种的果菜药材，在此可谓应有尽有、取之不尽，不仅让崇尚绿色饮食的人士向往流连，也装点了植物园一年四季不同的景致。山林沟壑中，还栖息着各种野生飞禽走兽。相对温驯的有松鼠、野兔、狍、狐狸、林蛙和飞龙、野鸡，相对凶猛的则有野猪、棕熊、犴达罕。大自然的神奇魅力、人与自然和谐相处的乐章，就这样交织融会在一起。每逢春天来临，各种野生植物竞相开放，五光十色、流香溢彩。夏季之时，这里到处郁郁葱葱、生机盎然。秋季是收获的时节，色彩斑斓的五花山景色美轮美奂、美不胜收，野果的甘甜和芳香让人无法拒绝。而到了冬季，雪世界的晶莹剔透，会让人忘记一切烦忧，仿佛置身于最纯洁的胜地。行走于原始森林间，不仅可以欣赏天然生态佳境的奇妙，享受大自然的清新环境，而且可以领悟天地万物的神韵。沐浴在原始森林中，听松涛阵阵，小溪叮咚，闻松香吸氧，沁人心脾，看青松挺拔，迎霜傲立。融于大自然的环抱，心胸豁然开朗。

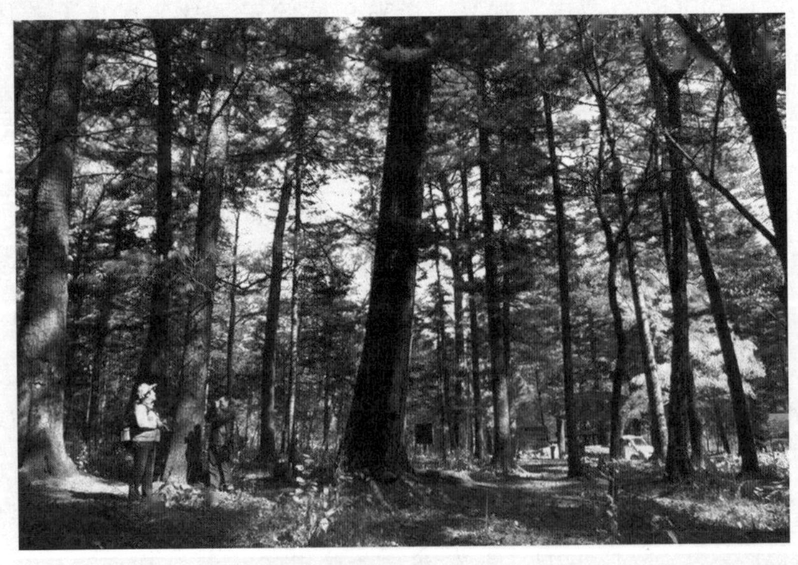

大砬子山位于鹤岗市鹤林林场西北部，鹤伊公路 32 公里北侧，海拔 756.4 米，面积约 73 公顷，是小兴安岭余脉，90%为森林覆盖。地

处东北植物区系与蒙古植物区系的交汇过渡地带，成为植物的王国，动物的乐园。这里植物分布有原始森林、天然次生林、人工林。木本植物几十种，草本植物上百种。乔木以松、构、榆、柞为主，灌木以榛子、紫槐、丁香、金银木为主，藤本有铁线莲、猕猴桃、山葡萄、五味子等。药材植物有很多种，林间盛产蕨菜、蘑菇、人参、百合、木耳等。兽类主要有鹿、狍、野猪、狼等，还曾发现豹、黑熊。禽类主要有野鸡、山雀等。山上错落有致地排列着 7 个大小不同的山峰。山顶部，岩石裸露、奇峰怪石、夺人心魄。山口西侧有海拔 290 米的区石状石崖拔地而起，迎面壁立，如天外来客，让人倍感气势磅礴。山顶的两处 40 平方米左右的平台，可以纵观小兴安岭余脉，可以俯瞰清源湖湿地风光、鹤岗城区的崭新面貌。大砬子山上还有一个防空洞，洞长 300 米左右，南北 3 个入口相通，即使在盛夏，洞内仍凉爽宜人。移步山里，东行踏溪而上，北峦山石造型更加奇特。壁立而起的石峰蜿蜒东去，连成变化多端的景观。忽而奇石笔立，忽而巨石直叠，忽而山断如削，大自然的鬼斧神工，在这里显露无遗。

踏足石砬山，耳畔始终水声不断，脚下不离溪水，水随山高，山助水长是这里的又一特色。由于山地植被良好，土壤多为针阔混交林森林土，风景区内泉水、溪水长年不断，有泉眼 10 处，流量不同。据说山中的涌水量在 500 吨以上的泉水不下 5 眼，水质清澈、甘甜爽口，含锶等微量元素，品位很高。大砬子山以雄、险、奇、旷著称于世。这里春天万木复苏，山花烂漫，生机盎然；盛夏绿荫郁浓，清新凉爽，空气宜人；金秋五彩斑斓，秋风送爽，野果飘香；冬季银装素裹，苍松翠柏，傲霜斗雪。四季分明的大砬子山，宛若一幅层次丰富的立体山水画，是森林观赏、林中漫步、攀岩、探险、定向越野等最佳去处。

党的十八大以来，在习近平总书记提出的“绿水青山就是金山银山”的重要思想的指引下，鹤岗国家森林公园本着生态优先、保护为主的原则，大力发展原生态森林游，让人们回归自然，亲近自然。2017 年 5 月，经国家林业局批准，公园面积由 2636 公顷调整为 5848 公顷。调整后的园区结构更合理紧凑、管理更精细、林木蓄积量更大、游客观赏度和体验度更高，成为鹤岗市文化旅游产业的重要基石和创建森林城市的亮点工程。

十二、都鲁河湿地　北迁鸟乐园

都鲁河湿地位于萝北县城南部45公里处，发源于小兴安岭北坡，北距黑龙江20公里，南距松花江5公里，两条母亲河用甘甜的乳汁哺育着这块亘古形成的原始湿地，由低湿平原、沼泽和水面组成。湿地总面积为19967公顷，被划分成核心区、缓冲区、实验区三大功能区域。核心区面积11万亩，占保护区总面积的36.6%，主要功能是生态保护；缓冲区面积7.5万亩，占保护区总面积的25%，主要是起到保护核心区的作用；实验区的面积是11.5万亩，占保护区总面积的38.4%。因湿地内生长着内陆湿地生态系统珍稀的植物及栖息着一定数量的珍稀水禽资源和迁徙的野生鸟类，2003年3月12日被黑龙江省政府批准为省级自然保护区。

都鲁河湿地省级自然保护区

这里是一块从未被污染的净土。都鲁河全长245.3公里，遍布着沼泽、塔头、水面、芦苇塘等不同的自然景观。蓝天、白云与湖泊映衬，水面、芦苇和丹顶鹤低吟歌唱。大片的波光霞影，把天与湖连在了一起。弯弯曲曲的都鲁河像是镶嵌在草原中的玉带，蜿蜒徘徊直抵天边。

那一块块沼泽地好似一串串跳动的音符，点缀在如歌的黑土地上。潺潺的河水，温柔细腻，轻轻流淌间泛着点点金光；轻柔嫩绿的芳草，包围在湿地周围，用它柔弱的身躯守护着这大自然的恩赐。这片从未被人打扰的处女地，静谧安详，宛若无尘的世外桃源，向人们展现了大自然独有的风姿。置身其中，城市的喧嚣渐渐淡去，闭上眼睛深深感受，清新的空气沁人心脾，让人们摒弃一切烦恼，全身心地投入大自然的怀抱，放逐心境畅游于天地间，尽情享受着自然的恩赐。

这里是三大水禽栖息地和我国北方候鸟迁徙坐标区。每逢春夏早秋季节，北至南归的水鸟，必须首先找到这里落脚，再到其他地方。丹顶鹤、白鹤、赤颈鹤等珍禽和成千上万的其他鹤类、鹭类、鹳类、雁类、鸭类等百种水禽在此繁衍生息。都鲁河湿地自然保护区蕴藏着丰富的动植物资源，其中保护动物有 46 种，占保护区动物种类的 22.55%。据不完全统计，都鲁河湿地有国家一级保护鸟类丹顶鹤、二级保护鸟类灰鹤、白枕鹤等 126 种珍奇鸟类，鱼类 4 目 9 科 30 种，其他动物 54 种，植物 344 种。在该区域分布的鸟类中，有 21.67%的鸟种被列入了国家重点保护野生动物名录，另有 30.5%的鸟种被列入了黑龙江省重点保护野生动物名录。其中国家一级保护动物 4 种，国家二级保护动物 20 种。

这里是孕育万物的摇篮。弯弯曲曲的都鲁河清澈见底，水映着蓝天，波拥着白云，鱼儿游在水里仿佛翱翔在蓝天白云之间；河两岸柳树丛丛、枝枝蔓蔓，形状各异的水泡子被河汊子毫无规则地勾连串结，好似一串串珍珠，一面面银镜，阳光稍微那么一照，就有波光粼粼，碎金涌动的感觉。泡子里是水禽们的乐园，野鸭在水面静静地游弋，时而追逐，时而扎入水中觅食；盘旋的鱼鹰，一会儿天上，一会儿水里，忙得不亦乐乎；不知名的小鸟在柳毛子上飞来跳去，叽叽喳喳，欢快地唱着，柳毛的枝条被小鸟悠着荡着，鹅毛般的柳絮就漫无边际地在空中随风飘飞，绿色洼塘里像飘着漫天的雪。

这里承载着千余年的厚重文化历史，是女真人文化的发源地。公元 10 世纪女真人的秃达部落就在这里定居生存。游牧民族逐水草而居的习性让他们迷恋上了物华天宝的都鲁河，他们在这里繁衍发展壮大，心中点燃的对中原文明的渴望之火，最终促使他们从东北的林莽中走出，建立了金王朝，成为满族人的祖先。蜿蜒的都鲁河，诉说着女真人的历史。金秋的晚霞，映照着弯弯曲曲的都鲁河，也照在长着青苔女真人居住过的屋檐，无意间铭记了一段历史。

都鲁河湿地更像一幅隽永的绢画。不论你何时来到湿地，都会有一幅不一样的景色展示在你的面前，无数次勾起你无尽的遐想。春日冰雪消融，涓涓细流顺着高坡漫岗悄无声息地汇聚到湿地里；夏日河水清澈，许多鱼儿悠闲地在河里游来游去，许多鸟儿欢快地在河边嬉戏；秋日河水宁静而舒缓，苇草泛黄；冬日河水结冰，白雪皑皑，银装素裹，好一幅童话般的风景画。

萝北县通过实施保护区严格管理、设备及资金投入、退耕还湿及湿地补水等系列举措，湿地的植被和生态环境及生物多样性得到了有效的恢复。2017 年，根据观测数据，都鲁河自然保护区每年迁徙候鸟 25 万余只，包括世界濒危物种东方白鹳 200 余只，丹顶鹤 20 余只，白枕鹤 30 余只，蓑羽鹤 40 余只、白头鹤 30 余只。每当夏日绿树成荫，水草茂盛肥美之时，迁徙来此的候鸟们盘旋飞舞。

东方白鹳属于大型涉禽，国家一级保护动物，是鸟界的国宝。由于它对栖息地的生态环境要求极为苛刻，目前全球仅存 4000 只左右，属于世界濒危物种。为了让东方白鹳驻留都鲁河自然保护区进行繁殖，2018 年，萝北县拨款 15 万元，建设了 20 个东方白鹳人工鸟巢，当年招引、筑巢，成功繁育了 10 只幼鸟，是中国当年招引当年成功繁育的第一例。萝北县与中国科学院签署了研究世界濒危物种东方白鹳鸟类卫星追踪科学研究协议，成功为 7 只东方白鹳幼鸟戴上了 GPS 全球跟踪仪。如今，都鲁河省级自然保护区孵化的 10 只东方白鹳幼鸟已正常迁徙。2019 年，迁徙至都鲁河湿地保护区的东方白鹳超过 230 只，同时又招引了 10 对东方白鹳在都鲁河保护区筑巢，并成功繁育 25 只幼鸟。2020 年，萝北县又拨款 18 万元建设和修复更多人工鸟巢，让东方白鹳这个世界濒危物种在都鲁河自然保护区里实现更好地栖息和繁育。

2021 年 1 月 8 日，鹤岗市第十六届人大常委会第三十一次会议审议《关于确定鹤岗市市鸟的议案》，决定批准东方白鹳为鹤岗市市鸟。

东方白鹳形象成为激励全市人民开拓进取、建设美好家园、实现鹤岗转型发展的一种精神力量。

十三、清源湖水蕴神韵

清源湖生态景区位于鹤岗市西北部，距市区9公里，是鹤岗市“五湖一河十三沟”滨水城市工程之一。景区内水库原名为“五号水库”，2010年6月，鹤岗市政府新命名为清源湖生态景区，该名源于南宋著名理学家朱熹的名句“问渠那得清如许，为有源头活水来”。

五号水库，也叫大鹤立河水库，是松花江支流大鹤立河的上游，水源属山涧溪流，水质优良，每天可供水3.5万立方米，是鹤岗市最大的城市供水水源地，有近一半市民喝这里的水。水库于1977年7月21日破土动工，1980年12月正式送水。库容3300万立方米，水域面积4平方公里。坝址以上为小兴安岭东麓低山丘陵，群山环绕、森林茂密、植被良好。水库下游由山区逐步过渡到平原地带。除了防洪供水，水库还结合灌溉进行水产养殖、蔬菜种植等综合利用。水库水产养殖面积达400公顷，设计鱼苗投放量为600万尾，年投放量50万尾。经估算水库内现有花白鲢鱼约1000万尾，约3000万斤，此外还有胖头鱼、鲫鱼、鲤鱼、草鱼等。每年冬季，这里都进行冬捕活动。鹤岗清源湖生态景区于2009年开始大规模建设，景区总面积1600顷，核心区面积147公顷，北欧风格，由哈尔滨工业大学、中央美术学院、北京新纪元建筑工程设计有限公司等单位规划设计。景区以“水”为主题，以“婚恋”为主调，规划建设入口服务区、野趣垂钓区、赏花踏青区、荷莲观赏区、清漪湿地区、餐饮接待区、主题婚恋区、丁香观赏区、戏水娱乐区、农业观光区10大功能区。景区建有清凉山、清莲池、清心桥、清芳苑、清漪湾湿地。主景有临风台、惜花台、立雪台、望月台等观景平台，有264平方米的大型水文化浮雕墙，有80公顷的现代农业示范区，有花秋、紫椴、红松、山槐、丁香花、百合、荷花、莲花、玫瑰、牡丹等60余个品种35万花木及名贵树种，水文化教育基地、科普基地、林业科普基地，是集游览度假、娱乐健身、生态体验、科学教育和婚庆接待于一体的综合胜地。

截止到2012年底，完成了欧式大门及广场、水文化浮雕墙、五花山平台改建、五花山甬道、景区道路扩建、电瓶车道铺装、环湖路、荷莲花池、湿地公园、服务中心、标准化水冲式厕所、园林绿化、花海、景区亮化、音响及监控、野鱼垂钓湖、坝下农业观光生态示范区、彩色艺术地坪等工程，累计完成投资5914万元，10大功能组团已初具规模，整体接待功能显著提升，晋升为省级水利风景区。

2013年10月，完成了清源湖生态景区服务中心、环湖路、绿化、花海及野鱼垂钓湖土方、木平台、拱桥等工程建设，入口服务区、野趣垂钓区、赏花踏青区、荷莲观赏区10大功能区已全面建成，清源湖生态景区被水利部批准为国家级水利风景区。

为了加强景区日常管理，成立了智水水利旅游公司，深度开发清源湖景区旅游资源，先后完成垂钓园、戏水园、环路自行车等项目对外招商，极大丰富了景区服务功能，前来休闲度假的游人明显增多。

清源湖景区早已成为鹤岗市近郊著名的旅游景点。一家家、一户户携老挽幼，一群群、一拨拨呼朋唤友，将这里当作休闲度假避暑好去处。每年夏天，这里蓝天白云，山光湖色，欢声笑语，游人如织。

2014年10月31日，黑龙江省旅游局发布全省2014年度获评国家4A级的旅游景区共有16个，鹤岗清源湖生态景区榜上有名。

十四、忆边城旧事　树文博丰碑

2019年5月18日，适逢庆祝中华人民共和国成立七十周年暨“5·18国际博物馆日”到来之际，鹤岗市迎来了文博事业发展里程碑式的时刻——鹤岗博物馆正式开馆。

鹤岗博物馆总占地面积5.2万平方米，建筑面积1.36万平方米，是国家三级博物馆，现有馆藏文物9676件（套）。其中，珍贵文物305件。博物馆内部功能分区主要由基本陈列区、临时展览区、多媒体互动区和观众服务区等部分组成。基本陈列展区分为自然鹤岗和人文鹤岗两部分。自然鹤岗从自然资源的角度讲述鹤岗充沛的水资源、多样的森林资源、丰富的矿产资源、独特的旅游资源，展现出鹤岗山清水秀、物华天宝的生态面貌。人文鹤岗以地区历史沿革为主线，贯穿新

建成后的鹤岗市博物馆

石器时代、汉魏、辽、金、清等诸多朝代，突出古肃慎人贡献楛矢石砮、辽金女真人的繁荣、发现煤苗、解放战争大后方，中华人民共和国电影的摇篮、中国医科大学等历史重大事件，彰显了鹤岗在波澜壮阔历史画卷中浓墨重彩的一笔。载历史记忆，开时代生面，撑地域魂魄。走进鹤岗博物馆，方寸之间，切身感受白山黑水间日夜流淌的文化基因；表里之行，体悟历史长河里沉淀积聚的文化信仰；纵横千载，坚定血脉流淌中生生不息的文化自信。

风雨砥砺、春华秋实，鹤岗博物馆的建设作为一项惠及大众、造福子孙的民生工程，寄予着全市百姓的殷切关注和期盼，浸透着鹤博人多年的心血和汗水。鹤岗博物馆开启了鹤岗文博事业新纪元，将成为鹤岗市弘扬历史文化的新阵地、丰富群众文化生活的新舞台、提升城市文化品位的新窗口。

鹤岗城市记忆博物馆于 2019 年 10 月 8 日建成开馆。这座博物馆坐落在向阳区北山园溪佳苑小区对面（原烟草公司旧址），是集收藏、展览、公共教育培训、文化交流活动于一体的综合性公益类博物馆。博物馆内分为博物馆和文创中心两部分，建筑面积 2000 平方米。馆内主要珍藏反映百年鹤岗的奋斗历程、辉煌成就以及几代鹤岗人民精神风貌的老照片 10000 余幅，物件、油画、雕塑、影像资料纸、质资料等实物展品 2000 多件，还创作大型油画、雕塑 7 组及连环画若干。通过文字、图片、影像、微缩景观、艺术、复原建筑等多种形式，唤起人们对过往城市生活的记忆，弘扬传统文化，延续城市文脉，讲好“鹤岗故事”。将几代鹤岗人珍视的城市记忆，穿越厚重历史呈现在家乡人面前。将生生不息的城市文化，透过漫长岁月印刻在家乡人心中。

鹤岗城市记忆博物馆

鹤岗城市记忆博物馆开通了线上博物馆。采取多媒体互动叠加图文、音视频等形式，360 度全景展示馆内场景，观众可获得沉浸式的观展体验，身临其境，感受鹤岗的百年历程，随时随地重温珍贵记忆。

鹤岗城市记忆博物馆是珍藏城市记忆、延续城市文脉、展现城市文明成果、讲好鹤岗故事的新平台。鹤岗城市记忆博物馆向社会开放进一步提升了鹤岗市文化品位和城市形象，完善了城市公共文化服务体系，促进文旅融合，增强文化自信。鹤岗城市记忆博物馆致力于成为广大市民重拾记忆的时光隧道，成为远在他乡的鹤岗儿女寄托乡愁的灵魂港湾，成为鹤岗市悠久历史的说书人、转型发展的记录者。

第二节　产业强市　把握跨越发展新趋势

党的十八大召开后，特别是2017年以来，鹤岗市深入实施“产业强市”战略，围绕绿色矿业、生态农业、文化旅游、外贸物流、战略新兴五大产业，做好改造升级“老字号”、深度开发“原字号”、培育壮大“新字号”三篇大文章，重点推进城市转型、动能转换、新技术、新业态、新模式项目。“产业强市”战略的提出，顺应了国际国内产业结构调整的基本趋势。

鹤岗市将产业项目建设和重大基础设施建设作为转型发展的“一号工程”，出台产业项目推进实施方案，成立产业项目建设推进工作领导小组，以“四比四看”（比项目生成，看项目前期、项目签约、项目储备；比项目开工，看项目落地、项目规模、项目质量；比项目进度，看推进力度、建设速度、数据入统入库；比建设成果，看项目投产情况、完成固定资产投资及增幅、产固占比、产业项目拉动就业和税收贡献）为推进项目实施抓手，确保“产业强市”战略扎实推进。2017年，开工的73个项目完成总投资127亿元、固定资产投资106亿元；对接农业供给侧改革的经纬集团大豆食品产业园开工建设，达产后大豆加工能力20万吨；改造提升“老字号”项目金鹤啤酒有限公司啤酒和功能饮料二期工程开工建设等。此后几年，鹤岗市的产业发展步入了快车道，“煤头化尾”资源增值创效项目、打造石墨新材料产业基地、省市百大项目相继落地、龙煤鹤矿转型发展产业等，各业都争先恐后为鹤岗经济发展添动力。

一、动能转化打造发展新引擎

产业项目建设是“产业强市”战略的重中之重，在经济增长中发挥着“稳定器”的作用。2012年，作为鹤岗经济支柱的煤炭行业随着“煤炭黄金十年”的结束进入低迷状态，鹤岗国内生产总值从2012年的358亿元降到2014年的259亿元，二次产业占比从2012年的47.5%

降到 2014 年的 31.6%。发展替代产业、打造新发展动能成为确保经济可持续增长面对的新课题。鹤岗市立足实际、谋划长远，积极围绕“五大产业”“三篇大文章”发力，狠抓产业项目建设，支撑作用显著增强。

2017 年就累计实施千万元以上项目 136 个，亿元以上项目 45 个，完成投资 28.84 亿元。

绿色食品产业亮点颇多。东方希望集团生猪产业项目开工建设；米家乐万吨绿色方便米饭、盛中农业大豆分离蛋白等重点项目陆续建成；可口儿大豆产业园一期工程、新龙跃胚芽米深加工、银沐生物科技食用菌、金鹤 1 万吨精酿啤酒和 2 万吨纯净水 5 个亿元项目相继投产。

煤化工产业强势发展。中海油华鹤 10 万吨乙二醇项目完成可研编制；世纪云天化肥、北京三聚环保碳基复合肥稳步推进；睿泽科技百万吨乙二醇项目前期工作有序开展。

战略新兴产业加快布局。华升石墨烯、帝源石墨、奥星石墨负极材料等石墨新材料产业重点项目发展步伐加快；国信通动力电池、手机和负极材料项目开工并如期达产；京东鹤岗地方体验馆等项目也成功落地；与中国中药控股公司合作建设的中国中药鹤岗产业园项目正式签约。

一批具有标志性意义的大项目加快推进。中海油华鹤煤矿矿井建设项目、大连鸿点高科技煤化工产业示范基地等重大项目均取得实质性进展。纳入《省交通运输体系发展“十三五”规划》的鹤佳快速铁路项目已全线开工建设，预计 2021 年“十一”竣工通车；鹤岗民用机场项目也已通过选址审批；绥名公路改扩建、鹤大高速鹤岗至佳木斯段改造任务已圆满完成；采取 PPP 模式运行的南岗路、鹤立湖景区旅游公路、鹤大公路与哈肇公路连接线建成通车；名山港码头改扩建、中兴港建设进一步加快；关门嘴子水库已经通过国家发改委技术评估。

鹤岗市加大对外合作，强化技术和人才引进。鹤岗市政府与苏州中材非金属矿工业设计研究院正式签约，合作共建鹤岗市石墨工程中心；华升公司与俄罗斯科学院西伯利亚分院、南澳大利亚大学开展合作，引进高速冶金法提纯高纯石墨、石墨烯光热材料海水淡化系统、石墨烯润滑油生产等技术；鑫顺石墨公司与乌克兰科学院合作建设膨胀石墨项目。鹤岗市还与哈工大、哈工程、黑科院等10多所大专院校进行了广泛合作，为鹤岗市石墨产业的发展提供了技术与人才保障。

2019年，鹤岗市列入省“百大项目”计划的项目共有14个，包含2个独立项目，总投资84.9亿元（不含佳鹤铁路投资）。独立项目分别为国信通新能源与通信产业基地项目和佳鹤铁路改造工程，国信通新能源与通信产业基地项目总投资15.34亿元。其他项目中，沿边国道项目总投资20.93亿元；教育现代化推进工程项目总投资81万元；三江平原14个灌区田间配套工程项目总投资6.29亿元；养老服务体系中央预算内投资项目总投资0.45亿元。

2019年9月22日，鹤岗市召开省百大项目调度会议，对鹤岗市被纳入省百大项目中的项目开展会战冲刺，实现“四个确保”。会议提出，要抢抓最佳黄金施工期，集中时间、集中资源、集中调度、集中力量，开展百日会战冲刺，各项目单位要增强使命感、责任感，特别是要增加紧迫感，积极协同配合，下大力气加快推进，确保按期开工率；确保完成年度计划投资；确保项目资金及时到位；确保项目按期竣工运营。

2020年以来，鹤岗市坚持项目建设不动摇，狠抓项目建设不放松，在大项目建设中多措并举，合力攻坚，使项目建设取得显著成效。

2020年4月17日，省市百大项目5个项目开工仪式在鹤岗市向阳区南翼高新技术园区举行。到4月底前，鹤岗将有92个省市百大项目集中开复工。参加集中开工仪式的5个项目，计划总投资1.8亿元。其中，格润森博木业有限公司多年致力于木材精细化研发与加工，在国内首开专业化、工厂化生产实木马赛克先河；振金石墨烯新材料研究院项目，以高铁电器元件与电网组建的新材料研发及应用为重点突破方向；主要业务为天然气供应的森厚加气站项目，十分符合鹤岗生态立市的战略要求；宝丽恒、宏祥医疗养老中心项目的建成，将推动鹤岗养老服务事业迈向规模化、标准化的建设进程。

2020年5月26日，鹤岗市召开省市百大项目推进会议。会议要求，要切实提高重视程度，把抓好百大项目建设作为确保完成全年固定资产投资目标任务的基础保障，承担省市百大项目建设任务的县区和部门，一定要不遗余力地推进项目建设，确保完成年度目标任务，为鹤岗市经济社会发展作出积极努力。要充分认清问题差距，紧紧抓住项目建设施工的黄金时期，全力推进省市百大项目建设。要全面压实工作责任，针对每个百大项目成立推进领导小组，明确责任分工，紧盯开工率、投资完成率、资金到位率，编制时间表、路线图，严格按时间节点推进落实。工作中如果发现问题或遇到困难，要及时向包保市领导汇报，并与推进服务专班沟通联系，共同协调解决，确保项目顺利实施。要保证投资及时入统，严格执行国家法律法规，主动与统计部门对接，紧盯已开工未入统及未开工的省市百大项目，做到及时跟进、密切跟踪、主动对接，确保投资做到应统尽统、颗粒归仓。要持续加大督办力度，省市百大项目推进服务专班要会同市政府督办室，定期对百大项目建设情况及问题解决情况进行督办落实，进展缓慢的要约谈责任单位主要领导，对完不成目标的责任部门要实行“一票否决”，并严肃问责。

2020 年鹤岗市共 144 个省、市百大项目，总投资达 390 多亿元。其中省百大项目 43 个，总投资 264. 8 亿元，市百大项目 101 个，总投资 127. 1 亿元。这些项目包括产业、民生、生态、旅游等多个方面。

新建鹤岗机场项目是国家和省“十三五”规划的重点项目，建设民用支线机场，总投资 11. 01 亿元，按照年旅客吞吐量 45 万人次、货邮吞吐量 1600 吨、飞机年起降 5360 架次设计。建成后可直达航程 1500 公里，拟开设北京、沈阳、大连、青岛等航线。目前项目已完成预可研报告评估，将于今年 10 月 1 日开始 2500 米跑道、6500 平方米航站楼的建设。

中国五矿鹤岗石墨产业项目是全省实施“百千万”工程的重要项目，更是推动鹤岗市加速转型发展的龙头项目之一。中国五矿集团（黑龙江）石墨产业有限公司自去年 12 月成立以来，完成了项目采矿公司、选矿及球形公司等投资主体的搭建，完成了云山石墨矿区资源整合，取得了采矿权证，完成和细化了项目建设可研方案，正紧锣密鼓地开展征林、征地、工勘等前期准备工作。按世界一流石墨产业集团建设，建成后将达到年产矿石 1000 万吨、石墨精粉 40 万吨、高纯球形石墨 10 万吨、负极材料 5 万吨的产业规模。

关门嘴子水库位于鹤岗市区东北部的鹤北林业局境内，是松花江流域梧桐河干流的第一座控制性枢纽工程。作为国家 172 项重大水利工程、黑龙江省百大项目之一，关门嘴子水库工程是一座以城市供水、农业灌溉为主，结合防洪、兼顾发电等综合利用的大型水库，总库容 4.03 亿立方米，是鹤岗建市以来规模最大的水利枢纽工程。工程估算总投资 33.51 亿元，建设有效工期为 36 个月。水库建成后，每年可为本区域提供生活和工业供水 8086 万立方米，新增和改善灌溉面积 53.83 万亩，年平均发电量 2134 万千瓦·时，下游防洪标准可由原来不足 10 年一遇提高到 20 年一遇。2020 年 4 月 1 日，鹤岗市关门嘴子水库工程正式开工建设。

2020 年 10 月，海达石墨新材料科技项目一期基础设施，包括生产车间、附属车间、材料库、开关站、消防泵房等生产、配套设施及厂区内道路、艾奇逊石墨化炉均已完成施工，生产设备安装完成，正在调整设备参数，月底进行试生产。黑龙江海达新材料科技有限公司年产 3 万吨高纯石墨及锂离子电池负极材料项目总投资 4.5 亿元，分两期建设。一期投资 1.5 亿元，建设年产 1 万吨高纯石墨及锂离子电池负极材料生产线，建筑面积 3 万平方米，2018 年 7 月开工建设；二期投资 3 亿元，建设年产 2 万吨高纯石墨及锂离子电池负极材料生产线，2021 年开工建设，争取 2022 年初建成。项目运用独特的整形分级、机械改性和高温提纯技术生产 99.99%的高纯度石墨，并通过机械融合、表面包覆高温改性等先进技术，生产具有国际领先水平的高端负极材料产品。整体达产达效后，预计销售收入不低于 15 亿元，增加就业人数 350 人。

2020 年 10 月，萝北县华能电建风电项目升压站及 52 公里输电线路已建设完成，达到送电标准，将于年底并网发电。华能电建风电项目是省百大项目，建设地点位于萝北县团结镇新垦村，项目总装机容量 200 兆瓦，是华能黑龙江发电有限公司在萝北开发的 600 兆瓦风电项目一期工程，总投资14.45亿元，2019年9月开工建设。华能电建风电项目通过风机发电，将64个风机场发出的电经变压器传送至升压站进行升压处理，统一输送至云山变电所，供给石墨企业使用。项目建成后，年发电量将达56000万千瓦时，可以优化萝北县电网电源结构、增加能源供给，还可以在火电的配合下，形成合理的能源供给方式及定价，促进萝北县石墨产业发展，切实做到降低当地企业用电成本，保障周边工业园区电力供应，有效拉动相关产业发展。

鹤岗市对重点产业项目逐个建立市级领导牵头的三级领导包保责任制，多次召开专题会议，及时协调解决疑难问题。成立百大项目推进服务专班，设立专项工作组，及时排解项目建设中遇到的困难。出台了《鹤岗市支持百大项目建设若干政策》和《省市百大项目过程管控、督办考评工作方案》，对项目建设提供政策和财力支持，采用周调度、月通报、季联评的方式，根据考评结果对责任部门采取奖惩措施，保证年度目标任务顺利完成。

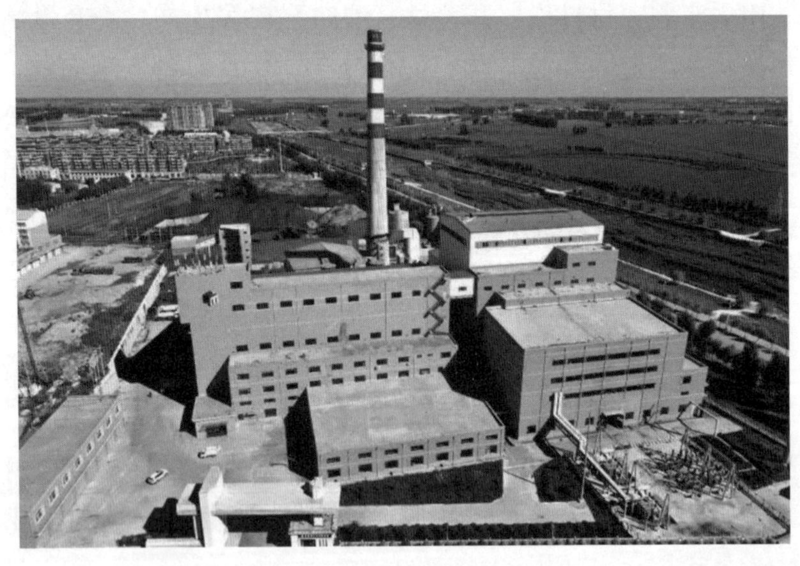

和禾生物质发电项目

2021年1月8日，位于鹤岗市生物科技产业园区的省百大项目——和禾生物质发电项目经过2年多的紧张施工，终于建成并网成功。和禾生物质发电项目总投资额为 2.6 亿元，于 2018 年 5 月开工建设。项目建设采用 1×130t/h 高温高压循环流化床生物质蒸汽锅炉，设备采用 1×30MW 抽凝式汽轮发电机组，年可发电 21600 万千瓦·时，年产值 16416 万元。采用低真空供热技术，将冷却塔排出的废热进行回收，用于冬季城市采暖供热，可增加 100 万平方米的供热面积。锅炉烟气排放采用超低排放技术，可保护周边生态环境。项目达产后，年可消耗农业废弃物秸秆 24 万吨，可高效完成鹤岗市周边乡镇秸秆的统一回收，让昔日的秸秆真正“变废为宝”，促进农民增收、环境改善和农业可持续发展，为打赢鹤岗市蓝天保卫战、推进绿色农业发展做出更大的贡献。

2021 年 2 月 19 日，江阴远阳风力发电项目首台风力发电机组顺利完成吊装。省级百大项目“江阴远阳 150 兆瓦风电平价上网风电场”，位于绥滨县境内，总投资约 11.6 亿元，今年计划投资 4.16 亿元。此次安装的风机高 140 米，塔筒最大直径 6 米，叶片长 75 米。这是目前黑龙江省内吊装单机容量最大、最高的风力发电机组，刷新了全省最高风机纪录。这台风机属于智慧智能型风机，通过 4G 网络组网之后，通过大数据的分析还可以优化发电量。风电场共有风力发电机组 46 台，总装机规模 150MW，预计在 2021 年 7 月全部建成并网发电。项目建成后，年发电量 4.95 亿千瓦·时，经营收入 32.88 亿元，实现利税 3000 万元。对增加传统农业县财政收入，改变用电结构意义较大。

2021 年 3 月 31 日，鹤岗市 2021 年省“百大项目”暨全市重点项目首批集中开工仪式在鹤岗市紫苏深加工项目开工现场举行。2021 年鹤岗市重点项目 78 个，总投资 514 亿元，年度计划投资 84.5 亿元。其中，省“百大项目”7 个，项目总投资 163 亿元，年度计划投资 42.6 亿元。首批集中开工项目 39 个，包括省百大项目 4 个，占项目总数的一半。

二、“煤头化尾”让资源增值创效

作为国家第三批资源枯竭型城市转型试点，鹤岗市在煤炭资源日渐枯竭、企业产能小的状况下，在鹤岗经济开发区中成立了煤化工产业园，探索出了一条唯有延伸产业链才能实现“煤头化尾”集聚发展的可行之路。

2017年5月，黑龙江省委主要领导到鹤岗考察调研时强调，要把中海石油华鹤煤化公司作为核心企业，加快建设煤化工产业园，完善基础设施和公共服务，强化上下游配套，创造良好发展条件，形成产业集聚效应。由此，鹤岗市从产业基础、资源禀赋、区位特点出发，开始走向了“煤头化尾”发展的谋划之路，全力把鹤岗建成“省市共建‘煤头化尾’示范基地”“将鹤岗打造成为全省‘煤头化尾’突破口”。

建设“煤头化尾”煤化工产业园，鹤岗市有良好的资源基础和产业基础。鹤岗市探明煤炭地质储量32亿吨，煤制化肥能力52万吨、煤制焦炭能力200万吨、焦炉煤气制LNG能力12万吨，煤化工产业总产值达到40亿元。中海石油华鹤煤化有限公司、征楠煤化工有限公司、鹤翔新能源有限公司等一批煤炭深加工项目每年就地转化煤炭650万吨左右，初步构建起了煤制焦、煤制气、煤制化肥等产业链条。

为推动“煤头化尾”煤化工产业园加快建设，鹤岗市明确了市委、市政府主要领导牵头抓、副市级领导专责抓的工作推进机制，成立了市煤化工产业园区办公室，进一步调整充实了工作力量。

2017年6月15日，鹤岗市召开了“鹤岗煤化工园区规划建设专项咨询会”，邀请中投咨询有限公司、中煤集团煤化工研究院、石油与化学工业规划设计院专家，就产业发展方向、产业布局、园区建设等进行了研讨论证，并邀请专业机构加快编制产业和园区发展规划，进而科学指导煤电化产业及园区建设。同步采取“走出去，请进来”的办法，一方面马不停蹄地与大型煤化工企业搞对接，积极寻求新的“煤头化尾”项目合作，另一方面努力促成原有项目“裂变”延伸产业链条。仅2个多月时间，先后与旭阳煤化工集团、中国海洋石油总公司、神华集团等大型企业进行了对接，围绕合作建设煤化工产业项目、共同打造产业园区进行了深入洽谈，达成“5080”煤制化肥、50万吨BB肥、100万吨乙二醇等一批重点项目。

若想把鹤岗煤化工发展好，要解决“煤头”问题，煤是发展煤化工产业的前提。鹤岗地区煤种齐全，以气煤为主，其次为焦煤、1/3 焦煤、气肥煤和褐煤等。截至 2016 年末，鹤岗地区已累计探明煤炭资源储量 38.3 亿吨，其中鹤岗煤田 25 亿吨，鹤岗煤田深部勘查区 6.18 亿吨，萝北兴东延兴勘查区 1.18 亿吨，绥滨福兴勘查区 1.15 亿吨，绥滨二九〇勘查区 4.5 亿吨，新河口勘查区 0.3 亿吨，尚可支撑煤化工产业发展。受制于鹤岗地区现有开采成本与煤价水平，无论是传统煤化工的化肥或焦化，还是现代煤化工的烯烃、芳烃、煤制气，均难有盈利空间，这也是鹤岗煤化工产业举步维艰的重要原因之一。如果不能解决煤炭资源及价格问题，未来煤化工发展仍是无源之水。因此，必须转换消耗方式，增加附加值，优化煤炭资源配套，降低煤化成本。鹤岗市将生产规模较大、生产成本较低、煤质最适合的龙煤鹤矿集团的煤矿部分股权（或控股权）以股权转让或股权交换的方式转为煤化工企业持有，并为煤化工企业提供价格优惠的原料煤，实现煤与化工的统一和平衡，解决鹤岗地区煤化工企业煤价过高导致的亏损问题，吸引投资者。

煤头问题有了方向，还要想方设法共谋“化尾”目标，在产业链上形成集聚效应，推动煤化工产业园“煤头化尾”产业发展。积极推进征楠煤化工 100 万吨/年乙二醇项目；帮助征楠煤化工会商龙煤集团，协调解决 300 万吨/年原料煤；共同研究协调新建乙二醇项目进行融资；谋划焦化下游产品，谋划焦油、粗苯及余热、氢气综合利用项目，形成“以化养焦、以焦促化”的循环发展之路。

中海石油华鹤煤化有限公司位于鹤岗市东山区新华镇哈萝公路鹤岗段 8 号，是中海石油化学股份有限公司全资子公司。作为黑龙江省成功实现“煤头化尾”的大型煤化工企业，作出了坚持化肥多元化、高端化、复合化、有机化发展战略，确立了加快推进煤矿开发建设与深化地方煤企合作并行，煤化一体化与精细化工并举的发展思路，提升企业竞争力和可持续发展能力，切实发挥煤化工产业技术引领、产业示范作用。加快推进煤矿建设。新华煤矿是省政府支持“3052”项目的配套煤矿，开发新华煤矿，采取煤化一体化运营后，不仅可以为“3052”项目提供优质及低成本的原料和燃料煤，降低尿素成本，而且可以实现煤化一体化完整产业链，达到效益最大化；实施产品增值改性，推进产品多元化。通过增加部分设备进行技术改造，实现增效剂内置加入，已成功生产出合格聚氨锌尿素和稳定性尿素，新产品取得实质性突破，丰富了产品线，增强了市场竞争力，市场反馈良好；坚持化肥多元化、高端化、复合化、有机化发展路线，大力推进高效复合肥、BB 肥等项目。其中 50 万吨 BB 肥项目与省内 BB 肥厂家合作，依托华鹤公司现有氮肥装置建设复混肥项目，实现 15 万吨尿素产品的就地转化；投资 5500 万元建设 60 万吨 NPK 项目；发挥装置产能，实现产品延伸升级。在保证现有装置生产负荷条件下，投资 7.98 亿元新建一套年产 10 万吨乙二醇项目。该项目采用合成气制乙二醇技术，可进一步发掘装置的生产潜能，提高产品多样性和附加值，增强企业的抗风险能力，延伸煤化工产业链，同时可为企业调整产品结构，找到转型升级的突破点；积极探索褐煤提取腐殖酸技术，开发腐殖酸肥料、水溶肥、有机碳肥等新型肥料品种。腐殖酸、锌腐酸尿素黑龙江地区年需求均在 15000 吨左右，黄腐酸尿素年需求 3000 吨至 4000 吨，随着种植结构调整，需求量仍会上升；积极推进煤制甲醇、尿素制三聚氰胺项目，积极推进产品延伸升级。

鹤岗煤化工产业园规划面积 20.02 平方千米，2017 年就已入驻中海石油华鹤煤化有限公司“3052”化肥项目、征楠煤化工 120 万吨/年焦炭及副产品项目、鹤翔新能源 90 万吨/年捣固焦及副产品项目等煤化工企业。重点打造煤制乙二醇产业链、煤制清洁燃料产业链、煤制化肥产业链、煤制焦及副产品综合利用产业链，形成集焦化产品、有机化工原料、化工新材料为一体的煤化工产业集群。3 家煤化企业年产合成氨 30 万吨、尿素 52 万吨、焦炭 200 万吨、LNG13 万吨、煤焦油 10 万吨、粗苯 3 万吨。

鹤岗煤化工产业园初步考虑重点打造煤制乙二醇产业链、煤制清洁燃料产业链、煤制化肥产业链、煤制焦及副产品综合利用产业链，形成集焦化产品、有机化工原料、化工新材料为一体的煤化工产业集群。鹤岗煤化工产业园在产业链上形成集聚效应，推动“煤头化尾”产业不断发展壮大，走出了一条不唯煤、延伸煤，产品精深加工，资源型城市转型的高质量发展之路。

三、石墨产业“硬核驱动”城市转型发展

石墨被誉为“21 世纪支撑高新技术发展的战略资源”，素有“黑金”的美誉。随着科学技术发展和应用领域不断拓展，石墨资源的战略地位越来越受到重视。鹤岗市拥有亚洲最大的石墨矿产资源，已探明石墨矿石储量 17.31 亿吨，有“亚洲第一矿”的美誉。《全国矿产资源规划（2016—2020 年）》将鹤岗列为全国战略性新兴产业矿产基地；国家发改委、工信部也先后将鹤岗列为石墨新材料产业集群城市和产业集聚区，予以重点支持，这都为鹤岗石墨产业发展带来了难得的政策机遇。正处于城市转型的关键期的鹤岗，面对着经济增速换挡、结构调整阵痛、动能转换困难的诸多交织，大力发展石墨产业，如同拉响新引擎，必将焕发这座百年煤城转型的勃勃生机。鹤岗将以做强做大石墨新材料产业基地为目标，以集聚化、规模化为方向，以引进关联度大、产业链长的龙头项目为抓手，通过政府引导推动，企业、高校、院所、金融机构、中介组织协同配合，发展一批具有核心竞争力的石墨新材料生产研发企业，培育壮大经济发展新动能。力争到 2025 年，石墨产业技术创新能力全面提升，石墨烯关键技术研发实现重大突破，石墨精深加工下游产品市场全面打开，全市石墨及相关产业产值突破 400 亿元。

早在 2016 年前后，鹤岗市一方面培育本土企业向石墨新材料方向发展，另一方面围绕新能源材料类石墨产业链、高档石墨密封类材料产业链、冶金耐火类石墨产业链、电碳石墨材料产业链和石墨烯先导产业链招商引资。为促进石墨产业健康发展，鹤岗市以鹤鸣云山矿业开发公司为载体，综合运用政府主导、国有公司运行、市场化运作等方式，解决产业向高端化发展的阻碍，专门为外来投资者发展石墨产业搭建平台，打造项目生成的软硬件环境。汇泽新材料科技有限公司上马的石墨烯应用项目，一期计划新建年产 500 吨导电浆料生产线、年产 6 亿只石墨烯安全套项目生产线及厂房，还有实验室、检验室等附属设施，当年计划完成投资 5000 万元，到 9 月就完成 5020 万元，完成年

度计划的100.4%；总投资10亿元的华升石墨有限公司全力与国内外科技院所合作，成功研发出石墨烯及石墨烯润滑油、导电浆料等石墨烯及下游产品，其自主设计的电弧法石墨烯生产线填补了国内空白；萝北奥星新材料公司为适应新能源汽车对锂电负极材料日益增长的市场需求，新建成两条第四代超细球型石墨生产线，生产的锂电负极材料产品已经开始销售、发货，标志着我省本土石墨企业的石墨高端产品从无到有，已经渐近成熟，得到了市场的认可；广东省中山市国信通科技讯息产业有限公司来鹤岗市进行实地考察，在鹤岗市投资建设电池项目和手机项目，石墨产业实现大的飞跃。

为抢抓国家和省在鹤岗建成石墨新材料产业集群的机遇，鹤岗市就把发展石墨精深加工产业作为立市产业，强力推进建设“两个基地”，即高纯石墨生产基地和石墨烯生产基地，誓要把鹤岗打造成空间布局合理、产业配套完善、产城有机融合的“千亿级石墨产业城”。2017年7月6日，新华社播发《来自一线的调查报告——百年煤城鹤岗“黑变绿”转型记》，其中写道：“探明储量超过10亿吨的石墨为鹤岗转型提供新机遇，但当地拒走‘重原料、轻加工’老路，大力开发石墨高精尖产品，延伸加工产业链条”；“从卖几千元一吨的石墨精粉到卖几百元一克的石墨烯，从高纯石墨到汽车动力电池，石墨新材料产业在提升价值链条中不断壮大。”

2017年，鹤岗市确立了“一平台、两园区、三链条”的产业发展思路，积极引进中国五矿等大型企业入驻。

2017年10月24日，中国五矿集团公司总经理助理兼五矿勘查开发有限公司总经理、党委书记王炯辉带领考察团先后到鹤岗市云山石墨采矿园区及溢祥石墨、鑫隆源石墨和奥星新材料公司，详细了解石墨储量和地质分布和石墨资源的开采年限、产能、各企业石墨加工工艺、石墨应用领域以及能源二次利用等情况。考察团认为，石墨产业作为21世纪的朝阳产业，发展前景广阔；鹤岗的石墨矿石成分好、资源储量大、可选性和品位高，开发前景可观；鹤岗的石墨产业已初具规模，项目建设环境优良，为来投资的企业打下很好的基础。考察团表示，将尽快结合考察情况进行综合分析研究，确定合作意向。

生产车间

2019年1月7日，中国五矿股份有限公司和鹤岗市政府签订了矿产资源开发与新材料产业合作协议。按照协议，项目首期在整合鹤岗石墨资源基础上，打造从采选到球形石墨，再到负极材料等精深加工的产业链，快速形成“资源+产能+新材料”的产业集群，并同步开展鹤岗石墨新材料产业园区规划建设；中期着手制定新能源电池及其他工业储能等下游产品产业链规划；后期通过直接投资和发展引领，带动新能源电池及其他工业储能等项目落户。鹤岗市政府主要领导亲自挂帅成立工作专班，加速推进项目落地。同年，采矿项目开工生产，选矿及球形石墨项目完成选址、着手开工建设，负极材料项目全速推进。

2019年12月12日，中国五矿黑龙江石墨产业项目股东签约仪式在北京五矿广场举行。中国五矿股份有限公司与鹤岗市政府、黑龙江省交通投资集团、中国一重集团、华润集团、萝北县政府六方加速建成石墨产业全产业链这一战略目标转入全面实施。

2019年12月18日，在黑龙江省石墨新材料产业招商推介会上，中国五矿集团（黑龙江）石墨产业有限公司举行了成立仪式。中国五矿集团（黑龙江）石墨产业有限公司是中国五矿联合黑龙江省交投、

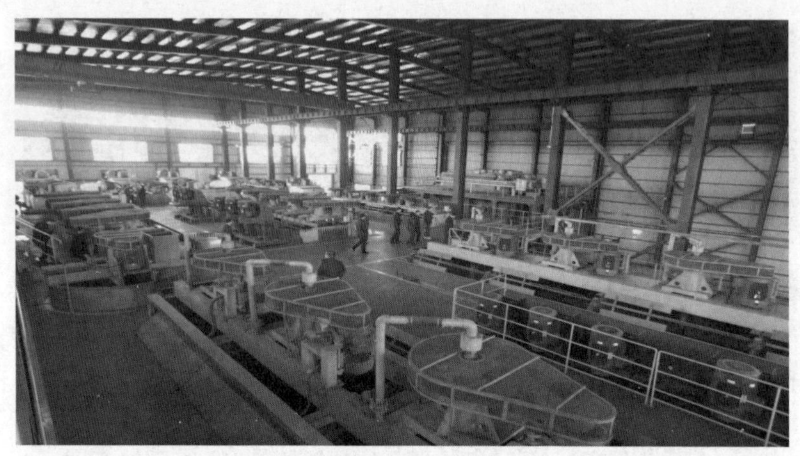

石墨生产车间

中国一重、华润集团以及鹤岗市和萝北县政府共同打造的黑龙江省石墨产业链一体化项目投资平台。由中国五矿集团控股，黑龙江省交投矿业投资运营有限公司、中国一重集团有限公司等 5 家企业为股东单位，将整合黑龙江鹤岗优质矿产资源，打造“资源+产能+新材料”一体化石墨产业链，建设世界一流的绿色智能矿山和行业领先的集石墨采选、深加工于一体的石墨新材料产业集群。

2020 年 7 月 5 日，中国五矿鹤岗石墨产业项目座谈会暨中国五矿集团（黑龙江）石墨产业有限公司挂牌仪式举行，标志着黑龙江省鹤岗市打造石墨新材料产业基地战略进入新阶段。中国五矿集团（黑龙江）石墨产业有限公司负责人表示，中国五矿集团进驻鹤岗投资石墨产业，上的是一个个具体项目，干的是整个产业链条。中国五矿集团到鹤岗市投资石墨产业是组团来的，率领两户央企、一户省企共同组建投资平台，而这种运作方式，并不是企业投资能力不足，主要是借助这个投资多元化的平台，实现产业链的一体化发展。

中国五矿集团（黑龙江）石墨产业有限公司正式成立，标志着黑龙江鹤岗石墨产业一体化项目正式进入全面实施阶段，在整合萝北云山石墨资源基础上，建设世界一流的绿色智能化矿山、打造一体化石墨产业链，为黑龙江打造千亿级石墨产业贡献力量。公司成立后，各项工作全面展开。完成了项目采矿公司、选矿及球形公司等投资主体的搭建；完成了云山石墨矿区资源整合工作，取得了采矿权证；完成和细化了项目建设可研方案；紧锣密鼓地开展征林、征地、工勘等前期准备工作；启动开展信息化标准化的建设工作，制定数据标准、流程标准、操作标准，完成矿山的三维地质资源储量模型；与华为技术团队共同探讨建设矿山“4GLTE+5G”通信专网、数据中心建设方案。智能矿山建设的逐步实施，将推行矿山生产全流程的少人无人化生产、集成化的本质安全管理、运矿卡车的大型化和智能调度、矿区无人驾驶，真正实现云山石墨矿的集约化、绿色化和智能化开采。建设世界一流石墨产业集团的宏伟蓝图徐徐展现开来。

鹤岗市与中国五矿、中冶集团和省交投共同谋划的鹤岗市石墨新材料产业园，规划面积为438公顷，园区内设石墨新能源材料、石墨烯材料、超硬材料、特种石墨材料、综合服务区五大板块，今年将开工建设管网及道路、污水处理厂、综合服务中心等配套设施。同步启动的项目中：海达公司高纯石墨及负极材料项目，总投资4.5亿元，年产3万吨高纯石墨及负极材料，达产后可实现产值15亿元，预计2020年8月开始试生产；华升公司年产5万吨石墨烯润滑油项目已建成投产，先后在全国建立40余家朗丰石墨烯润滑油专营店；国信通公司手机和动力电池项目，总投资60亿元，建设年产手机750万部、锂电池1.5GWh，目前手机和动力电池生产线已正式生产；新峰新能源20亿Wh高端锂电池PACK产业项目，总投资10亿元计划于2020年10月建成，预计年销售收入35亿元，实现年利税5亿元。

经过科学运作，中国五矿集团（黑龙江）石墨产业有限公司完成了资源整合，这是在鹤岗走出投资的第一步。着手建设世界最大的石墨精粉生产线，总投资35亿元以上，为发展下游产业提供稳定原料。按照中国五矿在鹤岗投资规划，中国五矿集团（黑龙江）石墨产业有限公司是一手托两家，推进萝北石墨产业园提档升级，加快建设鹤岗石墨新材料产业园，除了关注新能源、新材料产业外，还要对尾矿进行综合开发，实现资源利用最大效益。

2020年12月18日举行的中共鹤岗市委十二届八次全会第一次会议提出，在坚持创新驱动、持续提升发展动能方面，石墨深加工技术加快攻关，培育出华升石墨、烯拓科技、帝源矿业等石墨高新技术企业，海达石墨高温提纯技术、中国五矿石墨化学提纯技术取得新突破，将彻底打破鹤岗市石墨产业链断档局面。中国五矿石墨资源开采加工源头减量关键技术获批国家科技攻关重点项目，石墨产业一体化项目列入国家深化东北地区国资国企改革支持项目。截至2020年10月末，鹤岗市石墨及相关产业累计完成产值32.9亿元，增加值占比从2016年的4.4%增长到15.5%，一跃成为仅次于涉煤产业的第二大工业产业。

四、市矿共融促脱困转型发展

作为全国最困难的煤企，黑龙江省龙煤集团自2012年煤价下跌就连续亏损，2012年净亏8亿元，2013年亏损扩大到23亿元，2014年亏损接近60亿元……龙煤集团旗下多个煤矿都属于资源枯竭的老矿，已经不具备自我造血生存的能力。与全国煤炭企业相比，除市场因素外，企业自身包袱重、人员多的问题十分突出，从2015年12月开始，龙煤集团就启动人员转岗分流工作，主要方向是农垦、森工系统和林业系统，将陆续分流安置超过10万名员工。面临矛盾困难重重，生存发展举步维艰。

2016年全国“两会”期间，黑龙江省政府主要领导在京主持召开龙煤集团脱困发展工作专题会议。会议指出，去年下半年以来，龙煤集团、黑龙江省直有关部门与四煤城共同推进集团改革生存攻坚战。会议强调，要在盘活各类非经营性资产、清理应收账款、盘活与主业无关的各类投资、主辅分离、全集团人力资源大范围合理配置、发展新产业等核心问题上实现新的突破，补充企业资金流动性。2016年3月，按照黑龙江省政府专题会议要求，为深化企业改革，加快转型升级步伐，龙煤集团推出一批非经营性资产集中进行公开处置。这批资产涉及集团公司以及鸡西、鹤岗、双鸭山、七台河四矿等下属公司，已经完成挂牌的资产共计363宗，挂牌金额22.22亿元。

2016年6月20日，黑龙江省龙煤集团矿区“三供一业”职能交接签约仪式在哈尔滨举行，来自龙煤集团、鸡西、鹤岗、双鸭山、七台河的相关负责人出席签约仪式。“三供一业”职能移交是推进龙煤集团深化改革、脱困发展的重要举措，是贯彻落实国务院加快剥离国有企业办社会职能和解决历史遗留问题的具体行动，也是提升龙煤集团近25万户职工群众生活水平的实质保证。

2016年12月30日上午，在鹤岗市政府五楼会议室举行“两供一业”移交签字仪式，鹤岗矿业有限责任公司将供水、供热、物业正式移交给市政府。移交按照“尊重历史、统筹兼顾、规范操作、确保稳定”的原则，通过实施分离移交企业办社会职能，减轻国有企业负担，促进地方政府统筹管理、合理配置公共服务资源，切实改善民生。移交协议签订后，鹤岗矿业公司“两供一业”经营管理职能及人员、财产全部由市政府统一实施管理。

2016年8月，黑龙江省政府主要领导深入鹤岗市就煤城转型发展和龙煤集团脱困改革发展工作进行调研时指出，要形成内外合力，龙煤集团自身、各级党委政府支持的工作相互不可替代；要把多年形成的重大矛盾和挑战通过发挥整体力量合理拆分到不同系统、部门和企业自身；要坚决果断触碰实质性矛盾，通过组织化方式分流井上大批富余职工是龙煤集团脱困、扭转万吨采煤用工是全国平均水平的3倍而井下人员又不足的局面的必要措施。要全面深入持续学习领会习近平总书记今年对龙江发表的重要讲话精神，在总书记指出的5条发展路径上下功夫；煤城转型发展要依靠煤但不唯煤，要努力将煤城拥有的煤炭、矿产、农业、林业、生态等优势资源与新思想理念、新科技、新业态、新商业模式等创新要素相结合，推动经济转型。

2017年3月28日，鹤岗市委主要领导深入到龙煤鹤矿公司调研时谈到，鹤岗是一座因煤而立、因煤而兴的城市，煤炭一直以来都是鹤岗经济的主要支撑，面临着发展的重重困难挑战和推动转型的重任，市矿必须立足于更高的站位，在更多的层面上携起手来，抱团发展。要筑牢区域一体化共融发展的思想基础。鹤岗市和龙煤鹤岗矿业公司是区域经济的共同体，一荣俱荣、一辱俱辱，相互不能分离，抱团发展、共同发展是必然的选择，更是现实的选择。在抓好主体煤炭产业的同时，大力发展非煤经济，拼理念、拼技术、拼信息，要在发展新产业、新产品、新业态、新商业模式上求突破；要筑牢区域一体化共融发展的合作基础。鹤岗市提出大力培育和发展“绿色矿业、生态农业、文化旅游、外贸物流、战略新兴”五大产业，以及打造“龙江东部工业强市、中国北方鱼米之乡、中俄界江旅游胜地”，建设“活力边城、幸福家园”的奋斗目标，希望龙煤鹤岗矿业公司积极参与并给予大力支持；要以推动转型发展为基础，把合作重点放在产业项目上，合力推动基础设施建设、老城区改造、棚户区改造等方面工作，共同努力建设好我们的“幸福家园”。

黑龙江龙煤集团鹤矿长安工贸公司是龙煤集团首批企业主辅分离改制试点单位。2004 年 10 月，按照黑龙江省国资委相关批复和要求，南山煤矿进行主辅分离改制，其中最重要的一项是将南山煤矿斜井区、房产科、物业公司机关及电机厂、修复厂、净水厂、下岗再就业中心等亏损单位划拨出来，转岗分流职工 2050 人，成立长安工贸公司。2004 年至 2012 年，在各项政策的支持下，以斜井区煤炭生产为经营主体的长安工贸公司，生产经营状况良好。2013 年至 2016 年，因支柱产业斜井区煤炭资源枯竭，该公司 3 年累计亏损 3000 多万元。2017 年，长安工贸公司以深化改革、强化管理为突破口，全面步入改革脱困、转型发展的快车道。2017 年实现扭亏，2018 年、2019 年连续盈利，3 年累计实现利润 800 多万元。2020 年上半年，在受疫情影响煤炭产值同比减少 750 多万元的情况下，该公司仍然保持着良好的盈利势头，预计全年可实现利润 180 万元，为亏损单位扭亏增盈树立了标杆。

2013 年开始，由于煤炭行业整体经营形势大幅下滑，再加上长安工贸公司斜井区煤炭资源枯竭，企业经营形势日益严峻，连续多年亏损。截至 2016 年末斜井区正式关井退出，长安工贸公司欠下了材料款、预存煤款、“五险一金”等大量债务，企业陷入经营窘境。

长安工贸公司上下很快达成共识。一场改革脱困、转型发展的战役，就此在长安工贸公司打响。

实施内部市场化管理和物资全程闭合管控。对原有生产结构、经营模式进行优化调整，资源重新配置，形成了以矿山大型设备修造、公路运输、风筒加工、金属网制造、井下污水净化、建筑维修为主体的六大生产经营板块；实行极限定岗定编，鼓励人员向生产一线流动，激励政策向生产一线倾斜，目前在岗的327名职工绝大部分都是一岗多责、一专多能；逐步健全完善差异化薪酬分配机制，将产值利润和贡献大小作为制定工资标准的依据；坚持“一厂一策”，先后制定出台了长安工贸公司经营管理办法、全员销售管理制度等多项经营管理制度，激励各厂点挖掘潜力、经营创效。

大德公司是长安工贸公司的子公司，在全力做好液压支架、乳化泵、钻机、电动机等设备维修的基础上，积极拓展设备修造新领域。2019年，大德公司尝试承接对井下掘进机维修项目，2020年又成功与郑煤机合作对ZY5000型号液压支架进行电控改造，开创了“手液控”改“电液控”的先河。大德公司努力克服疫情带来的不利影响，一边做好防疫工作，一边组织工程技术人员加班加点抢工期、抢进度，仅用1个多月的时间就完成了120架液压支架电控改造任务。

所属的汽运公司在安全高效完成内部运输生产任务的同时，把目光瞄准外部市场，成功承接了鹤佳高铁部分运输项目，迈出了外闯市场的第一步。长安工贸公司建筑维修队、斜井区等一些过去经营困难的厂点也积极发挥自身优势，先后承揽了益新矿供电线路通信系统工程、振兴矿地面供电架空线路电缆线杆回撤工程、峻德矿地面高压供电架空线路改造安装工程、车管中心供暖管网配套工程、兴安煤矿煤质科配电室屋面维修工程、筛选车间地面维修工程，选煤总厂6千伏高压开关柜安装等维修工程，产值逐年递增。

实施科技兴企战略。2017年12月1日，以储一武为带头人的长安工贸公司“储一武安全设施工作室”正式挂牌。几年来，该工作室研发创造的斜巷绞车自动联锁控制阻车装置等一大批科技成果，多次获得龙煤集团及鹤矿公司科学技术进步奖，并被广泛应用于煤矿生产建设单位，创造产值500多万元。大力实施科技兴企战略，积极鼓励工程技术人员进行小改小革、科技创新。该公司自行研制出的液压单体拆柱机，由人工拆卸改为电动机械拆卸，提高工效80%以上；对多台老旧机床进行翻新改造，节省资金100多万元。2019年末，针对综采液压支柱电镀外委成本高的情况，经过考察调研后，该公司组织工程技术人员开展专项技术攻关，自行开发了综采支架支柱表面白钢堆焊技术，自制白钢堆焊机 2 台，一举解决了无电镀工艺无法修复综采支架支柱的难题，节省了高昂的设备投入和 30% 的外委资金。

长安工贸公司以安全生产、深化改革、效益提升为目标，以管理创新、技术创新、科技创新为支撑，在巩固和保持好传统产业的基础上，积极研发新的产品、开发新的项目、探索新的领域，在脱困转型发展的征程上蓄势待发。

2019 年 3 月 27 日，鹤岗市政府主要领导先后深入到龙煤鹤矿公司多经公司、靠山河豆制品加工厂、知青旅游点、地质生态园等非煤企业进行调研，认真听取企业在生产经营中遇到的困难，帮助企业解决实际问题。龙煤鹤矿公司是鹤岗经济建设的重要主体，具有不可替代的作用。鹤岗市与龙煤鹤矿公司是区域经济的共同体，要树立强烈的紧迫感，市矿携手发挥协作精神，抢抓当前难得的发展机遇，充分释放潜力，大力发展非煤经济，合心合力促进区域发展，为城市转型发展做出贡献。企业要坚定发展的信心，不等不靠，主动出击，紧紧抓住国家和省市出台的相关政策，在转型发展中力求突破。政府系统各部门将真心实意支持龙煤鹤矿公司的发展，全力做好服务企业工作，与企业建立良好的沟通协调机制，定期进行联系会商，企业新上非煤产业项目享受市政府出台的招商引资政策，对企业历史遗留问题和存在的困难，将积极帮助协调解决。希望龙煤鹤矿公司借力当前改革的形势，带头大胆改革，先行先试，建立新机制，制定新举措，充分发挥企业资源、人才、技术等优势，大力培育非煤经济增长点，市矿合力，迅速行动，真抓实干，推动鹤岗转型发展。

2020 年 8 月 9 日，中国共产党龙煤鹤岗矿业公司、鹤矿集团第一次代表大会在鹤矿宾馆召开。会议确定了“从现在起到 2022 年，改革脱困攻坚期；从 2023 年到 2025 年，巩固发展提升期”的发展构想和“煤炭主业安全高效；非煤产业拓展延伸；体制机制调整优化；政治局面和谐稳定”的发展目标。

五、淘汰煤炭落后产能　地方煤矿整合重生

2017 年 8 月 31 日，国务院严肃处理了重庆市永川区金山沟煤业有

限责任公司“10・31”和内蒙古自治区赤峰宝马矿业有限责任公司“12・3”两起特别重大瓦斯爆炸事故。国务院调查组调查认定，两起事故均为生产安全责任事故，暴露出一些地区安全生产源头治理不到位，对关闭不符合安全生产条件的煤矿不坚决，对落实党中央、国务院三令五申要求淘汰落后产能的部署履职不力。国务院要求各地区、各有关部门要深刻汲取这两起事故的教训，坚决淘汰煤炭行业落后产能，扎实推进供给侧改革，坚决关闭不符合安全生产条件的煤矿，绝不允许已淘汰的落后产能和明令禁止的落后工艺死灰复燃。

2018年8月1日，黑龙江省人民政府关于印发《黑龙江省煤炭行业淘汰落后产能化解过剩产能专项整治工作方案》（黑政规〔2018〕13号）的通知。2018年8月14日，黑龙江省委常委会议要求全省煤炭行业必须毫不动摇落实党中央、国务院关于淘汰落后产能、化解过剩产能的决策。

按照省委、省政府开展煤炭行业淘汰落后产能化解过剩产能专项整治工作的总体要求，鹤岗市委、市政府进行了认真研究、具体部署，对相关单位和党员领导干部提出：要坚决打好煤炭行业淘汰落后产能、化解过剩产能专项整治攻坚战；要做到真管真关真淘汰；要把煤矿整治整合工作和结构调整、行业升级等有机结合起来。要出台更有针对性的政策，支持煤炭企业转型；要严肃纪律，打防并举，对暴力抗法、无理取闹的要严肃处理；要加大安全生产违法行为和典型案件曝光力度，形成强大的震慑作用；要紧扣动能转换想办法、谋实策、出实招，实现高质量发展。

鹤岗市煤炭行业淘汰落后产能、化解过剩产能专项整治工作领导小组会议指出：要不折不扣地贯彻落实好中央和省委、省政府的决策部署；要在思想认识上、在责任担当上、在工作落实上与省委、省政府，市委、市政府要求部署保持一致；要认真研究新的整合关闭煤矿标准，加快审查速度，加速产能置换；要抓好关闭矿山的修复整治、经济社会转型发展和社会稳定工作，确保淘汰落后产能化解过剩产能工作顺利开展。

鹤岗市按照“整合关闭、引导退出、提能改造”等具体路径，划定了承诺关闭退出、相邻煤矿资源整合确认、矿区划界资源扩储、项目核准报批、推进矿井建设、监督检查和总结验收 7 个分步实施阶段，推动煤矿整治整合工作有序开展。关闭整改期间，从严安全监管，保持高压态势，坚决遏制各类事故发生。自 2018 年 8 月末开始，具有百年煤炭开发历史的黑龙江省鹤岗市陆续关闭“小、散、乱”和存在安全隐患的矿井，加速淘汰当地煤炭行业落后产能、化解过剩产能。

2018 年 8 月 23 日上午，在向阳区煤矿和兴山区恒星煤矿，随着大型挖沟机舒展手臂，高高的井架瞬间被拉倒，紧接着井口门被封堵填平，生产系统电源被切断。年产 15 万吨煤的向阳区煤矿和年产 6 万吨煤的兴山区恒兴煤矿被彻底关闭。这是打响淘汰落后产能攻坚战后，鹤岗市第一批关闭的两个矿井。

2018 年 9 月 13 日，鹤岗市对富新煤矿进行关闭处理，这是继向阳区煤矿、恒兴煤矿、兴达煤矿、恒达煤矿和宏利二煤矿后关闭的第 6 个煤矿。建于 1995 年的富新煤矿有限公司至今已有 23 年的开采历史，矿井设计生产能力为年产 6 万吨。富新煤矿作为被关闭矿井，对其进行了封闭井筒，断开轨道、电缆、管路，停止供电等处理。按照省、市有关淘汰落后产能、化解过剩产能专项整治工作的要求，关闭后富新煤矿有限公司与丰源煤矿有限责任公司进行资源重组，整合后丰源煤矿为主体矿井，产能将达到年产 30 万吨。

2018 年 9 月中旬，在南山区六煤矿关闭现场，拉运煤车的铁轨已被挖除，一群工人正在紧锣密鼓地封砌井口。紧随其后，兴安区兴胜煤矿进行关闭。南山区六煤矿关闭后与临近的东山区鑫盈煤矿重组，通过矿井整合、扩储建设、加大资金投入、进行技术改造、改善安全基础条件，建设成核定生产能力 30 万吨/年的标准化、机械化矿井。

按照省委、省政府要求的 2018 年底之前关闭 12 处矿井，鹤岗市计划提前完成关井任务。四产煤区政府积极做企业工作，煤矿企业也在洽谈有关协议和购买方式。鹤岗市针对各煤矿企业采取激励奖励政策，鼓励煤矿尽快关井，2018 年 8 月关闭的奖励 300 万，2018 年 9 月关闭的奖励 200 万。在采取这些措施的同时，鹤岗市还相继出台了支持产业发展政策、财税金融扶持政策、转型支持政策和就业创业扶持政策。

市、区两级政府加大工作力度，争取做到早日完成关闭任务。

鹤岗市2019年底前还将关闭3处年产15万吨以下的矿井，按国家规定时限引导有序退出矿井6处。

2020年3月19日上午，召开鹤岗市煤炭行业淘汰落后产能化解过剩产能专项整治领导小组会议，专题推进地方煤矿整治整合工作。会议强调，各相关部门和产煤区要增强责任感和紧迫感，认真贯彻落实省委、省政府决策部署，吃透政策，把握标准，积极争取省政府和省相关部门的政策支持；要本着认真负责的态度做好拟规划保留煤矿各项基础工作，全力做好对上请示、沟通和政策争取工作；要密切配合，全力推进，严格标准，保证质量。要主动作为，通力合作、大力支持，齐心合力，能保尽保，全力以赴支持煤矿整治整合工作，使工作平稳有序、顺利推进；要在做好疫情防控工作的同时，高度重视煤矿安全生产工作，坚决做到不安全不生产，加大对非法违规生产矿井的打击力度，切实保障地方煤矿企业实现健康良性发展。

六、天上陆地高速领航

祖国东北边陲的鹤岗人，面对铁路交通进入高铁时代的今天，盼望着高铁能早点开进家园，出行变得快捷舒适。这个愿望现在已经成为现实——标准为国铁Ⅰ级电气化的佳鹤铁路既有线路改造工程已付诸实施。

佳鹤现运行铁路始建于1929年，虽经数次改造，但等级低、速度慢，路基沉降、压覆大量煤炭资源。驶向省城哈尔滨的旅客列车几经提速，但运行时间仍近8小时，市民出行十分不便。落后的交通条件，已经成为制约鹤岗发展的“瓶颈”。各级政府和有关单位曾谋划多年，但建设标准一直悬而未决。哈佳高铁建成通车，牡佳高铁开工建设，黑龙江省东部五城市都将开通高铁，鹤岗市社会各界及百万市民强烈企盼能够乘高铁出行。面对城市发展的迫切需求和百姓的深切期盼，2017年以来，市委、市政府审时度势、顺应民意，将佳鹤铁路作为鹤岗市“一号工程”全力推进。经过多方积极努力，2018年，省委、省政府和中国铁路总公司决定将佳鹤铁路建设工程由第三梯队“储备类项目”调整为第一梯队“新开工项目”。

2018 年 12 月 24 日，佳鹤铁路既有线路改造工程按下“启动键”，鹤岗百万人民多年的梦想终于成为现实。

佳鹤铁路新建线路采用时速 200 公里标准。项目总长度为 71.6 公里，工程投资估算 31.38 亿元，建设工期为 3 年。建成后，鹤岗至佳木斯铁路运行时间缩短为 36 分钟，亦可开通北京、大连、沈阳及省内其他城市的高速列车。佳鹤铁路将与哈佳快速、牡佳客专和规划中的鹤伊高铁相接，鹤岗将融入全国高铁网、进入省城两小时经济圈。

2018 年 5 月，中国铁设集团启动佳鹤铁路项目后，鹤岗市积极推进各项前期工作。先后解决了调整优化线路走向、绕避煤田与沉陷区、道路改移、站房及广场、停车场建设、人防设施、“三电”迁改、取弃土场、制梁场、拌和站、动车检修所等问题。开展现场踏查论证 59 次，提供城市各类基础资料 158 份，签订矿铁改移、道路改移、平改立协议 45 份。

2019 年 2 月，项目用地红线图确定后，鹤岗市迅速成立征拆工作领导小组，核实征拆数量，建立影像档案，明确征拆时间表、任务单、路线图，确保佳鹤铁路征拆工作如期完成，为工程建设顺利开展创造有利条件。在佳鹤铁路建设工程全线率先启动土地征收、林木伐移工作，打响企业迁移、房屋拆迁会战。第一时间完成鹤岗市域内 40 公顷铁路用地、64 户房屋、21 户企业征收工作。市域内农用地作为项目先期用地也顺利地获得国家批准。佳鹤铁路建设工程招标工作圆满完成。

2019 年 6 月 21 日，中铁二十局、中铁电气化局顺利进入施工现场，佳鹤铁路建设工程终于破土动工。制梁场开工、拌和站建成、鹤岗特大桥首桩开钻、新华特大桥施工便道贯通、全线首墩——阿凌达河大桥桥墩顺利浇筑、鹤岗站房拆除、新站房启动建设……国铁哈局组织 2000 余名施工人员昼夜奋战在佳鹤铁路第一线。随着一个个节点工程建设战役不断打响，鹤岗市域内工程建设全面开花。

2019 年秋，为抢抓工期，鹤岗市政府决定对影响施工的制梁场电力迁改、华能供热管线改移、控制性工程通信线路改移等采取超常规举措提前实施。在各有关单位和部门协调配合下，施工单位克服秋季多雨等许多困难，保证了工程施工顺利进行。

受新冠肺炎疫情影响，佳鹤铁路建设工程于2020年3月10日复工，比计划时间推迟近40天。为了不影响进度，鹤岗市政府安排8辆大客车分别赶赴佳木斯机场和火车站，专程接回佳鹤铁路返程复工人员。通过采取“一企一策”、对复工人员进行核酸检测并全面体检、施工现场和驻地严格管控等做法，有序组织施工人员提前返岗。3月10日，制梁场复工；3月12日，两座特大桥桩基础复工。

2020年6月18日，中铁四局负责建设的鹤岗新站房正式开工。施工单位抢抓工期、昼夜施工，于2020年11月12日封顶，比计划工期提前6个月。

跨鹤大高速公路特大桥工程是全线控制性工程。施工单位通过科研攻关，解决了连续梁冬季施工没有成功先例的难题。原计划2021年施工的连续梁7号、8号节段在2020年底前完成，为佳鹤铁路竣工通车争取了60天时间。

2020年12月10日晚，施工任务是鹤岗站计算机联锁换装，就是对室内设备进行调试、对室外线路上的信号和道岔等相关设备进行调换，这是保证进出站列车交越、会车不出现撞车等安全事故的关键环节。鹤岗站是佳鹤铁路建设工程中站改工程量最大的车站，为了保证客货列车正常通行，又不影响施工进度，施工人员把计算机联锁换装工作放在了夜间的窗口期。经过9个小时的紧张奋战，2020年12月11日早6时，佳鹤铁路改造工程鹤岗站计算机联锁换装顺利完成。从此时开始，旅客可以从站台直接上下列车，标志着鹤岗站向具备接发高铁列车条件前进了一大步。

佳鹤铁路改造工程既是鹤岗百万人民翘首以盼的工程，也时刻牵动着各级领导的心。2020年7月，黑龙江省委主要领导一行视察佳鹤铁路项目，在鹤岗市佳鹤快速铁路工程制梁场，对克服疫情影响加快项目建设给予肯定，代表省委、省政府向中国铁路总公司和施工单位表示感谢，向奋战在一线的广大职工表示慰问，嘱咐现场负责同志要关心职工生活，做好防暑降温等工作。同时强调，建设快速铁路等关键重大项目对推动边疆地区振兴发展至关重要，要从高寒地区实际出发，建设高质量工程，各方要通力合作，地方政府要全力支持。叮嘱随行部门和地方负责同志，要在疫情防控常态化条件下，抢抓施工黄金期，加快工程项目建设。各级领导的关心激励着佳鹤铁路建设者逐梦前行。

鹤岗实现城市转型急需便捷的空中交通，沿边开发开放急需高效的对外通道，发展文化旅游亦急需高效的航空支持。新建民用机场项目是鹤岗百万人民翘首以盼的民生工程，更是市委、市政府向全市人民作出的庄严承诺。

鹤岗市于 2013 年启动机场筹建工作，在国家和省有关部门的大力支持下取得阶段性成果。令人欣喜的是，在加快推进佳鹤铁路改造工程的同时传来佳音。2018 年 1 月 8 日，中国民用航空局正式向国家发改委报送《关于新建黑龙江鹤岗民用机场工程预可行性研究报告意见的函》，同意新建鹤岗民用机场，为推进机场立项审批奠定了坚实基础，标志着鹤岗民用机场项目取得重大进展。

中国民用航空局《行业意见》是鹤岗民用机场立项审批的重要前置要件，自黑龙江省发改委提请出具行业意见后，中国民用航空局委托中国国际工程咨询公司召开了新建鹤岗民用机场预可研报告评估会，对《评估报告》启动了司局会签程序，先后由发展计划司、机场司、飞标司、财务司、空管办、空管局 6 个司局进行联合会商会签。2018 年 1 月 3 日，中国民用航空局召开局务会议，研究通过《新建鹤岗民用机场工程预可行性研究报告意见》，正式上报国家发改委，抄送至国土资源部、环保部、审计署、军委联合参谋部及黑龙江省政府。《行业意见》中明确鹤岗机场性质为民用支线机场，飞行区等级指标 4C。适用机型为 A320、B737 系列飞机和国内各类支线飞机。本期工程按照年旅客吞吐量 45 万人次、货邮吞吐量 1600 吨、飞机起降 5360 架次设计。主要建设内容为：建设 1 条长 2500 米、宽 45 米的跑道，双向设置Ⅰ类精密进近系统；建设 6500 平方米的航站楼和 6 个 C 类机位的站坪；建设 1 座塔台和 800 平方米的航管楼；配套建设空管、供电、供水、供热、供油等设施。该项目总投资 11.01 亿元，机场建成后，产权归地方，由地方负责经营管理，中国民用航空局实行行业管理。

《新建鹤岗民用机场工程预可行性研究报告意见》通过后，鹤岗市委、市政府及相关单位和部门全力推进空域和飞行程序设计方案、做好机场周边土地利用规划、净空和电磁环境保护工作、场址临时气象观测站的资料收集和分析工作、开展场外道路、供电等配套设施建设等前期工作以及完成与省政府签署《军地协议》相关程序、提请省政府出具《资金承诺函》、向国务院和中央军委呈报《关于新建鹤岗民用机场立项审批的请示》等立项审批工作。力争鹤岗尽快批复立项、尽早开工建设。

新建鹤岗机场是国家和黑龙江省“十三五”规划的重点建设项目，对鹤岗市加快基础设施补短板、完善综合交通运输体系、推动地方经济转型、保障国防安全方面具有重要意义。继选址获批、完成行业审查、签署军地协议、省政府资金筹措方案上报后，2020 年 7 月 2 日，国家发改委组织多部门专家通过腾讯 APP 召开鹤岗民用机场可研报告在线评估会；鹤岗机场完成了立项申报、预可研评审等工作；国家发改委、民航局已同意将鹤岗机场纳入国家民航“十四五”规划。

七、智慧物流构建商贸流通新格局

鹤岗南翔国际物流产业园立足黑龙江省，辐射东北及俄远东地区，将打造 5A 级物流产业园和国家级电商产业园、建设成黑龙江省首家地市级内陆港，被国家交通运输部列为“一带一路”重点智慧物流园区。园区规划“两园一港”：物流产业园、电商产业园、内陆港。主要功能包括公铁联运、对俄贸易、海关保税监管仓、跨境电商和物流信息平台、快递分拣配送、集中仓储、金融结算中心等，同时配套有综合性生活设施。物流产业园、电商产业园入驻企业 600 家，年销售额 20 亿元，实现税收 2 亿元，实现社会就业 2000 人。

南翔国际物流产业园位于鹤岗市南大门 201 国道零公里处，项目用地 20 万平方米，总建筑面积 12.58 万平方米，项目总投资 4.58 亿元，设计年吞吐零担货物 217 万吨。一期物流项目投资 3 亿元，建设铁路专用线 260 延米、铁路专用货场 1.6 万平方米、综合业务楼 4 栋 5.3 万平方米、大型钢结构库房 4 个 2.6 万平方米、冷链保鲜仓库 1.6 万平方米；二期公路货运枢纽项目投资1.58亿元，建设公路货运枢纽站项目，设有零担库房2个1万平方米、分拣中心1个0.6万平方米、大型钢结构库房2个1.3万平方米。

鹤岗市电子商务产业园投资6000万元，以物流产业园“对俄贸易”板块为依托，规划搭建跨境电子商务平台，借助保税监管仓的对俄贸易优势，形成集商贸、互联网、电商、物流为一体的智慧产业链发展模式，为入驻园区的小微企业创业者筛选出最优质的供货渠道，最低廉的运输费用。同时可为创业者提供小额贷款，解决启动资金困难。协助创业者与投资机构对接，完成研发成果转化，获得社会融资。

八、“互联网+”新经济点亮“i鹤岗”

习近平总书记关于黑龙江省做好“新字号”的重要讲话和批示精神，提出要强化创新链和产业链、创新链和服务链、创新链和资金链对接。在此背景下，2017年2月17日，鹤岗市考察团与京东集团公共事务部高级总监、京东云公共业务东北区负责人就鹤岗“互联网+”新经济发展初步构想进行交流探讨，并诚挚邀请京东集团派出团队来鹤岗调研，结合实际制定适合鹤岗的电商发展方案。

2017年3月1日，以京东云东北区负责人为团长的项目合作调研团一行6人来到鹤岗市，就“互联网+”、电商产业等方面开展了为期3天的考察洽谈。调研团一行到萝北中俄边民互市贸易区、萝北口岸、黑龙江流域博物馆等地，就“互联网+旅游”“互联网+农业”和跨境电子商务等方面进行了实地考察；到鹤岗市旅游局、鹤岗市工信委，希望多方面开展深层次合作，实现互利共赢；实地考察了黑龙江经纬生物科技集团公司、谕霖射击场、黑龙江省万源粮油食品有限公司、龙江酒业公司、黑龙江省迦泰丰粮油食品有限公司、鹤岗市互联网产业园等地，就“互联网+产业合作”方面进行了探讨与交流。经过考察调研和进一步交流探讨，认为京东集团与鹤岗市战略新兴产业合作的潜力巨大，合作将对鹤岗市经济转型发展起到极大的促进作用。由此，鹤岗互联网新业态发展从构想变为现实。

与其他电商孵化基地不同，鹤岗市建立了第一个新经济基地——

鹤岗“互联网+”新经济基地。2017年8月，与恩家科技共同打造的鹤岗“互联网+”新经济基地落成，请时任百度北京总公司战略运营总监的刘永朋回乡创业，担任董事长，在黑龙江省东部引进了首家“京东智商大数据中心”落户基地，同时架构了“i鹤岗数字产业中心、孵化中心、融媒体中心、软件研发中心、培训就业中心”一基地五中心互联网主题经济模式。

鹤岗“互联网+”新经济基地

鹤岗“互联网+”新经济基地作为省重点项目，总投资1.3亿元，固定资产投资1亿元，是黑龙江省东部地区第一家大数据中心，孵化了全省第一家以大数据为应用的京东鹤岗地方体验馆。4000平方米的鹤岗“互联网+”新经济基地大楼，除了互联网企业应有的软硬件设施，充满年轻、活力、时尚、创新的氛围，还有让政府和企业连连赞叹的惊喜。作为鹤岗市第一个互联网软件研发中心，聚拢了一批具有百度、新浪、微软等团队研发经验，可独立进行软件研发的青年才俊；联合北大城市治理学院汪碧刚教授，共同打造了便民服务平台，服务涵盖智慧政务、社区、医疗、新零售等板块；涉及的项目还有政企门户网站建设、APP开发、公众号、公众号商城建设及其运营维护等，为兴山区政府、市应急局、鹤矿医院、宏益电器等多家政企单位提供服务；研发的“疫情上报系统”和“重点人身份识别系统”为疫情防控做出重要贡献，又将黑龙江健康码和行程码合二为一，研发出“龙江鹤岗码”，大大方便了扫码和流调；激活与实体经济融合发展链条，已为37家企业提供平台建设、软件研发、网络营销、品牌打造等全生命周期服务；打通培训、就业、创业、创新全渠道精英人才培养链条，聚集多支微商团队，带动超过500人就业创业，活跃人数1.3万人；发挥经济带动作用，区域新增电商、文旅类企业11户，同比增长450%，同城WiFi、智慧教育、好品鹤岗等项目，带动鹤岗城市智慧产业发展，科技型人才注入。研发的农产品交易中心、省中药材交易展示中心、北药集散拍卖中心打开了鹤岗市“引进来、走出去”的窗口。

为了让企业释放出更强大的影响力，进而获取规模利益，鹤岗“互联网+”新经济基地在孵化其他互联网企业的同时，首先自孵了一家线上综合服务公司“闪购电商直播基地”。“闪购”通过产品开发设计、品牌Logo及VI视觉识别系统建设、产品营销、包装定位设计、产品图片拍摄及剪辑、线上多平台店铺运营、直播带货等一体化服务，为企业提供产品输出的一整套产业链。“闪购”新业态的诞生，倒逼着本土老字号企业产品的提档升级，与黑龙江省宝泉岭农垦宝泉酱业有限公司的合作就是成功范例。宝泉酱业在购买基地的“闪购”系列服务后，“闪购”为其新开发出“憨豆豆”系列酱，对其单一的原有塑料袋、塑料瓶等传统包装进行改造，推出便于网购的包装系列，从创意、品牌Logo及VI视觉识别系统、产品营销、线上多平台店铺运营、直播带货等，整个来个大换新，还打造了一个蓝V认证企业抖音账号、企业淘宝店铺。通过合作，建立了线上销售体系，让“宝泉”品牌在全国范围内推广，扩大了品牌知名度，宝泉品牌有了新的活力。由此带动了当地包装用纸箱和塑料袋厂的增加，同时也增加了邮政、中通等快递企业的业务量，实现了多方共赢的良性循环。

鹤岗“互联网+”新经济基地先后孵化了鹤北“互联网+”新经济加速器、鹤岗师专“N+众创空间”、鹤岗青创电商直播基地。鹤北基地运营自媒体项目和淘宝店铺，帮助林区子弟实现就业50余人。通过传统产业与电子商务的深度融合，打造林下中高端种植、养殖、野生等特色商品，打造鹤北森林产品、旅游、文化、健康多元融合新业态；

开发的i鹤岗商城，帮助普通人“一键开店，轻松创业”，解决了4000余人就业创业问题，帮助50余家中小微企业和个体建立线上店铺，平台累计粉丝达20万以上，日活跃用户可达3000人以上。疫情以来，该平台实现月销售额130万以上；打造“N+食品品牌孵化器”项目，孵化N个品牌，服务N个家庭，依托“互联网+”分享经济O2O模式与传统商服业务相结合，形成本地生活、本地商业、本地服务、本地商城、本地品牌融合发展的城市综合体，以新媒体推广引流、众筹建立鹤岗小串、草原鲜等品牌形象店，面向全国推广加盟。开发的智慧WIFI项目陆续在市域内各景区、广场投用。

新经济发展需要大量的专业人才，免费为社会培训各层级的互联网人才，在基地是一条不变的铁律。鹤岗“互联网+”新经济基地不定期开展与基地互联网业务相关的业务培训，采取理论培训和实操、基地培训和上门培训相结合的方式，联合市人社局、总工会开展新经济就业创业培训，通过人社、总工会招募和基地自主招生，免费为待业人员、转岗待就业人员和疫情期间未能返校的学生提供培训，培训期为7天，培训内容为平面设计、视频拍剪、软件研发、社区新零售、电商运营等课程。通过7天培训，学员就可以上岗，上岗后转为以工代训，可以快速为企业吸纳人才。培训后学员也可选择自主创业，基地可免费为学员开设线上店铺，并指导其运营。近期，基地共开展培训13场，培训人次达800人以上，学员就业创业率达75%以上。鹤岗“互联网+”新经济基地在激活鹤岗互联网新业态发展的同时，也斩获了“鹤岗市青创实训基地”等诸多荣誉。

鹤岗“互联网+”新经济基地未来发展将立足于本地品牌，打造从产品定位到包装设计、线上推广、产品输出的整体产业链，启动亚马逊“出海计划”，让鹤岗品牌真正走出去，为鹤岗经济转型发展做贡献。

鹤岗市以“创新驱动”为战略发展目标，深化创新发展理念和发展方式改革，整合各级各类部门、单位、市场主体创新创业资源，积极建设项目、资金、人才全要素融合、全链条服务的创新创业平台和企业“新技术、新模式、新业态、新产业”的创新发展孵化基地。

2017年9月15日，一座13000万平方米的楼宇嬗变成现代化的鹤岗市双创基地。基地位于兴安区南翔物流园区，集科技企业孵化器、电商产业园、“金鹤回岗”大学生创业园、双创示范性孵化器、“好品鹤岗”线上商城于一体，是当时黑龙江省面积最大、功能最完善、理念最先进全要素支撑服务平台。

鹤岗市双创基地采用移步换景的布局理念，每层有每层的功能，一处有一处的设计。一楼设置3个服务区和8个功能区，功能区包括孵化服务区、金融服务区、“互联网+”服务体验区、财税法律服务区、注册登记服务区、人力资源服务区、专利委托代办服务区、总代办服务区，一站式服务直接解决创新创业人员问题；二楼设置地方名优特产品展示体验区域，展示绿色农副产品、矿产资源、4D打印、无人机、AR体验、鹤岗发展史、创业故事等体验区域；三楼设置电商产业园公共区和办公区；四楼设置科技企业孵化中心，设立科技宣传、众创空间、共享办公、培训、成果转化中心、会议室、培育和扶植高新科技中小企业的服务中心；五楼设置特色孵化区，设立企业宣传、图书区、文化画廊、培训室、洽谈室、胶囊公寓等基础设施配备，为各类特色、战略性、新兴型中小型企业提供办公场所和综合服务；六楼设置双创办公区，为中小微型创新企业提供运营、政策的咨询与帮助。

作为资源城市，转变观念更重要，鹤岗市双创基地引入最先进的科技产品，目的是让创业者看到科技发展，引导创业者用新思维、新方法创业，为全市想创业、已创业、拓展和提升创新创业人员提供创业和展示全要素平台。开发“鹤飞翔”创享汇线上平台，设置了双创热点、企业入驻、金融服务、金鹤回岗、双创项目、双创学院、双创词典7个板块，为企业提供线上工商、法律、财税、专利、商标、资质申请、人事社保、著作权服务8项服务内容，全方位服务创业创新；制定了优惠政策，涵盖了税收、融资、土地、人才、科技成果转化和企业奖励六大方面；为入孵企业送智到家，聘请专家进行“绿色食品如何创立品牌、改进包装”等专题讲座，为创业者提供前沿创业企划知识。

“基地配套设施和环境都很好，还有一个好处，入驻这里会有利于提升企业形象，还能够和其他创业者聊出新思路。”黑龙江集川科技开发有限公司董事长刘建军说。这家以净水器为发端的物联网企业，通过电脑主板监测全国6个省20万用户使用情况，利用大数据，业务正在向智慧社区延伸。

深圳斯普爱斯科技公司生产的智能加热服出口到日本、韩国和俄罗斯等国家。这家企业在鹤岗投资建厂达产，并进驻双创基地。鹤岗籍企业负责人韩宪宾的选择有理有据：“政府帮助我们接订单，产商平台‘好品鹤岗’线上销售，拓宽了销售渠道，并通过双创基地解决了资金问题，东北也是我们产品内销的最大市场。”

“今天又从基地里的电商平台接到了100袋大包装大米的订单，通过进驻双创基地利用电商平台，让我们更充分了解需求端的信息，便于我们从酵素水稻种植到大米生产进行供给侧的调整。”金龙米业总经理助理王凤兰说。

鹤岗双创基地是黑龙江省双创工作的一个新模式，有政府主导，也有专业团队负责运营。由哈尔滨中关村科技成果转化产业化基地为进驻企业提供十大基础创业服务，引入4家投资机构与企业进行资金对接，利用资源为企业提供培训服务。未来将打造成鹤岗战略新兴产业的集合区和生成器，通过要素的整合，为企业注入新理念、新活力，成为鹤岗市转型发展的新动力、新引擎。

新经济在服务改善民生的同时，成为撬动经济发展的新杠杆。鹤岗市新经济亮点频出，发展在不断加速。

第三节　开放活市　对外交流提档升级

在经济全球化新形势下，党的十八大报告提出了“全面提高开放型经济水平”的新要求。鹤岗市第十二次党代会提出，要着力实施“开放活市”战略，积极发展外贸物流产业，推动鹤岗由偏居一隅的沿边城市向对俄开放前沿城市转变。鹤岗市坚持以市场经济为导向，在改革上积极探索，在开放上大做文章。紧紧抓住俄罗斯发展远东的战略机遇，强化对俄贸易主体地位，加快对俄贸易步伐，实现对俄经贸合作战略升级；以哈洽会为舞台，依托鹤岗地域特色，不断拓展多方合作；加大招商引资力度，与美、日、韩等26个国家和地区开展贸易往来；强化与广东汕头等多地对口合作，共谋发展共赢。努力把鹤岗建设成为服务全国、辐射俄罗斯的商品集散地和中转站，连接国内国外两个市场的物流大通道和经贸洽谈的大平台，以积极的姿态主动融入国内国际双循环相互促进的新发展格局。

一、与俄交流合作续写新篇章

幅员辽阔的黑龙江省与俄罗斯滨海边疆区、哈巴罗夫斯克边疆区、阿穆尔州、犹太自治州、外贝加尔边疆区五个州接壤，边境线长达2900多公里，共有口岸25个，其中边境口岸15个。特殊的地理位置为黑龙江省与俄罗斯开展交流合作提供了便利条件。2014年12月10日，中国驻哈巴罗夫斯克总领事苏方遒在俄罗斯阿穆尔州首府布拉戈维申斯克市与该州中资企业代表举行座谈。苏方遒总领事表示，在中俄关系不断深化发展的背景下，两国边境地区经贸合作面临新的机遇，希望中资企业发挥优势，不断进取，进一步扩大相关领域务实合作，总领事馆愿积极协助解决企业经营中遇到的问题，维护中方企业和公民的合法权益。

鹤岗市北部以黑龙江主航道为界与俄罗斯隔江相望。独特的地理位置使鹤岗这块土地成为中华、犹太、俄罗斯三大文明的唯一交汇地，拥有着精彩纷呈的异域文化。鹤岗市与犹太自治州、哈巴罗夫斯克市、比罗比詹市山水相连，是好邻居、好伙伴、好朋友。近年来，交往频繁，高层多次互访，就共同关心和感兴趣的项目进行交流与合作，并互派教育、文化、体育等团体开展各类交流活动，社会人文领域的交流不断向深层次发展，经贸合作进一步加强。人民相互理解、相互支持、相互协作、互惠互利，结下了深厚的友谊和丰硕的成果，成为中俄双方友好交往与合作的典范。早在2001年，鹤岗市就与比罗比詹市缔结友好城市关系。

俄远东发展战略为鹤岗市对俄交流合作创造新机遇。俄罗斯政府制定远东特区构想，目的是利用远东地区的丰富资源，制造高附加值产品，出口亚太各国，带动远东地区经济发展。符拉迪沃斯托克和哈巴罗夫斯克是远东的两个经济中心，共青城制造业较为发达、基础设施较好、交通较为便利。2015 年，选定共青城、哈巴罗夫斯克和纳杰日金斯基（符拉迪沃斯托克郊区）3 个市、区作为超前发展区的示范区。在此之后俄政府又先后批准了 15 个超前发展区，在远东地区共批准 18 个超前发展区和符拉迪沃斯托克自由港。鹤岗市作为我国扩大对俄经贸合作的桥头堡，拥有优越的地缘优势。在中俄两国全面战略协作伙伴关系不断深化、双边经贸合作快速发展的大背景下，鹤岗市对俄交流合作迎来了新的历史性机遇。

2016 年 9 月 13 日，鹤岗市举办首期中俄旅游从业人员就业创业培训班。邀请俄罗斯比罗比詹市旅游局局长、比罗比詹市阿穆松格旅游有限公司总经理加入授课团队，鹤岗市旅游行政管理部门干部职工、旅游企业从业人员、导游、讲解员、旅游储备人才 300 人参加了为期 8 天的培训。培训目的在于强化与俄方在旅游资源、旅游市场、培育对俄旅游人才等方面的国际交流合作，不断提升旅游行业核心竞争力，持续推动旅游行业提档升级。

鹤岗市与比罗比詹市就旅游交流与合作进行会谈。双方交流了中俄学生文化教育、中医养生旅游及中俄旅游企业合作等问题并形成共识，要加强旅游合作力度，开通旅游团队的绿色通道，开通学生冬夏令营游、中医养生、垂钓度假游旅游精品线路。旅游业的交流合作，促进了双方其他领域的交流往来。

2016 年 10 月，俄罗斯比罗比詹市政府代表团抵达鹤岗市进行友好访问，双方就提升两市经贸合作水平和加强人文领域交流达成多项共识。2017 年 2 月 24 日，鹤岗市与比罗比詹市社会人文领域合作会谈暨妇联友好姐妹组织签订了《黑龙江省鹤岗市妇女联合会与犹太自治州比罗比詹市妇女联合会合作协议》。

2017 年 8 月 25 日，以“百年鹤岗·共创未来”为主题的“百年鹤岗中俄文化交流活动”拉开帷幕，俄犹太自治州、比罗比詹市政府代表团一行 42 人抵达鹤岗。活动历时 4 天，共举办中俄美术作品展、中俄摄影作品展、中俄美术艺术沙龙、中俄文化交流专场演出、“鹤岗籍文化名人龙江三峡采风”等系列活动。

中俄文化艺术沙龙暨“百年鹤岗”“龙江三峡”美术摄影作品展在鹤岗市天水湖公园举行开幕式。美术作品展汇集了中俄两国百名美术家的100件优秀作品。其中，油画作品22件，国画作品56件，水彩和版画作品16件，雕塑作品6件；中俄摄影作品展，共展出作品160件。其中，俄方作品20件，鹤岗市作品140件。作品展旨在加深鹤岗市与俄犹太自治州及比罗比詹市之间的友好往来，增进双方在文化、艺术领域的交流合作，展示百名画家画“百年鹤岗”“龙江三峡”中俄界江美术摄影大赛创作成果。省画院、省美术家协会、省美术馆领导，从鹤岗市走出去的孟祥顺、孙兆路、张留成、付振宝、王晓庆、黄丽珠、王庆辉等家乡文化名人，俄犹太自治州、比罗比詹市政府代表团成员，俄油画家、摄影家及文艺演员，鹤岗市相关领导，美术家协会、摄影家协会市级以上会员以及广大美术摄影爱好者参加开幕式。

中俄文化交流专场演出在鹤岗市人民剧院隆重举行。俄罗斯文艺团体与从鹤岗走出去的京剧名角韩胜存、黄丽珠、郭红玉，著名歌唱演员王庆辉、音乐制作人胡力以及文艺工作者，同台表演了歌曲《玛丽亚妈妈》，器乐演奏《鹤鸣悠扬、丝竹芬芳》，舞蹈《长筒袜》《百花争妍》，小提琴演奏《多嘎华尔兹舞曲》，京剧《薪火相传》，杂技《呼啦圈》，小提琴演奏《哈瓦纳吉拉》（犹太民族音乐），歌曲《幸福鹤岗》《胡力音乐十年金曲串烧》《夜莺在林中歌唱》，舞蹈《卡林卡》，歌曲《美在黑龙江》《芦花》，舞蹈《携手同心向未来》等精彩节目。鹤岗市旅居他乡的画家王晓庆、付振宝、张留成、孙兆路、孟祥顺捐赠了《矿工兄弟》《孔庙翼雪图》《雪域圣境》《梦系家乡》等24幅名人书画，表达对家乡的热爱和祝福。

俄犹太自治州代表团一行深入鹤岗市企事业单位进行参观考察。在金鹤啤酒公司生产线，现场见证了金鹤啤酒公司生产的矿泉水和啤酒通过各种现代化工序被装瓶、封箱的出厂过程，并品尝了金鹤啤酒公司生产的啤酒；在鹤岗市教育第六幼儿园，实地观摩了教育第六幼儿园的舞蹈课、创意绘画课、蒙氏教育课；在益新煤矿，对煤的生产流程和生产设备有了全局性的认识和直观的印象；在全民健身中心，实地参观了乒乓球、网球、动感单车等运动健身项目。俄犹太自治州代表团每到一处都受到了热烈欢迎。

2017 年 8 月 26 日，鹤岗市与俄犹太自治州在清源湖专家评审中心进行经贸会谈。双方就农业合作、矿产资源合作、从俄罗斯进口煤炭问题、俄方企业或商品进入萝北边民互市贸易区问题、合作开通跨境电子商务问题等多个领域的合作深入交换了意见，通过友好的交流与沟通达成了合作共识，为下一步扩大合作奠定了基础。

2017 年 12 月 11 日，俄罗斯犹太自治州政府验收委员会主席杜尔宾率领验收组一行 8 人来到萝北县，与中方验收人员一起对萝北至阿穆尔捷特口岸跨江浮桥进行验收。中俄双方验收人员共同对浮桥进行认真的检查和测试，一致认为浮桥各项技术指标均达到设计标准，符合验收条件，可以开关运输。萝北至阿穆尔捷特口岸跨江浮桥自 2017 年 11 月 23 日正式动工，于 12 月 9 日架设完成，浮桥浮箱共 34 节，总长度近千米。浮桥通过验收后，萝北口岸进入冬季运输期。

“萝北中俄边民互市贸易区剪彩仪式暨中俄边民购物节”在鹤岗市萝北县名山镇举行，标志着萝北中俄边民互市贸易区正式开通运营。经过不懈努力，鹤岗对俄经贸合作已拓展到矿产资源、林业、农业、旅游和科技文化等多个领域，创新了多种合作模式，打下良好合作基础，日渐成为对俄开放前沿。

鹤岗市第十六届人民代表大会第二次会议《政府工作报告》作出“要大力发展外贸物流产业，重点加大对外经济技术合作。全面加强与俄犹太自治州、比罗比詹市、哈巴罗夫斯克市等政府和企业层面的交流与合作，扩大与韩国及港澳台地区的经贸合作，进一步提高对外开放水平”的总体部署，吹响了鹤岗市对俄交流合作的集合号、冲锋号。

鹤岗市教育局举办中俄青少年研学旅行活动暨中俄教育家庭文化之旅冰雪冬令营，开展冰上保龄球比赛、抽冰尜比赛、冰壶比赛、冰雪趣味运球比赛和陶艺制作、剪纸、书法等体验活动，为鹤岗市冬季冰雪旅游和研学游开辟了新途径。

鹤岗市政府代表团出访俄罗斯犹太自治州和哈巴罗夫斯克市、比罗比詹市，举办鹤岗·比罗比詹市企业家见面会、鹤岗·哈巴经贸交流座谈会等重要经贸活动，与哈巴罗夫斯克市政府签署两市交往活动意向书；与比罗比詹市就文化、教育、体育、卫生、旅游等内容进行友好商谈。

鹤岗市妇联组织10个优秀家庭加第二届“中俄睦邻友好·共建幸福家园”友好家庭互访交流活动。

万人龙江戏水，点燃夏日激情。“鹤岗市萝北县第十九届中俄犹国际戏水狂欢节”在黑龙江畔的名山镇举行，上万名中外游客参加狂欢节。作为“打响旅游品牌”的系列活动之一，萝北县紧紧抓住已形成传统的“7·16”民间戏水节这一有利契机，积极落实旅游强市发展战略，宣传“龙江三峡”这一旅游品牌的同时大力推介“活力边城、幸福家园”的城市形象，提升鹤岗的知名度和美誉度。

鹤岗市与哈巴罗夫斯克市成立旅游联盟后，鹤岗市天水湖宾馆迎来了第一个来自俄罗斯哈巴罗夫斯克的旅游团。“格鲁莎”等14人组成的旅游团的到来，开创了哈巴罗夫斯克游客到鹤岗旅游的先河，实现了远东地区与鹤岗市旅游民间交流的历史性突破。鹤岗市旅游企业纷纷开通了阿穆尔捷特民俗生态文化两日游、比罗比詹两日游、比罗比詹—哈巴罗夫斯克三日游等精品线路。

俄罗斯犹太自治州医疗代表团来鹤岗市考察访问，共同举办中俄中医药文化活动。市中医医院通过中医诊断，为俄方7名患者进行了诊治，俄方患者通过3天的治疗，对中医药诊疗效果给予了高度评价；市卫计委与俄罗斯犹太自治州进行医疗交流合作座谈会，双方就两州市医疗合作协议框架进行了商谈，并提出制定两州市2019—2020年医疗合作规划；鹤岗市以市疾病预防控制中心、市传染病医院为依托，与俄罗斯犹太自治州相关部门开展中俄疾病预防控制技术交流合作，建立中俄双方传染病疫情监测哨点和中俄双方疫情联防联控机制，开展双边疫情疫病、病媒生物监测工作。以市人民医院为依托，与犹太州医院开展广泛性医疗技术交流合作，开展重点专科的业务技术交流，互派人员参观学习，进一步拓展其他技术。以市中医医院为依托，开展中医中药养生、养老、康复、保健等业务技术交流合作。

中俄四城市“永丰杯”男子篮球比赛火热开战。来自鹤岗市、汕头市、哈巴罗夫斯克市和比罗比詹市四城市的4支最强城市男子篮球队参加比赛。中俄四城市男子篮球赛让新老朋友欢聚一堂，横跨中俄两国、贯穿中国南北的四城市球队在鹤岗点燃体育激情，感受运动魅力。比赛既是一场精彩难忘的体育盛会，更成为四城市人民延续友谊的崭新起点。

中俄四城市“永丰杯”男子篮球比赛

2018年6月13日，“鹤岗市中俄文化交流研学旅行”活动基地挂牌仪式在红星美凯龙俄罗斯生活体验馆举行。活动基地的建立，可以使更多鹤岗的孩子不用走出国门就能了解俄罗斯文化、犹太文化，学到更多的知识，未来成为中俄两国世代友谊的美好使者。两州市青少年也将借助这个平台加强沟通和了解，成为好朋友，将两国人民的世代友谊传承下去。

2018年10月，《中国黑龙江省鹤岗市与俄罗斯犹太自治州比罗比詹市2018—2019年友城合作规划》的签署，进一步推动鹤岗与比罗比詹的合作向纵深开展。

2019年6月27日上午，中俄四城市“情缘千里　携手共赢”座谈会在市美术馆举行。

截至 2019 年，鹤岗市在俄犹太州和哈巴罗夫斯克市的土地种植面积达到 71630 公顷，回运大豆 21567 吨，价值 4646. 87 万元。赴俄农业种植资源整合初见成效，形成了以萝北县边境贸易公司为龙头，包含 15 户种植企业、1 户农机销售企业和 5 户国内配套物流及加工企业组建的赴俄农业种植产业联盟，为进一步提升鹤岗市赴俄农业种植的规模和水平打下良好基础。

2020 年 1 月 3 日至 9 日，鹤岗市首届中俄国际文化旅游之冬“启明星杯”艺术大赛开启鹤岗市与哈巴合作交流新篇章。200 余名中俄青少年将开展 6 天的行程，他们化身“友谊小使者”，力促两国的文化融合、情感互通。活动内容包括首届中俄国际文化旅游之冬“启明星杯”艺术大赛之选拔比赛、中俄音乐会、颁奖晚会，中俄青少年通过声乐、器乐、舞蹈等才艺竞技，展现两国独特的民族艺术魅力，演绎亚欧文化碰撞的精彩，建立更加深厚的友谊。俄罗斯联邦人民艺术功勋集体、哈巴罗夫斯克市“欢乐”经典舞蹈艺术团、俄罗斯阿穆尔河畔共青城市模范艺术团、“友谊”文艺联合会等在鹤岗市首次演出，体现了大赛的国际化定位。中俄青少年还走进了鹤岗市科技馆、东方佳音艺术学校等研学基地，参观了市博物馆、城市记忆博物馆等，通过史诗级的叙述方式，将鹤岗历史文化完整呈现。接下来，中俄青少年还将体验水上健身中心、冰雪大世界等旅游景区（点），赏鹤岗美景、尝鹤岗美食，进行浪漫的旅程。

鹤岗市首届中俄国际文化旅游之冬“启明星杯”

多年来，鹤岗市与俄犹太自治州不断加强友好交往，双边经贸、旅游、文化、体育、医疗等各领域交流合作得到了较快发展。与哈巴、雅库特共和国维柳伊斯基区、伊尔库茨克州等建立了良好关系。在伊尔库茨克州建立了商务联络处，与犹太自治州企业扶持基金会签署了《两州市经贸合作战略框架协议》，促进对俄经贸合作不断深化。从2016年至2020年，鹤岗市进出口贸易额从5.26亿元提高到21亿元，外贸进出口总额对比2016年增长299.24%。对外贸易主体达到181家，其中鹤岗市东兴集团有限公司、黑龙江省华升石墨股份有限公司、鹤岗市富强商贸有限公司、萝北县宇通经贸有限公司等公司成为拉动鹤岗市外贸新增长点的主力军，使鹤岗进出口商品结构得以进一步优化。

通过组织参加中俄博览会、进博会、中俄经贸洽谈等各种国际经贸活动，推进双边大项目合作，努力提升对俄经贸合作的深度和层次。充分发挥与犹太州多年的睦邻友好关系，有效发挥驻俄办作用，畅通与俄方的沟通协调，切实加强对企业服务和权益保护。通过广泛接触外商，积极吸引外商投资，全市正常经营外商投资企业达到9家。利用外资质量和规模显著提升，为鹤岗市广泛吸引外商投资打下良好基础。外商投资企业涉及新能源、新材料、公共服务、医养康等领域，利用外资11531万美元，其中直接利用外资320万美元。全市对俄投资合作项目达到29个，涉及农业种植、锰矿开采、木材加工、农机销售、建材销售等多个领域。

2021年2月10日，鹤岗市与俄罗斯比罗比詹市举行视频会谈，就增进两个城市间的友好交流和拓展合作领域达成共识。鹤岗市政府诚挚地邀请比罗比詹市政府代表团到鹤岗市访问并进行经贸洽谈，在文化、体育、中医方面，希望双方加强互动，共同打造中俄风情旅游区，拓展双方合作领域。通过文化、旅游、体育、中医等方面的合作，增加往来频次，为提升两地经贸合作水平创造条件；比罗比詹市政府邀请鹤岗市政府代表团在适当的时间访问比罗比詹市，参加系列庆祝活动，希望双方互派青年代表团，促进两市之间的人文交流。

鹤岗市与俄交流合作已经走上了康庄大道，不断续写着产业、经贸、文化、教育、体育、医疗交流合作和真挚友谊新的篇章。

二、鹤岗汕头对口合作共同发展

以习近平同志为核心的党中央作出建立东北地区与东部地区对口合作机制的重要决策，开创了以跨区域合作推动东北振兴的新路径，具有重大意义和深远影响。2016 年 12 月以来，借助《国务院关于深入推进实施新一轮东北振兴战略加快推动东北地区经济企稳向好若干重要举措的意见》《东北地区与东部地区部分省市对口合作工作方案》的出台，北方资源大省牵手南方经济发展排头兵，黑龙江和广东两省架起了一座深度合作之桥，开辟了一条互利共赢之路，搭建了交流交融的平台，开启了南北联动、优势互补、协同发展的新征程。

按照《广东省与黑龙江省对口合作框架协议》，综合考虑相关地区资源禀赋、产业基础、发展水平以及合作现状等因素，黑龙江省鹤岗市与广东省汕头市建立对口合作关系。鹤岗市与汕头市对口合作，既是贯彻落实党中央实施东北振兴战略和黑龙江与广东两省对口合作工作部署的重要举措，也是有力促进两市跨区域合作、实现共赢发展的现实选择，为推动两市经济社会发展提供了难得的机遇和广阔的舞台。

汕头市高度重视与鹤岗市对口合作工作。按照《国务院办公厅关于印发东北地区与东部地区部分省市对口合作工作方案的通知》的文件精神以及黑龙江省与广东省对口合作实施方案及合作框架协议的总体要求，汕头市结合鹤岗市的产业基础、资源禀赋、区位优势、对接需求等实际，本着“政府搭台、社会参与，优势互补、合作共赢，市场运作、法制保障”的原则，经充分协商，于 2017 年 12 月 14 日在广州签订《汕头市与鹤岗市对口合作框架协议》。随后汕头市政府印发《汕头市与鹤岗市对口合作框架协议（2017—2020 年）》的通知，明确在行政管理体制改革、民营经济发展、产业合作共赢、农业和绿色食品产业、金融、文化、旅游和健康产业、科技和高校交流合作、园区合作共建、区（县）合作共建、干部人才交流培训等 19 个方面与鹤岗市开展合作。多次召开专题工作会议研究部署推进相关工作，审议通过了《汕头市与鹤岗市对口合作实施方案及任务分工安排》《汕头市与鹤岗市 2018 年对口合作重点工作计划》，成立了以市长郑剑戈为组长、有关部门“一把手”为成员的领导小组。同时，建立对口合作领导小组联席会议制度、对口部门间相互对接合作机制，商定决策重大事项，协调对口合作重大问题，通过构建完善的合作工作机制，切实提升合作效率和水平，有效促进共赢发展。

鹤岗市对与汕头对口合作前景充满期待。鹤岗正处于转型发展的关键时期，汕头作为国家经济特区，不仅拥有先进的发展理念、成熟的市场运行体制，更有着优良的发展环境和过硬的干部作风，两地合作空间广阔，发展前景可期。

汕头市相关职能部门按照对口合作工作部署，结合实际，主动出击，积极推动与鹤岗市各领域全方位合作。根据两市的资源禀赋、对接需求等，汕头市进一步明确了将金融合作、干部人才交流培训、绿色食品产业合作等 11 项内容作为对口合作重点推进的内容；对赴鹤岗市 25 家企业的合作情况进行了跟踪督促；主动与鹤岗市发改委对接，帮助鹤岗市复制推广汕头重塑营商环境的经验做法；与鹤岗市粮食局联系，商讨加强在粮食领域方面的合作。

电商方面先行一步，汕头市与鹤岗市开展了实质合作。通过举办“年货节”，完成了两地的初步对接，实现两市南北货互通。汕头年货节现场特别搭设“汕头馆—鹤岗专区”，通过“线上+线下”创新营销方式和消费方式，为广大汕头市民准备了丰富、高品质的汕头本地特色产品和鹤岗市名优特产，鹤岗年货节会场则设置了潮汕特产特色年货区。鹤岗的大米、木耳、蜂蜜等特产在汕头销售，汕头的特色小吃在鹤岗销售，取得了不错的销售业绩，通过线上线下融合，南北货物销售持续。

2018 年 4 月，汕头市商务局带领数十位企业家参加的商务考察团调研考察了鹤岗市大米加工、农产品深加工、俄罗斯特色商品展示平台、科创平台、电商平台、现代物流平台等重点企业。鹤岗市重点企业负责人及经济管理部门、区县有关负责人近 60 人与汕头市商务考察团举行项目对接洽谈会，各自介绍本市经济社会发展情况，推介投资环境、产业政策、招商引资政策，表达了积极推进两地经济合作的信心和对未来合作的展望。双方就今年企业家互访、共同参加哈尔滨投洽会、签订商务合作协议及中长期两市商务层面全面合作达成了多项意向和共识，洽谈会取得了预期的、丰富的成果。

两市在文化传承、产业结构、资源气候、社会人文等方面有着显著差异，蕴藏着巨大的合作潜力。两市企业家在粮食、山货、玩具等领域进行了多次交流，在商品信息交流、供货、销售、电商等方面开展合作。汕头市为鹤岗市的水稻、木材、水果、山货等富有黑龙江特色的农副产品提供销售平台、采购商和流量。鹤岗市也为适销对路的汕货如食品、服装、玩具提供销售渠道，实现了“鹤货南下、汕货北上”，对口合作不断向纵深发展。

在两地开展初步商贸交流合作的基础上，两市商务部门通过签订商务合作协议，进一步明确目标，积极主动、扎实有效地推动两市商务对口合作，确保各项工作开展得实在、有效果、有影响力；通过建立商务合作组织机构和工作机制，成立对口工作小组，细化商务对口合作内容，互为对方商品贸易提供便利，引导汕头企业到鹤岗市投资，推动和加强人员、技术、信息交流等流域的全方位合作。借助汕头举办第 19 届国际食品博览会的契机，同步举办鹤岗市食品品尝会暨鹤岗市特色产品展销会，通过网上网下同步宣传，将鹤岗市优质的、绿色的产品推向潮汕广大市场；积极探索通过购买服务形式，支持企业在对方城市建设“原产地仓”，降低物流成本和解决物流时效问题，进一步辐射双方周边市场以促进两地的商品流通；发挥鹤岗市萝北口岸优势，推动汕头建立与俄罗斯的边境贸易，促进产品销售，带动当地的进出口业务和商品交流。

2018 年 8 月 5 日至 6 日，汕头市委书记方利旭率党政代表团赴黑龙江省鹤岗市，加快推进汕头与鹤岗结对合作交流工作。双方确定了 11 个合作领域，开启了两市对口合作的新征程。两市召开对口合作座谈会暨签约仪式。方利旭表示，汕头与鹤岗虽然远隔千山万水，但两地心缘相通、人缘相亲、商缘相连，经济产业互补性强，发展空间十分广阔，深化合作大有可为。希望两市加强往来，增进了解，在落实对口合作实施方案的基础上，充分吸收此次座谈交流的成果，开展具体、有效、务实合作，加快推进两地对口合作进程，相互交流借鉴，优势互补，共谋发展，实现共赢。

2018年8月，汕头市召开对口合作领导小组会议，市长郑剑戈强调，各级、各部门要充分认识开展对口合作工作的重要意义，切实提高政治站位，推动对口合作工作扎实有效开展。市对口合作领导小组办公室要统筹协调好全市对口合作工作，各级各部门要牢固树立全市“一盘棋”的思想，细化任务分工，积极开展工作，推动对口合作常态化，取得实效。

2018年9月9日至11日，鹤岗市党政代表团赴汕头市考察学习，推动与汕头市对口合作交流。两市签订了8个相关协议，标志着对口合作已全面展开，进入了实质性推进阶段。

鹤岗市党政代表团深入小公园片区、汕头大学、广东光华科技公司、华莎驰家具家饰公司、广东潮剧院、华侨经济文化合作试验区展示厅、南澳县青澳湾、澄海区宜华木业、奥飞动漫、恒源冷链、广东辉源机械公司等相关单位和企业考察，详细了解城市建设及科技、文化、教育、旅游等产业发展状况，积极推进与汕头市各领域全方位合作。

在对口合作座谈会上，鹤岗市党政代表团表示：鹤岗市将认真学习借鉴汕头改革发展的好经验好做法，推动两市跨区域合作有亮点、见实效。希望两市积极搭建民间交流平台，切实为企业家服务好，互通有无，共同进步，谱写携手推动科学发展的新篇章；汕头市委主要领导表示：推动汕头与鹤岗两市的对口合作，是义不容辞的政治责任，更是汕头难得的发展机遇。希望潮汕企业家发扬敢闯敢干的精神，到鹤岗等东北城市寻找商机，推动企业进一步做大做强。希望汕头、鹤岗两市继续保持密切联系，建立联络沟通机制，共同在港澳、东南亚开拓市场，加强经济、文化、城市管理等领域的交流合作，把对口合作做实做优做出成效，实现南北联动、资源共享、互帮互鉴、共赢发展，携手共创新时代对口合作新局面。

鹤岗、汕头两市举行签约仪式，共有八大项目集中签约。主要涉及产品大市场建立、粮食收储和加工、农业产业发展、电子商务合作、大米订购、绿色食品市场建立、婴童用品、现代物流等领域，将加快实现双方优势互补、合作共赢，为两地发展创造更多机遇、带来更多成果。黑龙江省南翔国际农贸批发市场与汕头市派一电子商务有限公司签订在鹤岗市建立汕头产品大市场项目；黑龙江省万源粮油食品有限公司与汕头市粮丰集团有限公司签订引资重整的投资框架协议；黑龙江省爱满人间食品有限公司与广东心瓷科技股份有限公司签订对口合作框架协议；黑龙江省美联美网络科技有限公司与汕头市派一电子商务有限公司签订鹤岗汕头两地互建两市商品原产地仓项目；鹤岗市金龙米业有限公司与汕头市龙湖区恭发粮店签订3000吨大米购销项目；鹤岗市鹤农惠众电子商务有限公司与汕头市派一电子商务有限公司签订在汕头市建立鹤岗绿色食品市场项目；黑龙江比优特商业集团与汕头市丽婴服饰有限公司签订婴幼儿服装购销合同；黑龙江省鹤岗南翔国际物流园区与广东辉源机械股份有限公司签订冷链物流合作协议。

鹤岗市党政代表团在汕头市考察期间，双方还组织召开了两市企业家座谈会、鹤岗市挂职干部座谈会和对口区县、市重点部门座谈会。

在鹤岗市挂职干部座谈会上，双方就鹤岗市选派干部到汕头挂职锻炼有关工作进行交流对接。鹤岗市选派11位县处级干部到汕挂职，其中4名市直单位县处级干部分别挂任汕头市市直对口部门班子副职，7名区（县）党政班子成员分别挂任汕头市7个区（县）的常委、副区（县）长。这些来汕挂职的干部，将为两市深化合作、共谋发展架起沟通桥梁，在更多领域、更深层次推动两市实现更高水平合作。

汕头市还与鹤岗市召开了对口区（县）、市重点部门座谈会，各相关区（县）和部门结合各自优势和需求，围绕贸易合作、项目共建和人才交流等内容进行广泛交流。

在汕头市与鹤岗市召开对口合作企业家座谈会上，企业家们认为汕头与鹤岗发展优势具有很强的差异性和互补性，开展合作空间广阔、大有可为。鹤岗市东兴集团董事长佟振茂说：“汕头是个好地方，出了很多企业家，遍布全世界，是北方人学习的榜样。”鹤岗市春晖石墨集团董事长庞晓春说：“感觉潜力非常大，都是发展中城市，汕头是人杰地灵、历史悠久，鹤岗是鱼米之乡、大工业、有很多重要资源。两地政府搭建的平台，从企业的角度能够深入合作，为两市发展、为人民造福创做贡献。”两地工商联组织、企业相互之间签订一系列友好合作协议，开展对口经贸合作。

2018 年 12 月 12 日，汕头、鹤岗合办 2019 新春第二届“年货节”。以“新年鹤礼，香溢鮀城，我为鹤岗代言”为主题，并新增“代言”环节。在汕头挂职的 11 名鹤岗市干部成为鹤岗富硒大米、稻花香大米、黄瓜片、干豆角等绿色健康产品代言人；鹤岗的名优产品开始在电商渠道上进行预售，汕头市民可在微信小程序“汕鹤优选”里选购；汕头年货节现场特别搭设“汕头馆—鹤岗专区”，通过“线上+线下”大型推介、宣传和销售，创新营销方式和消费方式，为广大汕头市民准备了丰富、高品质的本地特色产品和鹤岗市名优特产。鹤岗年货节设置了潮汕特产特色年货区。南北商品互通既丰富了节日市场，又给两地市民带来新鲜感，为两市合作增添新亮点。鹤岗的大米、木耳、蜂蜜等特产在汕头销售，汕头的特色小吃在鹤岗销售，都取得不错的销售业绩。

2019 年 8 月 26 日至 28 日，汕头市党政代表团赴鹤岗市，就加快推进汕头与鹤岗结对合作进行交流。汕头市党政代表团表示，汕头与鹤岗虽然远隔千山万水，但两地心缘相通、人缘相亲、商缘相连，经济产业互补性强，发展空间十分广阔，深化合作大有可为。在双方的共同努力下，两市在众多领域的合作都取得了阶段性进展和实质性成效。汕头市将加快推动汕鹤名优农产品展示中心、华升石墨股份有限公司在汕头设立研究院等一批项目落地，拓宽两地特色产品销路，将双方互补优势转化为现实发展优势。同时指出，鹤岗市经济转型势头良好，不少经验值得汕头学习借鉴。汕头市在与鹤岗市交流合作中，要学习艰苦奋斗勇于开拓的北大荒精神，学习借鉴鹤岗市在生态文明建设、森林城市创建、先进种粮技术等方面的经验和做法。希望两市加强往来，增进了解，进一步开展具体、有效、务实合作，加快推进两地对口合作进程，促进两市相互交流借鉴、优势互补，推动实现南北联动、资源共享、互利共赢，携手谱写东北振兴、特区发展新篇章。

对口合作开展以来，两地高层互动频繁，部门交流广泛，达成了许多共识，取得了阶段性成果。截至 2019 年底，鹤岗汕头共组织各层面考察互访33次，召开各类座谈会、洽谈会50余场，签署县区、部门合作框架协议13个，签署项目合作意向协议35个。生成了以鹤岗迦泰丰公司与汕头粮丰集团加工合作项目为代表的近20个合作项目线索。签署商品购销合同11份。在汕头销售鹤岗大米等绿色农产品150吨，在鹤岗销售汕头牛肉丸等特色美食、针织商品、儿童玩具等310万元。有3个汕头旅游团共70余人来鹤旅游。汕头市科技局为鹤岗市科技孵化器项目提供50万元资金支持。金平区邀请工农区5名校长赴深圳学习。濠江区赠予向阳区2架无人机。

为实现对口合作由宏观到微观、思路到任务、任务到项目的快速转化，鹤岗市各单位同步与汕头对接。萝北县与澄海区对接，双方在装备制造、粮食仓储、绿色食品领域开展务实合作，萝北大米已经连续4批发往澄海，累计销售近百吨；绥滨县与龙湖区建立对口合作关系，双方探索在狮头鹅养殖上开展合作，2000只幼鹅已开始试养殖，“第一届绥滨新米节”在汕头启动；工农区与金平区对接，双方正在谋划打造“工农—金平”科技园区；东山区与南澳县对接，双方正在南澳电商特色平台上开展合作。向阳区与濠江区、兴山区与潮阳区对接，双方均签署合作框架协议。同时，鹤岗市委组织部选派23名干部赴汕头挂职；鹤岗市工商联与汕头市工商联签订友好商会协议，22户企业达成合作意向，签署购销合同11份；汕头市商务局来鹤考察，两市企业家在农林产品销售、文化旅游等方面达成合作意向；汕头市代表团参加在鹤岗举办的“中俄四城市男子篮球赛”，加深了鹤岗、汕头、哈巴罗夫斯克和比罗比詹四城市的友谊。

鹤岗市进一步细化《黑龙江省鹤岗市人民政府与广东省汕头市人民政府对口合作协议》，明确合作方式、任务目标、重点领域、保障措施和协调机制等内容，为工作提供了制度支撑；印发《关于成立鹤岗市与汕头市对口合作领导小组的通知》，明确对口合作领导小组职责，成立7个重点领域专项推进组，建立对口合作重点项目台账。梳理合作领域、重点合作项目，争取经贸领域合作取得新突破。

鹤岗市进一步厘清对口合作具体思路：围绕优势产业，探索在绿色食品、轻工纺织、包装装备制造、粮食期仓储、金融合作等领域开展合作；围绕园区，探索建立跨区域产业园区和利益分享机制；围绕优化营商环境，汲取汕头的先进做法，对营商环境做全面评估，找症结补短板；围绕金融领域、电子商务、科技创新、干部交流等领域，开展深度交流合作，推动各项合作向深层次发展。

在两地开展初步商贸交流合作的基础上，鹤岗汕头两市商务部门通过签订商务合作协议，进一步明确目标，积极主动、扎实有效地推动两市商务对口合作，确保各项工作开展得实在、有效果、有影响力。建立商务合作组织机构和工作机制，成立对口工作小组，细化商务对口合作内容，两市互为对方商品贸易提供便利，引导汕头企业到鹤岗市投资，推动和加强人员、技术、信息交流等流域的全方位合作。

发挥鹤岗市萝北口岸优势，推动汕头建立与俄罗斯的边境贸易，促进产品销售，带动当地的进出口业务和商品交流，“两国三地”交往取得了实际成果。鹤岗市积极协调沟通哈巴罗夫斯克市和汕头两市，为两地高层互访牵线搭桥。哈巴罗夫斯克市政府代表团一行 6 人应汕头市政府的邀请成功访问了汕头市。访问期间，双方签署了友好交流备忘录。为进一步加深“两国三地”间友好合作，统筹三方外事资源，促进三方对外交往资源共享，相互借鉴、共谋发展奠定了良好基础，架起了“两国三地”间友谊的桥梁，开启了汕头市对俄友好交流与合作的先河。

合作是共赢的基础。敞开怀抱，共享资源，才能打开思路，迎来机遇。两点一线之间的频繁往来，在密切两个城市之间相互连接的同时，必将为鹤岗、汕头经济的高质量发展添上华彩一笔。

三、哈洽会成为更广泛交流合作的舞台

中国黑龙江哈尔滨国际经济贸易洽谈会是经中国政府批准举办的国家级、国际性大型经贸展览会。哈洽会成长史历经五个阶段：1990 年至 1991 年，“中国对苏联、东欧国家经济贸易洽谈会”，贸易形式基本为易货贸易；1992 年至 1995 年，“中国哈尔滨边境地方经济贸易洽谈会”，开始邀请日本、韩国、东南亚等周边国家和地区参展参会，贸易形式由“双边、易货贸易”向“多边、现汇贸易”转变，现汇贸易

比重逐年扩大；1996 年至 2004 年，“中国哈尔滨经济贸易洽谈会”，由此成为“哈洽会”品牌；2005 年至 2013 年，“中国哈尔滨国际经济贸易洽谈会”，实现了由地方边境贸易洽谈向国家级和国际性盛会的历史性跨越，成为我国对外开放及与俄罗斯独联体国家开展深入对接与合作的重要平台；2014 年起，中国—俄罗斯博览会新姿登场，哈洽会与中俄博览会花开并蒂。2016 年 5 月 25 日，习近平总书记在黑龙江视察时指出，要注重构筑合作平台，支持办好“中俄博览会”和“哈洽会”等大型展会。

回望哈洽会发展历程，其始终应和着龙江经济社会发展的律动，见证并追踪黑龙江对外开放的步伐，展示与打磨着黑龙江的多重魅力，吸引八方来宾助推龙江振兴。哈洽会架起与东北亚经济贸易合作的桥梁，也是连接俄罗斯及其他国家广阔市场的纽带，成为黑龙江省经贸合作的窗口，既见证了中俄两国加深友谊和深化合作的历程，同时也成为鹤岗市对外交流合作的舞台。

2012 年，第 23 届哈洽会。鹤岗市提出：要提高认识，精心组织，切实做好推进和落实工作，“一把手”要带头抓好参会参展工作与招商洽谈和项目签约工作；要保证项目的数量和规模，多上大项目、好项目，落实签约项目，努力完成《哈洽会工作方案》中确定的工作目标和任务；有关单位要抓紧落实展位，落实好广告装饰公司和设计方案，展示出鹤岗的形象和魅力；要抓紧落实参会经费；要加大国内外客商邀请力度，做好统计上报工作。

本届哈洽会鹤岗交易团共签订国内外项目 89 个，签约总金额 137.49 亿元。其中，10 亿元以上项目 1 个，亿元以上项目 35 个，签约金额 109.3 亿元；千万元以上项目 46 个，签约金额 17.83 亿元；百万元以上项目 7 个，签约金额 3540 万元。

鹤岗市在哈洽会会馆的 4 个位置申请了 15 个展位，展位面积达到 201 平方米，展位的针对性和实效性更强。展位实行特装布展，大力宣传、展示、推介。重点展示了鹤岗市着力建设煤电化工基地、绿色食品之乡、中国石墨之都、界江旅游龙头、对俄开放通道、边疆文化强市、滨水生态新城的城市定位，以及着力构建区域中心较大城市的独特优势。同时，展示了一批有实力、有影响的地方企业和“名优特”产品的形象，展现了鹤岗市蕴含的巨大商机。从展出的商品看，优势商品、特色商品、高科技商品越来越成为主流。与往届哈洽会相比，除了继续展出特色农产品和优势地产品外，还重点推出了新研制新投产的防静电、防电磁辐射特种专业服装、LED 节能灯等高新技术产品。

2013 年，第 24 届哈洽会。鹤岗市对第 24 届哈洽会的签约项目严格把关，务求实效，注重签约项目的推进落实，通过走出去与请进来相结合的方式，突出重点，主动出击，广泛联系，多渠道招商。鹤岗市委主要领导亲自带队到香港、广州、深圳等地进行招商，吸引了广东益华集团、苏州中茵集团等国内知名企业到鹤岗市投资，实现了在本届哈洽会上签约一批亿元大项目的计划，共签订国内外项目 86 个，签约总额达 139.9 亿元。签约项目的质量也比往届更实、更精、更好，精深加工、高新技术、新能源、新材料、绿色产业项目比重更大。俄罗斯犹太自治州和比罗比詹市 20 余位国外贵宾出席并见证了鹤岗交易团项目签约活动。

布展上突出“绿色食品展功能板块”。参加展位数量比上年多，一共有 25 户企业、百余种展品参展，突出展示了鹤岗市获得有机食品、绿色食品和无公害农产品认证的产品，具有地方特色的名特优产品，获得驰名、著名商标和国家、黑龙江省名牌产品，体现了鹤岗市绿色食品产业的发展成就及水稻加工业、玉米加工业、大豆加工业三大产业链的优势。

突出展示新材料和高新技术产品。恒新照明公司展出了高效节能灯具、LED 节能等系列产品，桂洲服装厂展出了防静电、防电磁辐射等特种专业服装，萝北县的格润森博木业公司展示了绿色环保、具有一定科技含量的实木“马赛克”系列产品。在高新技术展区，鹤岗市有 10 个高新技术产业项目被纳入黑龙江省统一制作展板中进行展示，鹤岗市萝北口岸的发展优势在黑龙江省旅游局统一制作的展板中得到充分的展示。

对客商邀请的力度最大、数量最多、效果也最好。除了邀请了与鹤岗市建立友好城市关系的俄罗斯犹太州比罗比詹市代表团参会以外，还邀请了伊万诺沃州、科米共和国、卡拉恰伊·切尔克斯共和国及乌德穆尔特共和国4个俄罗斯联邦主体。政府层面邀请到会的人数由去年的14人增加到21人，既有政府代表也有企业家代表，而且带来了一批经贸合作项目，各个县区、各个部门和企业的邀请力度也好于往年，共邀请国外客商126人。

举行“中国稻米加工强市——鹤岗”命名推介会，重点推介“鹤岗”成为全国首家以地市级获得命名的产业荣誉称号，利用哈洽会平台，向国内外充分展示鹤岗绿色食品加工产业取得的丰硕成果和巨大的投资潜力，广泛吸引客商到鹤岗投资兴业；举行“鹤岗市政府与犹太自治州及比罗比詹市政府会谈”，就双边共同关心的经贸合作问题广泛深入地交换意见，为推进双边战略合作升级奠定基础。

鹤岗市的企业踊跃报名参加各类经贸洽谈活动，参与活动的企业数量是历年最多的一届，企业纷纷表示在参与各项活动中，挖掘到了巨大的商机。

2016年，第27届哈洽会。第四届中国国际新材料产业博览会和第二十七届哈尔滨国际经济贸易洽谈会同期举行，两个展会有机结合，互相借势，凸显了“新材料”主题。

鹤岗市专门设立126平方米的展位，围绕“中国石墨产业城鹤岗‘烯’望时刻”这一主题，通过实物和图片等形式，集中展示石墨高纯基地、石墨烯应用基地、锂离子电池基地、高铁吸音降噪新材料基地4个产业基地和硬质材料产业链、负极材料产业链、膨胀密封材料产业链、耐火材料产业链4个石墨产业链。推介鹤岗市石墨优势资源及新兴产业的发展潜力，特别是“石墨烯”新材料的应用。鹤岗市石墨资源丰富，开发利用资源处于起步发展阶段，丰富的石墨资源为释放资源潜能、上项目提供了广阔空间，也是鹤岗市今后发展的最大潜力所在。通过新博会、哈洽会这个平台，充分宣传鹤岗市石墨产业的政策优势，实现基础原料、改性加工、技术应用、下游产品的全产业链展示，做好“研发墨、主攻墨、做大墨”这篇大文章，把石墨深加工搞上去，由现在的按吨卖材料变成按公斤卖产品，实现整个产业产值规模的大幅提升，为城市转型提供重要支撑。

2017年，第28届哈洽会。鹤岗市在两个展厅区域内进行了集中展示。一是展示鹤岗市打造现代煤电化工生产基地、石墨新材料产业基地、“两江一岭”绿色食品加工基地和“龙江三峡”中俄犹文化旅游集合区最新成果。二是在文化产业展区，以特色文化作品实物、图片、宣传片、现场体验等多种形式，对鹤岗市文化产业发展成果进行了集中展示。

鹤岗市按照展会活动安排，组织参加国家和省里组织的15项活动，自行举办8项活动。自行举办的活动是组织进馆参观和展览；鹤岗市政府与犹太自治州政府经贸协调委员会年会；鹤岗市与比罗比詹市项目对接会；鹤岗市政府宴请比罗比詹市政府代表团；鹤岗市政府宴请犹太自治州政府代表团；鹤岗市政府与广东有关城市合作交流活动；推介洽谈签约活动；“中外客商鹤岗行”活动，进一步加强交流，对接项目，促进合作。

2018年，第29届哈洽会。鹤岗市召开参加第二十九届哈尔滨国际经济贸易洽谈会预备会议，要求各代表团成员单位要树立大局意识，增强紧迫感和责任感，认真筹划，通力合作，积极安排部署，借第29届哈洽会的平台展示城市面貌、地理人文和经济环境及优势。各部门要主动对接、细化方案、抓好落实，特别是做好客商邀请、项目洽谈的前期准备工作，积极邀请俄罗斯比罗比詹和犹太自治州政府代表团，以及广东汕头市的企业家代表团参加哈洽会。要积极参加国内外各类经贸对接洽谈活动，寻找客户，主动对接项目，力争取得实实在在的效果。

重点围绕打造龙江东部工业强市、中国北方鱼米之乡、中俄界江旅游胜地，在魅力龙江展区申请了180平方米展位进行了特装布展，分“煤头化尾”示范基地、石墨新材料产业基地、“两江一岭”绿色食品加工基地、“龙江三峡”中俄犹文化旅游集合区、外贸物流和广东汕头（对口合作）6个板块进行集中展示，有近40家企业、300多种产品参展。

在“煤头化尾”示范基地板块，中海石油华鹤煤化有限公司、征楠煤化工有限公司等通过图片、宣传手册和实物等形式展示了鹤岗市

“煤头化尾”示范基地建设取得的成果；在石墨新材料产业基地板块，鹤岗奥星新材料有限公司、黑龙江省华升石墨股份有限公司等参展企业将高端石墨烯产品摆上了展台。黑龙江国信通科技讯息产业股份有限公司展示了手机、动力电池等产品，展现了鹤岗市石墨产业发展优势和前景；在绿色食品加工基地板块，金龙米业、荣和米业、可口儿大豆、金鹤啤酒等企业展出了酵素大米、杂粮、豆制品等特色产品，金鹤啤酒和清源湖大米的产品质量和口感得到了现场参观者的一致好评；在中俄犹文化旅游集合区板块，谕霖射击场等旅游企业通过实物、图片等形式，展示了中俄犹文化旅游集合区的独特魅力；外贸物流板块设置了俄罗斯产品展台，俄罗斯饮料、巧克力、食用油及鹤矿集团保健食品公司生产的俄式肉制品、面粉等产品令人驻足；在广东汕头（对口合作）板块，汕头代表团充分展示了电子产品和食品、酒类等独具地方特色的产品。

在时尚文化展区内，以特色文化作品实物、图片、宣传片、现场体验等多种形式，对鹤岗市文化产业发展成果进行了集中展示；在电子商务展区，利用4个标准展位，展现了鹤岗市电子商务新经济、新平台、新发展。绥滨县还通过一个标准展位，展示了绥滨电商成果。市委书记张恩亮启动2018鹤岗“互联网+”新经济基地“中医肿瘤康复平台”“N+本地服务平台”。

展会期间，鹤岗市农村合作经济组织协会会员单位杏林科技有限公司与大庆明达韦尔信息系统服务有限公司在利用智慧农业技术开展“精准扶贫、科技扶智”方面达成合作意向，由八一农垦大学信息技术学院黄操军博士带领农业信息技术硕士研究生团队，到鹤岗市绥滨县北岗乡、萝北县团结镇二队村和农垦宝泉岭农场等地开展智慧农业信息技术应用与推广，现场为农民解决实际问题，真正实践“科技扶智”；与国家秸秆产业技术创新战略联盟、黑龙江省秸乐农业科技发展有限公司、黑龙江省幸福人生物科技有限公司等企业就合作开展秸秆生物质利用达成共识。项目实施后将帮助农民解决秸秆、稻壳等农业废弃物焚烧污染、浪费、收储难、转运难等问题，提供科学合理利用技术，促进农民增收。

鹤岗市政府代表团重点围绕本届展会“引入投资振兴，引领消费升级”这个主题，积极参加中俄地方合作交流论坛暨中俄友好合作论坛开幕式、俄罗斯有关州区经贸投资项目推介会、2018中国（哈尔滨）跨境电子商务合作会议等10多个系列活动，加大鹤岗市投资发展潜力、重点招商项目的宣传推介力度，广泛吸引国内外客商与鹤岗交流合作。

展会间隙，举办了“鹤岗市打造石墨新材料产业基地新闻发布会”，将打造石墨新材料产业基地的总体思路、发展方向、支持政策等内容向中外媒体主旨发布，国内外40家媒体参加了发布会。

鹤岗市邀请犹太自治州政府代表团和比罗比詹市政府代表团参加鹤岗市在哈洽会举办的各项活动，与两州市就加强合作交流、拓宽合作领域、对双边发展存在的问题进行深入交流和探讨，进一步增进了鹤岗市与犹太自治州和比罗比詹市的友谊，加深了双方在经贸及文化、教育等人文领域的交流合作。

鹤岗市注重发挥舆论引导作用，精心组织媒体开展哈洽会相关宣传报道工作。在《鹤岗日报》《鹤岗新闻联播》等重要版面和时段，以动态消息、新闻特写、图片专版等形式，全面报道鹤岗市的参展情况、合作项目、发展潜力、优势特色、招商规划等内容。《共襄经贸盛会 同奏合作乐章 第二十九届“哈洽会”盛装迎宾》《第二十九届“哈洽会”开馆首日 鹤岗市“一市一乡一胜地”展精彩亮相》等一批有质量、有分量的新闻报道，在社会上引起了热烈反响。俄通社—塔斯社、《香港大公报》、《香港商报》、《中国改革报》、《中国工业报》、《工人日报》、《科技日报》、黑龙江广播电视台、国际在线、人民网、新华网、凤凰网、网易、腾讯、新浪、今日头条等40家媒体参加“打造石墨新材料产业基地”新闻发布会。《鹤岗全力打造石墨新材料产业基地》《鹤岗：紧抓转型发展机遇 全力打造石墨新材料产业基地》等新闻被中央、省级媒体相继转发，大力宣传了鹤岗市的投资潜力和产业特色，全面展示了鹤岗的资源禀赋和良好形象，为鹤岗市参加第29届哈洽会取得圆满成功营造良好的舆论环境。

2019年，第30届哈洽会。鹤岗市重点围绕打造龙江东部工业强市、中国北方鱼米之乡、中俄界江旅游胜地，在120平方米展位上进行了特装布展。展区分“煤头化尾”示范基地、石墨新材料产业基地、“两江一岭”绿色食品加工基地、“龙江三峡”中俄犹文化旅游集合区和外贸物流五大板块，通过图片、宣传手册和实物进行全景展示。有40多家企业、100余种产品参展，充分展现了鹤岗市在“三地一区”和外贸物流等方面取得的成果，对鹤岗市地缘优势、资源优势、产业优势等进行全方位宣传推介。

在哈尔滨会展中心共享大厅的文化旅游融合展区，鹤岗市以“龙江三峡”中俄犹文化旅游集合区大型图片为背景，展出了中嘉冰花绿、石福记玛瑙、郁林根雕、翰墨轩彩墨剪纸文房四宝、萝北县软陶等文化产品。中嘉冰花绿是初次亮相哈洽会。中嘉冰花绿又称“龙江玉”，经勘测，鹤岗市的“龙江玉”储量为1000万吨，有着比较大的发展前景；石福记玛瑙是鹤岗地区最早最大的水冲玛瑙籽料的生产加工基地，多年来一直是哈洽会上的亮点。文化旅游融合展区以宣传片的方式，介绍了鹤岗市重点开发建设的“龙江三峡”中俄犹文化旅游集合区；以精美、大气的风景图片形式，推出了7条2019年鹤岗市重点旅游线路。参加展会的中外友人对鹤岗市的特色文化旅游很感兴趣，纷纷表示要来鹤岗走一走，看一看独具特色的北国风光。

受新冠疫情影响，第31届哈洽会推迟举办。展会延期，但对展商的服务不延期、展会的平台作用不延期。由黑龙江省贸促会（省国际博览发展促进中心）精心打造的“哈洽会云上展示”活动，在哈洽会传统档期2020年6月15日正式上线。

“哈洽会云上展示”设立黑龙江省招商引资重点项目、哈洽会云招展、供需信息发布、优质参展企业展示、进口商品展示5个栏目。来自俄罗斯、日本、韩国、马来西亚、泰国、印度尼西亚、阿根廷、智利、澳大利亚等19个国家和地区、国内26个省、市、自治区、省内13个地市的1426家企业参展，展示商品3359个，涉及食品、工程机械、木工机械、生物质能源技术设备、食品加工机械、医疗用品、户外装备、建材、化工和矿山化学品、五金、旅游文化、家居生活用品等10多个领域。

“突出俄罗斯”是哈洽会一直秉承的办会宗旨。“哈洽会云上展示”

得到了俄罗斯出口中心、俄罗斯国家工商会北京代表处的大力支持，各地方政府和工商会也分别表示这将是俄罗斯企业寻找中方合作伙伴的有效途径。参展企业超越了地域的界限，俄罗斯欧洲地区企业参与度较高，来自莫斯科、下诺夫哥罗德州、鞑靼斯坦共和国、车里雅宾斯克州、阿穆尔州、哈巴罗夫斯克边疆区等 18 个州区的 61 家企业在展示食品、日用消费品、化工产品、电力设备、工业设备、金融产品、科技创新产品的同时，还带来 6 个投资合作项目，如“叶尼塞西伯利亚”综合投资项目，旨在发展俄克拉斯诺亚尔斯克边疆区、哈卡斯共和国和图瓦共和国三地的经济，希望能够通过“哈洽会云上展示”吸引中方投资者。

有两个字伴随着鹤岗与哈洽会共同成长，那就是开放。她是开放的，促进了鹤岗对外交流合作；她是开放的，使得鹤岗会更有吸引力。

第四节 人才兴市 为转型发展添动力

党的十八大以来，习近平总书记站在党和国家事业发展全局的战略高度，对人才工作作出了一系列重要指示。党的十九大报告作出了“人才是实现民族振兴、赢得国际竞争主动的战略资源”的重要论断，提出“坚持党管人才原则，聚天下英才而用之，加快建设人才强国”和“更加积极、更加开放、更加有效的人才政策”，指出了人才工作坚持的原则、目标和路径。鹤岗市把人才工作作为发展战略和城市转型的关键要素，牢固树立“抓发展必须抓人才、抓人才就是抓发展”的理念，出政策建机制，重培养提素质，从需求出发引才引智，在引进人才、培养人才、使用人才、留住人才等方面进行制度化改革，优化转型发展人才要素，搭建人才施展才华、实现自我的平台，努力开创人才工作新局面，持续推动经济社会高质量发展。

一、瞄准“高精尖缺”引才引智

鹤岗市把“人才兴市”确定为四大发展战略之一，突出人才“高精尖缺”导向，积极引进高层次人才，改善人才队伍结构，提高人才总体质量。建立高层次人才需求目录，围绕五大产业和大项目建设，重点引进携带高新技术项目转化和产业化的国家级、省级专家和优秀企业家等高层次人才。

石墨产业是鹤岗市在经济转型中重点打造的支柱产业。为解决石墨产业发展中人才短缺、科技力量不足的问题，早在 2016 年 11 月，鹤岗市相关部门与华升工业公司、帝源矿业公司、溢祥新材料等 5 家石墨企业共同组成招聘团，赴哈尔滨工业大学、哈尔滨理工大学、哈尔滨工程大学、黑龙江科技大学 4 所高校举行了为期 3 天的“石墨产业引才引智专场招聘”活动。通过召开座谈会、发放招聘手册、播放城市宣传片、企业与高校学生面对面洽谈交流等方式，就市情、石墨资源、石墨产业发展优势和需求等情况进行了介绍，300 余人参加了现场招聘活动，55 人进行了意愿登记，14 名硕士研究生现场与企业签订了意向协议，实现了企业与高校的有效对接。针对鹤岗市石墨产业急需紧缺人才的引进工作，相继出台了为急需紧缺人才统筹事业编制、引进人才入住专家学者公寓、给予安家费等系列优惠政策，解决人才后顾之忧，帮助企业真正留住人才。

“解决事业编制、入住学者公寓……到鹤岗工作能有这么好的政策，我一定要用我所学的专业知识回报政府和企业的知遇之恩。”哈尔滨理工大学硕士研究生刘思慧与黑龙江华升工业公司正式签订用工合同后，欣喜之情溢于言表。

对于这次招聘，黑龙江华升工业股份有限公司负责人深有感触：以前企业招人是‘单打独斗’，效果并不理想，如今鹤岗市委、市政府给我们搭建了引才引智的平台，提升了专业人才引进的层次，我们对这次企业招聘的 10 多名硕士研究生和本科生充满了信心。

2016 年底，鹤岗市由市委组织部、市人社局、市工信委、国家级石墨和煤焦炭检测重点实验室和相关企业组成石墨、煤化工产业专项招聘团，先后赴湖南大学、中国矿业大学等 7 所高校进行专项引才引智。哈尔滨工程大学博士生导师曹殿学被引进到华升石墨有限公司以来，致力于石墨烯应用技术开发，带头研发石墨烯导电浆料等下游产品，研制的石墨烯润滑油已经投入生产。

2018 年 6 月 14 日，鹤岗市委主要领导带领相关部门走进黑龙江科技大学作主旨宣讲，诚邀优秀毕业生到鹤岗市就业创业，助力鹤岗转型发展和全面振兴。

宣讲时讲道："鹤岗是一个适合创新创业的地方。作为黑龙江流域文明的重要发祥地之一，鹤岗是一座山城、一座水城、一座林城、一座边境城市。鹤岗市确立了打造'三地一区'的发展定位和'生态立市、产业强市、开放活市、人才兴市'四大战略，提出大力实施'绿色矿业、生态农业、文化旅游、外贸物流、战略新兴'五大产业。未来的鹤岗，将成为'煤头化尾'示范基地、石墨新材料产业基地、绿色食品加工基地、'龙江三峡'中俄犹文化旅游集合区。鹤岗是一个'成全人''成就事儿'的地方，是各类人才创新创业、施展抱负、展现才华的沃土。鹤岗是一个在吃、玩、住等方面处处体现时尚和品位的城市。我们走进黑龙江科技大学，带来了创业支持、编制预留、继续深造、安家补贴、带薪实习等 9 条人才政策。这些政策可能在全国不是最优厚的，但我们渴求人才、厚待人才的心是真诚的。希望在座的年轻人能够携手我们这座年轻的城市，加入鹤岗的'朋友圈'，共同成就'奋斗的青春'，共同见证这个时代的伟大，共同创造这座城市的美好未来。"

"城市求贤，君子择城。今天的鹤岗正在努力为各类人才打造公平、竞争的发展环境，竭尽全力搭建宽广的舞台和广阔的空间，让大家能跳多高就跳多高、能跃多远就跃多远。"鹤岗市又先后走进哈尔滨理工大学等院校，向黑龙江省各大高校的莘莘学子，表达鹤岗求贤若渴之心和真诚合作之意。

2018 年 9 月 27 日，鹤岗市召开组织工作会议。会议强调，要坚持党管人才原则，集聚爱国奉献的各方面优秀人才。要进一步加大引才引智力度，深化人才发展体制机制改革，加强对人才的政治引领和政治吸纳。

鹤岗市在引才引智上，坚持"不求所有、但求所用"，加大柔性引进力度。建立人才信息数据库，围绕"绿色矿业、生态农业、文化旅游、外贸物流、战略新兴”五大产业制定“金鹤回岗”百千计划，以鹤岗籍的、在鹤岗学习工作或生活过的、在鹤岗有挂职经历的、与鹤岗有密切联系的优秀高校毕业生、专业技术人才、企业经营管理人才、科研人才、党政人才等作为重点引进。

鹤岗市出台了一系列吸引人才政策，包括：引进全日制硕士研究生及以上学历人才免笔试直接面试进入事业单位，办理人事编制手续，享受事业单位人员工资福利待遇；免费入住学者公寓，提供租房补贴，室内精装修，家具家电齐备，拎包即可入住等。

通过这些政策，截至 2017 年底，成功引进了全日制硕士研究生 164 名，柔性引进国内外高层次人才 371 名，为鹤岗转型发展注入了新的生机和活力。

2020 年加大选调生招录力度，共招录选调生 66 人，其中集中选调生 40 人，面向“双一流”大学招录定向选调生 26 人，创历史新高。

二、创建“金鹤”无忧成长好环境

鹤岗市始终把引进集聚人才作为创新转型发展的重中之重。2017 年，提出“金鹤回岗”百千计划，计划利用 2 年左右时间，引进百名以上鹤岗籍全日制硕士以上人才回鹤岗工作；利用 5 年左右时间，柔性引进千名以上各类优秀人才智力助岗。

鹤岗市投入 3000 多万元建设学者公寓，总面积 12000 平方米，每户面积在 60 平方米左右，全部进行精装修。为每套公寓配备家电、家具及其他生活设备设施，达到拎包入住。学者公寓由政府提供住房补贴，解决了引进人才的住房难题。

建立鹤岗籍全日制硕士以上研究生信息数据库和鹤岗籍在外地高层次人才名录，做到动态管理，实时完善、更新相关信息。

以“政策招牌”留住人才，提供优厚待遇，保证人才成长进阶载体。

对于仍要继续深造的人才，80%的学费由财政和用人单位补贴，还可以享受每月 300 元的津贴；对于有创业意愿的人才，政府提供创业资金予以支持；对柔性引进各类高层次人才的用人单位，政府给予最高

10万元的补贴。

引进的人才还享受以下待遇。签订聘用合同后，可享受事业单位人员工资福利待遇；需要解决住房的，可入住学者公寓；专业技术职务聘任不受所在单位岗位数量比例限制，符合条件的博士后按照管理权限可直接评聘正、副高级职称；在市级三甲医院开设“绿色通道”，建立电子健康档案，组织定期体检，提供优先预约就诊、重大疾病及时会诊等优质医疗服务；配偶愿意来鹤岗就业的，对于原有编制人员本着身份不变、工资发放渠道不变、专业对口的原则进行安置。对于没有编制人员，优先妥善进行安置；父母、配偶、子女可在鹤岗市范围内自由选择落户地；充分尊重引进人员的意愿，统筹安排子女就近就便入学，义务教育阶段可不受学区限制，按意愿择校；对于做出较大贡献的人才，优先推荐为各级党代表、人大代表和政协委员人选，并作为后备干部培养，成熟的优先提拔重用。

优厚的政策待遇，将鹤岗打造成人才洼地，吸引了一批批人才聚集回流，纷纷汇入鹤岗建设大军洪流，在各自工作领域和岗位上发挥积极作用，助推鹤岗转型发展。

2017年7月，鹤岗市召开第七批拔尖人才、优秀人才表彰暨“金鹤回岗”欢迎大会，表彰各行各业做出突出贡献的各类人才，欢迎“金鹤回岗”硕士研究生回家乡工作。会议表示，将一如既往地高度重视人才，在政策支持上一定会“给力”，在平台支撑上一定会“有力”，在资金投入上一定会“用力”，在服务保障上一定会“得力”，对人才充分信任，放手使用，让各类人才各得其所，让各路高贤大展其长。各级党委（党组）、政府对回乡创业的人才要高看一眼，厚爱一分，多给予关心和支持，为人才更好地发挥作用创造条件，搭建平台，提供服务。全社会要积极营造“金鹤回岗”光荣、热爱家乡光荣、报效家乡光荣的浓厚氛围，吸引更多优秀人才返乡创业。

2017年11月，鹤岗市开展“小金鹤走基层、促发展”活动。30名“金鹤回岗”硕士研究生被选派到重点企业、社区、城建领域挂职锻炼，时间为6个月。“小金鹤”到企业、社区、城建一线挂职锻炼，既是坚持实践导向和基层导向、优化人才成长路径的一项重要举措，也是通过实践锻炼培养人才、提升人才能力素质水平的有效载体，彰显了市委、市政府对人才成长进步的高度重视，具有鲜明的实践意义和行动价值。

按照“服务中心、锻炼人才、岗位匹配”的原则，有8人到企业、12人到社区、10人到城市建设一线工作。《“金鹤回岗”硕士研究生挂职锻炼方案》要求“小金鹤”要珍惜机会、自觉学习、全面提升综合素质和工作能力；要做到锤炼党性和转变作风的成效进一步显现、围绕中心和服务大局的意识进一步强化、把握政策和运用政策的水平进一步提升、谋划发展和推动工作的能力进一步增强；要在提高解决实际问题能力和磨炼意志、锤炼品质、增长才干的同时，充分发挥自身优势和作用，积极践行“认真、实干、创新”的鹤岗核心精神，推动全市经济社会事业转型发展。

2018年春节，鹤岗团市委组织开展慰问“金鹤回岗”一线企业青年及贫困学生活动。根据“金鹤回岗”青年员工、外来企业青年员工的不同情况，写下了带有不同祝福语的新春春联，同大家一起动手包好的饺子一起，送到“金鹤回岗”青年家中和外地来岗工作的企业青年宿舍，让他们度过一个温馨、祥和的春节。

2018年6月召开的“金鹤回岗”硕士研究生座谈交流会指出，鹤岗市大力实施“人才兴市”战略，提出实施“金鹤回岗”百千计划，就是为回归家乡的“小金鹤”们提供充分展示才华的舞台，营造良好的发展环境。在人才使用上，相关部门要创新体制机制，让引进的人才在工作中专业对口，学有所用。要建立和完善人才档案，对引进的人才跟踪培养，并关注人才工作和生活，不断完善人才之家、学者公寓设施条件，改善交通环境，为“小金鹤”健康成长营造良好的环境。

2020年，鹤岗市实施了“金鹤回岗助企”计划，制定出台了《“金鹤回岗助企”计划实施办法》，分批次引进人才，分层次制定政策，实行“政府给身份、企业给平台”的人才引进模式。通过这种模式，为华升石墨、海达新材料等4家鹤岗市重点领域企业引进双一流大学本科毕业生5人。这是鹤岗市人才政策的又一项创新举措，通过落实事业编制身份为民营企业引进急需紧缺高层次人才。

三、多元化提升人才创新力

鹤岗市建立产学研用协同育人模式，选派专业技术人员到高校、科研院所、三甲医院进修，到企业挂职，进一步培养锻炼人才。完善现代职业教育体系，推行校企联合招生、联合培养的现代学徒制，强化校企合作，打造“高级蓝领”。对高技能人才，在省财政一次性分别给予每人20万元和10万元奖励的基础上，市财政再分别一次性给予3万元和2万元奖励。加强市级领军人才梯队建设，实行动态管理，每3年调整一次。对纳入梯队管理有重点研发项目的可给予1万~5万元的项目启动资金。列入全市重点产业培育计划的产业带头人，每年有计划地提供1~2次外出培训或考察机会。

建立人才“上下结对”培养方式，使现有领军人才、拔尖人才、优秀人才与高校、科研院所、一流企业等省内外高层次专家结对，进一步提高人才能力水平。通过“名师带高徒”“专家下基层”等方式，引导领军人才、拔尖人才、优秀人才与基层人才结对，充分发挥传、帮、带和示范引领作用，不断提高基层人才能力素质。

每年选择一定数量的中小企业董事长、厂长、经理进行培训，积极培养具有市场化、外向型、创新创业思维的现代企业经营管理人才队伍，增强企业的核心竞争力。开设拔尖人才大讲堂，每年培训300~500名专业技术人才、技能型人才、农村实用人才等各类人才。

四、完善机制用好用活人才

鹤岗市从制度创新入手，破除人才发展和使用瓶颈，用好用活人才。落实用人单位自主权，创新事业单位编制管理方式，对高校、公立医院和其他符合条件的公益二类事业单位实行备案制管理。逐步推行全员聘用制，逐步实行工资总额包干、协议工资和绩效工资。

高校、科研院所科研人员可在科技型企业兼职并按规定获得报酬，鼓励党政机关、企事业单位和社会各方面人才之间合理流动。完善艰苦边远地区单位招录人才政策，允许部分职位面向本地户籍人员定向招考。高校、科研院所、职业学校等事业单位对开展农村科技公益服务的科技特派员，5 年内保留其原单位工资福利、岗位、编制，优先晋升职务职称，当地政府可根据工作绩效给予适当生活补贴。建立区域内人才来去自由的柔性流动机制，积极与龙煤鹤岗矿业公司、宝泉岭农垦管理局、鹤北林业局、华能鹤电等中省直企业建立长期、稳固的人才流动和共享机制。

为激励科技成果转化，鹤岗市对企事业单位采取科技成果作价入股等方式奖励有突出贡献的科技人才。支持人才创新创业，对列入国家、省、市级科技计划项目的科技人才或团队，给予相应资金支持。支持高校、科研院所和国有企事业单位科技人员、专业技术人员在市内领办创办企业。金融机构和投资担保机构加大为人才创新创业优先提供创业投资和融资担保的力度。每年安排大学生创业“种子资金”，支持在校和毕业 5 年以内的大学生创新创业活动。对国家统招的高校毕业生到鹤岗市创办小微型企业的，在税收、贷款上给予支持。建设大学生创新创业项目库，为大学生提供科技型、成长型项目。

五、挂职交流提升素质练本领

挂职锻炼是促进干部成长的重要方式。鹤岗市从拓宽干部培养渠道、全面提升干部队伍综合素质出发，加大干部挂职锻炼的力度，制定了“年轻干部培养计划”。先后以招商引资、岗位交流、贫困帮扶、职务任职等方式，每年都有大批年轻干部被安排到异地、基层交流挂职学习锻炼。

在干部挂职锻炼上坚持“四多”工作法选派干部。“多频”共振，精准选派干部。将各行业、各领域、各层级干部纳入全市‘一盘棋’考虑，多层次选派干部挂职锻炼。围绕“转观念”选派县处级干部到对口交流合作城市汕头挂职锻炼，帮助干部开阔视野、开拓思维、转变观念。围绕“转作风”选派科级及以下干部到市直、县区重要岗位挂职锻炼，增强担当作为、率先垂范意识，自觉锤炼党性、改进作风。围绕“提能力”选派优秀年轻干部到重大项目、脱贫攻坚、信访维稳一线等急难险重岗位上进行锻炼，提高驾驭复杂局面、解决实际问题的能力；“多重”动员，促进角色转换。召开选派干部挂职锻炼工作座谈会，使挂职干部领会挂职意图，切实提升素质、学到真实本领。经常性与挂职干部谈心谈话，及时掌握挂职干部工作情况和思想动态。积极帮助解决挂职干部家庭、生活、工作等方面存在的实际困难；“多方”吸收，扩大挂职效应。挂职干部每半年汇报一次思想、工作和生活情况及挂职感受。挂职期间深入挖掘挂职地的成熟经验，把好的经验、做法为我所知、所用。赴外挂职干部利用挂职单位资源和优势，有针对性地学习先进理念，注重对外宣介鹤岗，搭建合作平台；“多维”跟踪，确保工作实效。完善制度建设，制定《鹤岗市干部挂职锻炼工作管理办法（试行）》，确保挂职干部管理有章可循。建立挂职干部写实月报制度，随时全方位掌握挂职干部思想、工作等方面。干部挂职锻炼期间的工作实绩作为总结鉴定依据记入档案，作为干部奖惩、职务升降、安排使用的重要参照。

2018 年 9 月，鹤岗市选派 11 名县处级干部到对口交流合作城市汕头挂职锻炼。同年 12 月，2019 新春年货节暨鹤岗市名优产品展示系列活动正式启动，活动主题为“新年鹤礼，香溢鮀城，我为鹤岗代言”。在汕头挂职的鹤岗干部为鹤岗大米、木耳、猴头菇、豆角等绿色、健康的鹤岗名优产品代言，成为活动的一大亮点，进一步推动鹤岗市名优产品开拓粤东市场。

2020 年上半年，在受到新冠肺炎疫情严重影响下，鹤岗市依然坚持选派 53 名年轻干部到市里重点工作单位和部分市直单位去挂职锻炼。其中，选派 10 名干部到市“百大”项目推进组工作；选派 11 名干部到市铁路机场建设领导小组办公室工作；选派 10 名干部到“十四五”规划编制专班工作；市检察院选派的 2 名干部分别与市场监督管理局、市城管局选派的 2 名干部进行挂职交流；选派兴安区 1 名干部到市审计局进行挂职锻炼；选派 5 名干部通过挂职锻炼的方式参与省脱贫攻坚普查工作；选派向阳区 2 名干部到区所属基层开展挂职锻炼；选派市法院 9 名干部到区法院开展挂职锻炼；根据工作要求，国家统计局鹤岗调查队选派 1 名干部到工农区挂职锻炼。

一批批优秀的年轻干部通过挂职锻炼增长了智慧和才干，相继被委以重任，成为工作上的中坚力量。

六、万人培训带动全员素质提高

鹤岗市2018年启动实施“万人培训计划”，以县处级干部为重点，统筹抓好科级以下干部学习培训。坚持集中培训与经常性教育相结合，坚持中长期系统培训与短期专题培训相结合，坚持理论学习与实践锻炼相结合，综合运用多种方式方法，深化习近平新时代中国特色社会主义思想学习培训。每年培训各级各类党员干部万余人次，有效提高了政治素质和工作能力。

市委党校先后邀请市人大、市委保密办、市法院、市委网信办、市营商环境建设监督局、鹤岗师专等19家市直单位的21位领导，对9期班次的600余名学员进行了专题素养培训，并邀请省委党校、省扶贫办、省科技情报研究院等部门教授专家就意识形态、脱贫攻坚、科技创新等内容作专题辅导。

截至2020年末，市交通局、市人社局、市市场监督管理局、市城管局以及县区等市直单位和部门共举办各级各类培训班850余期，培训机关干部和本行业技术人才近5万人次。

市人社部门以提高劳动者素质为目标，以实施全面技能振兴工程和人力资源优势培育为重点，健全培训体系，完善政策措施，大力开展职业技能培训，积极推进技工教育改革发展，加快高技能人才队伍建设，加强民办培训机构管理，举办职业技能大赛，加强高技能人才培养和技能大师建设等措施，大力强化职业教育和技能培训，并且在职业技能培训的基础上培养高技能人才。

2018年，全市培养技能人才87682人。其中初级工58305人，中级工19742人，高技能人才9635人（高级工6918人，技师2677人，高级技师40人），高技能人才占技术工人的比例达到11%。培训萝北和绥滨两县农民1505人，就业率达75%。

2019年，实施“鹤岗工匠”打造计划，制定一系列高技能人才成长的支持政策和激励措施，通过举办与老百姓的吃、住、行、安全、育婴、养老等息息相关行业的技能比赛，完成培训7754人。

2020年，按照“围绕主线，服务大局，突出重点，稳中求进”的工作思路，以就业为本、人才优先、提高劳动者素质为目标，开展线上线下培训121个班次，培训5626人；30家企业开展以工代训，培训793人；148人参加了企业新型学徒制的培训。

根据市场需求，将无人机驾驶、全媒体运营师、直播销售员等新职业纳入培训专业（工种）范围。通过电焊工、育婴员等34个工种的技能比赛，选拔出了“鹤岗工匠”10名，“鹤岗技师”55名，“鹤岗技工”170名，为鹤岗经济转型发展提供了重要的人才支撑。

到2021年3月，全市拥有国家级技能大师工作室2个、省级技能大师工作室7个，省级高技能人才基地2个。通过设立技能大师工作室和高技能人才培训基地，有效发挥了在带徒传技、技术攻关、技艺传承、技能推广等方面的重要作用。

第五节 秉持绿色生态理念 聚力发展生态农业

走向生态文明新时代，建设美丽中国，是实现中华民族伟大复兴的中国梦的重要内容。鹤岗市以党的十八大精神为指引，以实施乡村振兴战略为统领，秉持绿色生态发展理念，以农业供给侧改革为主线，大力发展生态农业，提升优质农产品供给能力，推进农业产业体系建设，培育农业农村发展新动能，保证农产品质量安全，着力推进鹤岗农业从单纯粮食增产向提质增效转型。

一、“两江一岭”绿色食品加工基地

鹤岗市地处黑龙江、松花江、小兴安岭“两江一岭”围成的金三角区域，生态良好，资源丰富。区域内有800万亩黑土良田，绿色食品基地135万亩，农业体量虽小，但有良好的生态禀赋。按照习近平总书记“粮头食尾”“农头工尾”的重要指示精神和黑龙江省推动由大粮仓变成“绿色粮仓、绿色菜园、绿色厨房”的总体部署，鹤岗市加快产业项目建设，倾力打造“两江一岭”绿色食品加工基地，把资源优势变成产业优势。

在打造“两江一岭”绿色食品加工基地工作中，准确把握绿色食品产业的发展规律和发展趋势，加快推进一批农产品加工产业项目建设，全面提高绿色食品生产能力和精深加工水平。

加快推进水稻、玉米、大豆、畜产品、酒业五大主导产业项目建设。在稻米加工业上，重点推进万源1300吨谷维素制取及附属设施建设项目、新龙跃粮油食品公司3000吨大米胚芽深加工项目、明珠生物科技公司10万吨碎米深加工项目；在玉米加工业上，主要推进了兴汇粮食加工公司100万吨玉米深加工项目、利农粮食加工公司30万吨玉米深加工项目和经纬糖醇有限公司8000吨木糖醇、3000吨L-阿拉伯糖项目等；在大豆加工业上，大力推进东新豆制品公司5000吨全自动油豆皮项目、爱德人食品公司8000吨休闲豆制品项目、东方奥发豆制品有限公司1.5万吨豆皮、腐竹项目等；在畜牧及水产养殖加工业上，引进新希望集团300万头生猪产业项目和绥滨县200万只肉鹅养殖、屠宰、加工产业链。新希望集团300万头生猪产业项目一期4个基地全部投产使用，二期项目建设投资3亿元。建立肉鹅产业基地29个。引进昌大禽业合作肉鹅屠宰加工项目；在酒业发展上，有金鹤啤酒有限公司26万吨啤酒项目、绥滨县新北国啤酒公司二期扩建项目、萝北县江兴汇福酒业公司1万吨山葡萄酒项目等。

在加速推进“五大主导产业”的基础上，鹤岗市还围绕蔬菜、林产品加工业等产业，重点推进坤德农业蔬菜产业园、裕民村冰雪蔬菜产业园、红旗林场年栽培300万袋食用菌示范基地、十八号林场年栽培200万袋黑木耳食用菌示范基地、鼎尊生物科技公司投资1.4亿元的黑木耳生产加工、银沐生物科技公司投产1.2亿元的食用菌工厂化生产及深加工等项目。同时还在市区近郊和绥滨县、萝北县及蔬菜传统种植区大力发展蔬菜生产。

打造“两江一岭”绿色食品加工基地，使鹤岗市绿色食品产业发展迈上新台阶。截至2018年末，有机、绿色食品种植面积稳定在142万亩。已成功申报获得有机、绿色、无公害“三品”标识突破300个。新申报萝北五味子和绥滨江鲤2个农产品地理标志及10个绿色食品。有机、绿色食品和农产品地理标志达到63个。

2020年，鹤岗市农作物总播种面积达325.7万亩，产量超过25亿斤，粮食生产又获丰收。除种植水稻、玉米、大豆外，近年围绕“名、特、优、新、稀”做文章，大力发展杂粮、杂豆、食用菌、甜黏玉米、蔬菜等特色经济作物，种植面积达到5.3万亩。

鹤岗市持续加快建设“两江一岭”绿色食品加工基地的步伐，绿色食品产业正在成为支撑经济转型的支柱产业，绿色食品加工业产值占比不断增加，真正实现从“绿色粮仓”到“绿色厨房”的跨越。

二、“两头两尾”构建农产品产业体系

鹤岗市确定发展绿色食品，推进农业转型升级的发展思路，以“农头工尾”“粮头食尾”为抓手，延伸农业产业链，提升农业价值链，深度开发“原字号”，推动农业由单一种植业向种、养、加、销全产业链经济发展。

大力发展生态农业，在提质保量上下功夫。积极推动特色、绿色、有机种养殖业发展，突出抓好农业“三减”；加快产业项目建设。重点要围绕“两头两尾”实施方案中确定的8个产业，精心谋划，加快推进；加大向上争取力度。各县区、各部门要积极向上争取政策、资金和项目，做大基地，做强龙头。各县区、各部门要对涉农政策进行一次认真梳理，对“两头两尾”政策做到心中有数，研究政策，吃透精神，积极争取，为推进“两头两尾”注入动力；加大创品牌促营销力度。扎实开展农产品标识申报工作，这是一项非常重要的工作，直接影响农产品的价值，“两县两区”年内要再申报争取几个绿色食品标识、有机农产品标识和农产品地理标志。实施品牌战略。着力在创造品牌、整合品牌、擦亮品牌上下功夫。要牢固树立市场营销理念，加强市场体系建设，充分发挥互联网营销作用，补足“种强销弱”的短板，不断提高鹤岗市农产品市场占有率和品牌影响力；健全工作推进机制。要高度重视，将“两头两尾”工作纳入重要日程，投入更多精力，抓好推进落实。

调整种植业结构，在发展优质农产品上下功夫。确定了稳水稻、减玉米、增大豆的调整方向，引导农民扩大优质粮食作物和特色高效

经济作物种植面积。

2017 年，全市农作物总播种面积为 309. 3 万亩。其中，三大粮食作物播种面积为 301. 2 万亩，播种玉米 62. 7 万亩，同比减少 51. 8 万亩；播种水稻 162. 5 万亩，同比增加 14. 1 万亩；播种大豆 76 万亩，同比增加 47 万亩。播种杂粮、果蔬等经济作物 8. 2 万亩，同比增加 1 万亩。共落实“三减”（减化肥、减除草剂、减农药）试验示范基地 28 个，总面积达 26. 1 万亩。

在种得好、销得好上下功夫。组织稻农、合作社与佰米堂、万源粮油等 12 家水稻加工企业对接，签订水稻收购合同；组织 50 余家合作社和农产品加工企业参加全国、全省的 10 多个展会，参展产品达 100 余种，签订意向性协议 2 亿多元；建设 5 个地方电商平台，开展农产品电子商务营销活动；利用多种形式培育农产品品牌。截至 2020 年，已拥有 4 个农产品驰名商标、38 个农产品省著名商标。

黑龙万源粮油食品有限公司过去水稻以加工大米为主，过去米糠、稻壳这些资源都白白浪费了。通过不断延长稻米加工产业链条，全产业链加工后，现在几乎没有废料，稻壳和米糠都成了新宝贝，每加工一吨水稻可增值 300 多元。这种带动产业升级的做法成为鹤岗市大力发展绿色食品产业中的一个成功典范。紫苏深加工、海宇米业等一批优质企业也在不断延伸产业链。到 2020 年，鹤岗市农业产业化龙头企业达 54 户，其中国家级 3 户、省级 19 户、市县级 28 户。鹤岗市海宇米业晋升为农业产业化国家级重点龙头企业。

三、打造“中国生态稻米之乡”

绥滨县是典型的农业县。地处黑龙江和松花江交汇的三角地带，境内无化工企业和重工业，生态环境十分优良，是国家级生态示范区。特别是在稻米生产中，同时具备气候条件适宜、水资源丰富、生产技术水平高、绿色种植面积大、农业科技发展快、粮食经营主体多、营销方式灵活实用、仓储能力不断提升等诸多优势。2008 年之前，受种植结构不优、产业形式单一等诸多因素影响，粮食总产量在 5 亿斤左右徘徊，农民人均纯收入仅为 3000 多元，农村基础设施也很不完善，农民生产生活条件亟待改善，曾一度是国家级贫困县。

第一次种植业结构调整从 2009 年开始。一场严重的春旱让已进入 6 月的绥滨大地仍然是百里之内不见青苗，造成了当年农业生产严重减产。在充分调研的基础上，形成了“以稻治旱、以稻治涝、以稻增收”的广泛共识。在随后的 3 年时间里，绥滨县打造成了百万亩水稻基地县。

持续的水田改造开发攻坚战，创造了在黑龙江省的“五个领先”：水田面积增速领先。2009 年，绥滨县全县水田面积仅有 40 万亩。2012 年，水田面积达到 111.8 万亩。三年增加了 71.8 万亩。水田占总耕地面积比例领先。111.8 万亩水田占总耕地面积 149 万亩的比例高达 75%。农民人均水田面积领先。全县 9.4 万农民，人均水田面积达 12 亩。农民年人均纯收入增速领先。2009 年，农民人均收入为 4246 元。2011 年，农民人均收入达到 12500 元。粮食产量增速领先。2009 年，粮食总产 6.1 亿斤。2011 年，粮食总产量达到 15 亿斤。

截至 2014 年，绥滨县水稻面积达到了 125 万亩，占全县耕地面积的 84%，位居黑龙江省百万亩水稻大县之首，实现了适宜种水稻的地块水田全覆盖。

第二次农业生产结构调整源于人们对食品质量要求的提升，绥滨县开始了由“种得好”向“卖得好”转变的结构调整。重点是以市场为导向，注重水稻生产的调绿、调优、调特、调精，力争把优势调强、产业调大、布局调优、效益调高，向绿色特色发展上要效益。探索了富硒水稻生产，通过推行稻田养鱼、稻田养鸭、稻田养蛙等措施，推进了生态、绿色富硒水稻大发展。经农业部认证，100 万亩绿色食品原料（水稻）标准化生产基地，其中有机 4000 亩、富硒水稻 30 万亩。富硒大米已经打入北京、上海、广州等地市场，深受消费者喜爱。

2015 年 6 月，在北京中国国际展览中心举办的“中国十大富硒榜颁奖盛典”上，绥滨县和田水稻种植专业合作社的“绥望牌”和“绥滨大米”分别获得了中国十大富硒品牌和中国富硒行业金奖产品的荣誉称号，这意味着绥滨县的富硒水稻产业迈进了全国领先行列，标志着绥滨县的富硒水稻产业迈出了重要而可喜的一步。“中国国际粮油产品及设备技术展示交易会”是中国粮食行业规模最大、最具影响力的综合性国际展会。2019 年，在第十七届中国国际粮油产品及设备技术展示交易会上，绥滨县作为全国 9 个命名市县之一，被命名为“中国生态稻米之乡”。绥滨大米已从东北大米的概念中脱颖而出，更受中国人民的喜爱。

四、创建“中药材基地建设示范县”

鹤岗市在自然环境、生态环境等方面拥有天然优势，非常适合中草药种植。为加快推动中医药产业发展，确保各项工作取得实效，制定《鹤岗市中医药产业发展规划（2019—2030 年）》。

2019 年 6 月，鹤岗市召开中医药产业发展推进会议。会议指出，要高度重视中医药发展，研究适合鹤岗地区种植的中药材种类和质量标准，推动中药材绿色种植、规模种植，以质量打造品牌，以疗效赢取份额，切实为人民群众健康生产出放心药和良心药；要做大做强中医药企业，扶持现有企业发展，不断延伸产业链条，积极引进培育新企业，抓好与市场对接；要提升医疗康养服务能力，进一步完善中医医疗服务体系，加强重点专科建设，着力提升基层中医医院的诊疗水平，培育发展中医药健康旅游服务，切实满足人民群众对多层次多样化中医药康养服务需求；要坚持规划先行，主动对接项目政策，研究制定支持性政策措施，着力培育中医药种植养殖、生产加工、康养服务等专业人才；要强化组织领导，各负其责，相互配合，创新工作理念和发展思路，不断开创中医药发展新局面。

萝北县地处黑龙江省东北部、小兴安岭南麓与三江平原交汇处，生态环境优良，气候条件独特，是国家级生态县。自然地貌为“五山一水四分田”，野生药材蕴藏量较大，出产药材有效成分含量高、功能疗效显著，丰富的林地、耕地等优良的自然资源为北药种植提供了良好的基础条件，也是优质“北药”的主产区之一。人参、蒲公英、五味子、白鲜、防风、苍术、刺五加等药材品种种植业发展较快，拥有发展中药材产业的巨大潜力。

萝北县域中药材种植面积已发展到 55784. 76 亩，品种达到 28 个。

种植面积较大的药种有人参9777.85亩，蒲公英789.16亩，五味子683亩，蓝靛果3158亩，黑果花楸477.5亩，刺五加245.95亩，白鲜皮232.5亩，桔梗179.9亩，苍术165.9亩。药材种植规模不断扩大，组织化程度进一步提升。培育唐华、跃腾、绿沃、紫石等中药材种植专业合作社十余个，打造五味子种植专业村1个，引进建设祥合食品、康华源生物科技有限公司等药材深加工企业2家，新建太平沟乡石虎沟村、县种畜场和团结镇勤俭村3个中药材初加工项目。

萝北县中药材产业发展走上快车道，其中之一的"绝活"便是招大引强。2019年6月28日，萝北县与步长集团华涛药业签订合作协议，共同出资设立黑龙江华涛药业有限公司，投资总规模不低于60亿元人民币，建设10万~15万亩北药种植基地，打造中国单体最大的中药、农业生态产业园，建设精准扶贫和乡村振兴示范项目。包括建设中药饮片生产基地、中药配方颗粒生产线、中药经典名方深加工生产线、华涛公司中药大健康产品加工生产线，成立旅游公司和中药材进出口贸易公司，打造北方进口中药材交易市场，建成集北药深加工、销售、科研开发及北药种植、健康旅游、进出口贸易等为一体的综合性中医药产业基地。此外，总投资1.76亿元的黑龙江创优浆果生物科技有限公司蓝靛果基地建设与深加工项目，已完成全部种植3000亩，不日即可投产达效。

萝北县成功申报2019年省级中药材基地建设示范县和2020年省级中药材种植基地建设示范县。截至2021年春，落实中药材种植基地建设补贴资金167.3万元，对达到200亩以上种植规模的中药材生产经营主体进行扶持，补贴中药材面积4664亩；为6个道地中药材品种展示园提供补助资金300万元；为4个中药材初加工项目提供资金补助438.5万元，充分发挥了中药材基地建设示范县补助资金的带动效应，北药正成为萝北县域经济新的增长点。

五、建设全国主要农作物生产全程机械化示范县

2020年1月2日，国家农业农村部办公厅关于公布全国第四批率先基本实现主要农作物生产全程机械化示范县（市、区）名单，萝北

县成为全国第四批率先基本实现主要农作物生产全程机械化示范县。

萝北县是国家重要商品粮基地县、黑龙江省“两大平原”配套改革试验试点县。一望无垠、平坦宽阔的沃野田畴，为农业生产机械化提供了良好的条件。依靠县域农业平原广阔的优势，萝北县高度重视农业机械化工作。农机化生产技术推广机构健全，农机装备配套齐全且不断升级更新换代，农机服务组织、农机专业合作社、农机大户不断涌现，能够很好地完成农业机械化生产作业任务，带动辐射周边开展农机标准化大机械作业，促使土地流转、规模化经营发展较快，主要农作物生产全程机械化综合水平逐步提高。

受益于近年来国家实行农业机械购置补贴政策，加上萝北县的政策扶持、资金补助等措施，部分乡镇水稻插秧、水稻植保、玉米收获等薄弱环节的机械化率迅速增长。大马力拖拉机、气吸式精量播种机、水稻高速插秧机以及无人机等高性能机具数量快速增加，农业机械化程度逐年提高。

截至2020年末，萝北县农用拖拉机拥有量达8000多台（套），农机总动力达34.2万千瓦，包括大中型拖拉机、拖拉机配套农具、水稻插秧机、水稻联合收获机、玉米收获机、大豆收获机、植保无人机、谷物烘干机、秸秆还田粉碎机、秸秆捡拾打捆机、搂草机、抓草机、烘干设备等。农机化服务组织350多个，农机专业合作社10个（其中，设备投资规模达到1000万元的有5个，设备投资规模500万元的有5个；达到省级规范社标准的有2个）。玉米、大豆、水稻等主要农作物从春播、植保到秋收，机耕作业机械化程度均达到99%以上。

各种“高大上”的农机装备，充分显示出了现代机械的威力，在解放人力的同时也进一步提高了农业生产效率。农机化作业能力强，作业辐射面积大，社会服务面越来越广，农机专业合作社也应运而生。萝北县以农机专业合作社为主的农机化服务组织达350多个，装备了从种到收各个环节的先进机械设备，可以满足全程机械化作业的需要。

向全面机械化拓展，向高质高效机械化升级成为萝北县下一步的发展方向。

六、“互联网+农业”助推“三农”发展

鹤岗市地处祖国东北边陲，具有良好的自然生态环境，生产绿色、有机农产品极具优势。早在2013年，鹤岗市按照基地承载、产业支撑、三产融合、品牌引领、电商突破的思路，将“互联网+农业”高标准示范基地打造成为结构调整、科技创新、品牌开发、农民增收和工作指导的样板田，示范带动绿色有机农产品生产扩面提标，促进农业增效、农民增收。

鹤岗市结合“互联网+农业”工作推广，努力推行“种出绿、产出绿、叫响绿、卖出绿”，做强绿色食品产业，初步形成了覆盖农业生产、管理、加工、销售等环节的“互联网+农业”经营模式。2015年8月就落实高标准示范基地面积4.49万亩，其中绿色食品基地4.44万亩，有机食品基地490亩。从种到销，从江鱼到大米，“互联网+农业”在鹤岗市火热起步。

在萝北县东明乡红丰村，新春玉米专业合作社年加工玉米1万吨，生产的小碴子和玉米面，兼营杂粮杂豆产品已上传到邮乐网，开始线上销售。产品网上卖，和全国市场对接，扩大了专业合作社生产经营规模，经济效益大幅增加。

2015年8月，媒体报道了鹤岗坤德农业借“互联网+”提升“绿”字品牌的消息。报道记载：打开手机，在鹤岗坤德农业的在线商城，你就可以任意选购他们销售的纯绿色果蔬。在“互联网+”的大时代下，鹤岗市坤德农业公司借助网络高速路，不断做大绿字招牌，推动企业由种得好向卖得好转变，已经成为鹤岗市规模最大、基础设施最完善、科技含量最高，集专业生产、加工、配送、贮藏于一体的绿色果蔬企业。

黑龙江六公里电子商务有限公司在2016年1月入驻鹤岗市东山区蔬园乡裕民村。作为鹤岗市“互联网+农业”重点项目，“六公里掌上超市”定位于百姓生活网络购物超市，是从研发、仓储到派送一体的本地垂直电子商务平台。通过“掌上超市”平台，裕民村采取“订单农业”方式，优选绿色蔬菜及肉禽、蛋类等产品，足不出户把好产品

卖出去。

共青农场是欧盟IMO、日本JAS、美国NOP认证的有机农场和全国“良好农业规范认证”的示范农场，拥有知名品牌、地理标志产品及“老字号”品牌，造就了5大系列、30余种具有地域特色的产品。2017年3月18日，“北共青”品牌亮相京东，木耳、银耳、珍珠菇、香菇等8个品种食用菌产品在京东商城火热上线，这标志着“北共青”品牌产品正式向全国市场吹响进军的号角。

在农业发展全过程中引入信息化技术，推动互联网与农业生产经营的融合发展。组织30户农产品加工企业的40余种农产品进驻“生态龙江”电子商务平台，实现部分农产品网上交易，并组织地方农产品进驻黑龙江绿色食品商城；东山区蔬园乡利用互联网信息解决了在高寒地区大棚葡萄栽培、洋葱地膜覆盖栽培技术等难题，为葡萄、洋葱产业发展提供了信息支撑；萝北县宏图米业、红光村农民合作社、宝泉酱业等实体企业入驻京东电商平台，拓宽猴头菇、有机大米、宝泉豆酱和“东北开春第一鲜”——开江鱼等地方特产网络销售渠道；通过邮乐网举办招商会，创立该网站第一个地方馆——“在线萝北宝泉岭馆”；绥滨县和田水稻合作社建立官方网站，在淘宝网、微商城、1号店等知名网站均建有网页，“绥望”有机香米和“绥滨大米”绿色富硒香米等产品网络销量不断增加；东山区坤德蔬菜园区、惠民玉米专业合作社等都建立了自己的电子商务平台。

构建了产权交易、农经信息、畜牧服务、流通服务、农民培训和经营信用六大平台。产权交易平台完善了县乡村土地流转信息、劳动力供求信息等服务平台，建立了市县乡村四级就业服务网络；农经信息平台开通专家服务热线，建立农业信息网，为农业生产提供政策解读、市场动态和技术咨询等信息服务；畜牧服务平台搭建畜牧兽医服务网络体系，面向全市进行咨询、答疑服务；流通服务平台包括全市100个农资销售机构、3个综合农副产品批发市场、3个专业农副产品批发市场、8个农贸市场、4个大型超市；农民培训平台围绕三大粮食作物的标准化栽培技术，重点针对种养大户、家庭农场、农民专业合作社带头人、农村经纪人等开展了农业电子商务培训，成为农民技术培训的重要渠道；经营信用平台通过网络平台推出新型经营主体预期收益抵押贷款政策，贷款上限可达到1000万元。

益农信息社是推进信息进村入户工程的重要实施载体，通过开展公益服务、便民服务、电子商务服务、培训体验服务，将信息服务延伸到农村和农户，让农户足不出户就能享受到信息化高速发展的成果。2017年12月，鹤岗市仅用11天就全部完成了建设216个益农信息社的任务，为深入推进“互联网+”现代农业发展打下坚实的基础。

2018年10月，鹤岗市萝北县通过建设“互联网+物联网”田间监测管理系统，突破农田信息获取困难与智能化程度低等技术发展瓶颈，利用实时、动态的农业物联网信息采集系统，实现快速、多维、多尺度的农田信息实时监测，并通过农技指导平台、农产品质量安全追溯平台进一步提取、分析监测数据，为农业生产提供指导服务，为农产品进入销售流通渠道提供质量保障依据。历时3个多月，萝北县农技推广中心“智慧农业”监测管理平台安装调试工作全部完成，标志着向“智慧农业”发展又迈出了坚实的一步。

在萝北县东明乡新胜村绿色水稻基地、团结镇工农兵村绿色水稻基地和亢三稻鸭米有机水稻基地，通过摄像头对作物生长现场有直观的了解观察。采集的监测数据通过网络传回数据中心，对各项数据汇总后，农业部门对农作物生长环境进行全面掌控。监测管理系统二期工程还将增加其他物联网设备，建设整体的县域平台，实现农作物从田间到“舌尖”全程溯源。

“互联网+”让靠山渔场尝到了甜头。过去，在坏天气的时候，既怕鱼塘水中的氨氮含量发生变化，影响鱼苗生长，更怕溶氧量不够引发鱼大量死亡；信息闭塞，知名度不高，每年的春天都出现卖鱼难的现象，鱼苗、鱼种销售压塘，给渔场造成很大的经济损失。2018年，绥滨县对靠山渔场进行了鱼池改造，安装了与农业部渔业局“全国水产品质量安全追溯平台”相连接的“互联网+”平台。可以实时自动监管上传每个塘口的苗种、投入品和流通等信息；可通过平台上传信息，实时进行远程鱼病会诊；利用无线网络，通过手机控制投饵机、增氧机、监控设备等管理渔场；通过信息上传，让所有的互联网用户都能了解靠山渔场的好种苗、好鱼，并且可以在网上进行交易。靠山渔场的生产经营管理水平明显提升，实现了管理智能化、鱼病诊断远程化、水产品质量网上追踪化、水产品销售网络化，经济效益得到大幅度增加。

推行“互联网+农业”是提高农业发展质量和效益、促进农民增收的重大举措，是加强农村社会管理和服务的有效途径。鹤岗市将通过推进“互联网+”示范基地建设、拓展农产品线上销售渠道、开展电子商务技能培训等措施，持续助推“互联网+农业”快速发展。

七、“乌金之城”再圆“米都”梦

这里地处世界三大黑土板块之一，毗邻中国大粮仓“建三江”千万亩水稻种植基地。拥有130余户稻米加工企业，稻米加工总能力已达到550万吨，约占全省的六分之一，总体规模位居全省前列。

这里有“收全省，卖全国，放眼世界”的营销策略，有“梧桐”“实实”“龙水”“稻园”4枚中国驰名商标，“万鹤源”“稻园”“梧桐”三大国际金奖。有迦泰丰、万源、三江平原等“中国稻米加工50强企业”，走出了一条品牌兴企之路。

这里有北大荒知青重返黑土地的创业精神，“黑龙江省水稻深加工工程技术研究中心”“全国米糠油特色产业示范基地”等国家重点粮食企业，有一批懂经营、会管理、勇创新的企业家。

风吹麦浪，稻米飘香。昔日以“乌金之城”著称的煤城鹤岗，如今携着沉沉的稻穗完成了一个华丽而优雅的转型。2013年6月，在第24届哈洽会上，中国粮食行业协会把全国唯一一块“中国稻米加工强市”的奖牌授予鹤岗市。在全国人民共圆“中国梦”，全省努力描绘“十大工程”之首千亿斤粮食产能工程的“粮食梦”时，鹤岗市打造“北方米都”的梦想有了实质性的飞跃。

鹤岗市在城市创新转型之际，果断提出了打造“北方米都”的构想，明确提出把米业作为鹤岗市新兴产业之一。通过大力实施“绿色农业工程”，米业的发展出现了前所未有的大好形势，粮食产业成为除煤炭产业以外最大的新兴产业，在区域经济的发展中发挥着重要作用。

鹤岗市出台了《绿色食品产业发展优惠政策》，以增值税按比例奖励，新增所得税先征后返等方式支持龙头企业发展。“十二五”规划更把绿色食品产业作为主导产业强力推进，积极鼓励机关干部和科技人员，奔向绿色食品产业发展第一线；粮食行业协会充分发挥桥梁纽带作用，为粮食企业发展搭台唱戏，为粮食产业化助力添彩；积极向国家粮食局、中国粮食行业协会申报“中国稻米加工强市”称号，并获得成功，更为稻米加工发展引领了方向。

鹤岗市粮食产业有万源、迦泰丰、人和、崧阳四大省级稻米加工园区为领航者，多数粮食加工企业的生产设备和工艺都达到了国内一流、国际先进水平。龙头企业的带动作用，加快了粮食产业化的建设。

优质稻米加工后销往哪里？鹤岗市粮食经纪人队伍发挥了日益重要作用，是实现粮食产、供、销有机结合的推手。他们广泛活跃于城乡村屯之间，将千家万户农民和种粮大户与粮食加工、收储企业紧密联系在一起，更使企业与国内外市场实现了有效对接，一跃成为打造我们“北方米都”的重要生力军。

鹤岗市拥有得天独厚的资源优势：强力推进的绿色食品发展战略，以及率先建成的水稻产品循环经济产业链条。

翻开鹤岗地图，可以看到鹤岗市地处世界三大黑土板块之一。有萝北、绥滨两县及 11 个国营农场，还毗邻中国大粮仓“建三江”的千万亩水稻种植基地。粮食种植面积 800 万亩，其中，水稻种植面积 523 万亩，水稻年产量 260 万吨，辐射周边区域达到 500 多万吨。绥滨县、萝北县拥有着 70 万亩国家大型绿色水稻原料加工基地，与迦泰丰、万源、人和、鹤鸣等米业龙头企业实行了基地、农场、农户间的广泛合作，大力开展“订单”农业、产业化经营。水稻种植从种子选育到播种收获，全部实现智能化和机械化，形成了现代化大农业，为粮食加工企业提供了充足的粮源。

水稻的产量和品质激发了稻米加工业集群化发展的态势，涌现出了万源、迦泰丰、人和、鹤鸣、崧阳、三江平原等一批年加工能力 30 万吨以上的米业龙头企业。有 15 户企业被列为国家重点支持企业，有 10 个稻米加工项目列入黑龙江省政府、省长签约督办项目。特别是万源米业百万吨级稻米加工园区，在国内率先建成了6大系列36种产品循环经济产业链条，将“地头到餐桌利润”全部留下。

稻米行业坚持以“高起点、高标准、先进产能、循环经济”为发展方向，万源、人和、迦泰丰、崧阳四大稻米加工园区全部列入“黑龙江省稻米加工园区建设发展规划”。他们带着稻米走出家门“攀高结贵”，与省内外大专院校、科研院所开展合作，与北京化工大学联合创建了全国首家稻谷综合利用工程技术研发中心和院士工作站，共同开发稻米产品循环经济产业链条，实现合作共赢。在全国稻米行业中，9大驰名商标中鹤岗市有4枚，可谓撑起半壁江山，占全国驰名商标总数的“头牌”。名声在外的鹤岗市稻米产品行销国内20多个省、区、市，亚、非、欧十几个国家和地区。

十年磨一剑，“北方米都”的优势已经悄然形成。“中国稻米加工强市”的殊荣将引领鹤岗市、黑龙江省乃至全国稻米加工产业走向新的里程。站在城市转型新的起点上打造“北方米都”，这是鹤岗市的历史使命和义不容辞的担当。

八、特色水产养殖方兴未艾

2014年4月，农业部办公厅公布了“农业部水产健康养殖示范场（第八批）名单”，鹤岗市东方红乡圣湖养殖场（所属水产养殖场）、蔬园乡海河养殖场（所属水产养殖场）、新华镇元宝山渔场、萝北县名山镇莲花泡养殖场（所属水产养殖场）、萝北县凤翔镇鸭蛋河水产养殖场5家水产养殖场榜上有名，获得“农业部水产健康养殖示范场”称号。自此，鹤岗市已有9家水产养殖企业获此殊荣。

为促进水产养殖向现代渔业转变，鹤岗市积极推进水产健康养殖示范场创建工作，从制度建设入手，严格创建质量，强化对示范场的日常监管。创建的9家部级水产健康养殖示范场，其中的八公里特种鱼类养殖场目前已是鹤岗市休闲渔业示范区内的龙头企业；蔬园乡海河养殖场主要养殖鲟鳇鱼、细鳞、金鳟等多种特色鱼类，极大提高了鹤岗市水产品市场竞争力。

鹤岗市所辖地域属于淡水养殖业地区。改革开放以来，郊区农村、宝泉岭农场、绥滨农场和萝北县等地的水产业得到了迅速发展。除了传统养殖鱼类和特色养殖林蛙等，水稻种植户开始大面积推广在水稻田里养殖河蟹、泥鳅等综合种养方法，既降低水稻虫害，又增加经济效益。

2017 年 10 月，根据农业部等九部门《关于印发贫困地区发展特色产业促进精准脱贫指导意见的通知》和《黑龙江省“十三五”规划纲要》，鹤岗市结合特色产业扶贫实际制定《鹤岗市特色产业扶贫实施方案》。要求立足宜渔资源优势、区域特点和产业特色，实施标准化池塘和工厂化养殖车间的开发和改造，积极为有意愿从事水产养殖的贫困劳动力提供生产条件。结合水产项目建设，以专业合作社等经营主体为依托，培育水产养殖、休闲渔业、渔具生产等特色渔业产业，促进产业优化升级，增加贫困人口收入。

为确保农业增效、农民增收，鹤岗市在 2017 年继续加大农田水利建设投入，全力确保农忙时节灌溉用水安全畅通。共修复农田水毁涵洞 102 处，更换新一水库、元宝山水库、梧桐河渠首进水闸门 3 座，完成水库清淤 2 万立方米，维修拦河坝、溢流坝 2 处，新建渡槽、农道桥 3 座，加高培厚干渠 8 公里，新建清淤灌排沟渠 38 公里，有力地保证了农田灌溉和养殖用水的需求。

党的十八大以来，绥滨农场以无污染的黑龙江水等资源优势为基础，积极扶持 50 万亩绿色优质原粮生产基地、龙门福地特色养殖基地、现代农业观光旅游景区“三大基地”建设，引导职工将自家小产业因地制宜，以市场为导向扩大规模，合力发展富民产业圈。

绥滨农场龙兴管理区三鑫水产养殖基地的邵国财是发展特色水产养殖奔富路的典型代表。2019 年，邵国财经过多方考察餐饮行业需求、咨询南北方的亲朋好友饮食习惯，了解到鳌花鱼（又叫鳜鱼，肉质细嫩肥厚、鲜美，是老少群体的高营养补品，而且对水温有较强的适应性）是消费者餐桌上极受欢迎的淡水鱼。他就瞄准市场、抢抓商机，当年就投放了 3000 尾鱼苗，长至 2 斤左右时以每斤 120 元左右的价格销售，有合作往来的深圳等地客户纷纷订购，供不应求。

绥滨农场有限公司积极探索特色产业多元化、多渠道为职工群众增收新路子。通过党员干部示范，激发职工群众自办自创项目的热情，衍生出林下经济、泥鳅稻、鱼稻、蟹稻等特色养殖产业，让一个个小产业成为富民产业。

走进水稻示范田，随处就可见鱼、蟹、泥鳅在水中穿梭游玩，这是绥滨农场有限公司发展“稻田+”高效复合型农业新模式、提高稻田产出率、增加农业附加值的直观展现。通过稻田养鱼、养蟹等项目，构建立体农业生态模式，在传统水田种植的基础上，把水产养殖和水稻种植有机结合在一起，提高了水资源利用率，打造了种植户增收的新经济增长点。

萝北县遵循渔业发展规划的基本原则，依靠科技进步，因地制宜合理规划渔业养殖结构。着重加强养殖优良品种鱼类的驯化和引进，先后成功孵化出虹鳟鱼、金鳟鱼、大马哈鱼、细鳞鱼等冷水鱼鱼苗。充分利用各类自然宜渔水域，以试验示范基地为中心，以集约化养殖、生态养殖为主体，以提高单位产量和经济效益为突破口，发挥各类型水域的生产潜力，增加水产品的总产量。

为了加快水产养殖业的发展，2019 年 9 月，萝北县举办水产养殖人员培训班。培训内容包括《中华人民共和国渔业法实施细则》以及虹鳟养殖、越冬期鱼病防治技术、鲶鱼人工繁殖、稻田养蟹操作规程等。为了方便广大养殖户，还深入到肇兴镇，太平沟乡等乡镇上门开展培训，为充分利用水产资源优势，把水产业建成具有萝北特色的农村主导产业，奠定了基础。

稻田养蟹是近几年兴起的一种生态种养相结合的模式，既能清除稻田杂草，也可预防水稻虫害，生产出优质的稻米，又为河蟹提供优良的生长环境，实现“一水两用、一田双收，稳粮增蟹、稻蟹双赢”。2020 年 5 月，萝北县开展稻田养蟹示范区建设，在水产技术人员的帮助下，团结镇龙兴村水稻种植户郑宝将 1500 斤扣蟹进行药物处理后投放到暂养池，秧苗扎根后投放到 300 亩的稻田养蟹示范区。

2020 年 6 月，在萝北县水产总站肇兴镇冷水鱼孵化基地，水产养殖户张树文首次成功孵化出 2 万尾哲罗鱼苗，填补了萝北县及周边地区哲罗鱼孵化的空白。

萝北县持续开展增殖放流工作，对促进渔业可持续发展发挥了积极作用。2020 年 6 月 6 日，黑龙江省农业农村厅在黑龙江肇兴江段举行“全国放鱼日”同步增殖放流活动，共投放翘嘴鲌 5000 万尾、鲢鱼 5000 万尾，有效补充了黑龙江流域萝北江段鱼类资源，进一步加强了水生生物多样性保护。

截至 2020 年，鹤岗市渔业放养面积保持在 7. 2 万亩，名特优养殖面积发展到 4. 3 万亩，稻田综合种养面积达到 34 万亩。水产品产量达到 1. 08 万吨，同比增长 1. 8%。

第六节 新老品牌植根区域文化促发展

在党和国家的正确领导下，中国品牌建设成果卓著，涌现出一大批具有特色优势的区域品牌、企业品牌和旅游品牌等，质量强国、品牌强国的宏伟画卷正在全面展开。品牌不仅是企业、产品信誉和无形资产、知识产权，更是一个城市、一个地区的综合经济实力的象征。地处东北边陲的鹤岗市正处于经济转型期和跨越发展期，在调结构、促发展的大前提下，高度重视品牌发展培育工作，不断通过政府支持规划引导、激发产品主体主动性和积极性等有效措施，鼓励、扶持不同所有制经济单元开拓发展名优产品和品牌商标，带动整个地区经济同步成长，进而从真正意义上实现高质量发展、提升整体竞争力。如春意渐暖，一个个鲜活的品牌带着纯纯的黑土气息、浓浓的区域底蕴，不断地在边城孕育、向世界呈现。

一、金鹤啤酒涅槃重生

中国国际啤酒网 2020 年 3 月 16 日报道：金鹤啤酒拓宽销售渠道加速恢复产能，一周以后即可恢复到年前的产量。

历史上的金鹤啤酒与小香槟汽水、老传统香肠并称为“鹤岗三宝”。边陲小城鹤岗市第一家啤酒厂始建于 20 世纪 60 年代，采用传统的酿酒工艺，引入小兴安岭清澈甘冽的山泉，酿造出了金鹤啤酒。金鹤啤酒一走向市场，便备受鹤岗百姓的喜爱。亲人聚会喝，同学聚会喝，朋友聚会喝，鹤岗百姓的餐桌上唯金鹤啤酒独尊。1994 年，金鹤啤酒带着民族品牌的希望飞往德国参加慕尼黑国际博览会，并一举获得慕尼黑金奖。

1962 年投产的鹤岗金鹤啤酒厂，半个多世纪里经历了转制、重组等四次变身。1999 年，哈啤（鹤岗）公司正式成立。2002 年，哈啤集团融资上市，哈啤集团投资 1 亿元帮助哈啤（鹤岗）公司完成了 10 万吨扩产改造。2006 年，哈啤集团被买断，正式加入世界最大的啤酒生产经销商——美国 AB 公司（百威啤酒制造商），鹤岗公司作为哈啤全资子公司随之加入。2008 年 11 月，比利时英博集团以 560 亿美元成功收购美国 AB 公司，成立世界第一大啤酒公司、全球第三大消费品公司——百威·英博公司，哈啤（鹤岗）公司成为该集团旗下中国 50 家公司之一。2016 年 2 月，出于市场布局的考虑，百威·英博公司关停鹤岗工厂。

从 1999 年起，金鹤啤酒慢慢淡出人们的视线，就仿佛一艘巨轮在岸边搁浅了，从此变成了一段时代默片，老金鹤的名字也只在老一辈的记忆里。如今 40 岁以上的人们提起金鹤啤酒，心里不禁惋惜，脑海里仍能回想起童年跟长辈讨一口金鹤啤酒喝的场景。那种细致入喉的酒味和耐人寻味的酒香，勾起不少人对岁月的怀念。这个城市每晚总有人会做着金鹤回归的梦。

承载着人民的期盼，在政府的大力支持下，鹤岗市金鹤啤酒有限公司投巨资建设啤酒厂区，下决心让金鹤回到大众视野。

鹤岗金鹤啤酒有限公司位于鹤岗市高新技术产业及绿色食品产业园区，于 2015 年 12 月 4 日注册成立，由上海善有股权投资公司投资，致力于打造现代化、自动化、可观赏、环保型企业，创造绿色产品、名优产品。2016 年 12 月，金鹤啤酒一期项目建成。总投资 5300 万元，建设工期 150 天，1 万吨精酿啤酒生产线、2 万吨纯净水生产线正式达产。

2016 年 12 月 7 日，金鹤旗下系列产品——威尊精酿黄啤、白啤、黑啤和金鹤饮用水全新上市；2017 年 5 月，威尊精酿全麦啤酒上市；

2019 年 1 月，金鹤品牌原浆啤酒上市。精酿啤酒和纯净水项目设备全部是食品级 SUS304 材质，设备运行全部实现了自动化，啤酒酿造引进德国生产技术，使用进口优质大麦芽和德国纯正酵母、进口酒花为主要原料，以严谨的工艺控制，通过自然发酵，低温储藏酿造而成，整个生产过程不使用任何人工成分、添加剂或防腐剂，确保为顾客提供最优质的产品。企业通过质量 ISO9001 管理体系和 HACCP 管理体系认证。

2017 年春节，老字号品牌金鹤啤酒回归鹤岗市民的餐桌，在举杯畅饮时，鹤岗人的酒杯里多了一份对“鹤岗制造”的自豪感和对昔日情怀的回味。这次回归，保留老金鹤原有的味道，包装上更换了新版设计，全新升级，新瓶装着老酒，既勾起老一辈许多美好的回忆，又能给年轻一代一个惊喜，消失 17 年之久的地方名优品牌“金鹤啤酒”又重新回到了鹤岗人民的怀抱。

比普通产业项目落成更有意义的是，它是鹤岗市改造升级老字号的一次成功实践。有 20 多名“金鹤”老员工加入金鹤啤酒公司。老品牌、老技术骨干、老味道，新厂房、新设备和新管理模式，鹤岗金鹤新老结合，改造升级“老字号”，让品牌力量在市场上重放光芒。

“厂子一关，心情很沉重，从老厂区一路过心里不是滋味。新建金鹤啤酒公司，让我们这些‘老金鹤’人感到振奋，一定让鹤岗人乃至全国各地的人喝到真正的金鹤啤酒。把老品牌做大，把老传统发扬光大，让老口味回归。”在老金鹤工作 32 年的冉庆禄道出心声。

独特的口味，成熟的品牌，几代人的记忆，这正是鹤岗市走出去的企业家决定重建金鹤的最大动力。鹤岗市得天独厚的水质，也让上海善有股权投资公司合作企业（有限合伙）下定决心大干一场。

鹤岗市金鹤啤酒项目二期计划投资 10 亿元。10 万吨啤酒和 3 万吨功能饮料项目位于鹤岗市高新技术产业及绿色食品产业园区，总投资 6.2 亿元，占地面积 24.5 公顷，新建项目有糖化、发酵和灌装车间，原料、成品库房和附属生产生活设施，建设年产 20 万吨啤酒生产线、3 万吨功能饮料生产线。项目建成后年产普通啤酒 8 万吨，纯生啤酒 2 万吨。达产达效后，可实现销售收入 5 亿元，税收 0.8 亿元，安置就业

500人；金鹤啤酒文化城（原啤酒厂升级改造）项目在原啤酒厂厂址范围内，投资3亿元，打造一座围绕啤酒产业发展为主题，集“文化、教育、科技、体育、餐饮、娱乐、休闲”于一体的中国北部城市少有的大型城市综合体“啤酒休闲文化城”。规划占地面积4.5万平方米，建筑面积10万平方米。项目运营后，年创税2000万元，向社会提供2000个劳动就业岗位。

“与品牌挂钩的是品质，二期项目将恢复生产老金鹤啤酒，用大米做辅料，厂区附近有4家大米企业，原料充足还能节省运输成本，酿造原汁原味的老金鹤啤酒。”鹤岗金鹤啤酒有限公司总经理张辉说。

经历了涅槃的“金鹤”，在人民企盼中重生。对老品牌的执着、对老味道的怀念，是一种文化上的传承与再发展，正是这样的追忆才使得几代人为之奋斗的老味道得以重现，也正是这样的凝心聚力、勇往直前、同心同德才使得鹤岗的发展日新月异。

二、龙江酒业——“百年老字号”

位于鹤岗市工农区南四道街的一家白酒厂，是人们印象中的“百年老字号”酒厂，现在取名为“鹤岗市龙江酒业有限责任公司”。各种产品先后获得省市、国家乃至国际金奖60余项。“老五甑工艺”是几代酿酒人传承80多年的非物质文化遗产，被列入鹤岗市非物质文化遗产名录。酿酒技艺是结合北方自然条件与气候，传承总结出了具有北方特色的麸曲酿酒技术，被列为黑龙江省麸曲酱香白酒技术代表和非物质文化遗产，被国家白酒专家誉为“北方酱香代表”。

据记载，鹤岗白酒厂（龙江酒业）现掌握的酿酒技术传承脉络，最早是由第一代酿酒师张祥山开始（1885年，从师不详），历经第二代齐贵、第三代李福生、第四代高绪丰、第五代李殿臣及第六代李井凤、张丙杰、周丽梅等，传承至今已有100多年的历史。早在1917年鹤岗煤矿开发初期，张学良夫人于凤至和沈松年先生开矿时开办了一家私人烧锅。1945年日本侵略者投降后，这家私人烧锅起名叫义兴源烧锅。1946年中国共产党接管兴山后，经过公私合营改名为鹤岗市油酒厂，1950年更名为鹤岗市白酒厂。当时的鹤岗白酒厂工人不足50名，年产白酒不过 300 吨，仍然是一家手工作坊。此后的 27 年间，虽然历经几次技术改造，质量还是达不到标准，白酒年产量也只有六七百吨左右，鹤岗白酒厂在黑龙江省同行业中还是一个被遗忘的角落。

1976 年，黑龙江省轻工局针对白酒工业原料偏紧、出酒率较低的实际情况，决定进行提高白酒出酒率的试点工作。首先由黑龙江省轻工业研究所、双鸭山白酒厂、哈尔滨白酒厂共同进行了菌种条件试验。然后又组织宾县、兴隆、扎兰屯、富裕、尚志、佳木斯、汤原、宁安、海伦、肇东、富锦、依兰、方正等 23 个酒厂的 47 名领导干部、老工人、技术人员，从 1976 年 9 月 1 日至 10 月 10 日在双鸭山白酒厂进行了提高出酒率的大生产试验。鹤岗白酒厂没有被通知参加试验，但老厂长李殿臣硬是争取到列席试验的资格。列席试验期间，李殿臣等人一边向同行学习、一边默默地开展试验。结果一鸣惊人，投料量减少 5%，出酒率提高 20%。参加实验的所有人员被震动了，临时决定由鹤岗白酒厂向大家介绍经验。从此，同行们对鹤岗白酒厂刮目相看，省轻工业厅对鹤岗白酒厂极为重视。

1979 年初，厂长李殿臣在《中国科学院微生物研究所资料》上看到一种具有国内先进水平的 UV-11 号新菌种，他立即组织有关人员学习研究，经过四个多月的反复试验，糖化力由原来的 3000 个提高到 5000 个，出酒率由 70%提高到 75%，用曲率从 16%降到 9%。鹤岗白酒厂每年可节约原料 2500 斤、增产白酒 100 多吨。为此，黑龙江省轻工厅食品处决定在鹤岗白酒厂试点，填补黑龙江省没有清香型酒的空白。第一个省优产品清香型白酒“龙江液”在鹤岗白酒厂诞生。鹤岗白酒厂开始了一系列优质酒产品的研制。黑龙江省轻工局把酒类试验中心迁至鹤岗白酒厂。

1984 年，白酒行业面临着新的严峻挑战——原料涨价、能源涨价、酒路滞销、竞争激烈……必须采取措施应对。

改革管理机构。对中层干部实行聘任，由原来 14 个科室减为 6 个科室，科室人员从 64 名减为 36 名；车间班组实行优化组合。把用人、工资奖金分配以及惩罚等 9 项权力下放到车间班组；进行分配制度改革。将厂内一级核算变为两极核算，车间等基层单位实行费用包干，采用计件、岗位、定额加奖、浮动等多种工资分配形式；建立厂内银行使工厂与基层单位由原来的供需关系变为买卖关系。这样，资金流通得到了控制，全员劳动效率有了提高。改造落后设备。自己动手制作桥式天车、凉渣机、地吊和抓斗，改造旧锅炉，利用烟道余热，使吨位酒耗煤量下降了近 50%，引进新技术、新设备。瓶装白酒的自动化生产线使工效提高了 3 倍，饮料生产线使工艺流程更加先进。UV-48 号新菌种的成功应用，提高 50%糖化力。

开发新产品，调整产品结构，鹤岗市找到了提高酒质和酒量的一条新路。1984 年，连续获得省同行业“三级赛”金杯，先后有陈酿红粮、粮食酒、龙江液等 6 个产品被评为省、市优质产品，相继推出 38 度至 55 度的高、中、低三个档次的 24 个新产品，龙江液白酒摆上了首都北京的柜台。1987 年研制成功了桔香露、小香槟饮料，成为鹤岗人的最爱。福酒、大享等新品种白酒相继走上国际领奖台。

在各种不利因素影响较多的 1988 年，鹤岗白酒厂依然实现利润 88 万元、税金 30. 5 万元。

1995 年，酱香型白酒“陈酿红粮”被评为省优产品，百姓称之为“鹤岗小茅台”。

鹤岗白酒厂创业、发展、腾飞的历程，凝聚着老厂长李殿臣一生心血和无私奉献。他以“规规矩矩做人，老老实实烧酒”为人生信条，通过艰苦创业、勤奋工作、开拓创新，使企业发展成年产白酒、饮料能力各达万吨的初具规模的股份制企业。1980 年、1986 年被评为黑龙江劳动模范，1989 年被评为全国劳动模范，1995 年、1996 年获得全国酿酒企业最有贡献的人等 30 余项荣誉称号。

1997 年 3 月，鹤岗白酒厂改制为民营股份制企业——鹤岗市龙江酒业有限责任公司。改制后不久，老厂长李殿臣退休，他的女儿李井凤担任公司董事长、总经理。

李井凤，第八届国家白酒评委，第六代传统酿造技艺传承人，高级酿酒师，高级品酒师。青年时期就跟着父亲李殿臣了解和学习关于酿酒的技艺，从酿造专业毕业后，李井凤一直在酒厂负责技术工作。1997 年，干了 12 年技术工作的她走上了酒厂总经理的职位。她一直坚持专业研究，对传统技艺不断改革，高度结合现代生产工艺和生产技术，领导企业不断研究探索，生产了以龙江牌、煤城牌为主的陈酿红粮系列、龙江陈酿系列、龙江老窖系列、鹤岗白酒系列、小香槟饮料等100余种产品，打造了地方名酒品牌，使龙江酒业成为鹤岗市的支柱企业。

鹤岗市龙江酒业有限责任公司资产过亿元，年纳税千万元以上。通过ISO9001：2000国际质量管理体系认证。拥有国家级评委1人、省级评委7人。分厂两家，拥有固态发酵窖池200余个，优质酒基储存能力8000余吨。生产设备优良，工艺技术先进，检测手段齐全，技术力量雄厚，管理规范严谨，主要经济技术指标在省内同行业处于领先水平。

鹤岗市龙江酒业有限责任公司具有年产白酒、饮料、纯净水各达万吨的生产能力。生产经营“龙江”牌系列优质白酒、“爽花”牌系列饮料、纯净水等三大系列40余个品种。其中，有“鹤岗小茅台”美誉的龙江牌陈酿红粮酒，被评为黑龙江省优质食品和优质白酒精品。“龙江”牌系列白酒被评为地方优质名牌产品、黑龙江省名牌产品和中国食品安全放心品牌。爽花牌饮料被评为黑龙江省优质饮料。“龙江”牌注册商标被评为黑龙江省著名商标。“爽花”牌注册商标被认定为鹤岗市知名商标。

21世纪伊始，隆重推出经长期精心研制而成、代表地方高档品牌的龙江星、龙江御液、龙江液等精品酒，被俄罗斯客人誉为“东方美酒”。

2009年，“龙江牌”陈酿红粮白酒连续被黑龙江名牌战略推进委员会评为“黑龙江省名牌产品”，同时获得“黑龙江省质量奖”；2010年，鹤岗市首届地方名优产品评选暨展销会，在参评企业的640个产品中，鹤岗市龙江酒业有限责任公司以自身质量、科技含量、市场占有量和未来发展潜力等优势，荣获“优秀产品奖”。

党的十八大以后，新时代赋予新使命，鹤岗市龙江酒业有限责任公司加快了发展步伐。引进国内先进设备30余套，极大地降低劳动强度、提高生产效率；加强科学化管理，投入100余万元装配ERP企业管理系统和安全监控系统；建立公司网站和内部局域网，利用互联网宣传企业和产品，实现自动化办公。企业智能化、科学化、信息化生产经营管理迈上新台阶。

鹤岗市龙江酒业有限责任公司积极倡导绿色原料、绿色环境、绿色加工，经古法传统酿制生产绿色生态白酒，红粮酒被农业部认定为“绿色食品”。同时与国家发酵研究院合作，不断提升微生物的活力，使酒质在不断探索中提高。与中医药大学的合作也为保健酒的开发研究奠定了坚实的基础。

鹤岗市龙江酒业有限责任公司秉承“诚实守信”的光荣传统，积极发展企业文化。开展“质量是大家赖以生存的命根”的教育活动，打造质量是维系企业生存的企业理念。每月开展全员参与的大型集体活动，每周都有各部门的小团体活动，在活动中员工身心得到锻炼和升华，逐渐铸就了“以企为家”的思想。作为老字号企业，故步自封永远不会有活力，为了让企业不断注入新的活力，聘请了企业文化、产品提升以及营销方面的专业人才，让企业更具有发展潜力。

鹤岗市龙江酒业有限责任公司不仅拥有龙江老字号和非物质文化保护遗产两块“文化金牌”。在鹤岗市政府和相关部门的支持下，已经成功申报国家地理标志。还成功申报了国家级大师工作室，这也是酒业行业中最高的荣誉。

近年来，鹤岗市龙江酒业有限责任公司秉持“顾客的要求，就是我们的责任”的理念，加大生产和销售力度，产品辐射全国20个省100多个市县，同时远销到俄罗斯、日本等国家。在电商飞速发展的今天，利用“互联网+”先后与淘宝网、京东鹤岗商城及“好品鹤岗”合作，将产品远销到四川、内蒙古等全国各地。

多年来，鹤岗市龙江酒业有限责任公司先后获得“五一劳动奖状”“酒行业明星企业”“守信用重合同单位”“模范职工之家”“全国酒行业明星企业”“国家标准化5A级企业”“东北三省百年企业”“龙江老字号企业”“鹤岗市非物质文化遗产保护单位”等100余项殊荣。公司董事长兼总经理、高级酿造工程师李井凤先后获市级优秀党员标兵、优秀企业家“三八红旗手”、巾帼十杰和人民功臣等荣誉和黑龙江省

"五一劳动奖章"、黑龙江省劳动模范、黑龙江省青年企业家等称号，享受国务院政府津贴。

三、新北国啤酒香飘龙江

"新北国啤酒"对于鹤岗人来说并不陌生，它的前身就是始建于1980年的绥滨啤酒总厂生产的"北国啤酒"。绥滨啤酒总厂坐落在黑龙江省鹤岗市绥滨县境内，北靠黑龙江，南向松花江，地处三江平原，黑土沃野，水源洁净，益于酒业生产。1984年改制为黑龙江北国啤酒集团有限公司后，不断吸取和借鉴国内外先进的经营和管理理念，努力实现生产经营、管理等方面自我超越。北国牌啤酒先后荣获"省优、部优、国优"称号，被评为中国名牌产品、黑龙江省质量免检产品，还荣获"法国波尔多、德国慕尼黑、俄罗斯莫斯科"等国际博览会金奖。1988年，工厂晋升为国家二级企业。1998年进入黑龙江省百强企业。

2009年，由浙商投资的绥滨新北国啤酒有限公司这只美丽的"凤凰"落户在了绥滨县工业园区。

做项目要的是速度。浙商经过一个冬天的开工准备，于2010年春全面开工建设。在占地67000平方米的厂区内，一边搞基础设施建设，一边进行设备的购进、安装，一边开展人员招聘、岗前培训。经过2年多的紧张建设，一座总建筑面积34000平方米的现代化、全封闭的啤酒生产工厂终于建成。新厂拥有一条24000瓶/小时的先进灌装生产线和易拉罐生产线，采用国际先进设备，全程微机监控。主导产品为"新北国"19个系列产品，年啤酒生产能力80000千升。新北国啤酒采用黑龙江深层地下水、优质进口大麦东北地产有机大米，配以德国进口啤酒花酿制而成。2013年，第一批投产的新北国啤酒走下了流水线，走上了人们的餐桌。

现代工艺与传统酿造工艺相结合，本国工艺与外国技术相结合，"新北国"走的是一条品牌特色创新之路。企业的投资经营者们深谙国际啤酒经典品牌的影响，2014年6月他们与德国三皇冠1308啤酒酿造公司搞技术合作，于2015年2月1日成功生产出了第一批由德国技术配以德国焦香麦芽、德国酒花、德国酵母酿制而成的纯正的德国“哈特曼”瓶装啤酒。至此，绥滨新北国啤酒有限公司成了与德国啤酒公司合作并由德国啤酒酿造师在中国啤酒厂现场酿造瓶装啤酒公司的中国第一家。研发团队又根据哈特曼啤酒的工艺，采用德国进口原料研发了一款“新北国特制啤酒”，这款德国风味的啤酒，定位于我国大众的消费水平，深得人们的喜爱。

秉承“真诚可信、合作共赢”的经营理念，“新北国”在原有醇啤、麦香、特制、精制、精酿、原酿、超爽、经典、金麦王、新鲜代等的基础上，又先后研发了德国哈特曼啤酒、捷克皮尔森风味啤酒、新北国淡爽系列啤酒、比利时花啤风味啤酒四大系列。捷克皮尔森风味啤酒使用皮尔森麦芽、维也纳麦芽、捷克萨茨啤酒花，结合纯种捷克酵母经过精心酿造，啤酒拥有金黄的色泽、特有的苦味、酒花的清香和柔和的口感，有别于德国式啤酒的醇厚风格；新北国“原浆白啤”采用进口大麦、小麦芽、进口酒花和进口比利时的专用酵母进行精心酿制。

2016 年，公司又相继研发出花啤和低醇 10 度啤酒，既清新爽口，又带着明显的茉莉花、玫瑰花香味和特殊的水果香味，推向市场即受到欢迎。2017 年，又研发生产了一款浓香馥郁的“黑啤”，使“新北国”啤酒拥有了 20 余个系列产品。

在微机全程严密监控下，经先进的灌装生产线和易拉罐生产线生产出来的“新北国”啤酒，浓郁的麦香百分百、原酿百分百、欧洲风味百分百，郑重承诺不加入任何添加剂、不勾兑、不稀释，充分彰显了新北国人对市场、消费者的一片真诚和一份责任。

绥滨新北国啤酒公司在市县两级政府和相关部门支持下，2016 年 3 月开始实施二期改造工程，建设 50000 千升精酿啤酒技改项目，12 月底完成，新建的易拉罐啤酒灌装线平稳投产，填补了鹤岗市易拉罐啤酒生产的空白。

绥滨新北国啤酒公司在工业化和信息化“两化融合”上先行一步，数字化生产车间经过第三方专业机构检测验收，成为鹤岗市第一个数字化车间，也是黑龙江省啤酒行业第三个数字化车间。

“新北国”赢得了广大消费者的喜爱和市场的认可，被评为2013—2015年鹤岗市知名品牌、2013年黑龙江省名牌产品、2015年中国著名品牌、2015年国家权威检测质量达标用户放心产品。新北国啤酒有限公司荣获2015年AAA质量诚信消费者（用户）信得过单位、2016年全省诚信中小企业民营企业、2016年中国·哈尔滨国际啤酒节特别贡献奖。

2013年7月，新北国啤酒有限公司正式成立党支部，已发展党员11名、积极分子2名。党支部成立以来，新北国啤酒有限公司创新打造了以“亮身份、亮标准、亮承诺，比技能、比作风、比业绩”为内容的“三亮三比”党建活动载体；围绕企业生产经营管理开展党建活动，充分发挥党员的先锋模范作用，组建“党员技术攻坚组”进行专业技术攻坚，将啤酒酿造周期缩短了一周，啤酒成品出厂率提高30%；在党支部建议下，与经销商共同打造绥滨县沿江公园的啤酒广场和啤酒屋，让消费者更简洁更直接地品尝到精酿的、原汁原味的新北国啤酒。

新北国啤酒有限公司坚持支部建设与企业管理两手抓、党建工作与生产经营同部署，用加强党的建设这把“金钥匙”开启企业发展的新征程。

四、龙门福地——荣获国际大奖

2020年10月，黑龙江省宝泉岭农垦龙门福地酒业有限责任公司的“兵团白酒”和“酒庄原浆”两款白酒分别获得第21届布鲁塞尔国际烈性酒大奖赛金奖和银奖，这是该企业产品继2017年、2019年两次获得该项国际大赛银奖和金奖以来，第三次获得此项荣誉。

黑龙江省宝泉岭农垦龙门福地酒业有限责任公司位于美丽的黑龙江畔绥滨农场境内，绥滨农场地处北纬47度附近的松花江与黑龙江交汇处的冲积平原上，境内以清澈无污染的黑龙江与俄罗斯为界。场区内建有以“龙江第一渠”为代表的多项水利工程，是我国优质高粱、玉米、水稻的主要产地，是国家重要的商品粮基地。龙门福地酒业有限责任公司多年来依托得天独厚的绿色生态条件，以及“龙门福地”

地域品牌和世界名酒珍珠带等资源优势，现已发展成为黑龙江畔一颗璀璨的明星。

龙门福地酒业有限责任公司占地面积40000平方米，东西区各占20000平方米。员工114人，企业各类技术人员37人，其中，中国评酒大师1人，国家级白酒评委2人，省级白酒评委3人。并聘请以中国著名白酒专家高月明为首的团队作为龙门福地酒业高级技术顾问团。现公司资产5000万元，产值3000万元，年酿酒能力1000余吨。

历经四个历史发展阶段。最原始起源于1906年，当时闯关东的山东移民孙锦享创办了一家名为“孙家烧锅”酒坊；1956年，“孙家烧锅”收归国有后，成立黑龙江省国营北大荒绥滨农场酒厂；2007年，黑龙江省国营北大荒绥滨农场酒厂改制，“孙家烧锅”第四代传人孙学武、陆书芬夫妇成立大成酒厂；2011年，大成酒厂更名为龙门福地酒业有限责任公司。

酿酒用的产品原料高粱是与黑龙江省农科院专门培育的矮科高粱“龙福一号”，这种矮科高粱株高1.2米，淀粉率是61.98%，单宁的含量在1%~1.4%之间，生长周期为138天，用无污染的黑龙江水进行灌溉，以酒糟为肥料。酿酒用的水来源于黑龙泉的水。龙门福地酒业的酿酒工艺特点是“三多两长”，即多粮、多艺、多微，长期发酵、长期储存。龙门福地酒发酵用的大块曲，由60%的大麦和40%的豌豆制成，富含多种微生物。多年来，公司立足传统酿酒工艺，时刻注重与现代酿酒技术和国际质量管理体系相结合。专业生产龙门福地牌北大荒系、龙系、福系、珍藏系、窖藏系、酒庄系、婚庆系、经典系、原浆系、龙香系10个系列30多个品种的白酒。

2011年，更新了原有的白酒储存罐，废弃了所有的铁罐和铝罐，新增了木海和小白钢罐；2012年，启动龙门福地酒业一期改造工程，一期工程共投资500万元，对办公楼、包材库、成品库进行改造，新建4个120吨的白钢贮酒罐；2013年，投资2400万元，启动二期改造工程，新增了12个120吨的白钢贮酒罐，改造了3000多平方米99个白钢窖池的生产车间，安装了白酒从酿制到灌装的全新生产线；2014年，投资1100万元，购进了半自动全套酿酒设备，将窖池全部更新为白钢内胆。

黑龙江省宝泉岭农垦龙门福地酒业有限责任公司深入贯彻落实习近平总书记关于抓好“粮头食尾”“农头工尾”的重要指示精神，依托黑龙江的好粮好水，凭借专业的制酒专家团队，逐步将地域资源优势转化为经济资源优势。秉承“优化产品质量、创新经营理念、提升品牌价值”的发展思路，借助提水节、消夏旅游文化节等节庆活动，吸引当地及周边市县百姓的目光；打造集生产、观光、储藏为一体的、独具特色的中国白酒体验式开创酒庄；不断优化产品质量，提升品牌价值，先后通过 ISO9001 质量体系认证、绿色食品认证，以“看着酿、放心喝”的理念，精雕细琢白酒生产工艺；与“CCTV 央视网”建立了战略合作伙伴关系。龙门福地白酒已畅销全国 20 多个省市，更是走上了北京、南京、杭州等一线城市百姓的餐桌。

2017 年 9 月 1 日，由黑龙江省商务厅、中国饭店协会主办的“龙门福地‘龙香型’白酒专家品鉴会暨酒与文化健康论坛”在哈尔滨举办。作为北大荒知名白酒企业，黑龙江省宝泉岭农垦龙门福地酒业有限责任公司首次在省内白酒界提出“龙香型”白酒概念。“龙香型”白酒是在龙门福地酒业高级顾问、中国白酒泰斗高月明老先生悉心指导下，由龙门福地酒业总经理、中国评酒大师侯晓波先生多年潜心研制而成。其融合了清香型白酒的清静醇甜、酱香型白酒的优雅细腻、芝麻香型白酒的丰满醇厚、浓香型白酒的后味悠长以及 10 年以上窖藏酯化产生的秀雅陈香，“一口五香”，造就了清香陈正，甘爽协调，幽雅醇厚，回味悠长的完美味觉感受。与会专家团一致认为：龙香型白酒符合龙江人口感、独具龙江特色，香气陈正，甘爽协调，幽雅醇厚，回味悠长、持久，独具风格。

2007 年 11 月，“绥农白”被评为“中国消费者满意名特优品牌”；2009 年，被授予“中国百名行业先进集体”“科技创新型示范企业”；2010 年 3 月，被授予“中小企业守合同重信用示范企业”。2011 年 6 月，被评为“2010 中国白酒十佳区域品牌”；2011 年 7 月，“龙门福地”注册商标被认定为黑龙江省著名商标；2012 年 1 月，被推介为“AAA 质量诚信消费者（用户）信得过单位”“国家权威检测质量达标、用户放心品牌”；2013 年 6 月，被评为“中国著名品牌”“中国行业最具影响力品牌”；2013 年 12 月，被评为“国家级守合同重信用企业”；2017 年 11 月，经典龙香被评为“2017 年度布鲁塞尔国际烈性酒大奖赛银奖”、龙门福地酒被评为“最佳畅销产品奖”；2018 年 12 月 9 日，龙门福地酒业“红龙”获中国绿色食品博览会金奖；2019 年 2 月，龙门福地酒被授予“第四届消费者最喜爱的黑龙江 100 种绿色食品”荣誉称号；2017 年 11 月 9 日，在海南博鳌举行的中国千商大会·博鳌酒业峰会上，与贵州茅台集团等 10 家知名企业的核心酒类产品获得“中国千商大会畅销产品奖”。

龙门福地酒业有限责任公司董事长陆书芬表示：“作为北大荒的荒二代，有责任继续发扬北大荒精神，为北大荒这一世界级品牌争光；作为酒行业的一分子，有责任发挥匠心精神，做良心食品，做民族白酒百年企业；作为‘孙家烧锅’的传承人，有责任把老祖宗的家业传承下去。”

五、“鹤岗小串”闯出一番新天地

鹤岗小串，是鹤岗的一种美食。它为什么扬名四方？除了好吃不贵，关键在于它体现了鹤岗人敢创新、敢闯荡的精神。正是这种精神，使不少当年小摊、小贩、小本经营的鹤岗小串店越干越红火，闯出了鹤岗，闯出了一片新天地。

《鹤岗市志》记载：1956 年，鹤岗饭店开业之始就在西餐部设有炸肉排、炸羊肉小串等 40 余个品种。炸羊肉小串是用牙签将羊肉穿起，油炸后在上面撒孜然粉、辣椒粉、花椒粉、白芝麻，用盐面和味精面调味。由于炸羊肉小串鲜嫩软脆，味道麻辣醇香，独具风味，很受客人欢迎，几乎成了每桌必点的招牌菜。因为出自鹤岗饭店，所以称之为“鹤岗小串”。

鹤岗小串与其他地方的烧烤有许多不同。从烤制的方式来讲，许多地方的烤制方式是刷辣酱，而鹤岗小串则是在食材上放辣椒面、孜然和盐；从食材本身来讲，鹤岗的烤串以牛身上的各个部位为主，有牛肉串、牛骨髓、牛生筋等，种类丰富且每种都有不同的口感特色；

从串串方式来讲，大多烤肉串是切成小块状串成串儿的，而鹤岗肉串则是把食材切成薄片来串串儿的，这样烤制出来的肉串易熟还好入味；从吃法来讲，鹤岗人吃串一定要有蘸料，调制好的蘸料配上香嫩可口的肉串，别有一番滋味；在吃鹤岗小串的时候，还可以把肥瘦相间的肉串放在烤饼里，咬上一口，保证香得你满嘴流油。

2017 年，鹤岗小伙儿于洋在北京开了第一家叁叁零鹤岗小串店。特色招牌三分熟烤牛肉、金牌涮肚，无论冬夏，生意火爆，截至 2021 年初，已在北京开设了多家分店。同时，鹤岗小串陆续在杭州、天津、深圳等城市开店，并得到当地百姓的认可。

俗话说，民以食为天，在东北，食则以串为先。烤串，是东北的特色小吃，而鹤岗小串又是东北烤串中的“扛把子”。“南有沙县小吃，北有鹤岗小串”，能与“沙县小吃”齐名，足见大众对鹤岗小串的喜爱。

六、“喜家德”——中餐标准化连锁经营的经典

“把一个传统的产品，按中国的模式卖到全世界”，这不是一句口号或标语，这是创办喜家德的初衷。喜家德名字中的“喜”取自于喜庆，中国人习惯在节日或喜庆的日子吃饺子；“家”来自主力消费者都是有家庭的人，也意在为顾客营造家的氛围，就像在家吃饺子一样实惠；“德”不仅来自创始人的名字，更是取义“百事德为先”，强调品质与企业的责任感，故名为“喜家德”。

20 世纪 90 年代，一个叫高德福的小伙子在鹤岗从小馆子干起，陆续做过东北菜、海鲜酒楼、会所、火锅店等多种业态，也取得了一些小成就。后思索良久，他最终决定要做饺子。一是饺子容易标准化，二是饺子是自己擅长的，而东北人做饺子，也符合大众的认知。

2002 年，高德福在鹤岗创办了第一家喜家德水饺店。虽然东北人爱吃饺子，但一般是自己在家里做，因为担心外面的饺子馅不干净、不卫生。为此，喜家德做了一个创举，把后厨搬到前台，透明厨房，现场现包现煮，工作人员全部统一着装，戴口罩，安全、卫生、透明。2006 年喜家德水饺第一个城市中心厨房在哈尔滨成立，标准化战略启

喜家德水饺店面

动。同年获得“中国俄罗斯年”优秀服务定点单位称号。

连锁经营最重要的是要标准化。食材制作标准化。喜家德从一开始就认为做好饺子，需要匠人精神。5 款水饺——虾三鲜水饺、西芹鲜肉水饺、香菇鲜肉水饺、喜三鲜水饺和鲜虾馅水饺，一盘饺子 360 克（2 克误差），15 个饺子，其中招牌产品虾三鲜水饺，虾仁需要手工挑选三次，韭菜要经过 9 道工序，鸡蛋要经过 245 秒的低温精炒，才能做成这一盘饺子。喜家德有独立的产品研发部，从营养、口感、食材选择、配料比例上不断地进行研究。

配送方式标准化。喜家德所在的每个城市都设立了专业配送食材的城市中央厨房，形成集约化、标准化的操作模式。中央厨房每个加工环节都有明确严谨的工艺流程和加工标准，层层严格把关，确保馅料和其他食物的品质安全和一致性。

烹制炊具标准化。饺子皮厚度对于饺子的口感至关重要，为此喜家德的擀面杖标有刻度、长短粗细标有标准尺寸、材质都有特别要求，这样的标准擀面杖擀出的面皮出来的形状和厚薄都是最佳状态，而且每一个面皮都需要上称核准。专门研制出了“饺子皮透视仪”，可以清楚地看出面皮的均匀程度，既避免了机器做饺子皮的缺乏“灵魂”的弊端，又做到了标准化。喜家德煮水饺用的锅也很特别，比一般煮饺子的锅快 2 分钟，而且不用拿起锅盖就能盛饺子汤，这可是独家专利。

2007 年喜家德水饺通过 ISO9001：2000 国际质量体系认证，同年喜获“黑龙江省知名品牌与诚信企业”荣誉称号。

2008 年喜家德水饺在哈尔滨第十家店的成立，历经五年的努力，喜家德品牌成为哈尔滨地区最知名的餐饮品牌之一，在哈尔滨饺子节荣获“哈市名饺”称号。

2009 年开启品牌全国扩张。喜家德水饺正式进军吉林省，同年荣获“中华特色餐饮美食名店”“质量信誉双优企业”“消费者放心产品”称号，全国连锁店面数量达到 60 家。

2010 年喜家德水饺进驻首都北京、辽宁、山东，全国连锁店面超过 100 家；同年荣获“全国绿色餐饮示范企业”“中国餐饮连锁著名品牌”“全国放心餐饮十佳企业”称号。

2011 年喜家德水饺管理总部在大连成立，同年成立中央厨房，对全国各区域市场的店面和城市中心厨房进行管理和支持。

2012 年喜家德水饺相继进驻内蒙古、山西、河南、河北等省，全国连锁店面数量达到 230 家，遍布全国 8 个省，46 座城市。同年，喜家德水饺更换了全新标识系统，品牌升级战略全面启动。

2014 年 7 月 7 日，伴随着唐山·喜家德水饺（新华贸店）的开业，喜家德在全国总店面数突破 300 家。同年获“黑龙江省著名商标”荣誉称号、2014 年度最受消费者欢迎的中国特色美食连锁品牌。

2015 年 12 月 19 日，喜家德在哈尔滨红博会展中心发起“挑战史上最多人包饺子吉尼斯世界纪录”活动，经过 40 分钟的挑战，共包出饺子近 5 万个，吉尼斯官方认证官最终确认有效人数为 5448 人，成功挑战吉尼斯世纪纪录。同年荣获中国连锁餐饮品牌可持续创新奖。

2016 年 6 月 27 日，喜家德水饺走进天津达沃斯晚宴，来自国内外 400 多名嘉宾现场品尝到了美味的中国水饺，招牌水饺虾三鲜深得世界经济论坛主席克劳斯·施瓦布夫妇喜爱。同年荣获“亚洲名优品牌”奖 2016 年度中国餐饮业知名快餐品牌。

2018 年 9 月，喜家德与世界顶级咨询公司 BCG 合作，开放合伙人模式，面向社会招募合伙人。

喜家德水饺从 2002 年在鹤岗创立以来，截至 2020 年，在全国超过 600 家连锁店，遍布 13 个省 40 多个城市，员工超过 10000 人。喜家德水饺秉承一生做好一件事的理念，致力于为顾客提供放心美味，以好吃、干净、原创一字形长条水饺闻名大众，招牌水饺虾三鲜经久不衰，成为东北水饺的代表。

七、“宝泉豆酱”进万家

“中国酱，宝泉味。”这是第十三届中国品牌价值 500 强评审团主席郑学勤为宝泉酱业提炼的广告语，他曾是格力、加多宝、东鹏瓷砖等 500 强企业的品牌传播顾问。

《宝泉岭农场志》记载：1957 年，农垦部部长王震在视察北大荒时，来到宝泉岭农场撸起袖子干农活，就餐时对宝泉豆酱赞不绝口，说“餐桌上少不了它”。

早在 1952 年，就有了宝泉豆酱。1973 年，宝泉岭农场食品厂成立。从那时起，宝泉豆酱前后共有 7 任厂长进行接力交棒，一步一步将宝泉的酱文化进行传承和完善。

1994 年，黑龙江省农垦总局拨款 600 万元，3 年后建成了年产 5000 吨的宝泉豆酱厂。

宝泉豆酱第一次走出宝泉岭是在 1998 年。宝泉豆酱厂员工刘喜夫妇主动请缨到哈尔滨去卖酱，两人推着小车走街串巷，第一年卖了不到 10 万元，第二年 20 多万元，第三年超过 50 万元，第四年翻了几番，最终一年卖了 600 万元。《哈尔滨日报》以《小推车推出大市场》为题进行报道，为宝泉豆酱“一炮而红”点赞。

2004 年，宝泉豆酱厂由国有企业转制为民营企业，企业名称为宝泉酱业有限公司。2006 年底，收购了宝泉岭地区老将军、黑土地等几家小型酱厂，统一了产品品牌。投资 800 万元在原厂址车间进行万吨生产能力的改扩建工程，采用国内先进的多菌种发酵技术和生产工艺，配备国内一流的豆酱生产设备。

到2007年，宝泉酱业产品全面进军并占据了东三省市场。

宝泉岭共有1600多名北京籍知青，每年暑期，都有知青回到宝泉岭，他们离开的时候，就会带回去宝泉豆酱作为礼品送给亲戚、朋友。著名演员濮存昕就是其中的一位，他在宝泉岭前后待了9年时间。2008年，濮存昕成为宝泉豆酱的终身代言人，广告语是"餐餐不忘，宝泉豆酱"。就这样，知青们把宝泉豆酱带进了北京市场，顺带也激活了紧邻的河北市场。

宝泉酱业有限公司始终秉持"树质量第一思想、酿顾客满意产品、建一流明星企业、创宝泉酱业名牌"的质量方针，建立了一系列质量保证体系。2003年通过ISO9001：2000国际质量体系认证，2006年通过HACCP食品安全管理体系认证，2009年通过定量包装商品计量保证能力认证，被中国农垦经济发展中心认定为质量追溯产品。先后被评为黑龙江省著名商标、黑龙江省名牌产品、黑龙江省龙江特产食品、黑龙江省连续十年重合同守信用企业、黑龙江省食品工业50强企业、黑龙江省调味品工业龙头企业、黑龙江省诚信经营示范企业、国家级重合同守信用企业、农垦总局"环保六进"先进企业、全国模范职工之家、黑龙江省先进基层党组织、黑龙江省龙江老字号企业。

2010年，宝泉酱业有限公司进入鹤岗市宝泉岭经济开发区，投资近亿元新建一座占地52500平方米的厂区，可年产5万吨大豆酱、2万吨系列酱、1万吨酿造酱油，是全国单体产能最大的大豆原酱加工厂。同时与齐齐哈尔大学深入科研合作，率先采用多菌种恒温发酵新技术，大大缩短了原始传统温度的发酵周期。

2016年，宝泉酱业有限公司总资产达到8000多万元。在品牌拉动下，产品远销全国29个省市，还出口到法国、德国等国家，年出口创汇1.28万美元。

2018年，宝泉酱业有限公司成为首批入驻京东老字号馆——黑龙江馆的线上5家企业之一。公司精选大豆酱、精装瓶装礼品、400克盒装礼品、380克拧嘴鲜辣酱4款产品入驻京东商城，增强“宝泉”品牌的认知度。2018年12月28日，“宝泉”被评定为中国大豆酱行业标志性品牌，是行业内第一个也是唯一一个获得此荣誉的企业。

截至2020年，宝泉酱业有限公司拥有员工240人（含科技管理人员27人），生产加工大豆酱发酵池154个，占地52500平方米，是一个拥有国内一流的设备、科学的生产工艺和60余年专业酿造经验的龙江老字号企业。日生产酱产品150吨，拥有现代化流水自动包装生产线16条。产品远销全国29个省及北京、天津、上海、重庆，遍布274个大中城市，并出口到法国、德国、西班牙等国家。带动了当地的大豆、辣椒原料种植农户2000余人，种植户人均收入增长1200余元，解决下岗再就业人员200余人，同时拉动了物流、包装、印刷、仓储等相关企业的共同发展。

所有到过宝泉的人都知道，只有黑土地的豆，宝泉岭的水，北大荒的空气、温度、菌种以及背后看不见的文化，才能合成真正的好豆酱。

八、比质比价“比优特”

“比质比价比优特”成为鹤岗人耳熟能详的广告语。当时的一家普通超市，如今已经发展成黑龙江比优特商业集团，是黑龙江省百强企业，门店遍布黑龙江省的哈尔滨、鹤岗、绥化、双鸭山等多个市县，触角向辽宁省沈阳、抚顺等地延伸。集团以零售业为经营主业，已经成为一家在全国具有竞争力的连锁型企业。下设超市公司、服装公司、百货公司、房地产开发公司4个经营公司，连锁独立门店50家，总营业面积达40多万平方米，经营领域拓展到化妆品、美容院、综合超市、服饰广场、餐饮、豆制品加工、黄金珠宝等行业。

比优特集团董事长、总经理孟繁中，1991年7月在陕西煤炭学校毕业回到家乡鹤岗，成为矿务局地质队的一名技术员，1996年辞职，带着自己的5000块钱和借来的25000元钱开始了创业。他在当时的鹤岗华强商场一楼租了6平方米的一间小屋，开设了一家化妆品小店，取名“百媚生化妆品”。“不经营假货、明码实价、为顾客负责任的态度”，使百媚生化妆品商店逐渐得到了顾客的认可，一时间“买化妆品到百媚生”成为鹤岗爱美人士的佳话。诚信经营使“百媚生”越来越红火，尝试开办连锁店，“雪球”越滚越大。1998年，百媚生化妆品店开了第一家分店。2000年，百媚生化妆品有限责任公司成立，大小连锁店12家，员工也达到了几十人。

化妆品连锁经营的成功经验成为进一步发展的原始动力。2002年6月，孟繁中筹集150万元资金在原解放路商厦一楼开设第一家超市，取名“比优特”超市。比优特是英文是英语“beauty”的译音，“比质、比价、比优特”成为企业最重要的经营理念。

2003年成立了鹤岗比优特超市有限公司。随着经营管理水平提高和人才的不断积累，2005年，鹤岗比优特超市有限公司发挥品牌优势，扩张零售业态，相继开办比优特服饰连锁、手机连锁、黄金珠宝连锁、百货连锁等。2012年，自主设计、建设和经营的、建筑面积为8万平方米的比优特时代广场盛大开业，是鹤岗市经营环境最好、设施最完善、品类最丰富、品牌最时尚的购物中心，成为百姓购物、休闲、娱乐、餐饮的最佳去处。黑龙江比优特商业集团成了鹤岗商业的龙头。

2012年，黑龙江比优特商业集团成立之初就开始组建电子商务部，在做好实体门店的同时，开拓线上销售渠道，现比优特已开通在美团、饿了么、京东到家等平台的外卖业务以及微信群流量异域的直播和拼团购业务。

2014年，黑龙江比优特商业集团实施“走出鹤岗”的发展战略。

比优特时代广场

陆续在大庆林甸、双鸭山，哈尔滨的五常、阿城、尚志、双城等地开办连锁店，实现稳步扩张。2017 年 5 月，在哈尔滨市南岗区开设比优特超市会展中心店。随后，一家家门店逐渐开花结果，成为哈尔滨市最具竞争力的零售企业之一。

在拓展黑龙江省发展战略布局的同时，比优特集团将发展的眼光落到了辽宁省。2019 年，比优特超市在辽宁地区的第一家店落户沈阳中街，打响了比优特集团拓展辽宁市场的第一枪。同年，辽宁抚顺万达店也成功开业。即使在 2020 年新冠疫情肆虐时期，拓展辽宁市场的脚步也没有停歇。疫情稍有缓和，短短两个多月的时间就在辽宁地区开设了沈阳铁西万达、铁岭大商、铁岭银州路，沈阳奥体万达、沈阳塔湾、锦州大商 6 家比优特超市连锁门店。

超市公司是黑龙江比优特商业集团的主力业态，也是集团拓展东北市场的先锋军，超市零售连锁经营方面有着多年积累的专业商品操盘能力。在商品采购方面，比优特超市连锁门店的生鲜蔬果商品已经实现了 95%的基地源头采购，全国各省、市及老挝、越南等地常年驻扎比优特基地采购人员，每个季节都会将最优质的蔬果商品源源不断的直接发往各店，真正实现公司与农民的蔬果园点对点连接。

2020 年初的疫情对全社会经济生活造成严重影响，面对严重疫情，黑龙江比优特商业集团高层管理人员与6000 多名员工奋战在抗疫一线，义无反顾地承担起“保供应、稳物价”的社会责任，推出“蔬菜成本价销售”“民生商品进小区”和“蔬果、散装食品分装销售”等措施。同时为一线抗疫民警、医生、社区工作人员等送去了慰问物资，还为赴武汉医疗队家属送去了日常生活物资。比优特集团还在鹤岗开设试验门店“一百店”，为附近的居民提供购物方便。2021 年新冠肺炎疫情在沈阳反弹时期，比优特集团充分承担社会责任，助力当地政府打赢疫情防控战役。

2015 年，比优特集团被中华人民共和国人力资源和社会保障部、中国商业联合会授予“全国商贸流通服务业先进集体”称号，被国家市场监督管理局授予“守合同重信用企业”。

2016 年，比优特集团被全国商业联合会评选为“第四届中国零售十佳成长型标杆企业”，被零售行业权威机构联商网评为“2016 中国零售商业琅琊榜最具竞争力专业连锁企业”“2018 年度中国最具竞争力去区域连锁品牌”。

比优特集团董事长孟繁中曾荣获国务院颁发的“全国就业创业优秀个人”、全国十大杰出兴业带头人、省“五一劳动奖章”等殊荣。2019 年，荣获“优秀中国特色社会主义建设者”称号，被联商网评为“2019 中国社区商业年度风尚人物”。

“做拥有悠久历史品牌的百年老店”是比优特集团的愿景目标。从“回眸一笑百媚生”到“比质比价比优特”，再到“时代改变生活”，证明了比优特人凭借自身的敬业和实力，在开拓发展的道路上越走越宽广。

九、“梧桐”大米——鹤岗第一个中国名牌产品

“凤凰鸣矣，于彼高冈。梧桐生矣，于彼朝阳。”在被誉为“三金之乡”的东北边陲鹤岗市诞生的“梧桐”牌东北大米，以其绿色健康安全理念、优良的产品品质，赢得全国消费者赞誉。“梧桐”商标由鹤岗市泰丰米厂于2000 年开始使用。2001 年 3 月，梧桐河益民粮食加工

厂向国家工商总局商标局申请注册“梧桐”商标。2002 年 1 月，“梧桐”商标转让给鹤岗市泰丰米厂。

20 世纪 90 年代，坐落于鹤岗市兴山区的鹤岗市泰丰米厂成立，生产加工东北大米，销往南方。南方人主食以大米为主，但是南方种植早籼稻加工的籼米口感较差，东北大米以其软糯鲜甜的口感在南方大受欢迎，供不应求。

2000 年，鹤岗市泰丰米厂经过几年发展积累，在鹤岗市东山区老火药库新建一处高起点、高标准厂区，占地面积 71813.9 平方米，引进瑞士布勒集团色选机、日本佐竹公司米机、日本金子公司低温谷物烘干机等国际顶尖大米加工设备，并开始使用“梧桐”作为产品商标。精加工的“梧桐”东北大米质量上乘，外观晶莹剔透，口感柔软、香醇适口，受到消费者的追捧，“梧桐”牌东北大米声名鹊起。

2002 年 4 月，鹤岗市泰丰米厂更名为黑龙江泰丰粮油食品有限公司。

平稳的产品质量，始终如一的产品品质，梧桐大米于 2004 年荣获国家质量监督检验检疫总局颁发的“中国名牌产品证书”，是鹤岗市第一个“中国名牌产品”的获得者。2005 年，荣获“产品质量免检证书”。2009 年，梧桐商标被认定为“中国驰名商标”。

随着江苏、安徽等地区晚稻品种经过改良生产的大米口感已经非常接近东北水稻所产大米，东北大米不再是一枝独秀。同时受国内粮油政策和经济形势的影响以及扩大投资规模资金短缺的困扰，公司生产经营逐渐走入低谷，昔日受到市场追捧的名牌产品市场占有率、产品销量不断下降。

2015 年，由独立出资人吴艳红女士成立黑龙江迦泰丰粮油食品有限公司，整合了黑龙江泰丰粮油食品有限公司资产和品牌，投入资金对落后老化设备进行了改造，凭借先进的经营理念和科学的管理方式，昔日老牌稻米加工企业重新焕发生机。经过周密的市场调研，重新对市场进行定位和艰辛的市场营销，逐渐恢复了市场和消费者对“梧桐”品牌的认可。如今，“梧桐”大米已远销广东、浙江、山东、河北、山西、陕西、四川、新疆、西藏等地区。

“梧桐”大米始终秉持绿色种植、绿色加工理念，实现了从田间到餐桌全程把控。采取“龙头企业+合作社+农户+基地模式”，优质绿色水稻来自绥滨县、萝北县等“全国绿色食品原料标准化生产基地”，与水稻专业种植合作社签订绿色水稻种植收购合同，从源头为打造“绿色梧桐大米”提供了保证；从精加工向适度加工观念转变，最大限度保留营养成分，满足人们对营养健康的需求。

黑龙江迦泰丰粮油食品有限公司转变营销理念，由注重产品销售转化为注重产品服务。在巩固开拓线下销售网络的前提下，组建电子商务营销团队，在京东、天猫、拼多多、工行融 E 购等电子商务平台设立梧桐旗舰店。新型销售模式直接面对终端用户，消费者足不出户就能享受到“梧桐”高品质的服务。

2004 年，被中国粮食行业协会认定为“放心米”；2007 年，获得中国绿色食品发展中心颁发的“绿色食品证书”；2016 年，被黑龙江食品流通商会认定为“龙江特产食品”；2019 年，荣获“黑龙江省十大农业企业品牌”；2019 年，被中国粮食行业协会授予全国放心粮油示范工程“示范加工企业”。

2017 年，黑龙江迦泰丰粮油食品有限公司获“黑龙江省五一劳动奖状”集体殊荣。

2020 年，黑龙江迦泰丰粮油食品有限公司投资建设“10 万吨水稻加工及仓储烘干建设项目”，占地面积 76992 平方米，被列为市百大项目。该项目建成后将为企业的产业发展打下坚实的基础，也能够更好地发挥黑龙江迦泰丰粮油食品有限公司作为“农业产业化省级重点龙头企业”的示范作用。

十、双鹤食品非比寻“肠”

鹤岗“老传统香肠”，采用传统工艺制作，特点是：不含色素；内有一定比例的肥肉丁；用木材、木屑明火熏烤，肥而不腻，回味悠长。相比现在各式各样的香肠，许多人更喜欢老式现场制作的香肠，肉质新鲜，吃着放心。

双鹤食品可追溯至建于 1954 年的原南大营老食品公司，它是当时鹤岗市最早、最大的肉联厂，建厂之初，双鹤食品就以“为百姓提供健康熏酱食品，提高百姓的生活质量”为初衷。经过70余年的不懈努力，双鹤食品成为拥有传奇老传统配方的地方名优品牌。如今的双鹤食品，占地面积11万平方米，总资产近亿元，拥有在职员工120余人，相继从德、法、俄引进高新食品生产设备15台，处于同行业领先水平。

当时，较常见的肉类食品加工的设备乃至肉制品口味等都是以俄罗斯为标准的，市面上出现了多个俄罗斯风味红肠品牌。为了让人们有更多的选择，让香肠类食品更健康，“能不能用鸡肉和猪肉混合而代替高脂肪的纯猪肉呢?”数十位香肠师傅经过上百次实验后，终于研发出一种独具风味的特色香肠。这款香肠除了将猪肉和鸡肉混合，外加小块肥肉，没有任何添加，味道醇厚，肉味十足之余，还有一种淡淡的蒜香。尤其是这种香肠外观呈白色，完全还原食材的本色，与红肠的颜色有着鲜明的对比。

以老传统白肠为特色，之后又开发出家喻户晓的九香烧鸡、营养猪手等明星产品。为满足顾客不同场景的需求，还创新研发各类休闲食品，通过对市场调研，开发出了零添加的安全熟食，现有产品近百种。双鹤作为老传统白肠创始者，始终坚持“好食”为理念，为百姓提供好味道、好健康、好休闲的三好食品。坚持全程低温加工、恒温生产、冷链运输、保证产品品质。并不断研发休闲类熟食，让熟食从“冷菜1.0时代”跨越到“休闲2.0时代”。

双鹤食品连续多年荣获鹤岗市驰名商标、“3·15”百姓信得过品牌、黑龙江省文明单位、市先进企业标兵等多项荣誉，受到消费者的一致赞扬与认可，成为鹤岗市家喻户晓的品牌。被老百姓称为最具代表的鹤岗美食名片、“咱鹤岗人自己的老字号”。

截至2018年，双鹤品牌连锁直营店在黑龙江省达十余家，各大超市合作超100家，并成立“天猫旗舰店”网上商城。预计以“每年一省”的速度进军其他省市。2019年，双鹤食品设定了新的企业愿景，店铺要遍及中国每一个城市，让更多的人都能吃到双鹤老传统白肠、更健康的香肠。

第七节 办好群众实事 厚植民生福祉

在党的十九大报告中，习近平总书记强调，要使人民获得感、幸福感、安全感更加充实、更有保障、更可持续。鹤岗市持续加强以保障改善民生为重点的社会事业，完善公共服务体系，保障群众基本生活，不断满足人民日益增长的美好生活需要，不断促进社会公平正义，形成有效的社会治理，良好的社会秩序，始终把人民安居乐业、安危冷暖放在心上，以实实在在的举措把基本民生的底线坚决兜牢，将群众关切的事情切实办好。

一、坚决打好打赢“三大攻坚战”

鹤岗市要求全市人民，特别是党员领导干部时刻保持战略定力，坚持既定方向目标不动摇，坚守阵地，巩固成果，精准推进，坚决打好防范化解重大风险攻坚战、精准脱贫攻坚战、污染防治攻坚战，不断夯实基础，决胜全面建成小康社会。

坚决打好防范化解重大风险攻坚战

防范化解重大风险被摆在打好三大攻坚战的首位。习近平总书记反复强调，要深刻认识和准确把握外部环境的深刻变化和我国改革发展稳定面临的新情况新问题新挑战，坚持底线思维，增强忧患意识，提高防控能力，着力防范化解重大风险。

鹤岗市召开防范化解重大风险推进会议，就扎实做好防范化解重大风险工作作出具体部署安排。会议指出，要认真学习贯彻习近平总书记重要讲话精神，提高政治站位，深化思想认识，切实增强打好防范化解重大风险攻坚战的政治责任感和历史使命感，抓紧抓细抓好防范化解重大风险的各项工作，大力营造安全稳定的社会环境；要突出重点领域，系统防控，增强风险意识，实行动态掌控，全面分析研判，科学制定预案，切实防范化解风险隐患；要加强对防范化解重大风险工作的领导，建立健全排查梳理风险、动态管控风险等相关机制，强化动态排查，认真做好风险评估，及时消除风险或降低风险等级，牢牢掌握防范化解重大风险工作的主动权，及时报送重大风险点防控和演化情况，通过扎实有效的工作，有效化解各类风险隐患，为经济发展提供安全稳定和谐有序的社会环境。

制定《鹤岗市防范化解重大风险任务责任分工方案》，梳理出 7 个方面 165 个风险点，明确工作任务和目标，压实各级党组织责任；高度重视信访工作，着力维护社会和谐稳定。认真落实黑龙江省“带着感情和责任抓好信访工作”的要求，以“事要解决”为核心，进一步完善信访责任制，突出阳光信访、法治信访、责任信访，着力解决群众合理诉求和实际困难；深入推进“平安鹤岗”建设，完善立体化、网格化社会治安防控体系，依法打击一切违法犯罪活动，保持社会治安和公共安全形势稳定。

2017 年，深入开展隐患排查，实施领导包案、干部下访接访、推广网上信访等办法，努力化解积案，坚决打击信访活动中的违法犯罪行为，扭转了信访工作被动局面，确保了党的十九大等重要敏感时期社会和谐稳定；狠抓安全生产，强化督查问责机制，保持高压态势，对地方煤矿进行 24 小时无缝隙安全监管；全面加强食品药品、道路交通、非煤矿山、危险化学品、人员密集场所等领域的安全监管，未发生较大安全生产事故；严厉打击黄赌毒、黑拐骗犯罪，刑事案件发案起数同比下降 16%，现行命案全部破获；成功扑灭“4 · 15”林场火灾，实现了火灾不隔夜、人员零伤亡。

2018 年，加大依法治访力度，进京越级访同比下降 63. 7%，到省越级访同比下降 13. 7%，中央第六巡视组向鹤岗市移交的 145 件信访事项全部按期办结或初核，信访形势总体稳定；煤矿安全生产形势持续向好，实现连续 1100 余天零死亡。刑事案件发案率下降 41. 1%，治安案件发案率下降 28. 2%；“扫黑除恶”专项行动取得重大战果，打掉黑恶势力团伙 16 个，抓获违法犯罪嫌疑人 224 人，人均批准逮捕数排名全省第一。

2019 年，全年新立案的 12 起非法集资案件全部告破；多方筹措资金，偿还政府到期债务 31. 5 亿元；认真防范安全生产风险，地方煤矿未发生人员死亡事故，森林防火零火情；战胜58年一遇特大洪水灾害，确保了人民生命财产安全。

2020年，鹤岗市继续加大力度开展实施防范化解重大金融风险攻坚战行动，全面开展涉非涉稳排查整治，有效防范系统性金融风险。进一步加强了政府性债务管理，偿还债务22.9亿元；加强防灾减灾救灾能力建设，强化安全生产监管，使煤矿本质安全得到有效提升，安全生产形势持续稳定。

坚决打好精准脱贫攻坚战

鹤岗市时刻关注解决重大民生诉求，做到工作劲头不松懈，投入力度不降低，全力补齐民生短板，在扎实做好基础性、兜底性民生建设，统筹做好就业、教育、社保、医疗等各领域民生工作的基础上，集中力量做好鹤矿解困发展和精准扶贫脱贫工作。

认真落实市矿联席会议制度，突出抓好鹤矿分流职工安置，探索建立矿工就业创业咨询服务中心，畅通矿工就业信息渠道，帮助推荐创业项目，确保完成省委省政府下达的安置任务。同时，结合开展扶贫济困送温暖集中救助等活动，切实抓好鹤矿困难职工救助工作。

全面落实省委“发展生产脱贫、发展教育脱贫、社保兜底脱贫”三大举措，积极用好精准扶贫专项资金，加快贫困村道路交通、农田水利等基础设施建设，突出产业带动；建立市、县两级金融风险保障金，探索开展小额免抵押扶贫等专项信贷业务，形成金融扶贫长效机制；继续动员社会各界力量参与扶贫开发工作，实施政府引导、部门帮扶、企业资助等措施，确保扶贫攻坚工作按时间节点推进。

在扎实推进脱贫攻坚中，认真开展“回头看”。经过重新梳理识别，全市有建档立卡贫困人口5620户、1.2万人；加大产业扶贫力度，帮助贫困村落实各类产业项目49个；壮大扶贫队伍，共下派165名干部定点驻村扶贫，向60个贫困村派驻了第一书记；向上争取专项资金3000余万元，整村推进22个贫困村的“三通三有”基础设施建设。

把积极促进社会就业作为脱贫解困有力抓手。多渠道开发就业岗位，开展各类技能培训168个班次，培训人员1万余人，举办专场招聘会47场。为385名有创业愿望人员发放小额担保贷款2000万元。突出抓好科技人员、大学生、农民和城镇转移就业职工等重点群体就业，城镇新增就业2.3万人，失业人员再就业1.7万人，登记失业率控制在4.1%以内。

不断织密社会保障网。深入实施社会保险全民参保登记计划，持续扩大“五险”覆盖面，参险人员新增2.9万人；扎实推进全国医保联网上线工作，实现跨省、跨地区异地就医直接结算。

积极开展“扶贫济困送温暖”集中救助行动。多方筹措资金2亿元，救助各类困难群体15万人（次）；开办“知行中学”，对新入学的所有84名低保家庭孩子免除一切费用；城乡低保标准提高到570元，社区干部工资提高500元以上；为符合条件的民办养老服务机构发放补贴221万元。

坚持精准扶贫、精准脱贫基本方略，深入落实“六个精准”“五个一批”和“五级书记抓扶贫”“市县重点抓落实”等工作要求，层层压实责任，形成政府主导、部门支持、全社会共同参与的大扶贫工作格局。大力发展扶贫产业，组建中粮贸易（绥滨）农业发展有限公司，创新实施了“贫困户当股东”的产业扶贫新模式，有效覆盖绥滨县所有贫困户；重点推进光伏发电、农村电商、菜园革命等扶贫产业，所有贫困户实现2项以上产业链接；全力补齐农村基础设施短板，“两不愁三保障”各项政策全面落实，“三通三有”建设任务全部完成；各驻村工作队和帮扶单位累计投入帮扶资金4730万元，推动脱贫攻坚取得突破性进展。

全市60个贫困村将实现脱贫出列、7601名贫困人口脱贫退出，贫困发生率降至0.72%。绥滨县代表黑龙江省接受国家第三方评估考核和国务院督查，完成贫困县退出市级初审，贫困发生率由8.72%降至0.83%。

2019年，持续贯彻“五级书记抓扶贫”“四个不摘”要求，着力解决“两不愁三保障”问题，加大光伏、大鹅养殖、菜园经济等产业扶贫力度，实现全市建档立卡未脱贫人口全部脱贫退出，绥滨县顺利脱贫摘帽。

鹤岗市继续落实落靠各项政策，全面完成国家成效考核、“回头看”等问题的整改，建立贫困人口返贫监测和帮扶机制，确保在现行标准下没有返贫和新致贫人口。

坚决打好污染防治攻坚战

鹤岗市全面贯彻习近平生态文明思想，努力践行“两山”理论，始终坚持把保护生态环境作为重大政治责任，统筹推进“山水林田湖草”治理，努力让良好生态环境成为鹤岗最具实力的城市名片。

持续开展“鹤岗蓝”保卫行动。大力开展燃煤污染、工业污染、农业污染、机动车污染和扬尘污染整治，拆除原煤散烧锅炉279台，查封污染企业2户；秸秆禁烧专项整治取得重大成效，空气质量达到国家二级标准324天。

深入开展治水行动。积极推进河湖长制，建立“市县乡村”四级河长责任体系，强化水资源保护、水岸线管理、水污染防治、水生态修复，城市饮用水质和城市水域功能区水质达标率均为100%；“两河十四沟”清水秀岸综合治理工程全面铺开，黑臭水体治理率达到80%，“还水于民、还绿于民”变为现实。扎实做好地下水压采工作，封填地下废弃井17眼。鹤岗市成为第一批全国水生态文明城市。

积极开展净土行动。开展集中整治违法用地专项行动，处置土地400公顷。严格执行黑土地保护三年行动计划，新剥离耕地优质表土2.6万立方米；加快推行农业“三减”，落实示范基地面积26.3万亩；大力实施测土配方施肥技术，覆盖率达到79%；落实耕地轮作19.6万亩、水稻休耕3.3万亩。

大力开展还绿行动。启动森林城市创建工作，全年完成造林4.1万亩，栽植树木105万株；稳步推进绿色矿山建设，全年治理采矿区废弃地、关闭矿井、地面塌陷坑41.8万平方米，完成地方煤矿绿化植树2.4万棵，地面广场硬化24.6万平方米；建成国家级绿色矿山5个；依法整治煤炭经营场地81户，逐步实现集中经营、管理、绿化。

2019年，认真抓好中央环保督察“回头看”反馈问题整改，办结率97%。全力打好蓝天、碧水、净土保卫战。开展“两河十四沟”涉水企业、煤炭采选、餐饮油烟、非煤矿山、辐射安全五个方面专项整治，坚决查处环境违法行为。结合河湖“清四乱”工作，全力推进河湖长制落实，全市饮用水源和工业水源水质达标率均为100%。

2020年，鹤岗市针对中央环保督察“回头看”反馈，系统推进蓝天、碧水、净土保卫战，全市Pm2.5均值下降到24微克/每立方米，空气优良天数达到98%，其中达优235天，占65%；全市水源水质达标率稳定在100%，污染地块安全利用率达到100%。污染防治阶段性任务、“十三五”规划约束性指标全部完成。

二、绥滨县退出贫困县序列

2017年以来，鹤岗市把脱贫攻坚作为头等大事和第一民生工程，不断加强组织领导，狠抓工作落实。

通过发展扶贫产业、开展驻村帮扶、补齐政策短板、加强金融扶贫等扶贫举措，有针对性地开展扶贫工作，真正扶到点上，帮到根上，使全市贫困户数量不断减少。经统计，全市共有建档立卡贫困人口5760户12306人，现已脱贫1499户3309人。其中，2017年脱贫767户1827人，使全市贫困户发生率由7.49%降为6.38%。村民们说，这就是精准扶贫，让贫困农民摘掉“穷帽”。

绥滨县把脱贫攻坚工作作为“一号工程”。在相关帮扶单位的支持下，举全县之力，按照“精准、看病、卖粮、修路、建房、饮水、产业”七个方面工作要求，狠抓了欠账短板。共完成109个村安全饮水改造工程，解决了6416名贫困群众的安全饮水问题，全县农村饮水安全普及率达100%；完成2043户农村危房改造，全县所有贫困群众住房安全有了保障；共改造农村公路253.4公里，建设村内路72.4公里，解决了农民“出行难”问题；共完成53个贫困村的文化广场和卫生室建设，实现了109个行政村全覆盖；53个贫困村实现了通有线或无线数字电视；新建路边沟12万延米，绿化村屯821.5亩；完成农村室内厕所改造1050户，设置农村分类垃圾箱1200个。

农民专业合作社带领农民脱贫致富是普遍现象。2017年，绥滨县连生乡西山村腾飞河塘蛋鸭养殖合作社依托蛋鸭养殖基地，就带领贫困村民走出了一条产业扶贫之路。由于实行了正规化、精细化的管理方法，蛋鸭在市场上很畅销。合作社在获得效益后，为本村新识别的徐贵芳等5户贫困户每户分红1000元。拿到分红的徐贵芳高兴地说，有了合作社的帮助，俺离脱贫的日子不远了。

2018年2月，绥滨镇大地到处覆盖着皑皑白雪，傲来村永驰棚室果蔬专业合作社的温室大棚里却是春意盎然。这个永驰棚室果蔬专业合作社建成于2014年。一共建有10栋暖棚，30栋冷棚，种瓜种菜。贫困村民任桂春就是在加入永驰棚室果蔬专业合作社后开始脱贫的。任桂春在合作社打工，每年能挣1万多元钱，2017年就摘掉了贫困的帽子。2018年，合作社又带动20户贫困村民参与合作社经营，让更多贫困户脱贫。村民们都说，这里是贫困村民脱贫致富的重要载体。

绥滨县大力发展光伏、大鹅养殖、菜园经济等11项扶贫产业。其中在实施光伏扶贫中，建设了总规模25.6兆瓦的村级光伏扶贫电站53个，已于2018年6月30日全部并网发电；在发展大鹅养殖中，为有养殖意愿的每个贫困户免费发放40只鹅雏，带动养殖贫困户实现户均增收600元以上；在发展菜园经济上，引导农民利用自家小菜园种植鲜食玉米、杂粮杂豆等，带动种植贫困户实现户均增收580元以上；在发展电商产业上，构建了县乡村三级电商体系，带动贫困户652户1372人实现增收；在金融扶贫上，共为贫困户累计贷款7865.17万元；在实施龙头企业带动上，组建了中粮贸易（绥滨）农业发展有限公司，带动全县农民实现增收2000余万元。绥滨县还引导贫困户大力发展林下养殖、果蔬和食用菌种植等特色产业，实现了扶贫产业全覆盖。

特别是绥滨县与中粮集团合作建企，走出一条“让贫困户当股东”的产业扶贫新路子。2019年10月17日是全国第六个扶贫日，中粮贸易（绥滨）农业发展有限公司股东分红大会在绥滨县召开，主席台前摆放着5个篮子共装满294万元现金，全部用于股东分红。

绥滨县全力抓好各项惠民政策的落实。在医疗保障方面，与4家医疗机构建立了远程会诊机制，解决了贫困群众外出“看病难、看病贵”等问题，并为贫困群众构筑“五条医疗保障线”，满足了贫困群众基本医疗保障需求。选派320名县乡村三级医生开展了“百名医生健康扶贫签约行动”，解决了贫困户因“过度治疗”“盲目治疗”导致医疗费用支出较大的问题。开展贫困户大病救助和慢性病用药救助及严格落实困难残疾人生活补贴、重度残疾人护理补贴、“以奖代补”和精神障碍患者救助四项保障政策，切实减轻了患者家庭负担；在教育保障方面，严格落实“五免五助两补一贷一改善”14项政策，全县没有义务教育阶段因贫辍学学生；该县还全面落实社会救助、最低生活保障等各项政策和就业方面的保障，使4729名贫困劳动力实现就业增收。

2018年5月，财政部、商务部办公厅和国务院扶贫办综合司联合发布《关于开展2018年电子商务进农村综合示范工作的通知》，鼓励各地优先采取以奖代补、贷款贴息等支持方式，通过中央财政资金引导带动社会资本共同参与农村电子商务工作。2018年10月，绥滨县入选2018年全国电子商务进农村综合示范县名单，将享受国家相关政策和资金在促进农村产品上行、完善农村公共服务体系、开展农村电子商务培训等方面的支持。

2019年5月5日，经黑龙江省扶贫开发领导小组审议同意、省政府常务会议批准，鹤岗市绥滨县与省内其他9个贫困县一起退出贫困县序列。

三、扎实推进创业就业工作

鹤岗市高度重视创业就业工作，早在2001年就组建鹤岗市劳动就业指导中心，2003年更名为鹤岗市就业局，2019年更名为市就业创业服务中心。主要职责是，组织落实全市就业创业政策；拟定全市就业创业规划和年度计划，落实劳动者公平就业、特殊群体就业和农村劳动力转移就业等政策；承担全市就业创业统计监测工作；健全全市公共就业创业服务体系；推进落实就业创业政策，负责就业失业登记管理工作；组织实施公共就业服务专项活动，指导全市公共就业服务机构开展就业创业服务工作。

2013年，稳步推进省级创业型城市建设。帮助350多名高校毕业生、100多名残疾人实现了就业。为1007名创业人员发放小额担保贷款5035万元，为851名农村妇女创业提供小额贴息贷款3320万元，新增就业2.1万人，城镇登记失业率控制在4%以内。

2014年，积极推进三个“千人计划”，城镇新增就业万人。城镇登记失业率控制在4%以内。为有创业愿望人员发放小额担保贷款和农村妇女创业贷款6871万元，累计支持1487人创业再就业。

2017年，多渠道开发就业岗位，开展各类技能培训168个班次，培训人员1万余人，举办专场招聘会47场。为385名有创业愿望人员发放小额担保贷款2000万元。突出抓好科技人员、高校毕业生、龙煤分流人员、贫困人口、农民和城镇转移职工等重点群体就业，城镇新增就业2.3万人，失业人员再就业1.7万人，登记失业率控制在4.1%以内。

为实现更高质量和更充分就业，鹤岗市人民政府印发了《关于做好当前和今后一段时期就业创业工作的实施意见》(鹤政规〔2017〕20号)，提出三个坚持、两个推进、一个加强。坚持就业优先战略，不断增强服务能力；支持新就业形态发展，培育就业新空间；坚持大众创业万众创新，促进以创业带动就业；统筹推进重点群体就业创业；不断加强教育培训，提高劳动者就业能力；加快推进信息化建设，提升公共就业创业服务水平；切实加强组织实施，健全促进就业创业长效机制。

2018年，重点工作是统筹抓好煤矿下岗职工、农村转移劳动力、城镇困难人员、退役军人等各类群体就业。落实公益性岗位补贴、灵活就业人员补贴等各项就业优惠政策，为符合条件的中小微企业提供“援企稳岗”服务，做好龙煤转岗分流安置人员待遇发放工作。

2019年，落实更加积极的就业创业政策，将各方面政策打捆投放到社区，创建“五型就业社区”。强化就业创业培训，开设343个班次，培训1.54万人。积极做好援企稳岗、转岗安置等工作，为灵活就业人员、公益性岗位就业困难人员发放社保补贴1.74亿元。全年召开各类招聘会40余场，实现新增就业2.3万人，城镇失业人员再就业1.7万人次，就业困难人员再就业4167人次，城镇登记失业率为3.55%。

2019年11月，鹤岗市举行就业创业座谈会。会议认为，就业创业工作事关百姓生活，也是百姓能否获得幸福感的重要标志，因此要提高对就业创业工作重要性的认识，增强做好这项工作的责任感、使命感和荣誉感。要围绕社区居民的实际愿望，探索和提升做好社区居民就业创业工作的水平，加大扶持力度，帮助企业在用工需求方面和社区居民的求职意愿上实现有效对接。社区要进一步扎实做好社区居民就业工作，规范社区服务工作，培养就业创业的典型，在全社会形成浓厚的创业氛围，更好地带动就业，助力城市转型发展。

2019 年 11 月，鹤岗市总工会开展职工就业失业工作大调研活动。先后赴龙煤鹤岗矿业公司基层采区、市区域内部分非公企业和市直单位以及市共创服务公司，采取问卷调查、典型调查、专题座谈、个案访谈等方式进行调研。要求各级工会组织切实提高对职工就业创业工作重要性的认识，要在经济转型中积极推动就业转型，通过实施创新驱动发展战略，推动大众创业、万众创新，以创业带动就业，将就业与创业结合起来。要落实鼓励支持“双创”和“互联网+”发展的政策措施，进一步创造良好的就业创业环境。

2020 年 6 月 8 日，鹤岗市退役军人事务局联合市委组织部、市财政局等 17 家相关单位制定了《鹤岗市退役军人就业创业有关优待政策实施意见》，对现行法律、法规、政策中关于退役军人就业创业的规定内容进行全面梳理，从中选择确定教育培训、就业创业、税费减免、金融服务 4 类 20 条与退役军人就业创业密切相关的内容作为重点，为退役军人就业创业提供坚实的政策支撑。

2021 年 1 月 8 日，鹤岗召开万名党员干部“一助一”就业创业行动动员大会，并印发《鹤岗万名党员干部“一助一”就业创业行动方案》。会议人指出，深入开展“一助一”就业创业行动是贯彻落实习近平总书记重要讲话重要指示批示精神和中央、省委重大决策部署的需要，是密切联系群众、巩固深化“不忘初心、牢记使命”主题教育成果的需要，是积极应对疫情影响、加速推动鹤岗高质量转型发展的需要，旨在帮助企业减负，帮助有创业能力和意愿的人创业，帮助有就业能力的人实现再就业。

会议强调，要提高政治站位，深化对开展“一助一”就业创业行动的思想认识；要准确把握要求，确保“一助一”就业创业行动扎实推进。要分步推进，精准发力，抓好对接，健全机制，落实政策；要聚焦工作重点，抓好“一助一”就业创业行动任务落实。帮助重点企业扩就业，帮助创业项目带就业，帮助待业人员就业、失业人员再就业；要强化组织领导，为深入开展“一助一”就业创业行动提供有力保障。各级党委（党组）要高度重视，以上率下，营造氛围，形成合力。要从人员力量上全力支持创业就业行动，广大党员干部要增强政治意识，树立大局观念，服从组织安排、落实好工作任务，人社、发改、双创等部门要充分发挥牵头作用，加强就业形势研判，为行动取得实效提供保障。

四、建设15分钟健身圈

鹤岗市实施“十三五”规划以来，紧紧围绕《全民健身条例》和《全民健身实施计划（2016—2020年）》，按照配置均衡、规模适当、方便实用、安全合理的原则，统筹建设全民健身场地设施“55321”工程，着力构建市、县（区）、乡镇（街道）、行政村（社区）四级群众身边的全民健身设施网络和城市社区“15分钟健身圈”。

加大群众身边体育场地设施建设。建设公共体育场4处、体育公园3处、社会足球场地34块（含多功能运动场）、健身广场14处，健身步道8处、门球场地6处、排球场地8处、游泳馆2处、羽毛球场地11处；积极鼓励社会资本投入，以天水湖公园、鹤立湖冰面为依托，建设5000~10000平方米的中小型群众冰雪基地5个，设置雪地摩托车、雪地卡丁车、冰上龙舟、雪地足球、雪圈、雪地爬犁、冰尜等项目。

改造一批体育场馆和健身中心。对建筑面积13717平方米的市体育馆升级改造，投入资金8189万元，改造后达到国家乙级馆标准，于2018年建成并投入使用；将全民健身中心提档升级，更新配备一批国内领先健身器材，在已有羽毛球、乒乓球、网球、轮滑、健身等项目基础上增设新项目；将基层文化站现改建为文体活动站，增加体育健身功能，配备相应的体育健身设施。

加大对体育场馆和体育场地的开放力度。市体育馆、市体育场除接待赛事活动和训练外，全天对外免费开放；全民健身中心分类别免费、低收费对外开放。羽毛球、乒乓球、轮滑、健身等项目定期免费开放，每年免费开放时间累计达2000小时。经营性民营企业体育场地设施在一定时间节点实行低收费开放；机关、企事业单位部分现有体育场馆实行免费或低收费面向社会开放；学校体育场馆课余时间向学生免费开放，部分有条件的学校体育场馆向社会低收费开放。建立学校体育场馆设施与社区共建共享机制，并采取有力措施加强安全保障。

新建体育公园陆续投入使用。2019年，面积45万平方米的新一体育公园正式交付使用。该公园是鹤岗市规模最大、标准最高、功能最全的体育公园。兴安文体公园、南山体育公园、南翼体育公园等即将竣工。

2019年底，黑龙江省东部地区最大的室内水上健身中心正式运营。鹤岗市水上健身中心总投资3.8亿元，是集休闲、养生、餐饮、健身、娱乐为一体的室内大型水上乐园。

积极引入社会资本投资建设谕霖射击场。鹤岗市谕霖射击场是集休闲娱乐健身、实弹射击训练、群众娱乐于一体，黑龙江省唯一以娱乐性射击活动为主营业务的大型综合娱乐场所，是国家3A级景区，连续三年被评为黑龙江省精品体育旅游景区。

谋划推进鹤岗市滑冰馆项目。滑冰馆建成后能够开展冰球、花样、短道、冰壶等冰上体育活动，为广大爱好者四季参与冰上运动提供活动场所。

鹤岗市已配备体育设施的场所达到1485处。其中，室内体育健身场地183个、室外体育健身场地1302个，体育场地面积181.47万平方米，按照鹤岗市人口总数99.5万人计算，人均体育场地面积1.81平方米，城市社区“15分钟健身圈”已实现全覆盖。

五、“健康鹤岗”夯实全民健康基础

按照黑龙江省《健康龙江行动（2019—2030年）实施方案》确定的16项行动任务，鹤岗市以签订责任目标为抓手，对任务进行了层层分解。在此基础上，突出重点，细化措施，全力打造三大健康服务品牌。

普及健康理念，打造健康宣教品牌。突出媒体宣传。在《鹤岗日报》开辟“健康鹤岗”“健康之窗”专栏，每年刊发健康知识 52 期；在鹤岗市电视台开辟《名医话健康》《健康养生》《人民医愿》等健康类节目，全年进行健康讲座达 100 多次；组建“全市全民健康教育中心”，全年组织医疗专家和运动专家健康讲座 24 次；组建健康专家宣讲团，深入到机关、学校、企业、社区和边远村屯进行健康巡讲 20 多场次，开展义诊咨询活动 359 次，直接受益群众达 27600 余人次。

倡导科学生活，打造健康促进品牌。开展“告别不文明行为、争做文明好市民、鹤岗最美因为有你”等活动。通过开展《鹤岗市民文明公约》征集、文明礼仪知识讲座、“小手拉大手”和“鹤岗最美，因为有你”等系列活动，引导市民群众提升文明意识，自觉摒弃随地吐痰、乱扔垃圾、车窗抛物、乱闯红灯等不文明行为；开展“我戒烟我健康”活动。出台了一系列控烟、禁烟文件，通过无烟机关单位创建、禁烟控烟知识宣传、多部门联合检查控烟等举措，使控烟禁烟工作成效显著；开展“我科学我健康”活动。在全市机关、学校、幼儿园、工厂食堂广泛开展了推广使用控油壶、限盐勺活动，创造健康饮食环境，有效地改变高盐、高油、高脂等不良饮食习惯。免费发放限盐勺和控油壶、膳食营养宣传单和宣传册等，开展共创健康示范餐厅活动。

突出提档升级，打造健康服务品牌。落实“看病不求人”行动方案。开通“健康鹤岗”微信平台，746 名医师团队在线坐诊；持续推进“人文关怀制度建设年”活动。市人民医院等 3 所三级甲等医院对陪护人员实行免费 CT、血常规、血清及抗体检测，减免检测费用 490 万元；打造卫生惠民利民品牌普惠百姓。推行“10 项便民服务措施”“10 项优质服务措施”“35 项卫生惠民政策”和贫困患者医疗费用“三免两减”政策，共减免医疗费用 411. 2 万元。

制定《推进妇女儿童发展规划重点难点指标实施方案》，开展重点难点指标督导检查。孕产妇孕期（孕早期）艾滋病、梅毒、乙肝检测率 91. 89%，无艾滋病感染孕产妇及所生婴儿。截至 2020 年末，鹤岗市梅毒感染产妇 10 人，用药率 100%；梅毒感染产妇所生新生儿用药率超过 95%；剖宫产率 59. 13%，达到省要求低于 60%的指标要求。

基本公共卫生服务项目有序推进。2020 年实际下达中央、省财政补助资金4090.7496万元、市级配套资金389.5952万元、区级配套资金389.5952万元，基本公共卫生资金足额拨付到位。到2021年3月，共建立电子健康档案799776份，建档率达75.04%，动态管理率达40.13%。组建家庭医生团队235个，为居民签订个性化协议293972份。

全面开展饮用水三级安全风险监测体系的构建，生活饮用水卫生监督检查覆盖率100%，有效预防饮用水源性疾病、传染病等突发公共卫生事件的发生。

对市民开展的问卷调查显示，健康鹤岗行动收到了一定的效果。在随机发出的1000张问卷中，有60%的人表示关心健康行动的开展；健康知识知晓率明显提高。居民健康素养水平由原来的12%提高到现在的15.5%；居民的健康行为有所改变。无烟机关、无烟学校和无烟公共场所明显增多，成人吸烟率有所下降，大量饮酒的现象有所减少；居民饮食习惯逐步科学。调查显示，使用控油壶、限盐勺的家庭已经接近30%，油脂摄入量由人均每天34.2克降低到29克，食盐摄入量由人均每天13.3克降低到10.5克。鹤岗市人均期望寿命达77.5岁，比全国人均期望寿命77.3岁高0.2岁。

鹤岗市结合棚户区改造、森林城市创建，围绕“两河十四沟”综合治理工程，以打造一河一景为载体，为百姓提供健康锻炼场所。同时，不断加大户外活动基地建设。共建设户外活动基地3个、社区多功能公共运动场地9个、全民健身路径工程245个，新建足球场4块、笼式足球场4块，农村健身场地也得到加强。

在全市深入推进城乡环境综合治理工作，以城乡环境卫生整治为中心，以全民健康教育为主线，以治理“脏、乱、差”为重点，狠抓道路、环境卫生、占道经营、建筑围栏等方面整治工作。以创建国家生态城市、森林城市为目标，实施公园绿地建设，为市民生活提供宜居的良好卫生环境。

新冠肺炎疫情暴发后，鹤岗市通过专业卫生防疫部门和各医疗机构、卫生志愿者等向全市人民宣传普及卫生防疫知识，有效增强了市民卫生意识，“健康鹤岗”日益深入人心。

六、看病治病不再是百姓的烦心事

积极实施“看病不求人”行动方案，完善了预约诊疗、远程医疗、结果互认三项制度。在推进医院信息化建设中，实现自助挂号的医院3家、网络预约就诊的医院18家、检验结果自助查询的医院5家。开通“健康鹤岗”微信平台，746名医师团队在线坐诊。

大力推进“人文关怀制度建设年”活动。做实10项便民、10项利民、10项惠民优质服务措施，规范医疗服务行为，提高医疗服务质量。市人民医院、鹤矿医院和宝泉岭中心医院对陪护人员实行免费CT、血常规、血清及抗体检测，减轻了疫情期间患者就医负担，减免检测费用490万元；市第二专科医院儿童康复科开展公益网络授课，免费提供培训、指导、咨询服务。

各医疗机构邀请省内外名医大家出诊，及时通过微信、新闻媒体等向社会公示相关信息，百姓不出市就能享受到名医大家的诊疗服务。仅2020年，邀请省内外名医大家193人次，开展手术930例；门诊1751人次；开展学术活动或培训20次，培训2147人次。

制定《鹤岗市卫健委2020年医联体工作方案》。明确各医联体成员单位职责、工作任务，完善了双向转诊工作制度和流程，确定了三级医院和二级医院分级诊疗常见病、慢性病种共计214种。

用血服务的8家医疗机构全部实行献血者及其亲属用血费用由医疗机构直接减免政策，使患者在用血医疗机构就直接报销血费，减少了患者多次往返办理的劳碌。

加快推进老年护理服务。二级以上综合医院设立老年病医学科，为老年患者提供连续性护理服务，鼓励社区服务中心、乡镇卫生院为有需求的老年患者提供护理服务。

为贫困人员实行“三免两减”。“三免两减”政策惠及患者34396人次，减免费用437万余元；对无力支付及无名氏患者实施免费救治；对初步诊断为再生障碍贫血、免疫性血小板减少症等10种疾病的患儿，开通转诊绿色通道，及时转至省级定点医院进行救治。

在疫情防控期间，各医疗机构均在门诊设置独立的发热预检分诊台，要求“门诊患者佩戴口罩、测温、扫龙江健康码和行程码”，把好入院关；实行医疗机构主要负责人包保院内感染管理的“双包保”责任制。并制发了院感防控和门诊就诊措施双“10 条”，分别从预检分诊、首问负责制、门急诊、病区分区管理、医务人员防护等方面，对各医疗机构疫情期间院感防控工作进行指导，进一步规范院内预防感染工作。

为了改善城乡居民医保待遇，做到医保待遇的公平，我国着手进行城乡居民基本医疗保险制度的整合。2016 年 1 月，国务院印发《关于整合城乡居民基本医疗保险制度的意见》。同年 12 月，鹤岗市在全省率先出台《鹤岗市城乡居民基本医疗保险制度整合工作实施方案》。2017 年 5 月，又在全省率先将 15.9 万人的原新农合参保人员基本信息、村屯信息、家庭信息、类别信息等数据统一导入省金保工程医保信息管理系统，为全市农村居民参保缴费和待遇支付工作提供了基础数据支撑。

2019 年初，全市城镇居民和 15.9 万农村居民全部纳入城乡居民基本医疗保险，实施统筹管理。实施整合后，城乡居民医保的政策范围进一步扩大，医保普通门诊、医保特殊门诊、住院医疗、生育医疗和大病保险全部纳入保障范围，提升了城乡居民的安全感、获得感和幸福感。原有的医保药品目录仅涉及几千条，而整合后的药品目录达到了 17 万条，几乎涵盖了目前全国所有的医保用药品种。

实施建档立卡贫困人口医疗保障扶贫政策，解决贫困人口就医垫付资金问题。依托大数据集中管理优势，积极推进手机等移动端的个人自助应用，“让数据多运动，让群众少跑腿”。同时，为全市 120 个社区劳动就业社会保障服务机构统一安装了 POS 机刷卡终端设备，并与金保工程接口运行。参保居民手持银行卡可足不出社区实现参保登记和刷卡缴费。

七、扫黑除恶　为千家万户筑牢平安之基

扫黑除恶专项斗争开展以来，鹤岗市各级政法机关充分发挥各自职能作用。全员参战，合力攻坚，重点打击人民群众身边的黑恶势力，

确保了鹤岗一方平安。

公安系统充分发挥“主力军”作用。在扫黑除恶专项斗争中，加大涉煤领域黑恶犯罪打击力度。成功侦办了姜和林黑社会性质组织案，破获各类案件 179 起，查明盗窃国有煤炭 1.4 万吨，是近年来鹤岗市破获的最大涉煤盗窃案件，也是全省涉煤领域最大的一起黑社会性质案件。

在打掉的 28 个黑恶势力犯罪中，有建筑工程领域的肖维忠黑社会性质组织，有开设赌场、公交“线霸”“套路贷”等恶势力犯罪集团。打击农村领域犯罪方面，对绥滨县、萝北县、东山区、兴安区 212 个行政村 1500 余名“两委”成员进行严格审查，发现违法违纪及前科人员 80 余人，打掉了 7 个农村领域恶势力犯罪团伙。

中央扫黑除恶第 14 督导组进驻黑龙江省期间，经中央督导组组长、副组长，省政法委、省公安厅主要领导签批，将第 20 期《督导专报》批转至鹤岗市公安局侦办、第 29 期《督导专报》由鹤岗市公安局配合纪委监委开展工作。经过细致工作，40 余名精干警力成立的专案组，迅速赶赴佳木斯市、双鸭山市开展核查工作。迅速核查第 20 期《督导专报》，抓获犯罪嫌疑人 9 人，破获刑事案件 14 起，特别是辗转国内多地及缅甸，破获了 1993 年佳木斯市韩杰被枪杀案，抓获了潜逃 26 年的故意杀人逃犯，获得了上级的高度赞扬；细致研判第 29 期《督导专报》，克服异地办案人生地不熟、新冠肺炎疫情等不利因素影响，在省、市两级公安机关的全力支持下，经过 1 年时间的缜密侦查，发现和查实李福源等人多起大量违法犯罪事实，抓获犯罪嫌疑者 15 人。

创新提出小拘留遏制大发案、小罚款遏制大事故的“两小两大”执法理念，坚持边打边治、标本兼治。2020 年，侦办涉赌行政案件 129 起，查处违法人员 736 人。侦办涉赌刑事案件 16 起，抓获犯罪嫌疑人 29 人；侦办涉黄行政案件 93 起，查处违法人员 240 人。侦办涉黄刑事案件 7 起，抓获犯罪嫌疑人 7 人；破获涉毒刑事案件 13 起，抓获涉毒犯罪嫌疑人 24 人，缴获毒品冰毒 5879.13 克，麻古 600 余粒（97.07 克），缴获毒资 19.63 万元。

2020 年初，按照“吸必查贩，贩必查源”的工作要求，成功破获了部级目标案件“1·24”特大贩毒案，一举摧毁了一条由双鸭山市流入鹤岗市的毒品运输贩卖渠道，单起案件缴获5.5公斤。2018年成功破获的“2018-188”特大跨国贩毒案，缴获冰毒7.2公斤，该案件被评为全省十大精品案件。

紧盯社会治安、信息网络、金融放贷等领域存在的突出问题和乱象，加大打击力度。破获“3·21”特大系列网络诈骗案，涉案金额1400余万元；跨省侦办“11·24”虚开增值税发票专案，涉案金额31亿元；打掉了以许立霞、任春波为首的“路霸”恶势力团伙、以罗家瑞为首的“套路贷”恶势力犯罪集团、以刘兴龙为首的“市霸”恶势力团伙。

在扫黑除恶专项斗争中，检察系统侦办涉黑涉恶案件29件，逮捕涉案人员137人；办理立案监督案件16件；发出纠正违法通知书3份，纠正漏捕2人、漏罪3件；深挖移送保护伞线索91条，涉案人员103人；涉黑涉恶犯罪线索14条；“打财断血”共计9906.72万元。全面完成中央督导组反馈的21个问题整改，查结移交线索139条。针对发现的执法问题和管理漏洞，及时向地方政府、行政机关、金融机构以及国有企业提交完善制度、强化监管等检察建议50份。2019年12月，向市委提交《关于鹤岗市涉黑恶犯罪高发、多发领域分析和对策建议的报告》。

法院系统坚持依法严惩和深挖彻查相结合，以“打财断血”为突破口，以“打伞破网”为着力点，以“大要案”审理为依托，坚决铲除社会毒瘤，形成有力震慑。共受理涉黑恶犯罪及“保护伞”案件68件237人，重刑率27%；铲除黑恶势力犯罪经济基础，共判处财产刑金额2758.70万元，查扣收缴财产3800余万元；审结姜和林、罗家瑞等一批涉黑恶“大要案”，对11件61人涉黑涉恶案件进行集中审理宣判。审结集资诈骗、非法吸收公众存款、电信诈骗等犯罪案件75件135人，涉案金额8亿元。扫黑除恶专项斗争成果被中央电视台、《法制日报》等国家级媒体报道。

截至2020年11月底，全市共打掉涉黑涉恶犯罪集团（团伙）27个，查封冻结扣押涉案财产8855.3万元，立案查处涉黑涉恶腐败和

“保护伞”问题121件，涉及134人，处理79人，移送司法机关33人。成功打掉张胜群、孟宪君、李世海等一批黑恶势力“保护伞”。

全市公检法干警以最坚决的态度，最有力的措施，最务实的作风，强力推进扫黑除恶专项斗争向纵深开展。鹤岗市每10万人打掉团伙数、破获案件数、抓获人犯数位居全省前列，警均打掉团伙数、破获案件数、批准逮捕数排名全省前列。

八、保障性安居工程成果惠及百姓

鹤岗市将保障性安居工程作为一号民生工程强抓在手，出台多项举措抢抓推进，以其丰硕的成果改善了低收入家庭的居住条件，顺应了民心民意。从2009年开始，对煤炭采空区、林场中的棚户区进行大规模改造，鹤岗市的住宅区发生了巨大变化。

保障性安居工程之一的采煤沉陷棚户区改造工程于2015年开始实施。计划两年改造23550户、总投资41.5亿元，其中，计划新建住宅10个小区，总建筑面积83.86万平方米、11550套，货币化安置（购买商品房和直接货币补偿）12000户。2015年开工建设7个小区、62.89万平方米、8550套，2016年开工建设3个小区、20.98万平方米、3000套。采煤沉陷棚户区改造项目10个小区已建成，于2017年10月竣工交付使用。为盘活房地产市场，提高居民生活环境和质量，继续加快实施购买存量商品房及货币化安置工作。按照采煤沉陷区棚户区改造购买工作实施方案、暂行管理办法以及补偿安置方案、实施细则的要求，2015年、2016年两年内完成购买商品房4657套，直接货币补偿7343户。

城市棚户区改造项目作为保障性安居工程其中一项任务，也开始于2015年。采取政府主导的方式实施，2年计划建设10个小区、74.4万平方米、10481套，计划总投资19.32亿元。2015年开工建设6个小区、38.92万平方米、5462套。2016年开工建设4个小区、35.48万平方米、5055套，同时完成直接货币安置257户。2017年，城市棚改项目计划通过货币化安置改造9000户，投资25.73亿元，其中，购买商品房5000套，直接货币补偿4000户。

“十三五”期间，鹤岗市棚户区改造完成总投资 39.4 亿元，资金来源分别为中央投资 5.8 亿元，省级投资 0.5 亿元，地方政府投资 3.5 亿元，社会资本投入 29.6 亿元。计划改造户数 23559 户（包含 2020 年计划改造 350 户），实际改造户数 23616 户。其中，新建 6566 户，购买存量商品房 7036 户，货币补偿 10014 户。

煤矿棚改项目也是保障性安居工程的重要组成部分。该项目 2016 年新开工建设 84.69 万平方米、11122 套，结转续建项目 46.74 万平方米、7035 套于 2016 年 4 月全部复工建设。截至 2017 年 5 月，滨河北小区已有 60 栋住宅基本建成，松鹤 A 小区 8 栋楼基本建成，兴东小区（高层）基本建成。

公共租赁住房项目也得到有序推进。2016 年，复工建设结转续建公共租赁住房 24.02 万平方米、3867 套，其中，爱心家园 12.43 万平方米、1831 套已主体封顶。利民小区 10.19 万平方米、1815 套及子佳国际 A 区 1.4 万平方米、221 套已基本建成。

2016 年，保障性安居工程新开工建设 141.15 万平方米、19177 套，复工建设结转续建工程 172.57 万平方米、24914 套。购置闲置商品房 1657 套，完成直接货币补偿 5600 户，完成公共租赁住房分配 1882 套，发放租赁补贴 884.52 万元。

2017 年，继续大力实施保障性安居工程这一重要民生工程，加快推进城中村改造项目建设步伐。省住建厅给鹤岗市下达的城中村改造项目为 8675 户，其中，新建 1997 套、购买商品房 933 套、货币补偿 5745 户，计划投资 20.02 亿元。

2017 年，全市各类保障性安居工程开复工建设 4.1 万套，交付使用 3.1 万套；建设城市棚改项目小区外道路 25 条、公共租赁住房项目小区外道路 5 条，全线通车 23 条；安置居民 2.6 万户，完成货币直接补偿 9277 户。

作为保障性安居工程的配套工程，首先解决道路坑洼不平、“补丁”太多、道路过窄、行车不畅、地上地下管线混乱等问题。

在 25 条城市棚改项目小区外道路建设任务中，工程量最大的是中轴线道路建设，其中包括红旗路、育才路、东解放路、红军路。起点为迎宾门，终点为二马路，总长 9.9 公里，宽 25 米至 30 米不等，双向 8 至 10 车道。道路为新型 SMA 沥青混凝土路面，增加密实性和耐久性。人行道铺装面包砖，增设盲道，采用花岗岩路边石，同时改造了道路两侧绿化、路灯、排水等附属设施。

秋天到了，这是一个五彩缤纷的收获时节：胜利路纵横贯通了，宽阔的停车场与周围小区融为一体。南山路提档升级了，红花绿草的景观带让人看着实在舒心。人行道面包砖铺装整洁，破损的水泥路边石变成了美丽的花岗岩；湖北路通透开阔了，站在沥青混凝土路面上，满目葱绿、景色宜人的天水湖公园尽收眼底……一条条铺向远方的柏油路，一幢幢拔地而起的新楼房，带来了日新月异的城市面貌。

2017 年 3 月，出台《鹤岗市老旧小区改造实施方案》，拉开了老旧小区改造的序幕。老旧小区改造重点解决老旧楼房的屋面、外墙、供水、供热、排水、通信管线、环境卫生、小区硬化、亮化、绿化等方面存在的问题，还百姓一个“干净、整洁、规范、有序”的小区环境。

2017 年，共改造老旧楼房 405 栋，总建筑面积 150 万平方米，涉及居民 2.4 万户。改造供热和供水老旧管线分别为 28.7 公里和 14 公里，新建了东山区兴华村段的供水管线，解决了困扰 900 余户居民和 30 余户园区企业多年的用水困难问题。建设了 30 座水冲公厕、3 座垃圾中转站和 5 处移动式垃圾压缩站，垃圾清运机械化率达到 85%。新建了 10 处停车场，新增停车泊位 786 个。

2020 年，主要以“锁定四个目标，突出一个任务”为重点，完成年度任务目标。

省重点目标任务完成情况。新开工 350 户全部完成；基本建成任务应完成 1150 套，只完成文博花园 800 套，主体冷封闭，二网施工基本完成。因受疫情影响无法完成的基本建成目标任务，已向省住建厅呈报取消并获得批准。

市重点目标任务完成情况。经一、纬五路实现全线贯通并基本全线通车。高标准完成保障性安居工程收尾工作。今年结转续建的 6081 套住宅中，大陆南高层、松鹤 A 小区 H、K 组团和滨河南高层共 3777 套住宅基本建成；松鹤 A 小区 I、J 组团和文博花园共 2304 套住宅，受疫情原因影响，未完成基本建成任务，结转至2021年完成。今年全市计划征收3000户，实际完成3077户，超额完成目标任务。东山、兴山两个主城区的平房计划征收1551户，也已完成。全年计划安置6000套，完成6016套，超额完成任务。

有序推进公共租赁住房管理及补贴。计划发放公共租赁住房补贴6500户，全年累计发放户数7004户，1963万元；共有公共租赁住房15548套，正在保障13988套。其中，已出售1471套，正在配租12517套（含当年新分配232套），剩余1560套待分配。

全力推进老旧小区改造项目。鹤岗市列入国家试点城市，16个改造项目获得批准。计划改造292栋楼、83.4万平方米、12841户的老旧房屋，调整后实际改造251栋楼、89.29万平方米、13172户，总投资由6.5亿元调整为6.24亿元。截至2020年末，已完成楼本体改造70%、小区供热管网改造5栋，剩余改造工程结转至2021年10月完成。

重点推进物业规范化管理工作。《鹤岗市物业管理条例》初稿已拟定，待省物业条例出台后，结合本市实际加以修改完善；创新管理载体，搭建物业110投诉平台；推动业主委员会或物业管理委员会组建工作；开展执法进小区活动；通过老旧小区改造进一步完善老旧小区功能设施，将原底限管理楼房纳入专业化物业管理。

保障性安居工程是一项系统工程，环节多，细节多，牵扯到政府信誉和百姓意愿等诸多方面。为了让百姓住有所居，居有所适，政府与工作人员只有尽心尽力而为。

九、实施城市“四供”提升工程

供水、供电、供暖、供气的能力和水平，直接关系到城市经济发展和人民群众的生活质量。从2013年开始，鹤岗市将“四供”提升工程列入“十大重点城建工程”，加大“四供”提升力度，不断提高“四供”能力和服务水平。

“十分钟缴费圈”是国家电网黑龙江鹤岗电业局全面社会责任管理全面融入“大营销”体系建设的一项重要工作内容，该局推出的12种居民购电方式，为供电服务区内百万居民缴纳电费带来极大便利。2012 年 5 月，该局针对农网用户推出“足不出村”购电费充值卡业务，客户凭一部电话就可以方便完成电费缴纳的新举措，就此，该局为打造“十分钟缴费圈”设立的银行代收、购电窗口、网上商城、银行代扣、家家通自助终端缴费、POS 机缴费、ATM 机缴费、便民服务站、网上银行、支付宝缴费、电话银行、电费充值卡 12 种缴纳电费模式已经全部形成。

2013 年 11 月，随着城市扩容和经济发展，鹤岗市水、热、电需求不断加大。为改善水质，提升城区供水保证率，实施了市政供水系统净水厂改造工程。在“一厂两站”安装备用电源，并对净水厂进行系统改造，使居民饮用水水质合格率达到 100%；鹤岗市热力公司和住房保障局环宇物业总公司共投资 465 万元，对各自供热区域老旧管线及设备进行改造和更换；经纬木糖醇生物质发电厂热电联产项目一期工程开始收尾，配备 2 台 75 吨锅炉，项目全部建成后，可供热 400 万平方米；开工建设的 500 千伏输变电工程，将满足鹤岗市中长期负荷增长需求，增强电网供电可靠性，为大项目和市民生活提供安全稳定的供电服务；老旧供热管网改造工程使供热质量有了进一步的保障；城市燃气项目建设快速推进。

2015 年 12 月，由鹤翔新能源有限公司实施的鹤翔新能源城市管网项目是一项市政府“燃气惠民工程”，项目总投资 5.6 亿元，将建设市区 70 公里中压管网，210 公里低压管网工程。鹤岗市政府已为该公司颁发了《城市燃气特许经营权许可证》。计划以公司为气源站，通过管网普及到市区住户，对管网还未铺设到位的小区，通过建设气站或使用气罐的方式提前供气。预计到 2016 年 10 月即可实现 6 万户居民生活用气的供应，到 2017 年 10 月实现 8 万户居民生活用气的供应，到 2018 年 10 月完成 26 万户居民生活用气的供应。

2017 年，改造供热和供水老旧管线 28.7 公里和 14 公里，新建东山区兴华村段的供水管线，解决了困扰 900 余户居民和 30 余户园区企业多年的用水困难问题；引入华能电厂市区供热作为头号工程推进，一次性解决鹤岗市 30 年内的热源问题。中继泵站、隔压泵站主体土建工程基本完成，华能电厂建设的供热管网已经注水；改造严重老化、“跑冒滴漏”的供热管网32.873公里，撤并42台供热小锅炉，确保供热安全稳定运行；聚源煤层气公司计划改造老旧管网3.3公里；奥德燃气有限公司新增燃气用户380户，完成燃气管道路由测绘18.6公里。

龙煤鹤岗矿业公司于2017年向市政府移交了1065栋楼房，涉及全市六区，这部分楼房大多建于20世纪八九十年代，至少都在15年以上。由于当时管材品种和质量的限制，加之物业不健全，维修跟不上，楼内公共部分的供水供热管线及阀门普遍老化，致使高楼层水压不足，楼与楼之间供热温度不均衡，维修难度大，给市民生活带来巨大影响。经多方调查研究，计划用2年时间对全市的老旧管线进行全面改造，全力提升百姓的生活质量。

2018年，华能集中供热工程创严寒地区长距离供热首例，新增供热能力1000万平方米，改造老旧供热管网32.9公里。开工建设北山净水厂，改造供水管网、排水管线29.7公里。

2019年1月22日，鹤岗市重大民心工程——华能集中供热工程攻坚战役首站告捷，顺利实现运行投产。华能鹤岗发电有限公司替代市热力公司对鹤岗市集中供热500万平方米，27公里管网、电厂首站、市中继站、市隔压站系统运行稳定。

华能集中供热工程是2018年由市政府和华能鹤岗发电有限公司共同组织实施的一项惠及千家万户、增进群众福祉的民生工程。华能集中供热工程总投资6.6亿元。其中鹤岗市投资3.9亿元，建设一座中继泵站和一座隔压泵站，以及中继泵站至隔压泵站之间的9公里、直径1.2米的供热管网和隔压泵站通往市区的供热管网。华能集团投资2.7亿元，改造华能鹤岗发电有限公司发电机组，建设热源首站和首站至中继泵站的18公里、直径1.2米的供热管网。工程自2018年6月开工，历时6个月，实现管网注水一次成功，管网加热设备投用一次成功，全网供热一次成功。截至2019年1月22日，该公司替代市热力公司实现供热面积500万平方米，实现华能鹤岗电厂对外集中供热重大突破及由纯凝机组向热电联产机组转型的重大跨越。这项工程既是鹤岗市清洁能源集中供热规划的重要组成部分，也是鹤岗推进节能减排、改善人居环境、提高供暖质量的一件大事，更是落实“生态立市”战略、打好污染防治攻坚战的实际举措，对持续改善鹤岗市生态环境具有十分重要的意义。500万平方米集中供热后，每年可节约标煤10万吨，减少二氧化碳排放26.2万吨，减少氮氧化物排放740吨，减少有毒气体二氧化硫排放850吨，节能和环境效益非常显著，将使人居环境质量大大改善。

2020年8月21日，鹤岗市召开城镇供热老旧管网、二次给水设施及老旧小区改造工作会议。会议指出，城镇供热老旧管网、二次给水设施及老旧小区改造是一项重大民生工程，直接关系到城镇居民的冷暖、饮水安全和人居环境的改善。全市各部门要提高政治站位，高度重视这项工作，切实解决好百姓的操心事、揪心事、烦心事，不断增强百姓的获得感、幸福感和安全感。要坚持问题导向，在工作节奏上要再加快、再提速，扎实推进“三改”工作顺利开展。把这项利民的好事办好，惠民的实事办实。

十、第一座互通式立交桥建成通车

一桥飞架似彩虹，南山从此变通途。2018年10月3日10时58分，鞭炮齐鸣，鹤岗人民期盼已久的鹤岗市第一座立交桥——复兴桥正式剪彩，建成通车。这是鹤岗人民在国庆节里的收到的一份礼物，更为鹤岗增添了一座亮丽的地标性建筑。鹤岗市人大代表、市政协委员、市劳动模范、工程建设者及闻讯而来的普通百姓共同见证通车剪彩重大时刻。大桥两侧人行道上，人们或挥舞着旗帜，或拿着手机、相机，齐齐地把目光聚焦在复兴桥通车现场。没有刻意的组织，没有着意的安排。人们从四面八方闻讯而来，自发地为民生大桥剪彩，由衷地为民心大桥喝彩！

复兴桥位于南山铁路道口处，起点为百花街，终点为南选路，连接铁西路和铁东路，横跨铁路、南山路、工交路。总投资24353.83万元，哈尔滨市市政设计院与中铁第五勘察设计院集团有限公司组成联合体设计，黑龙江哈铁工程建设有限公司和中铁六局承担施工任务。桥梁总长1082米，主桥长384米，引道长156米，匝桥长542米（上

复兴桥

桥匝桥长 100 米，下桥匝桥长 305 米，匝桥引道长 137 米）。铁路段桥梁为双向 8 车道，市政段桥梁为双向 4 车道，并配套建设 4 座桥塔和 4 座人行梯，地面机动车道 16800 平方米，人行道及桥下铺装 11000 平方米，绿化面积 16000 平方米。

半个多世纪以来，南山区的铁东与铁西长年被一条繁忙的铁路路线隔开，火车、汽车、大型货车和行人混行，造成道路严重拥堵，居民出行十分不便，也成为经济发展的“瓶颈”。修建一条跨线桥，成为百姓共同的期盼。

架起一座民生桥，彻底解决南山道口公路铁路平交的交通瓶颈。几十年来，几届市领导都曾起心动念，但最终由于种种艰难的挑战而搁置。2017 年，新一届市委、市政府领导班子本着改善民生的信念，下定决心迎接挑战，确定了架设鹤岗市首座互通式立交桥、2018 年建成通车的宏伟蓝图。“高起点规划、高水平设计、高质量建设，努力把互通式立交桥建设成为鹤岗市的地标性建筑。”“一定要坚持工程质量第一，高标准推进工程建设，确保工程节点完工。”站在城市未来发展的高度，市委、市政府领导对工程提出要求并多次到施工现场进行指导。

在复兴桥由数字平面转化为立体实物的过程中，由于这里是鹤岗的老城区，居住人口相对密集，各种通信光缆和供水供电管线纵横交错，遍布空中和地下，且地理、地质条件十分复杂，尤其该工程涉及国铁、国家电网、水电、征地拆迁等方方面面的事情，增加了工程推进和施工难度。为此，各级领导数次来到施工工地现场办公，有关单位和工程建设者们更是为工程建设夙兴夜寐。

2017 年 7 月 25 日，施工单位黑龙江哈铁工程建设有限公司进场，实施 24 小时倒计时推进；2017 年 9 月 4 日正式施工；为保证施工节点，延长施工期，建设单位采取冬季施工，向寒冬挑战，与时间赛跑；为保证工程质量和进度，工程指挥部协调施工单位在大桥的箱梁、墩柱、承台等浇筑工作上，采取扣棉被大棚、点火炉取暖的方式进行建设和养生；为确保桥上、桥下衔接贯通，2017 年 6 月 20 日开工建设铁西路，历时 60 天就交工通车。

2017 年 10 月 15 日，面向全社会举办公开征集桥梁名称活动，共征集桥名 1157 个，重复桥名 581 个，有效名字 576 个。稿件来自上海、广东、天津、重庆、浙江、安徽等 24 个省市。作者年龄跨度大，上至 70 多岁的老人，下至 10 多岁的少年。按照投稿先后顺序，经过评委们的初选、复选，作者周尚操的稿件——“复兴桥”获命名奖，其寓意为：我国正处在为实现中华民族伟大复兴的中国梦而奋斗的阶段，又适逢鹤岗市全力转型发展时期，既与鹤岗市现有的“团结桥”和“奋斗桥”名称呼应，又代表当下的历史时期与历史使命。

历时一年多，复兴桥以其傲人的身姿与百万鹤岗人民见面了。这座桥的意义与它的名字一样响亮。

居住在南山区铁东的 70 多岁的刘桂芬激动地说：“这回我们到铁西买菜、办事再也不用等火车了，也不怕在铁西被堵得回不了家了！”

居民时丽荣高兴地说：“我在这里居住了几十年了，没建桥前，这里经常堵车，也不安全，一下雨，出不了门。现在桥建好了，我们都受益了，心里真的美滋滋的，谢谢市委、市政府，谢谢共产党。”

生活在铁东 10 多年的刘忠贵，通车当天，还专门与爱人起了个大早，为施工建设者们包了芹菜馅饺子送到了现场。他说：“没有施工建设者们的辛勤付出，就没有我们百姓出行的畅通，我和爱人亲手包饺子表达我们的感激。”

复兴桥的竣工通车，彻底解决了南山道口公路铁路平交的交通瓶颈，有效改善区域交通环境，大大提升了鹤岗城市承载能力和城市功能品质，是鹤岗市城市路网升级工程最生动的注脚，成为一座集景观、交通为一体的鹤岗市地标性建筑。

十一、绥名公路提升鹤岗市道路内联外通水平

“醉美龙江 331 边防公路”鹤岗段，简称“绥名公路”。2019 年 10 月 1 日，在举国欢庆中华人民共和国成立 70 周年之际，备受瞩目的绥名公路改扩建工程项目，经过 3 年艰苦奋战，实现主体完工并全线通车。

“醉美龙江 331 边防路”是以国道丹阿公路（G331）为主通道，打破地域限制，统一旅游标识，整合旅游资源，完善服务设施，打造原生态的“醉美龙江 331 边防公路”，创建全国精品自驾游路线。全长约 2600 公里，沿黑龙江、乌苏里江而建，起自东宁老黑山，途经国家东北虎豹国家公园、镜泊湖、兴凯湖、华夏东极、神州北极，连通了沿边大兴安岭、黑河、伊春、鹤岗、佳木斯、双鸭山、鸡西、牡丹江 8 个地市的 18 个县市区，串联漠河北极村、乌苏里江国家湿地公园、茅兰沟、恐龙国家地质公园等 30 余个 5A、4A 级景区，拟将沿线分散的旅游资源通过公路串联起来，实现集公路通道、旅游服务、产业带动、景观打造为一体的公路服务体系，突出旅游资源的集群效应，具备打造风景旅游廊道的天然优势。

绥名公路是我国最北端东西大通道国道丹阿公路的关键段落，是“一带一路”的重要节点，更是鹤岗市区域路网及外联通道的干线骨架。起于富锦松花江公路大桥引道终点、国道丹阿公路与小亮公路交叉处，止于名山口岸，与国道丹阿公路名山至鹤岗段一级公路顺接，是一项重要的民生工程，是一条扶贫路、致富路，是黑龙江省重要的商品粮运输、国际贸易运输、旅游和国防通道。

绥名公路建设项目于 2015 年 8 月开始谋划运作，2017 年 4 月开工建设，总投资超 18 亿元。总长 94. 18 公里，主线长 88. 88 公里，其中

绥名公路

利用现有公路改扩建 52.9 公里，全幅新建 35.9 公里。项目同期建设绥滨连接线一条，全长 5.3 公里。设计标准为双向四车道一级沥青混凝土路面。

2017 年，项目建设指挥部倒排项目工期、落实责任，通过采取日例会和实施问责制度等措施，全速推进项目建设进程。同时，凝聚各方力量，以推进品质工程、平安工地建设为抓手，抓前期、抓质量、抓推进，确保实现质量、安全、进度等目标，圆满完成年度建设任务。2017 年 9 月，黑龙江省公路局在绥名公路施工现场召开“国省道改造项目中期检查现场总结会”，对绥名公路工程的施工质量给予了高度评价：“绥名公路项目标段划分合理，建设单位机构设置规范，管理人员经验较丰富，管理精细，施工规范化、驻地标准化建设做得好，施工单位专业化程度高，已完工程实体质量好，要求参会各单位能够认真学习。”

2018 年 11 月 26 日，在绥滨县福兴满族乡德善村，绥名公路最后 1.2 公里路段被打通，标志着阻滞绥名公路建设的最后一个瓶颈被破除，绥名公路路基挖掘工作实现全线施工。到年末，完成每标段 5 公里路基封层验收、帮宽路段混凝土施工、路基工程全部完工和备料准备等项任务。

2019 年 8 月，为确保工程 10 月 1 日主体交工通车，工程建设者们加班加点施工。工程主体全部完成，护栏、标志、标线等交安工程，边坡、路肩整形，防护工程，验收数据采集等工作正在紧张而又有序地进行中，全力以赴——向胜利做最后冲刺！2019 年 8 月 18 日晚，“放歌新时代，致敬路桥人”，庆祝中华人民共和国成立 70 周年、慰问全省百大项目绥名公路建设者专场文艺演出在名山镇举行，为风雨兼程、披星戴月的公路建设者送去了精彩的节目。

绥名公路实现全线通车，比计划工期提前完成验收任务，前提是建设指挥部实现了四个率先。在全省交通公路项目里率先实现全线复工；率先开展会战活动，工程进度大幅提高；针对全省公路建设项目多，材料可能紧缺的情况，率先进行路用材料准备；在全省公路系统由地市管理的项目中，率先采用了信息化手段，如率先安装了沥青混凝土拌和站数据监控系统，充分利用智能手机平台，实时管控后台操作，保证进度。

在公路建设的同时，绥名公路建设指挥部也积极做好“醉美 331 边防路”绥名段这篇大文章。在服务区建设上，根据这条路地势平缓适合骑行的特点，增加了骑行驿站；对公路全线绿化提档升级，增加植树品种，在一些地段建设枫树园、蒙古栎园；过去以植草为主的路基改为种花。行驶在这条路上，可以感受到一路鲜花、沃野满目的美好风景。

萝北县名山镇地处绥名公路沿线，这座因口岸和旅游而闻名的边陲小镇在“醉美 331 边防路”的建设进程下，旅游产业得到进一步带动发展。名山风景区是 4A 级风景区，作为“醉美 331 边防路”的一个重要节点，名山将建成一个对上辐射嘉荫、逊克，对下辐射同江、抚远的综合性景区，建成一个旅游和商贸融合的集聚地。

作为国家“十三五”交通扶贫重点项目和黑龙江省政府百大项目之一，绥名公路的建成，对提高鹤岗市的道路内联外通水平、方便人民群众生产生活、加快推动鹤岗市经济社会发展，发挥极大的促进作用。

第八节 众志成城 抗击新冠病毒

2020 年新春伊始，新型冠状病毒肺炎的阴霾突然笼罩华夏大地。面对严重疫情，党中央统揽全局、果断决策，以非常之举应对非常之事，带领全国各族人民，进行了一场惊心动魄的抗疫大战，经受了一场艰苦卓绝的历史大考，付出巨大努力，取得抗击新冠肺炎疫情斗争重大战略成果。当疫情突如其来时，鹤岗市迅速成立疫情防控组织机构，各部门各行业为夺取抗击新冠肺炎疫情的最终胜利而勠力同心、众志成城，开始了一场快速行动、精准施策、慎重维稳的疫情防控、复产复工复学复市以及常态防控防反弹的抗击新冠疫情的特殊战役。

一、精准防治 科学施策

根据国家和省对新型冠状病毒感染肺炎防控工作部署，按照《鹤岗市突发公共卫生事件应急预案》，为有效应对新型冠状病毒感染的肺炎疫情，从 2020 年 1 月 25 日起，启动鹤岗市突发公共卫生事件一级响应工作机制。成立鹤岗市应对新型冠状病毒感染肺炎疫情工作领导小组，设立鹤岗市新型冠状病毒感染的肺炎疫情防控领导小组指挥部。一级响应启动后，严格落实国家关于新型冠状病毒肺炎“乙类传染病，采取甲类管理”的要求，实行最严格的科学防控措施，领导小组指挥部及时发布管控公告和工作通知。指挥部下设的防控排查组、医疗救治组、宣传舆情组、后勤保障组、市场监管组、社会稳定组、协调督导组 7 个工作组，在指挥部的统一指挥下开展工作，并随时向指挥部报告工作开展情况。各县、区相应成立防控指挥部，由县、区人民政府及有关部门组成。县、区政府主要领导担任总指挥，县级人民政府主要职责是落实属地化包保原则，全面负责本行政区域内新型冠状病毒感染肺炎的防控与应急处理工作。各乡（镇）、村及有关部门和企业单位也都建立了相应的组织机构，促进全市新冠肺炎疫情防控工作高效有序运行。

一系列有针对性的新冠疫情防、控、治措施迅速施行。

建立调度例会制度。实行工作日调度制度，每日下午5时召开视频工作调度会议，视指挥部及各组工作情况安排会议内容；根据工作需要召开指挥部会议，原则上指挥部总指挥、副总指挥、县区政府、宝泉岭分公司（管理局）参加。特殊情况下，指挥部召开扩大会议，根据会议主题增加参会单位；指挥部各工作组根据工作召开工作组例会，原则上组长、成员单位主要领导参加。根据需要召集县区政府、宝泉岭分公司（管理局）主管领导参加会议；指挥部办公室根据工作需要随时组织专题工作会议。

疫情防控领导小组指挥部于2020年1月27日印发《关于加强新型冠状病毒感染的肺炎疫情防控与监管工作的通知》，指出“各县区、宝泉岭管理局要立即按照鹤岗市出现病例和疑似病例的状况做出安排，提前做好防控准备，现命令两县六区、宝泉岭管理局每地准备至少30个以上房间的隔离地点”，“要做好健康监管和居家留观工作，凡是有武汉旅游史、经停史的人员，特别是与鹤岗市在发热门诊留观治疗的14名患者有密切接触的人员，各地实行属地化管理职责，要对其建立健康监管机制，做好居家留观工作，必要时可集中到隔离地点”。卫生行业主管部门按照“四集中”的原则，根据医疗资源分布情况，将31家发热门诊调整为12家，指定市级和县（区）级定点救治医院及后备定点医院。成立由呼吸、胸外、传染、临床检验、医学影像等7个专业48名专家组成的多学科确定诊断专家团队。组建由市人民医院、鹤矿医院、宝泉岭管理局中心医院79名医护人员组成的3支医疗小分队。抽调二级以上医疗机构40名医护人员支援市传染病医院，配备呼吸机、心电监护、高流量吸氧仪等设备和药品。由市人民医院呼吸、重症、护理专家团队入驻到市传染病医院重症病房，对新冠肺炎重症患者进行救治。邀请3名省级专家驻鹤岗市开展医疗救治和培训指导工作。建立省市县三级专家联动机制，组建省级专家会诊微信群、省级救治分中心会诊微信群、市级医疗救治专家组微信群。对所有发热、疑似、确诊病患做到第一时间检查、转运、救治。

迅速在入城路口设置21个留验站，关停九小场所，取消各类大型活动。在发现第3例确诊病例后，防控指挥系统前移至市传染病医院，连夜对密切接触者进行流调、隔离与核酸检测，提级管控病例涉及区域。“外防输入、内防反弹”，严密落实疫情防控措施。采取“快、细、严、早”防控措施，对全市7300多个网格进行9轮地毯式排查，实行全链条闭环管控，严管重点场所、重点区域、重点人员。地方财政投入疫情防控资金4025万元，千方百计筹措防疫物资，全力保障一线物资供应，全面提升医疗救治与核酸检测能力。及时应对大连、新疆、天津等地疫情反弹，第一时间隔离重点地区返回人员。开展党政军警民边境联防联控联查演练，加强海关查验、冷库消毒和人员管理，常态化把牢管控关、检测关、流调关。

2020 抗击新冠疫情之——逆行者

对于从武汉回来的人员以及疑似病人、与疑似病人有交往的人员彻底排查，施行启动一级、二级、三级甚至四级排查，追查到可能感染的最末端，该隔离的坚决隔离。做到三个“全覆盖”：全覆盖深排彻查。聚焦火车站、汽车站等交通枢纽旅游景点及其他人员密集场所等重点领域和环节加强疫情监测，全面设置体温筛检关口开展检测。运用大数据技术和网格化管理办法，排查从武汉返鹤人员及与之密切接触者，第一时间安排到指定医院检查。工作重心下移到村（社区）、到户、到人；全覆盖严格管控。加大可疑病例排查力度，切实做好密切接触人员的隔离管理。

取消一切不必要的大型公众集会，引导群众减少到人员密集场所活动，倡导短信微信电话拜年；全覆盖宣传发动。报纸、广播电视、网站、手机客户端、微信公众号等媒体平台科学宣传普及新型冠状病毒防护知识，教育引导大家自觉“少出门、勤洗手、戴口罩、设防线”。发挥基层党组织和基层干部作用，以村、社区为单位，把宣传工作做到每一户、每个人，充分调动公众预防被感染的主动性、积极性，真正做到全员动员、干群一心、全面防范疫情蔓延。

建立疫情防控信息推送制度，确保重点人群及时管控。每天将医院留观患者和排查出的风险人群信息及时推送到各县（区）卫健局和宝泉岭分局，社区网格员对推送的人员进行重点管理，第一时间进行管控和开展流调，确保做到“早发现、早隔离、早诊断、早治疗”。

针对境外返鹤、湖北（武汉）返鹤人员进行核酸检测和重点管控。严格落实“应检尽检”和“愿检尽检”核酸检测工作。根据国家及省相关文件要求，对密切接触者、境外入境人员、发热门诊患者、新住院患者及陪护人员、医疗机构工作人员、口岸检疫和边防检查人员、监所工作人员、社会福利养老机构工作人员等8类“应检尽检”人群进行核酸检测。

实行最严的责任指挥体系。疫情防控指挥部是最高一线指挥部，发出的指令就是“军令”，必须无条件坚决执行和落实，不坚决落实、落实不到位的“军法”从事；实行最严的精准隔离治疗。充分发挥省派专家的作用，实现优质医疗资源共享，统筹整合更优乃至最优的医疗资源、医疗技术更好进行防控治疗，力求做到不出现二代病例、疫情不扩散、病例零死亡。在各发热门诊留观的病人、隔离的治疗病人，除医保报销以外，其余医疗费、门诊费都由财政兜底；实行最严的联防联控。围绕打赢这场公共卫生战役，公安、卫生、交通、市场、纪检监察、宣传舆论等有关部门要各负其责、联防联控、形成整体，形成大格局；实行最严的信息精准发布。各县区、各单位主要领导要亲自把关，每一天都要研判信息发布工作；实行最严的值班值守。疫情解除前，市、县党政领导不能出省，乡镇、街道、市县各有关部门都要确保值班值守到位；实行最严的督办问责追责。对于玩忽职守、责任不落实、工作不落实、措施不落实造成恶劣影响的，一律就地免职。

新冠肺炎疫情防控工作中，疫情防控指挥部坚持科学务实、依法依规，充分听取专家意见，科学规划方案，合理制定措施，确保疫情防控工作方向不偏、力度不减。在开展疫情防控宣传上，除了借助传统手段外，注重发挥群众主观能动性，开展“人民战疫”。在确诊病例防治上，坚持标准，尊重科学，合理确定布局和流程，从发现发烧患者到入院诊治的全过程都做到科学安排、高效有序。

经过艰苦卓绝努力，5 名确诊病例、6 名无症状感染者成功治愈，患者“零死亡”、医务人员“零感染”、病例和感染者“零新增”，鹤岗市抗疫斗争取得阶段性胜利。

我国新冠疫情得到有效控制，但新冠病毒仍在全球肆虐。按照习近平总书记重要指示及黑龙江省转换工作重点要求，鹤岗市将抓疫情防控和抓经济发展相结合，确保各项工作稳步有序推进。

根据“三农”工作的决策部署，新冠肺炎疫情防控与农村抗春旱、保春种结合，组织农民不误农时地种上地、种好地；新冠肺炎疫情防控与抓好企业“复工”结合，积极推动符合疫情防控条件的企业复工复产，组织员工返工返岗，确保企业生产及早步入正轨；新冠肺炎疫情防控与完善基层治理体系结合，健全完善城市管理“社区—小区—单元—楼栋”四级体系，进一步提高精细化治理水平和治理能力。

二、白衣为甲　勇毅逆行

数百万名医务人员奋战在抗疫一线，给病毒肆虐的漫漫黑夜带来了光明，生死救援情景感天动地。346 支国家医疗队、4 万多名医务人员毅然奔赴前线，很多人在万家团圆的除夕之夜踏上征程。在这支逆行者的队伍中，鹤岗市的医护工作者也在其中。“岂曰无衣，与子同袍”，鹤岗市选派的几百名医护干部驰援孝感、牡丹江、绥化等地，他们冲锋在前、日夜奋战与当地医护工作者一同抗击新冠疫情。

援鄂医疗队

湖北有难，我们支援。由 22 名来自市人民医院、宝泉岭中心医院、鹤康肿瘤医院和市疾控中心的医务工作者组成援鄂医疗队，毅然决然地背负着家乡人民的重托，向湖北进发。

鹤岗援鄂医疗队于 2020 年 2 月 11 日集结，2 月 12 日编入黑龙江省第三批援鄂医疗队，奔赴湖北省孝感市抗疫一线。

孝感市共有3009名新冠肺炎患者，是全国除武汉外新冠肺炎患者最多的城市。鹤岗援鄂医疗队接手的汉川市人民医院，一共接收700多名新冠肺炎患者，其中重症病区就有47名重患。经过39天的“战疫”坚守，轻症组队员参与诊治291人，危重症组救治60人，病死率下降至3.3%。

在援鄂抗疫过程中，医疗队22位同志顾全大局，坚守初心，勇担使命，以其精湛的业务、娴熟的技术在黑龙江省援鄂医疗队中充分发挥“领头羊”和战斗堡垒的作用。党员干部冲锋在前，恪尽职守，无私奉献，连续战斗在治疗护理第一线，用热血和汗水谱写出一曲曲扣人心弦的救治患者的壮丽诗篇。

农历正月十九，鹤岗市人民医院采血室护士长郭海涛作为黑龙江省第三批援鄂医疗队队员，奔赴汉川，投入到这场没有硝烟的战斗中。在汉川市人民医院感染楼工作期间，她担任组长，带领组员参加重症护理工作，忙碌在风险最高的救治一线。10天后，又转战至欢乐街南院区，担任感染六病区护士长。当时正是抗疫最艰苦、病患最集中的时期，她经常连续工作36小时。凭着多年练就的精湛技术，在戴着三层手套的情况下，为患者果断地从颈外静脉成功置入留置针，使救治药物顺利输入患者身体。她和她带领的团队的付出，得到了汉川医务人员和患者的一致认可。2020年4月，郭海涛被湖北省委、省政府授予“新时代最美逆行者”称号，被汉川市委、市政府授予“新时代最可爱的人”称号。2021年1月14日，绥化市望奎县集中暴发新冠肺炎疫情，郭海涛白衣执甲，重披战袍，随队出征。

崔德军、范伟等队员们抢救患者的生死瞬间在2020年2月27日中央电视台《焦点访谈》栏目播出。

2020年3月16日，中共孝感市委通报表扬一批重庆市、黑龙江省援孝医疗支援队基层党组织和党员。鹤岗市人民医院神经内科主任钟福刚、鹤岗市疾病预防控制中心职业放射科负责人王广廷、鹤岗鹤康肿瘤医院结核科主任马金波、宝泉岭管理局中心医院ICU副主任崔德军及所在黑龙江省援助湖北孝感医疗队汉川分队临时党总支名单赫然在列。

援鄂医疗队22名同志被授予“孝感市抗击新冠肺炎疫情先进工作者”称号，集体被孝感市委授予“爱心团队”称号，收到感谢信6封，锦旗7面。

2020年3月21日，22名支援湖北孝感的医护人员胜利完成医疗救治和流调任务，带着湖北人民的深深祝福顺利返回家乡。在鹤岗入城口，援鄂医疗队员受到最高礼遇，交警和收费站工作人员等着装致敬，机关干部、医疗系统人员及广大民众夹道欢迎。在援鄂医疗队返鹤欢迎仪式上，宣读了《鹤岗市人民政府关于给予援鄂医疗队记功奖励的表彰决定》和《关于授予鹤岗市援鄂医疗队队员2020年鹤岗市“最美医务工作者”荣誉称号的决定》。

援牡丹江医疗队

春风乍暖还寒，雪城疫情告急。2020年4月初，通过莫斯科—符拉迪沃斯托克—绥芬河路线输入黑龙江省的新冠肺炎确诊病例累计达243例。为了防止疫情输入内地，黑龙江省立即组织国门抗疫。鹤岗市24小时内组建了由14家医疗卫生机构、63名医务人员组成的支援牡丹江医疗队，由重症、呼吸、急救等专业20名医生、2名院感人员、40名护士等医疗战线优秀代表和骨干力量组成，其中有9名参加过援鄂战疫的“老兵”。

2020年4月26日，鹤岗市医疗队奔赴牡丹江，在新冠肺炎定点救治医院——牡丹江红旗医院整体接管了四病区26名患者的医疗救治工作。

面对新的工作环境、新的工作要求，护理工作、病历书写、医疗病历质量管理面临新的挑战。全体医护人员克服工作和心理上的双重压力，全力以赴救治患者，确保医疗、护理及病历质量管理科学有序，不出差错。面对患者转入压力，医疗队迅速调整工作安排，刘杰、曹巍等5名医生主动申请进入隔离病房与患者积极沟通，采集病史，为患者诊查病情，科学规范制定诊疗方案，及时传输数据。汪涛、赵东渤等4名医生在办公区根据隔离病房传输和转诊医疗文书及时完成病历书写。白成涛、张迪等数据报送人员及时与指挥部相关部门对接，准确完成相关数据上报工作。

鹤岗市医疗队病历书写专班所有病历经科室、医院病案室两级质控均达到出院病历甲级标准。病案室专家对负责病历书写的4名同志在时间紧、任务重的状态下高质量完成了病历书写任务给予表扬。

鹤岗市医疗队接管的四病区收治的都是确诊病例，大多数患者都伴有基础性疾病，需要进行开放气道等多种高危操作，医疗队员与当地医院医护人员密切合作，成功为多名新冠危重患者顺利拔除气管插管，实现了“零感染、零差错，零意外”。2020年5月12日，国家和省专家组根据《新型冠状病毒肺炎诊疗方案》（试行第七版）对患者进行了评估，鹤岗市医疗队负责的四病区26名境外输入新冠肺炎确诊病例符合出院标准，转往集中隔离点进行医学观察。

援助牡丹江医疗队成立临时党支部，坚持疫情防控任务延伸到哪里，党的组织就覆盖到哪里。从战前动员开始，分组与21名党员开展谈心谈话，鼓舞士气、凝聚力量；积极引导党员发挥先锋模范作用，帮助年轻队员克服恐惧心理；到达牡丹江当天，全员进入战备状态，党支部连夜进行穿脱隔离衣等相关培训及考核，确保队员以饱满的工作热情投入医疗救治工作中。

为精准完成患者管理与病历书写等工作，鹤岗医疗组迅速调整做到定岗定责：隔离区严格执行24小时值守制度，每班必查房。设立病历书写专班，病历质量落实到人，确保病历甲级率100%，办公区排班新老结合快速掌握电脑系统医嘱录入及病历书写，确保隔离区内传出治疗指令及时到位。

“一个都不能掉队！”这是鹤岗市支援牡丹江医疗队对院感工作的庄严承诺。通过采取“评、学、考、查、合”五项工作机制，全面落实医院感染安全防护各项制度，加强院感工作，实现这一承诺。

五项工作机制，即评：制定了医务人员能力评估表，针对各项医护操作、患者护理等方面进行评估，了解医护人员工作能力；学：创新了学习方式，每日通过微信推送院感理论知识，针对不同岗位分群学习，结合实际开展院感安全警示教育；考：实行定期考与随机考相结合，感控组在不同时段对各班组人员进行面对面考核及暗访考核，提高队员穿衣流程熟练程度，随时采取“找碴”方式进行提问，减轻医务人员的学习压力，增加学习兴趣；查：成立护理小组“智囊团”，查护理人员是否对患者进行院感知识宣教、查患者是否掌握院感知识、查不同时段的感控风险点、查保洁消杀组工作情况；合：与红旗医院院方感控人员密切配合，互通有无，遵守院方各项规章制度，共同完成疫情防控工作，做到层层保障护平安。

全体63名同志被牡丹江市新冠肺炎防控指挥部和牡丹江医学院附属红旗医院分别授予“最美逆行者”荣誉称号，收到感谢信4封，锦旗17面。

2020年5月27日，经过牡丹江32天的“战疫”工作，鹤岗市14家医疗机构的63名医务人员圆满完成支援牡丹江红旗医院任务。

援哈尔滨绥化医疗队

2021年1月初，绥化市和哈尔滨市相继暴发新冠疫情，鹤岗市从各级医疗卫生机构抽调业务能力强、综合素质高的医护人员组建核酸采集、核酸检测和重症救治医疗队驰援哈尔滨、绥化。

2021年1月10日，黑龙江省卫生健康委发布信息，绥化市望奎县连续新增新冠肺炎本土确诊病例和无症状感染者，重点地区急需加快新冠核酸检测速度。鹤岗市人民医院抽调精兵强将26人迅速组成支援绥化医疗队，去承担采集核酸任务。医疗队到达绥化后，队员们立即投入到核酸检测采样工作中，每天天还没亮便整装待发，回到驻地常常是后半夜甚至凌晨。

2021年1月14日凌晨，鹤岗市卫生健康委向各级医疗机构发出组建核酸采集队伍召集令，迅速从11所二级以上医疗机构和两县医疗卫生机构抽调205名医护人员组建核酸采集队伍，驰援绥化。出征前，对全体医疗队员再次进行了院感防控知识和核酸采集技术的培训，确保全员掌握核酸采集技术要领和院感防控要求。

支援绥化的23个日夜，完成省防指下达的19次核酸采集任务，覆盖绥化市北林区及望奎县城4个街道办事处及12个乡镇，承担惠七镇核酸采集8次，在绥化期间共进行核酸采集45万人次。医疗队每一位队员克服了天寒地冻条件差、任务重、时间紧等困难，并肩合作，在各自岗位履职尽责、默默奉献，出色地完成了核酸检测任务。医疗队员们的辛苦付出与担当奉献，当地百姓看在眼中，感恩在心，一声声谢谢和祝福犹如冬日暖阳，成为全体医疗队员最珍贵的记忆。他们不负众望，辛勤地工作，真情的付出得到了当地政府和百姓的一致好评。

2021 年 1 月 25 日凌晨，鹤岗市卫生健康委员会向全市各级医疗卫生机构发出组建重症医学科护理队伍和核酸检测队伍召集令，各级医疗机构积极响应市卫生健康委号召，迅速抽调医护人员成立重症医学科医疗队和核酸检测医疗队。1 月 25 日 10 时，鹤岗市支援黑龙江省新冠肺炎重症救治中心 5 名护理人员和支援绥化绥棱县 10 名核酸检测人员组成的两支医疗队集结出征，奔赴哈尔滨和绥化开展援助工作。

鹤岗市 7 家医疗单位 10 名核酸检验人员到达绥化后，14 天里鹤岗医疗队检测绥棱、望奎标本 12505 管，合计 10 万余人次。他们身穿防护服、眼袋护目镜，头戴防护屏，在方舱实验室内高强度、超负荷连续工作，汗透衣背，双手浸到泛白；他们直面病毒，却丝毫不顾感染风险，为疫情评估提供第一手科学依据。他们用实际行动为人民群众健康安全筑起一道坚实的屏障，为打赢疫情防控阻击战贡献了自己的力量。

支援黑龙江省新冠肺炎重症救中心医疗队的 5 名队员历时 31 天，参与救治患者 21 人。

白衣执甲战疫情，赤子载誉平安还。援哈尔滨、绥化医疗队的队员们，没有慷慨激昂，没有豪言壮语，有的只是对生命的护佑和敬畏。全体队员充分发挥奉献在前、冲锋争先的敬业精神，冒着被感染的风险，一丝不苟，严格执行各项技术操作规范，出色地完成了支援任务，做到了医护人员零感染、患者零死亡、检测结果零差错，为打赢全省疫情防控阻击战，保障一方人民的健康平安，做出了应有贡献。

三、分区分级　复工复产

随着疫情防控形势迅速好转，鹤岗市在认真分析形势，客观评估疫情的基础上，统筹兼顾、协调推进，坚持依法防控、科学防控，推动落实分区分级精准复工复产，最大限度保障人民生产生活。

制定出台《鹤岗市做好疫情防控保障企业有序复工复产的若干措施》，一手抓疫情防控、一手抓复工复产全面动员部署开展复工复产工作。扎实做好“六稳”工作，全面落实“六保”任务，制定一系列纾困惠企政策，出台多项强化就业优先、促进投资消费、稳定外贸外资、稳定产业链供应链等措施，促进新业态发展，推动交通运输、餐饮商超、文化旅游等各行各业有序恢复。

成立由16家单位组成的企业开工复产工作专班，采取“专班、专组、专人”推动机制，统筹协调解决企业要素、交通、市场需求等方面存在的问题，为企业复工复产提供要素保障。设立“3560001市长专线”、创建“企无忧”APP、开通复工复产诉求平台及“18845555015”热线，24小时受理、解答并协调解决企业疫情防控、复产复工、用工返岗、物流运输方面的问题。

先后印发《关于做好涉及重要国计民生的企事业单位开工开业紧急通知》（鹤政办发〔2020〕6号）、《关于印发企业外出人员返岗隔离工作流程的通知》（鹤疫防指办发〔2020〕14号）、《关于疫情防控期间复工复产工业企业上岗人员通行有关事项的通知》（鹤疫防指办发〔2020〕28号）、《关于有序组织工业企业疫情防控和开工复产工作通知的函》（鹤工信函〔2020〕8号）和“六必须、两不准”八项措施等多个文件，支持和指导各县（区）、各部门开展复工复产工作。

牢牢抓住行业龙头企业和重大建设项目的带动和牵引作用，形成上下游产业链“拔河行动”。围绕工业强市规划中确定的煤及煤化工、石墨及深加工、农副产品深加工三大主导产业，认真开展产业链供应链梳理，梳理产业链条12条，重点骨干企业30户，配套企业39户。围绕龙煤鹤矿、中海油华鹤、中国五矿、奥星石墨和宝泉岭兴汇等产业链、供应链上的重点企业开展服务，帮助企业解决因疫情影响造成的产业链、供应链堵点、痛点问题。

建立在建重大项目开复工疫情防控补贴机制，对规模以上重大建设项目，完成开复工并形成有效投资的，给予总包单位1次性疫情防控经费补贴，帮助工程建设项目解决复工困难，提高复工积极性。

为激活市场主体活力，进一步拉动消费需求和提振信心，2020年5月，举办“约惠初夏 鹤岗购物节”，包括实体店促销、线上电商让利促销、车展促销和网红大赛四个版块；2020年9月，开展“钜惠金秋 龙江

购物季 鹤岗消费促进月”系列活动，包括“金秋大集”、商超企业促销费、金秋车展、成品油消费优惠、电商直播营销等一系列促销活动。

鹤岗市总工会印发《关于助力企业做好复工复产工作的通知》，从坚决履行政治担当、助力企业安全生产、搭建信息平台援企稳岗和做好技能培训工作、促进重点项目建设、构建和谐劳动关系、贴心关爱服务职工、营造良好舆论氛围和先进典型的培育选树七个方面提出具体举措，要求各级工会组织团结动员职工为夺取疫情防控和实现今年经济社会发展目标双胜利贡献力量。

鹤岗市交通运输局采取切实可行措施助力企业复工复产和备春耕生产。以包车定制服务方式，每天通过信息平台，了解掌握出行人员信息，助力企业复工复产，方便农民工等务工人员返岗出行，对有需求的企业提供外出务工人员直通车运输服务。严格落实“绿色通道”政策，由货运车主自行下载打印疫情防控应急物资运输车辆通行证，对持有通行证的车辆实行不停车、不检查、不收费、优先便捷出行的“三不一优先”政策，保障复工复产和春耕生产“全产业链”生产物资运输。推行“特殊办”服务。疫情期间，周六周日不休息，对复工复产企业特殊需要、急需办理的业务，开辟办事“绿色通道”，按照特事特办、简化流程、优先办理原则，提供优质高效服务。

鹤岗市工信局按照企业复工复产的部署要求，组织开展《黑龙江省疫情防控物资重点保障企业名单》申报工作。对已复工复产的80户工业企业在鹤岗市工信局公众号和“企无忧”平台上进行公示，对企业上岗人员通行证办理明确了程序，制作了样本，为386户企业发放775个车辆通行证。设立企业诉求受理热线，做到急事急办、小事快办、分内事直接办、分外事转交办、难事提级办。

鹤岗市自然资源局主动聚焦“百大项目”，召开“百大项目”对接服务会，对各区承担的59个“百大项目”逐一核实确认，研究解决推进中遇到的难点问题。每个项目成立一个工作专班，全程跟踪指导服务。流程精简，全部审批时限减少48天。“百大项目”办理建设用地规划许可的，可暂不提供控制性详细规划图，疫情过后完善即可。与疫情防控相关急需建设的项目，可先行用地，再完善相关手续。对已签订土地使用权出让合同的地块，合同约定的开工、竣工日期随之顺延。对于受疫情影响未能按期交地、动工、竣工的项目，疫情持续期间不计入违约期，待疫情过后恢复正常履约监管。

鹤岗市卫生健康委实施确定体检定点医院、明确健康体检项目、合理安排体检时间、及时出具体检结果等“四项举措”做好复工人员健康体检工作，筑牢复工企业安全屏障。各医院为检查结果正常的复工人员及时出具体检报告，对复工体检过程中体检结果异常人员，各医院为其提供详细的诊疗建议，解决了体检异常人员的后顾之忧。

鹤岗市公安局交警支队出台“开辟绿色通道、主动对接服务企业、实行轻微违法不处罚、强化路面管控、开辟交管业务应急办理渠道及强化宣传教育”六项举措，主动对接辖区内重点企业、重点项目，对运输防疫应急物资、民生物资、城市保障物资的车辆，不设卡拦截，发生轻微交通违法行为时，不扣车、不处罚，一律教育放行。对复工复产车辆，采取路线保障、提供引导等措施，保证企业迅速恢复生产。

鹤岗市税务局在疫情防控期间采取“三个逐一、三个优先”，即逐一宣传辅导、逐一登记造册、逐一了解诉求，优先落实税收优惠政策、优先办理涉税事项、优先核准延期缴纳税款，确保各项税收优惠新政策不折不扣惠及企业，为复工复产企业提供便捷、高效的纳税服务工作。通过微信、税企 QQ 群、电话等方式广泛告知电子税务局端、手机端、微信二维码操作流程，引导复工企业“非接触式”办理税费业务。以网络“纳税人之家”志愿服务活动为载体，公示全市办税服务厅咨询热线，抽调业务骨干组建服务团队，远程辅导网上办理涉税业务，提供线上咨询服务，远程协助办税，提供首问责任服务，确保第一时间线上服务纳税人。对确需到办税服务厅办理业务的纳税人，通过提前预约进行“一对一”办理业务。在各县（区）税务局办税服务厅分别设立复工复产企业“绿色通道”，开展点对点精准服务，及时解决涉税需求。

鹤岗市银保监分局第一时间成立分局金融支持企业复工复产工作专班，印发《中国银保监会鹤岗监管分局办公室关于加强金融支持企业复工复产纾难解困措施的通知》。主动对接发改、工信、市场监管等部门，分 10 个批次向银行保险机构推送疫情防控重点保障企业、“百大项目”、复工复产企业“白名单”，要求各机构通过精准对接、精心对接、精细对接，努力提升企业需求与信贷供给的匹配度和转化率。2020 年前 6 个月，全市银行机构累计发放稳企稳岗基金担保贷款 95 户、5. 32 亿元，通过“百行进万企”向 47 户企业提供信贷支持 2. 24 亿元，实施临时性延期还本付息 222 笔、涉及金额 1. 27 亿元；在涉农贷款方面，全市银行机构累计发放 2020 年备春耕贷款 2. 98 万户、55. 07 亿元，农林牧渔业贷款余额同比增长 15. 32%，农民增收致富得到充足信贷支持；在产业扶贫贷款方面，农发行、农业银行、邮储银行三家机构贷款余额 73. 18 亿元；经办保险机构累计承保复工复产疫情防控综合保险 128 单，提供风险保障金额 2670 万元。

为保证抗击疫情前线和经济发展前线“双线”作战，鹤岗市多个部门快速反应、主动服务，最大限度减轻疫情对企业的影响，帮助企业复工复产渡难关。

四、疫情防空常态化

疫情仍在全球蔓延，国内零星散发病例和局部暴发疫情的风险仍然存在，夺取抗疫斗争全面胜利还需要付出持续努力。在疫情稳定后，鹤岗市落实落靠常态化防控措施，狠抓秋冬季疫情防控，健全完善联防联控、群防群治机制，切实做到人防物防不出任何问题，持续巩固来之不易的防控成果。

卫生健康行政主管部门组织各县区卫健局、相关医疗机构、疾控机构开展了秋冬季新冠肺炎医疗救治应急演练，通过桌面推演的方式模拟了基层医疗卫生机构发现确诊病例、海鲜物体表面发现了新冠病毒、社区发生聚集性疫情三个情景，对病例报告、转运患者、风险人员隔离、开展全员筛查等环节进行了模拟演练，为秋冬季新冠疫情防控做好充足的准备。

开展党政军警民边境联防联控联查演练，加强海关查验、冷库消毒和人员管理，常态化把牢管控关、检测关、流调关，最大限度保证健康人群自由，最小限度影响经济社会发展。

印发《鹤岗市工业企业全面做好新冠肺炎疫情常态化防控工作机

制》，成立常态化疫情防控工作专班。明确相关单位防控责任和企业常态化疫情防控措施。围绕县（区）、宝泉岭及市直工业企业，开展外出返鹤、外出未返、企业外来三类人群每周排查。进一步做好工业企业疫情防控工作，紧压各方防控责任，督促县（区）工信部门做好防控安排、企业落实“四早”措施。

进一步完善市人民医院，传染病医院等预检分诊和发热门诊工作流程，全面进行体温检测、流行病学调查，确保第一时间将发热患者及高度怀疑患者规范至发热门诊就诊。在做好疫情防控工作的同时，增加核酸检测机构数量。2021 年初，市区、两县及宝局共设立 10 家核酸检测及采样机构。其中，具备独立核酸检测能力的医疗卫生机构有 16 家，最大核酸检测量为 1.5 万人份。明确发热门诊患者检测要在 4~6 个小时内报告结果，普通门诊及住院患者在 12 小时内报告结果，“愿检尽检”人群在 24 小时内报告结果。

制定《鹤岗市核酸检测基地建设实施方案》《鹤岗市全员新冠病毒核酸筛查工作预案》，在全市二级以上医疗机构抽调 800 名医护人员建立核酸采集队伍，在全市 23 家医疗卫生机构抽调 120 名优秀的检验专业人员组成 3 个检测梯队。各级医疗机构根据不同岗位的级别防护，开展全员院感培训，经过考核合格方能上岗。鹤岗市通过现场、网络等方式开展医疗救治、院感防控、核酸检测等业务培训已达 7000 余人，为实现疫情防控常态化打下了坚实的基础。

在公共场所进行宣传疫情防控知识。在公共场所悬挂不信谣、不传谣科学防控条幅，张贴疫情常识及如何防控知识海报；印制“七步洗手法宣传贴纸”在超市、宾馆及全市各医疗机构洗手间粘贴；各大商场、医院等场所电子屏循环播放健康提示和防控疫情短视频，提高市民疫情防控意识。

多渠道发布普及健康科普知识。各类公众号推送防疫知识，广播电台融媒体新闻联播播报疫情防控信息，街道社区工作人员入户宣传；在入户调查走访的同时开展健康科普知识宣传工作，采用发放宣传单等形式重点对外来返鹤人员进行宣传教育；持续开展疫情防控知识宣传，落实卫生清洁和消毒通风措施，引导群众科学佩戴口罩，自觉摒弃不良习俗和不文明行为；深化卫生整治宣传，有序引导群众树立科学卫生观念，养成健康生活方式，强化文明卫生意识。

主动作为，着力防范疫情反弹。认真总结新冠肺炎疫情防控经验做法，高度重视疫情防范工作，建立疫情研判、防控、处置制度，制定行之有效的防控措施，防止新冠肺炎疫情反弹，防范其他流行病的传播；对流动人口实行有效监测和科学管理，将外出“返岗”“返学”“返工”人口的底数摸准，建档立卡，实行信息化动态管理；根据农村和社区的不同情况，进一步健全完善基层疫情防控体系，完善应急预案，落实工作责任；保留县（区）级检测所备用；做好酒店、超市、车站等人员密集的公共场所监测和消毒工作。

2021 年 1 月 27 日，鹤岗市公安局与恩家科技产业发展有限公司合作研发的“鹤岗疫情防控市民码”正式上线使用。这套系统实现了疫情防控工作信息化提档升级，将原有的入城服务站扫码、入城人员登记、市内场所管控、人员流调、市民信息大数据查询及数据整理导出等疫情防控相关工作在线流转、实时更新，杜绝了手动输入的种种不利因素，真正用信息化实现对外来重点人员落地管控以及市内居民出行轨迹全方位管理，为疫情防控工作添砖加瓦。入城外来人员扫描各入城疫情防控服务站二维码，注册登记并查看是否是中高风险地区返鹤人员，并推送给负责接收的区县街道办事处。市内居民可通过“i 鹤岗”公众号进行新用户注册，原有用户只需提交现住址即可。全市内各场所及企事业单位申请各自的场所码，供入内市民扫码。老年人可以由他人代申请，通过扫描老人随身携带二维码识别信息。

按照国家、省新冠疫苗接种工作要求，鹤岗市将新冠病毒疫苗接种工作作为疫情防控工作的头号任务，坚持早接种、快接种原则，力求最快速最有效率地建立全民免疫屏障。

成立鹤岗市新型冠状病毒疫苗接种工作领导小组，印发《鹤岗市新冠病毒疫苗接种总体方案》，制发《鹤岗市新型冠状病毒疫苗接种准备与实施工作方案》《鹤岗市新冠疫苗紧急接种应对舆情管控工作方案》《鹤岗市新型冠状病毒疫苗流通和接种信息登记报告方案》《鹤岗市新型冠状病毒疫苗临时接种点设置和现场组织实施方案》《鹤岗市新型冠状病毒疫苗接种培训工作方案》《鹤岗市新冠疫苗异常反应医疗救治方案》《鹤岗市新冠病毒接种组织与信息报告工作方案》《鹤岗市新冠病毒疫苗疑似预防接种异常反应监测和处置方案》等技术方案。

全市设置新冠疫苗固定接种点 66 个、临时接种点 47 个。预防接种、医疗机构相关人员参加国家、省线上培训 3 期，培训人数 300 余人次。抽调 1040 名医务人员，组建 208 支机动接种队伍，作为县区接种能力的补充。完善冷链、医用冰箱、扫码等设备，配备急救医药器械，每个接种点与具备救治能力医疗机构进行一对一对接，一旦发生接种异常反应，立即转运定点医院进行救治。预防接种单位开展不定期人员培训及相关技术操作演练，相关人员熟练掌握疑似预防接种异常反应的医疗救治、监测、调查处置及新冠疫苗接种基本知识，全面提升预防接种组织实施、操作、信息报送及沟通等能力。

截至 2021 年 4 月 19 日，鹤岗市区共接收省拨付新冠疫苗 13 批 287570 剂次，完成接种 230282 人、238854 剂次（接种一剂次 221710 人，接种两剂次 8572 人）。绥滨县、萝北县（含宝泉岭）18 岁以上人群已完成接种 159420 人，接种率分别达到 68. 37%、70. 62%。

在医疗救治体系、疾病预防控制体系、应急救治体系、公共卫生体系、医疗保障体系等重大公共卫生服务体系方面谋划、储备医疗卫生建设项目 28 项，预算总投资 13. 78 亿元。已向上争取项目 12 项，专项资金 1. 39 亿元。向上争取中央预算内投资 1716 万元，完成萝北县人民医院救治能力提升和绥滨县人民医院传染病区改建等；利用抗疫特别国债重大疫情防控体系建设资金 1. 03 亿元，推进市人民医院重大疫情基地建设、市疾控中心和红十字会中心血站改建及实验室升级改造、新一人民医院、兴山人民医院发热门诊改建、红十字医院和惠民医院购置防控设备；利用政府专项债券 1904 万元，启动市人民医院制氧室及发热病房、发热门诊改造工程。

鹤岗市各级新冠肺炎疫情防控指挥部由应急转为常态，继续抓好日常工作，搞好各方面工作的协调，坚持值班制度、确保信息畅通、指挥有序、运转协调、保障有力。

第九章

不忘来路　继续前行

回望鹤岗百年发展历程，从放荒招垦到发现煤田；从成立梧桐河党支部，建立矿山党的组织，到反抗日本侵略者，在白山黑水之间浴血奋战；从建立矿务局、成立兴山市政府，到建立巩固的解放战争后方根据地，保障军用煤无缺；从迎接中华人民共和国诞生，到建设国家重要煤炭生产基地；从经历“文化大革命”坚持抓革命促生产，到走向以经济建设为中心，迎接改革开放的春天；从经历市场经济的转型阵痛，到全面深化改革，实现由“黑”变“绿”的华丽转身……正是在中国共产党的指引领导下，我们从昨天走到了现在。

（一）党的十八大以后，中共鹤岗市委坚持以习近平新时代中国特色社会主义思想为指导，全面落实习近平总书记在深入推进东北振兴座谈会上的重要讲话和对我省重要讲话重要批示精神，坚持贯彻新发展理念和稳中求进工作总基调，统筹推进疫情防控和经济社会发展，全力以赴深化重点领域改革、全力以赴推动百大项目建设、全力以赴保障改善民生、全力以赴打造幸福宜居鹤岗，全面建成小康社会奋斗目标如期实现。

经济总量做大做优。聚焦绿色矿业、生态农业、文化旅游、外贸物流、战略新兴“五大产业”，深入实施“工业强市战略”，扎实推动“省市百大项目”和“十百千工程”建设，实现了新旧动能有效转换，新技术、新产业、新业态、新模式蓬勃发展的喜人局面。地区生产总值、固定资产投资、公共财政收入、社会消费品零售总额和城乡居民收入等主要经济指标较“十三五”初期实现了跨越式提升。

转型后劲持续激发。坚持“内外兼修”的发展思路，“内抓项目、外抓招商”，围绕“产业链招商图谱”强力推动招商引资，围绕省市“百大项目”持续推进项目建设。中国五矿鹤岗市云山石墨矿绿色矿山与石墨深加工项目等重大项目陆续开工。中海油华鹤煤化工30万吨合成氨52万吨大颗粒尿素项目、征楠煤化工焦炉煤气制液化天然气等项目建成投产。

百姓幸福指数跃升。全市贫困发生率降至零，建档立卡未脱贫人口全部脱贫退出，绥滨县顺利脱贫摘帽。城乡居民收入显著提高，城镇常住居民人均可支配收入连续高增速增长。城市低保月标准逐年提高。城镇新增就业稳定增加，城镇登记失业率控制在合理范围内。全市棚户区改造累计完成投资实现历史性突破，创棚改政策实施以来最高峰，市民居住条件显著改善，城市面貌焕然一新。

社会事业长足进步。持续推动义务教育均衡发展，标准化学校数量创历史新高，高等教育、职业技术教育和特殊教育巩固提高。医疗服务水平进一步提升，基层医疗卫生机构综合改革全面完成。县级公立医院改革进一步深化，乡镇卫生院规范化建设达标率逐年提升。文体生活日趋丰富。

基础设施日趋完善。城市建设取得了历史性的成果，特别是百万群众翘首以盼、关乎城市转型的重大补短板基础设施项目取得重大突破，佳鹤铁路扩能升级改造项目全面开工，鹤岗民用机场项目取得重大进展。历届市委市政府谋划近40年的关门嘴子水库项目开工建设，“一环五纵七横”的城市交通路网格局加速形成，鹤岗彻底告别了没有城市外环路的历史。

生态建设成效显著。坚持把营造良好的生态环境作为最普惠的民生福祉，坚持还绿于民、还水于民、还清新空气于民，全力打造“本地人留恋、外地人向往”的山水生态、文化旅游城市。实施了“两河十四沟”清水秀岸综治工程，鹤岗市被评为全国黑臭水体治理示范城市、全国水生态文明城市。成功创建国家森林城市，市域森林覆盖率达到49.8%，“一城山水半城林”的美好愿景加速实现。

改革开放全面深化。以超常魄力和有效举措，啃下农垦、森工改革“硬骨头”，彻底破除了多年以来羁绊区域协同发展的体制机制藩篱。推动龙煤鹤矿改革脱困，完成“三供一业”分离移交和下岗分流人员妥善安置。加速推动交通、粮食、文旅、煤炭等八大集团组建。萝北县公立医院改革成效显著获得国家级奖励。“放管服”改革全面深化，超一流的营商环境赢得了广大投资者认同。牢牢把握经济社会发展大局，以城市创新转型、人民富裕幸福为战略目标，不断完善工作思路，硬化发展措施，狠抓工作落实，全市经济社会发展取得了长足进步，综合实力和发展活力明显增强。

（二）为开启“十四五”新征程，建设社会主义现代化新鹤岗，中共鹤岗市委领导全市人民发愤图强，高举中国特色社会主义伟大旗帜，深入贯彻习近平总书记系列重要讲话精神，特别是持续贯彻落实对我省两次重要讲话精神，统筹推进“五位一体”总体布局和协调推进“四个全面”战略布局，牢固树立新发展理念，坚持稳中求进工作总基调，深化供给侧结构性改革，扎实做好“三篇大文章”，创新实施“五大规划”，深入推进“龙江丝路带”建设，着力实施“生态立市、产业强市、开放活市、人才兴市”四大战略，大力培育和发展“绿色矿业、生态农业、文化旅游、外贸物流、战略新兴”五大产业，努力打造“龙江东部工业强市、中国北方鱼米之乡、中俄界江旅游胜地”，为加速推进城市转型，建设活力边城、幸福家园而努力奋斗。

站在“两个一百年”奋斗目标的历史交汇点上，鹤岗市全力谋划未来5年和更长时期经济社会发展的工作。确定了“十四五”时期，主要目标：到2025年，高质量转型发展取得决定性成果，“十一个主攻方向”任务全面完成，“十一个新突破”目标全部实现。

以发展“优势主导产业”为主攻方向，推动现代产业体系建设取得新突破，“十百千”工程取得丰硕成果，“百大项目”扎实推进，数字经济和实体经济深度融合，产业链供应链现代化水平不断提升，工业强市建设迈出重要步伐，新的均衡发展的产业结构基本形成。

以深化“全产业链融合”为主攻方向，推动农业现代化建设取得新突破，高质量构建起现代农业产业体系、生产体系和经营体系，农村一、二、三产业全面融合发展，食品和农副产品精深加工业成为重要支柱产业，“两江一岭”绿色食品产业基地在全国叫响，保障粮食安全，农业生产规模化、机械化、智慧化水平稳步提升。

以提升“引才聚才能力”为主攻方向，推动创新驱动发展取得新突破，人才发展机制进一步健全，育才聚才留才能力明显提升，科技、教育、产业、金融紧密融合的创新体系不断完善，R&D（研究与试验发展）经费投入强度大幅提高，科技创新能力显著提升，孵化培育一批科技型企业，竞争新优势加速形成，科技成果高质量就地转化，科技创新支撑引领高质量发展作用显著增强。

以深化“重点领域改革”为主攻方向，推动全面深化改革取得新突破，市场化法治化国际化营商环境进入全省一流行列，资本市场融资能力显著增强，央企合作发展加快推进，国有企业改革全面深化，非公有制经济迸发新活力。

以强化“对俄交流合作”为主攻方向，推动更高水平对外开放取得新突破，深度融入“一带一路”倡议、建设，推动国际经贸大通道加速形成，以对俄为重点的全方位对外开放新格局基本形成，成为我省向北开放的重要窗口，全面深化与汕头对口合作，在项目、园区、人才交流等领域取得实质性突破。

以塑造“新时代、新鹤岗、新印象”为主攻方向，推动生态文明建设取得新突破，鹤岗由“煤城”打造成“国家森林城市”“山水生态文化旅游城市”，进而向“生态环保城市”“花园宜居城市”“全国文明城市”“中国天然氧吧”目标迈进，全域旅游示范区成功创建，“龙江三峡”旅游名片在全国叫响，市区森林覆盖率持续提升，真正实现“一城山水半城林”。

以实施“以人为核心的新型城镇化”为主攻方向，推动城乡区域协调发展取得新突破，优势互补、高质量发展的区域经济布局基本形成，深度融入哈尔滨“两小时经济圈”，促进旅游市场联合营销，实现区域整体发展，城区经济和县域经济加快发展，以人为核心的新型城镇化全面推进美丽边城建设步伐加快。

以加快“四区一岭建设”为主攻方向，推动特殊类型地区转型振兴取得新突破，各县区都搭建起政策争取平台，靶向争取思路更加清晰，城区老工业区、采煤沉陷区、独立工矿区、产业衰退地区和大小兴安岭林区经济转型都取得重大进展，兴边富民持续推动，基础设施和公共服务设施日趋完善，边境地区人口加快集聚，发展能力显著增强。

以繁荣“群众文化事业”为主攻方向，推动社会文明程度提高取得新突破，社会主义核心价值观深入人心，人民思想道德素质、科学文化素质和身心健康素质明显提高，人民精神文化生活更加丰富，文化产业成为新的支柱产业。

以增强“人民获得感”为主攻方向，推动民生福祉改善取得新突破，城乡居民收入继续稳步提高，中等收入群体比例明显提升，基本公共服务均等化基本实现，就业、教育、医疗、居住、养老等公共服务体系更加健全，全面脱贫攻坚成果得到巩固夯实，以人为核心的新型城镇化和乡村振兴战略扎实推进，脱贫攻坚与乡村振兴实现有效衔接。

以建设“幸福平安鹤岗”为主攻方向，推动社会治理效能取得新突破，社会主义民主法治更加健全，社会公平正义进一步彰显，政府行政效率和公信力显著提升，社会治理特别是基层治理能力和现代化水平明显提高，防范化解重大风险体制机制不断健全，重大突发公共事件应急能力显著增强，自然灾害防御水平明显提升，发展安全保障更加有力。

2035 年基本实现社会主义现代化的远景目标：紧紧围绕党的十九大和十九届五中全会战略安排，按照省市第十二次党代会和省市委十二届五次全会描绘的宏伟蓝图，到 2035 年，奋力走出建设现代化新鹤岗的新路子，实现鹤岗高质量转型发展，将鹤岗市打造成为“龙江东部工业强市”“中国北方鱼米之乡”“中俄界江旅游胜地”，基本实现社会主义现代化，到 21 世纪中叶把鹤岗市建设成富强民主文明和谐美丽的社会主义现代化新鹤岗。届时鹤岗市综合实力实现新跨越，自主创新能力和制造业竞争力大幅提升，经济总量和城乡居民收入再迈上新台阶；基本实现新型工业化、农业现代化、信息化、城镇化，建成现代化经济体系；基本实现治理体系和治理能力现代化，建成法治政府、法治社会、法治鹤岗；新时代文化体系基本建成，文化产业加快发展，文化软实力显著增强，国民素质和社会文明程度达到新高度；努力打造生态文明示范市，生态环境更加优良；基本公共服务实现均等化，平安鹤岗建设达到更高水平，人民生活更加美好，中等收入群体显著扩大，全市人民共同富裕迈出坚实步伐。

（三）到2035年，鹤岗成功实现资源型城市高质量转型，总体分为三个阶段：

第一阶段，2021年至2025年，转型攻坚期：主要任务是围绕市委确定的“十一个主攻方向+十一个新突破”，重点抓好后疫情时代经济社会恢复性发展，全力以赴完成“十四五”规划确定的目标任务；

第二阶段，2026年至2030年，转型拓进期：主要任务是围绕转型主攻方向，加速推动优势特色产业集聚，提升接续替代产业比重，完善重大基础设施承载，修复生态人居环境，提高人民生活质量；

第三阶段，2031年至2035年，转型决胜期：主要任务是全面构筑起支撑高质量转型的市场体系、产业体系、城乡区域发展体系、绿色发展体系、全面开放体系、民生保障体系，鹤岗成功实现“煤城”的华丽转身。

实施乡村振兴战略 争当农业现代化排头兵

坚持农业农村优先发展，夯实农业基础地位，深化农业农村改革，加快构建现代产业体系、生产体系和经营体系，加快推进农业农村现代化，依托鹤岗“生态农业、寒地黑土、绿色有机”等优势，高质量打造“两江一岭”绿色食品产业基地，争当全省农业现代化建设的排头兵。

实施“藏粮于地、藏粮于技”战略。实施“粮食安全”保障战略。强化耕地保护责任，坚守耕地红线不动摇，严格落实耕地占补平衡，确保全市耕地保有量不减少、基本农田保护率不降低。强化粮食生产功能区建设。用现代物质装备武装农业，用现代科学技术提升农业，开展单产攻关行动，增强抵御自然灾害能力，实现粮食综合产能不断提高。实施“科技兴农”发展战略。构建创新引领、技术研发和农技推广等农业科技支撑“三大体系”。围绕发展优质高效农业的关键技术，在农业关键领域内实现重大突破。探索区域科技资源一体化布局，推广农科教结合、产学研协作的有效模式。促进农业科技由产中向产前和产后综合服务延伸，解决农技推广“最后一公里”问题。实施“农业基础”提升战略。推进高标准农田建设，加强中小型农田水利设施建设，补齐农田基础设施短板弱项，提高农业防灾减灾能力。加快新建节水型、生态型灌区，开展大中型灌区现代化改造，完善灌排设施体系。深化小型水利工程管理体制和产权制度改革。稳步提升农业机械化水平，实施农机购置补贴政策。实施“智慧农业”融合战略。提高农机装备智能化水平，促进农机农艺融合发展，加快农业“全程、全面、高质、高效”机械化。依托省级农业大数据中心，开展“天空地”一体化信息遥感监测服务，发展农机作业导航监测、植保无人机航化作业，打造农业物联网应用示范市。积极发展智慧气象。

开展“中国粮食、中国饭碗”质量提升行动。深化农村供给侧改革。坚持质量兴农、绿色兴农，大力发展绿色优质农产品，高标准打造“两江一岭”绿色食品产业基地。高标准适用农业生产标准体系，推广绿色生产方式。实施优质粮食工程，开展“互联网+高质量农产品”行动，推动农业由增产导向转向提质导向，建设绿色粮仓、绿色菜园、绿色厨房。强化农产品品牌建设。实施品牌强农战略，突出生态优势、树立精品意识，做好“有机、绿色、农产品地理标识”申办，提升农产品品牌。开展“农产品气候品质认证”工作。以“粮头食尾”“农头工尾”为抓手，加快米业企业整合、升级、改造，加快优势粮油加工企业能力建设，鼓励大中型品牌通过股份制等方式强强联合。支持企业和合作社申办无公害农产品、绿色食品、有机食品和农产品地理标志认证。优化农业产出结构。推进粮经饲统筹、农林牧渔结合。稳定发展水稻生产，优化玉米种植结构，扩大大豆种植面积，提高大豆生产效益。积极发展中药材、麻、浆果等经济作物，打造特色农产品优势区。实施“两牛一猪一禽一鱼”工程，推进畜牧业全产业链发展。壮大生态渔业规模，打造沿黑松两江两条江水生态绿色养鱼示范带。

实施“生态优先、用养结合”黑土地保护战略。保护好耕地中的“大熊猫”，对黑土地实行战略性保护，确保黑土地不减少、不退化。

实施建设占用耕地耕作层黑土的剥离再利用制度，要求并监督建设单位对所占用耕地的耕作层黑土进行剥离，做到应剥尽剥。针对鹤岗市耕地耕作层浅、土壤板结、有机质含量下降等主要障碍因素，综合运用农艺、农机、生物等措施，增加土壤有机质含量，提高耕地质量等级。同时，实施最严格的耕地保护制度，探索建立黑土耕地保护管理“田长制”。

推动全产业链融合发展。推动农村产业融合发展。大力发展粮食经济，全产业链发展绿色食品加工。坚持种养加一体、农牧渔结合，着力加强优质粮食、有机绿色农产品、优质农产品生产基地、高品质畜禽产品和果蔬生产基地等“五大基地”建设。坚持企业牵引、项目带动，突出企业在农产品精深加工上的主体作用。构建农产品现代流通体系。打造全市公共物流信息平台，实现基础网络与信息服务完美融合。加快形成市、县、乡、村“四个层次一体化”的物流网络物流信息服务同步。支持多功能一体化的粮食物流（产业）园区建设，加快构建冷链物流体系。整合现有仓储物流资源，完善电子商务配送及综合服务网络，为实现“工业品下乡、农产品进城”奠定基础。完善农业社会化服务体系。坚持政府主导、社会参与，突出全程覆盖、区域集成、配套完备，兼顾公益性和经营性，提升社会化服务组织的服务水平，重点围绕农业生产全程托管服务、农机服务、无人机植保、测土配方施肥、病虫害统防统治、烘干仓储、农资供应、饲料配送等新型服务业态，大力推行“订单式”“保姆式”“全程式”服务，全面推广“粮圈儿”APP，着力打造“互联网+农业”综合性农业服务平台先锋。

推动农业农村改革向纵深发展。巩固完善农村基本经营制度。贯彻落实好第二轮土地承包到期后再延长 30 年的政策。在全面完成土地承包经营权确权登记颁证工作基础上，搭建全市农村土地管理信息平台，加强信息平台在法律法规、抵押融资、农技指导、信用评价、保险推广、市场预测、产品营销和惠农政策解读等领域的服务功能。提升新型经营主体带动能力。坚持以农民专业合作社为主体、以专业大户和家庭农场为两翼，以农业企业为补充的新型经营主体发展战略。

鼓励农民依法组建农民专业合作社联合社。鼓励农民专业合作社走整村推进、联合办社、跨村办社的组团发展新路子，通过规范化、标准化、规模化发展，探索上市发展的路子。发展新型农村集体经济。加快推进农村集体产权制度改革。赋予村集体经济组织独立的市场法人地位和农民对集体资产股份占有、收益、有偿退出及抵押、担保和继承权能。引导农村集体经济组织依法通过股份制、合作制、股份合作制、租赁等形式，积极参与产业融合发展。鼓励将符合条件的财政资金特别是扶贫资金量化到农村集体经济组织和农户，鼓励生产加工企业和农村合作组织自建仓储设施，发展国有粮库代储，保持特色产品品质稳定。

实现巩固拓展脱贫攻坚成果同乡村振兴有效衔接。强化就业扶贫、产业扶贫等后续扶持，加强扶贫项目监督管理，推动特色产业可持续发展。设置脱贫攻坚巩固期，脱贫攻坚主要政策在巩固期内保持不变。健全返贫监测和帮扶机制，建立农村低收入人口帮扶机制。实施乡村建设行动，选取部分贫困村为试点，示范带动其他非贫困村基础设施建设逐步完善。统筹县城和村乡规划，保护传统村落和乡村风貌，改善农村人居环境。

打造现代产业体系　集聚转型发展新动能

围绕做好“三篇大文章”，抓好“四头四尾”，按照“五大产业”发展方向，深入挖掘“四大核心优势”，发展“八大重点产业”，打造“四大百亿级产业集群”，强化“五大要素支撑保障”的工作思路，扩大产业规模、加快发展速度、提升质量效益，提升全产业链水平，加速形成多点支撑、多业并举、多元发展的产业发展新格局。

深度挖掘“四大核心优势”。深度挖掘优质的煤炭资源优势。依托鹤岗煤种齐全、储量丰富的优势，加大煤炭资源勘探勘查力度，加快推进鸟山煤矿、新华煤矿建设进度，做好“煤头”保障。争取全市地煤产能规模再增加 240 万吨/年，争取在“十四五”时期全市煤炭产能达到 1800 万吨/年，为鹤岗发展煤及化工产业奠定基础。深度挖掘丰富的石墨资源优势。充分发挥云山石墨矿 17. 31 亿吨世界最大天然石墨储量优势，充分发挥鹤岗市列为“全国战略性新兴产业矿产基地”“石墨新材料产业集群城市和产业集聚区”的战略规划优势，面向国内国际吸引优质生产要素，在服务体系、发展载体、主流产品三个方面创新升级，实现更高质量发展，为石墨新材料产业发展奠定基础。深度挖掘良好的生态资源优势。依托大界江、大森林、大冰雪、大湿地、大农业、大矿山等丰富的旅游资源，依托寒地黑土、绿色有机等优越的农业资源，依托鹤岗用地、用水、用能强等巨大的环境容量，依托全域较高的森林覆盖率，为农副产品深加工产业、新能源产业、文化旅游产业、健康养老产业和医药产业发展奠定基础。深度挖掘独特的对俄合作优势。依托与俄罗斯235公里边境线和距省会最近的萝北国家一类口岸，加强对俄全方位合作，持续扩大对俄合作向远东腹地拓展。加快建设开放合作平台，扩大中俄互市贸易区规模，推动跨境园区建设和物流园、保税仓等实体项目落地。加大赴俄农业种植资源整合力度，不断壮大赴俄产业种植联盟。加快培育新型外贸主体，抓好“出口进口”两个市场。

发展壮大“八大重点产业”。发展壮大煤及化工产业。重点发展焦化产业升级加工、煤制化肥、煤制乙二醇、煤制烯烃、煤制清洁燃料、煤制化学品等石油替代产品链，并向纵深加工产业、产品发展，形成集焦化产品、有机化工原料、合成树脂、化工新材料为一体的煤化工产业布局。以现代煤化工示范基地为着力点，依托中海油华鹤公司、征楠煤化工等企业，重点推动干法熄焦、焦炉煤气综合利用、精细化工、煤焦油深加工、粗苯加氢等传统煤化工转型升级，延伸发展天然气、氢气、清洁化学品等下游产品，推进“化尾”有效延伸。发展壮大石墨新材料产业。以推动石墨精深加工为主攻方向，强载体、上项目、破瓶颈，打造一个公共创新服务平台，建设鹤岗石墨新材料产业园和萝北石墨产业园两个专业园区，主攻负极材料、石墨烯应用材料、超硬材料三条产业链，推动石墨新材料产业基地建设。重点支持五矿公司打造负极材料全产业链项目，实现采选和球形产能国内规模第一。发展壮大农副产品深加工产业。整合激活水稻加工业，重点发展生态米、速食米、米蛋白、谷维素等产品，引领水稻加工从传统大米生产向工厂化主食食品、休闲食品方向转变。扩大玉米深加工规模，扩大以玉米为原料的乙醇、优质白酒生产规模，开发医用高档酒精、淀粉糖、变性淀粉等深加工产品。发展畜禽屠宰加工一体化产业链，发展畜禽生鲜精细分割产品，开发俄式红肠、火腿肠和休闲食品。协调推进大豆、食用菌、果蔬、林产品等其他农产品加工业。

发展壮大文化旅游产业。全方位提升鹤岗市旅游发展品质，推动文化旅游融合发展，做大做强文化旅游产业。转变旅游发展方式，推进旅游产品、模式、业态创新，力争将“龙江三峡”中俄犹文化旅游集合区打造成我省界江游核心区。深度整合文旅产业，强化品牌产品体系，完善综合配套体系，以文化休闲度假产品和项目建设为重点，创建中国最佳旅游城市和养生旅游城市。

发展壮大健康养老产业。重点发展“候鸟式”养老产业，突出森林氧吧、绿色生态食品配餐、老年病防治三大特色，叫响夏季养老在龙江的独特品牌。打造“鹤北康养小镇”。积极发展中医药健康旅游，鼓励鹤岗市中医院、萝北县中医院、绥滨县中医院开展接待旅游的中医保健、养生体验和康复等服务项目。依托森林公园、湿地公园和自然保护区等发展森林康养产业，建设特色森林康养基地。发展壮大新能源产业。充分利用鹤岗市自然资源、农业和粮食加工废弃物资源，以及工业余压余热资源，加快发展新能源产业。围绕光伏、风电、生物质发电等国家重点支持方向，认真谋划、储备、争取、落地一批新能源发电项目，打造鹤岗新能源全产业链。同时，依托国家电力体制改革政策，探索建立有利于本地企业的电力消纳路径，打造低电价洼地，吸引电价敏感企业向鹤岗集聚。发展壮大医药科技产业。加大中药资源开发力度，孵化优质产业资源，实现中药材、中药饮片、中成药产品生产的规模化、规范化和集约化。支持三精千鹤制药公司进行新品开发，推动国药双兰星公司中药配方颗粒和大麻二酚项目、步长制药公司北药种植基地项目以及蒲公英、刺五加、蓝靛果等一批种养殖及深加工项目落地投产。发展壮大外贸物流产业。统筹两个市场、两种资源，坚持对外开放和对内开放相结合，坚持“引进来”和“走出去”相结合，坚持“进口抓加工、出口抓落地”，加速培育新型对外贸易主体。做强出口加工基地，以萝北县、东山区和名山农场果蔬生产加工为依托，建设对俄果蔬出口基地。以宝泉岭经济开发区为依托，建设对俄肉类产品出口基地。做实进口加工基地，依托鹤矿集团赴俄锰矿开发、赴俄农业种植、赴俄森林采伐等项目，引进俄方优质的锰铁矿石、石墨、腐殖酸、林木等优质资源，建设进口资源加工基地，实现进口资源的“过埠增值”。

重点打造“四大百亿级产业集群”。依托基础好、潜力大的重点产业，全力打造“四大百亿级产业集群”，通过多元化的产业发展和集群带动，力争到2025年区域内总产值达到千亿元以上。打造煤及化工产业集群。重点支持中海油华鹤公司、征楠煤化工公司、嘉润新能源公司、广宇新能源公司等大型煤化工企业改造升级，积极谋划落地大型煤化工项目，重点发展三条煤化工产业链。一是做大焦炭产业链，在现有210万吨焦炭的基础上，重点谋划160万吨煤焦化联产8万吨针状焦项目，未来力争形成500万吨焦炭规模。二是培育精深加工产业链，利用煤焦油和焦炉尾气，谋划建设煤焦油制汽柴油、焦炉气制甲醇、聚甲醛等深加工项目。三是延伸煤制肥产业链。打造石墨新材料产业集群。重点支持五矿公司整合石墨资源和初加工企业，以五矿公司为龙头，构建从矿石采选到球形石墨、负极材料、污水处理、尾矿综合利用的石墨资源精深开发利用全产业链模式，加快五矿公司产业链项目建设。支持省交投集团等投资主体加快鹤岗市石墨新材料产业园区“七通一平”等基础设施建设。推动华升公司石墨烯润滑油项目达产达效，建设石墨烯导电浆料、石墨烯重防腐材料、石墨烯海水淡化膜等项目。打造农副产品深加工产业集群。全力支持重点农副产品加工企业发展，推进重点产业项目建设。水稻加工业，重点推进万源粮油稻米全产业链项目。玉米加工业，重点支持黑龙江兴汇100万吨粮食加工项目。畜禽屠宰加工业，围绕东方希望集团300万头生猪养殖项目积极谋划落实屠宰及深加工项目、饲料生产项目、冷链物流项目等配套项目，推动白羽鸡、肉鹅养殖项目建设。其他农产品加工业，重点推进可口儿食品公司20万吨大豆产业园项目、黑龙江禾宝生物有机肥有限公司40万吨有机肥和发酵饲料项目。打造新能源产业集群。充分利用鹤岗市自然资源、农业和粮食加工废弃物资源，以及工业余压余热资源，加快发展新能源产业。在风力发电上，重点建设绥滨大唐三期、四期工程和远景风电、水发风电、蔚景风电等风电项目。在太阳能发电上，重点推进绥滨吉阳光伏发电三期装机规模 4 万千瓦项目开工建设。在水力发电上，建设关门嘴子水库装机容量 8 兆瓦水电站。在生物质发电上，重点推进盛蕴热电生物质发电项目、禾和秸秆生物质发电项目。在余热发电上，重点建设鑫塔水泥窑尾余热发电和征楠干熄焦余热发电项目。

全力构筑“五大要素支撑保障”。抓好招商引资，依托资源环境优势，聚焦主导产业和产业集群发展需求，制定招商产业链图谱，面向重点地区靶向招商。抓好园区建设，围绕承载项目必需的“水、电、热、油、汽、运”等核心要素，持续抓好产业园区建设，提升园区建设和运营水平。抓好政策运用，整合全市可用政策资源，建立政策项目对接机制，在项目建设全生命周期给予项目政策支持。抓好创新驱动，持续提升引才聚才能力，加强产学研合作，推动科技成果转化，开展重大科技专项，服务企业快速发展。抓好营商环境，高标准打造市场化国际化法制化营商环境，持续深化商事登记、工程项目审批、不动产登记等重点领域“放管服”改革，厚植适宜企业发展的沃土。

加快发展数字经济。培育发展数字产业。推动数字产业化、产业数字化，推动数字经济与实体经济深度融合。培育数字经济新产业、新业态和新模式，拓展数字技术在现代农业、智能生产、智慧城市、流通体系等领域开发应用场景，大力发展平台经济、共享经济。扩大基础公共信息数据有序开放，建设政府数据统一共享开放平台。推动产业数字化转型。利用互联网新技术新应用对传统产业进行全方位、全角度、全链条的改造，赋能传统产业转型升级。围绕“十百千”工程重点领域，推动新一代信息技术与实体经济深度融合，培育建设数字化车间、智能工厂。加快培育平台经济、网红经济、共享经济等数字经济新业态新模式。培育数字要素市场。加快建立政务数据开发目录和数据开放清单，建设政务数据资源开发服务平台。提升社会数据资源价值，打造数字技术应用场景，推进数据采集标准化建设。落实数据保护制度，加强政务数据、企业商业秘密和个人数据的保护。

坚持创新驱动战略 重塑竞争发展新优势

把增强科技创新能力，加快构建人才智力支撑体系作为加快结构调整、加速产业升级、促进城市转型的关键。推动经济社会发展由主要依靠投资和要素驱动向创新、投资、要素协同驱动转变，推动发展动能向依靠科技进步、发展方式转变、劳动者素质提高加快转换，强化产业链、服务链、资金链对接，构建新型创新体系，重塑竞争发展新优势。

增强科技创新能力。始终坚持创新引领发展。继续深入实施科技型企业三年行动计划，加大市、县（区）两级科技专项经费投入，提高 R&D 投入占 GDP 比重，促进科技创新要素向企业集聚。发挥大企业的引领支撑作用，支持企业牵头组建创新联合体，建立共性技术创新平台，促进产业链上中下游、大中小企业融通创新。加强产业创新要素集聚。在创新产业集聚方面，坚持数量扩张与创新能力提升并重，把高新技术企业的数量优势转化为经济发展优势。培育引领型创新企业，推动企业研发机构全覆盖，优化科技企业创业孵化育成体系，形成具有优势竞争力的创新型企业群。以改善创新支撑条件塑造高品质创新环境。提升科研基础设施水平。推动重大基础设施、高等院校和科研院所、实验室体系、技术创新中心、技术服务平台体系功能的载体建设，引导扶持鹤岗师专向综合类大学发展。争取引进省内知名高校在鹤岗设立分校或研究机构。全力构建具有本地特色的“金字塔”形科技创新平台体系。重点研究科技资源开放共享、创新人才跨区域流动等政策措施。

推动科技成果转化。推动创新成果与产业需求有机衔接，以科学合理的利益分配格局为导向，加快科技成果转化为现实生产力步伐。有效发挥市场对技术研发方向、路线选择和资源配置的导向作用。发挥省委选调生、金鹤回岗研究生等高层次人才的纽带作用。建立有效鼓励激励机制，培育和发展国家级、省级技术转移示范机构。搭建科技创新服务平台，为中小型科技企业提供成果对接、高企申报、政策咨询等服务。

强化人才支撑作用。培育引进高层次创新人才。实施“头雁行动”，启动“春燕行动”。加大选调生和人才引进力度，认真落实各项人才政策，推动人才进入正流入状态。完善支持高校毕业生本地就业创业的扶持政策。大力实施技能振兴行动计划、职业技能提升计划和“鹤岗工匠”打造计划。建立完善人才服务机制。加快创新人才市场服务体系建设，建立统一的人才基础信息库。优化人才培育、引进、激励、评价机制，推进创新成果知识产权化。支持企业与院校合作开展“订单式”人才培养工作。全面实施专业技术人才知识更新工程。实施职业教育质量提升计划、职工技能提升计划以及高技能人才培养工程。推动产教融合向纵深发展。鼓励支持鹤岗师专建设新材料、绿色食品加工、北药加工、电子商务等一批新兴专业。加快中等职业教育改革创新。推进“双引联动”合作机制，积极促进校企深度融合；推行“双轮驱动”办学模式，实施“企业新型学徒制”，强化职业培训，提升从业者就业创业能力。

全力打造“双创”升级版。建设区域型特色化电商平台，支持企业利用互联网开展电子商务业务。加快“众创空间—孵化器—加速器”科技企业孵化体系建设。对形成资本积累、有创业前景的项目给予政策扶持和要素服务。依托鹤岗市省级经济开发区创建省级高新区，充分利用省内外科技资源、集聚创新要素、搭建创新平台。

把握扩大内需战略机遇　积极融入未来发展新格局

精准把握扩大国内需求。坚持在疫情防控常态化前提下全面复工复产复商复市，立足国内畅通产业循环、市场循环、经济社会循环的大背景，建立健全供给与需求相互促进、投资与消费良性互动的增长机制，加速融入发展新格局。

提高竞争力融入国内大循环。实施增品种、提品质、创品牌“三品”战略。提高绿色有机食品、石墨新材料等工业产品和生态康养旅游等服务产品的竞争力、影响力，提升国内市场占有率。加大政策引导力度，支持来鹤投资企业开拓本市、本省市场。推动实体经济发展，破除生产要素市场化配置和商品服务流通的体制机制障碍，降低交易成本，形成需求牵引供给、供给创造需求的更高水平动态平衡。

发挥优势参与国内国际双循环。支持企业开拓国际市场，着力扩大俄罗斯矿产、林木、油气资源进口。落实外商投资准入前国民待遇加负面清单管理制度，深化国际产能合作，加强同俄罗斯在技术成熟的制造业领域的投资合作。推进国际营销体系建设，形成国际合作和竞争新优势。

发挥精准有效投资靶向拉动作用。突出产业政策导向，引导更多社会资金投向先进制造业、现代服务业等领域。深化投融资体制改革，发挥政府投资引导作用，激发民间投资活力，运用 PPP 等方式有序盘活存量。创新项目推进机制，滚动实施“百大项目”，聚焦“两新一重”谋划建设一批打基础、强功能、利长远的重大项目建设。

统筹推进现代物流体系建设。统筹推进现代流通体系硬件和软件建设，发展流通新技术、新业态、新模式。完善现代商贸流通体系，推动物流企业转型发展，推进数字化、智能化改造和跨界融合。加快建立储备充足、反应迅速、抗冲击能力强的应急物流体系。推动货运物流组织化、高效化，大力发展多式联运。深化“放管服”改革。扶持现有物流企业和培育新兴物流企业，实现提高物流效率，降低物流成本。

激发居民消费新潜力。健全促进消费的体制机制，发展消费中心聚集区，培育新兴消费聚集区。创新消费模式和业态，扩大绿色消费、健康消费、安全消费。加快地方特色商业街区建设。开展城乡高效配送专项行动。完善节假日制度，落实带薪休假制度，扩大节假日消费。改善消费环境，强化消费者权益保护。

深化重点领域改革　激发市场主体活力

以深化改革激发新发展活力，从根本上解决长期制约企业发展的顽疾，让市场主体活力迸发，实现更高质量、更有效率、更加公平、更可持续的发展，为鹤岗高质量转型提供支撑。

高标准打造一流营商环境。把深化改革摆在首要位置。对标中国营商环境评价指标体系，持续深化重点领域“放管服”改革。进一步放开市场准入，严格落实市场准入负面清单和公平竞争审查制度。加大简政放权的覆盖范围和工作力度。加强和规范新型监管机制，推进“互联网+监管”。深入推进政务服务便利化。优化整合提升各级政务服务大厅功能，加快构建统一的“一站、一门、一窗、一次”服务体系。完善一体化在线政务服务平台功能，高标准建设政务云和政务大数据平台，推动跨部门、跨地区、跨层级的政务信息互认共享。持续推动“信用鹤岗”建设。加强诚信政府、法治政府建设。完善信用信息服务平台功能，大力推进公共信用信息与市场、金融监管等部门信用信息共享。完善守信联合激励和失信联合惩戒制度，推动重点领域建立“红黑名单”管理制度。加强政务诚信建设，建立健全信用修复机制，营造诚实守信的良好社会氛围。切实保护市场主体合法权益。建立健全平等保护各类市场主体合法权益和保护企业、企业家权益制度，构建规范统一的投诉举报处理机制，坚决查处破坏营商环境的人和事。坚持协同合作，建立共享共治机制，共同解决掣肘营商环境监督问题。探索招商引资项目服务新机制，围绕企业全生命周期提供优质服务，构建“亲”“清”新型政商关系。

严格落实国家减税降费政策。鼓励企业扩大投资，加大研发投入，落实国家和我省制定的支持中小企业、经营困难企业缴费返还和补贴政策。

深化要素市场化配置改革。创新体制机制，推动土地、劳动力、资本、技术、数据等要素市场化改革。完善主要由市场决定要素价格机制，健全要素由市场评价贡献、按贡献决定报酬的机制。完善要素市场价格异常波动调节机制，着力降低企业要素性成本。继续深化电力体制改革。拓展公共资源交易平台功能。扩大国有土地有偿使用范围，启动新一轮农村宅基地改革试点。

提升国资国企改革质效。深化地方国企改革。优化国有资本布局，推动市属国有企业提质增效。加快重点国有企业发展。建立现代企业制度，健全公司法人治理结构。加快混合所有制改革，组建粮食集团、文旅集团等产业集团。支持重点国有企业发展。扎实推进创新性特色改革任务，激发基层改革创新活力。深化驻鹤央企合作。支持驻鹤央企在鹤岗市开展各类改革试点以及独立法人改革。建立央企与地方合作机制，支持地方发展产业链供应链配套，共建产业园区，形成产业集群。支持中海油华鹤公司发展，助力企业扭亏脱困。

激发非公有制经济活力。厚植民营经济发展沃土。清理废除与企业性质挂钩的不合理规定，对各类所有制企业平等对待。全面放开民营企业市场准入。鼓励民营企业扩大有效投资，支持民营企业创新发展，推动大中小企业融通发展。支持民营资本和社会资本参与国企改制重组，引导民营企业和国有企业建立配套协作机制。扶持推动民营企业发展。深入实施中小微企业成长工程，建立完善服务平台，落实鼓励支持“小升规”的各项政策措施。加快培育一批瞪羚企业、隐形冠军企业和“专精特新”中小企业，争取培育出体量大、竞争能力强的民营企业。弘扬优秀企业家精神。营造激励企业家创新创业创造的社会氛围，开展名企名家名牌培育行动。鼓励、引导、培养鹤岗企业家在爱国、创新、诚信、社会责任和国际视野等方面不断提升。做好民营经济代表人士队伍建设规划，加强民营企业家教育培训。尊重和保护好企业家合法人身和财产权益。

深化医药卫生体制改革。深化公立医院综合改革。推动“三医”联动。加快建立现代医院管理制度。建立和完善医疗服务价格动态调整机制，建立符合医疗卫生行业特点的编制人事和薪酬制度。建立全行业监管机制。统筹推进医疗管理体制、运行机制、绩效分配等综合性改革。推进分级诊疗制度建设。加速医疗卫生信息化建设，提高基层卫生服务能力，建立健全适应分级诊疗的医保政策。健全药品供应保障体系。深化药品、医用耗材集中带量采购制度改革，建立一体化的招标采购平台，推动医疗机构科学合理用药。深化医疗保障制度改革。健全可持续的筹资运行机制。持续推进医保支付方式改革。完善多层次医疗保障体系。建立健全门诊共济保障机制。实行医疗保障待遇清单制度。提升突发公共卫生事件处置能力。完善突发公共卫生事件监测预警机制，提高应对突发公共卫生事件能力。

完善人才发展体制机制。创新人才培养机制。统筹推进人才队伍建设，大力培养重点行业、重要领域、战略性新兴产业和基层一线急需的各类人才。大力培育领军人才和创新队伍。围绕城市创新转型和民生改善，突出石墨烯加工、煤炭精深加工、医疗服务、文化旅游和智慧城市建设等重点领域和重点行业，着力引进各类急需的专业技术人才。加大人才引进力度。深化产学研合作，扩大选调生招录规模，实施名校优生战略，积极引进域外优秀青年人才。完善人才激励机制，提升科研人员成果转化收益比例，允许国有企业、事业单位的专业技术和管理人才按规定兼职兼薪、按劳取酬。强化人才服务保障。加大对科研人员、管理人员、技术骨干和急需紧缺人才的服务力度。围绕引得来、留得住、用得好的目标，积极营造良好的发展环境，强化人才服务保障。着力完善人才激励保障机制。健全人才流动机制。破除人才流动障碍，畅通企业、社会组织人员进入党政机关、国有事业单位渠道，鼓励和引导人才向艰苦边远地区和基层一线流动，促进区域间优质人才资源均衡配置。

深化开放合作战略　打造经济增长新引擎

积极融入“一带一路”，加快构建开放型经济新体制，以对俄合作、对口合作为重点促进更大范围、更宽领域、更深层次全面开放，培育参与国际合作和竞争新优势。

全面扩大对外交流合作。积极融入“一带一路”，加强与黑龙江自贸区三个片区的合作。加强与俄罗斯、日本、韩国等国家和地区开展交流合作。加快建设开放合作平台，扩大中俄互市贸易区规模，推动跨境园区建设。加大赴俄农业种植资源整合力度，打造省级境外农业合作示范区。积极开展文艺体育、教育教学、医疗卫生、旅游养老等方面的交流合作。

全面提高外贸主体竞争力。做强外贸主体，在加大力度扶持鹤岗市现有企业的同时，积极吸引域外企业到鹤岗市落户，逐步壮大鹤岗市对俄经贸队伍。做强出口加工基地，建设对俄果蔬出口基地，建设对俄肉类产品出口基地，建设对俄煤化工产品出口基地。做实进口加工基地，引进俄方优质锰铁矿石、石墨、腐殖酸、林木等优质资源，实现“过埠增值”。做优对俄旅游合作，加快旅游购物平台建设，促进旅贸经济快速发展。

全方位深化对口合作。深入推进与汕头市对口合作，重点做好粮食仓储、商贸物流、园区共建、人才交流等 11 个领域的合作。与汕头市开展好领导干部互派互学和挂职锻炼工作。探索整体委托发达地区管理，结合实际建设对口合作重点园区，积极承接产业转移。

深化区域务实合作。深入推进互联互通，积极融入哈尔滨“两小时经济圈”。深度融入东北东部（12+2）区域合作，在传统资源、接续替代、战略新兴等产业上与周边地市加强协作，走资源共享、优势互补、产业互助、合作共赢的发展之路。推动与农垦、森工、鹤矿深度合作，实现域内全方位、多领域、深层次融合发展。

加大招商引资力度。积极开展招商引资，围绕依托“四大核心优势”，发展“优势主导产业”，实施“十百千”工程，推进“百大项目”建设打造全产业链条、形成配套产业集群、“四新”经济，通过多元市场化招商方式，积极引进社会资本和战略投资者，加快集聚生成大项目、新项目，做好招商项目全生命周期服务保障。

繁荣文化事业和文化产业　提升城市软实力

坚持马克思主义在意识形态领域指导地位和中国特色社会主义文化发展道路，坚持以习近平新时代中国特色社会主义思想为统领，坚定文化自信，用社会主义核心价值观凝聚共识、汇聚力量，加强社会主义精神文明建设，传播文明新风尚，凝聚发展正能量。

筑牢团结奋斗的共同思想基础。持续开展习近平新时代中国特色社会主义思想学习教育，推动党的创新理论成果深入人心，引导广大干部群众坚定“四个自信”。实施马克思主义理论研究和建设工程，建设市中国特色社会主义理论体系研究中心，支持市委党校建设马克思主义学院，推出一批重大理论研究成果。

持续推进精神文明建设。坚持以社会主义核心价值观引领文化建设。提倡艰苦奋斗勤俭节约。建设诚信社会。推进公民道德建设。抓好群众性精神文明创建。打造一批社会主义核心价值观和国防教育主题公园、主题广场和主题街道。建设新时代文明实践中心工程。引导社会文化思潮。牢牢掌握意识形态工作领导权和主导权。打造清朗的网络空间。落实“边境之窗建设工程”。

发展繁荣优秀传统文化。深入挖掘东北抗联、寒地黑土、北方民俗等特色文化资源，建立一批优秀传统文化传承基地，建设各级各类的博物馆、纪念馆等载体平台。加强历史遗迹、遗产保护利用。弘扬民族精神和时代精神。研究保护优秀传统文化。统筹传统文化的整理保护研究。积极开展对历史文化名城、名镇、名村等文化遗产和重点文物的保护和利用。

提升公共文化服务水平。全面繁荣新闻出版、广播影视、文化艺术、哲学社会科学事业。实施文艺作品质量提升工程，紧跟时代步伐，挖掘本土资源，打造一批体现鹤岗特色的文艺精品，推出具有鹤岗风格、鹤岗气派的精品力作。推动多种媒体深度融合，实施全媒体传播工程，实现县级融媒体中心全覆盖。创新实施文化惠民工程，广泛开展群众性文化活动，推动公共文化数字化建设。实施群众文化惠民工程、文化精品创造工程、文化遗产保护利用工程，推动公共文化资源向社区、农村延伸。

推动现代文化产业高质量发展。深化文化体制改革，健全现代文化产业体系和市场体系，大力推进文化企业“十百千”工程，突出发展演艺娱乐、工艺美术、特色节庆等重点产业。推动文化和旅游融合发展，加快“矿山工业游”“红色文化游”等重点线路建设，推进月牙湖国家湿地公园、鹤岗国家森林公园、中国北方民族园、太平沟黄金古镇等重点文化旅游景区改造升级，筹划、推进电影故事小镇等特色文化小镇建设。

发展生态旅游　完善基础设施　增进民生福祉

发展生态旅游。全方位提升鹤岗市旅游发展品质，大力推进文化强市建设，推动文化旅游融合发展，做大做强文化旅游产业，促进全市经济转型升级、加快发展。推进旅游产品、模式、业态创新，力争将“龙江三峡”中俄犹文化旅游集合区打造成我省界江游核心区，深度挖掘大森林、大农业、大冰雪、大界江等自然资源优势，打造宜居宜业宜行宜游宜养的山水生态、文化旅游名城。加快推动全域旅游发展。将旅游元素融入城市发展建设各个方面。加快月牙湖中国北方民族园、鹤北红松母树林、太平沟黄金古镇等重点景区景点建设改造，加大对松鹤公园和名山镇等原有景区的开发利用，打造若干特色小镇，开发鹤立湖花海、梨花谷、东山花海等十大花海项目。提高生态旅游全省首位度。深入挖掘丰富的生态资源和区位优势，构建特色旅游产品新体系，深入发展冰雪游、森林游、工业游、研学游、边境游、湿地游、避暑游、红色游，打造一批独具鹤岗魅力的主题旅游集群。大力发展“旅游+”，挖掘文化、体育、农业、矿山等资源，跨界融合发展自驾游、乡村游、文化遗产游、户外运动等特色旅游新业态。完善“吃住行游娱购”等旅游全景化体验功能，发展旅游“夜经济”，促进旅游消费，更好地满足游客多元需求。支持发展免税业，推进口岸免税店和市内免税店布局建设。拉长产业链、平衡淡旺季，发展全季旅游。叫响“游龙江三峡、赏两国风光”品牌。实施全域旅游营销战略，整合宣传资源和渠道，在全国叫响“游龙江三峡，赏两国风光”品牌，培育一批知名细分品牌，把“龙江三峡”中俄犹文化旅游集合区打造成闻名全国的精品景区。打造全方位、多平台、立体化的宣传推介格局。培育具有鲜明特色的旅游品牌节庆活动，增强游客体验感和参与度。积极争取承办省旅发大会。加快构建适应旅游发展的标准体系、服务体系、诚信体系、保障体系，塑造诚信鹤岗旅游形象。加强旅游市场综合监管，切实维护旅游市场秩序和广大游客合法权益。完善旅游基础设施。强化涉旅基础设施配套升级，提升旅游目的地的可达性、舒适性、友好性。构建全域旅游交通体系，突出“中俄界江游”“原始森林游”“现代农业游”“矿山工业游”“红色文化游”5条重点线路建设，实现从机场、车站到主要景区景点公共交通无缝对接。推进智慧旅游平台建设，融入“全省旅游一张网”。持续推进“旅游厕所革命”。提高餐饮住宿服务接待水平，加快发展星级酒店、宾馆、公寓、民宿等适合不同消费群体的住宿体系，打造本地菜品特色品牌。

加强完善基础设施建设。坚持服务发展、惠及民生、引领未来的目标导向，统筹产业布局和区域战略需要，抓住国家和省重大政策机遇，继续加大投资力度，建设内畅、外联、互通的基础设施网络，打造高效实用、智能绿色、安全可靠的现代化基础设施体系。加快新型基础设施建设。大力完善信息基础设施和数据资源体系，提升宽带网络覆盖水平，加强城乡和旅游景区信息基础设施网络建设。深入推进

“光纤到户”，推动“千兆城市”建设。加快乡村光纤宽带网络和高带宽用户普及。推动电动汽车充电基础设施建设。构建车桩相随、智能高效的充电基础设施体系。加快推进工业互联网平台建设。推进铁路建设。按照“全省一张网”总体规划，加强与省高速铁路通道的对接，加快推进佳鹤铁路改造工程。加快推动鹤岗至伊春客运专线、萝北至富锦沿边铁路、鹤北至云山铁路专用线等项目前期工作，争取“十四五”期间开工建设，实现人畅其行、货畅其流。优化提升公路建设。优化布局、完善网络，逐步完善道路交通基础设施，推进城市环路、农村公路、林区公路、旅游公路、机场路建设。加快推进鹤哈高速鹤岗至伊春段、省道四季屯至鹤岗公路鹤北至鹤岗段、绥滨至同江公路和大桥建设工程等项目建设。加速十里河林场至金顶山风景区公路等旅游公路建设。抓住我省规划实施“醉美龙江 331 边防路”的契机，将沿线碎片化的旅游资源进行整合，推动“交通+旅游”融合发展。逐步推进农村公路县乡道改造、建制村通双车道、旅游路和联网路建设等，提升安全水平。合理推进航空建设。以保障安全为前提，加快民用运输机场和通用机场建设，着力提升航空运输能力和服务水平，加快航空经济发展。加速推进鹤岗民用机场前期工作。加快开拓航线，积极谋划开通北京、大连、青岛直航，国内航线达到 5 条以上。加快推进萝北县、绥滨县通用机场建设。稳步推进水运建设。建设现代化多式联运港口，提高水路交通运输供给能力，促进水路客货运输服务能力稳定增长。强化船舶和港口污染防治以及水上交通安全管理。建设萝北口岸名山港码头改扩建项目、绥滨港中兴港区建设项目，大力推进江海联运发展。完善交通枢纽建设。按照客内货外、集约一体、强化衔接的原则，打造多层、立体、便捷的多式联运综合枢纽。客运枢纽重点以快速铁路、客运站和机场建设为契机，强化城市轨道交通、地面公共交通等设施与干线铁路、干线公路、机场等城市内外交通网络一体化衔接。货运枢纽依托公路、铁路货运场站提高集疏运能力。完善城市交通网络。建设必要的城市高架、综合立交等快速通道，构建绿色智能、便捷高效的城市交通体系。加快城市交通综合体建设和智慧交通应用，科学设置智能信号灯等路面交通标识。大力发展慢行交通系统，建设绿道系统，改善自行车、步行等非机动化出行环境。加快无障碍设施建设，方便残障人士出行。合理布局建设城市人行天桥和地道、公共停车场。规划管理出租车行业发展。加快推动海绵城市建设。继承和发扬“田园城市”“生态城市”“低碳城市”等城市开发建设和运营模式，高标准建设海绵城市，加强城市“吸水、储水、渗水、净水”能力，做到合理地“渗、滞、蓄、净、用、排”，提升城市适应环境变化和应对自然灾害的稳定性和恢复性。完善城市供水保障体系。加快推进细鳞河水库至小鹤立河水库输水管线工程。加强雨洪资源利用，加快新建水库和河道拦蓄、跨流域雨洪资源调配等工程建设。统筹推进引调水，确保关门嘴子水库工程如期完工，启动关门嘴子水库-细鳞河水库-小鹤立河水库“三库联调”设计工作，全面提升水资源和水环境承载能力。继续开展农村饮水巩固提升工程建设。实施防洪能力提升工程。深入贯彻“两个坚持、三个转变”的防灾减灾新理念，按照全市防灾减灾的总体要求，完善防洪减灾体系，着力打造安全型、生态型河流水系，全面提升防洪减灾能力。强化节水和优化水资源配置。聚焦全市水安全战略，坚持节水优先，强化水资源刚性约束，按照空间均衡、协调发展的要求，谋划全市水资源开发利用新格局，构建安全、高效、节约、循环、稳定、持续的水资源配置调控体系，合理优化配置水资源，全面提升供水安全保障能力。加强水生态保护与修复治理。按照“重保护、促修复”的思路，坚持保护优先、自然恢复为主，统筹全市“一城山水半城林”自然要素分布格局，以涉水生态空间管控为抓手，加强水源涵养、改善黑土区生态环境，推进河湖生态水量保障和河湖生态治理，强化地下水保护等，通过实施水生态保护与修复工程，扩大优质水生态产品的供给，满足人民群众对健康水生态、居水环境的要求，筑牢国家生态屏障。加快城市环境改造。遵循“铸魂、提品、净水、增绿”理念，保护城市自然山水格局，传承鹤岗历史文脉，塑造鹤岗城市特色风貌。加快拆除违章建筑、破旧厂房、废弃楼体，利用城市腾空区建设更多的公园广场、口袋绿地，持续推进棚户区、采煤沉陷区和老旧小区改造，加大绿色建筑与住宅全装修应用比例。持续改造完善老旧小区路网及地下管网、集中供热管网、燃气管网和排水管网。推动利用清洁能源供暖，实施节能减排。实施城市精细管理。加大环境卫生整治，稳步推进生活垃圾分类，提高道路机械化清扫率。提升城镇污水垃圾处理能力。推进城市停车场规范化建设，推广建设智能停车系统，逐步缓解停车难问题；加强交通秩序治理，积极推进城乡客运一体化改革。充分发挥数字城管作用，逐步实现城市网格化、数字化、精细化管理，提高城市管理服务效能。深度融入“气化龙江”战略。按照全省一张网、市县全覆盖、城燃市场化管网架构，实现国家级支线管道连通。拓展天然气利用领域，提高天然气利用水平，加快城镇管道燃气建设，提高城镇燃气普及率。合理降低天然气终端价格，因地制宜实施天然气替代，实现俄气综合高效利用。加快电力基础设施建设。加快推进电网规划建设，补齐农村电网短板。推进新能源发电项目建设，力争在“十四五”初期，鹤岗市列入国家和省规划的新能源发电项目全部建成。大力实施风电、光伏、生物质等新能源项目，力争形成以清洁能源发电为主，传统能源发电为辅的供电格局。发展新能源和可再生能源。以消纳为导向，提升可再生能源电力比重。有序推进光风资源利用，加快建设龙源电力光伏发电项目、风电平价上网项目。建设生物质热电联产项目。建设以电力外送为主的可再生能源基地。因地制宜推动地热能、太阳能等非电利用方式。

全面增进民生福祉。坚持以人民为中心的发展思想，健全基本公共服务体系，完善共建共治共享的社会治理制度，强化政策兜底、引导社会投入，增进民生福祉，努力提高人民生活水平。促进城乡居民增收。提高劳动报酬在初次分配中比重，提高低收入群体收入，不断壮大中等收入群体。完善工资正常增长机制，完善按要素分配政策制度。健全各类生产要素由市场评价贡献、按贡献决定报酬的机制，健全农民工资性、经营性、财产性、转移性收入增长机制，切实减轻家庭支出负担。重视发挥第三次分配作用，发展慈善等社会公益事业。

强化就业优先政策。健全完善就业政策体系，缓解结构性就业矛盾，统筹城乡就业政策体系，积极引导农村劳动力就业，扩大公益性岗位安置，完善促进创业带动就业、多渠道灵活就业的保障制度。完善就业服务体系，健全高技能人才职称评定、技术等级认定等政策。全面推进公共就业服务专业化、信息化、标准化。加强劳动保护，维护职工和企业合法权益。健全就业促进机制。深入开展“援企助区促就业”“五型就业社区”创建活动，实施鹤岗市万名党员干部“一帮一”就业创业行动。做好职业技能培训工作，积极推进“鹤岗工匠”打造计划。加快推进教育现代化。优先发展教育事业。加快实施新时代教师队伍建设工程。推进学前教育普及优质发展。加快城乡义务教育一体化发展。建立“引企入校”“引校入企”的“双引联动”和纵向贯通与横向融通并行的“双通制”现代职业教育体系。支持和规范社会力量兴办教育。继续实施特殊教育提升计划。深化教育改革创新，完善示范高中基于初中“学业水平考试成绩+综合素质评价”招生录取模式。完善示范性高中定校配额机制。加强对学生科学素质、信息素养和创新能力培养。推进校园足球和冰雪运动普及发展。全面深化教师队伍改革，启动“县管校聘”改革工作。持续提高社会保障水平。健全基本养老保险制度。落实基本养老保险全国统筹政策，实施渐进式延迟法定退休年龄。推进居民基本养老保险与职工基本养老保险制度衔接。深入推进机关事业单位养老保险制度改革。深化医疗保障制度改革。健全完善基本医疗保险、大病保险、医疗救助三重保障制度体系建设。健全完善居民大病保险制度、医疗救助制度。统筹社会救助体系建设。巩固最低生活保障和特困人员供养制度基础地位。完善低保标准动态调整机制和临时救助制度。强化社会福利事业。大力发展福利彩票业。完善失业保险和工伤保险制度。健全退役军人工作体系和保障制度。健全灵活就业人员社保制度。逐步提高城乡低保标准。推进“健康新鹤岗”建设。因地制宜开展“三减三健”行动。突出抓好中小学健康，实施妇幼健康促进、职业健康保护、老年健康促进等专项行动。继续实施国家扩大免疫规划。健全社会心理服务体系和危机干预机制。推进实施新一轮全民健身计划。提升基层医疗和县级公立医院综合服务能力。完善公立医院补偿和运行机制。全面推进分级诊疗制度。深化三医联动改革，努力构建多层次医疗保障网。完善重大疫情防控救治体制机制。提升疾病预防控制能力。完善突发公共卫生事件监测预警机制。提高应对突发公共卫生事件处置能力。落实医疗机构公共卫生责任，全面增强公立医院传染病救治能力。大力发展体育事业。优先发展竞技体育，发挥冰雪体育基础优势，办好省级高山滑雪后备人才基地，做好人才储备，拓展开发滑雪、冬季两项、速度滑冰等冰雪项目，推动冰雪体育运动升级发展。积极发展群众体育，推动体育场地设施均衡发展。建设一批中小型足球场、灯光标准篮球场、体育康乐场地和室内体育场馆，打造“15 分钟健身圈”，争创“国家级运动健身模范市”。促进人口长期均衡发展。稳定城市人口，促进人口内部流动，推进人口城镇化。创造新产业、新业态、新商业模式促进社会就业。发展养老产业，吸引老年人口回流。出台系列优惠政策，吸引大学毕业生和其他创业者来鹤岗市安家落户。加强出生人口监测，增强生育政策包容性，减轻再生育家庭的生育养育负担。健全党组织领导和自治、法治、德治相结合的城乡基层治理体系。畅通和规范市场主体、新社会阶层、社会工作者和志愿者等参与社会治理的途径。加强基层社会治理队伍建设。健全网络社会综合防控体系。健全惩治暴力恐怖和扫黑除恶专项斗争长效机制。加快社会信用体系建设。牢固树立安全发展理念。完善和落实安全生产责任制和管理制度。制定关于加强食品安全工作的具体措施。

统筹发展和安全　打造幸福平安鹤岗

坚持总体国家安全观，切实在维护国家国防安全、粮食安全、生态安全、能源安全、产业安全中做出鹤岗贡献，把安全发展贯穿发展各领域和全过程。

维护国防安全。构建党政军警民一体化强边固防机制和信息通报制度。提高管边控边治边和移民管理治理能力。构建边境综合防卫管控体系，推进边境地区“智慧边防”建设。加强国家安全人民防线建设，增强维护国家安全能力。完善国防动员体系，提高国防动员能力。支持驻鹤解放军和武警部队现代化建设，争创全国双拥模范城。

维护粮食安全。巩固国家粮食生产核心区地位，稳定粮食播种面积，提高生猪生产能力，构建科学合理、安全高效的重要农产品供给保障体系，建设国家重要商品粮基地。积极利用国际农产品市场和农业资源。建立健全粮食产购储加销体系，增强粮食和重要农产品储备安全保障能力。

维护生态安全。推进重点生态功能区建设，深化“国家森林城市”创建和“山水林田湖草”生态修复保护工程，实施退耕还林还草还湿。建立生态安全监测智慧平台，建立健全风险评价和应急处理机制。融入区域生态保护与治理协作机制。

维护能源安全。提高煤炭清洁高效开发利用水平，加速释放优质产能。以“煤头电尾”为抓手，加快煤电行业优化升级。构建安全可靠电力系统，制定全市电网建设规划。加快农村电网改造。增强天然气和油品供应保障能力，全面融入“气化龙江”战略。抓好风能、太阳能、生物质能项目建设。

维护产业安全。坚决兜住民生产业安全底线，确保极端情况下产业安全运行、产品稳定供应。推进自主产品研发推广应用，强化以应用为导向的前瞻性、颠覆性技术战略布局，以石墨烯研发应用等本地优势企业为主体，突破关键核心技术及产品，扩大自主生产能力，提高本地配套率，形成产业备份系统，为国家产业安全做出鹤岗贡献。

维护人民生命安全。建立健全安全生产责任和管理制度体系、隐患排查和风险防控体系，加强监管执法和安全服务，坚决遏制重特大安全事故。强化生物安全保护，提高食品药品等民生直接相关产品和服务的安全保障水平。加强防灾备灾体系和能力建设，推进应急管理体系和能力现代化。加强灾害事故风险监测预警。巩固对黑恶犯罪的压倒性态势，严厉打击各类突出违法犯罪。助推本质安全型矿井建设，夯实煤矿安全基础。加强道路交通安全整治，消减交通事故总量、控制重特大交通事故发生。

确保社会和谐稳定安全。畅通和规范群众诉求表达、利益协调、权益保障通道，完善信访制度，完善各类调节联动工作体系。健全社会心理服务体系和危机干预机制。加强矛盾纠纷和风险隐患的源头治理。推进立体化、智能化社会治安防控体系建设，充分融合智慧交通、智慧内保、智慧小区、智慧巡防等科技现代化手段，打造最具安全感城市。

回望来路，我们心潮澎湃，无比自豪；展望未来，我们任重道远，不辱使命。目标已经确定，蓝图已经绘就。百万鹤岗人民紧密团结在以习近平同志为核心的党中央周围，高举中国特色社会主义伟大旗帜，在中共鹤岗市委坚强领导下，同舟共济，求真务实，开拓创新，同心同德、顽强奋斗，夺取全面建设社会主义现代化新鹤岗的新胜利！